U0942135

五灯会元【上】

【宋】释普济 集编

毛寔 校订

华龄出版社
HUALING PRESS

图书在版编目（CIP）数据

五灯会元 / (宋) 释普济集编 ; 毛寔校订. -- 北京:
华龄出版社, 2021.5
ISBN 978-7-5169-2051-0

Ⅰ. ①五… Ⅱ. ①释… ②毛… Ⅲ. ①禅宗－中国－
北宋 Ⅳ. ①B946.5

中国版本图书馆CIP数据核字(2021)第165042号

责任编辑 薛 治　　责任印制 李未圻
装帧设计 今亮後聲 HOPESOUND 2580590616@qq.com · 郭维维

书　名	五灯会元（上下册）	作　者	（宋）释普济　集编
出　版 发　行	华龄出版社 HUALING PRESS		
社　址	北京市东城区安定门外大街甲57号	邮　编	100011
发　行	（010）58122255	传　真	（010）84049572
承　印	三河市中晟雅豪印务有限公司		
版　次	2022年5月第1版	印　次	2023年7月第2次印刷
规　格	880mm×1230mm	开　本	1/32
印　张	40.5	字　数	800千字
书　号	ISBN 978-7-5169-2051-0		
定　价	198.00元		

出版前言

《五灯会元》是中华文化史上一部伟大的禅宗经典巨著。“五灯”指宋代的五部禅宗灯录：北宋法眼宗道原的《景德传灯录》、北宋临济宗李遵勖的《天圣广灯录》、北宋云门宗惟白的《建中靖国续灯录》、南宋临济宗悟明的《联灯会要》、南宋云门宗正受的《嘉泰普灯录》。南宋时，杭州灵隐寺普济禅师将以上“五灯”合为一书，删繁就简，除叠合之弊，取书名为《五灯会元》。全书分为二十卷，第一卷详细记录了包括释迦牟尼佛在内的“七佛”、二十七位西天祖师以及东土“六祖”；后十九卷按禅宗五家七宗的派别，分卷记录后世弟子上至帝皇征召延请、禅师开堂讲法，下至文人学士与僧徒往返参学。七宗源流本末指掌了然，它完整地呈现禅宗的精髓。

本版以中华民国十四年上海涵芬楼影印的日本《续藏经》中所收录的《五灯会元》二十卷本为底本，按现代人的阅读习惯变繁体为简体，并辅之以现代标点。在文字校对方面，还参考了市面上流行的多部《五灯会元》版本，前后历经三载整理、校订而成。由于本书整理难度较大，加上编校条件及能力有限，书中疏漏甚至错谬之处仍在所难免，敬请读者斧正。

五灯会元【上】

目 录

五灯会元　卷第一

五灯会元　卷第二

五灯会元　卷第三

五灯会元　卷第四

五灯会元　卷第五

五灯会元　卷第六

五灯会元　卷第七

五灯会元　卷第八

五灯会元　卷第九

五灯会元　卷第十

五灯会元　卷第一

七佛

古佛应世，绵历无穷，不可以周知而悉数也。近故谭贤劫有千如来。暨于释迦，但纪七佛。按《长阿含经》云：“七佛精进力，放光灭暗冥。各各坐树下，于中成正觉。”又曼殊室利为七佛祖师，金华善慧大士登松山顶行道，感七佛引前，维摩接后。今之撰述，断自七佛而下。

毗婆尸佛

毗婆尸佛。〔过去庄严劫，第九百九十八尊。〕偈曰：“身从无相中受生，犹如幻出诸形象。幻人心识本来无，罪福皆空无所住。”《长阿含经》云：“人寿八万岁时，此佛出世。种刹利，姓拘利若。父槃头，母槃头婆提。居般头婆提城。坐波波罗树下，说法三会，度人三十四万八千。”神足二：一名骞茶，二名提舍。侍者无忧子方膺。

尸弃佛

尸弃佛。〔庄严劫，第九百九十九尊。〕偈曰：“起诸善法本是幻，造诸恶业亦是幻。身如聚沫心如风，幻出无根无实性。”《长阿含经》云：“人寿七万岁时，此佛出世。”种刹利，姓拘利若。父明相，母光耀。居光相城。坐分陀利树下，说法三会，度人二十五万。神足二：一名阿毗浮，二名婆婆。侍者忍行子无量。

毗舍浮佛

毗舍浮佛。〔庄严劫，第一千尊。〕偈曰：“假借四大以为身，心本无生因境有。前境若无心亦无，罪福如幻起亦灭。”《长阿含经》云：“人寿六万岁时，此佛出世。”种刹利，姓拘利若。父善灯，母称戒。居无喻城。坐婆罗树下，说法二会，度人一十三万。神足二：一扶游，二郁多摩。侍者寂灭子妙觉。

拘留孙佛

拘留孙佛。〔见在贤劫，第一尊。〕偈曰：“见身无实是佛身，了心如幻是佛幻。了得身心本性空，斯人与佛何殊别？”《长阿含经》云：“人寿四万岁时，此佛出世。”种婆罗门，姓迦叶。父礼得，母善枝。居安和城。坐尸利沙树下，说法一会。度人四万。神足二：一萨尼，二毗楼。侍者善觉子上胜。

拘那含牟尼佛

拘那含牟尼佛。〔贤劫，第二尊。〕偈曰：“佛不见身知是佛，若实有知别无佛。智者能知罪性空，坦然不怖于生死。"《长阿含经》云："人寿三万岁时，此佛出世。"种婆罗门，姓迦叶。父大德，母善胜。居清净城。坐乌暂婆罗门树下，说法一会，度人三万。神足二：一舒槃那，二郁多楼。侍者安和子导师。

迦叶佛

迦叶佛。〔贤劫，第三尊。〕偈曰："一切众生性清净，从本无生无可灭。即此身心是幻生，幻化之中无罪福。"《长阿含经》云："人寿二万岁时，此佛出世。"种婆罗门，姓迦叶。父梵德，母财主。居波罗奈城。坐尼拘律树下，说法一会，度人二万。神足二：一提舍，二婆罗婆。侍者善友子集军。

释迦牟尼佛

释迦牟尼佛。〔贤劫，第四尊。〕姓刹利，父净饭天，母大清净妙位。登补处，生兜率天上，名曰胜善天人，亦名护明大士。度诸天众，说补处行，于十方界中，现身说法。《普曜经》云："佛初生刹利王家，放大智光明，照十方世界。地涌金莲华，自然捧双足。东西及南北，各行于七步。分手指天地，作师子吼声。上下及四维，无能尊我者。"即周昭王二十四年甲寅岁四月八日也。

至四十二年二月八日，年十九，欲求出家而自念言："当复何遇？"即于四门游观，见四等事，心有悲喜而作思维，此老、病、死，终可厌离。于是夜子时，有一天人名曰净居，于窗牖中叉手白言："出家时至，可去矣。"太子闻已，心生欢喜，即逾城而去，于檀特山中修道。始于阿蓝迦蓝处三年，学不用处定，知非便舍。复至郁头蓝弗处三年，学非非想定，知非亦舍。又至象头山，同诸外道日食麻麦，经于六年。故《经》云：“以无心意、无受行，而悉摧伏诸外道。”先历试邪法，示诸方便，发诸异见，令至菩提。故《普集经》云：“菩萨于二月八日，明星出时成道，号天人师，时年三十矣。”即穆王三年癸未岁也。

既而于鹿野苑中为憍陈如等五人转四谛法轮而证道果。说法住世四十九年，后告弟子摩诃迦叶：“吾以清净法眼、涅槃妙心、实相无相、微妙正法，将付于汝，汝当护持。”并敕阿难：“副贰传化，无令断绝。”而说偈曰：“法本法无法，无法法亦法。今付无法时，法法何曾法？”尔时世尊说此偈已，复告迦叶：“吾将金缕僧伽梨衣传付于汝，转授补处，至慈氏佛出世，勿令朽坏。”迦叶闻偈，头面礼足曰：“善哉！善哉！我当依敕，恭顺佛故。”尔时世尊至拘尸那城，告诸大众：“吾今背痛，欲入涅槃。”即往熙连河侧，娑罗双树下，右胁累足，泊然宴寂。复从棺起，为母说法。特示双足化婆耆，并说无常偈曰：“诸行无常，是生灭法。生灭灭已，寂灭为乐。”时诸弟子即以香薪竞荼毗之，烬后金棺如故。尔时大众即于佛前，以偈赞曰：“凡俗诸猛炽，何能致火爇，请尊三昧火，阇维金色身。”尔时全棺从座而举，高七多罗树，往返空中，化火三昧。须臾灰生，得舍利八斛四斗。即穆王五十二年壬申岁二月十五日也。自世尊灭后一千一十七年，教至中夏，即后汉永平十年戊辰岁也。

世尊才生下，乃一手指天，一手指地，周行七步，目顾四方曰：“天上天下，唯吾独尊。”世尊一日升座，大众集定。文殊白椎曰：“谛观法王法，法王法如是。”世尊便下座。世尊一日升座，默然而坐。阿难白椎曰：“请世尊说法。”世尊云：“会中有二比丘犯律行，我故不说法。”阿难以他心通观是比丘，遂乃遣出。世尊还复默然。阿难又曰：“适来为二比丘犯律，是二比丘已遣出，世尊何不说法？”世尊曰：“吾誓不为二乘声闻人说法。”便下座。世尊一日升座，大众集定。迦叶白椎曰：“世尊说法竟。”世尊便下座。世尊九十日在忉利天，为母说法，及辞天界而下，时四众八部，俱往空界奉迎。有莲花色比丘尼作念云："我是尼身，必居大僧后见佛。不如用神力变作转轮圣王，千子围绕，最初见佛。"果满其愿。世尊才见，乃诃云："莲花色比丘尼，汝何得越大僧见吾？汝虽见吾色身，且不见吾法身。须菩提岩中宴坐，却见吾法身。"世尊昔因文殊至诸佛集处，值诸佛各还本处，唯有一女人近彼佛坐，入于三昧。文殊乃白佛云："何此人得近佛坐，而我不得？"佛告文殊："汝但觉此女令从三昧起，汝自问之。"文殊绕女人三匝，鸣指一下，乃托至梵天，尽其神力而不能出。世尊曰："假使百千文殊，出此女人定不得。下方过四十二恒河沙国土，有罔明菩萨能出此女人定。"须臾，罔明大士从地涌出，作礼世尊。世尊敕罔明出，罔明却至女子前，鸣指一下，女子于是从定而出。

世尊因波斯匿王问："胜义谛中有世俗谛否？若言无，智不应二。若言有，智不应一。一二之义，其义云何？"佛言："大王！汝于过去龙光佛法中曾问此义，我今无说，汝今无听。无说无听，是名为一义二义。"世尊一日见文殊在门外立，乃曰："文殊！文殊！何不入门来？"文殊曰："我不见一法在门外，何以教我入门。"世尊一日坐次，见二人舁猪过，乃问："这个是什么？"曰："佛具一切智，猪子也不识！"世尊曰："也须问过。"世尊因有异学问："诸法是常邪？"世尊不对。又问："诸法是无常邪？"亦不对。异学曰："世尊具一切智，何不对我？"世尊曰："汝之所问，皆为戏论。"世尊一日示随色摩尼珠，问五方天王："此珠而作何色？"时五方天王互说异色。世尊复藏珠入袖，却抬手曰："此珠作何色？"天王曰："佛手中无珠，何处有色？"世尊叹曰："汝何迷倒之甚！吾将世珠示之，便各强说有青、黄、赤、白色；吾将真珠示之，便总不知。"时五方天王悉皆悟道。世尊因乾闼婆王献乐，其时山河大地尽作琴声。迦叶起作舞，王问："迦叶岂不是阿罗汉，诸漏已尽，何更有余习？”佛曰：“实无余习，莫谤法也。”王又抚琴三遍，迦叶亦三度作舞。王曰：“迦叶作舞，岂不是？”佛曰：“实不曾作舞！”王曰：“世尊何得妄语？”佛曰：“不妄语。汝抚琴，山河大地木石尽作琴声，岂不是？”王曰：“是。”佛曰：“迦叶亦复如是。所以实不曾作舞。”王乃信受。

世尊因外道问：“昨日说何法？”曰：“说定法。”外道曰：“今日说何法？”曰：“不定法。”外道曰：“昨日说定法，今日何说不定法？”世尊曰：“昨日定，今日不定。”世尊因五通仙人问：“世尊有六通，我有五通。如何是哪一通？”佛召五通仙人，五通应诺。佛曰：“哪一通，你问我。”世尊因普眼菩萨欲见普贤，不可得见，乃至三度入定，遍观三千大千世界，觅普贤不可得见，而来白佛。佛曰：“汝但于静三昧中起一念，便见普贤。”普眼于是才起一念，便见普贤，向空中乘六牙白象。世尊因自恣日文殊三处过夏。迦叶欲白椎摈出，才拈椎，乃见百千万亿文殊。迦叶尽其神力，椎不能举。世尊遂问迦叶：“汝拟摈那个文殊？”迦叶无对。世尊因长爪梵志索论义，预约曰：“我义若堕，我自斩首。”世尊曰：“汝义以何为宗？”志曰：“我以一切不受为宗。”世尊曰：“是见受否？”志拂袖而去。行至中路，乃省。谓弟子曰：“我当回去，斩首以谢世尊。”弟子曰：“人天众前，幸当得胜，何以斩首？”志曰：“我宁于有智人前斩首，不于无智人前得胜。”乃叹曰：“我义两处负堕，是见若受，负门处粗，是见不受，负门处细。一切人天二乘，皆不知我义堕处，唯有世尊诸大菩萨知我义堕。”回至世尊前曰：“我义两处负堕，故当斩首以谢。”世尊曰：“我法中无如是事，汝当回心向道。”于是同五百徒众一时投佛出家，证阿罗汉。

世尊昔欲将诸圣众，往第六天说《大集经》，敕他方此土、人间天上、一切狞恶鬼神，悉皆集会，受佛付嘱，拥护正法。设有不赴者，四天门王飞热铁轮追之令集。既集会已，无有不顺佛敕者，各发弘誓，拥护正法。唯有一魔王谓世尊曰：“瞿昙！我待一切众生成佛尽，众生界空，无有众生名字，我乃发菩提心。”世尊尝与阿难行次，见一古佛塔。世尊便作礼。阿难曰：“此是什么人塔？”世尊曰：“此是过去诸佛塔。”阿难曰：“过去诸佛是什么人弟子？”世尊曰：“是吾弟子。”阿难曰：“应当如是。”世尊因有外道问：“不问有言，不问无言。”世尊良久。外道赞叹曰：“世尊大慈大悲，开我迷云，令我得入。”乃作礼而去。阿难白佛：“外道得何道理，称赞而去？”世尊曰：“如世良马，见鞭影而行。”

世尊一日敕阿难：“食时将至，汝当入城持钵。”阿难应诺。世尊曰：“汝既持钵，须依过去七佛仪式。”阿难便问：“如何是过去七佛仪式？”世尊召阿难，阿难应诺。世尊曰：“持钵去！”世尊因有比丘问：“我于世尊法中见处即有，证处未是。世尊当何所示？”世尊曰：“比丘某甲，当何所示，是汝此问？”

世尊成道后，在逝多林中一树下跏趺而坐。有二商人以五百乘车经过林畔，有二车牛不肯前进。商人乃讶，见之山神。报言：“林中有圣人成道，经逾四十九日未食，汝当供养。”商人入林，果见一人端然不动。乃问曰：“为是梵王邪？帝释邪？山神邪？河神邪？”世尊微笑，举袈裟角示之。商人顶礼，遂陈供养。世尊因耆婆善别音响，至一冢间，见五髑髅，乃敲一髑髅问耆婆：“此生何处？”曰：“此生人道。”世尊又敲一曰：“此生何处？”曰：“此生天道。”世尊又别敲一问：“此生何处？”耆婆罔知生处。世尊因黑氏梵志运神力，以左右手擎合欢、梧桐花两株，来供养佛。佛召仙人，梵志应诺。佛曰：“放下着。”梵志遂放下左手一株花。佛又召仙人：“放下着。”梵志又放下右手一株花。佛又召仙人：“放下着。”梵志曰：“世尊，我今两手皆空，更教放下个什么？”佛曰：“吾非教汝放舍其花，汝当放舍外六尘、内六根、中六识。一时舍却，无可舍处，是汝免生死处。”梵志于言下悟无生忍。

世尊因灵山会上五百比丘得四禅定，具五神通，未得法忍，以宿命智通，各各自见过去杀父害母，及诸重罪，于自心内各各怀疑，于甚深法不能证入。于是文殊承佛神力，遂手握利剑，持逼如来。世尊乃谓文殊曰："住！住！不应作逆，勿得害吾。吾必被害，为善被害。文殊师利！尔从本已来无有我人，但以内心见有我人。内心起时，我必被害，即名为害，"于是五百比丘自悟本心，如梦如幻，于梦幻中无有我人，乃至能生所生父母。于是五百比丘同赞叹曰："文殊大智士，深达法源底。自手握利剑，持逼如来身。如剑佛亦尔，一相无有二。无相无所生，是中云何杀？"世尊因地布发掩泥，献花于然灯。然灯见布发处，遂约退众，乃指地曰："此一方地，宜建一梵刹。"时众中有一贤于长者，持标于指处插曰："建梵刹竟。"时诸天散花，赞曰："庶子有大智矣！"

世尊因七贤女游尸陀林，一女指尸曰："尸在这里，人向甚处去？"一女曰："作么？作么？"诸姊谛观，各各契悟，感帝释散花曰："惟愿圣姊有何所须，我当终身供给。"女曰："我家四事七珍，悉皆具足，唯要三般物：一要无根树子一株，二要无阴阳地一片，三要叫不响山谷一所。"帝释曰："一切所须，我悉有之。若三般物，我实无得。"女曰："汝若无此，争解济人？"帝释罔措，遂同往白佛。佛言："憍尸迦，我诸弟子大阿罗汉不解此义，唯有诸大菩萨乃解此义。"世尊因调达谤佛，生身入地狱，遂令阿难问："你在地狱中安否？"曰："我虽在地狱，如三禅天乐。"佛又令问："你还求出否？"曰："我待世尊来便出。"阿难曰："佛是三界大师，岂有入地狱分？"曰："佛既无入地狱分，我岂有出地狱分？"

世尊因文殊忽起佛见、法见，被世尊威神摄向二铁围山，城东有一老母，与佛同生而不欲见佛。每见佛来，即便回避。虽然如此，回顾东西，总皆是佛。遂以手掩面，于十指掌中亦总是佛。

殃崛摩罗因持钵至一长者门，其家妇人正值产难，子母未分。

长者曰:“瞿昙弟子，汝为至圣，当有何法能免产难?”殃崛语长者曰:“我乍入道，未知此法。待我回问世尊，却来相报。”及返，具事白佛。佛告殃崛:“汝速去报，言我自从贤圣法来，未曾杀生。”殃崛奉佛语疾往告之。其妇得闻，当时分免。

世尊尝在尼俱律树下坐次，因二商人问:“世尊还见车过否?”曰:“不见。”商人曰:“还闻否?”曰:“不闻。”商人曰:“莫禅定否?”曰:“不禅定。”曰:“莫睡眠否?”曰:“不睡眠。”商人乃叹曰:“善哉!善哉!世尊觉而不见。”遂献白氎两段。

世尊在灵山会上，拈花示众。是时众皆默然，唯迦叶尊者破颜微笑。世尊曰:“吾有正法眼藏，涅槃妙心，实相无相，微妙法门，不立文字，教外别传，付嘱摩诃迦叶。”世尊至多子塔前，命摩诃迦叶分座令坐，以僧伽梨围之。遂告曰:“吾以正法眼藏密付于汝，汝当护持，传付将来。”世尊临入涅槃，文殊大士请佛再转法轮。世尊咄曰:“文殊!吾四十九年住世，未曾说一字，汝请吾再转法轮，是吾曾转法轮邪?”世尊于涅槃会上，以手摩胸，告众曰:“汝等善观吾紫磨金色之身，瞻仰取足，勿令后悔。若谓吾灭度，非吾弟子。若谓吾不灭度，亦非吾弟子。”时百万亿众，悉皆契悟。

西天祖师

一祖摩诃迦叶尊者

一祖摩诃迦叶尊者，摩竭陀国人也。姓婆罗门，父饮泽，母香志。昔为锻金师，善明金性，使其柔伏。《付法传》云:尝于久远劫中，毗婆尸佛入涅槃后，四众起塔，塔中像面金色有缺坏。时有贫女，将金珠往金师所，请饰佛面。既而因共发愿:愿我二人为无姻夫妻。由是因缘，九十一劫身皆金色，后生梵天。天寿尽，生中天摩竭陀国婆罗门家，名曰迦叶波，此云饮光胜尊，盖以金色为号也。由是志求出家，冀度诸有。佛言："善来，比丘！"须发自除，袈裟着体，常于众中称叹第一。复言："吾以清净法眼，将付于汝。汝可流布，无令断绝。"《涅槃经》云：尔时世尊欲涅槃时，迦叶不在众会，佛告诸大弟子，迦叶来时，可令宣扬正法眼藏。尔时迦叶在耆阇崛山毕钵罗窟睹胜光明，即入三昧，以净天眼，观见世尊于熙连河侧，入般涅槃。乃告其徒曰："如来涅槃也，何其驶哉！"即至双树间，悲恋号泣。佛于金棺出示双足。尔时迦叶告诸比丘："佛已荼毗，金刚舍利，非我等事。我等宜当结集法眼，无令断绝。"乃说偈曰："如来弟子，且莫涅槃，得神通者，当赴结集。"于是得神通者悉集王舍耆阇崛山毕钵罗窟。时阿难为漏未尽，不得入会，后证阿罗汉果，由是得入。迦叶乃白众言："此阿难比丘多闻总持，有大智慧，常随如来，梵行清净。所闻佛法，如水传器，无有遗余。佛所赞叹，聪敏第一。宜可请彼集《修多罗藏》。"大众默然。迦叶告阿难曰："汝今宜宣法眼。"阿难闻语信受，观察众心而宣偈言："比丘诸眷属，离佛不庄严。犹如虚空中，众星之无月。"说是偈已，礼众僧足，升法座而宣是言："如是我闻。一时佛住某处说某经教，乃至人天等作礼奉行。"时迦叶问诸比丘："阿难所言，不错谬乎？"皆曰："不异世尊所说。"迦叶乃告阿难言："我今年不久留，今将正法付嘱于汝。汝善守护，听吾偈言：法法本来法，无法无非法。何于一法中，有法有不法？"说偈已，乃持僧伽梨衣入鸡足山，俟慈氏下生。即周孝王五年丙辰岁也。

尊者因外道问："如何是我我？"者曰："觅我者是汝我。"外道曰："这个是我我，师我何在？"者曰："汝问我觅。"尊者一日踏泥次，有一沙弥见，乃问尊者："何得自为？"者曰："我若不为，谁为我为？"

二祖阿难尊者

二祖阿难尊者，王舍城人也。姓刹利帝，父斛饭王，实佛之从弟也。梵语阿难陀,此云庆喜,亦云欢喜。如来成道夜生,因为之名。多闻博达，智慧无碍。世尊以为总持第一，尝所赞叹。加以宿世有大功德，受持法藏，如水传器，佛乃命为侍者。尊者一日白佛言:“今日入城，见一奇特事。”佛曰:“见何奇特事? ”者曰:“入城时见一攒乐人作舞，出城总见无常。”佛曰:“我昨日入城，亦见一奇特事。”者曰:“未审见何奇特事? ”佛曰:“我入城时见一攒乐人作舞，出城时亦见乐人作舞。”一日问迦叶曰:“师兄！世尊传金襕袈裟外，别传个什么? ”迦叶召阿难，阿难应诺。迦叶曰:“倒却门前刹竿着！ ”

后阿阇世王白言:“仁者！如来、迦叶尊胜二师，皆已涅槃，而我多故，悉不能睹。尊者般涅槃时，愿垂告别。”尊者许之。后自念言:“我身危脆，犹如聚沫，况复衰老，岂堪久长? 阿阇世王与吾有约。”乃诣王宫，告之曰:“吾欲入涅槃，来辞耳。”门者曰:“王寝，不可以闻。”者曰:“俟王觉时，当为我说。”

时阿阇世王梦中见一宝盖，七宝严饰，千万亿众围绕瞻仰；俄而风雨暴至，吹折其柄，珍宝璎珞，悉坠于地，心甚惊异。既寤，门者具白上事。王闻，失声号恸，哀感天地。即至毗舍离城，见尊者在恒河中流，跏趺而坐。王乃作礼，而说偈曰:“稽首三界尊，弃我而至此，暂凭悲愿力，且莫般涅槃。”时毗舍离王亦在河侧，说偈言:“尊者一何速，而归寂灭场；愿住须臾间，而受于供养。”尊者见二国王咸来劝请，乃说偈言:“二王善严住，勿为苦悲恋。涅槃当我静，而无诸有故。”尊者复念:我若偏向一国，诸国争竞，无有是处，应以平等度诸有情。遂于恒河中流，将入寂灭。是时山河大地，六种震动，雪山有五百仙人，睹兹瑞应，飞空而至，礼尊者足，胡跪白言："我于长老，当证佛法，愿垂大慈，度脱我等。"尊者默然受请，即变殑伽河悉为金地，为其仙众说诸大法。尊者复念：先所度脱弟子应当来集。须臾，五百罗汉从空而下，为诸仙人出家授具。其仙众中有二罗汉：一名商那和修，二名末田底迦。尊者知是法器，乃告之曰："昔如来以大法眼付大迦叶，迦叶入定而付于我；我今将灭，用传于汝。汝受吾教，当听偈言：本来付有法,付了言无法。各各须自悟,悟了无无法。"尊者付法眼藏竟，踊身虚空，现十八变入风奋迅三昧。分身四分：一分奉忉利天，一分奉娑竭罗龙宫，一分奉毗舍离王，一分奉阿阇世王。各造宝塔而供养之。乃厉王十二年癸巳岁也。

三祖商那和修尊者

三祖商那和修尊者，摩突罗国人也。亦名舍那婆斯。姓毗舍多，父林胜，母憍奢耶，在胎六年而生。梵语商诺迦，此云自然服，即西域九枝秀草名也。若圣人降生，则此草生于净洁之地。和修生时，瑞草斯应。昔如来行化至摩突罗国，见一青林，枝叶茂盛，语阿难曰："此林地名优留荼，吾灭度后一百年，有比丘商那和修，于此转妙法轮。"后百岁，果诞和修，出家证道，受庆喜尊者法眼，化导有情。及止此林，降二火龙，归顺佛教。龙因施其地，以建梵宫。尊者化缘既久，思付正法。寻于吒利国，得优波鞠多以为给侍。因问鞠多曰："汝年几邪？"答曰："我年十七。"者曰："汝身十七，性十七邪？"答曰："师发已白，为发白邪？心白邪？"者曰："我但发白，非心白耳。"鞠多曰："我身十七，非性十七也。"尊者知是法器。后三载，遂为落发授具。乃告曰："昔如来以无上法眼付嘱迦叶。辗转相授，而至于我；我今付汝，勿令断绝。汝受吾教，听吾偈言：非法亦非心，无心亦无法。说是心法时，是法非心法。”说偈已，即隐于罽宾国南象白山中。后于三昧中，见弟子鞠多有五百徒众，常多懈慢。尊者乃往彼，现龙奋迅三昧以调伏之。而说偈曰：“通达非彼此，至圣无长短。汝除轻慢意，疾得阿罗汉。”五百比丘闻偈已，依教奉行，皆获无漏。尊者乃现十八变火光三昧，用焚其身。鞠多收舍利，葬于梵迦罗山。五百比丘各持一幡，迎导至彼，建塔供养。乃宣王二十二年乙未岁也。

四祖优波鞠多尊者

四祖优波鞠多尊者，吒利国人也。亦名优波崛多。又名邬波毱多。姓首陀，父善意。十七出家，二十证果。随方行化，至摩突罗国，得度者甚众。由是魔宫震动，波旬愁怖，遂竭其魔力，以害正法。尊者即入三昧，观其所由。波旬复伺便，密持璎珞縻之于颈。及尊者出定，乃取人狗蛇三尸，化为华鬘，耎言慰谕波旬曰：“汝与我璎珞，甚是珍妙。吾有华鬘，以相酬奉。”波旬大喜，引颈受之，即变为三种臭尸，虫蛆坏烂。波旬厌恶，大生忧恼。尽己神力，不能移动。乃升六欲天，告诸天主。又诣梵王，求其解免。彼各告言：“十力弟子，所作神变，我辈凡陋，何能去之？”波旬曰：“然则奈何？”梵王曰：“汝可归心尊者，即能除断。”乃为说偈，令其回向曰：“若因地倒，还因地起；离地求起，终无其理。”波旬受教已，即下天宫，礼尊者足，哀露忏悔。尊者告曰：“汝自今去，于如来正法，更不作娆害否？”波旬曰：“我誓回向佛道，永断不善。”尊者曰：“若然者，汝可口自唱言：皈依三宝。”魔王合掌三唱，华鬘悉除。乃欢喜踊跃，作礼尊者而说偈曰：“稽首三昧尊，十力圣弟子。我今愿回向，勿令有劣弱。”

尊者在世化导，证果最多。每度一人，以一筹置于石室。其室纵十八肘，广十二肘，充满其间。最后有一长者子，名曰香众，来礼尊者，志求出家。尊者问曰:“汝身出家，心出家? ”答曰:“我来出家,非为身心。”尊者曰:“不为身心,复谁出家? ”答曰:“夫出家者，无我我故。无我我故，即心不生灭;心不生灭，即是常道。诸佛亦常心无形相，其体亦然。”尊者曰:“汝当大悟，心自通达。宜依佛法僧，绍隆圣种。”即为剃度，授具足戒。仍告之曰:“汝父尝梦金日而生汝，可名提多迦。”复谓曰:“如来以大法眼藏，次第传授，以至于我。今复付汝，听吾偈言:心自本来心，本心非有法。有法有本心，非心非本法。”付法已，乃踊身虚空，呈十八变，却复本座，跏趺而逝。提多迦以室内筹用焚师躯,收舍利,建塔供养。即平王三十年庚子岁也。

五祖提多迦尊者

五祖提多迦尊者，摩伽陀国人也。梵语提多迦，此云通真量。初生之时，父梦金日自屋而出，照耀天地。前有大山，诸宝严饰。山顶泉涌，滂沱四流。后遇鞠多尊者，为解之曰:“宝山者，吾身也。泉涌者，法无尽也。日从屋出者，汝今入道之相也。照耀天地者，汝智慧超越也。”尊者闻师说已，欢喜踊跃，而唱偈言:“巍巍七宝山，常出智慧泉。回为真法味，能度诸有缘。”鞠多尊者亦说偈曰:“我法传于汝，当现大智慧。金日从屋出，照耀于天地。”提多迦闻师妙偈，设礼奉持。后至中印度，彼国有八千大仙，弥遮迦为首。闻尊者至，率众瞻礼。谓尊者曰:“昔与师同生梵天，我遇阿私陀仙授我仙法，师逢十力弟子，修习禅那，自此报分殊途，已经六劫。”者曰:“支离累劫，诚哉不虚。今可舍邪归正，以入佛乘。”弥遮迦曰:“昔阿私陀仙人授我记云:汝却后六劫，当遇同学，获无漏果。今也相遇，非宿缘邪? 愿师慈悲，令我解脱。”者即度出家，命诸圣授戒。其余仙众，始生我慢。尊者示大神通，于是俱发菩提心，一时出家。者乃告弥遮迦曰:“昔如来以大法眼藏密付迦叶，辗转相授，而至于我。我今付汝，当护念之。”乃说偈曰：“通达本法心，无法无非法。悟了同未悟，无心亦无法。”说偈已，踊身虚空作十八变，火光三昧，自焚其躯。弥遮迦与八千比丘同收舍利，于班荼山中起塔供养。即庄王五年己丑岁也。

六祖弥遮迦尊者

六祖弥遮迦尊者，中印度人也。既传法已，游化至北天竺国，见雉堞之上有金色祥云，叹曰：“斯道人气也，必有大士为吾嗣。”乃入城，于阛阓间有一人手持酒器，逆而问曰：“师何方来？欲往何所？”祖曰：“从自心来，欲往无处。”曰：“识我手中物否？”祖曰：“此是触器而负净者。”曰：“师识我否？”祖曰：“我即不识，识即非我。”复谓之曰：“汝试自称名氏，吾当后示本因。”彼说偈答曰：“我从无量劫，至于生此国，本姓颇罗堕，名字婆须蜜。”祖曰：“我师提多迦说，世尊昔游北印度，语阿难言：‘此国中吾灭后三百年，有一圣人姓颇罗堕，名婆须蜜，而于禅祖，当获第七。’世尊记汝，汝应出家。”彼乃置器礼师。侧立而言曰：“我思往劫，尝作檀那，献一如来宝座，彼佛记我曰：‘汝于贤劫释迦法中，宣传至教。’今符师说，愿加度脱。”祖即与披剃，复圆戒相，乃告之曰：“正法眼藏，今付于汝，勿令断绝。”乃说偈曰：“无心无可得，说得不名法。若了心非心，始解心心法。”祖说偈已，入师子奋迅三昧，踊身虚空，高七多罗树，却复本座，化火自焚。婆须蜜收灵骨，贮七宝函，建浮图置于上级。即襄王十五年甲申岁也。

七祖婆须蜜尊者

七祖婆须蜜尊者，北天竺国人也。姓颇罗堕，常服净衣，执酒器，游行里闬，或吟或啸，人谓之狂。及遇弥遮迦尊者，宣如来往志，自省前缘，投器出家，受法行化。至迦摩罗国，广兴佛事。于法座前，忽有智者自称："我名佛陀难提，今与师论义。"祖曰："仁者论即不义，义即不论。若拟论义，终非义论。"难提知师义胜，心即钦服。曰："我愿求道，沾甘露味。"祖遂与剃度，而授具戒。复告之曰："如来正法眼藏，我今付汝，汝当护持。"乃说偈曰："心同虚空界，示等虚空法。证得虚空时，无是无非法。"即入慈心三昧。时梵王帝释及诸天众俱来作礼，而说偈言："贤劫众圣祖，而当第七位。尊者哀念我，请为宣佛地。"尊者从三昧起，示众曰："我所得法，而非有故，若识佛地，离有无故。"语已，还入三昧，示涅槃相。难提即于本座起七宝塔，以葬全身。即定王十七年辛未岁也。

八祖佛陀难提尊者

八祖佛陀难提尊者，迦摩罗国人也。姓瞿昙氏，顶有肉髻，辩捷无碍。初遇婆须蜜，出家受教。既而领徒行化，至提伽国毗舍罗家，见舍上有白光上腾，谓其徒曰："此家有圣人，口无言说，真大乘器。不行四衢，知触秽耳。"言讫，长者出致礼，问："何所须？"祖曰："我求侍者。"长者曰："我有一子，名伏驮蜜多，年已五十，口未曾言，足未曾履。"祖曰："如汝所说，真吾弟子。"伏驮闻之，遽起礼拜，而说偈曰："父母非我亲，谁是最亲者？诸佛非我道，谁为最道者？"祖以偈答曰："汝言与心亲，父母非可比；汝行与道合，诸佛心即是。外求有相佛，与汝不相似。欲识汝本心，非合亦非离。"伏驮闻偈已，便行七步。祖曰："此子昔曾值佛，悲愿广大，虑父母爱情难舍，故不言不履耳。"长者遂舍令出家。祖寻授具戒，复告之曰："我今以如来正法眼藏付嘱于汝，勿令断绝。"乃说偈曰："虚空无内外，心法亦如此。若了虚空故，是达真如理。"伏驮承师付嘱，以偈赞曰："我师禅祖中，当得为第八。法化众无量，悉获阿罗汉。"尔时佛陀难提即现神变，却复本座，俨然寂灭。众与宝塔，葬其全身。即景王十年丙寅岁也。

九祖伏驮蜜多尊者

九祖伏驮蜜多尊者，提伽国人也。姓毗舍罗。既受八祖付嘱，后至中印度行化。时有长者香盖，携一子而来，瞻礼祖曰："此子处胎六十岁，因号难生。尝会一仙者，谓此儿非凡，当为法器。今遇尊者，可令出家。"祖即与落发授戒，羯磨之际，祥光烛座，仍感舍利三七粒现前，自此精进忘疲。既而祖告之曰："如来大法眼藏，今付于汝。汝护念之。"乃说偈曰："真理本无名，因名显真理。受得真实法，非真亦非伪。"祖付法已，即入灭尽三昧而般涅槃。众以香油旃檀阇维，收舍利，建塔于那烂陀寺。即敬王三十三年甲寅岁也。

十祖胁尊者

十祖胁尊者，中印度人也。本名难生。初将诞时，父梦一白象，背有宝座，座上安一明珠，从门而入，光照四众，既觉遂生。后值九祖，执侍左右，未尝睡眠，谓其胁不至席，遂号胁尊者焉。初至华氏国，憩一树下。右手指地而告众曰："此地变金色，当有圣人入会。"言讫，即变金色。时有长者子富那夜奢，合掌前立。祖问曰："汝从何来？"答曰："我心非往。"祖曰："汝何处住？"答曰："我心非止。"祖曰："汝不定邪？"曰："诸佛亦然。"祖曰："汝非诸佛。"曰："诸佛亦非。"祖因说偈曰："此地变金色，预知有圣至。当坐菩提树，觉华而成已。"夜奢复说偈曰："师坐金色地，常说真实义。回光而照我，令入三摩谛。”祖知其意，即度出家，复具戒品，乃告之曰：“如来大法藏，今付于汝，汝护念之。”乃说偈曰：“真体自然真，因真说有理。领得真真法，无行亦无止。”祖付法已，即现神变而入涅槃，化火自焚。四众各以衣裓盛舍利，随处兴塔而供养之。即贞王二十七年己亥岁也。

十一祖富那夜奢尊者

十一祖富那夜奢尊者，华氏国人也。姓瞿昙氏，父宝身。既得法于胁尊者，寻诣波罗奈国，有马鸣大士迎而作礼。问曰：“我欲识佛,何者即是？”祖曰：“汝欲识佛,不识者是。”曰：“佛既不识，焉知是乎？”祖曰：“既不识佛,焉知不是？”曰：“此是锯义。”祖曰：“彼是木义。”祖问：“锯义者何？”曰：“与师平出。”马鸣却问：“木义者何？”祖曰：“汝被我解。”马鸣豁然省悟,稽首皈依,遂求剃度。祖谓众曰：“此大士者,昔为毗舍利国王。其国,有一类人如马裸露,王运神力分身为蚕，彼乃得衣。王后复生中印度，马人感恋悲鸣，因号马鸣焉。如来记云：‘吾灭度后六百年，当有贤者马鸣于波罗奈国，摧伏异道，度人无量，继吾传化。’今正是时。”即告之曰：“如来大法眼藏，今付于汝。”即说偈曰：“迷悟如隐显，明暗不相离。今付隐显法,非一亦非二。”尊者付法已,即现神变,湛然圆寂。众兴宝塔，以阏全身。即安王十九年戊戌岁也。

十二祖马鸣尊者

十二祖马鸣大士者，波罗奈国人也。亦名功胜，以有作无作诸功德最为殊胜，故名焉。既受法于夜奢尊者，后于华氏国转妙法轮。忽有老人，座前仆地，祖谓众曰：“此非庸流，当有异相。”

言讫不见。俄从地涌出一金色人，复化为女子，右手指祖而说偈曰："稽首长老尊，当受如来记。今于此地上，宣通第一义。"说偈已，瞥然不见。祖曰："将有魔来，与吾较〔音角〕力。"有顷，风雨暴至，天地晦冥。祖曰："魔之来信矣，吾当除之。"即指空中，现一大金龙，奋发威神，震动山岳。祖俨然于座，魔事随灭。经七日，有一小虫，大若蟭螟，潜形座下。祖以手取之，示众曰："斯乃魔之所变，盗听吾法耳。"乃放之令去，魔不能动。祖告之曰："汝但皈依三宝，即得神通。"遂复本形，作礼忏悔。祖问曰："汝名谁邪？眷属多少？"曰："我名迦毗摩罗，有三千眷属。"祖曰："尽汝神力，变化若何？"曰："我化巨海极为小事。"祖曰："汝化性海得否？"曰："何谓性海，我未尝知。"祖即为说性海曰："山河大地，皆依建立。三昧六通，由兹发现。"迦毗摩罗闻言，遂发信心，与徒众三千，俱求剃度。祖乃召五百罗汉，与授具戒。复告之曰："如来大法眼藏，今当付汝。汝听偈言：'隐显即本法，明暗元不二。今付悟了法，非取亦非离。'"付嘱已，即入龙奋迅三昧，挺身空中，如日轮相，然后示灭。四众以真体藏之龙龛。即显王四十二年甲午岁也。

十三祖迦毗摩罗尊者

十三祖迦毗摩罗尊者，华氏国人也。初为外道，有徒三千，通诸异论。后于马鸣尊者得法，领徒至西印度。彼有太子，名云自在。仰尊者名，请于宫中供养。祖曰："如来有教，沙门不得亲近国王、大臣权势之家。"太子曰："今我国城之北，有大山焉。山有一石窟，可禅寂于此否？"祖曰："诺。"即入彼山。行数里，逢一大蟒，祖直前不顾，盘绕祖身，祖因与授三皈依，蟒听讫而去。祖将至石窟，复有一老人素服而出，合掌问讯。祖曰："汝何所止？"答曰："我昔尝为比丘，多乐寂静，有初学比丘数来请益，而我烦于应答，起嗔恨想，命终堕为蟒身，住是窟中，今已千载。适遇尊者，获闻戒法，故来谢尔。”祖问曰：“此山更有何人居止？”曰：“北去十里，有大树荫覆五百大龙，其树王名龙树，常为龙众说法，我亦听受耳。”祖遂与徒众诣彼，龙树出迎曰：“深山孤寂，龙蟒所居。大德至尊，何枉神足？”祖曰：“吾非至尊，来访贤者。”龙树默念曰：“此师得决定性明道眼否？是大圣继真乘否？”祖曰：“汝虽心语，我已意知。但办出家，何虑吾之不圣？”龙树闻已，悔谢。祖即与度脱，及五百龙众俱授具戒。复告之曰：“今以如来大法眼藏，付嘱于汝。谛听偈言：‘非隐非显法，说是真实际。悟此隐显法，非愚亦非智。’”付法已，即现神变，化火焚身。龙树收五色舍利，建塔焉。即赧王四十六年壬辰岁也。

十四祖龙树尊者

十四祖龙树尊者，西天竺国人也，亦名龙胜。始于摩罗尊者得法，后至南印度。彼国之人，多信福业。祖为说法，递相谓曰：“人有福业，世间第一。徒言佛性，谁能睹之？”祖曰：“汝欲见佛性，先须除我慢。”彼人曰：“佛性大小？”祖曰：“非大非小，非广非狭。无福无报，不死不生。”彼闻理胜，悉回初心。祖复于座上，现自在身，如满月轮。一切众唯闻法音，不睹祖相。彼众中有长者子，名迦那提婆，谓众曰：“识此相否？”众曰：“目所未睹，安能辨识？”提婆曰：“此是尊者现佛性体相，以示我等。何以知之？盖以无相三昧，形如满月。佛性之义，廓然虚明。”言讫，轮相即隐，复居本座，而说偈言：“身现圆月相，以表诸佛体。说法无其形，用辨非声色。”彼众闻偈，顿悟无生，咸愿出家，以求解脱。祖即为剃发，命诸圣授具。其国先有外道五千余众，作大幻术，众皆宗仰。祖悉为化之，令归三宝。复造《大智度论》、《中论》、《十二门论》，垂之于世。后告上首弟子迦那提婆曰："如来大法眼藏今当付汝。听吾偈言：'为明隐显法，方说解脱理。于法心不证，无瞋亦无喜。'"付法讫，入月轮三昧，广现神变，复就本座，凝然禅寂。迦那提婆与诸四众，共建宝塔以葬焉。即秦始皇三十五年己丑岁也。

十五祖迦那提婆尊者

十五祖迦那提婆尊者，南天竺国人也，姓毗舍罗。初求福业，兼乐辩论。后谒龙树大士。将及门，龙树知是智人，先遣侍者以满钵水置于座前。尊者睹之，即以一针投之而进，欣然契会。龙树即为说法，不起于座，现月轮相，唯闻其声，不见其形。祖语众曰："今此瑞者，师现佛性。表说法非声色也。"祖既得法，后至迦毗罗国。彼有长者，曰梵摩净德。一日，园树生耳如菌，味甚美。唯长者与第二子罗睺罗多取而食之。取已随长，尽而复生。自余亲属，皆不能见。祖知其宿因，遂至其家。长者乃问其故。祖曰："汝家昔曾供养一比丘，然此比丘道眼未明，以虚沾信施，故报为木菌。唯汝与子精诚供养，得以享之，余即否矣。"又问长者："年多少？"答曰："七十有九。"祖乃说偈曰："入道不通理，复身还信施。汝年八十一，此树不生耳。"长者闻偈已，弥加叹伏。且曰："弟子衰老，不能事师，愿舍次子，随师出家。"祖曰："昔如来记此子，当第二五百年为大教主。今之相遇，盖符宿因。"即与剃发执侍。至巴连弗城，闻诸外道欲障佛法。计之既久，祖乃执长幡入彼众中。彼问祖曰："汝何不前？"祖曰："汝何不后？"彼曰："汝似贱人。"祖曰："汝似良人。"彼曰："汝解何法？"祖曰："汝百不解。"彼曰："我欲得佛。"祖曰："我灼然得佛。"彼曰："汝不合得。"祖曰："元道我得，汝实不得。"彼曰："汝既不得，云何言得？"祖曰："汝有我故，所以不得。我无我我，故自当得。"彼辞既屈，乃问祖曰：

“汝名何等？”祖曰“我名迦那提婆。”彼既夙闻祖名，乃悔过致谢。时众中犹互兴问难，祖折以无碍之辩，由是归伏。乃告上足罗睺罗多而付法眼。偈曰:“本对传法人,为说解脱理。于法实无证,无终亦无始。”祖说偈已，入奋迅定，身放八光，而归寂灭。学众兴塔而供养之。即前汉文帝十九年庚辰岁也。

十六祖罗睺罗多尊者

十六祖罗睺罗多尊者，迦毗罗国人也。行化至室罗筏城，有河名曰金水，其味殊美，中流复现五佛影。祖告众曰:“此河之源，凡五百里，有圣者僧伽难提居于彼处。佛志:‘一千年后，当绍圣位。’”语已，领诸学众，溯流而上。至彼，见僧伽难提安坐入定。祖与众伺之。经三七日,方从定起。祖问曰:“汝身定邪,心定邪？”提曰:“身心俱定。”祖曰:“身心俱定，何有出入？”提曰:“虽有出入，不失定相。如金在井，金体常寂。”祖曰:“若金在井，若金出井，金无动静，何物出入？”提曰:“言金动静，何物出入？言金出入，金非动静。”祖曰:“若金在井，出者何金？若金出井，在者何物？”提曰:“金若出井，在者非金。金若在井，出者非物。”祖曰:“此义不然。”提曰:“彼义非着。”祖曰:“此义当堕。”提曰:“彼义不成。”祖曰:“彼义不成，我义成矣。”提曰:“我义虽成，法非我故。”祖曰:“我义已成，我无我故。”提曰:“我无我故，复成何义？”祖曰:“我无我故，故成汝义。”提曰:“仁者师谁，得是无我？”祖曰:“我师迦那提婆，证是无我。”难提以偈赞曰:“稽首提婆师,而出于仁者。仁者无我故,我欲师仁者。”祖以偈答曰:“我已无我故,汝须见我我。汝若师我故,知我非我我。”难提心意豁然，即求度脱。祖曰:“汝心自在，非我所系。”语已，即以右手擎金钵，举至梵宫，取彼香饭，将斋大众，而大众忽生厌恶之心。祖曰:“非我之咎，汝等自业。”即命难提分座同食，众复讶之。祖曰：“汝不得食，皆由此故。当知与吾分座者，即过去娑罗树王如来也。愍物降迹，汝辈亦庄严劫中已至三果而未证无漏者也。”众曰：“我师神力，斯可信矣。彼云过去佛者，即窃疑焉。”难提知众生慢，乃曰：“世尊在日，世界平正，无有丘陵，江河沟洫，水悉甘美，草木滋茂，国土丰盈。无八苦、行十善，自双树示灭八百余年，世界丘墟，树木枯悴，人无至信，正念轻微，不信真如，唯爱神力。”言讫，以右手渐展入地，至金刚轮际，取甘露水，以琉璃器持至会所。大众见之，即时钦慕，悔过作礼。于是，祖命僧伽难提而付法眼。偈曰：“于法实无证，不取亦不离。法非有无相，内外云何起？”祖付法已，安坐归寂。四众建塔。当前汉武帝二十八年戊辰岁也。

十七祖僧伽难提尊者

十七祖僧伽难提尊者，室罗筏城宝庄严王之子也。生而能言，常赞佛事。七岁即厌世乐，以偈告其父母曰：“稽首大慈父，和南骨血母。我今欲出家，幸愿哀愍故。”父母固止之，遂终日不食。乃许其在家出家，号僧伽难提。复命沙门禅利多为之师。积十九载，未尝退倦。每自念言：“身居王宫，胡为出家？”一夕，天光下属，见一路坦平，不觉徐行。约十里许，至大岩前，有石窟焉，乃燕寂于中。父既失子，即摈禅利多出国，访寻其子，不知所在。经十年，祖得法受记已，行化至摩提国，忽有凉风袭众，身心悦适非常，而不知其然。祖曰：“此道德之风也。当有圣者出世，嗣续祖灯乎？”言讫，以神力摄诸大众，游历山谷。食顷，至一峰下，谓众曰：“此峰顶有紫云如盖，圣人居此矣。”即与大众徘徊久之。见山舍一童子，持圆鉴直造祖前。祖问：“汝几岁邪？”曰：“百岁。”祖曰：“汝年尚幼，何言百岁？”童曰：“我不会理，正百岁耳。”祖曰：“汝善机邪？”童曰：“佛言：若人生百岁，不会诸佛机，未若生一日，而得决了之。”祖曰：“汝手中者，当何所表？”童曰：“诸佛大圆鉴，内外无瑕翳。两人同得见，心眼皆相似。”彼父母闻子语，即舍令出家。祖携至本处，授具戒讫，名伽耶舍多。他时闻风吹殿铃声，祖问曰：“铃鸣邪？风鸣邪？”舍多曰：“非风铃鸣，我心鸣耳。”祖曰：“心复谁乎？”舍多曰：“俱寂静故。”祖曰：“善哉！善哉！继吾道者，非子而谁？”即付法眼。偈曰：“心地本无生，因地从缘起。缘种不相妨，华果亦复尔。”祖付法已，右手攀树而化。大众议曰：“尊者树下归寂，其垂荫后裔乎！”将奉全身于高原建塔，众力不能举，即就树下起塔。当前汉昭帝十三年丁未岁也。

十八祖伽耶舍多尊者

十八祖伽耶舍多尊者，摩提国人也。姓郁头蓝，父天盖，母方圣。尝梦大神持鉴，因而有娠。凡七日而诞，肌体莹如琉璃，未尝洗沐，自然香洁。幼好闲静，语非常童。持鉴出游，遇难提尊者。得度后，领徒至大月氏国。见一婆罗门舍有异气，祖将入彼舍，舍主鸠摩罗多问曰：“是何徒众？”祖曰：“是佛弟子。”彼闻佛号，心神竦然，即时闭户。祖良久扣其门，罗多曰：“此舍无人。”祖曰：“答无者谁？”罗多闻语，知是异人，遽开关延接。祖曰：“昔世尊记曰：‘吾灭后一千年，有大士出现于月氏国，绍隆玄化。’今汝值吾，应斯嘉运。”于是鸠摩罗多发宿命智，投诚出家。授具讫，付法偈曰：“有种有心地，因缘能发萌。于缘不相碍，当生生不生。”祖付法已，踊身虚空，现十八种神变，化火光三昧，自焚其身。众以舍利起塔。当前汉成帝二十年戊申岁也。

十九祖鸠摩罗多尊者

十九祖鸠摩罗多尊者，大月氏国婆罗门之子也。昔为自在天人。〔欲界第六天。〕见菩萨璎珞，忽起爱心，堕生忉利。〔欲界第二天。〕闻憍尸迦说《般若波罗蜜多》，以法胜故，升于梵天色界。以根利故，善说法要，诸天尊为导师。以继祖时至，遂降月氏。后至中天竺国，有大士名阇夜多，问曰："我家父母素信三宝，而常萦疾瘵，凡所营作，皆不如意；而我邻家久为旃陀罗行，而身常勇健，所作和合。彼何幸，而我何辜？"祖曰："何足疑乎！且善恶之报有三时焉，凡人但见仁夭暴寿、逆吉义凶，便谓亡因果、虚罪福，殊不知影响相随，毫厘靡忒。纵经百千万劫，亦不磨灭。"时阇夜多闻是语已，顿释所疑。祖曰："汝虽已信三业，而未明业从惑生，惑因识有，识依不觉，不觉依心。心本清净，无生灭，无造作，无报应，无胜负，寂寂然，灵灵然。汝若入此法门，可与诸佛同矣。一切善恶，有为无为，皆如梦幻。"阇夜多承言领旨，即发宿慧，恳求出家。既受具，祖告曰："吾今寂灭时至，汝当绍行化迹。"乃付法眼，偈曰："性上本无生，为对求人说。于法既无得，何怀决不决。"又云："此是妙音如来见性清净之句，汝宜传布后学。"言讫，即于座上，以指爪剺面，如红莲开出，大光明照耀四众，而入寂灭。阇夜多起塔。当新室十四年壬午岁也。

二十祖阇夜多尊者

二十祖阇夜多尊者，北天竺国人也。智慧渊冲，化导无量。后至罗阅城，敷扬顿教。彼有学众，唯尚辩论。为之首者，名婆修盘头。〔此云遍行。〕常一食不卧，六时礼佛，清净无欲，为众所归。祖将欲度之，先问彼众曰："此遍行头陀，能修梵行，可得佛道乎？"

众曰：“我师精进，何故不可。”祖曰：“汝师与道远矣。设苦行历于尘劫，皆虚妄之本也。”众曰：“尊者蕴何德行而讥我师？”祖曰：“我不求道，亦不颠倒。我不礼佛，亦不轻慢。我不长坐，亦不懈怠。我不一食，亦不杂食。我不知足，亦不贪欲。心无所希，名之曰道。”时遍行闻已，发无漏智，欢喜赞叹。祖又语彼众曰：“会吾语否？吾所以然者，为其求道心切。夫弦急即断，故吾不赞。令其住安乐地，入诸佛智。”复告遍行曰：“吾适对众，抑挫仁者，得无恼于衷乎？”遍行曰：“我忆念七劫前，生常安乐国，师于智者月净，记我非久当证斯陀含果。时有大光明菩萨出世，我以老故，策杖礼谒。师叱我曰：‘重子轻父，一何鄙哉！’时我自谓无过，请师示之。师曰：‘汝礼大光明菩萨，以杖倚壁画佛面，以此过慢，遂失二果。’我责躬悔过以来，闻诸恶言，如风如响，况今获饮无上甘露，而反生热恼邪？惟愿大慈，以妙道垂诲。”祖曰：“汝久植众德，当继吾宗。听吾偈曰：‘言下合无生，同于法界性。若能如是解，通达事理竟。’”祖付法已，不起于座，奄然归寂。阇维，收舍利建塔，当后汉明帝十七年甲戌岁也。

二十一祖婆修盘头尊者

二十一祖婆修盘头尊者，罗阅城人也。姓毗舍佉，父光盖，母严一。家富而无子，父母祷于佛塔而求嗣焉。一夕，母梦吞明暗二珠，觉而有孕。经七日，有一罗汉名贤众至其家，光盖设礼，贤众端坐受之。严一出拜，贤众避席，云：“回礼法身大士。”光盖罔测其由，遂取一宝珠跪献，试其真伪。贤众即受之，殊无逊谢。光盖不能忍，问曰：“我是丈夫，致礼不顾；我妻何德，尊者避之。”贤众曰：“我受礼纳珠，贵福汝耳。汝妇怀圣子，生当为世灯慧日，故吾避之，非重女人也。”贤众又曰：“汝妇当生二子，一名婆修盘头，则吾所尊者也。二名刍尼。〔此云野鹊子〕。昔如来在雪山修道，刍尼巢于顶上，佛既成道，刍尼受报为那提国王。佛记云：‘汝至第二五百年，生罗阅城毗舍佉家，与圣同胞。’今无爽矣。”后一月，果产二子。尊者婆修盘头年至十五，礼光度罗汉出家，感毗婆诃菩萨与之授戒。行化至那提国，彼王名常自在，有二子：一名摩诃罗，次名摩拏罗。王问祖曰：“罗阅城土风，与此何异？”祖曰：“彼土曾三佛出世，今王国有二师化导。”王曰：“二师者谁？”祖曰：“佛记第二五百年，有二神力大士出家继圣，即王之次子摩拏罗，是其一也。吾虽德薄，敢当其一。”王曰：“诚如尊者所言，当舍此子作沙门。”祖曰：“善哉！大王能遵佛旨。”即与授具，付法。偈曰：“泡幻同无碍，如何不了悟，达法在其中，非今亦非古。”祖付法已，踊身高半由旬，屹然而住。四众仰瞻虔请，复坐跏趺而逝。荼毗得舍利，建塔。当后汉殇帝十二年丁巳岁也。

二十二祖摩拏罗尊者

二十二祖摩拏罗尊者，那提国常自在王之子也。年三十，遇婆修祖师出家传法至西印度。彼国王名得度，即瞿昙种族，归向佛乘，勤行精进。一日，于行道处，现一小塔，欲取供养，众莫能举。王即大会梵行、禅观、咒术等三众，欲问所疑。时祖亦赴此会，是三众皆莫能辨。祖即为王广说塔之所因，〔塔，阿育王造者，此不繁录。〕今之出现，王福力之所致也。王闻是说，乃曰：“至圣难逢，世乐非久。”即传位太子，投祖出家，七日而证四果。祖深加慰诲曰：“汝居此国，善自度人。今异域有大法器，吾当往化。”得度曰：“师应迹十方，动念当至，宁劳往邪？”祖曰：“然。”于是焚香，遥语月氏国鹤勒那比丘曰：“汝在彼国，教导鹤众，道果将证，宜自知之。”时鹤勒那为彼国王宝印说《修多罗》偈，忽睹异香成穗，王曰：

"是何祥也？"曰："此是西印土传佛心印祖师摩拏罗将至，先降信香耳。"曰："此师神力何如？"曰："此师远承佛记，当于此土广宣玄化。"时王与鹤勒那俱遥作礼。祖知已，即辞得度比丘，往月氏国，受王与鹤勒那供养。后鹤勒那问祖曰："我止林间，已经九白。〔印度以一年为一白。〕有弟子龙子者，幼而聪慧，我于三世推穷，莫知其本。"祖曰："此子于第五劫中，生妙喜国婆罗门家，曾以旃檀施于佛宇，作槌撞钟，受报聪敏，为众钦仰。"又问："我有何缘而感鹤众？"祖曰："汝第四劫中，尝为比丘，当赴会龙宫。汝诸弟子咸欲随从，汝观五百众中，无有一人堪任妙供。时诸弟子曰：'师常说法，于食等者，于法亦等。今既不然，何圣之有！'汝即令赴会。自汝舍生、趣生、转化诸国，其五百弟子以福微德薄，生于羽族。今感汝之惠，故为鹤众相随。"鹤勒那问曰："以何方便，令彼解脱？"祖曰："我有无上法宝，汝当听受，化未来际。"而说偈曰："心随万境转，转处实能幽。随流认得性，无喜复无忧。"时鹤众闻偈，飞鸣而去。祖跏趺，寂然奄化。鹤勒那与宝印王起塔。当后汉桓帝十九年乙巳岁也。

二十三祖鹤勒那尊者

二十三祖鹤勒那尊者，〔勒那梵语，鹤即华言，以常感群鹤恋慕故名耳。〕月氏国人也。姓婆罗门，父千胜，母金光。以无子故，祷于七佛金幢。即梦须弥山顶一神童，持金环云："我来也。"觉而有孕。年七岁，游行聚落，睹民间淫祀，乃入庙叱之曰："汝妄兴祸福，幻惑于人，岁费牲牢，伤害斯甚。"言讫，庙貌忽然而坏。由是乡党谓之圣子。年二十二出家。三十遇摩拏罗尊者，付法眼藏。行化至中印度。彼国王名无畏海，崇信佛道。祖为说正法次，王忽见二人绯素服拜祖。王问曰："此何人也？"祖曰："此是日月天子，吾昔曾为说法，故来礼拜。”良久不见，唯闻异香。王曰：“日月国土，总有多少？”祖曰：“千释迦佛所化世界，各有百亿迷卢日月，我若广说，即不能尽。”王闻忻然。时祖演无上道，度有缘众，以上足龙子早夭，有兄师子，博通强记，事婆罗门。厥师既逝，弟复云亡，乃归依尊者而问曰：“我欲求道，当何用心？”祖曰：“汝欲求道，无所用心。”曰：“既无用心，谁作佛事？”祖曰：“汝若有用，即非功德。汝若无作，即是佛事。《经》云：‘我所作功德，而无我所故。’”师子闻是语已，即入佛慧。时祖忽指东北问曰：“是何气象？”师子曰：“我见气如白虹，贯乎天地。复有黑气五道，横亘其中。”祖曰：“其兆云何？”曰：“莫可知矣。”祖曰：“吾灭后五十年，北天竺国当有难起，婴在汝身。吾将灭矣，今以法眼付嘱于汝，善自护持。”乃说偈曰：“认得心性时，可说不思议。了了无可得，得时不说知。”师子比丘闻偈欣惬，然未晓将罹何难，祖乃密示之。言讫，现十八变，而归寂。阇维毕，分舍利，各欲兴塔。祖复现空中而说偈曰：“一法一切法，一切一法摄。吾身非有无，何分一切塔？”大众闻偈，遂不复分，就驮都场而建塔焉。即后汉献帝二十年己丑岁也。

二十四祖师子尊者

二十四祖师子比丘者，中印度人也。姓婆罗门。得法游方，至罽宾国。有波利迦者，本习禅观，故有禅定、知见、执相、舍相、不语之五众。祖诘而化之，四众皆默然心服。唯禅定师达磨达者，闻四众被责，愤悱而来。祖曰：“仁者习定，何当来此？既至于此，胡云习定？”彼曰：“我虽来此，心亦不乱。定随人习，岂在处所？”祖曰：“仁者既来，其习亦至。既无处所，岂在人习？”彼曰：“定习人故，非人习定。我当来此，其定常习。”祖曰：“人非习定，定习人故。当自来时，其定谁习？”彼曰：“如净明珠，内外无翳。

定若通达，必当如此。”祖曰：“定若通达，一似明珠。今见仁者，非珠之徒。”彼曰：“其珠明彻，内外悉定。我心不乱，犹若此净。”祖曰：“其珠无内外，仁者何能定？秽物非动摇，此定不是净。”达磨达蒙祖开悟，心地朗然。祖既摄五众，名闻遐迩。方求法嗣，遇一长者，引其子问祖曰：“此子名斯多，当生便拳左手，今既长矣，终未能舒，愿尊者示其宿因。”祖睹之，即以手接曰：“可还我珠！”童子遽开手奉珠，众皆惊异。祖曰：“吾前报为僧，有童子名婆舍，吾尝赴西海斋，受䞋珠付之，今还吾珠，理固然矣。”长者遂舍其子出家，祖即与授具。以前缘故名婆舍斯多。祖即谓之曰：“吾师密有悬记，罹难非久，如来正法眼藏今转付汝，汝应保护，普润来际。”偈曰：“正说知见时，知见俱是心。当心即知见，知见即于今。”祖说偈已，以僧伽梨密付斯多，俾之他国，随机演化。斯多受教，直抵南天。祖谓难不可以苟免，独留罽宾。时本国有外道二人：一名摩目多，二名都落遮，学诸幻法，欲共谋乱。乃盗为释子形象，潜入王宫。且曰：“不成即罪归佛子。”妖既自作，祸亦旋踵。王果怒曰：“吾素归心三宝，何乃构害，一至于斯！”即命破毁伽蓝，祛除释众。又自秉剑，至尊者所，问曰：“师得蕴空否？”祖曰：“已得蕴空。”王曰：“离生死否？”祖曰：“已离生死。”王曰：“既离生死，可施我头。”祖曰：“身非我有，何吝于头！”王即挥刃，断尊者首。白乳涌高数尺，王之右臂旋亦堕地，七日而终。太子光首叹曰：“我父何故自取其祸？”时有象白山仙人者，深明因果，即为光首广宣宿因，解其疑网。〔事具《圣胄集》及《宝林传》。〕遂以师子尊者报体而建塔焉。当魏齐王二十年已卯岁也。

二十五祖婆舍斯多尊者

二十五祖婆舍斯多尊者，罽宾国人也。姓婆罗门，父寂行，母常安乐。初，母梦得神剑，因而有孕。既诞，拳左手。遇师子尊者显发宿因，密授心印。后适南天，至中印度。彼国王名迦胜，设礼供养。时有外道，号无我尊。先为王礼重，嫉祖之至，欲与论义，幸而胜之，以固其事。乃于王前谓祖曰："我解默论，不假言说。"祖曰："孰知胜负？"彼曰："不争胜负，但取其义。"祖曰："汝以何为义？"彼曰："无心为义。"祖曰："汝既无心，岂得义乎？"彼曰："我说无心，当名非义。"祖曰："汝说无心，当名非义。我说非心，当义非名。"彼曰："当义非名，谁能辨义？"祖曰："汝名非义，此名何名？"彼曰："为辨非义，是名无名。"祖曰："名既非名，义亦非义，辨者是谁，当辨何物？"如是往返五十九番，外道杜口信伏。于时祖忽面北，合掌长吁曰："我师师子尊者，今日遇难，斯可伤焉。"即辞王南迈，达于南天，潜隐山谷。时彼国王名天德，迎请供养。王有二子：一名德胜，凶暴而色力充盛。一名不如密多，和柔而长婴疾苦。祖乃为陈因果，王即顿释所疑。又有咒术师，忌祖之道，乃潜置毒药于饮食中，祖知而食之，彼返受祸，遂投祖出家。祖即与授具。后六十载，德胜即位，复信外道，致难于祖。不如密多以进谏被囚。王遽问祖曰："予国素绝妖讹，师所传者当是何宗？"祖曰："王国昔来，实无邪法。我所得者，即是佛宗。"王曰："佛灭已千二百载，师从谁得邪？"祖曰："饮光大士，亲受佛印，辗转至二十四世师子尊者，我从彼得。"王曰："予闻师子比丘不能免于刑戮，何能传法后人？"祖曰："我师难未起时，密授我信衣法偈，以显师承。"王曰："其衣何在？"祖即于囊中出衣示王。王命焚之，五色相鲜，薪尽如故。王即追悔致礼。师子真嗣既明，乃赦密多。密多遂求出家。祖问曰："汝欲出家，当为何事？"密多曰："我若出家，不为其事。"祖曰："不为何事？"密多曰："不为俗事。"祖曰："当为何事？"密多曰："当为佛事。"祖曰："太子智慧天至，必诸圣降迹。"即许出家。六年侍奉，后于王宫受具。羯磨之际，大地震动，颇多灵异。祖乃命之曰：“吾已衰朽，安可久留？汝当善护正法眼藏，普济群有。听吾偈曰：‘圣人说知见，当境无是非。我今悟真性，无道亦无理。’”不如密多闻偈，再启祖曰：“法衣宜可传授。”祖曰：“此衣为难故，假以证明；汝身无难，何假其衣？化被十方，人自信向。”不如密多闻语，作礼而退。祖现于神变，化三昧火自焚，平地舍利可高一尺。德胜王创浮图而秘之。当东晋明帝太宁三年乙酉岁也。

二十六祖不如密多尊者

二十六祖不如密多尊者，南印度天德王之次子也。既受度得法，至东印度。彼王名坚固，奉外道师长爪梵志。暨尊者将至，王与梵志同睹白气贯于上下。王曰：“斯何瑞也？”梵志预知祖入境，恐王迁善，乃曰：“此是魔来之兆耳，何瑞之有！”即鸠诸徒众议曰：“不如密多将入都城，谁能挫之？”弟子曰：“我等各有咒术，可以动天地、入水火，何患哉？”祖至，先见宫墙有黑气，乃曰：“小难耳。”直诣王所。王曰：“师来何为？”祖曰：“将度众生。”王曰：“以何法度？”祖曰：“各以其类度之。”时梵志闻言，不胜其怒，即以幻法，化大山于祖顶上。祖指之，忽在彼众头上。梵志等怖惧投祖，祖愍其愚惑，再指之，化山随灭。乃为王演说法要，俾趣真乘。谓王曰：“此国当有圣人而继于我。”是时有婆罗门子，年二十许，幼失父母，不知名氏。或自言缨络，故人谓之缨络童子。游行闾里，丐求度日，若常不轻之类。人问：“汝行何急？”即答曰：“汝行何缓？”或曰：“何姓？”乃曰：“与汝同姓。”莫知其故。后，王与尊者同车而出，见缨络童子稽首于前，祖曰：“汝忆往事否？”童曰：“我念远劫中，与师同居。师演《摩诃般若》，我转甚深《修多罗》，今日之事，盖契昔因。”祖又谓王曰：“此童子非他，即大势至菩萨是也。此圣之后，复出二人：一人化南印度，一人缘在震旦。四五年内，却返此方。”遂以昔因，故名般若多罗。付法眼藏，偈曰：“真性心地藏，无头亦无尾。应缘而化物，方便呼为智。”祖付法已，即辞王曰：“吾化缘已终，当归寂灭。愿王于最上乘，无忘外护。”即还本座，跏趺而逝，化火自焚。收舍利塔而瘗之。当东晋孝武帝太元十三年戊子岁也。

二十七祖般若多罗尊者

二十七祖般若多罗尊者，东印度人也。既得法已，行化至南印度。彼王名香至，崇奉佛乘，尊重供养，度越伦等，又施无价宝珠。时王有三子：曰月净多罗，曰功德多罗，曰菩提多罗。其季开士也。祖欲试其所得，乃以所施珠问三王子曰：“此珠圆明，有能及否？”第一王子、第二王子皆曰：“此珠七宝中尊，固无踰也。非尊者道力，孰能受之？”第三王子曰：“此是世宝，未足为上。于诸宝中，法宝为上。此是世光，未足为上。于诸光中，智光为上。此是世明，未足为上。于诸明中，心明为上。此珠光明，不能自照，要假智光。光辨于此，既辨此已，即知是珠。既知是珠，即明其宝。若明其宝，宝不自宝。若辨其珠，珠不自珠。珠不自珠者，要假智珠而辨世珠。宝不自宝者，要假智宝以明法宝。然则师有其道，其宝即现。众生有道，心宝亦然。”祖叹其辩慧，乃复问曰：“于诸物中，何物无相？”曰：“于诸物中，不起无相。”又问：“于诸物中，何物最高？”曰：“于诸物中，人我最高。”又问：“于诸物中，何物最大？”曰：“于诸物中，法性最大。”祖知是法嗣，以时尚未至，且默而混之。及香至王厌世，众皆号绝。唯第三子菩提多罗于柩前入定。经七日而出，乃求出家。既受具戒，祖告曰：“如来以正法眼付大迦叶，如是辗转，乃至于我。我今嘱汝，听吾偈曰：‘心地生诸种，因事复生理。果满菩提圆，华开世界起。'”尊者付法已，即于座上起立，舒左右手，各放光明二十七道，五色光耀。又踊身虚空，高七多罗树，化火自焚。空中舍利如雨，收以建塔，当宋孝武帝大明元年丁酉岁。祖因东印度国王请，祖斋次，王乃问："诸人尽转经，唯师为甚不转？"祖曰："贫道出息不随众缘，入息不居蕴界，常转如是经百千万亿卷，非但一卷两卷。"

东土祖师

初祖菩提达磨大师

初祖菩提达磨大师者，南天竺国香至王第三子也。姓刹帝利，本名菩提多罗，后遇二十七祖般若多罗至本国受王供养，知师密迹，因试令与二兄辨所施宝珠，发明心要。既而尊者谓曰："汝于诸法，已得通量。夫达磨者，通大之义也。宜名达磨。"因改号菩提达磨。祖乃告尊者曰："我既得法，当往何国而作佛事？愿垂开示。"者曰："汝虽得法，未可远游，且止南天。待吾灭后六十七载，当往震旦，设大法药，直接上根。慎勿速行，衰于日下。"祖又曰："彼有大士，堪为法器否？千载之下有留难否？"者曰："汝所化之方，获菩提者不可胜数。吾灭后六十余年，彼国有难，水中文布，自善降之。汝至时，南方勿住。彼唯好有为功业，不见佛理，汝纵到彼，亦不可久留。听吾偈曰：'路行跨水复逢羊，独自栖栖暗渡江。日下可怜双象马，二株嫩桂久昌昌。'"又问曰："此后更有何事？"者曰："从是已去，一百五十年，而有小难。听吾谶曰：'心中虽吉外头凶，川下僧房名不中。为遇毒龙生武子，忽逢小鼠寂无穷。'"又问："此后如何？"者曰："却后二百二十年，林下见一人，当得道果。听吾谶曰：'震旦虽阔无别路，要假儿孙脚下行。金鸡解衔一粒粟，供养十方罗汉僧。'"复演诸偈，皆预谶佛教隆替。〔事具《宝林传》及《圣胄集》。〕祖恭禀教义，服勤左右垂四十年，未尝废阙。迨尊者顺世，遂演化本国。

时有二师：一名佛大先，二名佛大胜多，本与祖同学佛陀跋陀小乘禅观。佛大先既遇般若多罗尊者，舍小趣大，与祖并化，时号二甘露门矣。而佛大胜多更分徒而为六宗：第一有相宗，第二无相宗，第三定慧宗，第四戒行宗，第五无得宗，第六寂静宗。各封己解，别展化源，聚落峥嵘，徒众甚盛。祖喟然叹曰："彼之一师已陷牛迹，况复支离繁盛而分六宗？我若不除，永缠邪见。"言已，微现神力，至有相宗所，问曰："一切诸法何名实相？"彼众中有一尊长萨婆罗答曰："于诸相中不互诸相，是名实相。"祖曰："一切诸相而不互者，若名实相，当何定邪？"彼曰："于诸相中实无有定，若定诸相，何名为实？"祖曰："诸相不定，便名实相。汝今不定，当何得之？"彼曰："我言不定，不说诸相。当说诸相，其义亦然。"祖曰："汝言不定，当为实相。定不定故，即非实相。"彼曰："定既不定，即非实相。知我非故，不定不变。"祖曰："汝今不变，何名实相？已变已往，其义亦然。"彼曰："不变当在，在不在故，故变实相，以定其义。"祖曰："实相不变，变即非实。于有无中，何名实相？"萨婆罗心知圣师悬解潜达，即以手指虚空曰："此是世间有相，亦能空故，当我此身，得似此否？"祖曰："若解实相，即见非相。若了非相，其色亦然。当于色中，不失色体。于非相中，不碍有故。若能是解，此名实相。"彼众闻已，心意朗然，钦礼信受。祖瞥然匿迹。至无相宗所，问曰："汝言无相，当何证之？"彼众中有波罗提答曰："我明无相，心不现故。"祖曰："汝心不现，当何明之？"彼曰："我明无相，心不取舍。当于明时，亦无当者。"祖曰："于诸有无，心不取舍。又无当者，诸明无故。"彼曰："入佛三昧，尚无所得，何况无相，而欲知之？”祖曰：“相既不知，谁云有无？尚无所得，何名三昧？”彼曰：“我说不证，证无所证。非三昧故，我说三昧。”祖曰：“非三昧者，何当名之？汝既不证，非证何证？”波罗提闻祖辩析，即悟本心，礼谢于祖，忏悔往谬。祖记曰：“汝当得果，不久证之。此国有魔，非久降之。”言已，忽然不现。至定慧宗所，问曰：“汝学定慧，为一为二？”彼众中有婆兰陀者答曰：“我此定慧，非一非二。”祖曰：“既非一二，何名定慧？”彼曰：“在定非定，处慧非慧。一即非一，二亦不二。”祖曰：“当一不一，当二不二。既非定慧，约何定慧？”彼曰：“不一不二，定慧能知。非定非慧，亦复然矣。”祖曰：“慧非定故，然何知哉？不一不二，谁定谁慧？”婆兰陀闻之，疑心冰释。至第四戒行宗所，问曰：“何者名戒？云何名行？当此戒行，为一为二？”彼众中有一贤者答曰：“一二二一，皆彼所生。依教无染，此名戒行。”祖曰：“汝言依教，即是有染。一二俱破，何言依教。此二违背，不及于行。内外非明，何名为戒？”彼曰：“我有内外，彼已知竟。既得通达，便是戒行。若说违背，俱是俱非。言及清净，即戒即行。”祖曰：“俱是俱非，何言清净？既得通故，何谈内外？”贤者闻之，即自惭伏。至无得宗所，问曰：“汝云无得，无得何得？既无所得，亦无得得。”彼众中有宝静者答曰：“我说无得，非无得得。当说得得，无得是得。”祖曰：“得既不得。得亦非得。既云得得，得得何得？”彼曰：“见得非得。非得是得。若见不得，名为得得。”祖曰：“得既非得，得得无得。既无所得，当何得得？”宝静闻之，顿除疑网。至寂静宗所，问曰：“何名寂静，于此法中，谁静谁寂？”彼众中有尊者答曰：“此心不动，是名为寂。于法无染，名之为静。”祖曰：“本心不寂，要假寂静。本来寂故，何用寂静？”彼曰：“诸法本空，以空空故。于彼空空，故名寂静。”祖曰：“空空已空，诸法亦尔。寂静无相，何静何寂？”彼尊者闻师指诲，豁然开悟。既而六众，咸誓归依。

由是化被南天，声驰五印。经六十载，度无量众。

后值异见王轻毁三宝，每云："我之祖宗，皆信佛道，陷于邪见，寿年不永，运祚亦促。且我身是佛，何更外求？善恶报应，皆因多智之者妄构其说。至于国内耆旧，为前王所奉者，悉从废黜。"祖知已，叹彼德薄。当何救之？即念无相宗中二首领：其一波罗提者，与王有缘，将证其果。其二宗胜者，非不博辩，而无宿因。时六宗徒众，亦各念言：佛法有难，师何自安？祖遥知众意，即弹指应之。六众闻云："此是我师达磨信响，我等宜速行，以副慈命。"即至祖所，礼拜问讯。祖曰："一叶翳空，孰能剪拂？"宗胜曰："我虽浅薄，敢惮其行？"祖曰："汝虽辩慧，道力未全。"宗胜自念："我师恐我见王大作佛事，名誉显达，映夺尊威。纵彼福慧为王，我是沙门受佛教旨，岂难敌也。"言讫潜去。至王所广说法要及世界苦乐、人天善恶等事。王与之往返征诘，无不诣理。王曰："汝今所解，其法何在？"宗胜曰："如王治化，当合其道。王所有道，其道何在？"王曰："我所有道，将除邪法。汝所有法，将伏何人？"祖不起于座，悬知宗胜义堕，遽告波罗提曰："宗胜不禀吾教，潜化于王，须臾理屈。汝可速救。"波罗提恭禀祖旨，云："愿假神力。"言已，云生足下。至大王前，默然而住。时王正问宗胜，忽见波罗提乘云而至，愕然忘其问答。曰："乘空之者，是正是邪？"提曰："我非邪正，而来正邪。王心若正，我无邪正。"王虽惊异，而骄慢方炽，即摈宗胜令出。波罗提曰："王既有道，何摈沙门？我虽无解，愿王致问。"王怒而问曰："何者是佛？"提曰："见性是佛。"王曰："师见性否？"提曰："我见佛性。"王曰："性在何处？"提曰："性在作用。"王曰："是何作用？我今不见。"提曰："今现作用，王自不见。"王曰："于我有否？"提曰："王若作用，无有不是。王若不用，体亦难见。"王曰："若当用时，几处出现？"提曰："若出现时，当有其八。"王曰："其八出现，当为我说。"波罗提即说偈曰："在胎为身，处世为人。

在眼曰见，在耳曰闻。在鼻辨香，在口谈论。在手执捉，在足运奔。遍现俱该沙界，收摄在一微尘。识者知是佛性，不识唤作精魂。”王闻偈已，心即开悟，悔谢前非，咨询法要，朝夕忘倦，迄于九旬。时宗胜既被斥逐，退藏深山。念曰：“我今百岁，八十为非。二十年来，方归佛道。性虽愚昧，行绝瑕疵。不能御难，生何如死？”言讫，即自投崖。俄有神人以手捧承，置于岩上，安然无损。宗胜曰：“我忝沙门，当与正法为主，不能抑绝王非，是以捐身自责，何神佑助，一至于斯！愿垂一语，以保余年。”于是神人乃说偈曰：“师寿于百岁，八十而造非。为近至尊故，熏修而入道。虽具少智慧，而多有彼我。所见诸贤等，未尝生珍敬。二十年功德，其心未恬静。聪明轻慢故，而获至于此。得王不敬者，当感果如是。自今不疏怠，不久成奇智。诸圣悉存心，如来亦复尔。”宗胜闻偈欣然，即于岩间宴坐。时王复问波罗提曰：“仁者智辩，当师何人？”提曰：“我所出家，即娑罗寺乌沙婆三藏为受业师。其出世师者，即大王叔菩提达磨是也。”王闻祖名，惊骇久之。曰：“鄙簿忝嗣王位，而趣邪背正，忘我尊叔。”遽敕近臣，特加迎请。祖即随使而至，为王忏悔往非。王闻规诫，泣谢于祖。又诏宗胜归国。大臣奏曰：“宗胜被谪投崖，今已亡矣。”王告祖曰：“宗胜之死，皆自于吾。如何大慈，令免斯罪。”祖曰：“宗胜今在岩间宴息，但遣使召，当即至矣。”王即遣使入山，果见宗胜端居禅寂。宗胜蒙召，乃曰：“深愧王意，贫道誓处岩泉。且王国贤德如林，达磨是王之叔，六众所师，波罗提法中龙象，愿王崇仰二圣，以福皇基。”使者复命。未至，祖谓王曰：“知取得宗胜否？”王曰：“未知。”祖曰：“一请未至，再命必来。”良久使还，果如祖语。祖遂辞王曰：“当善修德，不久疾作，吾且去矣。”经七日，王乃得疾。国医诊治，有加无瘳。贵戚近臣忆师前记，急发使告祖曰：“王疾殆至弥留，愿叔慈悲，远来诊救。”祖即至慰问。时宗胜再承王召，即别岩间。波罗提亦来问疾。谓祖曰：

“当何施为，令王免苦？”祖即令太子为王宥罪施恩，崇奉三宝，复为忏悔，愿罪消灭。如是者三，王疾有间。师念震旦缘熟，行化时至，乃先辞祖塔，次别同学，后至王所，慰而勉之曰：“当勤修白业，护持三宝。吾去非晚，一九即回。”王闻师言，涕泪交集曰：“此国何罪，彼土何祥？叔既有缘，非吾所止。惟愿不忘父母之国，事毕早回。”王即具大舟，实以众宝，躬率臣寮，送至海壖。祖泛重溟，凡三周寒暑，达于南海，实梁普通七年丙午岁九月二十一日也。广州刺史萧昂具主礼迎接，表闻武帝。帝览奏，遣使赍诏迎请，当大通元年丁未岁也。〔普通八年三月改元。〕十月一日至金陵。帝问曰：“朕即位已来，造寺写经，度僧不可胜纪，有何功德？”祖曰：“并无功德。”帝曰：“何以无功德？”祖曰：“此但人天小果，有漏之因，如影随形，虽有非实。”帝曰：“如何是真功德？”祖曰：“净智妙圆，体自空寂，如是功德，不以世求。”帝又问：“如何是圣谛第一义？”祖曰：“廓然无圣。”帝曰：“对朕者谁？”祖曰：“不识。”帝不领悟。祖知机不契，是月十九日，潜回江北。十一月二十三日，届于洛阳。当魏孝明帝孝昌三年也，寓止于嵩山少林寺，面壁而坐，终日默然。人莫之测，谓之壁观婆罗门。

时有僧神光者，旷达之士也。久居伊洛，博览群书，善谈玄理。每叹曰：“孔老之教，礼术风规，庄易之书，未尽妙理。近闻达磨大士住止少林，至人不遥，当造玄境。”乃往彼，晨夕参承。祖常端坐面壁，莫闻诲励。光自惟曰：“昔人求道，敲骨取髓，刺血济饥，布发掩泥，投崖饲虎，古尚若此，我又何人？”其年十二月九日夜，天大雨雪。光坚立不动，迟明积雪过膝。祖悯而问曰：“汝久立雪中，当求何事？”光悲泪曰：“惟愿和尚慈悲，开甘露门，广度群品。”祖曰：“诸佛无上妙道，旷劫精勤，难行能行，非忍而忍。岂以小德小智，轻心慢心，欲冀真乘，徒劳勤苦。”光闻祖诲励，潜取利刀，自断左臂，置于祖前。祖知是法器，乃曰：“诸佛最初求道，为法忘形，汝今断臂吾前，求亦可在。”祖遂因与易名曰慧可。可曰:“诸佛法印，可得闻乎？”祖曰:“诸佛法印，匪从人得。”可曰:“我心未宁，乞师与安。”祖曰:“将心来，与汝安。”可良久曰:“觅心了不可得。”祖曰:“我与汝安心竟。”越九年，欲返天竺，命门人曰:“时将至矣，汝等盍各言所得乎？”时有道副对曰:“如我所见，不执文字，不离文字，而为道用。”祖曰:“汝得吾皮。”尼总持曰:“我今所解，如庆喜见阿閦佛国，一见更不再见。”祖曰:“汝得吾肉。”道育曰:“四大本空，五阴非有，而我见处，无一法可得。”祖曰:“汝得吾骨。”最后慧可礼拜，依位而立。祖曰:“汝得吾髓。”乃顾慧可而告之曰:“昔如来以正法眼付迦叶大士，辗转嘱累，而至于我。我今付汝，汝当护持。并授汝袈裟，以为法信。各有所表，宜可知矣。”可曰:“请师指陈。”祖曰:“内传法印，以契证心，外付袈裟，以定宗旨。后代浇薄，疑虑竞生，云吾西天之人，言汝此方之子，凭何得法？以何证之？汝今受此衣法，却后难生，但出此衣并吾法偈，用以表明其化无碍。至吾灭后二百年，衣止不传，法周沙界。明道者多，行道者少。说理者多，通理者少。潜符密证，千万有余。汝当阐扬，勿轻未悟。一念回机，便同本得。听吾偈曰:‘吾本来兹土，传法救迷情。一花开五叶，结果自然成。’”祖又曰:“吾有《楞伽经》四卷，亦用付汝。即是如来心地要门，令诸众生开示悟入。吾自到此，凡五度中毒。我尝自出而试之，置石石裂。缘吾本离南印来此东土，见赤县神州有大乘气象，遂逾海越漠，为法求人。际会未谐，如愚若讷。今得汝传授，吾意已终。”〔《别记》云: 祖初居少林寺九年，为二祖说法，只教外息诸缘，内心无喘，心如墙壁，可以入道。慧可种种说心性，曾未契理。祖只遮其非，不为说无念心体。可忽曰:“我已息诸缘。”祖曰:“莫成断灭去否？”可曰:“不成断灭。”祖曰:“此是诸佛所传心体，更勿疑也。”〕言已，乃与徒众往禹门千圣寺。止三日，有期城太守杨炫之，早慕佛乘，问祖曰:“西天五印，师承为祖，其道如何？”祖曰:

"明佛心宗,行解相应,名之曰祖。"又问:"此外如何?"祖曰:"须明他心,知其今古,不厌有无。于法无取,不贤不愚,无迷无悟。若能是解,故称为祖。"又曰:"弟子归心二宝亦有年矣,而智慧昏蒙,尚迷真理。适听师言,罔知攸措。愿师慈悲,开示宗旨。"祖知恳到,即说偈曰:"亦不睹恶而生嫌,亦不观善而勤措。亦不舍智而近愚,亦不抛迷而就悟。达大道兮过量,通佛心兮出度。不与凡圣同躔,超然名之曰祖。"炫之闻偈,悲喜交并。曰:"愿师久住世间,化导群有。"祖曰:"吾即逝矣,不可久留。根性万差,多逢患难。"炫之曰:"未审何人,弟子为师除得否?"祖曰:"吾以传佛秘密,利益迷途,害彼自安,必无此理。"炫之曰:"师若不言,何表通变观照之力?"祖不获已,乃为谶曰:"江槎分玉浪,管炬开金锁。五口相共行,九十无彼我。"炫之闻语,莫究其端。默记于怀,礼辞而去。祖之所谶,虽当时不测,而后皆符验。

时魏氏奉释,禅隽如林,光统律师、流支三藏者,乃僧中之鸾凤也。睹师演道,斥相指心,每与师论义,是非蜂起。祖遐振玄风,普施法雨,而偏局之量,自不堪任,竞起害心,数加毒药。至第六度,以化缘已毕,传法得人,遂不复救之,端居而逝。即魏庄帝永安元年戊申十月五日也。其年十二月二十八日,葬熊耳山。起塔于定林寺。后三岁,魏宋云奉使西域回,遇祖于葱岭,见手携只履,翩翩独逝。云问:"师何往?"祖曰:"西天去!"云归,俱说其事,及门人启圹,唯空棺,一只革履存焉。举朝为之惊叹。奉诏取遗履,于少林寺供养。至唐开元十五年丁卯岁为信道者窃在五台华严寺,今不知所在。初,梁武遇祖,因缘未契。及闻化行魏邦,遂欲自撰师碑而未暇也。后闻宋云事,乃成之。代宗谥圆觉大师,塔曰空观。〔年号依《纪年通谱》〕。

〔《通论》曰:《传灯》谓魏孝明帝钦祖异迹,三屈诏命,祖竟不下少林。及祖示寂,宋云自西域还,遇祖于葱岭,孝庄帝有旨令启圹。如《南史》普通八年,即大通元年也。

孝明以是岁四月癸丑殂，祖以十月至梁。盖祖未至魏时，孝明已去世矣。其子即位未几，为尔朱荣所弑，乃立孝庄帝，由是魏国大乱。越三年，而孝庄殂，又五年分割为东西魏。然则吾祖在少林时，正值其乱。及宋云之还，则孝庄去世亦五六年，其国至于分割久矣，乌有孝庄令启圹之说乎？按《唐史》云：后魏末，有僧达磨航海而来，既卒。其年魏使宋云于葱岭回见之，门徒发其墓，但有只履而已。此乃实录也。〕

二祖慧可大师

二祖慧可大师者，武牢人也，姓姬氏。父寂，未有子时，尝自念言："我家崇善，岂令无子？"祷之既久，一夕感异光照室，其母因而怀妊。及长，遂以照室之瑞，名之曰光。自幼志气不群，博涉诗书，尤精玄理，而不事家产，好游山水。后览佛书，超然自得。即抵洛阳龙门香山，依宝静禅师，出家受具于永穆寺。浮游讲肆，遍学大小乘义。年三十二，却返香山，终日宴坐。又经八载，于寂默中倏见一神人谓曰："将欲受果，何滞此邪？大道匪遥，汝其南矣！"祖知神助，因改名神光。翌日，觉头痛如刺，其师欲治之。空中有声曰："此乃换骨，非常痛也。"祖遂以见神事白于师，师视其顶骨，即如五峰秀出矣。乃曰："汝相吉祥，当有所证。神令汝南者，斯则少林达磨大士必汝之师也。"祖受教，造于少室。其得法传衣事迹，《达磨章》具之矣。自少林托化西归，大师继阐玄风，博求法嗣。至北齐天平二年，有一居士，年逾四十，不言名氏，聿来设礼。而问祖曰："弟子身缠风恙，请和尚忏罪。"祖曰："将罪来，与汝忏。"士良久曰："觅罪不可得。"祖曰："与汝忏罪竟。宜依佛法僧住。"士曰："今见和尚，已知是僧。未审何名佛法？"祖曰："是心是佛，是心是法，法佛无二，僧宝亦然。"士曰："今日始知罪性不在内，不在外，不在中间，如其心然，佛法无二也。"祖深器之，即为剃发，云："是吾宝也，宜名僧璨。"其年三月十八日，于光福寺受具，自兹疾渐愈。执侍经二载，祖乃告曰：“菩提达磨远自竺乾，以正法眼藏并信衣密付于吾，吾今授汝。汝当守护，无令断绝。听吾偈曰：‘本来缘有地，因地种华生。本来无有种，华亦不曾生。’”祖付衣法已，又曰：“汝受吾教，宜处深山，未可行化，当有国难。”璨曰：“师既预知，愿垂示诲。”祖曰：“非吾知也。斯乃达磨传般若多罗悬记云‘心中虽吉外头凶’是也。吾校年代，正在于汝。汝当谛思前言，勿罹世难。然吾亦有宿累，今要酬之。善去善行，俟时传付。”祖付嘱已，即往邺都，随宜说法。一音演畅，四众皈依。如是积三十四载，遂韬光混迹，变易仪相。或入诸酒肆，或过于屠门，或习街谈，或随厮〔音斯〕役。人问之曰：“师是道人，何故如是？”祖曰：“我自调心，何关汝事？”又于筦城县匡救寺三门下，谈无上道，听者林会。时有辩和法师者，于寺中讲《涅槃经》，学徒闻师阐法，稍稍引去。辩和不胜其愤，与谤于邑宰翟仲侃。翟惑其邪说，加祖以非法，祖怡然委顺，识真者谓之偿债。时年一百七岁，即隋文帝开皇十三年癸丑岁三月十六日也。葬磁州滏阳县东北七十里。唐德宗谥大祖禅师。〔皓月供奉问长沙岑和尚：“古德云：了即业障本来空，未了应须偿宿债。只如师子尊者、二祖大师，为什么得偿债去？”沙曰：“大德不识本来空。”月曰：“如何是本来空？”沙曰：“业障是。”曰：“如何是业障？”沙曰：“本来空是。”月无语。沙以偈示之曰：“假有元非有，假灭亦非无。涅槃偿债义，一性更无殊。”〕

三祖僧璨大师

三祖僧璨大师者，不知何许人也。初以白衣谒二祖，既受度传法，隐于舒州之皖公山。属后周武帝破灭佛法，祖往来太湖县司空山，居无常处，积十余载，时人无能知者。至隋开皇十二年壬子岁，有沙弥道信，年始十四，来礼祖曰：“愿和尚慈悲，乞与解脱法门。”

祖曰:“谁缚汝?”曰:“无人缚。”祖曰:“何更求解脱乎?”信于言下大悟。服劳九载,后于吉州受戒,侍奉尤谨。祖屡试以玄微,知其缘熟,乃付衣法。偈曰:“华种虽因地,从地种华生。若无人下种,华地尽无生。”祖又曰:“昔可大师付吾法,后往邺都行化,三十年方终。今吾得汝,何滞此乎?”即适罗浮山,优游二载,却还旧址。逾月士民奔趋,大设檀供。祖为四众广宣心要讫,于法会大树下合掌立终。即隋炀帝大业二年丙寅十月十五日也。唐玄宗谥鉴智禅师、觉寂之塔。

师《信心铭》曰:“至道无难,唯嫌拣择。但莫憎爱,洞然明白。毫厘有差,天地悬隔。欲得现前,莫存顺逆。违顺相争,是为心病。不识玄旨,徒劳念静。圆同太虚,无欠无余。良由取舍,所以不如。莫逐有缘,勿住空忍。一种平怀,泯然自尽。止动归止,止更弥动。唯滞两边,宁知一种。一种不通,两处失功。遣有没有,从空背空。多言多虑,转不相应。绝言绝虑,无处不通。归根得旨,随照失宗。须臾返照,胜却前空。前空转变,皆由妄见。不用求真,唯须息见。二见不住,慎莫追寻。才有是非,纷然失心。二由一有,一亦莫守。一心不生,万法无咎。无咎无法,不生不心。能由境灭,境逐能沉。境由能境,能由境能。欲知两段,元是一空。一空同两,齐含万象。不见精粗,宁有偏党。大道体宽,无易无难。小见狐疑,转急转迟。执之失度,必入邪路。放之自然,体无去住。任性合道,逍遥绝恼。系念乖真,昏沉不好。不好劳神,何用疏亲。欲取一乘,勿恶六尘。六尘不恶,还同正觉。智者无为,愚人自缚。法无异法,妄自爱著。将心用心,岂非大错?迷生寂乱,悟无好恶,一切二边,良由斟酌。梦幻空花,何劳把捉。得失是非,一时放却。眼若不睡,诸梦自除。心若不异,万法一如。一如体玄,兀尔忘缘。万法齐观,归复自然。泯其所以,不可方比。止动无动,动止无止。两既不成,一何有尔。究竟穷极,不存轨则。契心平等,所作俱息。狐疑尽净,正信调直。

一切不留，无可记忆。虚明自照，不劳心力。非思量处，识情难测。真如法界，无他无自。要急相应，唯言不二。不二皆同，无不包容。十方智者，皆入此宗。宗非促延，一念万年。无在不在，十方目前。极小同大，忘绝境界。极大同小，不见边表。有即是无，无即是有。若不如是，必不须守。一即一切，一切即一。但能如是，何虑不毕。信心不二，不二信心。言语道断，非去来今。”

四祖道信大师

四祖道信大师者，姓司马氏。世居河内，后徙于蕲州广济县。生而超异，幼慕空宗诸解脱门，宛如宿习。既嗣祖风，摄心无寐，胁不至席者仅六十年。隋大业十三载领徒众抵吉州，值群盗围城，七旬不解，万众惶怖。祖愍之，教令念《摩诃般若》。时贼众望雉堞间若有神兵，乃相谓曰：“城内必有异人，不可攻矣。”悄悄引去，唐武德甲申岁师却返蕲春，住破头山，学侣云臻。一日往黄梅县，路逢一小儿，骨相奇秀，异乎常童。祖问曰：“子何姓？”答曰：“姓即有，不是常姓。”祖曰：“是何姓？”答曰：“是佛性。”祖曰：“汝无姓邪？”答曰：“性空，故无。”祖默识其法器，即俾侍者至其母所，乞令出家。母以宿缘故，殊无难色，遂舍为弟子，以至付法传衣。偈曰：“华种有生性，因地华生生。大缘与性合，当生生不生。”遂以学徒委之。一日告众曰：“吾武德中游庐山，登绝顶，望破头山，见紫云如盖，下有白气，横分六道，汝等会否？”众皆默然。忍曰：“莫是和尚他后横出一枝佛法否？”祖曰：“善。”后贞观癸卯岁太宗向师道味，欲瞻风彩，诏赴京。祖上表逊谢，前后三返，竟以疾辞。第四度命使曰：“如果不起，即取首来。”使至山谕旨，祖乃引颈就刃，神色俨然。使异之，回以状闻。帝弥加钦慕，就赐珍缯，以遂其志。迄高宗永徽辛亥岁闰九月四日，忽垂诫门人曰：“一切诸法，悉皆解脱。汝等各自护念，流化未来。”言讫安坐而逝，寿七十有二，塔于本山。明年四月八日，塔户无故自开，仪相如生。尔后，门人不敢复闭。代宗谥大医禅师、慈云之塔。

五祖弘忍大师

五祖弘忍大师者，蕲州黄梅人也。先为破头山中栽松道者。尝请于四祖曰：“法道可得闻乎？”祖曰：“汝已老，脱有闻，其能广化邪？傥若再来，吾尚可迟汝。”乃去，行水边，见一女子浣衣。揖曰：“寄宿得否？”女曰：“我有父兄，可往求之。”曰：“诺我，即敢行。”女首肯之，遂回策而去。女周氏季子也。归辄孕，父母大恶，逐之。女无所归，日佣纺里中，夕止于众馆之下。已而生一子，以为不祥，因抛浊港中。明日见之，溯流而上，气体鲜明，大惊，遂举之。成童，随母乞食，里人呼为无姓儿。逢一智者，叹曰：“此子缺七种相，不逮如来。”后遇信大师，得法嗣，化于破头山。

咸亨中有一居士，姓卢名慧能，自新州来参谒。祖问曰：“汝自何来？”卢曰：“岭南。”祖曰：“欲须何事？”卢曰：“唯求作佛。”祖曰：“岭南人无佛性，若为得佛？”卢曰：“人即有南北，佛性岂然？”祖知是异人，乃诃曰：“着槽厂去。”卢礼足而退，便入碓坊，服劳于杵臼之间，昼夜不息。经八月，祖知付授时至，遂告众曰：“正法难解，不可徒记吾言，持为己任。汝等各自随意述一偈，若语意冥符，则衣法皆付。”时会下七百余僧。上座神秀者，学通内外，众所宗仰，咸推称曰：“若非尊秀，畴敢当之？”神秀窃聆众誉，不复思惟，乃于廊壁书一偈曰：“身是菩提树，心如明镜台。时时勤拂拭，莫使惹尘埃。”祖因经行，忽见此偈，知是神秀所述，乃赞叹曰：“后代依此修行，亦得胜果。”其壁本欲令处士卢珍绘《楞伽变相》，及见题偈在壁，遂止不画，各令念诵。卢在碓坊，忽聆诵偈，乃问同学："是何章句？"同学曰："汝不知和尚求法嗣，令各述心偈？此则秀上座所述。和尚深加叹赏，必将付法传衣也。"卢曰："其偈云何？"同学为诵。卢良久曰："美则美矣，了则未了。"同学诃曰："庸流何知，勿发狂言！"卢曰："子不信邪？愿以一偈和之。"同学不答，相视而笑。卢至夜，密告一童子，引至廊下，卢自秉烛，请别驾张日用于秀偈之侧，写一偈曰："菩提本无树，明镜亦非台。本来无一物，何处惹尘埃？"祖后见此偈曰："此是谁作，亦未见性。"众闻师语，遂不之顾。逮夜，祖潜诣碓坊，问曰："米白也未？"卢曰："白也，未有筛。"祖于碓以杖三击之。卢即以三鼓入室。祖告曰："诸佛出世为一大事，故随机大小而引导之，遂有十地、三乘、顿渐等旨，以为教门。然以无上微妙、秘密圆明、真实正法眼藏付于上首大迦叶尊者，辗转传授二十八世。至达磨届于此土，得可大师承袭以至于今，以法宝及所传袈裟用付于汝。善自保护，无令断绝。听吾偈曰：'有情来下种，因地果还生。无情既无种，无性亦无生。'"卢行者跪受衣法，启曰："法则既受，衣付何人？"祖曰："昔达磨初至，人未之信，故传衣以明得法。今信心已熟，衣乃争端，止于汝身，不复传也。且当远隐，俟时行化，所谓受衣之人，命如悬丝也。"卢曰："当隐何所？"祖曰："逢怀即止，遇会且藏。"卢礼足已，捧衣而出。是夜南迈，大众莫知。五祖自后不复上堂。大众疑怪，致问。祖曰："吾道行矣！何更询之？"复问："衣法谁得邪？"祖曰："能者得。"于是众议卢行者名能，寻访既失，潜知彼得，即共奔逐。五祖既付衣法，复经四载，至上元二年忽告众曰："吾今事毕，时可行矣。"即入室，安坐而逝，寿七十有四。建塔于黄梅之东山。代宗谥大满禅师、法雨之塔。

六祖慧能大师

六祖慧能大师者，俗姓卢氏，其先范阳人。父行瑫，武德中左官于南海之新州，遂占籍焉。三岁丧父，其母守志。鞠养及长，家尤贫窭，师樵采以给。一日负薪至市中，闻客读《金刚经》，至“应无所住而生其心”，有所感悟，而问客曰：“此何法也？得于何人？”客曰：“此名《金刚经》，得于黄梅忍大师。”祖遽告其母以为法寻师之意。直抵韶州，遇高行士刘志略，结为交友。尼无尽藏者，即志略之姑也。常读《涅槃经》，师暂听之，即为解说其义，尼遂执卷问字。祖曰：“字即不识，义即请问。”尼曰：“字尚不识，曷能会义？”祖曰：“诸佛妙理，非关文字。”尼惊异之，告乡里耆艾曰：“能是有道之人，宜请供养。”于是居人竞来瞻礼。近有宝林古寺旧地，众议营缉，俾祖居之。四众雾集，俄成宝坊。祖一日忽自念曰：“我求大法，岂可中道而止。”明日遂行，至乐昌县西山石室间遇智远禅师。祖遂请益。远曰：“观子神姿爽拔，殆非常人。吾闻西域菩提达磨传心印于黄梅，汝当往彼参决。”祖辞去，直造黄梅之东山，即唐咸亨二年也。

忍大师一见，默而识之。后传衣法，令隐于怀集四会之间。至仪凤元年丙子正月八日，届南海，遇印宗法师于法性寺讲《涅槃经》。祖寓止廊庑间，暮夜，风飏刹幡。闻二僧对论，一曰幡动，一曰风动。往复酬答，曾未契理。祖曰：“可容俗流辄预高论否？直以风幡非动，动自心耳。”印宗窃聆此语，竦然异之。明日，邀祖入室，征风幡之义。祖具以理告，印宗不觉起立曰：“行者定非常人。师为是谁？”祖更无所隐，直叙得法因由。于是印宗执弟子之礼，请授禅要。乃告四众曰：“印宗具足凡夫，今遇肉身菩萨。”乃指座下卢居士曰：“即此是也。”因请出所传信衣，悉令瞻礼。至正月十五日，会诸名德，为之剃发。二月八日，就法性寺智光律师授满分戒。其戒坛，即宋朝求那跋陀三藏之所置也。三藏记云："后当有肉身菩萨在此坛受戒。"又梁末真谛三藏于坛之侧手植二菩提树，谓众曰："却后一百二十年，有大开士于此树下演无上乘，度无量众。"祖具戒已，于此树下开东山法门，宛如宿契。明年二月八日，忽谓众曰："吾不愿此居，欲归旧隐。"即印宗与缁白千余人，送祖归宝林寺。韶州刺史韦据，请于大梵寺转妙法轮，并受无相心地戒。门人纪录，目为《坛经》，盛行于世。后返曹溪，雨大法雨，学者不下千数。

中宗神龙元年降诏云："朕请安秀二师宫中供养，万机之暇，每究一乘。二师并推让曰：'南方有能禅师，密受忍大师衣法，可就彼问。'今遣内侍薛简驰诏迎请，愿师慈念，速赴上京。"祖上表辞疾，愿终林麓。简曰："京城禅德皆云，欲得会道，必须坐禅习定。若不因禅定而得解脱者，未之有也。未审师所说法如何？"祖曰："道由心悟，岂在坐也。《经》云：'若见如来，若坐若卧，是行邪道。'"何故？无所从来，亦无所去。若无生灭，是如来清净禅。诸法空寂，是如来清净坐。究竟无证，岂况坐邪？"简曰："弟子回，主上必问，愿和尚慈悲，指示心要。"祖曰："道无明暗，明暗是代谢之义。明暗无尽，亦是有尽，相待立名。故《经》云：'法无有比，无相待故。'"简曰："明喻智慧，暗况烦恼。修道之人，傥不以智慧照破烦恼，无始生死，凭何出离？"祖曰："烦恼即是菩提，无二无别。若以智慧照烦恼者，此是二乘小见，羊鹿等机。大智上根，悉不如是。"简曰："如何是大乘见解？"祖曰："明与无明，其性无二。无二之性，即是实性。实性者，处凡愚而不减，在贤圣而不增，住烦恼而不乱，居禅定而不寂，不断不常，不来不去，不在中间，及其内外，不生不灭，性相如如，常住不迁，名之曰道。"简曰："师说不生不灭，何异外道？"祖曰："外道所说不生不灭者，将灭止生，以生显灭，灭犹不灭，生说无生。我说不生不灭者，本自无生，今亦无灭，所以不同外道。汝若欲知心要，但一切善恶都莫思量，自然得入清净心体，湛然常寂，妙用恒沙。”简蒙指教，豁然大悟。礼辞归阙，表奏祖语。有诏谢师，并赐磨衲袈裟、绢五百匹、宝钵一口。十二月十九日，敕改古宝林为中兴寺。三年十一月十八日，又敕韶州刺史重加崇饰，赐额为法泉寺。祖新州旧居为国恩寺。

一日，祖谓众曰：“诸善知识，汝等各各净心，听吾说法。汝等诸人，自心是佛，更莫狐疑。外无一物而能建立，皆是本心生万种法故。《经》云：‘心生种种法生，心灭种种法灭。’”若欲成就种智，须达一相三昧，一行三昧。若于一切处而不住相，彼相中不生憎爱，亦无取舍，不念利益成坏等事，安闲恬静，虚融澹泊，此名一相三昧。若于一切处，行住坐卧，纯一直心，不动道场，真成净土，名一行三昧。若人具二三昧，如地有种，能含藏长养，成就其实。一相一行，亦复如是。我今说法，犹如时雨溥润大地。汝等佛性，譬诸种子，遇兹沾洽，悉得发生。承吾旨者，决获菩提。依吾行者，定证妙果。”先天元年告诸四众曰：“吾忝受忍大师衣法，今为汝等说法，不付其衣。盖汝等信根淳熟，决定不疑，堪任大事。听吾偈曰：‘心地含诸种，普雨悉皆生。顿悟华情已，菩提果自成。’”说偈已，复曰：“其法无二，其心亦然。其道清净，亦无诸相。汝等慎勿观净及空其心。此心本净，无可取舍。各自努力，随缘好去。”尝有僧举卧轮禅师偈曰：“卧轮有伎俩，能断百思想。对境心不起，菩提日日长。”祖闻之曰：“此偈未明心地，若依而行之，是加系缚。”因示一偈曰：“慧能没伎俩，不断百思想。对境心数起，菩提作么长！”〔卧轮非名即住处也。〕祖说法利生，经四十载，其年七月六日，命弟子往新州国忠寺，建报恩塔，仍令倍工。又有蜀僧，名方辩，来谒曰：“善捏塑。”祖正色曰：“试塑看。”方辩不领旨，乃塑祖真，可高七尺，曲尽其妙。祖观之曰：“汝善塑性，不善佛性。”酬以衣物，辩礼谢而去。先天二年七月一日，谓门人曰：“吾欲归新州，汝速理舟楫。”时大众哀慕，乞师且住。祖曰：“诸佛出现，犹示涅槃。有来必去，理亦常然。吾此形骸，归必有所。”众曰：“师从此去，早晚却回。”祖曰：“叶落归根，来时无口。”又问：“师之法眼，何人传授？”祖曰：“有道者得，无心者通。”又问：“后莫有难否？”祖曰：“吾灭后五六年，当有一人来取吾首。听吾记曰：‘头上养亲，口里须餐，遇满之难，杨柳为官。’”又曰：“吾去七十年，有二菩萨从东方来，一在家，一出家。同时兴化，建立吾宗，缔缉伽蓝，昌隆法嗣。”言讫，往新州国恩寺，沐浴跏趺而化，异香袭人，白虹属地。即其年八月三日也。时韶新两郡，各修灵塔，道俗莫决所之。两郡刺史，共焚香祝曰：“香烟引处，即师之欲归焉。”时炉香腾涌，直贯曹溪。以十一月十三日入塔，寿七十六。

时韶州刺史韦据撰碑，门人忆念取首之记，遂先以铁叶漆布固护师颈。塔中有达磨所传信衣。〔西域屈眴布也，缉木绵华心织成。后人以碧绢为里。〕中宗赐磨衲宝钵，以辩塑真道具等，主塔侍者尸之。开元十年壬戌八月三日，夜半，忽闻塔中如拽铁索声，僧众惊起，见一孝子从塔中走出，寻见师颈有伤，具以贼事闻于州县。县令杨侃、刺史柳无忝得牒，切加擒捉。五月于石角村捕得贼人，送韶州鞫问。云：“姓张名净满，汝州梁县人，于洪州开元寺受新罗僧金大悲钱二十千，令取六祖大师首，归海东供养。”柳守闻状，未即加刑，乃躬至曹溪，问祖上足令韬曰：“如何处断？”韬曰：“若以国法论，理须诛夷；但以佛教慈悲，冤亲平等，况彼欲求供养，罪可恕矣。”柳守嘉叹曰：“始知佛门广大。”遂赦之。〔尔后，甚有名贤赞述，檀施珍异，文繁不录。〕

上元元年肃宗遣使就请师衣钵，归内供养，至永泰元年五月五日，代宗梦六祖大师请衣钵。七日，刺史杨瑊曰：“朕梦感禅师请传法袈裟却归曹溪。今遣镇国大将军刘崇景顶戴而送，朕谓之国宝。卿可于本寺如法安置。专令僧众，亲承宗旨者，严加守护，勿令遗坠。”后或为人偷窃，皆不远而获，如是者数四。宪宗谥大鉴禅师，塔曰元和灵照。皇朝开宝初，王师平南海刘氏，残兵作梗，祖之塔庙，鞠为煨烬，而真身为守塔僧保护，一无所损。寻有制兴修，功未竟，会太宗皇帝即位，留心禅宗，颇增壮丽焉。

五灯会元　卷第二

四祖大医禅师旁出法嗣第一世

牛头山法融禅师

牛头山法融禅师者，润州延陵人也，姓韦氏。年十九，学通经史。寻阅《大部般若》，晓达真空。忽一日叹曰："儒道世典，非究竟法。《般若》正观，出世舟航。"遂隐茅山，投师落发。后入牛头山幽栖寺北岩之石室，有百鸟御花之异。唐贞观中，四祖遥观气象，知彼山有奇异之人，乃躬自寻访。问寺僧："此间有道人否？"曰："出家儿那个不是道人？"祖曰："阿哪个是道人？"僧无对。别僧曰："此去山中十里许，有一懒融，见人不起，亦不合掌，莫是道人么？"祖遂入山，见师端坐自若，曾无所顾。祖问曰："在此作什么？"师曰："观心。"祖曰："观是何人？心是何物？"师无对，便起作礼曰："大德高栖何所？"祖曰："贫道不决所止，或东或西。"师曰："还识道信禅师否？"祖曰："何以问他？"师曰："向德滋久，冀一礼谒。"祖曰："道信禅师，贫道是也。"师曰："因何降此？"祖曰："特来相访，莫更有宴息之处否？"师指后面曰："别有小庵。"遂引祖至庵所。绕庵，唯见虎狼之类。祖乃举两手作怖势。师曰："犹有这个在。"祖曰："这个是什么？"师无语。少选，祖却于师宴坐石上书一佛字，师睹之竦然。祖曰："犹有这个在。"师未晓，乃稽首请说真要。祖曰："夫百千法门，同归方寸，河沙妙德，总在心源。一切戒门、定门、慧门，神通变化，悉自具足，不离汝心。一切烦恼业障，本来空寂。一切因果，皆如梦幻。无三界可出，无菩提可求。人与非人，性相平等。大道虚旷，绝思绝虑。如是之法，汝今已得，更无阙少，与佛何殊？更无别法，汝但任心自在，莫作观行，亦莫澄心，莫起贪嗔，莫怀愁虑，荡荡无碍，任意纵横，不作诸善，不作诸恶，行住坐卧，触目遇缘，总是佛之妙用。快乐无忧，故名为佛。"师曰："心既具足，何者是佛？何者是心？"祖曰："非心不问佛，问佛非不心。"师曰："既不许作观行，于境起时，心如何对治？"祖曰："境缘无好丑，好丑起于心。心若不强名，妄情从何起？妄情既不起，真心任遍知。汝但随心自在，无复对治，即名常住法身，无有变异。吾受璨大师顿教法门，今付于汝。汝今谛受吾言，只住此山。向后当有五人达者，绍汝玄化。"祖付法讫，遂返双峰终老。师自尔法席大盛。

唐永徽中，徒众乏粮，师往丹阳缘化。去山八十里，躬负米一石八斗，朝往暮还，供僧三百，二时不阙。三年，邑宰萧元善请于建初寺讲《大般若经》，听者云集。至《灭静品》，地为之震动。讲罢归山，博陵王问师曰："境缘色发时，不言缘色起。云何得知缘，乃欲息其起？"师曰："境色初发时，色境二性空。本无知缘者，心量与知同。照本发非发，尔时起自息。抱暗生觉缘，心时缘不逐。至如未生前，色心非养育。从空本无念，想受言念生。起发未曾起，岂用佛教令？"问曰："闭目不见色，境虑乃便多。色既不关心，境从何处发？"师曰："闭目不见色，内心动虑多。幻识假成用，起名终不过。知色不关心，心亦不关人，随行有相转，鸟去空中真。"问曰："境发无处所，缘觉了知生。境谢觉还转，觉乃变为境。若以心曳心，还为觉所觉。从之随随去,不离生灭际。”师曰:“色心前后中,实无缘起境。一念自凝忘,谁能计动静?此知自无知,知知缘不会。当自检本形,何须求域外?前境不变谢,后念不来今。求月执玄影,讨迹逐飞禽。欲知心本性,还如视梦里。譬之六月冰,处处皆相似。避空终不脱,求空复不成。借问镜中像,心从何处生?”问曰:“恰恰用心时,若为安隐好?”师曰:“恰恰用心时,恰恰无心用。曲谭名相劳,直说无繁重。无心恰恰用,常用恰恰无。今说无心处,不与有心殊。”问曰:“智者引妙言,与心相会当。言与心路别,合则万倍乖。”师曰:“方便说妙言,破病大乘道。非关本性谭,还从空化造。无念为真常,终当绝心路。离念性不动,生灭无乖误。谷响既有声,镜像能回顾。”问曰:“行者体境有,因觉知境亡。前觉及后觉,并境有三心。”师曰:“境用非体觉,觉罢不应思。因觉知境亡,觉时境不起。前觉及后觉,并境有三迟。”问曰:“住定俱不转,将为正三昧。诸业不能牵,不知细无明,徐徐蹑其后。”师曰:“复闻别有人,虚执起心量。三中事不成,不转还虚妄。心为正受缚,为之净业障。心尘万分一,不了说无明。细细习因起,徐徐名相生。风来波浪转,欲静水还平。更欲前途说,恐畏后心惊。无念大兽吼,性空下霜雹。星散秽草摧,纵横飞鸟落。五道定纷纶,四魔不前却。既如猛火燎,还如利剑斫。”问曰:“赖觉知万法,万法本来然。若假照用心,只得照用心,不应心里事。”师曰:“赖觉知万法,万法终无赖。若假照用心,应不在心外。”问曰:“随随无拣择,明心不现前。复虑心闇昧,在心用功行,智障复难除。”师曰:“有此不可有,寻此不可寻。无拣即真择,得闇出明心。虑者心冥昧,存心托功行。可论智障难,至佛方为病。”问曰:“折中消息间,实亦难安怙。自非用行人,此难终难见。”师曰:“折中欲消息,消息非难易。先观心处心,次推智中智。第三照推者,第四通无记。第五解脱名,第六等真伪。第七知法本,第八慈无为。第九遍空阴,第十云雨被。最尽彼无觉,无明生本智。镜像现三业,幻人化四衢。不住空边尽,当照有中无。

不出空有内，未将空有俱。号之名折中，折中非言说。安怗无处安，用行何能决。”问曰：“别有一种人，善解空无相。口言定乱一，复道有中无。同证用常寂，知觉寂常用。用心会真理，复言用无用。智慧方便多，言乱与理合。如如礼自如，不由识心会。既知心会非，心心复相泯。如是难知法，永劫不能知。同此用心人，法所不能化。”师曰：“别有证空者，还如前偈论。行空守寂灭，识见暂时翻。会真是心量，终知未了原。又说息心用，多智疑相似。良由性不明，求空且劳已。永劫住幽识，抱相都不知。放光便动地，于彼欲何为。”问曰：“前件看心者，复有罗縠难。”师曰：“看心有罗縠，幻心何待看。况无幻心者，从容下口难。”问曰：“久有大基业，心路差互间。得觉微细障，即达于真际。自非善巧师，无能决此理。仰惟我大师，当为开要门。引导用心者，不令失正道。”师曰：“法性本基业，梦境成差互。实相微细身，色心常不悟。忽逢混沌士，哀怨愍群生。托疑广设问，抱理内常明。生死幽径彻，毁誉心不惊。野老显分答，法相愧来仪。蒙发群生药，还如色性为。”

显庆元年，邑宰萧元善请住建初，师辞不获免，遂命入室上首智岩付嘱法印，令以次传授。将下山，谓众曰：“吾不复践此山矣。”时鸟兽哀号，逾月不止。庵前有四大桐树，仲夏之月，忽自凋落。明年正月二十三日，不疾而逝，窆于鸡笼山。

四祖下二世（旁出）

金陵牛头山融禅师法嗣

牛头山智岩禅师

牛头山智岩禅师者，曲阿人也，姓华氏。弱冠智勇过人，身长七尺六寸。隋大业中为郎将，常以弓挂一滤水囊，随行所至汲用。累从大将征讨，频立战功。唐武德中，年四十，遂乞出家。入舒州皖公山，从宝月禅师为弟子。后一日宴坐，睹异僧身长丈余，神姿爽拔，词气清朗。谓师曰："卿八十出家，宜加精进。"言讫不见，尝在谷中入定，山水暴涨，师怡然不动，其水自退。有猎者遇之，因改过修善。复有昔同从军者二人，闻师隐遁，乃共入山寻之。既见，因谓师曰："郎将狂邪，何为住此？"师曰："我狂欲醒，君狂正发。夫嗜色淫声，贪荣冒宠，流转生死，何由自出？"二人感悟，叹息而去。师后谒融禅师发明大事。融谓师曰："吾受信大师真诀，所得都亡。设有一法胜过涅槃，吾说亦如梦幻。夫一尘飞而翳天，一芥堕而覆地，汝今已过此见，吾复何云？山门化导，当付之于汝。"师禀命为第二世。后以正法付方禅师。师住白马、栖玄两寺。又迁石头城。于仪凤二年正月十日示灭，颜色不变，屈伸如生。室有异香，经旬不歇，遗言水葬焉。

钟山昙璀禅师

金陵钟山昙璀禅师者，吴郡人也，姓颜氏。初谒融禅师，融目而奇之。乃告之曰："色声为无生之鸩毒，受想是至人之坑阱。子知之乎？"师默而审之，大悟玄旨。寻晦迹钟山，多历年所。茅庵瓦缶，以终老焉。唐天授三年二月六日，恬然入定，七日而灭。

四祖下三世、四世（旁出，不列章次）

四祖下五世（旁出）

金陵牛头山持禅师法嗣

牛头山智威禅师

牛头山智威禅师者，江宁人也，姓陈氏。依天宝寺统法师出家。谒法持禅师，传授正法。自尔江左学徒，皆奔走门下。有慧忠者，目为法器。师尝有偈示曰："□□莫系念，念成生死河。轮回六趣海，无见出长波。"忠答曰："念想由来幻，性自无终始。若得此中意，长波当自止。"师又示偈曰："余本性虚无，缘妄生人我。如何息妄情，还归空处坐。"忠答曰："虚无是实体，人我何所存？妄情不须息，即泛般若船。"师知其了悟，乃付以院事。随缘化导，终于延祚寺。

四祖下六世（旁出）

金陵牛头山威禅师法嗣

牛头山慧忠禅师

牛头山慧忠禅师者，润州人也，姓王氏。年二十三，受业于庄严寺。闻威禅师出世，乃往谒之。威才见曰："山主来也！"师感悟微旨，遂给侍左右。后辞，诣诸方巡礼。威于具戒院，见凌霄藤遇夏萎悴，人欲伐之，因谓之曰："勿剪。慧忠还时，此藤更生。"

及师回,果如其言。即以山门付嘱讫,出居延祚寺。师平生一衲不易,器用唯一铛。尝有供僧谷两廪,盗者窥伺,虎为守之。县令张逊者,至山顶谒。问师:“有何徒弟?”师曰:“有三五人。”逊曰:“如何得见?”师敲禅床,有三虎哮吼而出。逊惊怖而退。后众请入城,居庄严旧寺。师欲于殿东别创法堂。先有古木,群鹊巢其上,工人将伐之。师谓鹊曰:“此地建堂,汝等何不速去!”言讫,群鹊乃迁巢他树。初筑基,有二神人定其四角,复潜资夜役,遂不日而就。由是四方学徒云集,得法者有三十四人,各住一方,转化多众。师有安心偈曰:“人法双净,善恶两忘。直心真实,菩提道场。”大历三年石室前挂铛树、挂衣藤忽盛夏枯死。四年六月十五日,集僧布萨讫,命侍者净发浴身。至夜有瑞云覆其精舍,空中复闻天乐之声。诘旦,怡然坐化,时风雨暴作,震折林木,复有白虹贯于岩壑。五年春,荼毗,获舍利不可胜计。

安国寺玄挺禅师

宣州安国寺玄挺禅师,初参威禅师,侍立次,有讲《华严》僧问:“真性缘起,其义云何?”威良久,师遽召曰:“大德!正兴一念问时,是真性中缘起。”其僧言下大悟。或问:“南宗自何而立?”曰:“心宗非南北。”

天柱山崇慧禅师

舒州天柱山崇慧禅师者,彭州人也,姓陈氏。唐乾元初,往舒州天柱山创寺。永泰元年赐额。僧问:“如何是天柱境?”师曰:“主簿山高难见日,玉镜峰前易晓人。”问:“达磨未来此土时,还有佛法也无?”师曰:“未来且置,即今事作么生?”曰:“某甲不会,乞师指示。”师曰:“万古长空,一朝风月。”僧无语。师复曰:“阇梨会么?”曰:“不会。”师曰:“自己分上作么生,干他达磨来与未来作么？他家来，大似卖卜汉。见汝不会，为汝锥破卦文，才生吉凶，尽在汝分上，一切自看。”僧曰：“如何是解卜底人？”师曰：“汝才出门时，便不中也。”问：“如何是天柱家风？”师曰：“时有白云来闭户，更无风月四山流。”问：“亡僧迁化向什么处去也？”师曰：“灊岳峰高长积翠，舒江明月色光晖。”问：“如何是大通智胜佛？”师曰：“旷大劫来，未曾拥滞，不是大通智胜佛是什么？”曰：“为什么佛法不现前？”师曰：“只为汝不会，所以成不现前。汝若会去，亦无佛可成。”问：“如何是道？”师曰：“白云覆青嶂，蜂蝶恋庭花。”问：“从上诸圣有何言说？”师曰：“汝今见吾有何言说？”问：“宗门中事，请师举唱。”师曰：“石牛长吼真空外，木马嘶时月隐山。”问：“如何是和尚利人处？”师曰：“一雨普滋，千山秀色。”问：“如何是天柱山中人？”师曰：“独步千峰顶，优游九曲泉。”问：“如何是西来意？”师曰：“白猿抱子来青嶂，蜂蝶衔花绿蕊间。”大历十四年归寂，塔于山之北。

鹤林玄素禅师

润州鹤林玄素禅师者，延陵人也，姓马氏。晚参威禅师，遂悟性宗。后居鹤林寺。一日有屠者礼谒，愿就所居办供。师欣然而往，众皆见讶。师曰：“佛性平等，贤愚一致。但可度者，吾即度之，复何差别之有？”僧问：“如何是西来意？”师曰：“会即不会，疑即不疑。”又曰：“不会不疑底，不疑不会底。”有僧扣门，师问：“是什么人？”曰：“是僧。”师曰：“非但是僧，佛来亦不着。”曰：“为什么不着？”师曰：“无汝栖泊处。”

四祖下七世（旁出）

金陵牛头山忠禅师法嗣

佛窟岩惟则禅师

天台山佛窟岩惟则禅师者，京兆人也，姓长孙氏。初谒忠禅师，大悟玄旨。乃曰："天地无物也，物我无物也。虽无物也，而未尝无物也。如此，则圣人如影，百姓如梦，孰为死生哉？至人以是能独照，能为万物主，吾知之矣。"遂南游天台，隐于瀑布之西岩。元和中慕道者日至。有弟子可素，遂筑室庐，渐成法席。佛窟之称自师始也。僧问："如何是那罗延箭？"师曰："中的也。"忽一日告门人曰："汝其勉之。"阅二日，跏趺而寂。后三年，塔全身于本山。〔唐韩乂撰碑，今存国清寺。〕

鹤林素禅师法嗣

径山道钦禅师

杭州径山道钦禅师者，苏州昆山人也，姓朱氏。初服膺儒教，年二十八，遇素禅师，谓之曰："观子神气温粹，真法宝也。"师感悟，因求为弟子。素躬与落发，乃戒之曰："汝乘流而行，逢径即止。"师遂南迈，抵临安，见东北一山，因问樵者。樵曰："此径山也。"乃驻锡焉。僧问："如何是道？"师曰："山上有鲤鱼，海底有蓬尘。"马祖令人送书到，书中作一圆相。师发缄，于圆相中着一点，却封回。〔忠国师闻，乃云："钦师犹被马师惑。"〕问："如何是祖师西来意？"师曰："汝问不当。"曰："如何得当？"师曰："待吾灭后，即向汝说。”马祖令智藏来问：“十二时中以何为境？”师曰：“待汝回去时有信。”藏曰：“如今便回去。”师曰：“传语却须问取曹溪。”崔赵公问：“弟子今欲出家，得否？”师曰：“出家乃大丈夫事，非将相之所能为。”公于是有省。唐大历三年,代宗诏至阙下,亲加瞻礼。一日，同忠国师在内庭坐次，见帝驾来，师起立。帝曰：“师何以起？”师曰：“檀越何得向四威仪中见贫道。”帝悦，谓国师曰：“欲锡钦师一名。”国师欣然奉诏，乃赐号国一焉。后辞归本山，于贞元八年十二月示疾，说法而逝。谥大觉禅师。

四祖下八世（旁出）

佛窟则禅师法嗣

天台山云居智禅师

天台山云居智禅师，尝有华严院。僧继宗问：“见性成佛，其义云何？”师曰：“清净之性,本来湛然。无有动摇,不属有无、净秽、长短、取舍、体自翛然。如是明见，乃名见性。性即佛，佛即性。故曰见性成佛。”曰：“性既清净，不属有无，因何有见？”师曰：“见无所见。”曰:“既无所见,何更有见？”师曰:“见处亦无。”曰：“如是见时，是谁之见？”师曰：“无有能见者。”曰：“究竟其理如何？”师曰:“汝知否？妄计为有,即有能所,乃得名迷。随见生解,便堕生死。明见之人即不然。终日见,未尝见。求名处体相不可得,能所俱绝，名为见性。”曰：“此性遍一切处否？”师曰：“无处不遍。”曰:“凡夫具否？”师曰:“上言无处不遍,岂凡夫而不具乎？”曰：“因何诸佛菩萨不被生死所拘，而凡夫独萦此苦？何曾得遍？”师曰：“凡夫于清净性中计有能所，即堕生死。诸佛大士善知清净性中不属有无，即能所不立。”曰：“若如是说，即有能了不了人。”师曰：“了尚不可得，岂有能了人乎？”曰：“至理如何？”师曰：“我以要言之，汝即应念清净性中无有凡圣，亦无了不了人。凡之与圣，二俱是名。若随名生解，即堕生死。若知假名不实，即无有当名者。”又曰：“此是极究竟处。若云‘我能了、彼不能了’即是大病。见有净秽、凡圣，亦是大病。作无凡圣解，又属拨无因果。见有清净性可栖止，亦大病。作不栖止解，亦大病。然清净性中，虽无动摇，且不坏方便应用，及兴慈运悲，如是兴运之处，即全清净之性，可谓见性成佛矣。”继宗踊跃，礼谢而退。

径山国一钦禅师法嗣

鸟窠道林禅师

杭州鸟窠道林禅师，本郡富阳人也，姓潘氏。母朱氏，梦日光入口，因而有娠。及诞，异香满室，遂名香光。九岁出家，二十一于荆州果愿寺受戒。后诣长安西明寺复礼法师学《华严经》、《起信论》。礼示以《真妄颂》，俾修禅那。师问曰：“初云何观？云何用心？”礼久而无言。师三礼而退。属代宗诏国一禅师至阙，师乃谒之，遂得正法。及南归孤山永福寺，有辟支佛塔，时道俗共为法会，师振锡而入。有灵隐寺韬光法师问曰：“此之法会，何以作声？”师曰：“无声谁知是会？”后见秦望山有长松，枝叶繁茂，盘屈如盖，遂栖止其上，故时人谓之鸟窠禅师。复有鹊巢于其侧，自然驯狎，人亦目为鹊巢和尚。有侍者会通，忽一日欲辞去。师问曰：“汝今何往？”对曰：“会通为法出家，和尚不垂慈诲，今往诸方学佛法去。”师曰：“若是佛法，吾此间亦有少许。”曰：“如何是和尚佛法？”师于身上拈起布毛吹之，通遂领悟玄旨。

元和中，白居易侍郎出守兹郡，因入山谒师。问曰：“禅师住处甚危险。”师曰：“太守危险尤甚！”白曰：“弟子位镇江山，何险之有！”师曰：“薪火相交，识性不停，得非险乎？”又问：“如何是佛法大意？”师曰：“诸恶莫作，众善奉行。”白曰：“三岁孩儿也解恁么道。”师曰：“三岁孩儿虽道得，八十老人行不得。”白作礼而退。师于长庆四年二月十日告侍者曰：“吾今报尽。”言讫坐亡。〔有云师名圆修者，恐是谥号。〕

五祖大满禅师旁出法嗣第一世

北宗神秀禅师

北宗神秀禅师者，〔耶舍三藏志云：“艮地生玄旨，通尊媚亦尊，比肩三九族，足下一毛分。”〕开封人也，姓李氏。少亲儒业，博综多闻。俄舍爱出家，寻师访道。至蕲州双峰东山寺，遇五祖以坐禅为务，乃叹伏曰：“此真吾师也。”誓心苦节，以樵汲自役，而求其道。祖默识之，深加器重。祖既示灭，秀遂住江陵当阳山。唐武后闻之，召至都下，于内道场供养，特加钦礼。命于旧山置度门寺，以旌其德。时王公士庶皆望尘拜伏。暨中宗即位，尤加礼重。大臣张说尝问法要，执弟子礼，师有偈示众曰：“一切佛法，自心本有。将心外求，舍父逃走。”神龙二年于东都天宫寺入灭，谥大通禅师。羽仪法物，送殡于龙门，帝送至桥，王公士庶皆至葬所。张说及征士卢鸿一各为碑诔，门人普寂、义福等，并为朝野所重。

嵩岳慧安国师

嵩岳慧安国师，〔耶舍三藏志云：“九女出人伦，八女绝婚姻，朽床添六脚，心祖众中尊。”〕荆州枝江人也，姓卫氏。隋开皇十七年括天下私度僧尼。勘师，师曰：“本无名。”遂遁于山谷。大业中，大发丁夫开通济渠，饥殍相枕。师乞食以救之，获济者众。炀帝征师，不赴，潜入太和山。暨帝幸江都，海内扰攘，乃杖锡登衡岳，行头陀行。唐贞观中，至黄梅谒忍祖，遂得心要。麟德元年游终南山石壁，因止焉。高宗尝召，师不奉诏。于是遍历名迹，至嵩少，云："是吾终焉之地也。"自尔禅者辐凑。有坦然、怀让二僧来参问曰："如何是祖师西来意？"师曰："何不问自己意？"曰："如何是自己意？"师曰："当观密作用。"曰："如何是密作用？"师以目开合示之。然于言下知归，让乃即谒曹溪。武后征至辇下，待以师礼，与秀禅师同加钦重。后尝问师："甲子多少？"师曰："不记。"后曰："何不记邪？"师曰："生死之身，其若循环。环无起尽，焉用记为？况此心流注，中间无间。见沤起灭者，乃妄想耳。从初识至动相灭时，亦只如此。何年月而可记乎？"后闻稽颡，信受。神龙二年中宗赐紫袈裟，度弟子二七人，仍延入禁中供养。三年，又赐摩衲，辞归嵩岳。是年三月三日，嘱门人曰："吾死已，将尸向林中，待野火焚之。"俄尔万回公来，见师猖狂，握手言论，傍侍倾耳，都不体会。至八日，闭户偃身而寂，春秋一百二十八。〔隋开皇二年壬寅生，唐景龙三年己酉灭。时称老安国师。〕门人遵旨，舁置林间，果野火自然。阇维得舍利八十粒，内五粒色紫，留于宫中。至先天二年门人建浮图焉。

蒙山道明禅师

袁州蒙山道明禅师者，鄱阳人，陈宣帝之裔也。国亡落于民间，以其王孙，尝受署，因有将军之号。少于永昌寺出家，慕道颇切。往依五祖法会，极意研寻，初无解悟。及闻五祖密付衣法与卢行者，即率同志数十人，蹑迹追逐，至大庾岭，师最先见，余辈未及。卢见师奔至，即掷衣钵于磐石曰："此衣表信，可力争邪！任君将去。"师遂举之，如山不动。踟蹰悚栗，乃曰："我来求法，非为衣也。愿行者开示于我！"卢曰："不思善，不思恶，正恁么时，阿那个是明上座本来面目？"师当下大悟，遍体汗流，泣礼数拜，问曰：

"上来密语密意外，还更别有意旨否？"卢曰："我今与汝说者，即非密也。汝若返照自己面目，密却在汝边。"师曰："某甲虽在黄梅随众，实未省自己面目。今蒙指授入处，如人饮水，冷暖自知。今行者即是某甲师也。"卢曰："汝若如是，则吾与汝同师黄梅，善自护持。"师又问："某甲向后宜往何所？"卢曰："逢袁可止，遇蒙即居。"师礼谢，遽回至岭下，谓众人曰："向陟崔嵬，远望杳无踪迹，当别道寻之。"皆以为然。师既回，遂独往庐山布水台。经三载后，始往袁州蒙山，大唱玄化。初名慧明，以避六祖上字，故名道明。弟子等尽遣过岭南，参礼六祖。

五祖下二世（旁出）

北宗秀禅师法嗣

五台山巨方禅师

五台山巨方禅师，安陆人也，姓曹氏。幼禀业于明福院朗禅师。初讲经论，后参禅会。及造北宗，秀问曰："白云散处如何？"师曰："不昧。"秀又问："到此间后如何？"师曰："正见一枝生五叶。"秀默许之。入室侍对，应机无爽。寻至上党寒岭居焉。数岁之间，众盈千数。后于五台山阐化二十余年，示寂，塔于本山。

中条山智封禅师

河中府中条山智封禅师，姓吴氏。初习《唯识论》，滞于名相，为知识所诘，乃发愤罢讲，游方见秀禅师，疑心顿释。乃辞去，居于蒲津安峰，不下山十年，木食涧饮。州牧卫文升建安国院居之。缁素归依，憧憧不绝。使君问曰："某今日后如何？"师曰："日从蒙汜出，照树全无影。”使君初不能谕，拱揖而退。少选开晓，释然自得。师来往中条山二十余年，得其道者不可胜纪。灭后，门人于州城北建塔焉。

降魔藏禅师

兖州降魔藏禅师，赵郡人也，姓王氏，父为亳掾。师七岁出家，时属野多妖鬼，魅惑于人，师孤形制伏，曾无少畏，故得降魔名焉。即依广福院明赞禅师落发。后遇北宗盛化，便誓抠衣。秀问曰:“汝名降魔，此无山精木怪，汝翻作魔邪？”师曰:“有佛有魔。”秀曰:“汝若是魔，必住不思议境界。”师曰:“是佛亦空，何境界之有！”秀悬记之曰:“汝与少皞之墟有缘。”师寻入泰山。数稔，学者云集。一日告门人曰:“吾今老朽，物极有归。”言讫而逝。

寿州道树禅师

寿州道树禅师，唐州人也，姓闻氏。幼探经籍，年将五十，因遇高僧诱谕，遂誓出家，礼本部明月山慧文为师。师耻乎年长，求法淹迟，励志游方，无所不至。后归东洛，遇秀禅师，言下知微。乃卜寿州三峰山，结茅而居。常有野人，服色素朴，言谭诡异，于言笑外化作佛形及菩萨、罗汉、天仙等形，或放神光，或呈声响。师之学徒睹之，皆不能测。如此涉十年，后寂无形影。师告众曰:“野人作多色伎俩，眩惑于人。只消老僧不见不闻，伊伎俩有穷，吾不见不闻无尽。”唐宝历元年，示疾而终。

嵩岳安国师法嗣

福先寺仁俭禅师

洛京福先寺仁俭禅师，自嵩山罢问，放旷郊廛，谓之腾腾和尚。

唐天册万岁中,天后诏入殿前。仰视天后,良久曰:“会么?”后曰:“不会。”师曰:“老僧持不语戒。”言讫而出。翌日,进短歌一十九首。天后览而嘉之,厚加赐赉,师皆不受。又令写歌辞传布天下,其辞并敷演真理,以警时俗。唯《了元歌》一首盛行于世。

嵩岳破灶堕和尚

嵩岳破灶堕和尚,不称名氏,言行叵测。隐居嵩岳,山坞有庙甚灵。殿中唯安一灶,远近祭祀不辍,烹杀物命甚多。师一日领侍僧入庙,以杖敲灶三下曰:“咄!此灶只是泥瓦合成,圣从何来?灵从何起?恁么烹宰物命。”又打三下,灶乃倾破堕落。须臾,有一人青衣峨冠,设拜师前。师曰:“是什么人?”曰:“我本此庙灶神,久受业报。今日蒙师说无生法,得脱此处,生在天中,特来致谢。”师曰:“是汝本有之性,非吾强言。”神再礼而没。少选,侍僧问曰:“某等久侍和尚,不蒙示诲。灶神得什么径旨,便得生天。”师曰:“我只向伊道是泥瓦合成,别也无道理为伊。”侍僧无言。师曰:“会么?”僧曰:“不会。”师曰:“本有之性,为什么不会?”侍僧等乃礼拜。师曰:“堕也!堕也!破也!破也!”后义丰禅师举似安国师,安叹曰:“此子会尽,物我一如。可谓如朗月处空,无不见者。难构伊语脉。”丰问曰:“未审什么人构得他语脉?”安曰:“不知者。”时号为破灶堕。僧问:“物物无形时如何?”师曰:“礼即唯汝非我,不礼即唯我非汝。”其僧乃礼谢。师曰:“本有之物,物非物也。所以道心能转物,即同如来。”有僧从牛头处来,师问曰:“来自何人法会?”僧近前叉手,绕师一匝而出。师曰:“牛头会下,不可有此人。”僧乃回师上肩叉手而立。师曰:“果然!果然!”僧却问曰:“应物不由他时如何?”师曰:“争得不由他!”曰:“恁么则顺正归元去也。”师曰:“归元何顺?”曰:“若非和尚,几错招愆。”师曰:“犹是未见四祖时道理。见后道将来。”僧却绕师一匝而出。师曰:“顺正之道,今古如然。”僧作礼。又僧侍立久，师乃曰：“祖祖佛佛，只说如人本性本心，别无道理。会取，会取。”僧礼谢。师乃以拂子打之曰：“一处如是，千处亦然。”僧乃叉手近前，应喏一声。师曰：“更不信。更不信。”僧问：“如何是大阐提人？”师曰：“尊重礼拜。”曰：“如何是大精进人？”师曰：“毁辱嗔恚。”其后莫知所终。

嵩岳元珪禅师

嵩岳元珪禅师，伊阙人也，姓李氏。幼岁出家，唐永淳二年，受具戒，隶闲居寺，习毗尼无懈。后谒安国师，顿悟玄旨，遂卜庐于岳之庞坞。一日，有异人峨冠裤褶〔徒颊反〕而至，从者极多。轻步舒徐，称谒大师。师睹其形貌，奇伟非常，乃谕之曰：“善来仁者胡为而至？”彼曰：“师宁识我邪？”师曰：“吾观佛与众生等，吾一目之，岂分别邪？”彼曰：“我此岳神也。能生死于人，师安得一目我哉！”师曰：“吾本不生，汝焉能死？吾视身与空等，视吾与汝等，汝能坏空与汝乎？苟能坏空及汝，吾则不生不灭也。汝尚不能如是，又焉能生死吾邪？”神稽首曰：“我亦聪明正直于余神，讵知师有广大之智辩乎？愿授以正戒，令我度世。”师曰：“汝既乞戒，即既戒也。所以者何？戒外无戒，又何戒哉！”神曰：“此理也我闻茫昧，止求师戒我身为门弟子。”师即为张座，秉炉正几曰：“付汝五戒，若能奉持，即应曰能；不能，即曰否。”曰：“谨受教。”师曰：“汝能不淫乎？”曰：“我亦娶也。”师曰：“非谓此也，谓无罗欲也。”曰：“能。”师曰：“汝能不盗乎？”曰：“何乏我也，焉有盗取哉？”师曰：“非谓此也，谓飨而福淫，不供而祸善也。”曰：“能。”师曰：“汝能不杀乎？”曰：“实司其柄，焉曰不杀？”师曰：“非谓此也，谓有滥误疑混也。”曰：“能。”师曰：“汝能不妄乎？”曰：“我正直，焉有妄乎？”师曰：“非谓此也，谓先后不合天心也。”曰：“能。”师曰：“汝不遭酒败乎？”曰：“能。”师曰：“如上是为佛戒也。”又言：“以有心奉持而无心拘执，以有心为物而无心想身。能如是，则先天地生不为精，后天地死不为老，终日变化而不为动，毕尽寂默而不为休。信此则虽娶非妻也，虽飨非取也，虽柄非权也，虽作非故也，虽醉非惛也。若能无心于万物，则罗欲不为淫，福淫祸善不为盗，滥误疑混不为杀，先后违天不为妄，惛荒颠倒不为醉，是谓无心也。无心则无戒，无戒则无心。无佛无众生，无汝及无我，孰为戒哉？”神曰：“我神通亚佛。”师曰：“汝神通十句、五能五不能。佛则十句、七能三不能。”神悚然避席，跪启曰：“可得闻乎？”师曰：“汝能戾上帝、东天行而西七曜乎？”曰：“不能。”师曰：“汝能夺地祇、融五岳而结四海乎？”曰：“不能。”师曰：“是谓五不能也。佛能空一切相，成万法智，而不能即灭定业。佛能知群有性，穷亿劫事，而不能化导无缘。佛能度无量有情，而不能尽众生界。是为三不能也。定业亦不牢久，无缘亦是一期。众生界本无增减，亘无一人能主其法。有法无主，是谓无法。无法无主，是谓无心。如我解，佛亦无神通也。但能以无心通达一切法尔。”神曰：“我诚浅昧，未闻空义。师所授戒，我当奉行。今愿报慈德，效我所能。”师曰：“吾观身无物，观法无常，块然更有何欲邪？”神曰：“师必命我为世间事，展我小神功。使已发心、初发心、未发心、不信心、必信心五等人目我神踪，知有佛有神，有能有不能，有自然有非自然者。”师曰：“无为是，无为是。”神曰：“佛亦使神护法，师宁隳叛佛邪？愿随意垂诲。”师不得已而言曰：“东岩寺之障，莽然无树，北岫有之而背非屏拥。汝能移北树于东岭乎？”神曰：“已闻命矣。然昏夜必有喧动，愿师无骇。”即作礼辞去。师门送而且观之。见仪卫逶迤，如王者之状。岚霭烟霞，纷纶间错，幢幡环佩，凌空隐没焉。其夕，果有暴风吼雷，奔云掣电，栋宇摇荡，宿鸟声喧。师谓众曰：“无怖，无怖！神与我契矣。”诘旦和霁，则北岩松栝尽移东岭，森然行植。师谓其徒曰：“吾没后无令外知，若为口实，人将妖我。”以开元四年丙辰岁嘱门人曰：“吾始居寺东岭，吾灭，汝必置吾骸于彼。”言讫若委蜕焉。

五祖下三世（旁出）

嵩山寂禅师法嗣

终南山惟政禅师

终南山惟政禅师，平原人也，姓周氏。受业于本州延和寺诠澄法师，得法于嵩山普寂禅师，即入太一山中，学者盈室。唐文宗好嗜蛤蜊，沿海官吏先时递进，人亦劳止。一日御馔中有擘不张者，帝以其异，即焚香祷之，乃开，见菩萨形仪，梵相具足。帝遂贮以金粟檀香合，覆以美锦，赐兴善寺，令众僧瞻礼。因问群臣："斯何祥也？"或奏太一山惟政禅师深明佛法，博闻强记，乞诏问之。帝即颁诏，师至，帝问其事。师曰："臣闻物无虚应，此乃启陛下之信心耳。故《契经》云：'应以此身得度者，即现此身，而为说法'。"帝曰："菩萨身已现，且未闻说法。"师曰："陛下睹此为常邪？非常邪？信邪？非信邪？"帝曰："希奇之事，朕深信焉。"师曰："陛下已闻说法竟。"皇情悦豫，得未曾有。诏天下寺院各立观音像，以答殊休。留师于内道场，累辞归山。诏令住圣寿寺。至武宗即位，师忽入终南山隐居。人问其故，师曰："吾避仇矣。"终后阇维，收舍利四十九粒，而建塔焉。

破灶堕和尚法嗣

嵩山峻极禅师

嵩山峻极禅师，僧问："如何是修善行人？"师曰："檐枷带锁。”曰:“如何是作恶行人?”师曰:“修禅入定。”曰:“某甲浅机,请师直指。”师曰:“汝问我恶,恶不从善;汝问我善,善不从恶。”僧良久。师曰:“会么?”曰:“不会。”师曰:“恶人无善念,善人无恶心。所以道善恶如浮云,俱无起灭处。”僧于言下大悟。后破灶堕闻举,乃曰:“此子会尽诸法无生。”

五祖下四世

益州无相禅师法嗣

保唐寺无住禅师

益州保唐寺无住禅师,初得法于无相大师。乃居南阳白崖山,专务宴寂。经累岁,学者渐至,勤请不已。自此垂诲,虽广演言教,而唯以无念为宗。唐相国杜鸿渐出抚坤维,闻师名,思一瞻礼,遣使到山延请。时节度使崔宁亦命诸寺僧徒远出,迎引至空慧寺。时杜公与戎帅召三学硕德俱会寺中。致礼讫,公问曰:“弟子闻金和尚说无忆、无念、莫妄三句法门,是否?”师曰:“然。”公曰:“此三句是一是三?”师曰:“无忆名戒,无念名定,莫妄名慧。一心不生,具戒定慧,非一非三也。”公曰:“后句‘妄’字莫是从心之‘忘’乎?”曰:“从‘女’者是也。”公曰:“有据否?”师曰:“《法句经》云:‘若起精进心,是妄非精进。若能心不妄,精进无有涯。’”公闻疑情荡然。公又问:“师还以三句示人否?”师曰:“初心学人,还令息念,澄停识浪,水清影现。悟无念体,寂灭现前,无念亦不立也。”于时庭树鸦鸣,公问:“师闻否?”师曰:“闻。”鸦去已,又问:“师闻否?”师曰:“闻。”公曰:“鸦去无声,云何言闻?”师乃普告大众曰:“佛世难值,正法难闻,各各谛听。闻无有闻,非关闻性。本来不生,何曾有灭？有声之时，是声尘自生。无声之时，是声尘自灭。而此闻性，不随声生，不随声灭。悟此闻性，则免声尘之所转。当知闻无生灭，闻无去来。”公与僚属大众稽首。又问：“何名第一义？第一义者，从何次第得入？”师曰：“第一义无有次第，亦无出入。世谛一切有，第一义即无。诸法无性性，说名第一义。佛言有法名俗谛，无性第一义。”公曰：“如师开示，实不可思议。”公又曰：“弟子性识微浅，昔因公暇，撰得《起信论章疏》两卷，可得称佛法否？”师曰：“夫造章疏，皆用识心，思量分别，有为有作，起心动念，然可造成。据《论》文云：‘当知一切法，从本以来，离言说相，离名字相，离心缘相，毕竟平等，无有变异，唯有一心，故名真如。’今相公着言说相，着名字相，着心缘相，既着种种相，云何是佛法？”公起作礼曰：“弟子亦曾问诸供奉大德，皆赞弟子不可思议。当知彼等但徇人情，师今从理解说，合心地法，实是真理不可思议。”公又问：“云何不生？云何不灭？如何得解脱？”师曰：“见境心不起，名不生。不生即不灭，既无生灭，即不被前尘所缚，当处解脱。不生名无念，无念即无灭，无念即无缚，无念即无脱。举要而言，识心即离念，见性即解脱。离识心见性外，更有法门证无上菩提者，无有是处。”公曰：“何名识心见性？”师曰：“一切学道人，随念流浪，盖为不识真心。真心者，念生亦不顺生，念灭亦不依寂。不来不去，不定不乱，不取不舍，不沉不浮。无为无相活泼泼，平常自在。此心体毕竟不可得，无可知觉。触目皆如，无非见性也。”公与大众作礼称赞，踊跃而去。师后居保唐寺而终。

六祖大鉴禅师旁出法嗣第一世

西域崛多三藏

西域崛多三藏者，天竺人也。于六祖言下契悟。后游五台，见一僧结庵静坐。师问曰:“孤坐奚为?”曰:“观静。”师曰:“观者何人，静者何物?”其僧作礼，问曰:“此理何如?”师曰“汝何不自观自静。”彼僧茫然。师曰:“汝出谁门邪?”曰:“秀禅师。”师曰:“我西域异道最下种者不堕此见。兀然空坐，于道何益!”其僧却问:“师所师者何人?”师曰:“我师六祖，汝何不速往曹溪，决其真要。”其僧即往参六祖。六祖垂诲，与师符合，僧即悟入。师后不知所终。

韶州法海禅师

韶州法海禅师者，曲江人也。初见六祖，问曰:“即心即佛，愿垂指喻。”祖曰:“前念不生即心，后念不灭即佛。成一切相即心，离一切相即佛。吾若具说，穷劫不尽。听吾偈曰:‘即心名慧，即佛乃定。定慧等持，意中清净。悟此法门，由汝习性。用本无生，双修是正。’”师信受，以偈赞曰:“即心元是佛，不悟而自屈。我知定慧因，双修离诸物。”

吉州志诚禅师

吉州志诚禅师者，本州太和人也。初参秀禅师，后因两宗盛化，秀之徒众往往讥南宗曰:“能大师不识一字，有何所长?”秀曰:“他得无师之智，深悟上乘，吾不如也。且吾师五祖亲付衣法，岂徒然哉!吾所恨不能远去亲近，虚受国恩。汝等诸人无滞于此，可往曹溪质疑。他日回，当为吾说。”师闻此语，礼辞至韶阳，随众参请，不言来处。时六祖告众曰:“今有盗法之人，潜在此会。”师出礼拜，具陈其事。祖曰:“汝师若为示众?”师曰:“尝指诲大众，令住心观静，长坐不卧。”祖曰:“住心观静，是病非禅。长坐拘身，于理何益?听吾偈曰:‘生来坐不卧，死去卧不坐。一具臭骨头，何为立功过?’”师曰:“未审和尚以何法诲人?”祖曰:“吾若言有法与人，即为诳汝。但且随方解缚，假名三昧。听吾偈曰：‘心地无心自性戒，心地无碍自性慧，心地无乱自性定，不增不减自金刚，身去身来本三昧。’”师闻偈悔谢，即誓依归。乃呈偈曰：“五蕴幻身，幻何究竟。回趣真如，法还不净。”

匾担山晓了禅师

匾担山晓了禅师者，传记不载。唯北宗门人忽雷澄禅师撰塔碑盛行于世。其略曰：师住匾担山，号晓了，六祖之嫡嗣也。师得无心之心，了无相之相。无相者森罗眩目，无心者分别炽然。绝一言一响，响莫可传，传之行矣。言莫可穷，穷之非矣。师得无无之无，不无于无也。吾今以有有之有，不有于有也。不有之有，去来非增。不无之无，涅槃非灭。呜呼！师住世兮曹溪明，师寂灭兮法舟倾。师谭无说兮寰宇盈，师示迷徒兮了义乘。匾担山色垂兹色，空谷犹留晓了名。

洪州法达禅师

洪州法达禅师者，洪州丰城人也。七岁出家，诵《法华经》，进具之后，礼拜六祖，头不至地。祖诃曰：“礼不投地，何如不礼！汝心中必有一物，蕴习何事邪？”师曰：“念《法华经》已及三千部。”祖曰：“汝若念至万部，得其经意，不以为胜，则与吾偕行。汝今负此事业，都不知过。听吾偈曰：‘礼本折慢幢，头奚不至地？有我罪即生，亡功福无比。’”祖又曰：“汝名什么？”对曰：“名法达。”祖曰：“汝名法达，何曾达法？”复说偈曰：“汝今名法达，勤诵未休歇。空诵但循声，明心号菩萨。汝今有缘故，吾今为汝说。但信佛无言，莲华从口发。”师闻偈，悔过曰：“而今而后，当谦恭一切。惟愿和尚大慈，略说经中义理。”祖曰：“汝念此经，以何为宗？”师曰：“学人愚钝，从来但依文诵念，岂知宗趣？”祖曰：“汝试为吾念一遍，吾当为汝解说。”师即高声念经，至《方便品》。祖曰：“止。此经元来以因缘出世为宗。纵说多种譬喻，亦无越于此。何者？因缘唯一大事，一大事即佛知见也。汝慎勿错解经意，见他道开示悟入，自是佛之知见，我辈无分。若作此解，乃是谤经毁佛也。彼既是佛，已具知见，何用更开？汝今当信，佛知见者，只汝自心，更无别体。盖为一切众生自蔽光明，贪爱尘境，外缘内扰，甘受驱驰，便劳他从三昧起，种种苦口，劝令寝息，莫向外求，与佛无二。故云：开佛知见。汝但劳劳执念，谓为功课者，何异牦牛爱尾也。”师曰：“若然者，但得解义，不劳诵经邪？”祖曰：“经有何过，岂障汝念？只为迷悟在人，损益由汝。听吾偈曰：‘心迷法华转，心悟转法华。诵久不明已，与义作仇家。无念念即正，有念念成邪。有无俱不计，长御白牛车。’”师闻偈再启曰：“经云诸大声闻，乃至菩萨，皆尽思度量，尚不能测于佛智，今令凡夫但悟自心，便名佛之知见，自非上根，未免疑谤。又经说三车，大牛之车与白牛车如何区别？愿和尚再垂宣说。”祖曰：“经意分明。汝自迷背，诸三乘人不能测佛智者，患在度量也。饶伊尽思共推，转加悬远。佛本为凡夫说，不为佛说。此理若不肯信者，从他退席。殊不知坐却白牛车，更于门外觅三车。况经文明向汝道，无二亦无三。汝何不省三车是假？为昔时故。一乘是实，为今时故，只教你去假归实，归实之后，实亦无名。应知所有珍财，尽属于汝，由汝受用，更不作父想，亦不作子想，亦无用想。是名持《法华经》，从劫至劫，手不释卷，从昼至夜，无不念时也。”师既蒙启发，踊跃欢喜，以偈赞曰：“经诵三千部，曹溪一句亡。未明出世旨，宁歇累生狂。羊鹿牛权设。初中后善扬。谁知火宅内，元是法中王。”祖曰：“汝今后方可为‘念经僧’也。”师从此领旨，亦不辍诵持。

寿州智通禅师

寿州智通禅师者，安丰人也。初看《楞伽经》约千余遍，而不会三身四智。礼拜六祖，求解其义。祖曰："三身者，清净法身，汝之性也。圆满报身，汝之智也。千百亿化身，汝之行也。若离本性，别说三身，即名有身无智。若悟三身无有自性，即名四智菩提。听吾偈曰：'自性具三身，发明成四智。不离见闻缘，超然登佛地。吾今为汝说，谛信永无迷。莫学驰求者，终日说菩提。'"师曰："四智之义，可得闻乎？"祖曰："既会三身，便明四智，何更问邪？若离三身，别谭四智，此名有智无身也。即此有智，还成无智。"复说偈曰："大圆镜智性清净，平等性智心无病。妙观察智见非功，成所作智同圆镜。五八六七果因转，但用名言无实性。若于转处不留情，繁兴永处那伽定。"〔转识为智者，教中云：转前五识为成所作智，转第六识为妙观察智，转第七识为平等性智，转第八识为大圆镜智。虽六七因中转，五八果上转，但转其名而不转其体也。〕师礼谢，以偈赞曰："三身元我体，四智本心明。身智融无碍，应物任随形。起修皆妄动，守住匪真精。妙旨因师晓，终亡污染名。"

江西志彻禅师

江西志彻禅师，姓张氏，名行昌。少任侠。自南北分化，二宗主虽亡彼我，而徒侣竞起爱憎。时北宗门人自立秀禅师为第六祖，而忌大鉴传衣为天下所闻。然祖预知其事，即置金十两于方丈，时行昌受北宗门人之嘱，怀刃入祖室，将欲加害。祖舒颈而就，行昌挥刃者三，都无所损。祖曰："正剑不邪，邪剑不正。只负汝金，不负汝命。"行昌惊仆，久而方苏，求哀悔过，即愿出家。祖遂与金曰："汝且去！恐徒众翻害于汝，汝可他日易形而来，吾当摄受。"行昌禀旨宵遁，投僧出家，具戒精进。一日忆祖之言，远来礼觐。祖曰："吾久念于汝，汝来何晚！"曰："昨蒙和尚舍罪，今虽出家苦行，终难报于深恩。其唯传法度生乎！弟子尝览《涅槃经》，未晓‘常无常’义，乞和尚慈悲，略为宣说。”祖曰：“无常者，即佛性也。有常者，即善恶一切诸法分别心也。”曰：“和尚所说，大违经文。”祖曰：“吾传佛心印，安敢违于佛经。”曰：“经说佛性是常，和尚却言无常。善恶诸法乃至菩提心，皆是无常，和尚却言是常。此即相违，令学人转加疑惑。”祖曰：“《涅槃经》，吾昔者听尼无尽藏读诵一遍，便为讲说，无一字一义不合经文，乃至为汝，终无二说。”曰：“学人识量浅昧，愿和尚委曲开示。”祖曰：“汝知否佛性若常，更说什么善恶诸法，乃至穷劫，无有一人发菩提心者。故吾说无常，正是佛说真常之道也。又一切诸法若无常心者，即物物皆有自性，容受生死，而真常性有不遍之处。故吾说常者，正是佛说真无常义也。佛比为凡夫外道，执于邪常诸二乘人，于常计无常，共成八倒，故于涅槃了义教中，破彼偏见而显说真常、真乐、真我、真净。汝今依言背义，以断灭无常，及确定死常而错解佛之圆妙最后微言，纵览千遍，有何所益？”行昌忽如醉醒，乃说偈曰：“因守无常心，佛演有常性。不知方便者，犹春池拾砾。我今不施功，佛性而见前。非师相授与，我亦无所得。”祖曰：“汝今彻也，宜名志彻。”师礼谢而去。

信州智常禅师

信州智常禅师者，本州贵溪人也。髫年出家，志求见性。一日参六祖。祖问：“汝从何来？欲求何事？”师曰：“学人近礼大通和尚，蒙示见性成佛之义，未决狐疑。至吉州遇人指迷，令投和尚，伏愿垂慈摄受。”祖曰：“彼有何言句，汝试举看，吾与汝证明。”师曰：“初到彼三月，未蒙开示，以为法切，故于中夜独入方丈，礼拜哀请。大通乃曰：‘汝见虚空否？’对曰：‘见。’彼曰：‘汝见虚空有相貌否？’对曰：‘虚空无形，有何相貌？’彼曰：‘汝之本性犹如虚空，返观自性，了无一物可见，是名正见。无一物可知，是名真知。无有青黄长短，但见本源清净，觉体圆明，即名见性成佛，亦名极乐世界，亦名如来知见。'学人虽闻此说，犹未决了，乞和尚示诲，令无凝滞。”祖曰：“彼师所说，犹存见知，故令汝未了。吾今示汝一偈曰：‘不见一法存无见，大似浮云遮日面。不知一法守空知，还如太虚生闪电。此之知见瞥然兴，错认何曾解方便。汝当一念自知非，自己灵光常显见。’”师闻偈已，心意豁然。乃述一偈曰：“无端起知解，着相求菩提。情存一念悟，宁越昔时迷。自性觉源体，随照枉迁流。不入祖师室，茫然趣两头。”

广州志道禅师

广州志道禅师者，南海人也。初参六祖，问曰：“学人自出家览《涅槃经》仅十余载，未明大意，愿和尚垂诲。”祖曰：“汝何处未了？”对曰：“诸行无常，是生灭法。生灭灭已，寂灭为乐。于此疑惑。”祖曰：“汝作么生疑？”对曰：“一切众生皆有二身，谓色身、法身也。色身无常，有生有灭。法身有常，无知无觉。经云‘生灭灭已，寂灭为乐’者，未审是何身寂灭？何身受乐？若色身者，色身灭时，四大分散，全是苦，苦不可言乐。若法身寂灭，即同草木瓦石，谁当受乐？又法性是生灭之体，五蕴是生灭之用。一体五用，生灭是常。生则从体起用，灭则摄用归体。若听更生，即有情之类不断不灭。若不听更生，即永归寂灭，同于无情之物。如是则一切诸法，被涅槃之所禁伏，尚不得生，何乐之有！”祖曰：“汝是释子，何习外道断常邪见，而议最上乘法？据汝所解，即色身外，别有法身，离生灭求于寂灭。又推涅槃常乐，言有身受者，斯乃执吝生死，耽着世乐。汝今当知，佛为一切迷人，认五蕴和合为自体相，分别一切法为外尘相。好生恶死，念念迁流，不知梦幻虚假，枉受轮回，以常乐涅槃翻为苦相，终日驰求。佛愍此故，乃示涅槃真乐，刹那无有生相，刹那无有灭相，更无生灭可灭。是则寂灭见前，当见前之时，亦无见前之量，乃谓常乐。此乐无有受者，亦无不受者。岂有一体五用之名？何况更言涅槃禁伏诸法，令永不生。斯乃谤佛毁法。听吾偈曰：'无上大涅槃，圆明常寂照。凡愚谓之死，外道执为断。诸求二乘人，目以为无作。尽属情所计，六十二见本。妄立虚假名，何为真实义。唯有过量人，通达无取舍。以知五蕴法，及以蕴中我，外现众色象，一一音声相。平等如梦幻，不起凡圣见。不作涅槃解，二边三际断。常应诸根用，而不起用想。分别一切法，不起分别想。劫火烧海底，风鼓山相击。真常寂灭乐，涅槃相如是。吾今强言说，令汝舍邪见。汝勿随言解，许汝知少分。'"师闻偈诵跃，作礼而退。

永嘉玄觉禅师

永嘉真觉禅师，讳玄觉，本郡戴氏子。丱岁出家，遍探三藏。精天台止观圆妙法门。于四威仪中，常冥禅观。后因左溪朗禅师激励，与东阳策禅师同诣曹溪。初到振锡，绕祖三匝，卓然而立。祖曰："夫沙门者，具三千威仪，八万细行。大德自何方而来，生大我慢。"师曰："生死事大，无常迅速。"祖曰："何不体取无生、了无速乎？"师曰："体即无生，了本无速。"祖曰："如是，如是！"于时大众无不愕然。师方具威仪参礼，须臾告辞。祖曰："返太速乎！"师曰："本自非动，岂有速邪？"祖曰："谁知非动？"师曰："仁者自生分别。"祖曰："汝甚得无生之意。"师曰："无生岂有意邪？"祖曰："无意谁当分别？"师曰："分别亦非意。"祖叹曰："善哉！善哉！少留一宿。"时谓"一宿觉"矣。师翌日下山，乃回温州，学者辐凑，著《证道歌》一首，及《禅宗悟修圆旨》，自浅之深。庆州刺史魏靖缉而序之，成十篇，目为《永嘉集》，并行于世。

慕道志仪第一。夫欲修道，先须立志。及事师仪则，彰乎轨训，故标第一，明慕道仪式。

戒憍奢意第二。初虽立志修道，善识轨仪，若三业憍奢，妄心扰动，何能得定。故次第二，明戒憍奢意也。

净修三业第三。前戒憍奢，略标纲要。今仔细检责，令粗过不生。故次第三，明净修三业，戒乎身口意也。

奢摩他颂第四。已检责身口，令粗过不生。次须入门修道渐次，不出定慧五种起心，六种料拣，故次第四，明奢摩他颂也。

毗婆舍那颂第五。非戒不禅，非禅不慧。上既修定，定久慧明。故次第五，明毗婆舍那颂也。

优毕义颂第六。偏修于定，定久则沉。偏学于慧，慧多心动。故次第六，明优毕义颂等于定慧，令不沉动，使定慧均等，舍于二边。

三乘渐次第七。定慧既均，则寂而常照。三观一心，何疑不遣？何照不圆？自解虽明，悲他未悟，悟有深浅。故次第七，明三乘渐次也。

事理不二第八。三乘悟理，理无不穷。穷理在事，了事即理。故次第八，明事理不二，即事而真，用祛倒见也。

劝友人书第九。事理既融，内心自莹，复悲远学，虚掷寸阴，故次第九，明劝友人书也。

发愿文第十。劝友人虽是悲他，专心在一，情犹未普，故次第十，明发愿文，誓度一切也。复次，观心十门。

初则言其法尔，次则出其观体，三则语其相应，四则警其上慢，五则诫其疏怠，六则重出观体，七则明其是非，八则简其诠旨，九则触途成观，十则妙契玄源。

第一言法尔者，夫心性虚通，动静之源莫二；真如绝虑，缘计之念非殊。惑见纷驰，穷之则唯一寂。灵源不状，鉴之则以千差。千差不同，法眼之名自立。一寂非异，慧眼之号斯存。理量双销，佛眼之功圆著。是以三谛一境，法身之理常清。三智一心，般若之明常照。境智冥合，解脱之应随机。非纵非横，圆伊之道玄会。

故知三德妙性，宛尔无乖。一心深广难思，何出要而非路。是以即心为道者，可谓寻流而得源矣。

第二出其观体者，只知一念，即空不空，非空非不空。

第三语其相应者，心与空相应，则讥毁赞誉，何忧何喜？身与空相应，则刀割香涂，何苦何乐？依报与空相应，则施与劫夺，何得何失？心与空不空相应，则爱见都忘，慈悲普救。身与空不空相应，则内同枯木，外现威仪。依报与空不空相应，则永绝贪求，资财给济。心与空不空、非空非不空相应，则实相初明，开佛知见。身与空不空、非空非不空相应，则一尘入正受，诸尘三昧起。依报与空不空、非空非不空相应，则香台宝阁，严土化生。

第四警其上慢者，若不尔者，则未相应也。

第五诫其疏怠者，然渡海应须上船，非船何以能渡？修心必须入观，非观无以明心。心尚未明，相应何日，思之勿自恃也。

第六重出观体者，只知一念即空不空，非有非无，不知即念即空不空，非非有，非非无。

第七，明其是非者，心不是有，心不是无。心不非有，心不非无。是有是无即堕是，非有非无即堕非，如是只是是非之非，未是非是非非之是。今以双非破两是，是破非是犹是非。又以双非破两非，非破非非即是是。如是只是非是非非之是，未是不非不不非、不是不不是。是非之惑，绵微难见，神清虑静，细而研之。

第八简其诠旨者，然而至理无言，假文言以明其旨。旨宗非观，藉修观以会其宗。若旨之未明，则言之未的。若宗之未会，则观之未深，深观乃会其宗，的言必明其旨，旨宗既其明会，言观何得复存邪？

第九触途成观者，夫再演言词，重标观体。欲明宗旨无异，言观有逐言移，移言则言理无差，改观则观旨不异。不异之旨即理，无差之理即宗。宗旨一而二名，言观明其弄引耳。

第十妙契玄源者，夫悟心之士，宁执观而迷旨；达教之人，岂滞言而惑理？理明则言语道断，何言之能议；旨会则心行处灭，何观之能思？心言不能思议者，可谓妙契环中矣。

先天二年十月十七日，安坐示灭。塔于西山之阳。谥无相大师，塔曰净光。

温州净居尼玄机

温州净居尼玄机，唐景云中得度，常习定于大日山石窟中。一日忽念曰："法性湛然，本无去住。厌喧趋寂，岂为达邪？"乃往参雪峰。峰问："甚处来？"曰："大日山来。"峰曰："日出也未？"师曰："若出则镕却雪峰。"峰曰："汝名什么？"师曰："玄机。"峰曰："日织多少？"师曰："寸丝不挂。"遂礼拜退，才行三五步，峰召曰："袈裟角拖地也。"师回首。峰曰："大好寸丝不挂。"〔世传玄机乃永嘉大师女弟，尝同游方，以景云岁月考之，是矣。第所见雪峰，非真觉存也。永嘉既到曹溪，必岭下雪峰也。未详法嗣，故附于此。〕

司空本净禅师

司空山本净禅师者，绛州人也。姓张氏。幼岁披缁于曹溪之室，受记隶司空山无相寺。唐天宝三年玄宗遣中使杨光庭入山，采常春藤，因造丈室。礼问曰："弟子慕道斯久，愿和尚慈悲，略垂开示。"师曰："天下禅宗硕学，咸会京师。天使归朝，足可咨决。贫道隈山傍水，无所用心。"光庭泣拜。师曰："休礼贫道。天使为求佛邪？问道邪？"曰："弟子智识昏昧，未审佛之与道，其义云何？"师曰："若欲求佛，即心是佛。若欲会道，无心是道。"曰："云何即心是佛？"师曰："佛因心悟，心以佛彰。若悟无心，佛亦不有。"曰："云何无心是道？"师曰："道本无心，无心名道。若了无心，无心即道。"光庭作礼，信受。既回阙庭，具以山中所遇奏闻。即敕光庭诏师到京，敕住白莲亭。越明年正月十五日，召两街名僧硕学赴内道场，与师阐扬佛理。时有远禅师者，抗声谓师曰：“今对圣上，校量宗旨，应须直问直答，不假繁辞。只如禅师所见，以何为道？”师曰：“无心是道。”远曰：“道因心有，何得言无心是道？”师曰：“道本无名，因心名道。心名若有，道不虚然。穷心既无，道凭何立？二俱虚妄，总是假名。”远曰：“禅师见有身心，是道已否？”师曰：“山僧身心本来是道。”远曰：“适言无心是道，今又言身心本来是道，岂不相违？”师曰：“无心是道，心泯道无，心道一如，故言无心是道。身心本来是道，道亦本是身心。身心本既是空，道亦穷源无有。”远曰：“观禅师形质甚小，却会此理。”师曰：“大德只见山僧相，不见山僧无相。见相者是大德所见。经云：‘凡所有相，皆是虚妄。’若见诸相非相，即见其道。若以相为实，穷劫不能见道。”远曰：“今请禅师于相上说于无相。”师曰：“《净名经》云：‘四大无主，身亦无我。无我所见，与道相应。’大德若以四大有主是我，若有我见，穷劫不可会道也。”远闻语失色，逡巡避席。师有偈曰：“四大无主复如水，遇曲逢直无彼此。净秽两处不生心，壅决何曾有二意。触境但似水无心，在世纵横有何事？”复云：“一大如是，四大亦然。若明四大无主，即悟无心。若了无心，自然契道。”

志明禅师问：“若言无心是道，瓦砾无心亦应是道？”又曰：“身心本来是道，四生十类皆有身心，亦应是道。”师曰：“大德若作见闻觉知解会，与道悬殊，即是求见闻觉知之者，非是求道之人。经云：‘无眼、耳、鼻、舌、身、意。’六根尚无，见闻觉知凭何而立？穷本不有，何处存心？焉得不同草木瓦砾。”明杜口而退。师有偈曰：“见闻觉知无障碍，声香味触常三昧。如鸟空中只么飞，无取无舍无憎爱。若会应处本无心，始得名为观自在。”

真禅师问：“道既无心，佛有心否？佛之与道，是一是二？”师曰：“不一不二。”曰：“佛度众生，为有心故。道不度人，为无心故。

一度一不度，何得无二？”师曰：“若言佛度众生、道无度者，此是大德妄生二见。如山僧即不然。佛是虚名，道亦妄立。二俱不实，总是假名。一假之中，如何分二？”曰：“佛之与道，从是假名。当立名时，是谁为立？若有立者，何得言无？”师曰：“佛之与道，因心而立。推穷立心，心亦是无。心既是无，即悟二俱不实。知如梦幻，即悟本空。强立佛道二名，此是二乘人见解。”师乃说无修无作偈曰：“见道方修道，不见复何修？道性如虚空，虚空何所修？遍观修道者，拨火觅浮沤。但看弄傀儡，线断一时休。”

法空禅师问：“佛之与道，俱是假名，十二分教，亦应不实。何以从前尊宿皆言修道？”师曰：“大德错会经意。道本无修，大德强修。道本无作，大德强作。道本无事，强生多事。道本无知，于中强知。如此见解，与道相违。从前尊宿不应如是。自是大德不会，请思之。”师有偈曰：“道体本无修，不修自合道。若起修道心，此人不会道。弃却一真性，却入闹浩浩。忽逢修道人，第一莫向道。”

安禅师问：“道既假名，佛云妄立，十二分教亦是接物度生，一切是妄，以何为真？”师曰：“为有妄故，将真对妄。推穷妄性本空，真亦何曾有故。故知真妄总是假名。二事对治，都无实体。穷其根本，一切皆空。”曰：“既言一切是妄，妄亦同真；真妄无殊，复是何物？”师曰：“若言何物，何物亦妄。经云：‘无相似，无比况，言语道断，如鸟飞空。’”安惭伏不知所措。师有偈曰：“推真真无相，穷妄妄无形。返观推穷心，知心亦假名。会道亦如此，到头亦只宁。”

达性禅师问：“禅师至妙至微，真妄双泯，佛道两亡，修行性空，名相不实，世界如幻，一切假名。作此解时，不可断绝众生善恶二根。”师曰：“善恶二根，皆因心有。穷心若有，根亦非虚。推心既无，根因何立？经云：‘善不善法，从心化生。善恶业缘，本无有实。’”师有偈曰：“善既从心生，恶岂离心有？善恶是外缘，于心实不有。舍恶送何处，取善令谁守？伤嗟二见人，攀缘两头走。

若悟本无心，始悔从前咎。”

又有近臣问曰：“此身从何而来？百年之后复归何处？”师曰：“如人梦时，从何而来？睡觉时，从何而去？”曰：“梦时不可言无，既觉不可言有。虽有有无，来往无所。”师曰：“贫道此身，亦如其梦。”师有偈曰：“视生如在梦，梦里实是闹。忽觉万事休，还同睡时悟。智者会悟梦，迷人信梦闹。会梦如两般，一悟无别悟。富贵与贫贱，更无分别路。”上元二年归寂，谥大晓禅师。

玄策禅师

玄策禅师者，婺州金华人也。游方时届于河朔，有隍禅师者，曾谒黄梅，自谓正受。师知隍所得未真，往问曰：“汝坐于此作么？”隍曰：“入定。”师曰：“汝言入定，有心邪？无心邪？若有心者，一切蠢动之类，皆应得定。若无心者，一切草木之流，亦合得定。”曰：“我正入定时，则不见有有无之心。”师曰：“既不见有有无之心，即是常定，何有出入？若有出入，则非大定。”隍无语。良久问：“师嗣谁？”师曰：“我师曹溪六祖。”曰：“六祖以何为禅定？”师曰：“我师云：‘夫妙湛圆寂，体用如如。五阴本空，六尘非有。不出不入，不定不乱。禅性无住，离住禅寂。禅性无生，离生禅想。心如虚空，亦无虚空之量。’”隍闻此说，遂造于曹溪，请决疑翳，而祖意与师冥符，隍始开悟。师后却归金华，大开法席。

河北智隍禅师

河北智隍禅师者，始参五祖，虽尝咨决而循乎渐行。乃往河北结庵长坐，积二十余载，不见惰容。后遇策禅师激励，遂往参六祖。祖愍其远来，便垂开决。师于言下豁然契悟，前二十年所得心都无影响。其夜，河北檀越士庶，忽闻空中有声曰：“隍禅师今日得道也。”后回河北，开化四众。

南阳慧忠国师

南阳慧忠国师者，越州诸暨人也，姓冉氏。自受心印，居南阳白崖山党子谷，四十余祀不下山，道行闻于帝里。唐肃宗上元二年，敕中使孙朝进赍诏征赴京，待以师礼。初居千福寺西禅院。及代宗临御，复迎止光宅精蓝十有六载，随机说法。时有西天大耳三藏到京，云得他心通。肃宗命国师试验。三藏才见师便礼拜，立于右边。师问曰："汝得他心通那？"对曰："不敢！"师曰："汝道老僧即今在什么处？"曰："和尚是一国之师，何得却去西川看竞渡？"良久，再问："汝道老僧即今在什么处？"曰："和尚是一国之师，何得却在天津桥上看弄猢狲？"师良久，复问："汝道老僧只今在什么处？"藏罔测，师叱曰："这野狐精，他心通在什么处？"藏无对。〔僧问仰山曰："大耳三藏第三度为什么不见国师？"山曰："前两度是涉境心，后入自受用三昧，所以不见。"又有僧问玄沙。沙曰："汝道前两度还见么？"玄觉云："前两度见，后来为什么不见，且道利害在什么处？"僧问赵州："大耳三藏第三度不见国师，未审国师在什么处？"州云："在三藏鼻孔上。"僧后问玄沙："既在鼻孔上，为什么不见？"沙云："只为太近。"〕一日唤侍者，者应诺。如是三召三应。师曰："将谓吾孤负汝，却是汝孤负吾？"〔僧问玄沙："国师唤侍者，意作么生？"沙云："却是侍者会。"云居锡云："且道侍者会不会？若道会，国师又道汝孤负吾；若道不会，玄沙又道却是侍者会。且作么生商量？"玄觉征问僧："什么处是侍者会处？"僧云："若不会，争解恁么应？"玄觉云："汝少会在。"又云："若于这里商量得去，便识玄沙。"僧问法眼："国师唤侍者意作么生？"眼云："且去，别时来。"云居锡云："法眼恁么道，为复明国师意，不明国师意？"僧问赵州："国师唤侍者，意作么生？"赵州云："如人暗里书字，字虽不成，文彩已彰。"〕

南泉到参，师问："什么处来？"曰："江西来。"师曰："还将得马师真来否？"曰："只这是。"师曰："背后底聻！"南泉便休。〔长庆棱云："大似不知。"保福展云："几不到和尚此间。"云居锡云："此二尊宿，尽扶背后，只如南泉休去，为当扶面前，扶背后？”〕麻谷到参，绕禅床三匝，振锡而立。师曰：“汝既如是，吾亦如是。”谷又振锡。师叱曰：“这野狐精出去！”

上堂：“禅宗学者，应遵佛语。一乘了义，契自心源。不了义者，互不相许。如师子身中虫。夫为人师，若涉名利，别开异端，则自他何益？如世大匠，斤斧不伤其手。香象所负，非驴能堪。”僧问：“若为得成佛去？”师曰：“佛与众生，一时放却，当处解脱。”曰：“作么生得相应去？”师曰：“善恶不思，自见佛性。”曰：“若为得证法身？”师曰：“越毗卢之境界。”曰：“清净法身作么生得？”师曰：“不着佛求耳。”曰：“阿那个是佛？”师曰：“即心是佛。”曰：“心有烦恼否？”师曰：“烦恼性自离。”曰：“岂不断邪？”师曰：“断烦恼者，即名二乘。烦恼不生，名大涅槃。”曰：“坐禅看静，此复若为？”师曰：“不垢不净，宁用起心而看净相？”问：“禅师见十方虚空，是法身否？”师曰：“以想心取之，是颠倒见。”问：“即心是佛，可更修万行否？”师曰：“诸圣皆具二严，岂拨无因果邪？”又曰：“我今答汝，穷劫不尽。言多去道远矣。所以道：说法有所得，斯则野干鸣。说法无所得，是名师子吼。”上堂：“青萝夤缘，直上寒松之顶；白云淡泞，出没太虚之中。万法本闲而人自闹。”师问僧：“近离甚处？”曰：“南方。”师曰：“南方知识以何法示人？”曰：“南方知识，只道一朝风火散后，如蛇退皮，如龙换骨。本尔真性，宛然无坏。”师曰：“苦哉！苦哉！南方知识说法，半生半灭。”曰：“南方知识即如是，未审和尚此间说何法？”师曰：“我此间身心一如，身外无余。”曰：“和尚何得将泡幻之身同于法体？”师曰：“你为什么入于邪道？”曰：“什么处是某甲入于邪道处？”师曰：“不见教中道，若以色见我，以音声求我，是人行邪道，不能见如来。”

南阳张濆行者问：“承和尚说无情说法，某甲未体其事，乞和尚垂示。”师曰：“汝若问无情说法，解他无情，方得闻我说法，汝但闻取无情说法去。”濆曰：“只约如今有情方便之中，如何是无情因缘？”师曰：“如今一切动用之中，但凡圣两流都无少分起灭便是出，识不属有无。炽然见觉，只闻无其情识系执。所以六祖云：‘六根对境，分别非识。’”

有僧到参礼，师问：“蕴何事业？”曰：“讲《金刚经》。”师曰：“最初两字是什么？”曰：“如是。”师曰：“是什么？”僧无对。有人问：“如何是解脱？”师曰：“诸法不相到，当处解脱。”曰：“恁么即断去也。”师曰：“向汝道诸法不相到，断什么！”师见僧来，以手作圆相，相中书日字。僧无对。师问本净禅师：“汝已后见奇特言语如何净？”曰：“无一念心爱。”师曰：“是汝屋里事。”

肃宗问：“师在曹溪得何法？”师曰：“陛下还见空中一片云么？”帝曰：“见。”师曰：“钉钉着，悬挂着？”帝又问：“如何是十身调御？”师乃起立曰：“会么？”帝曰：“不会。”师曰：“与老僧过净瓶来。”帝又曰：“如何是无诤三昧？”师曰：“檀越蹋毗卢顶上行。”帝曰：“此意如何？”师曰：“莫认自己清净法身。”帝又问，师都不视之。曰：“朕是大唐天子，师何以殊不顾视？”师曰：“还见虚空么？”帝曰：“见。”师曰：“他还眨目视陛下否？”鱼军容问：“师住白崖山，十二时中如何修道？”师唤童子来，摩顶曰：“惺惺直言惺惺，历历直言历历。已后莫受人谩。”

师与紫璘供奉论议。师升座，奉曰：“请师立义，某甲破。”师曰：“立义竟。”奉曰：“是什么义？”师曰：“果然不见，非公境界。”便下座。一日，师问紫璘供奉：“佛是什么义？”曰：“是觉义。”师曰：“佛曾迷否？”曰：“不曾迷。”师曰：“用觉作么？”奉无对。奉问“如何是实相？”师曰：“把将虚底来。”曰：“虚底不可得。”师曰：“虚底尚不可得，问实相作么？”僧问：“如何是佛法大意？”师曰：“文殊堂里万菩萨。”曰：“学人不会。”师曰：“大悲千手眼。”师以化缘将毕，涅槃时至，乃辞代宗。代宗曰：“师灭度后，弟子将何所记？”师曰：“告檀越造取一所无缝塔。”帝曰：“就师请取塔样。”师良久，曰：“会么？”帝曰：“不会。”师曰：“贫道去后，有侍者应真却知此事。乞诏问之。”大历十年十二月十九日，右胁长往，塔于党子谷，谥大证禅师。代宗后诏应真问前语。真良久，曰：“圣上会么？”帝曰：“不会。”真述偈曰：“湘之南，潭之北，中有黄金充一国。无影树下合同船，琉璃殿上无知识。”

荷泽神会禅师

西京荷泽神会禅师者，襄阳人也，姓高氏。年十四为沙弥，谒六祖。祖曰：“知识远来大艰辛，将本来否？若有本则合识主，试说看。”师曰：“以无住为本，见即是主。”祖曰：“这沙弥争合取次语。”便打。师于杖下思惟，曰：“大善知识，历劫难逢。今既得遇，岂惜身命。”自此给侍。他日，祖告众曰：“吾有一物，无头无尾，无名无字，无背无面，诸人还识否？”师乃出曰：“是诸法之本源，乃神会之佛性。”祖曰：“向汝道无名无字，汝便唤作本源佛性？”师礼拜而退。祖曰：“此子向后，设有把茆盖头，也只成得个知解宗徒。”〔法眼云：“古人授记人终不错。如今立知解为宗，即荷泽也。”〕师寻往西京受戒。唐景龙年中，却归曹溪，阅《大藏经》于内，六处有疑，问于六祖。第一问“戒定慧”曰：“所用戒何物？定从何处修？慧因何处起？所见不通流。”祖曰：“定即定其心，将戒戒其行，性中常慧照，自见自知深。”第二问：“本无今有有何物？本有今无无何物？诵经不见有无义，真似骑驴更觅驴。”祖曰：“前念恶业本无，后念善生今有。念念常行善行，后代人天不久。汝今正听吾言，吾即本无今有。”第三问：“将生灭即灭，将灭灭却生。不了生灭义，所见似聋盲。”祖曰：“将生灭却灭，令人不执性。将灭灭却生，令人心离境。未即离二边，自除生灭病。”第四问：“先顿而后渐，先渐而后顿。不悟顿渐人，心里常迷闷。”祖曰：“听法顿中渐，悟法渐中顿。修行顿中渐，证果渐中顿。顿渐是常因，悟中不迷闷。”第五问：“先定后慧，先慧后定。定慧后初，何生为正？”祖曰：“常生清净心，定中而有慧，于境上无心，慧中而有定。定慧等无先，双修自心正。”第六问：“先佛而后法，先法而后佛？佛法本根源，起从何处出？”祖曰：“说即先佛而后法，听即先法而后佛。若论佛法本根源，一切众生心里出。”祖灭后二十年间，曹溪顿旨沉废于荆吴嵩岳，渐门盛行于秦洛。师入京。天宝四年方定两宗。〔南能顿宗，北秀渐教。〕乃著《显宗记》，盛行于世。一日乡信至，报二亲亡。师入堂白槌曰：“父母俱丧，请大众念摩诃般若。”众才集，师便打槌曰：“劳烦大众。”师于上元元年奄然而化，塔于龙门。

六祖下二世（旁出）

南阳忠国师法嗣

耽源山应真禅师

吉州耽源山应真禅师。为国师侍者时，一日国师在法堂中，师入来。国师乃放下一足，师见便出，良久却回。国师曰：“适来意作么生？”师曰：“向阿谁说即得。”国师曰：“我问你。”师曰：“什么处见某甲？”师又问：“百年后有人问，极则事如何？”国师曰：“幸自可怜生！须要觅个护身符子作么？”异日，师携篮子归方丈。国师问：“篮里什么物？”师曰：“青梅。”国师曰：“将来何用？”师曰：“供养。”国师曰：“青在争堪供养？”师曰：“以此表献。”国师曰：“佛不受供养。”师曰：“某甲只恁么，和尚如何？”国师曰：“我不供养。”师曰：“为什么不供养？”国师曰：“我无果子。”

百丈海和尚在泐潭山牵车次，师曰：“车在这里，牛在什么处？”丈斫额，师乃拭目。麻谷问：“十二面观音岂不是圣？”师曰：“是。”麻谷与师一掴。师曰：“想汝未到此境。”国师讳日设斋，有僧问曰：

“国师还来否？”师曰：“未具他心。”曰：“又用设斋作么？”师曰：“不断世谛。”

荷泽会禅师法嗣

蒙山光宝禅师

沂水蒙山光宝禅师，并州人也，姓周氏。初谒荷泽。泽谓之曰：“汝名光宝，名以定体，宝即己有，光非外来。纵汝意用而无少乏，长夜蒙照而无间歇。汝还信否？”师曰：“信则信矣，未审光之与宝，同邪异邪？”泽曰：“光即宝，宝即光，何有同异之名乎？”师曰：“眼耳缘声色时，为复抗行，为有回互？”泽曰：“抗互且置，汝指何法为声色之体乎？”师曰：“如师所说，即无有声色可得。”泽曰：“汝若了声色体空，亦信眼耳诸根，及与凡与圣，平等如幻，抗行回互，其理昭然。”师由是领悟，礼辞而去。初隐沂水蒙山，于唐元和二年圆寂。

六祖下三世、四世（旁出，不列章次）

六祖下五世（旁出）

遂州圆禅师法嗣

圭峰宗密禅师

终南山圭峰宗密禅师者，果州西充人也，姓何氏。家本豪盛，髫龀通儒书，冠岁探释典。唐元和二年将赴贡举，偶造圆和尚法席，欣然契会，遂求披剃，当年进具。一日，随众僧斋于府吏任灌家，居下位以次受经，得《圆觉》十二章。览未终轴，感悟流涕。归以所悟之旨告于圆。圆抚之曰："汝当大弘圆顿之教,此诸佛授汝耳。行矣,无自滞于一隅也。"师涕泣奉命,礼辞而去。因谒荆南忠禅师。〔南印。〕忠曰："传教人也，当宣导于帝都。"复见洛阳照禅师。〔奉国神照。〕照曰："菩萨人也,谁能识之？"寻抵襄汉,因病,僧付《华严疏》，即上都澄观大师之所撰也。师未尝听习，一览而讲，自欣所遇。曰："向者诸师述作，罕穷厥旨，未若此疏，辞源流畅，幽赜焕然。吾禅遇南宗，教逢圆觉，一言之下，心地开通。一轴之中，义天朗耀。今复偶兹绝笔，罄竭于怀。"暨讲终，思见疏主。时属门人太恭断臂酬恩，师先赍书上疏主，遥叙师资，往复庆慰。寻太恭痊损，方随侍至上都，执弟子之礼。观曰："毗卢华藏，能随我游者，其汝乎！"师预观之室，惟日新其德，而认筌执象之患永亡矣。北游清凉山，回住鄠县草堂寺。未几，复入终南圭峰兰若。大和中征入内，赐紫衣。帝累问法要，朝士归慕。唯相国裴公休，深入堂奥，受教为外护。

师以禅教学者互相非毁，遂著《禅源诸诠》，写录诸家所述，诠表禅门根源道理，文字句偈，集为一藏，〔或云一百卷。〕以贻后代。其《都序》略曰：禅是天竺之语，具云禅那，此云思惟修，亦云静虑，皆定慧之通称也。源者，是一切众生本觉真性，亦名佛性，亦名心地。悟之名慧，修之名定。定慧通名为禅。此性是禅之本源，故云禅源，亦名禅那。理行者，此之本源是禅理，忘情契之是禅行，故云理行。然今所集诸家述作，多谭禅理，少说禅行，故且以禅源题之。今时有人但目真性为禅者，是不达理行之旨，又不辨华竺之音也。然非离真性，别有禅体。但众生迷真合尘，即名散乱。背尘合真，方名禅定。若直论本性，即非真非妄，无背无合，无定无乱，谁言禅乎？况此真性，非唯是禅门之源，亦是万法之源，故名法性。亦是众生迷悟之源，故名如来藏藏识。〔出《楞伽经》。〕亦是诸佛万德之源，故名佛性。〔《涅槃》等经。〕亦是菩萨万行之源，故名心地。〔《梵网经》云:“是诸佛之本源,行菩萨道之根本,是大众诸佛子之根本也。”〕万行不出六波罗蜜。禅者，但是六中之一，当其第五。岂可都目真性为一禅行哉！然禅定一行最为神妙，能发起性上无漏智慧。一切妙用，万行万德，乃至神通光明，皆从定发。故三乘人欲求圣道，必须修禅，离此无门，离此无路。至于念佛求生净土,亦修十六观禅,及念佛三昧、般舟三昧等也。又真性即不垢不净,凡圣无差。禅门则有浅有深,阶级殊等。谓带异计、欣上厌下而修者，是外道禅。正信因果，亦以欣厌而修者，是凡夫禅。悟我空偏真之理而修者，是小乘禅。悟我法二空所显真理而修者，是大乘禅。〔上四类,皆有四色四空之异也。〕若顿悟自心本来清净,元无烦恼,无漏智性本自具足，此心即佛，毕竟无异。依此而修者，是最上乘禅，亦名如来清净禅，亦名一行三昧，亦名真如三昧。此是一切三昧根本，若能念念修习，自然渐得百千三昧。达磨门下辗转相传者，是此禅也。达磨未到，古来诸家所解，皆是前四禅八定，诸高僧修之，皆得功用。南岳天台令依三谛之理修三止三观，教义虽最圆妙，然其趣入门户次第，亦只是前之诸禅行相。唯达磨所传者，顿同佛体，迥异诸门，故宗习者难得其旨。得即成圣，疾证菩提；失即成邪，速入涂炭。先祖革昧防失，故且人传一人。后代已有所凭，故任千灯千照。洎乎法久成弊，错谬者多，故经论学人疑谤亦众。原夫佛说顿教渐教,禅开顿门渐门。二教二门,各相符契。今讲者偏彰渐义,禅者偏播顿宗。禅讲相逢，胡越之隔。宗密不知，宿生何作，熏得此心,自未解脱,欲解他缚,为法亡于躯命,愍人切于神情。〔亦如《净名经》云:“若自有缚，能解他缚，无有是处。然欲罢不能，验是宿习难改故。”〕每叹人与法差，法为人病。故别撰经律论疏，大开戒定慧门。显顿悟资于渐修，证师说符于佛意。意既本末而委示，文乃浩博而难寻。泛学虽多，秉志者少。况迹涉名相，谁辨金鍮？徒自疲劳，未见机感。

虽佛说悲增是行，而自虑爱见难防。遂舍众入山，习定均慧，前后息虑，相继十年。微细习情，起灭彰于静虑。差别法义，罗列现于空心。虚隙日光，纤埃扰扰。清潭水底，影像昭昭。岂比夫空守默之痴禅，但寻文之狂慧者也。然本因了自心而辨诸教，故恳情于心宗；又因辨诸教而解修心，故虔诚于教义。教也者，诸佛菩萨所留经论也。禅也者，诸善知识所述句偈也。但佛经开张，罗大千八部之众。禅偈撮略，就此方一类之机。罗众则莽荡难依，就机则指的易用。今之纂集，意在斯焉。

裴休为之序曰："诸宗门下，皆有达人。然各安所习，通少局多。故数十年来，师法益坏。以承禀为户牖，各自开张；以经论为干戈，互相攻击。情随函矢而迁变，〔《周礼》曰："函人为甲。"《孟子》曰："矢人岂不仁于函人哉？函人唯恐伤人，矢人唯恐不伤人，盖所习之术使然也。今学者但随宗徒，彼此相非耳。"〕法逐人我以高低。是非纷拏，莫能辨析。则向者世尊菩萨诸方教宗，适足以起诤后人，增烦恼病，何利益之有？我圭峰大师久而叹曰："吾丁此时，不可以默矣。"于是以如来三种教义，印禅宗三种法门。镕瓶盘钗钏为一金，搅酥酪醍醐为一味。振纲领而举者皆顺，〔《荀子》云："如振裘领，屈五指而顿之，顺者不可胜数。"〕据会要而来者同趣。〔《周易略例》云："据会要以观方来，则六合辐凑，未足多也。"《都序》据圆教以印诸宗，虽百家亦无所不统也。〕尚恐学者之难明也，又复直示宗源之本末，真妄之和合，空性之隐显，法义之差殊，顿渐之异同，遮表之回互，权实之深浅，通局之是非。若吾师者，捧佛日而委曲回照，疑曀尽除。顺佛心而横亘大悲，穷劫蒙益。则世尊为阐教之主，吾师为会教之人。本末相符，远近相照，可谓毕一代时教之能事矣。或曰："自如来未尝大都而通之，今一旦违宗趣而不守，废关防而不据，无乃乖秘藏密契之道乎？"答曰："如来初虽别说三乘，后乃通为一道。〔三十年前，或说小乘，或说空教，或说相教，或统性教，闻者各随机证悟，不相通知也。四十年后，坐灵鹫而会三乘，诣拘尸而显一性，前后之轨则也。〕故《涅槃经》迦叶菩萨曰：'诸佛有密语，无密藏。'世尊赞之曰：'如来之言开发显露，清净无翳，愚人不解，谓之秘藏；智者了达，则不名藏。'此其证也。故王道兴则外户不闭，而守在戎夷。佛道备则诸法总持，而防在魔外。〔涅槃圆教和会诸法，唯拣别魔说及外道邪宗。〕不当复执情攘臂于其间也。"〔师又著《圆觉》大小二疏钞，《法界观门》、《原人》等论，皆裴休为之序引，盛行于世。〕

萧俛相公呈己见解，请禅师注释。师曰："荷泽云：见清净体于诸三昧，八万四千诸波罗蜜门，皆于见上一时起用，名为慧眼。若当真如相应之时，〔善恶不思，空有不念。〕万化寂灭。〔万法俱从思想缘念而生，皆是虚空，故云化也。既一念不生，则万法不起，故不待泯之，自然寂灭也。〕此时更无所见。〔照体独立，梦智亡阶。〕三昧诸波罗蜜门，亦一时空寂，更无所得。〔散乱与三昧，此岸与彼岸，是相待对治之说。若知心无念，见性无生，则定乱真妄，一时空寂，故无所得也。〕不审此是见上一时起用否？"〔然见性圆明，理绝相累，即绝相为妙用，住相为执情，于八万法门，一一皆尔。一法有为一尘，一法空为一用。故云：见清净体，则一时起用矣。〕望于此后示及俛状。答史山人十问。一问："如何是道，何以修之？为复必须修成，为复不假功用？"答："无碍是道，觉妄是修。道虽本圆，妄起为累。妄念都尽，即是修成。"二问："道若因修而成，即是造作，便同世间法，虚伪不实。成而复坏，何名出世？"答："造作是结业，名虚伪世间。无作是修行，即真实出世。"三问："其所修者，为顿为渐？渐则忘前失后，何以集合而成？顿则万行多方，岂得一时圆满？"答："真理即悟而顿圆，妄情息之而渐尽。顿圆如初生孩子，一日而肢体已全。渐修如长养成人，多年而志气方立。"四问："凡修心地之法，为当悟心即了，为当别有行门。若别有行门，何名南宗顿旨？若悟即同诸佛，何不发神通光明？"答："识冰池而全水，藉阳气而镕消，悟凡夫而即真，资法力而修习。冰消则水流润，方呈溉涤之功。妄尽则心灵通，始发通光之应。修心之外，无别行门。”五问：“若但修心而得佛者，何故诸经复说必须庄严佛土，教化众生，方名成道？”答：“镜明而影像千差，心净而神通万应。影像类庄严佛国，神通则教化众生。庄严而即非庄严，影像而亦色非色。”六问：“诸经皆说度脱众生，且众生即非众生，何故更劳度脱？”答：“众生若是实，度之则为劳。既自云即非众生，何不例度而无度？”七问：“诸经说佛常住，或即说佛灭度。常即不灭，灭即非常。岂不相违？”答：“离一切相，即名诸佛，何有出世入灭之实乎？见出没者在乎机缘，机缘应则菩提树下而出现。机缘尽则娑罗林间而涅槃。其犹净水无心，无像不现。像非我有，盖外质之去来。相非佛身，岂如来之出没？”八问：“云何佛化所生，吾如彼生？佛既无生，生是何义？若言心生法生，心灭法灭，何以得无生法忍邪？”答：“既云如化，化即是空。空即无生，何诘生义？生灭灭已，寂灭为真。忍可此法无生，名曰无生法忍。”九问：“诸佛成道说法，只为度脱众生。众生既有六道，佛何但住在人中现化？又：佛灭后付法于迦叶，以心传心，乃至此方六祖，每代只传一人。既云，于一切众生皆得一子之地，何以传授不普？”答：“日月丽天，六合俱照，而盲者不见，盆下不知。非日月不普，是障隔之咎也。度与不度，义类如斯。非局人天，拣于鬼畜，但人道能结集，传授不绝，故只知佛现人中也。灭度后委付迦叶，辗转相承。一人者，此亦盖论，当代为宗教主，如土无二王，非得度者唯尔数也。”十问：“和尚因何发心，慕何法而出家？今如何修行，得何法味？所行得至何处地位？今住心邪，修心邪？若住心妨修心，若修心则动念不安。云何名为学道？若安心一定，则何异定性之徒？伏愿大德，运大慈悲，如理如如，次第为说。”答：“觉四大如坏幻，达六尘如空华，悟自心为佛心，见本性为法性，是发心也。知心无住，即是修行。无住而知，即为法味。住着于法，斯为动念。故如人入阇，则无所见。今无所住，不染不着。故如人有目，及日光明，见种种法，岂为定性之徒？既无所住着，何论处所？”

又山南温造尚书问：“悟理息妄之人，不结业一期寿终之后，灵性何依？”师曰：“一切众生，无不具有觉性。灵明空寂，与佛无殊。但以无始劫来，未曾了悟，妄执身为我相，故生爱恶等情。随情造业，随业受报，生老病死，长劫轮回。然身中觉性，未曾生死，如梦被驱役，而身本安闲。如水作冰，而湿性不易。若能悟此性，即是法身。本自无生，何有依托？灵灵不昧，了了常知。无所从来，亦无所去。然多生妄执，习以性成。喜怒哀乐，微细流注。真理虽然顿达，此情难以卒除。须长觉察，损之又损，如风顿止，波浪渐停。岂可一生所修，便同诸佛力用？但可以空寂为自体，勿认色身；以灵知为自心，勿认妄念。妄念若起，都不随之，即临命终时，自然业不能系。虽有中阴，所向自由。天上人间，随意寄托。若爱恶之念已泯，即不受分段之身，自能易短为长，易粗为妙。若微细流注，一切寂灭，唯圆觉大智朗然独存，即随机应现千百亿化身，度有缘众生，名之为佛。谨对。”

释曰：马鸣菩萨撮略百本大乘经宗旨，以造《大乘起信论》。论中立宗，说一切众生心，有觉义不觉义。觉中复有本觉义、始觉义。上所述者，虽但约照理观心处言之，而法义亦同。彼论谓从初至“与佛无殊”，是本觉也。从“但以无始”下，是不觉也。从“若能悟此”下，是始觉也。始觉中复有顿悟渐修。从“若能”至“亦无所去”，是顿悟也。从“然多生妄执”下，是渐修也。渐修中从初发心乃至成佛，有三位自在，从初至“随意寄托”者，是受生自在也。从“若爱恶之念”下，是变易自在也。从“若微细流注”下至末，是究竟自在也。又从“但可以空寂为自体”至“自然业不能系”，正是悟理之人朝暮行心修习止观之要节也。宗密先有八句之偈，显示此意。曾于尚书处诵之，奉命解释。偈曰：“作有义事，是惺悟心。作无义事，是狂乱心。狂乱随情念，临终被业牵。惺悟不由情，临终能转业。”

师会昌元年正月六日，于兴福院诫门人：令舁尸施鸟兽，焚其骨而散之，勿得悲慕以乱禅观。每清明上山讲道七日，其余住持仪则当合律科，违者非吾弟子。言讫坐灭。道俗等奉全身于圭峰，荼毗得舍利，明白润大。后门人泣而求之，皆得于煨烬，乃藏之石室。暨宣宗再关真教，追谥定慧禅师，塔曰青莲。

西天东土应化圣贤附

文殊菩萨

文殊菩萨一日令善财采药，曰：“是药者采将来。”善财遍观大地，无不是药。却来白曰：“无有不是药者。”殊曰：“是药者采将来。”善财遂于地上拈一茎草，度与文殊。文殊接得，呈起示众曰：“此药亦能杀人，亦能活人。”文殊问庵提遮女曰：“生以何为义？”女曰：“生以不生生为生义。”殊曰：“如何是生以不生生为生义？”女曰：“若能明知，地水火风四缘未尝自得，有所和合而能随其所宜，是为生义。”殊曰：“死以何为义？”女曰：“死以不死死为死义。”殊曰：“如何是死以不死死为死义？”女曰：“若能明知，地水火风四缘未尝自得，有所离散而能随其所宜，是为死义。”庵提遮女问文殊曰：“明知生是不生之理，为什么却被生死之所流转？”殊曰：“其力未充。”

天亲菩萨

天亲菩萨，从弥勒内宫而下，无著菩萨问曰：“人间四百年，彼天为一昼夜。弥勒于一时中成就五百亿天子，证无生法忍。未审说什么法？”天亲曰：“只说这个法。只是梵音清雅，令人乐闻。”

维摩大士

维摩会上，三十二菩萨各说不二法门。文殊曰：“我于一切法，无言无说，无示无识，离诸问答，是为菩萨入不二法门。”于是文殊又问维摩：“仁者当说何等是菩萨入不二法门？”维摩默然。文殊赞曰：“乃至无有语言文字，是菩萨真入不二法门。”

善财童子

善财参五十三员善知识，末后到弥勒阁前，见楼阁门闭，瞻仰赞叹。见弥勒从别处来。善财作礼曰：“愿楼阁门开，令我得入。”寻时，弥勒至善财前，弹指一声，楼阁门开。善财入已，阁门即闭。见百千万亿楼阁，一一楼阁内有一弥勒领诸眷属并一善财而立其前。善财因无著菩萨问曰：“我欲见文殊，何者即是？”财曰：“汝发一念心清净即是。”无著曰：“我发一念心清净，为什么不见？”财曰：“是真见文殊。”

须菩提尊者

须菩提尊者在岩中宴坐，诸天雨花赞叹。者曰：“空中雨花赞叹，复是何人？云何赞叹？”天曰：“我是梵天，敬重者善说《般若》。”者曰：“我于《般若》未尝说一字，汝云何赞叹？”天曰：“如是尊者无说，我乃无闻。无说无闻，是真说《般若》。”尊者一日说法次，帝释雨花。者乃问：“此花从天得邪？从地得邪？从人得邪？”释曰：“弗也。”者曰：“从何得邪？”释乃举手。者曰：“如是，如是！”

舍利弗尊者

舍利弗尊者，因入城遥见月上女出城。舍利弗心口思惟：此姊见佛，不知得忍不得忍否？我当问之。才近便问：“大姊往什么处去？”女曰：“如舍利弗与么去。”弗曰：“我方入城，汝方出城，何言如我恁么去？”女曰：“诸佛弟子，当依何住？”弗曰：“诸佛弟子依大槃而住。”女曰：“诸佛弟子既依大涅槃而住，而我亦如舍利弗与么去。”舍利弗问须菩提梦中说六波罗密与觉时同异，提曰：“此义深远，吾不能说。会中有弥勒大士，汝往彼问。”舍利弗问弥勒，弥勒云：“谁名弥勒，谁是弥勒？”舍利弗问天女曰：“何以不转女身？”女曰：“我从十二年来求女人相，了不可得，当何所转？”即时天女以神通力变舍利弗，令如天女。女自化身如舍利弗。乃问言：“何以不转女身？”舍利弗以天女像而答言：“我今不知云何转面而变为女身？”

殃崛摩罗尊者

殃崛摩罗尊者，未出家时，外道受教为娇尸迦，欲登王位，用千人拇指为花冠，已得九百九十九，唯欠一指，遂欲杀母取指。时佛在灵山，以天眼观之，乃作沙门在殃崛前。殃崛遂释母欲杀佛。佛徐行，殃崛急行，追之不及。乃唤曰：“瞿昙，住！住！”佛告曰：“我住久矣，是汝不住。”殃崛闻之，心忽开悟。遂弃刃，投佛出家。

宾头卢尊者

宾头卢尊者。因阿育王内宫斋三万大阿罗汉，躬自行香，见第一座无人，王问其故。海意尊者曰：“此是宾头卢位，此人近见佛来。”王曰：“今在何处？”者曰：“且待须臾。”言讫，宾头卢从空而下。王请就座，礼敬。者不顾，王乃问：“承闻尊者亲见佛来，是否？”者以手策起眉，曰：“会么？”王曰：“不会。”者曰：“阿耨达池龙王曾请佛斋，吾是时亦预其数。”

障蔽魔王

障蔽魔王，领诸眷属一千年，随金刚齐菩萨觅起处不得。忽一日得见，乃问曰："汝当依何而住？我一千年觅汝起处不得。"齐曰："我不依有住而住，不依无住而住，如是而住。"

那吒太子

那吒太子，析肉还母，析骨还父，然后现本身，运大神力，为父母说法。

跋陀禅师

秦跋陀禅师，问生法师讲何经论，生曰："《大般若经》。"师曰："作么生说色空义？"曰："众微聚曰色。众微无自性曰空。"师曰："众微未聚，唤作什么？"生罔措。师又问："别讲何经论？"曰："《大涅槃经》。"师曰："如何说涅槃之义？"曰："涅而不生，槃而不灭。不生不灭，故曰涅槃。"师曰："这个是如来涅槃，那个是法师涅槃？"曰："涅槃之义，岂有二邪？某甲只如此，未审禅师如何说涅槃？"师拈起如意曰："还见么？"曰："见。"师曰："见个什么？"曰："见禅师手中如意。"师将如意掷于地曰："见么？"曰："见。"师曰："见个什么？"曰："见禅师手中如意坠地。"师斥曰："观公见解，未出常流，何得名喧宇宙！"拂衣而去。其徒怀疑不已，乃追师扣问："我师说色空涅槃不契，未审禅师如何说色空义？"师曰："不道汝师说得不是，汝师只说得果上色空，不会说得因中色空。"其徒曰："如何是因中色空？"师曰："一微空故众微空，众微空故一微空。一微空中无众微，众微空中无一微。"

宝志禅师

宝志禅师。初，金陵东阳民朱氏之妇，上巳日闻儿啼鹰巢中，梯树得之，举以为子。七岁依钟山大沙门僧俭出家，专修禅观。宋太始二年发而徒跣，着锦袍往来皖山剑水之下，以剪尺拂子拄杖头，负之而行。天鉴二年梁武帝诏问："弟子烦惑未除，何以治之？"答曰："十二。"帝问："其旨如何？"答曰："在书字时节刻漏中。"帝益不晓。帝尝诏画工张僧繇写师像，僧鹞下笔辄不自定。师遂以指剺面门，分披出十二面观音，妙相殊丽，或慈或威，僧繇竟不能写。他日，与帝临江纵望，有物溯流而上，师以杖引之，随杖而至，乃紫旃檀也。即以属供奉官俞绍，令雕师像，顷刻而成，神采如生。师问一梵僧："承闻尊者唤我作屠儿，曾见我杀生么？"曰："见。"师曰："有见见，无见见，不有不无见。若有见见是凡夫见，无见见是声闻见，不有不无见是外道见。未审尊者如何见？"梵僧曰："你有此等见邪？"〔汾阳曰："不枉西来。"〕师垂语曰："终日拈香择火，不知身是道场。"又曰："大道只在目前，要且目前难睹。欲识大道真体，不离声色言语。"又曰："京都邺都浩浩，还是菩提大道。"〔法眼曰："京都邺都浩浩，不是菩提大道。"〕

善慧大士

善慧大士者，婺州义乌县人也。齐建武四年丁丑五月八日，降于双林乡傅宣慈家，本名翕，年十六纳刘氏女，名妙光，生普建、普成二子。二十四与里人稽亭浦攎鱼，获已，沉笼水中，祝曰："去者适，止者留。"人或谓之愚。会有天竺僧嵩头陀曰："我与汝毗婆尸佛所发誓，今兜率宫衣钵见在，何日当还？"因命临水观影，见圆光宝盖。大士笑谓之曰："炉鞴之所多钝铁，良医之门足病人。度生为急，何思彼乐乎？"嵩指松山顶曰："此可栖矣。"大士躬耕而居之。有人盗菽麦瓜果，大士即与篮笼盛去。日常营作，夜则行道。见释迦、金粟，定光三如来，放光袭其体。大士乃曰："我得首楞严定。天嘉二年，感七佛相随，释迦引前，维摩接后，唯释尊数顾共语，为我补处也。"其山顶黄云盘旋若盖，因号云黄山。梁武帝请讲《金刚经》。士才升座，以尺挥按一下，便下座。帝愕然。圣师曰："陛下还会么？”帝曰：“不会。”圣师曰：“大士讲经竟。”又一日讲经次，帝至，大众皆起。唯士端坐不动。近臣报曰：“圣驾在此，何不起？”士曰：“法地若动，一切不安。”大士一日披衲、顶冠、靸履朝见。帝问：“是僧邪？”士以手指冠。帝曰：“是道邪？”士以手指靸履。帝曰：“是俗邪？”士以手指衲衣。大士《心王铭》曰：“观心空王，玄妙难测，无形无相。有大神力，能灭千灾，成就万德。体性虽空，能施法则。观之无形，呼之有声，为大法将，心戒传经。水中盐味，色里胶青，决定是有，不见其形。心王亦尔，身内居停，面门出入，应物随情，自在无碍，所作皆成。了本识心。识心见佛，是心是佛。是佛是心。念念佛心，佛心念佛。欲得早成，戒心自律。净律净心，心即是佛。除此心王，更无别佛。欲求成佛，莫染一物。心性虽空，贪嗔体实。入此法门，端坐成佛。到彼岸已，得波罗蜜。慕道真士，自观自心，知佛在内，不向外寻。即心即佛，即佛即心，心明识佛，晓了识心。离心非佛，离佛非心，非佛莫测，无所堪任。执空滞寂，于此漂沉。诸佛菩萨，非此安心。明心大士，悟此玄音。身心性妙，用无更改，是故智者，放心自在。莫言心王，空无体性，能使色身，作邪作正。非有非无，隐显不定。心性虽空，能凡能圣。是故相劝，好自防慎。刹那造作，还复漂沉。清净心智，如世黄金。般若法藏，并在身心。无为法宝，非浅非深。诸佛菩萨，了此本心。有缘遇者，非去来今。”有偈曰：“夜夜抱佛眠，朝朝还共起。起坐镇相随，语默同居止。纤毫不相离，如身影相似。欲识佛去处，只这语声是。”又曰：“空手把锄头，步行骑水牛。人从桥上过，桥流水不流。”又曰：“有物先天地，无形本寂寥。能为万象主，不逐四时凋。”四相偈：曰生、曰老、曰病、曰死。“识托浮泡起，生从爱欲来。昔时曾长大，今日复婴孩。星眼随人转，朱唇向乳开。为怜迷觉性，还却受轮回。览镜容颜改，登阶气力衰。咄哉今已老，趋拜复还亏。身似临崖树，心如念水龟。尚犹耽有漏，不肯学无为。忽染沉痾疾，因成卧病身。

妻儿愁不语，朋友厌相亲。楚痛抽千脉，呻吟彻四邻。不知前路险，犹尚恣贪嗔。精魄随生路，游魂入死关。只闻千万去，不见一人还。宝马空嘶立，庭花永绝攀，早求无上道，应免四方山。”

南岳慧思禅师

南岳慧思禅师，武津李氏子。因志公令人传语曰：“何不下山教化众生？目视云汉作什么？”师曰：“三世诸佛，被我一口吞尽。何处更有众生可化？”示众曰：“道源不远，性海非遥。但向己求，莫从他觅。觅即不得，得亦不真。”偈曰：“顿悟心源开宝藏，隐显灵通现真相。独行独坐常巍巍，百亿化身无数量。纵令逼塞满虚空，看时不见微尘相。可笑物兮无比况，口吐明珠光晃晃。寻常见说不思议，一语标名言下当。”又曰：“天不能盖地不载，无去无来无障碍。无长无短无青黄，不在中间及内外。超群出众太虚玄，指物传心人不会。”

修禅寺智者禅师

天台山修禅寺智者禅师，讳智顗，荆州华容陈氏子。在南岳诵《法华经》至《药王品》曰：“是真精进，是名真法。供养如来。”于是悟《法华》三昧、获《旋陀罗尼》，见灵山一会，俨然未散。

泗州僧伽大圣

泗州僧伽大圣，或问：“师何姓？”师曰：“姓何。”曰：“何国人？”师曰：“何国人。”

天台山丰干禅师

天台山丰干禅师，因寒山问：“古镜未磨时如何照烛？”师曰：“冰壶无影像，猿猴探水月。”曰：“此是不照烛也。更请道看！”师曰：

"万德不将来，教我道什么？"寒山、拾得俱作礼而退。师欲游五台，问寒山、拾得曰："汝共我去游五台，便是我同流。若不共我去游五台，不是我同流。"山曰："你去游五台作什么？"师曰："礼文殊。"山曰："你不是我同流。"师寻独入五台，逢一老人，便问："莫是文殊么？"曰："岂可有二文殊！"师作礼未起，忽然不见。〔赵州代曰："文殊，文殊。"〕

天台山寒山子

天台山寒山子，因众僧炙茄次，将茄串向一僧背上打一下。僧回首，山呈起茄串曰："是什么？"僧曰："这风颠汉！"山向傍僧曰："你道这僧费却我多少盐醋？"因赵州游天台，路次相逢。山见牛迹，问州曰："上座还识牛么？"州曰："不识。"山指牛迹曰："此是五百罗汉游山。"州曰："既是罗汉，为什么却作牛去？"山曰："苍天，苍天！"州呵呵大笑。山曰："作什么？"州曰："苍天，苍天！"山曰："这厮儿宛有大人之作。"

天台山拾得子

天台山拾得子，一日扫地，寺主问："汝名拾得，因丰干拾得汝归。汝毕竟姓个什么？"拾得放下扫帚，叉手而立。主再问，拾得拈扫帚扫地而去。寒山捶胸曰："苍天，苍天！"拾得曰："作什么？"山曰："不见道东家人死，西家人助哀。"二人作舞，笑哭而出国清寺。半月，念戒众集，拾得拍手曰："聚头作想那事如何？"维那叱之。得曰："大德且住，无嗔即是戒，心净即出家。我性与你合，一切法无差。"

明州布袋和尚

明州奉化县布袋和尚，自称契此，形裁腲〔乌罪切〕脮〔奴罪切〕，蹙额皤腹，出语无定，寝卧随处，常以杖荷一布囊并破席，凡供身之具，尽贮囊中。入廛肆聚落，见物则乞，或醯醢鱼菹，才接入口，分少许投囊中，时号长汀子。一日，有僧在师前行，师乃拊其背。僧回首，师曰："乞我一文钱。"曰："道得即与汝一文。"师放下布袋，叉手而立。白鹿和尚问："如何是布袋？"师便放下布袋。曰："如何是布袋下事？"师负之而去。先保福和尚问："如何是佛法大意？"师放下布袋，叉手。福曰："为只如此，为更有向上事？"师负之而去。师在街衢立，有僧问："和尚在这里作什么？"师曰："等个人。"曰："来也！来也！"〔归宗柔和尚别曰："归去来。"〕师曰："汝不是这个人。"曰："如何是这个人？"师曰："乞我一文钱！"师有歌曰："只个心心心是佛，十方世界最灵物。纵横妙用可怜生，一切不如心真实。腾腾自在无所为，闲闲究竟出家儿。若睹目前真大道，不见纤毫也大奇。万法何殊心何异，何劳更用寻经义？心王本自绝多知，智者只明无学地。非圣非凡复若乎，不强分别圣情孤。无价心珠本圆净，凡是异相妄空呼。人能弘道道分明，无量清高称道情。携锡若登故国路，莫愁诸处不闻声。"又有偈曰："是非憎爱世偏多，子细思量奈我何。宽却肚肠须忍辱，豁开心地任从他。若逢知己须依分，纵遇冤家也共和。若能了此心头事，自然证得六波罗。我有一布袋，虚空无挂碍。展开遍十方，入时观自在。吾有三宝堂，里空无色相。不高亦不低，无遮亦无障。学者体不如，求者难得样。智慧解安排，千中无一匠。四门四果生，十方尽供养。吾有一躯佛，世人皆不识。不塑亦不装，不雕亦不刻。无一滴灰泥，无一点彩色。人画画不成，贼偷偷不得。体相本自然，清净非拂拭。虽然是一躯，分身千百亿。"又有偈曰："一钵千家饭，孤身万里游。青目睹人少，问路白云头。"梁贞明三年丙子三月，师将示灭，于岳林寺东廊下端坐磐石，而说偈曰："弥勒真弥勒，分身千百亿。时时示时人，时人自不识。"偈毕，安然而化。其后复现于他州，亦负布袋而行。四众竞图其像。

法华志言大士

法华志言大士，寿春许氏子。弱冠游东都，继得度于七俱胝院，留讲肆久之。一日，读《云门录》，忽契悟。未几，宿命遂通，独语笑，口吻嗫嚅，日常不辍。世传诵《法华》，因以名之。丞相吕许公问佛法大意。师曰："本来无一物，一味却成真。"集仙王质问："如何是祖师西来意？"师曰："青山影里泼蓝起，宝塔高吟撼晓风。"又曰："请法华烧香。"师曰："未从斋戒觅，不向佛边求。"国子助教徐岳问祖师西来意。师曰："街头东畔底。"徐曰："某甲未会。"师曰："三般人会不得。"僧问："世有佛不？"师曰："寺里文殊。"有问师："凡邪？圣邪？"遂举手曰："我不在此住。"庆历戊子十一月二十三日将化，谓人曰："我从无量劫来，成就逝多国土，分身扬化，今南归矣。"言毕，右胁而逝。

扣冰澡先古佛

扣冰澡先古佛，建宁新丰翁氏子。母梦比丘，风神炯然，荷锡求宿。人指谓曰："是辟支佛。"已而孕。生于武宗会昌四年，香雾满室，弥日不散。年十三求出家，父母许之。依乌山兴福寺行全为师。咸通乙酉落发受具。初以讲说，为众所归。弃谒雪峰，手携凫茈一包、酱一器献之。峰曰："包中是何物？"师曰："凫茈。"峰曰："何处得来？"师曰："泥中得。"峰曰："泥深多少？"师曰："无丈数。"峰曰："还更有么？"曰："转有转深。"又问："器中何物？"曰："酱。"峰曰："何处得来？"曰："自合得。"峰曰："还熟也未？"曰："不较多。"峰异之。曰："子异日必为王者师。"后自鹅湖归温岭结庵。〔今为永丰寺〕继居将军岩，二虎侍侧。神人献地为瑞岩院，学者争集。尝谓众曰："古圣修行，须凭苦节。吾今夏则衣楮，冬则扣冰而浴。"故世人号为扣冰古佛。后住灵曜。上堂："四众云臻，教老僧说个什么？"便下座。有僧烧炭，积成火龛。

曰:“请师入此修行。”曰:“真玉不随流水化,琉璃争夺众星明。”曰:“莫只这便是么?”曰:“且莫认奴作郎。”曰:“毕竟如何?”曰:“梅花腊月开”天成。戊子应闽主之召，延居内堂，敬拜曰:“谢师远降。”赐茶次，师提起橐子曰:“大王会么?”曰:“不会。”曰:“人王法王，各自照了。”留十日，以疾辞。至十二月二日，沐浴升堂，告众而逝。王与道俗备香薪苏油荼毗之。祥耀满山，获舍利五色，塔于瑞岩正寝。谥曰妙应法威慈济禅师。

千岁宝掌和尚

千岁宝掌和尚，中印度人也。周威烈十二年丁卯，降神受质，左手握拳。七岁祝发乃展,因名宝掌。魏晋间东游此土,入蜀礼普贤,留大慈。常不食，日诵《般若》等经千余卷。有咏之者曰:“劳劳玉齿寒，似迸岩泉急。有时中夜坐，阶前神鬼泣。”一日，谓众曰:“吾有愿住世千岁，今年六百二十有六。”故以千岁称之。次游五台，徙居祝融峰之华严,黄梅之双峰,庐山之东林。寻抵建邺,会达磨入梁,师就扣其旨,开悟。武帝高其道腊,延入内庭,未几如吴。有偈曰:“梁城遇导师，参禅了心地。飘零二浙游，更尽佳山水。”顺流东下，由千顷至天竺，往鄮峰，登太白，穿雁荡，盘礴于翠峰七十二庵，回赤城，云门、法华、诸暨、渔浦、赤符、大岩等处。返飞来，栖之石窦。有“行尽支那四百州，此中偏称道人游”之句。时贞观十五年也。后居浦江之宝严，与朗禅师友善。每通问，遣白犬驰往，朗亦以青猿为使令，故题朗壁曰:“白犬衔书至，青猿洗钵回。”师所经处，后皆成宝坊。显庆二年正旦，手塑一像，至九日像成。问其徒慧云曰:“此肖谁?”云曰:“与和尚无异。”即澡浴易衣趺坐，谓云曰:“吾住世已一千七十二年，今将谢世。听吾偈曰:‘本来无生死，今亦示生死。我得去住心，他生复来此。’”顷时，嘱曰:“吾灭后六十年，有僧来取吾骨，勿拒。”言讫而逝。入灭五十四年，有剌浮长老自云门至塔所，礼曰："冀塔洞开。"少选，塔户果启，其骨连环若黄金。浮即持往秦望山，建窣堵波奉藏。以周威烈丁卯至唐高宗显庆丁巳考之，实一千七十二年。抵此土，岁历四百余，僧史皆失载。开元中慧云门人宗一者，尝勒石识之。

五灯会元　卷第三

六祖大鉴禅师法嗣

南岳怀让禅师

南岳怀让禅师者，姓杜氏，金州人也。于唐仪凤二年四月八日降诞，感白气应于玄象，在安康之分。太史瞻见，奏闻高宗皇帝。帝乃问："是何祥瑞？"太史对曰："国之法器，不染世荣。"帝传敕金州太守韩偕亲往，存慰其家。家有三子，唯师最小。炳然殊异，性唯恩让。父乃安名怀让。年十岁时，唯乐佛书。时有三藏玄静过舍，告其父母曰："此子若出家，必获上乘，广度众生。"至垂拱三年方十五岁，辞亲，往荆州玉泉寺，依弘景律师出家。通天二年，受戒后习《毗尼藏》。一日自叹曰："夫出家者，为无为法。天上人间，无有胜者。"时同学坦然，知师志气高迈，劝师谒嵩山安和尚。安启发之，乃直指诣曹溪参六祖。祖问："什么处来？"曰："嵩山来。"祖曰："什么物恁么来？"师无语。遂经八载，忽然有省。乃白祖曰："某甲有个会处。"祖曰："作么生？"师曰："说似一物即不中。"祖曰："还假修证否？"师曰："修证则不无，污染即不得。"

祖曰："只此不污染，诸佛之所护念。汝既如是，吾亦如是。西天般若多罗识汝足下出一马驹，踏杀天下人。应在汝心，不须速说。"师执侍左右一十五年。先天二年往衡岳居般若寺。

开元中有沙门道一，〔即马祖也。〕在衡岳山常习坐禅。师知是法器，往问曰："大德坐禅图什么？"一曰："图作佛。"师乃取一砖，于彼庵前石上磨。一曰："磨作什么？"师曰："磨作镜。"一曰："磨砖岂得成镜邪？"师曰："磨砖既不成镜，坐禅岂得作佛？"一曰："如何即是？"师曰："如牛驾车，车若不行，打车即是，打牛即是？"一无对。师又曰："汝学坐禅，为学坐佛？若学坐禅，禅非坐卧。若学坐佛，佛非定相。于无住法，不应取舍。汝若坐佛，即是杀佛。若执坐相，非达其理。"一闻示诲，如饮醍醐，礼拜，问曰："如何用心，即合无相三昧？"师曰："汝学心地法门，如下种子。我说法要，譬彼天泽，汝缘合故，当见其道。"又问："道非色相，云何能见？"师曰："心地法眼能见乎道，无相三昧亦复然矣。"一曰："有成坏否？"师曰："若以成坏聚散而见道者，非见道也。听吾偈曰：'心地含诸种，遇泽悉皆萌。三昧华无相，何坏复何成！'"一蒙开悟，心意超然。侍奉十秋，日益玄奥。入室弟子总有六人，师各印可。曰："汝等六人同证吾身，各契其一。一人得吾眉，善威仪。〔常浩〕一人得吾眼，善顾盼。〔智达〕一人得吾耳，善听理。〔坦然〕一人得吾鼻，善知气。〔神照〕一人得吾舌，善谭说。〔严峻〕一人得吾心，善古今。"〔道一〕又曰："一切法皆从心生。心无所生，法无所住。若达心地，所作无碍。非遇上根，宜慎辞哉！"有一大德问："如镜铸像，像成后未审光向什么处去？"师曰："如大德为童子时，相貌何在？"〔法眼别云："阿那个是大德铸成底像？"〕曰："只如像成后，为什么不鉴照？"师曰："虽然不鉴照，谩他一点不得。"后马大师阐化于江西。师问众曰："道一为众说法否？"众曰："已为众说法。"师曰："总未见人持个消息来。"众无对。因遣一僧去，嘱曰："待伊上堂时，但问作么生？伊道底言语，记将来。”僧去一如师旨，回谓师曰：“马师云：自从胡乱后，三十年不曾少盐酱。”师然之。天宝三年八月十一日，圆寂于衡岳。谥大慧禅师，最胜轮之塔。

南岳让禅师法嗣（第一世）

江西道一禅师

江西道一禅师，汉州什邡县人也，姓马氏。本邑罗汉寺出家。容貌奇异，牛行虎视，引舌过鼻。足下有二轮文。幼岁依资州唐和尚落发，受具于渝州圆律师。唐开元中，习禅定于衡岳山中，遇让和尚。同参六人，唯师密受心印。〔让之一，犹思之迁也，同源而异派。故禅法之盛，始于二师。刘轲云：“江西主大寂，湖南主石头，往来憧憧，不见二大士，为无知矣。”西天般若多罗记达磨云：“震旦虽阔无别路，要假儿孙脚下行。金鸡解衔一粒粟，供养十方罗汉僧。”又六祖谓让和尚曰：“向后佛法从汝边去，马驹蹋杀天下人。”厥后江西嗣法，布于天下，时号马祖。〕始自建阳佛迹岭，迁至临川，次至南康龚公山。大历中，隶名于钟陵开元寺。时连帅路嗣恭聆风景慕，亲受宗旨。由是四方学者，云集座下。一日谓众曰：“汝等诸人，各信自心是佛。此心即是佛心。达磨大师从南天竺国来至中华，传上乘一心之法，令汝等开悟。又引《楞伽经》文，以印众生心地。恐汝颠倒，不自信此心之法，各各有之。故《楞伽经》以佛语心为宗，无门为法门。夫求法者应无所求。心外无别佛，佛外无别心。不取善，不舍恶，净秽两边，俱不依怙。达罪性空，念念不可得，无自性故。故三界唯心，森罗万象，一法之所印。凡所见色，皆是见心。心不自心，因色故有。汝但随时言说，即事即理，都无所碍。菩提道果，亦复如是。于心所生，即名为色。知色空故，生即不生。若了此意，乃可随时。着衣吃饭，长养圣胎。任运过时，更有何事？汝受吾教，听吾偈曰：‘心地随时说，菩提亦只宁。事理俱无碍，当生即不生。’” 僧问:“和尚为什么说即心即佛？” 师曰:“为止小儿啼。”曰:“啼止时如何？” 师曰:“非心非佛。”曰:“除此二种人来，如何指示？” 师曰:“向伊道不是物。”曰:“忽遇其中人来时如何？” 师曰:“且教伊体会大道。” 问:“如何是西来意？” 师曰:“即今是什么意？”

庞居士问:“不昧本来人，请师高着眼。”师直下觑。士曰:“一等没弦琴,唯师弹得妙。”师直上觑,士礼拜。师归方丈,居士随后。曰:“适来弄巧成拙。”又问:“如水无筋骨，能胜万斛舟。此理如何？” 师曰:“这里无水亦无舟，说什么筋骨？”

一夕,西堂、百丈、南泉随侍玩月次。师问:“正恁么时如何？”堂曰:“正好供养。”丈曰:“正好修行。”泉拂袖便行。师曰:“经入藏，禅归海，唯有普愿，独超物外。” 百丈问:“如何是佛法旨趣？” 师曰:“正是汝放身命处。”师问百丈:“汝以何法示人？” 丈竖起拂子。师曰:“只这个，为当别有？” 丈抛下拂子。僧问:“如何得合道？” 师曰:“我早不合道。”问:“如何是西来意？” 师便打曰:“我若不打汝，诸方笑我也。”

有小师耽源行脚回，于师前画个圆相，就上拜了立。师曰:“汝莫欲作佛否？”曰:“某甲不解捏目。”师曰:“吾不如汝。”小师不对。邓隐峰辞师,师曰:“什么处去？”曰:“石头去。”师曰:“石头路滑。”曰:“竿木随身，逢场作戏。” 便去。才到石头，即绕禅床一匝，振锡一声。问:“是何宗旨？” 石头曰:“苍天，苍天！” 峰无语，却回举似师。师曰:“汝更去问，待他有答，汝便嘘两声。” 峰又去，依前问。石头乃嘘两声。峰又无语，回举似师。师曰:“向汝道‘石头路滑。’”

有僧于师前作四画，上一画长，下三画短。曰:“不得道一画长、三画短，离此四字外，请和尚答。”师乃画地一画曰:“不得道长短。答汝了也。” 〔忠国师闻，别云:“何不问老僧？”〕有讲僧来，问曰:“未审禅宗传持何法？”师却问曰：“座主传持何法？”主曰：“忝讲得经论二十余本。”师曰：“莫是师子儿否？”主曰：“不敢。”师作嘘嘘声。主曰：“此是法。”师曰：“是什么法？”主曰：“师子出窟法。”师乃默然。主曰：“此亦是法。”师曰：“是什么法？”主曰：“师子在窟法。”师曰：“不出不入，是什么法？”主无对。〔百丈代云：“见么。”〕遂辞出门。师召曰：“座主！”主回首，师曰：“是什么？”主亦无对。师曰：“这钝根阿师。”洪州廉使问曰：“吃酒肉即是，不吃即是？”师曰：“若吃是中丞禄，不吃是中丞福。”

师入室弟子一百三十九人，各为一方宗主，转化无穷。师于贞元四年正月中，登建昌石门山，于林中经行，见洞壑平坦，谓侍者曰：“吾之朽质，当于来月归兹地矣。”言讫而回。既而示疾，院主问：“和尚近日尊候如何？”师曰：“日面佛，月面佛。”二月一日沐浴，跏趺入灭。元和中，谥大寂禅师，塔曰大庄严。

南岳下二世

马祖一禅师法嗣

百丈山怀海禅师

洪州百丈山怀海禅师者，福州长乐人也，姓王氏。丱岁离尘，三学该练。属大寂阐化江西，乃倾心依附，与西堂智藏、南泉普愿同号入室。时三大士为角立焉。师侍马祖行次，见一群野鸭飞过。祖曰：“是什么？”师曰：“野鸭子。”祖曰：“甚处去也？”师曰：“飞过去也。”祖遂把师鼻扭，负痛失声。祖曰：“又道飞过去也。”师于言下有省。却归侍者寮，哀哀大哭。同事问曰：“汝忆父母邪？”师曰：“无。”曰：“被人骂邪？”师曰：“无。”曰：“哭作什么？”师曰：

"我鼻孔被大师扭得痛不彻。"同事曰:"有甚因缘不契?"师曰:"汝问取和尚去。"同事问大师曰:"海侍者有何因缘不契,在寮中哭。告和尚为某甲说。"大师曰:"是伊会也。汝自问取他。"同事归寮曰:"和尚道汝会也,教我自问汝。"师乃呵呵大笑。同事曰:"适来哭,如今为甚却笑?"师曰:"适来哭,如今笑。"同事罔然。次日,马祖升堂,众才集,师出卷却席。祖便下座。师随至方丈。祖曰:"我适来未曾说话,汝为甚便卷却席?"师曰:"昨日被和尚扭得鼻头痛。"祖曰:"汝昨日向甚处留心?"师曰:"鼻头今日又不痛也。"祖曰:"汝深明昨日事。"师作礼而退。

师再参,侍立次。祖目视绳床角拂子。师曰:"即此用,离此用?"祖曰:"汝向后开两片皮,将何为人?"师取拂子竖起。祖曰:"即此用,离此用?"师挂拂子于旧处。祖振威一喝,师直得三日耳聋。自此雷音将震,檀信,请于洪州新吴界,住大雄山以居处。岩峦峻极,故号百丈。既处之,未期月,参玄之宾,四方麇至。沩山黄檗当其首。一日,师谓众曰:"佛法不是小事。老僧昔被马大师一喝,直得三日耳聋。"黄檗闻举,不觉吐舌。师曰:"子已后莫承嗣马祖去么?"檗曰:"不然。今日因和尚举,得见马祖大机之用,然且不识马祖。若嗣马祖,已后丧我儿孙。"师曰:"如是,如是!见与师齐,减师半德。见过于师,方堪传授。子甚有超师之见。"檗便礼拜。〔沩山问仰山:"百丈再参马祖因缘,此二尊宿意旨如何?"仰云:"此是显大机大用。"沩云:"马祖出八十四人,善知识几人得大机,几人得大用?"仰云:"百丈得大机,黄檗得大用,余者尽是唱导之师。"沩云:"如是,如是。"〕

有僧哭入法堂来。师曰:"作么?"曰:"父母俱丧,请师选日。"师曰:"明日来,一时埋却。"沩山、五峰、云岩侍立次,师问沩山:"并却咽喉唇吻,作么生道?"山曰:"却请和尚道。"师曰:"不辞向汝道,恐已后丧我儿孙。"又问五峰。峰曰:"和尚也须并却。"师曰:"无人处斫额望汝。"又问云岩。岩曰:"和尚有也未?"师曰:"丧我儿孙。”师谓众曰:“我要一人，传语西堂，阿谁去得？”五峰曰:“某甲去。”师曰:“汝作么生传语？”峰曰:“待见西堂,即道。”师曰:“见后道什么？”峰曰:“却来说似和尚。”

师每上堂,有一老人随众听法。一日众退，唯老人不去。师问:“汝是何人？”老人曰:“某非人也。于过去迦叶佛时，曾住此山，因学人问:“大修行人还落因果也无？”某对云:“不落因果。”遂五百生堕野狐身,今请和尚代一转语,贵脱野狐身。”师曰:“汝问。”老人曰:“大修行人还落因果也无？”师曰:“不昧因果。”老人于言下大悟，作礼曰:“某已脱野狐身，住在山后。敢乞依亡僧津送。”师令维那白椎告众，食后送亡僧。大众聚议，一众皆安，涅槃堂又无病人,何故如是?食后师领众至山后岩下,以杖挑出一死野狐,乃依法火葬。师至晚上堂，举前因缘。黄檗便问:“古人错祗对一转语，堕五百生野狐身。转转不错，合作个什么？”师曰:“近前来！向汝道。”檗近前，打师一掌。师拍手笑曰:“将谓胡须赤，更有赤须胡。”〔沩山举问仰山，仰曰:“黄檗常用此机。”沩曰:“汝道天生得，从人得。”仰曰:“亦是禀受师承，亦是自性宗通。”沩曰:“如是，如是。”〕时沩山在会下作典座。司马头陀举野狐话问典座:“作么生？”座撼门扇三下。司马曰:“太粗生。”座曰:“佛法不是这个道理。”问:“如何是奇特事？”师曰:“独坐大雄峰。”僧礼拜，师便打。

上堂:“灵光独耀，迥脱根尘。体露真常，不拘文字。心性无染,本自圆成。但离妄缘,即如如佛。”问:“如何是佛？”师曰:“汝是阿谁？”曰:“某甲。”师曰:“汝识某甲否？”曰:“分明个。”师乃举起拂子曰:“汝还见么？”曰:“见。”师乃不语。普请镢地次，忽有一僧闻鼓鸣，举起镢头，大笑便归。师曰:“俊哉！此是观音入理之门。”师归院,乃唤其僧问:“适来见什么道理,便恁么？”曰:“适来肚饥，闻鼓声，归吃饭。”师乃笑。问:“依经解义，三世佛冤。离经一字，如同魔说时如何？”师曰:“固守动静，三世佛冤。

此外别求，即同魔说。”因僧问西堂：“有问有答即且置，无问无答时如何？”堂曰：“怕烂却那。”师闻举，乃曰：“从来疑这个老兄。”曰：“请和尚道。”师曰：“一合相不可得。”师谓众曰：“有一人长不吃饭不道饥，有一人终日吃饭不道饱。”众无对。云岩问：“和尚每日区区为阿谁？”师曰：“有一人要。”岩曰：“因什么不教伊自作。”师曰：“他无家活。”

问：“如何是大乘顿悟法要？”师曰：“汝等先歇诸缘，休息万事。善与不善，世出世间，一切诸法，莫记忆，莫缘念，放舍身心，令其自在。心如木石，无所辨别。心无所行，心地若空，慧日自现，如云开日出相似。但歇一切攀缘，贪嗔爱取，垢净情尽。对五欲八风不动，不被见闻觉知所缚，不被诸境所惑，自然具足神通妙用，是解脱人。对一切境，心无静乱，不摄不散，透过一切声色，无有滞碍，名为道人。善恶是非俱不运用，亦不爱一法，亦不舍一法，名为大乘人。不被一切善恶、空有、垢净、有为无为、世出世间、福德智慧之所拘系，名为佛慧。是非好丑、是理非理，诸知见情尽，不能系缚，处处自在，名为初发心菩萨，便登佛地。”问：“对一切境，如何得心如木石去？”师曰：“一切诸法，本不自言空，不自言色，亦不言是非垢净，亦无心系缚人。但人自虚妄计着，作若干种解会，起若干种知见，生若干种爱畏。但了诸法不自生，皆从自己一念，妄想颠倒，取相而有知。心与境本不相到，当处解脱，一一诸法当处寂灭，当处道场。又本有之性不可名目，本来不是凡不是圣，不是垢净，亦非空有，亦非善恶，与诸染法相应，名人天二乘界。若垢净心尽，不住系缚，不住解脱，无一切有为无为缚脱心量处，于生死其心自在，毕竟不与诸妄虚幻、尘劳蕴界、生死诸入和合，迥然无寄，一切不拘，去留无碍。往来生死，如门开相似。夫学道人，若遇种种苦乐，称意不称意事，心无退屈，不念名闻利养衣食，不贪功德利益，不为世间诸法之所滞碍，无亲无爱，苦乐平怀，粗衣遮寒，粝食活命，兀兀如愚如聋，稍有相应分。若于心中广学知解，求福求智，皆是生死，于理无益，却被知解境风之所漂溺，还归生死海里。佛是无求人，求之即乖；理是无求理，求之即失。若着无求，复同于有求。若着无为，复同于有为。故经云：'不取于法，不取非法，不取非非法。'”又云：“如来所得法，此法无实无虚。若能一生心如木石相似，不被阴界五欲八风之所漂溺，即生死因断，去住自由。不为一切有为因界所缚，不被有漏所拘。他时还以无因缚为因，同事利益。以无着心应一切物，以无碍慧解一切缚。亦云应病与药。”问：“如今受戒，身口清净，已具诸善，得解脱否？”师曰：“少分解脱，未得心解脱，亦未得一切处解脱。”曰：“如何是心解脱及一切处解脱？”师曰：“不求佛法僧，乃至不求福智知解等。垢净情尽，亦不守此无求为是，亦不住尽处，亦不欣天堂、畏地狱，缚脱无碍，即身心及一切处皆名解脱。汝莫言有少分戒，身口意净，便以为了。不知河沙戒定慧门、无漏解脱，都未涉一毫在。努力向前，须猛究取，莫待耳聋眼暗，面皱发白，老苦及身，悲爱缠绵，眼中流泪，心里慞惶，一无所据，不知去处。到恁么时节，整理手脚不得也。纵有福智、名闻、利养，都不相救。为心眼未开，唯念诸境，不知返照，复不见佛道。一生所有善恶业缘，悉现于前，或忻或怖，六道五蕴，俱时现前。尽敷严好舍宅，舟船车轝，光明显赫，皆从自心贪爱所现。一切恶境，皆变成殊胜之境。但随贪爱重处，业识所引，随著受生，都无自由分。龙畜良贱，亦总未定。”

问：“如何得自由分？”师曰：“如今得即得。或对五欲八风，情无取舍，悭嫉贪爱，我所情尽，垢净俱亡。如日月在空，不缘而照。心心如木石，念念如救头。然亦如香象渡河，截流而过，更无疑滞。此人天堂地狱所不能摄也。夫读经看教，语言皆须宛转归就自己。但是一切言教，只明如今鉴觉自性，但不被一切有无诸境转，是汝导师。能照破一切有无诸境，是金刚慧。即有自由独立分。若不能恁么会得，纵然诵得十二《韦陀典》，只成增上慢，却是谤佛，不是修行。但离一切声色，亦不住于离，亦不住于知解，是修行读经看教。若准世间是好事，若向明理人边数，此是壅塞人。十地之人脱不去，流入生死河。但是三乘教，皆治贪瞋等病，只如今念念若有贪瞋等病，先须治之，不用求觅义句知解。知解属贪，贪变成病。祇如今但离一切有无诸法，亦离于离，透过三句外，自然与佛无差。既自是佛，何虑佛不解语。只恐不是佛，被有无诸法缚，不得自由。以理未立，先有福智，被福智载去，如贱使贵。不如先立理，后有福智。若要福智，临时作得。撮土成金，撮金为土，变海水为酥酪，破须弥为微尘，摄四大海水入一毛孔。于一义作无量义，于无量义作一义。伏惟珍重。”

师有时说法竟，大众下堂，乃召之。大众回首，师曰：“是什么？”〔药山目之为百丈下堂句。〕师儿时随母入寺拜佛，指佛像问母：“此是何物？”母曰：“是佛。”师曰：“形容似人无异，我后亦当作焉。”师凡作务执劳，必先于众，主者不忍，密收作具而请息之。师曰：“吾无德，争合劳于人？”既遍求作具不获，而亦忘餐。故有“一日不作，一日不食”之语流播寰宇矣。唐元和九年正月十七日归寂，谥大智禅师，塔曰大宝胜轮。

南泉普愿禅师

池州南泉普愿禅师者，郑州新郑人也，姓王氏。幼慕空宗。唐至德二年依大隗山大慧禅师受业。诣嵩岳受具足戒。初习相部旧章，究《毗尼篇》聚。次游诸讲肆，历听《楞伽》《华严》，入中百门观，精练玄义。后扣大寂之室，顿然忘筌，得游戏三昧。一日，为众僧行粥次，马祖问：“桶里是什么？”师曰：“这老汉合取口作恁么语话。”祖便休。自余，同参之流无敢诘问。贞元十一年憩锡于池阳，自建禅斋，不下南泉三十余载。大和初，宣城廉使陆公亘向师道风，遂与监军同请下山，伸弟子之礼，大振玄纲。自此学徒不下数百，言满诸方，目为郢匠。

上堂:“然灯佛道了也。若心相所思，出生诸法，虚假不实，何以故？心尚无有，云何出生诸法？犹如形影，分别虚空。如人取声，安置篋中。亦如吹网，欲令气满。故老宿云：不是心，不是佛，不是物，且教你兄弟行履。据说十地菩萨住首楞严三昧，得诸佛秘密法藏，自然得一切禅定解脱神通妙用。至一切世界，普现色身，或示现成等正觉，转大法轮，入涅槃，使无量入毛孔。演一句经无量劫，其义不尽，教化无量亿千众生得无生法忍。尚唤作所知愚、极微细所知愚，与道全乖。大难，大难！珍重！”

上堂曰:“王老师自小养一头水牯牛。拟向溪东牧，不免食他国王水草。拟向溪西牧，亦不免食他国王水草。不如随分纳些些，总不见得。”师问僧曰:“夜来好风？”曰:“夜来好风！”师曰:“吹折门前一枝松？”曰:“吹折门前一枝松。”次问一僧曰:“夜来好风？”曰:“是什么风？”师曰:“吹折门前一枝松。”曰:“是什么松？”师曰:“一得一失。”师有书与茱萸曰:“理随事变，宽廓非外。事得理融，寂寥非内。”僧达书了，便问萸:“如何是宽廓非外？”萸曰:“问一答百也无妨。”曰:“如何是寂寥非内？”萸曰:“睹对声色，不是好手。”僧又问长沙，沙瞪目视之。僧又进后语，沙乃闭目示之。僧又问赵州，州作吃饭势。僧又进后语，州以手作拭口势。后僧举似师。师曰:“此三人，不谬为吾弟子。”

南泉山下有一庵主，人谓曰:“近日南泉和尚出世，何不去礼见？”主曰:“非但南泉出世，直饶千佛出世，我亦不去。”师闻，乃令赵州去勘。州去便设拜，主不顾。州从西过东，又从东过西，主亦不顾。州曰:“草贼大败。”遂拽下帘子，便归举似师。师曰:“我从来疑着这汉。”次日，师与沙弥携茶一瓶、盏三只，到庵掷向地上。

乃曰："昨日底！昨日底！"主曰："昨日底是什么？"师于沙弥背上拍一下曰："赚我来，赚我来！"拂袖便回。

上堂："道个如如早是变了也。今时师僧须向异类中行。"归宗曰："虽行畜生行，不得畜生报。"师曰："孟八郎汉又恁么去也？"上堂："文殊、普贤昨夜三更相打，每人与二十棒，趁出院去也！"赵州曰："和尚棒教谁吃？"师曰："且道王老师过在甚处？"州礼拜而出。师因至庄所，庄主预备迎奉。师曰："老僧居常出入，不与人知，何得排办如此？"庄主曰："昨夜土地报道，和尚今日来。"师曰："王老师修行无力，被鬼神觑见。"侍者便问："和尚既是善知识，为什么被鬼神觑见？"师曰："土地前更下一分饭。"〔玄觉云："什么处是土地前更下一分饭？"云居锡云："是赏伊罚伊，只如土地前见，是南泉不是南泉。"〕师有时曰："江西马祖说'即心即佛'，王老师不恁么道，'不是心，不是佛，不是物'。恁么道还有过么？"赵州礼拜而出。时有一僧随问赵州曰："上座礼拜便出，意作么生？"州曰："汝却问取和尚。"僧乃问："适来谂上座意作么生？"师曰："他却领得老僧意旨。"

黄檗与师为首座。一日，捧钵向师位上坐。师入堂见，乃问曰："长老什么年中行道？"檗曰："威音王已前。"师曰："犹是王老师儿孙在。下去！"檗便过第二位坐，师便休。师一日问黄檗："黄金为世界，白银为壁落，此是什么人居处？"檗曰："是圣人居处。"师曰："更有一人居何国土？"檗乃叉手立。师曰："道不得，何不问王老师？"檗却问："更有一人居何国土？"师曰："可惜许！"师问黄檗："定慧等学，明见佛性，此理如何？"檗曰："十二时中不依倚一物。"师曰："莫是长老见处么？"檗曰："不敢。"师曰："浆水钱且置，草鞋钱教阿谁还？"师见僧斫木次，师乃击木三下，僧放下斧子，归僧堂。师归法堂，良久却入僧堂，见僧在衣钵下坐。师曰："赚杀人！"问："师归丈室，将何指南？"师曰："昨夜三更失却牛，天明起来失却火。”

师因东西两堂争猫儿，师遇之，白众曰：“道得即救取猫儿，道不得即斩却也。”众无对，师便斩之。赵州自外归，师举前语示之。州乃脱履安头上而出。师曰：“子若在，即救得猫儿也。”师在方丈，与杉山向火次。师曰：“不用指东指西，直下本分事道来。”山插火著箸叉手。师曰：“虽然如是，犹较王老师一线道。”有僧问讯，叉手而立。师曰：“太俗生！”其僧便合掌。师曰：“太僧生！”僧无对。一僧洗钵次，师乃夺却钵。其僧空手而立。师曰：“钵在我手里，汝口喃喃作么？”僧无对。师因入菜园，见一僧，师乃将瓦子打之。其僧回顾，师乃翘足。僧无语。师便归方丈，僧随后入，问讯曰：“和尚适来掷瓦子打某甲，岂不是警觉某甲？”师曰：“翘足又作么生？”僧无对。〔后有僧问石霜云：“南泉翘足，意作么生？”霜举手云：“还恁么无。”〕

上堂：“王老师卖身去也，还有人买么？”僧出曰：“某甲买。”师曰：“不作贵，不作贱，汝作么生买？”僧无对。〔卧龙代云：“属某甲去也。”禾山代云：“是何道理？”赵州代云：“明年与和尚缝一领布衫。”〕师与归宗、麻谷同去参礼南阳国师。师于路上画一圆相曰：“道得即去。”宗便于圆相中坐。谷作女人拜。师曰：“恁么则不去也。”宗曰：“是什么心行？”师乃相唤便回，更不去礼国师。〔玄觉云：“只如南泉恁么道，是肯语是不肯语。”云居锡云：“比来去礼拜国师，南泉为什么却相唤回？且道古人意作么生。”〕师在山上作务，僧问：“南泉路向什么处去？”师拈起镰子曰：“我这茆镰子，三十钱买得。”曰：“不问茆镰子。南泉路向什么处去？”师曰：“我使得正快！”有一座主辞师，师问：“什么处去？”对曰：“山下去。”师曰：“第一不得谤王老师。”对曰：“争敢谤和尚！”师乃喷嚏曰：“多少！”主便出去。〔云居膺云：“非师本意。”先曹山云：“赖也。”石霜云：“不为人斟酌。”长庆云：“请领话。”云居锡云：“座主当时出去，是会不会。”〕师一日掩方丈门，将灰围却门外。曰：

"若有人道得，即开。"或有祇对，多未惬师意。赵州曰："苍天！"师便开门。师玩月次，僧问："几时得似这个去？"师曰："王老师二十年前，亦恁么来。"曰："即今作么生？"师便归方丈。陆亘大夫问："弟子从六合来，彼中还更有身否？"师曰："分明记取，举似作家。"曰："和尚不可思议，到处世界成就。"师曰："适来总是大夫分上事。"陆异日谓师曰："弟子亦薄会佛法。"师便问："大夫十二时中作么生？"曰："寸丝不挂。"师曰："犹是阶下汉。"师又曰："不见道，有道君王不纳有智之臣。"上堂次，陆大夫曰："请和尚为众说法。"师曰："教老僧作么生说？"曰："和尚岂无方便？"师曰："道他欠少什么？"曰："为什么有六道四生？"师曰："老僧不教他。"陆大夫与师见人双陆，指骰子曰："恁么、不恁么、正恁么，信彩去时如何？"师拈起骰子曰："臭骨头十八。"又问："弟子家中有一片石，或时坐，或时卧，如今拟镌作佛，还得否？"师曰："得。"陆曰："莫不得否？"师曰："不得。"〔云岩云："坐即佛，不坐即非佛。"洞山云："不坐即佛，坐即非佛？"〕赵州问："道非物外，物外非道。如何是物外道？"师便打。州捉住棒曰："已后莫错打人去。"师曰："龙蛇易辨，衲子难谩。"师唤院主，主应诺。师曰："佛九十日在忉利天为母说法，时优填王思佛，请目连运神通三转，摄匠人往彼雕佛像，只雕得三十一相，为什么梵音相雕不得？"主问："如何是梵音相？"师曰："赚杀人！"师问维那："今日普请作什么？"对曰："拽磨。"师曰："磨从你拽，不得动着磨中心树子。"那无语。〔保福代云："比来拽磨，如今却不成。"法眼代云："恁么即不拽也。"〕一日，有大德问师曰："即心是佛又不得，非心非佛又不得。师意如何？"师曰："大德且信即心是佛便了，更说什么得与不得。只如大德吃饭了，从东廊上西廊下，不可总问人得与不得也。"师住庵时，有一僧到庵。师向伊道："我上山去作务。待斋时作饭自吃了，送一分上来。"少时，其僧自作饭吃了，却一时打破家事就床卧。师待不见来，便归庵，见僧卧。师亦就伊边卧。僧便起去。师住后曰：“我往前住庵时，有个灵利道者，直至如今不见。”师拈起毬子问僧：“那个何似这个？”对曰：“不似。”师曰：“什么处见那个，便道不似。”曰：“若问某甲见处，和尚放下手中物。”师曰：“许你具一只眼。”陆大夫向师道：“肇法师也甚奇怪，解道天地与我同根，万物与我一体。”师指庭前牡丹花曰：“大夫！时人见此一株花如梦相似。”陆罔测。又问：“天王居何地位？”师曰：“若是天王，即非地位。”曰：“弟子闻说天王是居初地。”师曰：“应以天王身得度者，即现天王身，而为说法。”陆辞归宣城治所。师问：“大夫去彼，将何治民？”曰：“以智慧治民。”师曰：“恁么则彼处生灵尽遭涂炭去也。”师入宣州，陆大夫出迎接。指城门曰：“人人尽唤作雍门，未审和尚唤作什么门？”师曰：“老僧若道，恐辱大夫风化。”曰：“忽然贼来时作么生？”师曰：“王老师罪过。”陆又问：“大悲菩萨用许多手眼作什么？”师曰：“只如国家，又用大夫作什么？”师洗衣次，僧问：“和尚犹有这个在。”师拈起衣曰：“争奈这个何！”〔玄觉云：“且道是一个，是两个？”〕师问僧良钦：“空劫中还有佛否？”对曰：“有。”师曰：“是阿谁？”对曰：“良钦。”师曰：“居何国土？”钦无语。问：“祖祖相传，合传何事？”师曰：“一二三四五。”问：“如何是古人底？”师曰：“待有即道。”曰：“和尚为什么妄语？”师曰：“我不妄语，卢行者却妄语。”问：“十二时中以何为境？”师曰：“何不问王老师？”曰：“问了也。”师曰：“还曾与汝为境么？”问：“青莲不随风火散时是什么？”师曰：“无风火不随是什么？”僧无对。师问：“不思善，不思恶，思总不生时，还我本来面目来。”曰：“无容止可露。”〔洞山云：“还曾将示人么。”〕师问座主：“你与我讲经得么？”曰：“某甲与和尚讲经，和尚须与某甲说禅始得。”师曰：“不可将金弹子博银弹子去。”曰：“某甲不会。”师曰：“汝道空中一片云，为复钉钉住？为复藤缆着？”问：“空中有一珠，如何取得？”师曰：“斫竹布梯空中取。”曰:“空中如何布梯?”师曰:“汝拟作么生取?”僧辞。问曰:“学人到诸方,有人问:和尚近日作么生?未审如何祇对。”师曰:“但向道近日解相扑。”曰:“作么生?”师曰:“一拍双泯。”问:“父母未生时,鼻孔在什么处?”师曰:“父母已生了,鼻孔在什么处?”师将顺世,第一座问:“和尚百年后向什么处去?”师曰:“山下作一头水牯牛去。”座曰:“某甲随和尚去还得也无?”师曰:“汝若随我,即须衔取一茎草来。”师乃示疾,告门人曰:“星翳灯幻亦久矣,勿谓吾有去来也。”言讫而逝。

盐官海昌院齐安国师

杭州盐官海昌院齐安国师,海门郡人也,姓李氏。生时神光照室。后有异僧谓之曰:“建无胜幢,使佛日回照者,岂非汝乎?”长依本郡云琮禅师落发受具。后闻大寂行化于龚公山,乃振锡而造焉。师有奇相,大寂一见深器之。乃令入室,密示正法。僧问:“如何是本身卢舍那?”师曰:“与老僧过净瓶来。”僧将净瓶至。师曰:“却安旧处着。”僧送至本处,复来诘问。师曰:“古佛过去久矣。”有讲僧来参,师问座主:“蕴何事业?”对曰:“讲《华严经》。”师曰:“有几种法界?”曰:“广说则重重无尽,略说有四种。”师竖起拂子曰:“这个是第几种法界?”主沉吟。师曰:“思而知,虑而解,是鬼家活计,日下孤灯,果然失照。”〔保福闻云:“若礼拜即吃和尚棒。”禾山代云:“某甲不烦,和尚莫怪。”法眼代拊掌三下。〕僧问大梅:“如何是西来意?”大梅曰:“西来无意。”师闻乃曰:“一个棺材,两个死汉。”〔玄沙云:“盐官是作家。”〕师一日唤侍者曰:“将犀牛扇子来!”者曰:“破也。”师曰:“扇子既破,还我犀牛儿来!”者无对。〔投子代云:“不辞将出,恐头角不全。”资福代作圆相,心中书牛字。石霜代云:“若还和尚即无也。”保福云:“和尚年尊,别请人好。”〕师一日谓众曰:“虚空为鼓,须弥为椎,什么人打得?”众无对。〔有人举似南泉,泉云:“王老师不打这破鼓。”法眼别云:“王老师不打。”〕有法空禅师到，请问经中诸义。师一一答了，却曰：“自禅师到来，贫道总未得作主人。”法空曰：“请和尚便作主人。”师曰：“今日夜也，且归本位安置。明日却来。”法空下去。至明旦，师令沙弥屈法空禅师。法空至，师顾沙弥曰：“咄！这沙弥不了事。教屈法空禅师，屈得个守堂家人来。”法空无语。法昕院主来参，师问：“汝是谁？”对曰：“法昕。”师曰：“我不识汝。”昕无语。师后不疾，宴坐示灭。谥悟空禅师。

归宗寺智常禅师

庐山归宗寺智常禅师，上堂：“从上古德，不是无知解。他高尚之士，不同常流。今时不能自成自立，虚度时光。诸子莫错用心，无人替汝，亦无汝用心处。莫就他觅，从前只是依他解，发言皆滞，光不透脱，只为目前有物。”僧问：“如何是玄旨？”师曰：“无人能会。”曰：“向者如何？”师曰：“有向即乖。”曰：“不向者如何？”师曰：“谁求玄旨？”又曰：“去！无汝用心处。”曰：“岂无方便门，令学人得入？”师曰：“观音妙智力，能救世间苦。”曰：“如何是观音妙智力？”师敲鼎盖三下，曰：“子还闻否？”曰：“闻。”师曰：“我何不闻？”僧无语。师以棒趁下。

师尝与南泉同行，后忽一日相别，煎茶次，南泉问曰：“从来与师兄商量语句，彼此已知。此后或有人问，毕竟事作么生？”师曰：“这一片地大好卓庵。”泉曰：“卓庵且置，毕竟事作么生？”师乃打翻茶铫，便起。泉曰：“师兄吃茶了。普愿未吃茶。”师曰：“作这个语话，滴水也难销。”僧问：“此事久远，又如何用心？”师曰：“牛皮鞔露柱，露柱啾啾叫。凡耳听不闻，诸圣呵呵笑。”师因官人来，乃拈起帽子两带曰：“还会么？”曰：“不会。”师曰：“莫怪老僧头风，不卸帽子。”师入园取菜次，乃画圆相，围却一株。语众曰：“辄不得动着这个。”众不敢动。少顷，师复来，见菜犹在，便以棒趁众僧曰:“这一队汉，无一个有智慧底。”师问:“新到什么处来？”曰:“凤翔来。”师曰:“还将得那个来否？”曰:“将得来。”师曰:“在什么处？”僧以手从顶擎捧呈之。师即举手作接势，抛向背后。僧无语。师曰:“这野狐儿。”

师铲草次，有讲僧来参，忽有一蛇过，师以锄断之。僧曰:“久向归宗，元来是个粗行沙门。”师曰:“你粗，我粗？”曰:“如何是粗？”师竖起锄头。曰:“如何是细？”师作斩蛇势。曰:“与么，则依而行之。”师曰:“依而行之且置，你甚处见我斩蛇？”僧无对。云岩来参，师作挽弓势。岩良久，作拔剑势。师曰:“来太迟生！”

上堂:“吾今欲说禅，诸子总近前。”大众近前，师曰:“汝听观音行，善应诸方所。”问:“如何是观音行？”师乃弹指曰:“诸人还闻否？”曰:“闻。”师曰:“一队汉向这里觅什么？”以棒趁出，大笑归方丈。僧辞，师问:“什么处去？”曰:“诸方学五味禅去。”师曰:“诸方有五味禅,我这里只有一味禅。”曰:“如何是一味禅？”师便打。僧曰:“会也！会也！”师曰:“道！道！”僧拟开口，师又打。僧后到黄檗，举前话。檗上堂曰:“马大师出八十四人，善知识问着,个个屙漉漉地,只有归宗较些子。”江州刺史李渤问:“教中所言:须弥纳芥子,渤即不疑。芥子纳须弥,莫是妄谭否？”师曰:“人传使君读万卷书籍，还是否？”曰:“然。”师曰:“摩顶至踵如椰子大，万卷书向何处着？”李俛首而已。李异日又问:“一大藏教,明得个什么边事？”师举拳示之,曰:“还会么？”曰:“不会。”师曰:“这个措大，拳头也不识。”曰:“请师指示。”师曰:“遇人即途中授与，不遇即世谛流布。”师以目有重瞳，遂将药手按摩，以致两目俱赤，世号赤眼归宗焉。后示灭，谥至真禅师。

大梅山法常禅师

明州大梅山法常禅师者，襄阳人也，姓郑氏。幼岁从师于荆州玉泉寺。初参大寂，问:“如何是佛？”寂曰:“即心是佛。”师即大悟，遂之四明梅子真旧隐缚茆燕处。唐贞元中，盐官会下有僧，因采拄杖，迷路至庵所。问:“和尚在此多少时？”师曰:“只见四山青又黄。”又问:“出山路向什么处去？”师曰:“随流去。”僧归举似盐官，官曰:“我在江西时曾见一僧，自后不知消息，莫是此僧否？”遂令僧去招之。师答以偈曰:“摧残枯木倚寒林，几度逢春不变心。樵客遇之犹不顾，郢人那得苦追寻。一池荷叶衣无尽，数树松花食有余。刚被世人知住处，又移茅舍入深居。”大寂闻师住山，乃令僧问:“和尚见马大师得个什么，便住此山？”师曰:“大师向我道:即心是佛。我便向这里住。”僧曰:“大师近日佛法又别。”师曰:“作么生？”曰:“又道:非心非佛。”师曰:“这老汉惑乱人，未有了日。任他非心非佛，我只管即心即佛。”其僧回举似马祖，祖曰:“梅子熟也！”〔僧问禾山:“大梅恁么道，意作么生？”禾山云:“真师子儿。”〕庞居士闻之，欲验师实，特去相访。才相见，士便问:“人向大梅，未审梅子熟也未？”师曰:“熟也。你向什么处下口？”士曰:“百杂碎。”师伸手曰:“还我核子来。”士无语。自此学者渐臻，师道弥著。

上堂:“汝等诸人，各自回心达本，莫逐其末。但得其本，其末自至。若欲识本，唯了自心。此心元是一切世间、出世间法根本，故心生种种法生，心灭种种法灭。心且不附一切善恶而生，万法本自如如。”问:“如何是佛法大意？”师曰:“蒲花柳絮，竹针麻线。”夹山与定山同行，言话次，定山曰:“生死中无佛，即无生死。”夹山曰:“生死中有佛，即不迷生死。”互相不肯，同上山见师。夹山便举问:“未审二人见处那个较亲？”师曰:“一亲一疏。”夹山复问:“那个亲？”师曰:“且去，明日来。”夹山明日再上问，师曰:“亲者不问，问者不亲。”〔夹山住后自云:“当时失一只眼。”〕

新罗僧参，师问:“发足甚处？”曰:“欲通来处，恐遭怪责。”

师曰:“不可无来处也。”曰:“新罗。”师曰:“争怪得汝?”僧作礼,师曰:“是与不是,知与不知,只是新罗国里人。”忽一日谓其徒曰:“来莫可抑,往莫可追。”从容间闻鼯鼠声,乃曰:“即此物,非他物。汝等诸人,善自护持,吾今逝矣。”言讫示灭。永明寿禅师赞曰:“师初得道,即心是佛。最后示徒,物非他物。穷万法源,彻千圣骨,真化不移,何妨出没。”

佛光如满禅师

洛京佛光如满禅师,〔曾住五台山金阁寺。〕唐顺宗问:“佛从何方来?灭向何方去?既言常住世,佛今在何处?”师答曰:“佛从无为来,灭向无为去。法身等虚空,常住无心处。有念归无念,有住归无住。来为众生来,去为众生去。清净真如海,湛然体常住。智者善思惟,更勿生疑虑。”帝又问:“佛向王宫生,灭向双林灭。住世四十九,又言无法说。山河与大海,天地及日月。时至皆归尽,谁言不生灭。疑情犹若斯,智者善分别。”师答曰:“佛体本无为,迷情妄分别。法身等虚空,未曾有生灭。有缘佛出世,无缘佛入灭。处处化众生,犹如水中月。非常亦非断,非生亦非灭。生亦未曾生,灭亦未曾灭。了见无心处,自然无法说。”帝闻大悦,益重禅宗。

五泄山灵默禅师

婺州五泄山灵默禅师,毗陵人也,姓宣氏。初谒马祖,遂得披剃受具。后远谒石头,便问:“一言相契即住,不契即去。”石头据坐,师便行,头随后召曰:“阇黎!”师回首。头曰:“从生至死,只是这个。回头转脑作么?”师言下大悟,乃拗折拄杖而栖止焉。〔洞山云:“堂时若不是五泄先师,大难承当。然虽如此,犹涉在途。”长庆云:“险。”玄觉云:“那个是涉在途处。”有僧云:“为伊三寸途中荐得,所以在途。”玄觉云:“为复荐得自己,为复荐得三寸?若是自己,为什么成三寸?若是三寸,为什么悟去?

且道洞山意作么生？莫乱说，子细好。”〕唐贞元初，住白沙道场，复居五泄。僧问：“何物大于天地？”师曰：“无人识得伊。”曰：“还可雕琢也无？”师曰：“汝试下手看。”问：“此个门中，始终事如何？”师曰：“汝道目前底成来得多少时也？”曰：“学人不会。”师曰：“我此间无汝问底。”曰：“和尚岂无接人处？”师曰：“待汝求接我即接。”曰：“便请和尚接。”师曰：“汝少欠个什么？”问：“如何得无心去？”师曰：“倾山覆海晏然静，地动安眠岂采伊。”元和十三年三月二十三日，沐浴焚香端坐，告众曰：“法身圆寂，示有去来。千圣同源，万灵归一。吾今沤散，胡假兴哀。无自劳神，须存正念。若遵此命，真报吾恩。傥固违言，非吾之子。”时有僧问：“和尚向什么处去？”师曰：“无处去。”曰：“某甲何不见？”师曰：“非眼所睹。”〔洞山云：“作家。”〕言毕，奄然顺化。

盘山宝积禅师

幽州盘山宝积禅师，因于市肆行，见一客人买猪肉，语屠家曰：“精底割一斤来！”屠家放下刀，叉手曰：“长史！那个不是精底？”师于此有省。又一日出门，见人舁丧，歌郎振铃云：“红轮决定沉西去，未委魂灵往那方？”幕下孝子哭曰：“哀哀！”师忽身心踊跃，归举似马祖，祖印可之。住后，僧问：“如何是道？”师便咄！僧曰：“学人未领旨。”师曰：“去！”

上堂：“心若无事，万法不生。意绝玄机，纤尘何立？道本无体，因体而立名。道本无名，因名而得号。若言即心即佛，今时未入玄微。若言非心非佛，犹是指踪极则。向上一路，千圣不传。学者劳形，如猿捉影。”

上堂：“夫大道无中，复谁先后。长空绝际，何用称量？空既如斯，道复何说？”

上堂：“夫心月孤圆，光吞万象。光非照境，境亦非存。光境俱亡，复是何物？禅德譬如掷剑挥空，莫论及之不及，斯乃空轮无迹，剑刃无亏。若能如是，心心无知。全心即佛，全佛即人。人佛无异，始为道矣。”

上堂：“禅德，可中学道，似地擎山，不知山之孤峻，如石含玉，不知玉之无瑕。若如此者，是名出家。故导师云：‘法本不相碍，三际亦复然。无为无事人，犹是金锁难。’所以灵源独耀，道绝无生。大智非明，真空无迹。真如凡圣，皆是梦言。佛及涅槃，并为增语。禅德直须自看，无人替代。”

上堂：“三界无法，何处求心？四大本空，佛依何住？璇玑不动，寂尔无言。觌面相呈，更无余事。珍重！”师将顺世，告众曰：“有人邈得吾真否？”众将所写真呈，皆不契师意。普化出曰：“某甲邈得”。师曰：“何不呈似老僧。”化乃打筋斗而出。师曰：“这汉向后掣风狂去在！”师乃奄化，谥凝寂大师。

麻谷山宝彻禅师

蒲州麻谷山宝彻禅师，侍马祖行次，问：“如何是大涅槃？”祖曰：“急。”师曰：“急个什么？”祖曰：“看水。”师使扇次，僧问：“风性常住，无处不周，和尚为什么却摇扇？”师曰：“你只知风性常住，且不知无处不周。”曰：“作么生是无处不周底道理？”师却摇扇。僧作礼。师曰：“无用处师僧，着得一千个，有什么益？”问僧：“甚处来？”僧不审。师又问：“甚处来？”僧珍重！师下床擒住曰：“这个师僧！问着便作佛法祇对。”曰：“大似无眼师。”放手曰：“放汝命，通汝气。”僧作礼，师欲扭住，僧拂袖便行。师曰：“休将三岁竹，拟比万年松。”师同南泉二三人去谒径山，路逢一婆。乃问：“径山路向甚处去？”婆曰：“蓦直去。”师曰：“前头水深过得否？”婆曰：“不湿脚。”师又问：“上岸稻得与么好，下岸稻得与么怯。”婆曰：“总被螃蟹吃却也。”师曰：“禾好香。”婆曰：“没气息。”师又问:“婆住在甚处? ”婆曰:“只在这里。”三人至店,婆煎茶一瓶,携盏三只至，谓曰:“和尚有神通者即吃茶。”三人相顾间，婆曰:“看老杇自逞神通去也。”于是拈盏倾茶便行。僧问:“如何是佛法大意? ”师默然。僧又问石霜:“此意如何? ”霜曰:“主人擎拳带累，阇黎拖泥涉水。”

东寺如会禅师

湖南东寺如会禅师，始兴曲江人也。初谒径山，后参大寂。学徒既众，僧堂床榻为之陷折，时称“折床会”也。自大寂去世，师常患门徒以“即心即佛”之谭诵忆不已，且谓:“佛于何住，而曰即心;心如画师，而云即佛。”遂示众曰:“心不是佛，智不是道。剑去远矣,尔方刻舟。”时号东寺为禅窟焉。相国崔公群出为湖南观察使,见师问曰:“师以何得? ”师曰:“见性得。”师方病眼，公讥曰:“既云见性，其奈眼何! ”师曰:“见性非眼，眼病何害! ”公稽首谢之。〔法眼别云:“是相公眼。”〕公见鸟雀于佛头上放粪，乃问:“鸟雀还有佛性也无? ”师曰:“有。”公曰:“为什么向佛头上放粪? ”师曰:“是伊为什么不向鹞子头上放? ”仰山参,师问:“汝是甚处人? ”仰曰:“广南人。”师曰:“我闻广南有镇海明珠，是否? ”仰曰:“是。”师曰:“此珠如何? ”仰曰:“黑月即隐，白月即现。”师曰:“还将得来也无? ”仰曰:“将得来! ”师曰:“何不呈似老僧? ”仰叉手近前曰:“昨到沩山，亦被索此珠，直得无言可对，无理可伸。”师曰:“真师子儿，善能哮吼。”仰礼拜了，却入客位，具威仪，再上人事。师才见，乃曰:“已相见了也! ”仰曰:“恁么相见，莫不当否? ”师归方丈,闭却门。仰归,举似沩山。沩曰:“寂子是什么心行? ”仰曰:“若不恁么,争识得他? ”后复有人问师曰:“某甲拟请和尚开堂得否? ”师曰:“待将物裹石头暖即得。”彼无语。〔药山代云:“石头暖也。”〕唐长庆癸卯岁归寂，谥传明大师。

西堂智藏禅师

虔州西堂智藏禅师，虔化廖氏子。八岁从师，二十五具戒。有相者睹其殊表，谓之曰："骨气非凡，当为法王之辅佐也。"师遂参礼大寂，与百丈海禅师同为入室，皆承印记。

一日，大寂遣师诣长安，奉书于忠国师。国师问曰："汝师说什么法？"师从东过西而立。国师曰："只这个更别有？"师却从西过东边立。国师曰："这个是马师底，仁者作么生？"师曰："早个呈似和尚了也。"寻又送书上径山，〔语在国一章。〕属连帅路嗣恭延请大寂居府，应期盛化。师回郡，得大寂付授衲袈裟，令学者亲近。僧问马祖："离四句、绝百非，请师直指西来意。"祖曰："我今日劳倦，不能为汝说得，问取智藏。"其僧乃来问师。师曰："汝何不问和尚？"僧曰："和尚令某甲来问上座。"师曰："我今日头痛，不能为汝说得，问取海兄去。"僧又去问海。〔百丈和尚。〕海曰："我到这里却不会。"僧乃举似马祖。祖曰："藏头白，海头黑。"马祖一日问师曰："子何不看经？"师曰："经岂异邪？"祖曰："然虽如此，汝向后为人也须得。"曰："智藏病思自养，敢言为人。"祖曰："子末年必兴于世。"师便礼拜。马祖灭后，师唐贞元七年，众请开堂。李尚书尝问僧："马大师有什么言教？"僧曰："大师或说即心即佛，或说非心非佛。"李曰："总过这边。"李却问师："马大师有什么言教？"师呼李翱！李应诺。师曰："鼓角动也。"师普请次，曰："因果历然，争奈何！争奈何！"时有僧出，以手托地。师曰："作什么？"曰："相救！相救！"师曰："大众！这个师僧犹较些子。"僧拂袖便走。师曰："师子身中虫，自食师子肉。"僧问："有问有答，宾主历然。无问无答时如何？"师曰："怕烂却那！"〔后有僧举问长庆，庆云："相逢尽道休官去，林中何曾见一人？"制空禅师谓师曰："日出太早生。"师曰："正是时。"师住西堂，后有一俗士问："有天堂地狱否？"师曰："有。"曰："有佛法僧宝否？"师曰："有。"

更有多问，尽答言有。曰：“和尚恁么道莫错否？”师曰：“汝曾见尊宿来邪？”曰：“某甲曾参径山和尚来。”师曰：“径山向汝作么生道？”曰：“他道一切总无。”师曰：“汝有妻否？”曰：“有。”师曰：“径山和尚有妻否？”曰：“无。”师曰：“径山和尚道无即得。”俗士礼谢而去。师元和九年四月八日归寂。宪宗谥大宣教禅师。穆宗重谥大觉禅师。

章敬寺怀晖禅师

京兆府章敬寺怀晖禅师，泉州谢氏子。上堂：“至理亡言，时人不悉。强习他事，以为功能。不知自性元非尘境，是个微妙大解脱门。所有鉴觉，不染不碍，如是光明，未曾休废。曩劫至今，固无变易。犹如日轮，远近斯照。虽及众色，不与一切和合。灵烛妙明，非假锻炼。为不了故，取于物象。但如捏目，妄起空华，徒自疲劳，枉经劫数。若能返照，无第二人。举措施为，不亏实相。”僧问：“心法双亡，指归何所？”师曰：“郢人无污，徒劳运斤。”曰：“请师不返之言。”师曰：“即无返句。”〔后僧举问洞山，山云：“道即甚道，罕遇作家。”〕百丈和尚令僧来候，师上堂次，展坐具，礼拜了，起来拈师一只靸鞋，以衫袖拂却尘了，倒覆向下。师曰：“老僧罪过！”或问：“祖师传心地法门，为是真如心，妄想心，非真非妄心？为是三乘教外别立心？”师曰：“汝见目前虚空么？”曰：“信知常在目前，人自不见。”师曰：“汝莫认影像？”曰：“和尚作么生？”师以手拨空三下，曰：“作么生即是？”师曰：“汝向后会去在！”有僧来，绕师三匝，振锡而立。师曰：“是！是！”〔长庆代云：“和尚佛法身心何在？”〕其僧又到南泉，亦绕南泉三匝，振锡而立。泉曰：“不是！不是！此是风力所转，终成败坏。”僧曰：“章敬道是，和尚为什么道不是？”泉曰：“章敬即是，是汝不是。”〔长庆代云：“和尚是什么心行？”云居锡云：“章敬未必道是，南泉未必道不是。”又云：“这僧当初但持锡出去，恰好。”〕小师行脚回，师问曰：“汝离此间多少年邪？”曰：“离和尚左右将及八年。”师曰：“办得个什么？”小师于地画一圆相。师曰：“只这个，更别有？”小师乃画破圆相，便礼拜。师曰：“不是！不是！”僧问：“四大五蕴身中，阿那个是本来佛性？”师乃呼僧名，僧应诺。师良久曰：“汝无佛性。”唐元和十三年示灭，谥大觉禅师。

大珠慧海禅师

越州大珠慧海禅师，建州朱氏子。依越州大云寺智和尚受业。初参马祖，祖问：“从何处来？”曰：“越州大云寺来。”祖曰：“来此拟须何事？”曰：“来求佛法。”祖曰：“我这里一物也无，求什么佛法？自家宝藏不顾，抛家散走作么！”曰：“阿那个是慧海宝藏？”祖曰：“即今问我者，是汝宝藏。一切具足，更无欠少，使用自在，何假外求？”师于言下，自识本心。不由知觉，踊跃礼谢。师事六载后，以受业师老，遽归奉养，乃晦迹藏用，外示痴讷。自撰《顿悟入道要门论》一卷。法侄玄晏窃出江外，呈马祖。祖览讫，告众曰：“越州有大珠，圆明光透自在，无遮障处也。”众中有知师姓朱者，相推来越寻访依附，〔时号大珠和尚。〕师谓曰：“禅客！我不会禅，并无一法可示于人。不劳久立，且自歇去。”时学侣渐多，日夜叩激，事不得已，随问随答，其辩无碍。时有法师数人来谒，曰：“拟伸一问，师还对否？”师曰：“深潭月影，任意撮摩。”问：“如何是佛？”师曰：“清潭对面，非佛而谁？”众皆茫然。〔法眼云：“是即没交涉。”〕僧良久，又问：“师说何法度人？”师曰：“贫道未曾有一法度人。”曰：“禅师家浑如此。”师却问：“大德说何法度人？”曰：“讲《金刚经》。”师曰：“讲几座来？”曰：“二十余座。”师曰：“此经是阿谁说！”僧抗声曰：“禅师相弄，岂不知是佛说邪？”师曰：“若言如来有所说法，则为谤佛。是人不解我所说义。若言此经不是佛说，则是谤经。请大德说看！”僧无对。师少顷，又问：“经云：

'若以色见我，以音声求我，是人行邪道，不能见如来。'大德且道：阿那个是如来？"曰："某甲到此却迷去！"师曰："从来未悟，说甚却迷？"曰："请禅师为说。"师曰："大德讲经二十余座，却不识如来！"僧礼拜曰："愿垂开示。"师曰："如来者，是诸法如义，何得忘却？"曰："是诸法如义。"师曰："大德！是亦未是？"曰："经文分明,那得未是？"师曰："大德如否？"曰："如。"师曰："木石如否？"曰："如。"师曰："大德如同木石如否？"曰："无二。"师曰："大德与木石何别？"僧无对。良久,却问："如何得大涅槃？"师曰："不造生死业。"曰："如何是生死业？"师曰："求大涅槃，是生死业。舍垢取净,是生死业。有得有证,是生死业。不脱对治门，是生死业。"曰："云何即得解脱？"师曰："本自无缚，不用求解。直用直行,是无等等。"曰："禅师如和尚者,实谓希有。"礼谢而去。

有行者问："即心即佛，那个是佛？"师曰："汝疑那个不是佛，指出看！"者无对。师曰："达即遍境是，不悟永乖疏。"律师法明谓师曰："禅师家，多落空。"师曰："却是座主家落空。"明大惊曰："何得落空？"师曰："经论是纸墨文字，纸墨文字者，俱是空设，于声上建立名句等法，无非是空。座主执滞教体，岂不落空？"明曰："禅师落空否？"师曰："不落空。"明曰："何得却不落空？"师曰："文字等皆从智慧而生，大用现前，那得落空！"明曰："故知一法不达，不名悉达。"师曰："律师不唯落空，兼乃错会名言。"明作色曰："何处是错处？"师曰："未辨华竺之音，如何讲说？"明曰："请禅师指出错处！"师曰："岂不知悉达是梵语邪？"明虽省过，而心犹愤然。〔梵语具云："萨婆曷剌他悉陀。"中国翻云"一切义成。"旧云"悉达多"，犹是讹略梵语也。〕又曰："夫经律论是佛语，读诵依教奉行，何故不见性？"师曰："如狂狗趁块，师子咬人。经律论是性用，读诵者是性法。"明曰："阿弥陀佛有父母及姓否？"师曰："阿弥陀姓憍尸迦，父名月上，母名殊胜妙颜。"明曰："出何教文？"

师曰:“出《鼓音王经》。”法明礼谢，赞叹而退。

有三藏法师问:“真如有变易否? ”师曰:“有变易。”藏曰:“禅师错也。”师却问三藏:“有真如否? ”曰:“有。”师曰:“若无变易，决定是凡僧也。岂不闻善知识者，能回三毒为三聚净戒，回六识为六神通，回烦恼作菩提，回无明为大智。真如若无变易，三藏真是自然外道也。”藏曰:“若尔者，真如即有变易也。”师曰:“若执真如有变易，亦是外道。”曰:“禅师适来说真如有变易，如今又道不变易，如何即是的当? ”师曰:“若了了见性者，如摩尼珠现色，说变亦得，说不变亦得。若不见性人，闻说真如变易，便作变易解会，说不变易，便作不变易解会。”藏曰:“故知南宗实不可测。”有道流问:“世间还有法过于自然否? ”师曰:“有。”曰:“何法过得? ”师曰:“能知自然者。”曰:“元气是道不? ”师曰:“元气自元气，道自道。”曰:“若如是者，则应有二也。”师曰:“知无两人。”又问:“云何为邪? 云何为正? ”师曰:“心逐物为邪，物从心为正。”

源律师问:“和尚修道，还用功否? ”师曰:“用功。”曰:“如何用功? ”师曰:“饥来吃饭，困来即眠。”曰:“一切人总如是，同师用功否? ”师曰:“不同。”曰:“何故不同? ”师曰:“他吃饭时不肯吃饭，百种须索; 睡时不肯睡，千般计较。所以不同也。”律师杜口。

韫光大德问:“禅师自知生处否? ”师曰:“未曾死，何用论生? 知生即是无生。法无离生，法有无生。祖师曰:‘当生即不生。’”曰:“不见性人，亦得如此否? ”师曰:“自不见性，不是无性。何以故，见即是性，无性不能见。识即是性，故名识性。了即是性，唤作了性。能生万法，唤作法性，亦名法身。马鸣祖师云:‘所言法者，谓众生心，若心生故，一切法生。若心无生，法无从生，亦无名字。迷人不知法身无象，应物现形，遂唤青青翠竹，总是法身，郁郁黄华，无非般若。黄华若是般若，般若即同无情。翠竹若是法身，法身即同草木。如人吃笋，应总吃法身也。’如此之言，宁堪齿录。对面迷佛，长劫希求，全体法中，迷而外觅。是以解道者，行住坐卧，无非是道。悟法者，纵横自在，无非是法。”光又问：“太虚能生灵智否？真心缘于善恶否？贪欲人是道否？执是执非人向后心通否？触境生心人有定否？住寂寞人有慧否？怀傲物人有我否？执空执有人有智否？寻文取证人、苦行求佛人、离心求佛人、执心是佛人，此智称道否？请禅师一一为说。”师曰：“太虚不生灵智。真心不缘善恶。嗜欲深者机浅。是非交争者未通。触境生心者少定。寂寞忘机者慧沉。傲物高心者我壮。执空执有者皆愚。寻文取证者益滞。苦行求佛者俱迷。离心求佛者外道。执心是佛者为魔。”曰：“若如是，毕竟无所有也。”师曰：“毕竟是大德，不是毕竟无所有。”光踊跃礼谢而去。问：“儒、释、道三教同异如何？”师曰：“大量者用之即同，小机者执之即异。总从一性上起用，机见差别成三。迷悟由人，不在教之同异也。”

百丈山惟政禅师

洪州百丈山惟政禅师，有老宿见日影透窗，问师：“为复窗就日，日就窗？”师曰：“长老房中有客，归去好！”师问南泉：“诸方善知识，还有不说似人底法也无？”曰：“有。”师曰：“作么生？”曰：“不是心，不是佛，不是物。”师曰：“恁么则说似人了也。”曰：“某甲即恁么，和尚作么生？”师曰：“我又不是善知识，争知有说不说底法？”曰：“某甲不会，请和尚说。”师曰：“我太煞，与汝说了也！”僧问：“如何是佛佛道齐？”师曰：“定也。”师因入京，路逢官人吃饭，忽见驴鸣。官人召曰：“头陀！”师举头，官人却指驴，师却指官人。〔法眼别云：“但作驴鸣。”〕

泐潭法会禅师

洪州泐潭法会禅师，问马祖："如何是祖师西来意？"祖曰："低声！近前来，向汝道！"师便近前，祖打一掴曰："六耳不同谋，且去。来日来。"师至来日，独入法堂曰："请和尚道。"祖曰："且去！待老汉上堂出来问，与汝证明。"师忽有省，遂曰："谢大众证明。"乃绕法堂一匝，便去。

杉山智坚禅师

池州杉山智坚禅师，初与归宗、南泉行脚时，路逢一虎，各从虎边过了。泉问归宗："适来见虎似个什么？"宗曰："似个猫儿。"宗却问师，师曰："似个狗子。"又问南泉，泉曰："我见是个大虫。"师吃饭次，南泉收生饭，乃曰："生聻！"师曰："无生。"泉曰："无生犹是末。"泉行数步，师召曰："长老！"泉回头曰："作么？"师曰："莫道是末。"普请择蕨次，南泉拈起一茎曰："这个大好供养。"师曰："非但这个，百味珍馐，他亦不顾。"泉曰："虽然如是，个个须尝过始得。"〔玄觉云："是相见语。不是相见语。"〕僧问："如何是本来身？"师曰："举世无相似。"

泐潭惟建禅师

洪州泐潭惟建禅师，一日在法堂后坐禅。马祖见，乃吹师耳，两吹师起。见是祖，却复入定。祖归方丈，令侍者持一碗茶与师。师不顾，便自归堂。

茗溪道行禅师

澧州茗溪道行禅师，尝曰："吾有大病，非世所医。"〔后僧问曹山："古人曰：'吾有大病，非世所医。'未审是什么病？"山曰："攒簇不得底病。"曰："一切众生还有此病也无？"山曰："人人尽有。"曰："和尚还有此病也无？"山曰：

“正觅起处不得。”曰：“一切众生为什么不病？”山曰：“一切众生若病，即非众生。”曰：“未审诸佛还有此病也无？”山曰：“有。”曰：“既有，为什么不病？”山曰：“为伊惺惺。”〕僧问：“如何修行？”师曰：“好个阿师！莫客作。”曰：“毕竟如何？”师曰：“安置即不堪。”问：“如何是正修行路？”师曰：“涅槃后有。”曰：“如何是涅槃后有？”师曰：“不洗面。”曰：“学人不会。”师曰：“无面得洗。”

石巩慧藏禅师

抚州石巩慧藏禅师，本以弋猎为务，恶见沙门。因逐鹿从马祖庵前过，祖乃逆之。师遂问：“还见鹿过否？”祖曰：“汝是何人？”曰：“猎者。”祖曰：“汝解射否？”曰：“解射。”祖曰：“汝一箭射几个？”曰：“一箭射一个。”祖曰：“汝不解射。”曰：“和尚解射否？”祖曰：“解射。”曰：“一箭射几个？”祖曰：“一箭射一群。”曰：“彼此生命，何用射他一群？”祖曰：“汝既知如是，何不自射？”曰：“若教某甲自射，直是无下手处。”祖曰：“这汉旷劫无明烦恼，今日顿息。”师掷下弓箭，投祖出家。一日，在厨作务次，祖问：“作什么？”曰：“牧牛。”祖曰：“作么生牧？”曰：“一回入草去，蓦鼻拽将回。”祖曰：“子真牧牛。”师便休。师住后常以弓箭接机。〔载三平章。〕师问西堂：“汝还解捉得虚空么？”堂曰：“捉得。”师曰：“作么生捉？”堂以手撮虚空。师曰：“汝不解捉。”堂却问：“师兄作么生捉？”师把西堂鼻孔拽，堂作忍痛声曰：“太煞！拽人鼻孔，直欲脱去。”师曰：“直须恁么捉虚空始得。”众参次，师曰：“适来底什么处去也？”有僧问：“在。”师曰：“在什么处？”僧弹指一声。问：“如何免得生死？”师曰：“用免作什么？”曰：“如何免得？”师曰：“这底不生死。”

北兰让禅师

江西北兰让禅师，湖塘亮长老问:“承闻师兄画得先师真，暂请瞻礼。”师以两手擘胸开示之。亮便礼拜。师曰:“莫礼！莫礼！”亮曰:“师兄错也,某甲不礼师兄。”师曰:“汝礼先师真那！”亮曰:“因什么教莫礼？”师曰:“何曾错？”

南源道明禅师

袁州南源道明禅师，上堂:“快马一鞭，快人一言。有事何不出头来,无事各自珍重！”僧问:“一言作么生？”师乃吐舌云:“待我有广长舌相，即向汝道。”洞山参，方上法堂，师曰:“已相见了也。”山便下去。明日却上，问曰:“昨日已蒙和尚慈悲，不知什么处是与某甲已相见处？”师曰:“心心无间断，流入于性海。”山曰:“几合放过。”山辞，师曰:“多学佛法，广作利益，”山曰:“多学佛法即不问，如何是广作利益？”师曰:“一物莫违。”僧问:“如何是佛？”师曰:“不可道你是也。”

郦村自满禅师

忻州郦村自满禅师，上堂:“古今不异，法尔如然，更复何也。虽然如此，这个事大有人罔措在。”僧问:“不落古今，请师直道。”师曰:“情知汝罔措。”僧欲进语,师曰:“将谓老僧落伊古今？”曰:“如何即是。”师曰:“鱼腾碧汉,阶级难飞。”曰:“如何免得此过？”师曰:“若是龙形，谁论高下！”僧礼拜，师曰:“苦哉！屈哉！谁人似我。”上堂:“除却日明夜暗，更说什么即得！珍重。”问:“如何是无诤之句？”师曰:“喧天动地。”

中邑洪恩禅师

朗州中邑洪恩禅师，每见僧来，拍口作和和声。仰山谢戒，师亦拍口作和和声。仰从西过东，师又拍口作和和声。仰从东过西，师又拍口作和和声。仰当中而立，然后谢戒，师曰："什么处得此三昧？"仰曰："于曹溪印子上脱来。"师曰："汝道曹溪用此三昧接什么人？"仰曰："接一宿觉。"仰曰："和尚甚处得此三昧？"师曰："我于马大师处得此三昧。"仰问："如何得见佛性义？"师曰："我与汝说个譬喻：如一室有六窗，内有一猕猴，外有猕猴从东边唤猩猩，猩猩即应，如是六窗俱唤俱应。"仰山礼谢，起曰："适蒙和尚譬喻，无不了知。更有一事：只如内猕猴睡着，外猕猴欲与相见，又且如何？"师下绳床，执仰山手作舞曰："猩猩与汝相见了！譬如蟭螟虫，在蚊子眼睫上作窠，向十字街头叫云：土旷人稀，相逢者少。"〔云居锡云："中邑当时若不得仰山这一句语，何处有中邑也。"崇寿稠云："还有人定得此道理么？若定不得，只是个弄精魂脚手。佛性义在什么处？"玄觉云："若不是仰山，争得见中邑？且道什么处是仰山得见中邑处。"

泐潭常兴禅师

洪州泐潭常兴禅师，僧问："如何是曹溪门下客？"师曰："南来燕。"曰："学人不会。"师曰："养羽候秋风。"问："如何是宗乘极则事？"师曰："秋雨草离披。"南泉至，见师面壁，乃拊师背。师问："汝是阿谁？"曰："普愿。"师曰："如何？"曰："也寻常。"师曰："汝何多事！"

汾州无业国师

汾州无业禅师，商州上洛杜氏子，母李氏闻空中言："寄居得否？"乃觉有娠。诞生之夕，神光满室。甫乃丱岁，行必直视，坐即跏趺。九岁，依开元寺志本禅师受《大乘经》，五行俱下，讽诵无遗。十二落发，二十受具戒于襄州幽律师，习《四分律疏》，才终，便能敷演。每为众僧讲《涅槃大部》,冬夏无废。后闻马大师禅门鼎盛,特往瞻礼。祖睹其状貌奇伟,语音如钟,乃曰:“巍巍佛堂,其中无佛。”师礼跪而问曰:“三乘文学,粗穷其旨,常闻禅门‘即心是佛’,实未能了。”祖曰:“只未了底心即是,更无别物。”师曰:“如何是祖师西来密传心印?”祖曰:“大德正闹在,且去,别时来。”师才出,祖召曰:“大德!”师回首。祖曰:“是什么?”师便领悟,乃礼拜。祖曰:“这钝汉礼拜作么?”〔云居锡云:“什么处是汾州正闹。”〕自得旨后,诣曹溪礼祖塔,及庐岳天台,遍寻圣迹。后住开元精舍,学者致问,多答之曰:“莫妄想。”唐宪宗屡召,师皆辞疾不赴。暨穆宗即位,思一瞻礼,乃命两街僧录灵阜等赍诏迎请。至彼作礼曰:“皇上此度恩旨,不同常时,愿和尚且顺天心,不可言疾也。”师微笑曰:“贫道何德,累烦世主?且请前行,吾从别道去矣。”乃澡身剃发,至中夜告弟子惠愔等曰:“汝等见闻知之性,与太虚同寿,不生不灭。一切境界,本自空寂,无一法可得。迷者不了,即为境惑。一为境惑,流转不穷。汝等当知,心性本自有之,非因造作,犹如金刚不可破坏。一切诸法,如影如响,无有实者。经云:‘唯此一事实,余二则非真。常了一切空,无一物当情。’是诸佛用心处,汝等勤而行之。”言讫,跏趺而逝。荼毗日,祥云五色,异香四彻,所获舍利璨若珠玉。弟子等贮以金瓶,葬于石塔。当长庆三年,谥大达国师。

大同广澄禅师

澧州大同广澄禅师,僧问:“如何得六根灭去?”师曰:“轮剑掷空,无伤于物。”问:“如何是本来人?”师曰:“共坐不相识。”曰:“恁么则学人礼谢去也。”师曰:“暗写愁肠寄与谁!”

鹅湖大义禅师

信州鹅湖大义禅师,衢州须江徐氏子。唐宪宗尝诏入内,于麟德殿论义。有法师问："如何是四谛？"师曰："圣上一帝，三帝何在？"又问："欲界无禅，禅居色界，此土凭何而立？"禅师曰："法师只知欲界无禅，不知禅界无欲。"曰："如何是禅？"师以手点空。法师无对。帝曰："法师讲无穷经论，只这一点，尚不奈何。"师却问诸硕德曰："行住坐卧，毕竟以何为道？"有对："知者是道。"师曰："不可以智知，不可以识识。安得知者是乎？"有对："无分别者是。"师曰："善能分别诸法相，于第一义而不动，安得无分别是乎？"有对："四禅八定是。"师曰："佛身无为，不堕诸数，安在四禅八定邪？"众皆杜口。师却举顺宗问尸利禅师："大地众生如何得见性成佛？"利曰："佛性犹如水中月，可见不可取。"因谓帝曰："佛性非见必见，水中月如何攫取？"帝乃问："何者是佛性？"师对曰："不离陛下所问。"帝默契真宗，益加钦重。

有一僧乞置塔，李翱尚书问曰："教中不许将尸塔下过，又作么生？"僧无对。僧却问师，师曰："他得大阐提。"元和十三年归寂，谥慧觉禅师。

伏牛山自在禅师

伊阙伏牛山自在禅师，吴兴李氏子。初依国一禅师，受具后参马祖发明心地。祖令送书与忠国师。国师曰："马大师以何法示徒？"曰："即心即佛。"国师曰："是什么语话！"良久又问曰："此外更有何言教？"师曰："非心非佛。或曰不是心，不是佛，不是物。"国师曰："犹较些子。"师曰："马大师即恁么，未审和尚此间如何？"国师曰："三点如流水，曲似刈禾镰。"师后居伏牛山。上堂曰："即心即佛，是无病求药句。非心非佛，是药病对治句。"僧问："如何是脱洒底句？"师曰："伏牛山下古今传。"示灭于随州开元寺。

兴善寺惟宽禅师

京兆兴善寺惟宽禅师，衢州信安祝氏子。年十三，见杀生者，矗尽然不忍食，乃求出家。初习《毗尼》，修止观，后参大寂，乃得心要。唐贞元六年，始行化于吴越间。八年至鄱阳，山神求受八戒。十三年，止嵩山少林寺。僧问："如何是道？"师曰："大好山。"曰："学人问道，师何言好山？"师曰："汝只识好山，何曾达道？"问："狗子还有佛性否？"师曰："有。"曰："和尚还有否？"师曰："我无。"曰："一切众生皆有佛性，和尚因何独无？"师曰："我非一切众生。"曰："既非众生，莫是佛否？"师曰："不是佛。"曰："究竟是何物？"师曰："亦不是物。"曰："可见可思否？"师曰："思之不及，议之不得，故曰不可思议。"元和四年宪宗诏至阙下，侍郎白居易尝问曰："既曰禅师，何以说法？"师曰："无上菩提者，被于身为律，说于口为法，行于心为禅。应用者三，其致一也。譬如江湖淮汉，在处立名。名虽不一，水性无二。律即是法，法不离禅。云何于中妄起分别？"曰："既无分别，何以修心？"师曰："心本无损伤，云何要修理？无论垢与净，一切勿念起。"曰："垢即不可念，净无念可乎？"师曰："如人眼睛上，一物不可住。金屑虽珍宝，在眼亦为病。"曰："无修无念，又何异凡夫邪？"师曰："凡夫无明，二乘执着，离此二病，是曰真修。真修者不得勤，不得忘。勤即近执著，忘即落无明。此为心要云尔。"

僧问："道在何处？"师曰："只在目前。"曰："我何不见？"师曰："汝有我故，所以不见。"曰："我有我故即不见，和尚还见否？"师曰："有汝有我，辗转不见。"曰："无我无汝还见否？"师曰："无汝无我，阿谁求见？"元和十二年二月晦日，升堂说法讫，就化。谥大彻禅师。

鄂州无等禅师

鄂州无等禅师，尉氏人也。出家于龚公山，密受心要。出住随州土门。一日谒州牧王常侍，辞退将出门，牧召曰：“和尚！”师回顾。牧敲柱三下。师以手作圆相，复三拨之，便行。后住武昌大寂寺。一日大众晚参，师见人人上来师前道“不审”，乃谓众曰：“大众，适来声向什么处去也？”有一僧竖起指头。师曰：“珍重。”其僧至来朝上参，师乃转身面壁而卧，佯作呻吟声曰：“老僧三两日来，不多安乐。大德身边有什么药物，与老僧些。”小僧以手拍净瓶曰：“这个净瓶什么处得来？”师曰：“这个是老僧底。大德底在什么处？”曰：“亦是和尚底，亦是某甲底。”

三角山总印禅师

潭州三角山总印禅师,僧问:“如何是三宝？”师曰:“禾、麦、豆。”曰:“学人不会。”师曰:“大众欣然奉持。”上堂:“若论此事,贬上眉毛,早已蹉过也。”麻谷便问:“贬上眉毛即不问,如何是此事？”师曰:“蹉过也。”谷乃掀倒禅床，师便打。〔长庆代云:“悄然。”〕

鲁祖山宝云禅师

池州鲁祖山宝云禅师，僧问：“如何是诸佛师？”师曰：“头上有宝冠者不是。”曰：“如何即是？”师曰：“头上无宝冠。”洞山来参，礼拜，起，侍立，少顷而出，却再入来。师曰：“只恁么，只恁么，所以如此。”山曰：“大有人不肯。”师曰：“作么取汝口辩？”山便礼拜。僧问：“如何是不言言？”师曰：“汝口在什么处？”曰：“无口。”师曰：“将什么吃饭？”僧无对。〔洞山代云：“他不饥，吃什么饭？”〕师寻常见僧来，便面壁。南泉闻曰：“我寻常向师僧道，向佛未出世时僧会取，尚不得一个半个？他恁么驴年去！”〔玄觉云：“为复唱和语，不肯语。”保福问长庆：“只如鲁祖，节文在什么处？被南泉恁么道。”

长庆云:“退己让于人，万中无一个。”罗山云:“陈老师当时若见背上与五火抄，何故为伊解放不解收？”玄沙云:“我当时若见，也与五火抄。”云居锡云:“罗山、玄沙总恁么道，为复一般，别有道理，若择得出许上座佛法有去处。”玄觉云:“且道玄沙五火抄，打伊着不着。”〕

芙蓉山太毓禅师

常州芙蓉山太毓禅师，金陵范氏子。因行食到庞居士前。士拟接,师乃缩手曰:“生心受施,净名早诃。去此一机,居士还甘否？”士曰:“当时善现，岂不作家？”师曰:“非关他事。”士曰:“食到口边，被他夺却。”师乃下食。士曰:“不消一句。”士又问:“马大师着实为人处，还分付吾师否？”师曰:“某甲尚未见他，作么生知他着实处？”士曰:“只此见知，也无讨处。”师曰:“居士也不得一向言说。”士曰:“一向言说，师又失宗；若作两向三向，师还开得口否？”师曰:“直是开口不得。可谓实也。”士抚掌而出。宝历中，归齐云入灭。谥大宝禅师。

紫玉山道通禅师

唐州紫玉山道通禅师，卢江何氏子。随父守官泉南，因而出家。诣建阳，谒马祖。祖寻迁龚公山，师亦随之。祖将归寂，谓师曰:“夫玉石润山秀丽，益汝道业，遇可居之。”师不晓其言。是秋游洛，回至唐州，西见一山，四面悬绝，峰峦秀异。因诣乡人，曰:“紫玉山。”师乃陟山顶，见石方正，莹然紫色。叹曰:“此其紫玉也，先师之言悬记耳。”遂剪茅构舍而居焉。后学徒四集。僧问:“如何出得三界去？”师曰:“汝在里许，得多少时也！”曰:“如何出离？”师曰:“青山不碍白云飞。”于頔相公问:“如何是黑风吹其船舫，漂堕罗刹鬼国？”师曰:“于頔客作汉，问恁么事作么？”于公失色。师乃指曰:“这个便是漂堕罗刹鬼国。”公又问:“如何是佛？”师唤“相公”！公应诺。师曰：“更莫别求。”〔药山闻曰：“噫！可惜于家汉生埋向紫玉山中。”公闻，乃谒见药山。山问曰：“闻相公在紫玉山中大作佛事，是否？”公曰：“不敢。”乃曰：“承闻有语相救，今日特来。”山曰：“有疑但问。”公曰：“如何是佛？”山召于頔，公应诺。山曰：“是什么？”公于此有省。〕元和八年，弟子金藏参百丈回。师曰：“汝其来矣！此山有主也。”于是嘱付讫，策杖径去襄州，道俗迎之。至七月十五日，无疾而终。

五台山隐峰禅师

五台山隐峰禅师，邵武军邓氏子。〔时称邓隐峰。〕幼若不慧，父母听其出家。初游马祖之门，而未能睹奥。复来往石头，虽两番不捷，〔语见马祖章。〕而后于马祖言下相契。师问石头：“如何得合道去？”头曰：“我亦不合道。”师曰：“毕竟如何？”头曰：“汝被这个得多少时邪？”石头铲草次，师在左侧，叉手而立。头飞铲子，向师前铲一株草。师曰：“和尚只铲得这个，不铲得那个。”头提起铲子，师接得，便作铲草势。头曰：“汝只铲得那个，不解铲得这个。”师无对。〔洞山云：“还有堆阜么？”〕

师一日推车次，马祖展脚在路上坐。师曰：“请师收足。”祖曰：“已展不缩。”师曰：“已进不退。”乃推车碾损祖脚。祖归法堂，执斧子曰：“适来碾损老僧脚底出来！”师便出于祖前，引颈，祖乃置斧。师到南泉，睹众僧参次，泉指净瓶曰：“铜瓶是境。瓶中有水，不得动着境，与老僧将水来。”师拈起净瓶，向泉面前泻，泉便休。师后到沩山，便入堂于上板头解放衣钵。沩闻师叔到，先具威仪，下堂内相看。师见来，便作卧势。沩便归方丈，师乃发去。少间，沩山问侍者：“师叔在否？”曰：“已去。”沩曰：“去时有什么语？”曰：“无语。”沩曰：“莫道无语，其声如雷。”

师冬居衡岳，夏止清凉。唐元和中荐登五台，路出淮西，属吴元济阻兵，违拒王命，官军与贼军交锋，未决胜负。师曰：“吾当去解其患。”乃掷锡空中，飞身而过。两军将士仰观，事符预梦，斗心顿息。师既显神异，虑成惑众，遂入五台。于金刚窟前将示灭，先问众曰：“诸方迁化，坐去卧去，吾尝见之，还有立化也无？”曰：“有。”师曰：“还有倒立者否？”曰：“未尝见有。”师乃倒立而化，亭亭然其衣顺体。时众议舁就荼毗，屹然不动，远近瞻睹，惊叹无已。师有妹为尼，时亦在彼，乃拊而咄曰：“老兄，畴昔不循法律，死更荧惑于人？”于是以手推之，偾然而踣，遂就阇维，收舍利建塔。

石霜大善禅师

潭州石霜〔一作泷。〕大善禅师，僧问：“如何是佛法大意？”师曰：“春日鸡鸣。”曰：“学人不会。”师曰：“中秋犬吠。”上堂：“大众出来出来，老汉有个法要，百年后不累汝。”众曰：“便请和尚说。”师曰：“不消一堆火。”

龟洋无了禅师

泉州龟洋无了禅师，本郡沈氏子。年七岁，父携入白重院，视之如家，因而舍爱。至十八，剃度受具于灵岩寺。后参大寂，了达祖乘，即还本院之北，樵采路绝。师一日策杖披榛而行，遇六眸巨龟，斯须而失。乃庵此峰，因号龟洋。一日，有虎逐鹿入庵，师以杖格虎，遂存鹿命。洎将示化，乃述偈曰：“八十年来辨西东，如今不要白头翁。非长非短非大小，还与诸人性相同。无来无去兼无住，了却本来自性空。”偈毕，俨然告寂。瘗于正堂垂二十载，为山泉淹没，门人发塔，见全身水中而浮。闽王闻之，遣使舁入府供养。忽臭气远闻，王焚香祝之曰：“可还龟洋旧址建塔。”言讫，异香普熏，倾城瞻礼。本道奏谥真寂大师，塔曰灵觉。后弟子慧忠葬于塔左。今龟洋二真身存焉。忠得法于草庵义和尚。

兰若昙藏禅师

南岳西园兰若昙藏禅师，受心印于大寂。后谒石头，莹然明彻。出住西园,禅侣日盛。师一日自烧浴次,僧问:“何不使沙弥?”师抚掌三下。〔僧举似曹山。山云:“一等是拍手抚掌，就中西园奇怪，俱胝一指头禅，盖为承当处不谛当。”僧却问曹山:“西园抚掌，岂不是奴儿婢子边事?”山云:“是。”云:“向上更有事也无?”山云:“有。”云:“如何是向上事?”山叱云:“这奴儿婢子。”〕师养一犬，常夜经行时，其犬衔师衣，师即归方丈。又常于门侧伏守，忽一夜频吠，奋身作猛噬之势。诘旦，东厨有一大蟒，长数丈，张口呀气，毒焰炽然。侍者请避之。师曰:“死可逃乎?彼以毒来，我以慈受。毒无实性，激发则强。慈苟无缘，冤亲一揆。”言讫，其蟒按首徐行，倏然不见。复一夕，有群盗至，犬亦衔衣。师语盗曰:“茅舍有可意物，一任将去，终无所吝。”盗感其言，皆稽首而散。

杨岐山甄叔禅师

袁州杨岐山甄叔禅师，上堂:“群灵一源，假名为佛。体竭形销而不灭，金流朴散而常存。性海无风，金波自涌。心灵绝兆,万象齐照。体斯理者,不言而遍历沙界,不用而功益玄化。如何背觉，反合尘劳?于阴界中。妄自囚执。”禅月问:“如何是祖师西来意?”师呈起数珠，月罔措。师曰:“会么?”曰:“不会。”师曰:“某甲参见石头来。”曰:“见石头得何意旨?”师指庭前鹿曰:“会么?”曰:“不会。”师曰:“渠侬得自由。”唐元和十五年归寂，荼毗获舍利七百粒，于东峰下建塔。

马头峰神藏禅师

磁州马头峰神藏禅师，上堂:“知而无知，不是无知，而说无知。”便下座。〔南泉云:“恁么依师道，始道得一半。”黄檗云:“不是南泉驳他，要圆前话。”]

华林善觉禅师

潭州华林善觉禅师，常持锡杖，夜出林麓间。七步一振锡，一称观音名号。夹山问：“远闻和尚念观音，是否？”师曰：“然。”山曰：“骑却头时如何？”师曰：“出头即从汝骑，不出头骑什么？”山无对。僧参，方展坐具。师曰：“缓缓！”曰：“和尚见什么？”师曰：“可惜许！磕破钟楼。”其僧从此悟入。观察使裴休访之，问曰：“还有侍者否？”师曰：“有一两个，只是不可见客。”裴曰：“在什么处？”师乃唤大空、小空，时二虎自庵后而出。裴睹之惊悸。师语二虎曰：“有客，且去。”二虎哮吼而去。裴问曰：“师作何行业，感得如斯？”师乃良久曰：“会么？”曰：“不会。”师曰：“山僧常念观音。”

水塘和尚

汀州水塘和尚，问归宗：“甚处人？”宗曰：“陈州人。”师曰：“年多少？”宗曰：“二十二。”师曰：“阇黎未生时，老僧去来。”宗曰：“和尚几时生？”师竖起拂子。宗曰：“这个岂有生邪？”师曰：“会得即无生。”曰：“未会在。”师无语。

濛溪和尚

濛溪和尚，僧问：“一念不生时如何？”师良久。僧便礼拜。师曰：“汝作么生会？”曰：“某甲终不敢无惭愧。”师曰：“汝却信得及。”问：“本分事如何体悉？”师曰：“汝何不问？”曰：“请师答话。”师曰：“汝却问得好！”僧大笑而出。师曰：“只有这僧灵利。”有僧从外来，师便喝。僧曰：“好个来由！”师曰：“犹要棒在。”僧珍重便出。师曰：“得能自在。”

佛嶼和尚

温州佛嶼和尚，寻常见人来，以拄杖卓地曰：“前佛也恁么，后佛也恁么。”问：“正恁么时作么生？”师画一圆相。僧作女人拜，师便打。问：“如何是佛法大意？”师曰：“贼也！贼也！”问：“如何是异类？”师敲碗曰：“花奴花奴吃饭来！”

乌臼和尚

乌臼和尚，玄、绍二上座参，师乃问：“二禅客发足什么处？”玄曰：“江西。”师便打。玄曰：“久知和尚有此机要。”师曰：“汝既不会，后面个师僧祇对看。”绍拟近前，师便打。曰：“信知同坑无异土。参堂去！”问僧：“近离甚处？”曰：“定州。”师曰：“定州法道何似这里？”曰：“不别。”师曰：“若不别，更转彼中去。”便打。僧曰：“棒头有眼，不得草草打人。”师曰：“今日打着一个也。”又打三下。僧便出去。师曰：“屈棒元来有人吃在。”曰：“争奈杓柄在和尚手里。”师曰：“汝若要，山僧回与汝。”僧近前夺棒，打师三下。师曰：“屈棒！屈棒！”曰：“有人吃在。”师曰：“草草打着个汉。”僧礼拜。师曰：“却与么去也。”僧大笑而出。师曰：“消得恁么，消得恁么。”

古寺和尚

古寺和尚，丹霞来参，经宿。明旦粥熟，行者只盛一钵与师，又盛一碗自吃，殊不顾丹霞。霞亦自盛粥吃。者曰：“五更侵早起，更有夜行人。”霞问：“师何不教训行者，得恁么无礼？”师曰：“净地上不要点污人家男女。”霞曰：“几不问过这老汉！”

石臼和尚

石臼和尚，初参马祖。祖问：“什么处来？”师曰：“乌臼来。”

祖曰："乌臼近日有何言句？"师曰："几人于此茫然。"祖曰："茫然且置，悄然一句作么生？"师乃近前三步。祖曰："我有七棒寄打乌臼，你还甘否？"师曰："和尚先吃，某甲后甘。"

本溪和尚

本溪和尚，因庞居士问："丹霞打侍者，意在何所？"师曰："大老翁见人长短在。"士曰："为我与师同参，方敢借问。"师曰："若恁么从头举来，共你商量。"士曰："大老翁不可共你说人是非。"师曰："念翁年老。"士曰："罪过！罪过！"

石林和尚

石林和尚见庞居士来，乃竖起拂子曰："不落丹霞机，试道一句子。"士夺却拂子，却自竖起拳。师曰："正是丹霞机。"士曰："与我不落看。"师曰："丹霞患哑，庞公患聋。"士曰："恰是。"师无语。士曰："向道偶尔。"又一日问士："某甲有个借问，居士莫惜言语。"士曰："便请举来！"师曰："元来惜言语。"士曰："这个问讯，不觉落他便宜。"师乃掩耳。士曰："作家，作家！"

亮座主

亮座主，蜀人也。颇讲经论，因参马祖。祖问："见说座主大讲得经论，是否？"师曰："不敢！"祖曰："将什么讲？"师曰："将心讲。"祖曰："心如工伎儿，意如和伎者，争解讲得！"师抗声曰："心既讲不得，虚空莫讲得么？"祖曰："却是虚空讲得。"师不肯，便出。将下阶，祖召曰："座主！"师回首。祖曰："是什么？"师豁然大悟，便礼拜。祖曰："这钝根阿师，礼拜作么？"师曰："某甲所讲经论，将谓无人及得，今日被大师一问，平生功业，一时冰释。"礼谢而退，乃隐于洪州西山，更无消息。

黑眼和尚

黑眼和尚，僧问："如何是不出世师？"师曰："善财拄杖子。"问："如何是佛法大意？"师曰："十年卖炭汉，不知秤畔星。"

米岭和尚

米岭和尚，僧问："如何是衲衣下事？"师曰："丑陋任君嫌，不挂云霞色。"师将示灭，遗偈曰："祖祖不思议，不许常住世。大众审思惟，毕竟只这是。"言讫而寂。

齐峰和尚

齐峰和尚，庞居士来，师曰："俗人频频入僧院，讨个什么？"士回顾两边曰："谁恁么道？"师乃咄之。士曰："在这里。"师曰："莫是当阳道么？"士曰："背后底聻。"师回首。曰："看！看！"士曰："草贼大败。"士却问："此去峰顶有几里？"师曰："什么处去来？"士曰："可谓峻硬，不得问着。"师曰："是多少？"士曰："一二三。"师曰："四五六。"士曰："何不道七？"师曰："才道七，便有八。"士曰："住得也。"师曰："一任添取。"士喝便出去。师随后亦喝。

大阳和尚

大阳和尚，因伊禅师相见，乃问伊禅："近日有一般知识，向目前指教人，了取目前事。作这个为人，还会文彩未兆时也无？"曰："拟向这里致一问，不知可否？"师曰："答汝已了，莫道可否，"曰："还识得目前也未？"师曰："若是目前，作么生识？"曰："要且遭人检点。"师曰："谁？"曰："某甲。"师便喝，伊退步而立。师曰："汝只解瞻前，不解顾后。"曰："雪上更加霜。"师曰："彼此无便宜。"

红螺山和尚

幽州红螺山和尚，有颂示门人曰："红螺山子近边夷，度得之流半是奚。共语问酬都不会，可怜只解那斯祁。”

百灵和尚

百灵和尚，一日与庞居士路次相逢。问曰：“南岳得力句，还曾举向人也无？”士曰：“曾举来。”师曰：“举向什么人？”士以手自指曰：“庞公。”师曰：“直是妙德、空生也赞叹不及。”士却问：“阿师得力句，是谁得知？”师戴笠子便行。士曰：“善为道路！”师更不回首。

金牛和尚

镇州金牛和尚，每自做饭，供养众僧。至斋时，舁饭桶到堂前作舞，呵呵大笑曰：“菩萨子，吃饭来！”〔僧问长庆：“古人抚掌唤僧吃饭，意旨如何？”庆云：“大似因齐庆赞。”僧问大光：“未审庆赞个什么？”光作舞。僧礼拜。光云：“这野狐精。”东禅齐云：“古人自出手作饭，舞了唤人来吃，意作么生？还会么？只如长庆与大光，是明古人意，别为他分析。今问上座，每日持钵掌盂时，迎来送去时，为当与古人一般，别有道理？若道别，且作么生得别来？若一般，恰到他舞，又被唤作野狐精。有会处么？若未会，行脚眼在什么处？”〕

黑涧和尚

洛京黑涧和尚，僧问：“如何是密室？”师曰：“截耳卧街。”曰：“如何是密室中人？”师乃换手槌胸。

利山和尚

利山和尚，僧问：“众色归空，空归何所？”师曰：“舌头不出口。”曰：“为什么不出口。？”师曰：“内外一如故。”问：“不历僧祇获法身，请师直指。”师曰：“子承父业。”曰：“如何领会？”师曰：“贬剥不施。”曰：“恁么则大众有赖去也。”师曰：“大众且置，作么生是法身？”僧无对。师曰：“汝问，我与汝道。”僧问：“如何是法身？”师曰：“空华阳焰。”问：“如何是西来意？”师曰：“不见如何。”曰：“为什么如此？”师曰：“只为如此。”

乳源和尚

韶州乳源和尚，上堂：“西来的的意不妨，难道众中莫有道得者？出来试道看。”时有僧出礼拜，师便打。曰：“是什么时节，出头来，”便归方丈。〔僧举似长庆。庆云：“不妨，不妨。”资福代云：“为和尚不惜身命。”〕仰山作沙弥时，念经声高，师咄曰：“这沙弥念经恰似哭。”曰：“慧寂只恁么，未审和尚如何？”师乃顾视。仰曰：“若恁么？与哭何异？”师便休。

松山和尚

松山和尚，同庞居士吃茶。士举橐子曰：“人人尽有分，为什么道不得？”师曰：“只为人人尽有，所以道不得。”士曰：“阿兄为什么却道得？”师曰：“不可无言也。”士曰：“灼然！灼然！”师便吃茶。士曰：“阿兄吃茶，为什么不揖客？”师曰：“谁？”士曰：“庞公。”师曰：“何须更揖。”后丹霞闻，乃曰：“若不是松山，几被个老翁惑乱一上。”士闻之，乃令人传语霞曰：“何不会取未举橐子时？”

则川和尚

则川和尚，蜀人也。庞居士相看次，师曰：“还记得见石头时道理否？”士曰：“犹得阿师重举在。”师曰：“情知久参事慢。”士曰：“阿师老耄，不啻庞公。”师曰：“二彼同时，又争几许？”士曰：“庞公鲜健，且胜阿师。”师曰：“不是胜我，只欠汝个幞头。”士拈下幞头曰：“恰与师相似。”师大笑而已。师摘茶次，士曰：“法界不容身，师还见我否？”师曰：“不是老师洎答公话。”士曰：“有问有答，盖是寻常。”师乃摘茶不听。士曰：“莫怪适来容易借问。”师亦不顾。士喝曰：“这无礼仪老汉，待我一一举向明眼人。”师乃抛却茶篮，便归方丈。

打地和尚

忻州打地和尚，自江西领旨，常晦其名。凡学者致问，唯以棒打地示之，时谓之打地和尚。一日被僧藏却棒然后致问，师但张其口。僧问门人曰：“只如和尚每日有人问便打地，意旨如何？”门人即于灶内取柴一片，掷在釜中。

秀溪和尚

潭州秀溪和尚，谷山问：“声色纯真，如何是道？”师曰：“乱道作么？”山却从东过西立。师曰：“若不恁么，即祸事也。”山又从西过东立。师乃下禅床，方行两步，被谷山捉住。曰：“声色纯真，事作么生？”师便打一掌。山曰：“三十年后，要个人下茶也无在。”师曰：“要谷山这汉作什么？”山呵呵大笑。

椑树和尚

江西椑树和尚，卧次，道吾近前，牵被覆之。师曰：“作么？”吾曰：“盖覆。”师曰：“卧底是，坐底是？”吾曰：“不在这两处。”师曰：“争奈盖覆何？”吾曰：“莫乱道。”师向火次，吾问：“作么？”师曰：“和合。”吾曰：“恁么即当头脱去也。”师曰：“隔阔来多少时邪？”吾便拂袖而去。吾一日从外归，师问：“什么处去来？”吾曰：“亲近来。”师曰：“用簸这两片皮作么？”吾曰：“借。”师曰：“他有从汝借，无作么生？”吾曰：“只为有，所以借。”

草堂和尚

京兆草堂和尚，自罢参大寂，至海昌和尚处。昌问：“什么处来？”师曰：“道场来。”昌曰：“这里是什么处？”师曰：“贼不打贫人家。”僧问：“未有一法时，此身在什么处？”师作一圆相，于中书“身”字。

洞安和尚

洞安和尚，有僧辞，师曰：“什么处去？”曰：“本无所去。”师曰：“善为阇黎。”曰：“不敢。”师曰：“到诸方，分明举似。”僧侍立次，师问：“今日是几？”曰：“不知。”师曰：“我却记得。”曰：“今日是几？”师曰：“今日昏晦。”

兴平和尚

京兆兴平和尚，洞山来礼拜。师曰：“莫礼老朽。”山曰：“礼非老朽。”师曰：“非老朽者不受礼。”山曰：“他亦不止。”洞山却问：“如何是古佛心？”师曰：“即汝心是。”山曰：“虽然如此，犹是某甲疑处。”师曰：“若恁么，即问取木人去。”山曰：“某甲有一句子，不借诸圣口。”师曰：“汝试道看。”山曰：“不是某甲。”山辞，师曰：“什么处去？”山曰：“沿流无定止。”师曰：“法身沿流，报身沿流？”山曰：“总不作此解。”师乃拊掌。〔保福云：“洞山自是一家。”乃别云：“觅得几人。”〕

逍遥和尚

逍遥和尚，鹿西和尚问：“念念攀缘，心心永寂。”师曰：“昨晚也有人恁么道。”西曰：“道个什么？”师曰：“不知。”西曰：“请和尚说。”师以拂子蓦口打，西拂袖便出。师召众曰：“顶门上着眼。”

福溪和尚

福溪和尚，僧问:“古镜无瑕时如何？”师良久。僧曰:“师意如何？”师曰:“山僧耳背。”僧再问，师曰:“犹较些子。”问:“如何是自己？”师曰:“你问什么？”曰:“岂无方便？”师曰:“你适来问什么？”曰:“得恁么颠倒！”师曰:“今日合吃山僧手里棒。”问:“缘散归空，空归何所？”师乃召僧，僧应诺。师曰:“空在何处？”曰:“却请和尚道。”师曰:“波斯吃胡椒。”

水潦和尚

洪州水潦和尚,初参马祖。问曰:“如何是西来的的意？”祖曰:“礼拜着！”师才礼拜，祖乃当胸蹋倒。师大悟，起来拊掌呵呵大笑曰:“也大奇，也大奇！百千三昧无量妙义，只向一毫头上，识得根源去。”礼谢而退。住后，每告众曰:“自从一吃马师蹋，直至如今笑不休。”有僧作一圆相，以手撮向师身上。师乃三拨，亦作一圆相，却指其僧。僧便礼拜。师打曰:“这虚头汉！”问:“如何是沙门行？”师曰:“动则影现，觉则冰生。”问:“如何是佛法大意？”师乃拊掌呵呵大笑。凡接机，大约如此。

浮杯和尚

浮杯和尚，凌行婆来礼拜，师与坐吃茶。婆乃问:“尽力道不得底句分付阿谁？”师曰:“浮杯无剩语。”婆曰:“未到浮杯，不妨疑着。”师曰:“别有长处，不妨拈出。”婆敛手哭曰:“苍天中更添冤苦。”师无语。婆曰:“语不知偏正,理不识倒邪,为人即祸生。”后有僧举似南泉，泉曰:“苦哉浮杯，被这老婆摧折一上。”婆后闻笑曰:“王老师犹少机关在。”澄一禅客逢见行婆，便问:“怎生是南泉犹少机关在？”婆乃哭曰:“可悲可痛！”一罔措。婆曰:“会么？”一合掌而立。婆曰:“伎死禅和，如麻似粟。”一举似赵州，州曰:“我若见这臭老婆,问教口哑。”一曰:“未审和尚怎生问他?”州便打。一曰:“为什么却打某甲?”州曰:“似这伎死汉不打,更待几时?”连打数棒。婆闻,却曰:“赵州合吃婆手里棒。”后僧举似赵州,州哭曰:“可悲可痛!”婆闻此语,合掌叹曰:“赵州眼光,烁破四天下。”州令僧问:“如何是赵州眼?”婆乃竖起拳头。僧回,举似赵州。州作偈曰:“当机觌面提,觌面当机疾。报汝凌行婆,哭声何得失。”婆以偈答曰:“哭声师已晓,已晓复谁知。当时摩竭国,几丧目前机。”

龙山和尚

潭州龙山和尚,〔亦云隐山。〕问僧:“什么处来?”曰:“老宿处来。”师曰:“老宿有何言句?”曰:“说则千句万句,不说则一字也无。”师曰:“恁么则蝇子放卵。”僧礼拜,师便打。洞山与密师伯经由,见溪流菜叶,洞曰:“深山无人,因何有菜随流,莫有道人居否?”乃共议拨草溪行,五七里间,忽见师羸形异貌,放下行李问讯。师曰:“此山无路,阇黎从何处来?”洞曰:“无路且置,和尚从何而入?”师曰:“我不从云水来。”洞曰:“和尚住此山多少时邪?”师曰:“春秋不涉。”洞曰:“和尚先住,此山先住?”师曰:“不知。”洞曰:“为什么不知?”师曰:“我不从人天来。”洞曰:“和尚得何道理,便住此山?”师曰:“我见两个泥牛斗入海,直至于今绝消息。”洞山始具威仪礼拜。便问:“如何是主中宾?”师曰:“青山覆白云。”曰:“如何是宾中主?”师曰:“长年不出户。”曰:“宾主相去几何?”师曰:“长江水上波。”曰:“宾主相见,有何言说?”师曰:“清风拂白月。”洞山辞退,师乃述偈曰:“三间茅屋从来住,一道神光万境闲。莫把是非来辨我,浮生穿凿不相关。”因兹烧庵,入深山不见。后人号为隐山和尚。

庞蕴居士

襄州居士庞蕴者，衡州衡阳县人也，字道玄。世本儒业，少悟尘劳，志求真谛。唐贞元初谒石头。乃问：“不与万法为侣者是什么人？”头以手掩其口，豁然有省。后与丹霞为友。一日，石头问曰：“子见老僧以来，日用事作么生？”士曰：“若问日用事，即无开口处。”乃呈偈曰：“日用事无别，唯吾自偶谐。头头非取舍，处处没张乖。朱紫谁为号，北山绝点埃。神通并妙用，运水及搬柴。”头然之。曰：“子以缁邪，素邪？”士曰：“愿从所慕。”遂不剃染。后参马祖，问曰：“不与万法为侣者是什么人？”祖曰：“待汝一口吸尽西江水，即向汝道。”士于言下顿领玄旨。乃留驻，参承二载。有偈曰：“有男不婚，有女不嫁。大家团栾头，共说无生话。”自尔机辩迅捷，诸方向之。因辞药山，山命十禅客相送至门首。士乃指空中雪曰：“好雪！片片不落别处。”有全禅客曰：“落在甚处？”士遂与一掌。全曰：“也不得草草。”士曰：“恁么称禅客，阎罗老子未放你在。”全曰：“居士作么生？”士又掌曰：“眼见如盲，口说如哑。”尝游讲肆，随喜《金刚经》，至“无我无人”处致问曰：“座主！既无我无人，是谁讲谁听？”主无对。士曰：“某甲虽是俗人，粗知信向。”主曰：“只如居士意作么生？”士以偈答曰：“无我复无人，作么有疏亲。劝君休历座，不似直求真。金刚般若性，外绝一纤尘，我闻并信受，总是假名陈。”主闻偈，欣然仰叹。居士所至之处，老宿多往复问酬，皆随机应响，非格量轨辙之可拘也。

元和中，北游襄汉，随处而居，有女名灵照，常鬻竹漉篱以供朝夕。士有偈曰：“心如境亦如，无实亦无虚。有亦不管，无亦不拘。不是贤圣，了事凡夫。易复易，即此五蕴有真智。十方世界一乘同，无相法身岂有二？若舍烦恼入菩提，不知何方有佛地。护生须是杀，杀尽始安居。会得个中意，铁船水上浮。”士坐次，问灵照曰：“古人道，明明百草头，明明祖师意，如何会？”照曰：

“老老大大作这个语话。”士曰:“你作么生?”照曰:“明明百草头，明明祖师意。”士乃笑。士因卖漉篱，下桥吃扑，灵照见，亦去爷边倒。士曰:“你作什么?”照曰:“见爷倒地，某甲相扶。”士将入灭，谓灵照曰:“视日早晚及午以报。”照遽报:“日已中矣，而有蚀也。”士出户观次，灵照即登父座，合掌坐亡。士笑曰:“我女锋捷矣。”于是更延七日，州牧于公頔问疾次，士谓之曰:“但愿空诸所有，慎勿实诸所无。好住，世间皆如影响。”言讫，枕于公膝而化。遗命焚弃江湖，缁白伤悼。谓禅门庞居士，即毗耶净名矣。有诗偈三百余篇传于世。

五灯会元　卷第四

南岳下三世

百丈海禅师法嗣

黄檗希运禅师

洪州黄檗希运禅师，闽人也。幼于本州黄檗山出家。额间隆起如珠，音辞朗润，志意冲澹。后游天台逢一僧，与之言笑，如旧相识，熟视之，目光射人，乃偕行。属涧水暴涨，捐笠植杖而止。其僧率师同渡，师曰："兄要渡自渡。"彼即褰衣蹑波，若履平地，回顾曰："渡来！渡来！"师曰："咄！这自了汉。吾早知当斫汝胫。"其僧叹曰："真大乘法器，我所不及。"言讫不见。师后游京师，因人启发，乃往参百丈。丈问："巍巍堂堂，从何方来？"师曰："巍巍堂堂，从岭南来。"丈曰："巍巍堂堂，当为何事？"师曰："巍巍堂堂，不为别事。"便礼拜。问曰："从上宗乘如何指示？"丈良久。师曰："不可教后人断绝去也。"丈曰："将谓汝是个人。"乃起，入方丈。师随后入，曰："某甲特来。"丈曰："若尔，则他后不得孤负吾。”

丈一日问师:“什么处去来? ”曰:“大雄山下采菌子来。”丈曰:“还见大虫么? ”师便作虎声。丈拈斧作斫势。师即打丈一掴。丈吟吟而笑，便归。上堂曰:“大雄山下有一大虫，汝等诸人也须好看。百丈老汉今日亲遭一口。”师在南泉普请择菜次。泉问:“什么处去? ”曰:“择菜去。”泉曰:“将什么择? ”师竖起刀,泉曰:“只解作宾,不解作主。”师以刀点三下。泉曰:“大家择菜去。”泉一日曰:“老僧有牧牛歌请长老和。”师曰:“某甲自有师在。”师辞南泉，泉门送，提起师笠曰:“长老身材没量大，笠子太小生? ”师曰:“虽然如此，大千世界总在里许。”泉曰:“王老师! ”师戴笠便行。

师在盐官殿上礼佛次，时唐宣宗为沙弥，问曰:“不着佛求，不着法求，不着僧求，长老礼拜，当何所求? ”师曰:“不着佛求，不着法求，不着僧求，常礼如是事。”弥曰:“用礼何为? ”师便掌。弥曰:“太粗生! ”师曰:“这里是什么所在? 说粗说细。”随后又掌。

裴相国镇宛陵，建大禅苑，请师说法。以师酷爱旧山，还以黄檗名之。公一日拓一尊佛于师前,跪曰:“请师安名。”师召曰:“裴休。”公应诺。师曰:“与汝安名竟。”公礼拜。

师因有六人新到，五人作礼，中一人提起坐具，作一圆相。师曰:“我闻有一只猎犬甚恶。”僧曰:“寻羺羊声来。”师曰:“羺羊无声到汝寻。”曰:“寻羺羊迹来。”师曰:“羺羊无迹到汝寻。”曰:“寻羺羊踪来。”师曰:“羺羊无踪到汝寻。”曰:“与么则死羺羊也。”师便休去。明日升堂曰:“昨日寻羺羊僧出来! ”僧便出。师曰:“昨日公案未了，老僧休去。你作么生? ”僧无语。师曰:“将谓是本色衲僧，元来只是义学沙门。”便打趁出。

师一日捏拳曰:“天下老和尚，总在这里。我若放一线道，从汝七纵八横，若不放过，不消一捏。”僧问:“放一线道时如何? ”师曰:“七纵八横。”曰:“不放过,不消一捏时如何? ”师曰:“普。”

裴相国一日请师至郡，以所解一编示师。师接置于座，略不披阅。良久曰：“会么？”裴曰：“未测。”师曰：“若便恁么会得，犹较些子。若也形于纸墨，何有吾宗？”裴乃赠诗一章曰：“自从大士传心印，额有圆珠七尺身。挂锡十年栖蜀水，浮杯今日渡漳滨。一千龙象随高步，万里香花结胜因。拟欲事师为弟子，不知将法付何人？”师亦无喜色。自尔黄檗门风，盛于江表矣。

一日上堂，大众云集。乃曰：“汝等诸人欲何所求？”以拄杖趁之，大众不散。师却复坐曰：“汝等诸人尽是噇酒糟汉。恁么行脚，取笑于人。但见八百一千人处便去，不可图他热闹也。老汉行脚时，或遇草根下有一个汉，便从顶门上一锥。看他若知痛痒，可以布袋盛米供养他。可中总似汝如此容易，何处更有今日事也？汝等既称行脚，亦须着些精神好。还知道大唐国内无禅师么？”时有僧问：“诸方尊宿尽聚众开化，为什么却道无禅师？”师曰：“不道无禅，只是无师。阇黎不见马大师下有八十四人坐道场，得马师正法眼者止三两人，庐山归宗和尚是其一。夫出家人，须知有从上来事分始得。且如四祖下牛头，横说竖说，犹未知向上关捩子。有此眼目，方辨得邪正宗党，且当人事宜，不能体会得，但知学言语念，向皮袋里安着，到处称我会禅，还替得汝生死么？轻忽老宿，入地狱如箭。我才见汝入门来，便识得了也。还知么？急须努力，莫容易事，持片衣口食，空过一生。明眼人笑汝，久后总被俗汉算将去在。宜自看远近，是阿谁面上事。若会即便会，若不会即散去。珍重！”问：“如何是西来意？”师便打。自余施设，皆被上机。中下之流，莫窥涯涘。唐大中年终于本山，谥断际禅师。

长庆大安禅师

福州长庆大安禅师〔号懒安〕，郡之陈氏子。受业于黄檗山，习律乘。尝自念言：“我虽勤苦，而未闻玄极之理。”乃孤锡游方，将往洪井，路出上元。逢一老父谓师曰：“师往南昌，当有所得。”师即造百丈，礼而问曰：“学人欲求识佛，何者即是？”丈曰：“大似骑牛觅牛。”师曰：“识得后如何？”丈曰：“如人骑牛至家。”师曰：“未审始终如何保任？”丈曰：“如牧牛人执杖视之，不令犯人苗稼。”师自兹领旨，更不驰求。

同参祐禅师，创居沩山。师躬耕助道。及祐归寂，众请接踵住持。上堂：“汝诸人总来就安，求觅什么？若欲作佛，汝自是佛。担佛傍家走，如渴鹿趁阳焰相似，何时得相应去！汝欲作佛，但无许多颠倒攀缘、妄想恶觉、垢净众生之心，便是初心正觉佛，更向何处别讨所以？安在沩山三十来年，吃沩山饭，屙沩山屎，不学沩山禅，只看一头水牯牛，若落路入草，便把鼻孔拽转来，才犯人苗稼，即鞭挞。调伏既久，可怜生受人言语，如今变作个露地白牛，常在面前，终日露迥迥地，趁亦不去。汝诸人各自有无价大宝，从眼门放光，照见山河大地，耳门放光，领采一切善恶音响。如是六门，昼夜常放光明，亦名放光三昧。汝自不识取，影在四大身中，内外扶持，不教倾侧。如人负重担，从独木桥上过，亦不教失脚。且道是什么物任持，便得如是。且无丝发可见，岂不见志公和尚云：‘内外追寻觅总无，境上施为浑大有。’珍重！”僧问：“一切施为是法身用，如何是法身？”师曰：“一切施为是法身用。”曰：“离却五蕴，如何是本来身？”师曰：“地水火风，受想行识。”曰：“这个是五蕴？”师曰：“这个异五蕴。”问：“此阴已谢，彼阴未生时如何？”师曰：“此阴未谢，那个是大德？”曰：“不会。”师曰：“若会此阴，便明彼阴。”问：“大用现前，不存轨，则时如何？”师曰：“汝用得但用。”僧乃脱膊，绕师三匝。师曰：“向上事何不道取？”僧拟开口，师便打。曰：“这野孤精出去！”

有僧上法堂，顾视东西，不见师。乃曰：“好个法堂，只是无人。”师从门里出，曰：“作么？”僧无对。雪峰因入山采得一枝木，其形似蛇，于背上题曰：“本自天然，不假雕琢。”寄与师。师曰：“本色住山人,且无刀斧痕。”僧问：“佛在何处？”师曰：“不离心。”又问：“双峰上人，有何所得？”师曰：“法无所得。设有所得，得本无得。”问：“黄巢军来，和尚向什么处回避？”师曰：“五蕴山中。”曰：“忽被他捉着时如何？”师曰：“恼乱将军。”师大化闽城。唐中和三年归黄檗示寂，塔于楞伽山，谥圆智禅师。

大慈山寰中禅师

杭州大慈山寰中禅师，蒲坂卢氏子。顶骨圆耸，其声如钟。少丁母忧，庐于墓所。服阕思报罔极，乃于并州童子寺出家，嵩岳登戒，习诸律学。后参百丈，受心印。辞往南岳常乐寺，结茅于山顶。一日，南泉至。问：“如何是庵中主？”师曰：“苍天！苍天！”泉曰：“苍天且置，如何是庵中主？”师曰：“会即便会，莫忉忉。”泉拂袖而去。后住大慈，上堂：“山僧不解答话，只能识病。”时有僧出，师便归方丈。〔法眼云：“众中唤作病在目前，不识。”玄觉曰：“且道大慈识病不识病，此僧出来是病不是病？若言是病，每日行住不可总是病；若言不是病，出来又作么生？”〕

赵州问：“般若以何为体？”师曰：“般若以何为体。”州大笑而出。明日，州扫地次，师曰：“般若以何为体？”州置帚，拊掌大笑,师便归方丈。僧辞,师问：“什么处去？”曰：“江西去。”师曰：“我劳汝一段事得否？”曰：“和尚有什么事？”师曰：“将取老僧去得么？”曰：“更有过于和尚者，亦不能将去。”师便休。僧后举似洞山,山曰：“阇黎争合恁么道。”曰：“和尚作么生？”山曰：“得。”〔法眼别云：“和尚去若去，某甲提笠子。”〕山又问其僧：“大慈别有什么言句？”曰：“有时示众曰：‘说得一丈，不如行取一尺。说得一尺，不如行取一寸。’”山曰：“我不恁么道。”曰：“和尚作么生？”山曰：“说取行不得底，行取说不得底。”〔云居云：“行时无说路，说时无行路。

不说不行时，合行什么路？”洛浦云：“行说俱到，即本分事无，行说俱不到，即本分事在。”〕后属武宗废教，师短褐隐居。大中岁重剃染，大扬宗旨。咸通三年不疾而逝，僖宗谥性空大师。

平田普岸禅师

天台平田普岸禅师，洪州人也。于百丈门下得旨。后闻天台胜概，圣贤间出，思欲高蹈方外，远追遐躅，乃结茅薙草，宴寂林下。日居月诸，为四众所知。创平田禅院居之。上堂：“神光不昧，万古徽猷。入此门来，莫存知解。”便下座。僧参，师打一拄杖。其僧近前把住拄杖。师曰：“老僧适来造次。”僧却打师一拄杖。师曰：“作家！作家！”僧礼拜。师把住曰：“是阇黎造次。”僧大笑。师曰：“这个师僧今日大败也。”临济访师，到路口先逢一嫂在田使牛。济问嫂：“平田路向什么处去？”嫂打牛一棒曰：“这畜生到处走，到此路也不识。”济又曰：“我问你平田路向什么处去？”嫂曰：“这畜生五岁尚使不得。”济心语曰：“欲观前人，先观所使。”便有抽钉拔楔之意。及见师，师问：“你还曾见我嫂也未？”济曰：“已收下了也。”师遂问：“近离甚处？”济曰：“江西黄檗。”师曰：“情知你见作家来！”济曰：“特来礼拜和尚。”师曰：“已相见了也。”济曰：“宾主之礼，合施三拜。”师曰：“既是宾主之礼，礼拜着。”有偈示众曰：“大道虚旷，常一真心。善恶莫思，神清物表。随缘饮啄，更复何为。”终于本院，遗塔存焉。

五峰常观禅师

瑞州五峰常观禅师，僧问：“如何是五峰境？”师曰：“险。”曰：“如何是境中人？”师曰：“塞。”僧辞，师曰：“什么处去？”曰：“台山去。”师竖一指曰：“若见文殊了，却来这里与汝相见，”僧无语。师问：“僧什么处来？”曰：“庄上来。”师曰：“汝还见牛么？”曰：

“见。”师曰：“见左角，见右角？”僧无语。师代曰：“见无左右。”〔仰山别云：“还辨左右么？”〕又僧辞，师曰：“汝诸方去，莫谤老僧在这里。”曰：“某甲不道和尚在这里。”师曰：“汝道老僧在什么处？”僧竖起一指。师曰：“早是谤老僧也。”

石霜山性空禅师

潭州石霜山性空禅师，僧问：“如何是祖师西来意？”师曰：“如人在千尺井中，不假寸绳，出得此人，即答汝西来意。”僧曰：“近日湖南畅和尚出世，亦为人东语西话。”师唤沙弥，拽出这死尸着。〔沙弥即仰山。山后问耽源：“如何出得井中人？”源曰：“咄！痴汉，谁在井中？”山复问沩山。沩召慧寂，山应诺。沩曰：“出也。”仰山住后，常举前语谓众曰：“我在耽源处得名，沩山处得地。”〕

古灵神赞禅师

福州古灵神赞禅师，本州大中寺受业，后行脚遇百丈开悟，却回受业。本师问曰：“汝离吾在外，得何事业？”曰：“并无事业。”遂遣执役。一日，因澡身命师去垢，师乃拊背曰：“好所佛堂而佛不圣。”本师回首视之，师曰：“佛虽不圣，且能放光。”本师又一日在窗下看经，蜂子投窗纸求出。师睹之曰：“世界如许广阔不肯出，钻他故纸驴年去！”遂有偈曰：“空门不肯出，投窗也大痴。百年钻故纸，何日出头时？”本师置经，问曰：“汝行脚遇何人？吾前后见汝发言异常。”师曰：“某甲蒙百丈和尚指个歇处，今欲报慈德耳。”本师于是告众致斋，请师说法。师乃登座，举唱百丈门风曰：“灵光独耀，迥脱根尘。体露真常，不拘文字。心性无染，本自圆成。但离妄缘，即如如佛。”本师于言下感悟曰：“何期垂老得闻极则事。”师后住古灵，聚徒数载。临迁化，剃浴声钟告众曰：“汝等诸人，还识无声三昧否？”众曰：“不识。”师曰：“汝等静听，莫别思惟。”众皆侧聆。师俨然顺寂，塔存本山。

和安寺通禅师

广州和安寺通禅师，婺州双林寺受业。自幼寡言，时人谓之不语通。因礼佛次，有禅者问：“座主礼底是什么？”师曰：“是佛。”禅者乃指像曰：“这个是何物？”师无对。至夜，具威仪礼问：“今日所问，某甲未知意旨如何？”禅者曰：“座主几夏邪？”师曰：“十夏。”禅者曰：“还曾出家也未？”师转茫然。禅者曰：“若也不会，百夏奚为？”乃命同参马祖。及至江西，祖已圆寂。遂谒百丈，顿释疑情。有人问师：“是禅师否？”师曰：“贫道不曾学禅。”师良久，召其人，其人应诺。师指棕榈树子，其人无对。师一日召仰山将床子来。山将到，师曰：“却送本处着。”山从之。师召：“慧寂。”山应诺。师曰：“床子那边是什么物？”山曰：“枕子。”师曰：“枕子这边是什么物？”山曰：“无物。”师复召：“慧寂。”山应诺。师曰：“是什么？”山无对。师曰：“去！”

龙云台禅师

江州龙云台禅师，僧问：“如何是祖师西来意？”师曰：“昨夜栏中失却牛。”

卫国院道禅师

京兆卫国院道禅师，新到参，师问：“何方来？”曰：“河南来。”师曰：“黄河清也未？”僧无对。〔沩山代云：“小小狐儿，要过但过，用疑作什么。”〕师不安，不见客。有人来谒，乃曰：“久聆和尚道德，忽承法体违和，略请和尚相见。”师将钵镄盛钵楮，令侍者擎出呈之。其人无对。

镇州万岁和尚

镇州万岁和尚，僧问：“大众云集，合潭何事？”师曰：“序品第一。”〔归宗柔别云：“礼拜了去。”〕

东山慧禅师

洪州东山慧禅师游山，见一岩。僧问：“此岩还有主也无？”师曰：“有。”曰：“是什么人？”师曰：“三家村里觅什么？”曰：“如何是岩中主？”师曰：“汝还气急么？”小师行脚回，师问：“汝离吾在外多少时邪？”曰：“十年。”师曰：“不用指东指西，直道将来。”曰：“对和尚不敢谩语。”师喝曰：“这打野榸汉。”师同大于、南用到茶堂，有僧近前不审。用曰：“我既不纳汝，汝亦不见我，不审阿谁？”僧无语。师曰：“不得平白地恁么问伊。”用曰：“大于亦无语那。”于把定其僧曰：“是你恁么累我亦然。”便打一掴。用大笑曰：“朗月与青天。”又丁侍者到，师问：“金刚正定，一切皆然。秋去冬来,且作么生？”者曰：“不妨和尚借问。”师曰：“即今即得，去后作么生？”者曰：“谁敢问着某甲？”师曰：“大于还得么？”者曰：“犹要别人点检在。”师曰：“辅弼宗师,不废光彩。”侍者礼拜。

清田和尚

清田和尚与瑫上座煎茶次,师敲绳床三下,瑫亦敲三下。师曰：“老僧敲，有个善巧。上座敲，有何道理？”瑫曰：“某甲敲，有个方便。和尚敲作么生？”师举起盏子,瑫曰：“善知识眼应须恁么。”茶罢，瑫却问：“和尚适来举起盏子，意作么生？”师曰：“不可更别有也。”

百丈山涅槃和尚

百丈山涅槃和尚，一日谓众曰：“汝等与我开田，我与汝说大义。”众开田了，归请说大义。师乃展两手，众罔措。〔洪觉范《林间录》云：“百丈第二代法正禅师，大智之高弟。其先尝诵《涅槃经》，不言姓名，时呼为涅槃和尚。住成法席，师功最多，使众开田，方说大义者，乃师也。”黄檗，古灵诸大士皆推尊之，唐文人黄武翊撰其碑甚详。柳公权书，妙绝今古。而《传灯》所载百丈惟政禅师，又系于马祖法嗣之列，误矣。及观《正宗记》，则有惟政、法正。然百丈第代可数，明教但皆见其名，不能辨而俱存也。今当以柳碑为正。〕

南泉愿禅师法嗣

观音院从谂禅师

赵州观音院〔亦曰东院〕从谂禅师，曹州郝乡人也，姓郝氏。童稚于本州扈通院从师披剃。未纳戒便抵池阳，参南泉。值泉偃息而问曰：“近离甚处？”师曰：“瑞像。”泉曰：“还见瑞像么？”师曰：“不见瑞像，只见卧如来。”泉便起坐，问：“汝是有主沙弥，无主沙弥？”师曰：“有主沙弥。”泉曰：“哪个是你主？”师近前躬身曰：“仲冬严寒，伏惟和尚尊候万福。”泉器之，许其入室。他日问泉曰：“如何是道？”泉曰：“平常心是道。”师曰：“还可趣向也无？”泉曰：“拟向即乖。”师曰：“不拟争知是道？”泉曰：“道不属知，不属不知。知是妄觉，不知是无记。若真达不疑之道，犹如太虚，廓然荡豁，岂可强是非邪？”师于言下悟理，乃往嵩岳琉璃坛纳戒。仍返南泉。一日问泉曰：“知有底人向什么处去？”泉曰：“山前檀越家作一头水牯牛去。”师曰：“谢师指示。”泉曰：“昨夜三更月到窗。”泉曰：“今时人，须向异类中行始得。”师曰：“异即不问，如何是类？”泉以两手拓地，师近前一踏，踏倒。却向涅槃堂里叫曰：“悔！悔！”泉令侍者问：“悔个什么？”师：“悔不更与两踏。”

南泉上堂，师出问：“明头合，暗头合。”泉便下座，归方丈。师曰：“这老和尚被我一问，直得无言可对。”首座曰：“莫道和尚无语好！

自是上座不会。”师便打一掌曰：“此掌合是堂头老汉吃。”

师到黄檗，檗见来便闭方丈门。师乃把火于法堂内，叫曰：“救火！救火！”檗开门捉住曰：“道！道！”师曰：“贼过后张弓。”到宝寿，寿见来，于禅床上背坐。师展坐具礼拜。寿下禅床，师便出。又到道吾，才入堂，吾曰：“南泉一只箭来也！”师曰：“看箭！”吾曰：“过也。”师曰：“中。”又到茱萸，执拄杖于法堂上，从东过西。萸曰：“作什么？”师曰：“探水。”萸曰：“我这里一滴也无，探个什么？”师以杖倚壁，便下。师将游五台，有大德作偈，留曰：“无处青山不道场，何须策杖礼清凉。云中纵有金毛现，正眼观时非吉祥。”师曰：“作么生是正眼？”德无对。〔法眼代云：“请上座领某甲情。”同安显代云：“是上座眼。”〕师自此道化被于北地。众请住观音院。上堂：“如明珠在掌，胡来胡现，汉来汉现。老僧把一枝草为丈六金身用，把丈六金身为一枝草用。佛是烦恼，烦恼是佛。”僧问：“未审佛是谁家烦恼？”师曰：“与一切人烦恼。”曰：“如何免得？”师曰：“用免作么？”扫地次，僧问：“和尚是大善知识，为什么扫地？”师曰：“尘从外来。”曰：“既是清净伽蓝，为什么有尘？”师曰：“又一点也。”

师与官人游园次，兔见乃惊走。遂问：“和尚是大善知识，兔见为什么走？”师曰：“老僧好杀。”问：“觉华未发时，如何辨贞实？”师曰：“开也。”曰：“是贞是实？”师曰：“贞是实，实是贞。”曰：“什么人分上事？”师曰：“老僧有分，阇黎有分。”曰：“某甲不招纳时如何？”师佯不闻，僧无语。师曰：“去！石幢子被风吹折。”僧问：“陀罗尼幢子作凡去，作圣去？”师曰：“也不作凡，亦不作圣。”曰：“毕竟作什么？”师曰：“落地去也。”僧辞，师曰：“甚处去？”曰：“诸方学佛法去。”师竖起拂子曰：“有佛处不得住，无佛处急走过。三千里外，逢人不得错举。”曰：“与么则不去也。”师曰：“摘杨花，摘杨花。”问：“承闻和尚亲见南泉，是否？”师曰：“镇州出大萝卜头。”大众晚参，师曰：“今夜答话去也。有解问者出来。”时有一僧便出礼拜。师曰：“比来抛砖引玉，却引得个墼子。”〔保寿云：“射虎不真，徒劳没羽？”长庆问觉上座云：“那僧才出礼拜，为什么便收伊为墼子？”觉云：“适来那边亦有人恁么问。”庆云：“向伊道什么？”觉云：“也向伊恁么道。”玄觉云：“什么处却成墼子去，丛林中道才出来，便成墼子，只如每日出入，行住坐卧，不可总成墼子。且道这僧出来，具眼不具眼。”〕上堂：“金佛不度炉，木佛不度火，泥佛不度水。真佛内里坐，菩提涅槃，真如佛性，尽是贴体衣服，亦名烦恼。实际理地什么处着。一心不生，万法无咎。汝但究理，坐看三二十年，若不会，截取老僧头去。梦幻空华，徒劳把捉。心若不异，万法一如。既不从外得，更拘执作么？如羊相似，乱拾物安向口里。老僧见药山和尚道：‘有人问着，但教合取狗口。’老僧亦教合取狗口。取我是垢，不取我是净。一似猎狗专欲得物吃。佛法在什么处？千人万人尽是觅佛汉子，于中觅一个道人无。若与空王为弟子，莫教心病最难医。未有世界，早有此性。世界坏时，此性不坏。一从见老僧后，更不是别人，只是个主人公。这个更向外觅作么？正恁么时，莫转头换脑。若转头换脑，即失却也。”僧问：“承师有言，世界坏时，此性不坏。如何是此性？”师曰：“四大五阴。”曰：“此犹是坏底，如何是此性？”师曰：“四大五阴。”〔法眼云：“是一个两个，是坏不坏，且作么生会？试断看。”〕师因老宿问：“近离甚处？”曰：“滑州。”宿曰：“几程到这里？”师曰：“一跶到。”宿曰：“好个捷疾鬼。”师曰：“万福大王。”宿曰：“参堂去！”师应喏喏。尼问：“如何是密密意？”师以手掐之。尼曰：“和尚犹有这个在。”师曰：“却是你有这个在。”僧辞，师问：“什么处去？曰：“闽中去。”师曰：“彼中兵马隘，你须回避始得。”曰：“向什么处回避？”师曰：“恰好。”问：“如何是宾中主？”师曰：“山僧不问妇。”曰：“如何是主中宾？”师曰：“山僧无丈人。”有僧游五台，问一婆子曰：“台山路向什么处去？”婆曰：“蓦直去。”僧便去。婆曰：“好个师僧又恁么去。”后有僧举似师，师曰：“待我去勘过。”明日，师便去问：“台山路向什么处去？”婆曰：“蓦直去。”师便去。婆曰：“好个师僧又恁么去。”师归院谓僧曰：“台山婆子为汝勘破了也。”〔玄觉云：“前来僧也恁么道，赵州去也恁么道，什么处是勘破婆子处。”又云：“非唯被赵州勘破，亦被这僧勘破。”〕问：“恁么来底人，师还接否？”师曰：“接。”曰：不恁么来底，师还接否？”师曰：“接。”曰：“恁么来者从师接，不恁么来者如何接？”师曰：“止！止！不须说，我法妙难思。”师因出，路逢一婆。婆问：“和尚住什么处？”师曰：“赵州东院西。”婆无语。师归问众僧：“合使那个西字？”或言东西字，或言栖泊字。师曰：“汝等总作得盐铁判官。”曰：“和尚为甚恁么道？”师曰：“为汝总识字。”〔法灯别众僧云：“已知去处。”〕问：“如何是囊中宝？”师曰：“合取口。”〔法灯别云：“莫说似人。”〕有一婆子令人送钱，请转藏经。师受施利了，却下禅床转一匝。乃曰：“传语婆，转藏经已竟。”其人回举似婆。婆曰：“比来请转全藏，如何只为转半藏？”〔玄觉云：“什么处是欠半藏处，且道那婆子具什么眼，便与么道。”〕因僧侍次，遂指火问曰：“这个是火，你不得唤作火。老僧道了也。”僧无对。复筴起火曰：“会么？”曰：“不会。”师曰：“此去舒州，有投子和尚，汝往礼拜，问之，必为汝说。因缘相契，不用更来。不相契却来。”其僧到投子，子问：“近离甚处？”曰：“赵州。”子曰：“赵州有何言句？”僧举前话。子曰：“汝会么？”曰：“不会，乞师指示。”子下禅床，行三步却坐。问曰：“会么？”曰：“不会。”子曰：“你归举似赵州。”共僧却回，举似师。师曰：“还会么？”曰：“不会。”师曰：“投子与么，不较多也。”有新到谓师曰：“某甲从长安来，横担一条拄杖，不曾拨着一人。”师曰：“自是大德拄杖短。”〔同安显别云：“老僧这里不曾见恁么人。”〕僧无对。〔法眼代云：“呵呵。”同安显代云：“也不短。”〕僧写师真呈。师曰：“且道似我不似我？若似我，即打杀老僧。不似我，即烧却真。”僧无对。〔玄觉代云：“留取供养。”〕

问:“如何是祖师西来意?”师曰:“庭前柏树子。”曰:“和尚莫将境示人?”师曰:“我不将境示人。”曰:“如何是祖师西来意?”师曰:“庭前柏树子。”问:“僧发足甚处?”曰:“雪峰。”师曰:“雪峰有何言句示人?”曰:“寻常道尽十方世界,是沙门一只眼。你等诸人,向甚处屙?”师曰:“阇黎若回,寄个锹子去。”师谓众曰:“我向行脚到南方,火炉头有个无宾主话,直至如今无人举着。”上堂:“至道无难,唯嫌拣择。才有语言是拣择,是明白。老僧不在明白里,是汝还护惜也无?”时有僧问:“既不在明白里,护惜个什么?”师曰:“我亦不知。”僧曰:“和尚既不知,为甚道不在明白里?”师曰:“问事即得,礼拜了退。”别僧问:“至道无难,唯嫌拣择。是时人窠窟否?”师曰:“曾有人问我,老僧直得五年分疏不下。”又问:“至道无难,唯嫌拣择。如何是不拣择?”师曰:“天上天下,唯我独尊。”曰:“此犹是拣择。”师曰:“田库奴甚处是拣择?”僧无语。问:“至道无难,唯嫌拣择。才有语言是拣择。和尚如何为人?”师曰:“何不引尽此语。”僧曰:“某甲只念得到这里。”师曰:“至道无难,唯嫌拣择。”问:“如何是道?”师曰:“墙外底。”曰:“不问这个。”师曰:“你问那个?”曰:“大道。”师曰:“大道透长安。”问:“道人相见时如何?”师曰:“呈漆器。”上堂:“兄弟若从南方来者,即与下载;若从北方来者,即与上载。所以道,近上人问道即失道,近下人问道即得道。”师因与文远行,乃指一片地曰:“这里好造个巡铺。”文远便去路傍立曰:“把将公验来。”师遂与一掴。远曰:“公验分明过。”

师与文远论义曰“斗劣不斗胜,胜者输果子。”远曰:“请和尚立义。”师曰:“我是一头驴。”远曰:“我是驴胃。”师曰:“我是炉粪。”远曰:“我是粪中虫。”师曰:“你在彼中作什么?”远曰:“我在彼中过夏。”师曰:“把将果子来。”新到参,师问:“什么处来?”曰:“南方来。”师曰:“佛法尽在南方,汝来这里作什么?”曰:“佛法岂有南北邪？”师曰：“饶汝从雪峰、云居来，只是个担板汉。”〔崇寿稠云：“和尚是据客置主人。”〕问：“如何是佛？”师曰：“殿里底。”曰：“殿里者岂不是泥龛塑像？”师曰：“是。”曰：“如何是佛？”师曰：“殿里底。”问：“学人乍入丛林，乞师指示。”师曰：“吃粥了也未？”曰：“吃粥了也。”师曰：“洗钵盂去。”其僧忽然省悟。

上堂：“才有是非，纷然失心，还有答话分也无？”僧举似洛浦，浦扣齿。又举似云居，居曰：“何必。”僧回举似师。师曰：“南方大有人丧身失命。”曰：“请和尚举。”师才举前语，僧指傍僧曰：“这个师僧吃却饭了，作恁么语话。”师休去。问：“久向赵州石桥，到来只见略彴。”师曰：“汝只见略彴，且不见石桥。”曰：“如何是石桥？”师曰：“度驴度马。”曰：“如何是略彴？”师曰：“个个度人。”后有如前问，师如前答。又僧问：“如何是石桥？”师曰：“过来！过来！”〔云居锡云：“赵州为当扶石桥，扶略彴？”〕师闻沙弥喝参，向侍者曰：“教伊去。”者乃教去，沙弥便珍重。师曰：“沙弥得入门，侍者在门外。”〔云居锡云：“什么处是沙弥入门，侍者在门外，这里若会得，便见赵州。”〕问：“僧什么处来？”曰：“从南来。”师曰：“还知有赵州关否？”曰：“须知有不涉关者。”师曰：“这贩私盐汉。”问：“如何是西来意？”师下禅床立。曰：“莫只这个便是否？”师曰：“老僧未有语在。”问菜头：“今日吃生菜，吃熟菜？”头拈起菜呈之。师曰：“知恩者少，负恩者多。”问：“狗子还有佛性也无？”师曰：“无。”曰：“上至诸佛，下至蝼蚁，皆有佛性，狗子为什么却无？”师曰：“为伊有业识在。”师问一婆子：“什么处去？”曰：“偷赵州笋去。”师曰：“忽遇赵州，又作么生？”婆便与一掌，师休去。

师一日于雪中卧，曰：“相救！相救！”有僧便去身边卧，师便起去。问：“如何是赵州一句？”师曰：“老僧半句也无。”曰“岂无和尚在？”师曰：“老僧不是一句。”师问新到：“曾到此间么？”曰：“曾到。”师曰：“吃茶去。”又问僧，僧曰：“不曾到。”师曰：“吃茶去。”后院主问曰：“为什么曾到也云吃茶去，不曾到也云吃茶去？”师召院主，主应喏。师曰：“吃茶去。”

问：“二龙争珠，谁是得者？”师曰：“老僧只管看。”问：“空劫中还有人修行也无？”师曰：“汝唤什么作空劫？”曰：“无一物是。”师曰：“这个始称得修行，唤什么作空劫？”僧无语。问：“如何是玄中玄？”师曰：“汝玄来多少时邪？”曰：“玄之久矣。”师曰：“阇黎若不遇老僧，几被玄杀。”问：“万法归一，一归何所？”师曰：“老僧在青州作得一领布衫，重七斤。”问：“夜生兜率，昼降阎浮，于其中间，摩尼珠为什么不现？”师曰：“道什么？”其僧再问。师曰：“毗婆尸佛早留心，直至如今不得妙。”问院主：“什么处来？”主曰：“送生来。”师曰：“鸦为什么飞去？”主曰：“怕某甲。”师曰：“汝十年知事作恁么语话？”主却问：“鸦为什么飞去？”师曰：“院主无杀心。”师拈起钵曰：“三十年后若见老僧，留取供养。若不见，即扑破。”别僧曰：“三十年后敢道见和尚？”师乃扑破。师在东司上，见远侍者过，蓦召文远，远应诺。师曰：“东司上不可与汝说佛法。”僧辞，师问：“什么处去？”曰：“雪峰去。”师曰：“雪峰忽若问和尚有何言句，汝作么生秖对？”曰：“某甲道不得，请和尚道。”师曰：“冬即言寒，夏即道热。”又曰：“雪峰更问：汝毕竟事作么生？”僧又曰：“道不得。”师曰：“但道亲从赵州来，不是传语人。”其僧到雪峰，一依前语秖对。峰曰：“也须是赵州始得。”〔玄沙闻曰：“大小赵州败阙也不知。”云居锡云：“什么处是赵州败阙，若检得出，是上座眼。”〕

问：“如何是出家？”师曰：“不履高名，不求苟得。”问：“澄澄绝点时如何？”师曰：“这里不着客作汉。”问：“如何是祖师意？”师敲床脚。僧曰：“只这莫便是否？”师曰：“是。”即脱取去。问：“如何是毗卢圆相？”师曰：“老僧自幼出家，不曾眼花。”曰：“岂不为人？”师曰：“愿汝常见毗卢圆相。”官人问：“和尚还入地狱否？”师曰：“老僧末上入。”曰：“大善知识为什么入地狱？”师曰：

“我若不入，阿谁教化汝？”

真定帅王公携诸子入院，师坐而问曰：“大王会么？”王曰：“不会。”师曰：“自小持斋身已老，见人无力下禅床。”王尤加礼重。翌日令客将传语，师下禅床受之。侍者曰：“和尚见大王来，不下禅床。今日军将来，为什么却下禅床？”师曰：“非汝所知。第一等人来，禅床上接。中等人来，下禅床接。末等人来，三门外接。”因侍者报大王来也，师曰：“万福大王。”者曰：“未到在。”师曰：“又道来也。”师到一庵主处，问：“有么？有么？”主竖起拳头。师曰：“水浅不是泊船处。”便行。又到一庵主处，问：“有么？有么？”主亦竖起拳头。师曰：“能纵能夺，能杀能活。”便作礼。问僧：“一日看多少经？”曰：“或七八，或十卷。”师曰：“阇黎不会看经。”曰：“和尚一日看多少？”师曰：“老僧一日只看一字。”

文远侍者在佛殿礼拜次，师见以拄杖打一下曰：“作什么？”者曰：“礼佛。”师曰：“用礼作什么？”者曰：“礼佛也是好事。”师曰：“好事不如无。”上堂：“正人说邪法，邪法悉皆正。邪人说正法，正法悉皆邪。诸方难见易识，我这里易见难识。”问：“如何是赵州？”师曰：“东门西门，南门北门。”问：“初生孩子还具六识也无？”师曰：“急水上打毬子。”僧却问投子：“急水上打毬子，意旨如何？”子曰：“念念不停留。”问：“和尚姓什么？”师曰：“常州有。”曰：“甲子多少？”师曰：“苏州有。”问：“十二时中如何用心？”师曰：“汝被十二时辰使，老僧使得十二时。”乃曰：“兄弟莫久立，有事商量，无事向衣钵下坐穷理好。老僧行脚时，除二时粥饭是杂用心处，除外更无别用心处。若不如是大远在。”僧问：“如何是古佛心？”师曰：“三个婆子排班拜。”问：“如何是不迁义？”师曰：“一个野雀儿从东飞过西。”问：“学人有疑时如何？”师曰：“大宜小宜。”曰：“大疑。”师曰：“大宜东北角，小宜僧堂后。”问：“柏树子还有佛性也无？”师曰：“有。”曰：“几时成佛？”师曰：“待虚空落地时。”曰:“虚空几时落地?”师曰:“待柏树子成佛时。”问:“如何是毗卢师?”师便起立。僧曰:“如何是法身主?”师便坐。僧礼拜。师曰:“且道坐者是?立者是?”师谓众曰:“你若一生不离丛林,不语五年十载,无人唤你作哑汉。已后佛也不奈你何。你若不信,截取老僧头去。”师《鱼鼓颂》曰:“四大由来造化功,有声全贵里头空。莫嫌不与凡夫说,只为宫商调不同。”师因赵王问:“师尊年有几个齿在?”师曰:“只有一个。”王曰:“争吃得物?”师曰:“虽然一个,下下咬着。”师寄拂子与王曰:“若问何处得来,但说老僧平生用不尽者。”师之玄言,布于天下。时谓赵州门风,皆悚然信伏矣。唐乾宁四年十一月二日,右胁而寂,寿一百二十岁,谥真际大师。

长沙景岑招贤禅师

湖南长沙景岑招贤禅师,初住鹿苑为第一世,其后居无定所,但徇缘接物,随宜说法,时谓之长沙和尚。上堂:“我若一向举扬宗教,法堂里须草深一丈。事不获已,向汝诸人道:尽十方世界是沙门眼,尽十方世界是沙门全身,尽十方世界是自己光明,尽十方世界在自己光明里,尽十方世界无一人不是自己。我常向汝诸人道:三世诸佛,法界众生,是摩诃般若光。光未发时,汝等诸人向什么处委悉?光未发时,尚无佛无众生消息,何处得山河国土来?”时有僧问:“如何是沙门眼?”师曰:“长长出不得。”又曰:“成佛成祖出不得,六道轮回出不得。”僧曰:“未审出个什么不得?”师曰:“昼见日,夜见星。”曰:“学人不会。”师曰:“妙高山色青又青。”问:“教中道而常处此菩提座,如何是座?”师曰:“老僧正坐,大德正立。”问:“如何是大道?”师曰:“没却汝。”问:“诸佛师是谁?”师曰:“从无始劫来,承谁覆荫?”曰:“未有诸佛已前作么生?”师曰:“鲁祖开堂,亦与师僧东道西说。”问:“学人不据地时如何？”师曰：“汝向什么处安身立命？”曰：“却据地时如何？”师曰：“拖出死尸着。”问：“如何是异类？”师曰：“尺短寸长。”问：“如何是诸佛师？”师曰：“不可更拗直作曲邪。”曰：“请和尚向上说。”师曰：“阇黎眼瞎耳聋？”作么游山归，首座问：“和尚甚处去来？”师曰：“游山来。”座曰：“到什么处？师曰：“始从芳草去，又逐落花回。”座曰：“大似春意。”师曰：“也胜秋露滴芙蕖。”师遣僧问同参会和尚曰：“和尚见南泉后如何？”会默然。僧曰：“和尚未见南泉已前作么生？”会曰：“不可更别有也。”僧回举似师。师示偈曰：“百丈竿头不动人，虽然得入未为真。百尺竿头须进步，十方世界是全身。”僧便问：“只如百尺竿头如何进步？”师曰：“朗州山，澧州水。”曰：“不会。”师曰：“四海五湖皇化里。”

有客来谒，师召尚书，共人应诺。师曰：“不是尚书本命。”曰：“不可离却即今祇对，别有第二主人？”师曰：“唤尚书作至尊得么？”曰：“恁么，总不祇对时，莫是弟子主人否？”师曰：“非但祇对与不祇对时，无始劫来，是个生死根本。”有偈曰：“学道之人不识真，只为从来认识神。无始劫来生死本，痴人唤作本来人。”有秀才看《千佛名经》，问曰：“百千诸佛，但见其名，未审居何国土？还化物也无？”师曰：“黄鹤楼崔颢题后，秀才还曾题也未？”曰：“未曾。”师曰：“得闲题取一篇好。”问：“南泉迁化向什么处去？”师曰：“东家作驴，西家作马。”曰：“学人不会，此意如何？”师曰：“要骑即骑，要下即下。”皓月供奉问：“天下善知识证三德涅槃也未？”师曰：“大德问果上涅槃，因中涅槃？”曰：“问果上涅槃。”师曰：“天下善知识未证。”曰：“为什么未证？”师曰：“功未齐于诸圣。”曰：“功未齐于诸圣，何为善知识？”师曰：“明见佛性，亦得名为善知识。”曰：“未审功齐何道，名证大涅槃？”师示偈曰：“摩诃般若照，解脱甚深法。法身寂灭体，三一理圆常。欲识功齐处，此名常寂光。”曰：“果上三德涅槃，已蒙开示，如何是因中涅槃？”

师曰："大德是。"月又问："教中说幻意是有邪？"师曰："大德是何言欤？"曰："恁么则幻意是无邪？"师曰："大德是何言欤？"曰："恁么，则幻意是不有不无邪？"师曰："大德是何言欤？"曰："如某三明尽，不契于幻意，未审和尚如何明教中幻意？"师曰："大德信一切法不思议否？"曰："佛之诚言，那敢不信？"师曰："大德言信，二信之中是何信？"曰："如某所明，二信之中是名缘信。"师曰："依何教门得生缘信？"曰："《华严》云：'菩萨摩诃萨以无障无碍智慧，信一切世间境界，是如来境界。'又《华严》云：'诸佛世尊，悉知世法及诸佛法性无差别，决定无二。'又《华严》云：'佛法世间法，若见其真实，一切无差别。'师曰："大德所举缘信教门甚有来处。听老僧与大德明教中幻意。若人见幻本来真，是则名为见佛人。圆通法法无生灭，无灭无生是佛身。"月又问："蚯蚓断为两段，两头俱动，未审佛性在阿那头？"师曰："动与不动是何境界？"曰：言不干典，非智者之所谈。只如和尚言动与不动是何境界？出自何经？"师曰："灼然！言不干典，非智者之所谈。大德岂不见《首楞严》云：'当知十方无边，不动虚空，并其动摇，地水火风，均名六大，性真圆融，皆如来藏，本无生灭。'"师示偈曰："最甚深，最甚深，法界人身便是心。迷者迷心为众色，悟时刹境是真心。身界二尘无实相，分明达此号知音。"月又问："如何是陀罗尼？"师指禅床右边曰："这个师僧却诵得。"曰："别还有人诵得否？"师又指禅床左边曰："这个师僧亦诵得。"曰："某甲为什么不闻？"师曰："大德岂不知道，真诵无响，真听无闻。"曰："恁么，则音声不入法界性也。"师曰："离色求观非正见，离声求听是邪闻。"曰："如何是不离色是正见，不离声是真闻？"师示偈曰："满眼本非色，满耳本非声。文殊常触目，观音塞耳根。会三元一体，达四本同真。堂堂法界性，无佛亦无人。"僧问南泉道："三世诸佛不知有，狸奴白牯却知有。为什么三世诸佛不知有？"师曰：

"未入鹿苑时，犹较些子。"曰:"狸奴白牯为什么却知有？"师曰:"汝争怪得伊。"僧问:"和尚继嗣何人？"师曰:"我无人得继嗣。"曰:"还参学也无？"师曰:"我自参学。"曰:"师意如何？"师有偈曰:"虚空问万象，万象答虚空。谁人亲得闻，木叉丱角童。"问:"如何是平常心？"师曰:"要眠即眠，要坐即坐。"曰:"学人不会，意旨如何？"师曰:"热即取凉，寒即向火。"问:"向上一路，请师道？"师曰:"一口针，三尺线。"曰:"如何领会？"师曰:"益州布，扬州绢。"问:"动是法王苗，寂是法王根。如何是法王？"师指露柱曰:"何不问大士？"师与仰山玩月次，山曰:"人人尽有这个，只是用不得。"师曰:"恰是倩汝用。"山曰:"你作么生用？"师劈胸与一踏。山曰:"囫！直下似个大虫。"〔长庆云:"前彼此作家，后彼此不作家。"乃别云:"邪法难扶。"〕自此诸方称为岑大虫。问:"本来人还成佛也无？"师曰:"汝见大唐天子还自种田割稻么？"曰:"未审是何人成佛？"师曰:"是汝成佛。"僧无语。师曰:"会么？"曰:"不会。"师曰:"如人因地而倒，依地而起。地道什么？"

三圣令秀上座问曰:"南泉迁化向什么处去？"师曰:"石头作沙弥时参见六祖。"秀曰:"不问石头见六祖，南泉迁化向什么处去？"师曰:"教伊寻思去。"秀曰:"和尚虽有千尺寒松，且无抽条石笋。"师默然。秀曰:"谢和尚答话。"师亦默然。秀回举似三圣。圣曰:"若恁么，犹胜临济七步。然虽如此，待我更验看。"至明日，三圣上问:"承闻和尚昨日答南泉迁化一则语，可谓光前绝后，今古罕闻。"师亦默然。僧问:"如何是文殊？"师曰:"墙壁瓦砾是。"曰:"如何是观音？"师曰:"音声语言是。"曰:"如何是普贤？"师曰:"众生心是。"曰:"如何是佛？"师曰:"众生色身是。"曰:"河沙诸佛体皆同，何故有种种名字？"师曰:"从眼根返源名文殊，耳根返源名观音，从心返源名普贤。文殊是佛妙观察智，观音是佛无缘大慈，普贤是佛无为妙行。三圣是佛之妙用，佛是三圣之真体。用则有河沙假名，体则总名一薄伽梵。”问：“色即是空，空即是色，此理如何？”师曰：“听老僧偈：碍处非墙壁，通处没虚空。若人如是解，心色本来同。”又曰：“佛性堂堂显现，住性有情难见。若悟众生无我，我面何如佛面？”问：“第六第七识及第八识毕竟无体，云何得名转第八为大圆镜智？”师示偈曰：“七生依一灭，一灭持七生。一灭灭亦灭，六七永无迁。”问：“蚯蚓断为两段，两头俱动，未审佛性在阿那头？”师曰：“妄想作么？”曰：“其如动何！”师曰：“汝岂不知火风未散。”问：“如何转得山河国土归自己去？”师曰：“如何转得自己成山河国土去？”曰：“不会。”师曰：“湖南城下好养民，米贱柴多足四邻。”僧无语。师示偈曰：“谁问山河转，山河转向谁？圆通无两畔，法性本无归。”华严座主问：“虚空为是定有，为是定无？”师曰：“言有亦得，言无亦得。虚空有时但有假有，虚空无时但无假无。”曰：“如和尚所说，有何教文？”师曰：“大德岂不闻《首楞严》云：‘十方虚空生汝心内，犹如片云点太清里。’岂不是虚空生时但生假名？又云：‘汝等一人发真归源，十方虚空悉皆消殒。’岂不是虚空灭时但灭假名？老僧所以道：有是假有，无是假无。”又问：“经云‘如净琉璃中内现真金像’，此意如何？”师曰：“以净琉璃为法界体，以真金像为无漏智。体能生智，智能达体。故云如净琉璃中内现真金像。”问：“如何是上上人行处？”师曰：如死人眼。”曰：“上上人相见时如何？”师曰：“如死人手。”问：“善财为什么无量劫游普贤身中世界不遍？”师曰：“你从无量劫来，还游得遍否？”曰：“如何是普贤身？”师曰：“含元殿里，更觅长安。”问：“如何是学人心？”师曰：“尽十方世界是你心。”曰：“恁么，则学人无着身处也。”师曰：“是你着身处。”曰：“如何是着身处？”师曰：“大海水，深又深。”曰：“学人不会。”师曰：“鱼龙出入任升沉。”问：“有人问和尚，即随因缘答，无人问和尚时如何？”师曰：“困则睡，健则起。”曰：“教学人作么生会？”师曰：“夏天赤骨力，冬寒须得被。”问：“亡僧迁化什么处去也？”师示偈曰：“不识金刚体，却唤作缘生。十方真寂灭，谁在复谁行？”师赞南泉真曰：“堂堂南泉，三世之源。金刚常住，十方无边。生佛无尽，现已却还。”久依南泉，有《投机偈》曰：“今日还乡入大门，南泉亲道遍乾坤。法法分明皆祖父，回头惭愧好儿孙。”泉答曰：“今日投机事莫论，南泉不道遍乾坤。还乡尽是儿孙事，祖父从来不出门。”《劝学偈》曰：“万丈竿头未得休，堂堂有路少人游。禅师愿达南泉去，满目青山万万秋。”临济云：“赤肉团上，有一无位真人。”师因有偈曰：“万法一如不用拣，一如谁拣谁不拣？即今生死本菩提，三世如来同个眼。”《诫斫松竹偈》曰：“千年竹，万年松。枝枝叶叶尽皆同。为报四方玄学者，动手无非触祖公。”

鄂州茱萸山和尚

鄂州茱萸山和尚，初住随州护国。上堂，擎起一橛竹曰：“还有人虚空里钉得橛么？”时有灵虚上座出众曰：“虚空是橛。”师掷下竹，便下座。赵州到云居，居曰：“老老大大，何不觅个住处？”曰：“什么处住得？”居曰：“山前有个古寺基。”州曰：“和尚自住取。”后到师处，师曰：“老老大大，何不觅个住处？”州曰：“向甚处住？”师曰：“老老大大,住处也不知。”州曰：“三十年弄马骑,今日却被驴扑。”〔云居锡云:“什么处是赵州被驴扑处。”〕众僧侍立次，师曰：“只恁么白立，无个说处，一场气闷。”僧拟问，师便打。曰：“为众竭力。”便入方丈。有行者参，师曰：“会去看赵州么？”曰：“和尚敢道否？”师曰：“非但茱萸，一切人道不得。”曰：“和尚放某甲过。”师曰：“这里从前不通人情。”曰：“要且慈悲心在。”师便打。曰：“醒后来为汝。”

子湖岩利踪禅师

衢州子湖岩利踪禅师，澶州人也，姓周氏。幽州开元寺出家，依年受具。后入南泉之室，乃抵于衢州之马蹄山，结茅宴居。唐开元二年，邑人翁迁贵施山下子湖创院，师于门下立牌曰："子湖有一只狗，上取人头，中取人心，下取人足。拟议即丧身失命。"临济会下二僧参，方揭帘，师喝曰："看狗！"僧回顾，师便归方丈。与胜光和尚锄园次，蓦按镬，回视光曰："事即不无，拟心即差。"光便问："如何是事？"被师拦胸踏倒，从此有省。尼到参，师曰："汝莫是刘铁磨否？"曰："不敢。"师曰："左转右转？"曰："和尚莫颠倒。"师便打。师一夜于僧堂前叫曰："有贼！"众皆惊动。有一僧在堂内出，师把住曰："维那，捉得也！捉得也！"曰："不是某甲。"师曰："是即是，只是汝不肯承当。"有偈示众曰："三十年来住子湖，二时斋粥气力粗。无事上山行一转，借问时人会也无。"广明中，无疾归寂，塔于本山。

白马昙照禅师

荆南白马昙照禅师，常曰："快活！快活！"及临终时叫："苦！苦！"又曰："阎罗王来取我也。"院主问曰："和尚当时被节度使抛向水中，神色不动，如今何得恁么地？"师举枕子曰："汝道当时是，如今是？"院主无对。〔法眼代云："此时但掩耳出去。"此乃天王悟事，丘玄素具载碑中。今从《传灯》，不复移改。〕

云际师祖禅师

终南山云际师祖禅师，初参南泉，问："摩尼珠人不识，如来藏里亲收得。如何是藏？"泉曰："与汝往来者是。"师曰："不往来者如何？"泉曰："亦是。"曰："如何是珠？"泉召师祖，师应诺。泉曰："去！汝不会我语。"师从此信入。

香严下堂义端禅师

邓州香严下堂义端禅师，上堂："兄弟，彼此未了，有什么事相共商量？我三五日即发去也。如今学者，须了却今时，莫爱他向上人无事。兄弟，纵学得种种差别义路，终不代得自己见解。毕竟着力始得，空记持他巧妙章句，即转加烦乱去。汝若欲相应，但恭恭地尽，莫停留纤毫，直似虚空，方有少分。以虚空无锁闭，无壁落，无形段，无心眼。"时有僧问："古人相见时如何？"师曰："老僧不曾见古人。"曰："今时血脉不断处，如何仰羡？"师曰："有什么仰羡处？"问："某甲不问闲事，请和尚答话。"师曰："更从我觅什么？"曰："不为闲事。"师曰："汝教我道。"乃曰："兄弟，佛是尘，法是尘，终日驰求，有什么休歇。但时中不用挂情，情不挂物，无善可取，无恶可弃。莫教他笼罩着，始是学处也。"问："某甲曾辞一老宿，宿曰：'去则亲良朋，附善友。'某今辞和尚，未审有何指示？"师曰："礼拜着。"僧礼拜，师曰："礼拜一任礼拜，不得认奴作郎。"

上堂，僧问："如何是直截根源？"师乃掷下拄杖，便归方丈。上堂："语是谤，寂是诳，语寂向上有路在。老僧口门窄，不能与汝说得。"便下座。上堂，问："正因为什么无事？"师曰："我不曾停留。"乃曰："假饶重重剥得，净尽无停留，权时施设，亦是方便接人。若是那边事，无有是处。"

灵鹫闲禅师

池州灵鹫闲禅师，上堂："是汝诸人本分事，若教老僧道，即是与蛇画足。"时有僧问："与蛇画足即不问，如何是本分事？"师曰："阇黎试道看。"僧拟再问，师曰："画足作么？"明水和尚问："如何是顿获法身？"师曰："一透龙门云外望，莫作黄河点额鱼。"仰山问："寂寂无言，如何视听，"师曰："无缝塔前多雨水。"僧问："二彼无言时如何？”师曰：“是常。”曰：“还有过常者无？”师曰：“有。”曰：“请师唱起。”师曰：“玄珠自朗耀，何须壁外光！”问：“今日供养西川无染大师，未审还来否？”师曰：“本自无所至，今岂随风转？”曰：“恁么则供养何用？”师曰：“功力有为，不换义相涉。”

洛京嵩山和尚

洛京嵩山和尚，僧问：“古路坦然时如何？”师曰：“不前。”曰：“为什么不前？”师曰：“无遮障处。”问：“如何是嵩山境？”师曰：“日从东出，月向西颓。”曰：“学人不会。”师曰：“东西也不会？”问：“六识俱生时如何？”师曰：“异。”曰：“为什么如此？”师曰：“同。”

日子和尚

日子和尚，因亚溪来参，师作起势。溪曰：“这老山鬼，犹见某甲在。”师曰：“罪过！罪过！适来失祇对。”溪欲进语，师便喝。溪曰：“大阵当前，不妨难御。”师曰：“是！是！”溪曰：“不是！不是！”〔赵州云：“可怜两个汉，不识转身句。”〕

苏州西禅和尚

苏州西禅和尚，僧问：“三乘十二分教则不问，如何是祖师西来的的意？”师举拂子示之。其僧不礼拜，竟参雪峰。峰问：“什么处来？”曰：“浙中来。”峰曰：“今夏什么处？”曰：“西禅。”峰曰：“和尚安否？”曰：“来时万福。”峰曰：“何不且在彼从客？”曰：“佛法不明。”峰曰：“有什么事？”僧举前话。峰曰：“汝作么生不肯伊？”曰：“是境。”峰曰：“汝见苏州城里人家男女否？”曰：“见。”峰曰：“汝见路上林木池沼否？”曰：“见。”峰曰：“凡睹人家男女，大地林沼，总是境。汝还肯否？”曰：“肯。”峰曰：“只如举起拂子，汝作么生不肯？”僧乃礼拜曰：“学人取次发言，乞师慈悲。”峰曰：

“尽乾坤是个眼，汝向什么处蹲坐？”僧无语。

陆亘大夫

宣州刺史陆亘大夫问南泉：“古人瓶中养一鹅，鹅渐长大，出瓶不得。如今不得毁瓶，不得损鹅，和尚作么生出得？”泉召大夫，陆应诺。泉曰：“出也。”陆从此开解，即礼谢。暨南泉圆寂，院主问曰：“大夫何不哭先师？”陆曰：“院主道得即哭。”院主无对。〔长庆代云：“合哭不合哭？”〕

池州甘贽行者

池州甘贽行者，一日入南泉设斋，黄檗为首座。行者诸施财，座曰：“财法二施，等无差别。”甘曰：“恁么道，争消得某甲嚫。”便将出去。须臾复入，曰：“请施财。”座曰：“财法二施，等无差别。”甘乃行嚫。又一日，入寺设粥，仍请南泉念诵。泉乃白椎曰：“请大众为狸奴白牯念《摩诃般若波罗密》。”甘拂袖便出。泉粥后问典座：“行者在甚处？”座曰：“当时便去也。”泉便打破锅子。甘常接待往来，有僧问曰：“行者接待不易。”甘曰：“譬如餧驴餧马。”僧休去。有住庵僧缘化什物，甘曰：“有一问，若道得即施。”乃书“心”字，问：“是什么字？”曰：“心字。”又问妻：“什么字？”妻曰：“心字。”甘曰：“某甲山妻合住庵。”其僧无语，甘亦无施。又问一僧：“什么处来？”曰：“沩山来。”甘曰：“曾有僧问沩山，如何是西来意？沩山举起拂子。上座作么生会沩山意？”曰：“借事明心，附物显理。”甘曰：“且归沩山去好！”〔保福闻之，乃仰手覆手。〕

盐官安国师法嗣

关南道常禅师

襄州关南道常禅师，僧问："如何是西来意？"师举拄杖，曰："会么？"曰："不会。"师便打。师每见僧来参礼，多以拄杖打趁。或曰："迟一刻。"或曰："打动关南鼓。"而时辈鲜有唱和者。

双岭玄真禅师

洪州双岭玄真禅师，初问道吾："无神通菩萨为什么足迹难寻？"吾曰："同道者方知。"师曰："和尚还知否？"吾曰："不知。"师曰："何故不知？"吾曰："去！你不识我语。"师后于盐官处悟旨焉。

径山鉴宗禅师

杭州径山鉴宗禅师，湖州钱氏子。依本州开元寺大德高闲出家。学通《净名思益经》。后往盐官决择疑滞。唐咸通三年，住径山，有小师洪諲以讲论自矜。〔諲即法济大师。〕师谓之曰："佛祖正法，直截亡诠。汝算海沙，于理何益？但能莫存知见，泯绝外缘，离一切心，即汝真性。"諲茫然，遂礼辞，游方至沩山，方悟玄旨。乃嗣沩山师。咸通七年示灭，谥无上大师。

归宗常禅师法嗣

芙蓉山灵训禅师

福州芙蓉山灵训禅师，初参归宗，问："如何是佛？"宗曰："我向汝道，汝还信否？"曰："和尚诚言，安敢不信？"宗曰："即汝便是。"师曰："如何保任？"宗曰："一翳在眼，空华乱坠。"〔法眼云：

“若无后语，有什么归宗也。”〕师辞，宗问：“什么处去？”师曰：“归岭中去。”宗曰：“子在此多年，装束了却来，为子说一上佛法。”师结束了上法。宗曰：“近前来！”师乃近前。宗曰：“时寒，途中善为。”师聆此言，顿忘前解。归寂，谥弘照大师。

汉南高亭和尚

汉南高亭和尚，有僧自夹山来礼拜，师便打。僧曰：“特来礼拜，何得打某甲？”僧再礼拜，师又打趁。僧回，举似夹山。山曰：“汝会也无？”曰：“不会。”山曰：“赖汝不会。若会，即夹山口哑。”

新罗大茅和尚

新罗大茅和尚，上堂：“欲识诸佛师，向无明心内识取。欲识常住不凋性，向万物迁变处识取。”僧问：“如何是大茅境？”师曰：“不露锋。”曰：“为什么不露锋？”师曰：“无当者。”

五台山智通禅师

五台山智通禅师〔自称大禅佛〕，初在归宗会下，忽一夜连叫曰：“我大悟也。”众骇之。明日上堂众集。宗曰：“昨夜大悟底僧出来。”师出曰：“某甲。”宗曰：“汝见什么道理，便言大悟？试说看。”师曰：“师姑元是女人作。”宗异之，师便辞去。宗门送，与提笠子。师接得笠子，戴头上便行，更不回顾。后居台山法华寺，临终有偈曰：“举手攀南斗，回身倚北辰。出头天外看，谁是我般人？”

大梅常禅师法嗣

新罗国迦智禅师

新罗国迦智禅师，僧问：“如何是西来意？”师曰：“待汝里头来，即与汝道。”问:“如何是大梅的旨？”师曰:“酪本一时抛。”

杭州天龙和尚

杭州天龙和尚,上堂:“大众莫待老僧上来便上来,下去便下去。各有华藏性海,具足功德,无碍光明。各各参取,珍重！”僧问:“如何得出三界去？”师曰:“汝即今在什么处？”

佛光满禅师法嗣

白居易侍郎

杭州刺史白居易，字乐天。久参佛光得心法，兼禀大乘金刚宝戒。元和中造于京兆兴善法堂，致四问。〔语见与善章。〕十五年，牧杭州，访鸟窠和尚，有问答语句。〔见鸟窠章〕。尝致书于济法师，以佛无上大慧演出教理，安有徇机高下，应病不同，与平等一味之说相反。援引《维摩》及《金刚三昧》等六经，辟二义而难之。又以五蕴十二缘说名色，前后不类，立理而征之。并钩深索隐，通幽洞微，然未睹法师酬对，后来亦鲜有代答者。复受东都凝禅师八渐之目，各广一言而为一偈，释其旨趣，自浅之深，犹贯珠焉。凡守任处多访祖道，学无常师，后为宾客，分司东都。罄已俸修龙门香山寺。寺成自撰记。凡为文动关教化，无不赞美佛乘，见于本集。其历官次第归全代祀，即史传存焉。

五泄默禅师法嗣

龟山正元禅师

福州龟山正元禅师，宣州蔡氏子。尝述偈示徒。一曰:“沧溟几度变桑田,唯有虚空独湛然。已到岸人休恋筏,未曾度者要须船。”

二曰："寻师认得本心源，两岸俱玄一不全。是佛不须更觅佛，只因如此便忘缘。"咸通十年终于本山，谥性空大师。

婺州苏溪和尚

苏溪和尚，僧问："如何是定光佛？"师曰："鸭吞螺师。"曰："还许学人转身也无？"师曰："眼睛突出。"

盘山积禅师法嗣

镇州普化和尚

镇州普化和尚者，不知何许人也。师事盘山，密受真诀，而佯狂出言无度。暨盘山顺世，乃于北地行化。或城市，或冢间，振一铎曰："明头来，明头打。暗头来，暗头打。四方八面来，旋风打。虚空来，连架打。"一日，临济令僧捉住曰："总不恁么来时如何？"师拓开曰："来日大悲院里有斋。"僧回举似济。济曰："我从来疑着这汉。"凡见人无高下，皆振铎一声，时号普化和尚。或将铎就人耳边振之。或拊其背，有回顾者，即展手曰："乞我一钱。"非时遇食亦吃。尝暮入临济院吃生菜。济曰："这汉大似一头驴。"师便作驴鸣。济谓直岁曰："细抹草料着！"师曰："少室人不识，金陵又再来。临济一只眼，到处为人开。"师见马步使出喝道，师亦喝道作相扑势，马步使令人打五棒。师曰："似即似，是即不是。"师尝于阛阓间摇铎唱曰："觅个去处不可得。"时道吾遇之，把住问曰："汝拟去什么处？"师曰："汝从什么处来？"吾无语，师掣手便去。临济一日与河阳木塔长老同在僧堂内坐，正说师每日在街市掣风掣颠，知他是凡是圣？师忽入来。济便问："汝是凡是圣？"师曰："汝且道我是凡是圣？"济便喝。师以手指曰："河阳新妇子，木塔老婆禅。临济小厮儿，却具一只眼。"

济曰："这贼。"师曰："贼！贼！"便出去。唐咸通初，将示灭，乃入市谓人曰："乞我一个直裰。"人或与布袄，或与布裘，皆不受，振铎而去。临济令人送与一棺，师笑曰："临济厮儿饶舌！"便受之，乃辞众曰："普化明日去东门死也。"郡人相率送出城。师厉声曰："今日葬不合青鸟。"乃曰："明日南门迁化。"人亦随之。又曰："明日出西门，方吉。"人出渐稀。出已还返，人意稍怠。第四日，自擎棺出北门外，振铎入棺而逝。郡人奔走出城，揭棺视之，已不见，唯闻空中铎声渐远，莫测其由。

麻谷彻禅师法嗣

寿州良遂禅师

寿州良遂禅师，参麻谷，谷见来，便将锄头去锄草。师到锄草处，谷殊不顾，便归方丈，闭却门。师次日复去，谷又闭门。师乃敲门，谷问："阿谁？"师曰："良遂。"才称名，忽然契悟曰："和尚莫谩良遂，良遂若不来礼拜和尚，洎被经论赚过一生。"谷便开门相见。乃归讲肆，谓众曰："诸人知处，良遂总知。良遂知处，诸人不知。"

东寺会禅师法嗣

薯山慧超禅师

吉州薯山慧超禅师，洞山来礼拜次，师曰："汝已住一方，又来这里作么？"曰："良价无奈疑何，特来见和尚。"师召良价，价应诺。师曰："是什么？"价无语。师曰："好个佛，只是无光焰。"

西堂藏禅师法嗣

虔州处微禅师

虔州处微禅师，僧问："三乘十二分教体理得妙，与祖意是同是别？"师曰："须向六句外鉴，不得随声色转。"曰："如何是六句？"师曰："语底默底，不语不默，总是总不是，汝合作么生？"僧无对。问仰山："汝名什么？"山曰："慧寂。"师曰："那个是慧？那个是寂？"山曰："只在目前。"师曰："犹有前后在。"山曰："前后且置。和尚见个什么？"师曰："吃茶去！"

章敬晖禅师法嗣

荐福寺弘辩禅师

京兆大荐福寺弘辩禅师，唐宣宗问："禅宗何有南北之名？"对曰："禅门本无南北，昔如来以正法眼付大迦叶，展转相传，至二十八祖菩提达磨，来游此方初祖。暨第五祖弘忍大师在蕲州东山开法，时有二弟子：一名慧能，受衣法，居岭南为六祖；一名神秀，在北扬化。其后神秀门人普寂者，立秀为第六祖，而自称七祖。其所得法虽一，而开导发悟有顿渐之异，故曰南顿北渐，非禅宗本有南北之号也。"帝曰："云何名戒？"对曰："防非止恶谓之戒。"帝曰："云何为定？"对曰："六根涉境，心不随缘名定。"帝曰："云何为慧？"对曰："心境俱空，照览无惑名慧。"帝曰："何为方便？"对曰："方便者，隐实覆相权巧之门也。被接中下，曲施诱迪谓之方便。设为上根言，舍方便但说无上道者，斯亦方便之谭。乃至祖师玄言，忘功绝谓，亦无出方便之迹。"帝曰："何为佛心？"对曰："佛者西天之语，唐言觉。谓人有智慧觉照为佛心。心者佛之别名，有百千异号，体唯其一，无形状，非青黄赤白、男女等相，在天非天，在人非人，而现天现人，能男能女，非始非终，无生无灭，故号灵觉之性。如陛下日应万机，即是陛下佛心。假使千佛共传，而不念别有所得也。”帝曰：“如今有人念佛如何？”对曰：“如来出世为天人师，善知识随根器而说法，为上根者开最上乘顿悟至理。中下者未能顿晓，是以佛为韦提希权开十六观门，令念佛生于极乐。故经云：‘是心是佛，是心作佛。心外无佛，佛外无心。’”帝曰：“有人持经念佛，持咒求佛，如何？”对曰：“如来种种开赞，皆为最上一乘。如百川众流，莫不朝宗于海。如是差别诸数，皆归萨婆若海。”帝曰：“祖佛既契会心印，《金刚经》云‘无所得法’，如何？”对曰：“佛之一化，实无一法与人。但示众人，各各自性，同一法藏。当时然灯如来但印释迦本法而无所得，方契然灯本意。故《经》云：‘无我无人，无众生，无寿者，是法平等，修一切善法，不住于相。’”帝曰：“禅师既会祖意，还礼佛转经否？”对曰：“沙门释子，礼佛转经，盖是住持常法，有四报焉。然依佛戒修身，参寻知识，渐修梵行，履践如来所行之迹。”帝曰：“何为顿见？何为渐修？”对曰：“顿明自性，与佛同俦。然有无始染习，故假渐修对治，令顺性起用。如人吃饭，不一口便饱。”师是日辩对七刻，赐紫方袍，号圆智禅师，仍敕修天下祖塔，各令守护。

龟山智真禅师

福州龟山智真禅师，扬州柳氏子。初谒章敬，敬问：“何所而至？”师曰：“至无所至，来无所来。”敬虽默然，师亦自悟。住后，上堂：“动容瞬目，无出当人一念净心，本来是佛。”仍说偈曰：“心本绝尘何用洗，身中无病岂求医？欲知是佛非身处，明鉴高悬未照时。”后值武宗沙汰，有偈示众曰：“敕命如雷下翠微，风前垂泪脱禅衣。云中有寺不容住，尘里无家何处归？明月分形处处新，白衣宁坠解空人。谁言在俗妨修道，金粟曾为居士身。忍仙林下坐禅时，曾被歌王割截肢。况我圣朝无此事，只令休道亦何悲。”暨宣宗中兴，乃不复披缁。咸通六年终于本山，谥归寂禅师。

金州操禅师

金州操禅师，请米和尚斋，不排坐位。米到，展坐具禅拜。师下禅床，米乃坐师位，师却席地而坐。斋讫，米便去。侍者曰：“和尚受一切人钦仰，今日坐位被人夺却！”师曰：“三日后若来即受救在！”米三日后果来。曰：“前日遭贼。”〔僧问镜清：“古人道：前日遭贼，意旨如何？”清云：“只见锥头利，不见凿头方。”〕

朗州古堤和尚

朗州古堤和尚，寻常见僧来，但曰：“去！汝无佛性。”僧无对。或有对者，莫契其旨。仰山到参，师曰：“去！汝无佛性。”山叉手近前三步应喏。师笑曰：“子什么处得此三昧来？”山曰：“我从耽源处得名，沩山处得地。”师曰：“莫是沩山的子么？”山曰：“世谛即不无，佛法即不敢。”山却问：“和尚从甚处得此三昧？”师曰：“我从章敬处得此三昧。”山叹曰：“不可思议，来者难为凑泊。”

京兆公畿和尚

河中府公畿和尚，僧问：“如何是道？如何是禅？”师以偈示之曰：“有名非大道，是非俱不禅。欲识个中意，黄叶止啼钱。”

永泰湍禅师法嗣

上林戒灵禅师

湖南上林戒灵禅师，初参沩山。山曰：“大德作什么来？”师曰：“介胄全具。”山曰：“尽卸了来，与大德相见。”师曰：“卸了也。”

山咄曰：“贼尚未打，卸作什么？”师无对。仰山代曰：“请和尚屏却左右。”沩山以手揖曰：“喏！喏！”师后参永泰，方谕其旨。

五台秘魔岩和尚

五台山秘魔岩和尚，常持一木叉，每见僧来礼拜，即叉却颈曰：“那个魔魅教汝出家？那个魔魅教汝行脚？道得也叉下死，道不得也叉下死。速道！速道！”学徒鲜有对者。〔法眼代云：“乞命。”法灯代，但引颈示之。玄觉代云：“老儿家放下叉子得也。”〕霍山通和尚访师，才见不礼拜，便撺入怀里。师拊通背三下，通起拍手曰：“师兄三千里外赚我来，三千里外赚我来。”便回。

湖南祇林和尚

湖南祇林和尚，每叱文殊普贤皆为精魅。手持木剑，自谓降魔。才见僧来参，便曰：“魔来也！魔来也！”以剑乱挥，归方丈。如是十二年后，置剑无言。僧问：“十二年前为什么降魔？”师曰：“贼不打贫儿家。”曰：“十二年后为什么不降魔？”师曰：“贼不打贫儿家。”

华严藏禅师法嗣

黄州齐安禅师

黄州齐安禅师，上堂：“言不落句，佛祖徒施。玄韵不坠，谁人知得？”僧问：“如何识得自己佛？”师曰：“一叶明时消不尽，松风韵罢怨无人。”曰：“如何是自己佛？”师曰：“草前骏马实难穷，妙尽还须畜生行。”有人问：“师年多少？”师曰：“五六四三不得类，岂同一二实难穷。”师有偈曰：“猛炽焰中人有路，旋风顶上屹然栖。镇常历劫谁差互，杲日无言运照齐。”

南岳下四世

黄檗运禅师法嗣

睦州陈尊宿

睦州陈尊宿，讳道明，江南陈氏之后也。生时红光满室，祥云盖空，旬日方散。目有重瞳，面列七星，形相奇特，与众夺伦。因往开元寺礼佛，见僧如故知。归白父母，愿求出家。父母听许为僧。后持戒精严，学通三藏。游方契旨于黄檗，后为四众请住观音院，常百余众，经数十载，学者叩激，随问遽答。词语峻险，既非循辙，故浅机之流，往往嗤之，唯玄学性敏者钦伏。由是诸方归慕，咸以尊宿称。后归开元〔今改兜率〕，居房织蒲鞋以养母，故有陈蒲鞋之号。巢寇入境，师标大草屦于城门，巢欲弃之，竭力不能举，叹曰:“睦州有大圣人。”舍城而去，遂免扰攘。一日晚参，谓众曰:“汝等诸人还得个入头处也未？若未得个入头处，须觅个入头处。若得个入头处，已后不得孤负老僧。”时有僧出礼拜，曰:“某甲终不敢孤负和尚。”师曰:“早是孤负我了也。”又曰:“明明向你道，尚自不会，何况盖覆将来。”又曰:“老僧在此住持，不曾见个无事人到来，汝等何不近前？”时有一僧方近前，师曰:“维那不在，汝自领去三门外，与二十棒。”曰:“某甲过在什么处？”师曰:“枷上更着杻。”师寻常见衲僧来，即闭门。或见讲僧，乃召曰:“座主。”主应诺。师曰:“担板汉。”或曰:“这里有桶，与我取水。”一日在廊阶上立。僧问:“陈尊宿房在何处？”师脱草屦蓦头打，僧便走。师召:“大德。”僧回首，师指曰:“却从那边去！”天使问:“三门俱开，从那门入？”师唤尚书，使应诺。师曰:“从信门入。”使又见画壁，问曰:“二尊者对谭何事？”师掴露柱曰:“三身中那个不说法？”座主参，师问：“莫是讲《唯识论》否？”曰：“不敢。”师曰：“朝去西天，暮归唐土。会么？”曰：“不会。”师曰：“吽！吽！五戒不持。”师问一长老：“了即毛端吞巨海，始知大地一微尘。长老作么生？”曰：“问阿谁？”师曰：“问长老。”曰：“何不领话？”师曰：“汝不领话，我不领话？”问：“座主讲什么经？”曰：“讲《涅槃经》。”师曰：“问一段义得么？”曰：“得。”师以脚踢空，吹一吹，曰：“是什么义？”曰：“经中无此义。”师曰：“脱空谩语汉！五百力士揭石义，却道无。”师见僧乃曰：“见成公案，放汝三十棒。”曰：“某甲如是。”师曰：“三门头金刚为什么举拳？”曰：“金刚尚乃如是。”师便打。问：“如何是向上一路？”师曰：“要道有什么难？”曰：“请师道。”师曰：“初三十一，中九下七。”问：“以一重去一重即不问，不以一重去一重时如何？”师曰：“昨朝栽茄子，今日种冬瓜。”问：“如何是曹溪的的意？”师曰：“老僧爱嗔不爱喜。”曰：“为什么如是？”师曰：“路逢剑客须呈剑，不是诗人莫说诗。”问僧：“甚处来？”曰：“浏阳。”师曰：“彼中老宿祇对佛法大意道什么？”曰：“遍地无行路。”师曰：“老宿实有此语否？”曰：“实有。”师拈拄杖打曰：“这念言语汉！”师问一长老：“若有兄弟来，将何祇对？”曰：“待他来。”师曰：“何不道。”曰：“和尚欠少什么？”师曰：“请不烦葛藤。”僧参，师曰：“汝岂不是行脚僧？”曰：“是。”师曰：“礼佛也未？”曰：“礼那土堆作么？”师曰：“自领出去。”问：“某甲讲兼行脚，不会教意时如何？”师曰：“灼然实语当忏悔。”曰：“乞师指示。”师曰：“汝若不问，老僧即缄口无言。汝既问，老僧不可缄口去也。”曰：“请师便道。”师曰：“心不负人，面无惭色。”问：“一句道尽时如何？”师曰：“义堕也。”曰：“什么处是学人义堕处？”师曰：“三十棒教谁吃？”问：“高揖释迦，不拜弥勒时如何？”师曰：“昨日有人问，趁出了也。”曰：“和尚恐某甲不实那？”师曰：“拄杖不在，苕帚柄聊与三十。”

上堂:“我见百丈不识好恶。”大众才集，以拄杖一时打下，复召大众,众回首。乃云:“是什么,有甚共语处？”又黄檗和尚亦然。复召大众,众回首。乃云:“月似弯弓,少雨多风,犹较些子。”问僧:“近离甚处？”僧便喝。师曰:“老僧被你一喝。”僧又喝。师曰:“三喝四喝后作么生？”僧无语。师便打曰:“这掠虚汉！”秀才访师，称会二十四家书。师以拄杖空中点一点，曰:“会么？”秀才罔措。师曰:“又道会二十四家书，永字八法也不识。”

上堂:“裂开也在我,捏聚也在我。”时有僧问:“如何是裂开？”师曰:“三九二十七,菩提涅槃,真如解脱,即心即佛。我且与么道,你又作么生？”曰:“某甲不与么道。”师曰:“盏子扑落地，碟子成七片。”曰:“如何是捏聚？”师乃敛手而坐。问:“教意祖意是同是别？”师曰:“青山自青山,白云自白云。”曰:“如何是青山？”师曰:“还我一滴雨来。”曰:“道不得,请师道。”师曰:“法华锋前阵,涅槃句后收。”问僧:“今夏在什么处？”曰:“待和尚有住处即说。”师曰:“狐非师子类,灯非日月明。”问僧:“甚处来？”僧瞪目视之。师曰:“驴前马后汉！”曰:“请师鉴。”师曰:“驴前马后汉！道将一句来。”僧无对。师看经次，陈操尚书问:“和尚看什么经？”师曰:“《金刚经》。”书曰:“六朝翻译,此当第几？”师举起经曰:“一切有为法，如梦幻泡影。”看经次，僧问:“和尚看什么经？”师曰:“《涅槃经》。《荼毗品》最在后。”问僧:“今夏在甚处？”曰:“径山。”曰:“这吃夜饭汉！”曰:“尊宿丛林，何言吃夜饭？”师以棒趁出。师闻一老宿难亲近,躬往相访。才入方丈，宿便喝。师侧掌曰:“两重公案。”宿曰:“过在什么处？”师曰:“这野狐精！”便退。问僧:“近离甚处？”曰:“江西。”师曰:“踏破多少草鞋？”僧无对。与讲僧吃茶次，师曰:“我救汝不得也。”曰:“某甲不晓，乞师垂示。”师拈油饼曰:“这个是什么？”曰:“色法。”师曰:“这入镬汤汉！”紫衣大德到，礼拜。师拈帽子带问曰:“这个唤作什么？”曰:“朝天帽。”师曰:“恁么则老僧不卸也。”复问:“所习何业?”曰:“《唯识》。”师曰:“作么生说?”曰:“三界唯心,万法唯识。”师指门扇曰:“这个是什么?”曰:“是色法。”师曰:“帘前赐紫,对御谭经,何得不持五戒?”德无对。问:“某甲乍入丛林,乞师指示。”师曰:“你不解问。”曰:“和尚作么生?”师曰:“放汝三十棒,自领出去。”问:“教意请师提纲。”师曰:“但问将来,与你道。”曰:“请和尚道。”师曰:“佛殿里烧香,三门头合掌。”问:“如何是展演之言?”师曰:“量才补职。”曰:“如何是不展演之言?”师曰:“伏惟尚飨。”焦山借斧头次,师呼童子取斧来。童取斧至,曰:“未有绳墨且斫粗。”师便喝。又问童曰:“作么生是你斧头?”童遂作斫势。师曰:“斫你老爷头不得。”师问秀才:“先辈治甚经?”才曰:“治《易》。”师曰:“《易》中道,百姓日用而不知。且道不知个什么?”才曰:“不知其道。”师曰:“作么生是道?”才无对。僧问:“一气还转得一大藏教也无?”师曰:“有甚饳罗锤子,快下将来。”问:“如何是一代时教?”师曰:“上大人,丘乙已。”问:“如何是禅?”师曰:“猛火着油煎。”僧参,师曰:“汝是新到否?”曰:“是。”师曰:“且放下葛藤。会么?”曰:“不会。”师曰:“担枷陈状,自领出去。”僧便出。师曰:“来!来!我实问你什么来?”曰:“江西。”师曰:“泐潭和尚在汝背后,怕你乱道,见么?”僧无对。问:“寺门前金刚,拓即乾坤大地,不拓即丝发不逢时如何?”师曰:“吽!吽!我不曾见此。”师却问:“先跳三千,倒退八百,你合作么生?”曰:“诺。”师曰:“先责一纸罪状好。”便打。其僧拟出,师曰:“来!我共你葛藤。拓即乾大地,你且道洞庭湖水深多少?”曰:“不曾量度。”师曰:“洞庭湖又作么生?”曰:“只为今时。”师曰:“只这葛藤尚不会。”便打。问:“如何是触途无滞底句?”师曰:“我不恁么道。”曰:“师作么生道?”师曰:“箭过西天十万里,却向大唐国里等候。”看《华严经》次,僧问:“看什么经?”师曰:“大光明云，青色光明云，紫色光明云。”却指面前曰：“那边是什么云？”曰：“南边是黑云。”师曰：“今日须有雨。”问：“以字不成，八字不是，是何章句？”师弹指一声，曰：“会么？”曰：“不会。”师曰：“上来讲赞无限胜因。虾蟆䠶跳上天，蚯蚓蓦过东海”。问僧：“近离甚处？”曰：“河北。”师曰：“彼中有赵州和尚，你曾到否？”曰：“某甲近离彼中。”师曰：“赵州有何言句示徒？”僧举吃茶话。师乃呵呵大笑曰：“惭愧！”却问：“赵州意作么生？”曰：“只是一期方便。”师曰：“苦哉！赵州被你将一杓屎泼了也。”便打。师却问沙弥：“你作么生会？”弥便设拜，师亦打。其僧往沙弥处问：“适来和尚打你作什么？”弥曰：“若不是我，和尚不打某甲。”新到参，方礼拜，师叱曰：“阇黎因何偷常住果子吃？”曰：“学人才到，和尚为什么道偷果子？”师曰：“赃物见在。”问僧：“近离甚处？”曰：“仰山。”师曰：“五戒也不持。”曰：“某甲什么处是妄语？”师曰：“这里不着沙弥。”师临终召门人曰：“此处缘息，吾当逝矣。”乃跏趺而寂。郡人以香薪焚之，舍利如雨。乃收灵骨，塑像于寺，寿九十八，腊七十六。

千顷山楚南禅师

杭州千顷山楚南禅师，福州张氏子。初参芙蓉，蓉见曰：“吾非汝师，汝师江外黄檗是也。”师礼辞，遂参黄檗。檗问：“子未现三界影像时如何？”师曰：“即今岂是有邪？”檗曰：“有无且置。即今如何？”师曰：“非今古。”檗曰：“吾之法眼，已在汝躬。”住后，上堂：“诸子设使解得三世佛教，如瓶注水，乃得百千三昧，不如一念修无漏道，免被人天因果系绊。”时有僧问：“无漏道如何修？”师曰：“未有阇黎时体取。”曰：“未有某甲时教谁体？”师曰：“体者亦无。”问：“如何是易？”师曰：“着衣吃饭，不用读经看教，不用行道礼拜，烧身炼顶，岂不易邪？”曰：“如何是难？”师曰：“微有念生，便具五阴三界，轮回生死皆从汝一念生。所以佛教诸菩萨云：佛所护念。”师虽应机无倦，而常寂然处定，或逾月，或浃旬。文德元年五月迁化，塔于院之西隅。大顺二年宣州孙儒寇钱塘，发塔，睹师全身俨然，爪发俱长，拜谢而去。

乌石山灵观禅师

福州乌石山灵观禅师〔时称老观〕，寻常扃户，人罕见之。唯一信士每至食时送供，方开。一日，雪峰伺便扣门，师开门，峰蓦胸捣住曰："是凡是圣？"师唾曰："这野狐精！"便推出闭却门。峰曰："也只要识老兄。"铲草次，问僧："汝何处去？"曰："西院礼拜安和尚去。"时竹上有一青蛇，师指蛇曰："欲识西院老野狐精，只这便是。"师问西院："此一片地，堪着什么物？"院曰："好着个无相佛。"师曰："好片地被兄放不净污了也。"引面次，僧参，师引面示之，僧便去。师至暮，问小师："适来僧在何处？"小师曰："当时便去也。"师曰："是即是，只得一橛。"〔玄觉云："什么处是少一橛。"〕问："如何是佛？"师出舌示之。其僧礼谢。师曰："住！住！你见什么便礼拜？"曰："谢和尚慈悲，出舌相示。"师曰："老僧近日舌上生疮。"僧到敲门，行者开门，便出去。僧入礼拜，问："如何是西来意？"师曰："适来出去者，是什么人？"僧拟近前，师便推出，闭却门。曹山行脚时，问："如何是毗卢师法身主？"师曰："我若向你道，即别有也。"曹山举似洞山，山曰："好个话头，只欠进语。何不问为什么不道？"曹却来进前语，师曰："若言我不道，即哑却我口。若言我道，即謇却我舌。"曹山归举似洞山，山深肯之。

罗汉院宗彻禅师

杭州罗汉院宗彻禅师，湖州吴氏子。上堂，僧问："如何是祖师西来意？”师曰：“骨剉也。”〔师对机多用此语，时号骨剉和尚。〕问：“如何是南宗北宗？”师曰：“心为宗。”曰：“还看教也无？”师曰：“教是心。”问：“性地多昏，如何了悟？”师曰：“烦云风卷，太虚廓清。”曰：“如何得明去？”师曰：“一轮皎洁，万里腾光。”

相国裴休居士

相国裴休居士，字公美，河东闻喜人也。守新安日，属运禅师初于岭南黄檗山舍众入大安精舍，混迹劳侣，扫洒殿堂。公入寺烧香，主事只接。因观壁画，乃问：“是何图相？”主事对曰：“高僧真仪。”公曰：“真仪可观。高僧何在？”主事无对。公曰：“此间有禅人否？”曰：“近有一僧，投寺执役，颇似禅者。”公曰：“可请求询问得否？”于是遽寻檗至，公睹之欣然曰：“休适有一问，诸德吝辞，今请上人代酬一语。”檗曰：“请相公垂问。”公举前话，檗朗声曰：“裴休！”公应诺。檗曰：“在什么处？”公当下知旨，如获髻珠。曰：“吾师真善知识也。示人克的若是，何故汨没于此乎？”寺众愕然。自此延入府署，执弟子礼，屡辞不已。复坚请住黄檗山，荐兴祖道。有暇即躬入山顶谒，或渴闻玄论，即请入州中。公既通彻祖意，复博综教相，诸方禅学咸谓裴相不浪出黄檗之门也。至迁镇宣城，还思瞻礼，亦创精蓝，迎请居之。虽圭峰该通禅讲，为裴之所重，未若归心于黄檗而倾竭服膺者也。又撰《圭峰碑》云：“休与师于法为昆仲，于义为交友，于恩为善知识，于教为内外护。”斯可见矣。仍集《黄檗语要》，亲书序引，冠于编首，留镇山门。又亲书《大藏经》五百函号，迄今宝之。又圭峰禅师著《禅源诠》、《原人论》及《圆觉经疏注》、《法界观》，皆为之序。公笃志内典，深入法会。有《发愿文》传于世。

长庆安禅师法嗣

大随法真禅师

益州大随法真禅师，梓州王氏子。妙龄夙悟，决志寻师，于慧义寺出家。圆具后南游，初见药山、道吾、云岩、洞山、次至岭外大沩会下，数载食不至充，卧不求暖，清苦炼行，操履不群，沩深器之，一日问曰:“阇黎在老僧此间，不曾问一转话？”师曰:“教某甲向什么处下口？”沩曰:“何不道如何是佛？”师便作手势掩沩口。沩叹曰:“子真得共髓。”从此名传四海。尔后还蜀，寄锡天彭堋口山龙怀寺，于路旁煎茶普施三年。因往后山，见一古院号大随，群峰矗秀，涧水清泠。中有一树，围四丈余。南开一门，中空无碍，不假斤斧，自然一庵。时自为木禅庵，师乃居之十余载。影不出山，声闻于外。四方玄学，千里趋风。蜀主钦尚，遗使屡征，师皆辞以老病，署神照大师。上堂:“此性本来清净，具足万德，但以染净二缘，而有差别。故诸圣悟之，一向净用，而成觉道。凡夫迷之，一向染用，没溺轮回。其体不二，故《般若》云:无二无二分，无别无断故。”僧问:“劫火洞然，大千俱坏，未审这个坏不坏？”师曰:“坏。”曰:“恁么则随他去也。”师曰:“随他去。”僧不肯。后到投子，举前话。子遂装香遥礼曰:“西川古佛出世。”谓其僧曰:“汝速回去忏悔。”僧回，大随师已殁。僧再至投子,子亦迁化。问:“如何是大人相？”师曰:“肚上不贴榜。”问:“僧甚处去？”曰:“西山住庵去。”师曰:“我向东山头唤汝，汝便来得么？”曰:“不然。”师曰:“汝住庵未得。”问:“生死到时如何？”师曰:“遇茶吃茶，遇饭吃饭。”曰:“谁受供养？”师曰:“合取钵盂。”庵侧有一龟,僧问:“一切众生皮裹骨,这个众生为甚骨裹皮？”师拈草履覆龟背上。僧无语。问:“如何是诸佛法要？”师举拂子曰:“会么？”曰:“不会。”师曰:“尘尾拂子。”问:“如何是学人自己？”

师曰：“是我自己。”曰：“为什么却是和尚自己？”师曰：“是汝自己？”问：“如何是大随一面事？”师曰：“东西南北。”问：“佛法遍在一切处，教学人向什么处驻足？”师曰：“大海从鱼跃，长空任鸟飞。”问：“父子至亲，歧路各别时如何？”师曰：“为有父子。”问：“如何是无缝塔？”师曰：“高五尺。”曰：“学人不会。”师曰：“鹘仑砖。”问：“和尚百年后法付何人？”师曰：“露柱火炉。”曰：“还受也无？”师曰：“火炉露柱。”行者领众参，师问：“参得底人唤东作什么？”曰：“不可唤作东。”师咄曰：“臭驴汉！不唤作东唤作什么？”者无语。问：“如何是和尚家风？”师曰：“赤土画簸箕。”曰：“未审此理如何？”师曰：“簸箕有唇，米跳不出。”问：“僧讲什么教法？”曰：“《百法论》。”师拈杖曰：“从何而起？”曰：“从缘而起。”师曰：“苦哉！苦哉！”问：“僧甚处去？”曰：“峨嵋礼普贤去。”师举拂子曰：“文殊、普贤总在这里。”僧作圆相抛向后，乃礼拜。师唤侍者取一贴茶与这僧。众僧参次，师以口作患风势，曰：“还有人医得吾口么？”众僧竞送药以至，俗士闻之，亦多送药。师并不受。七日后，师自掴口令正。乃曰：“如许多时鼓这两片皮，至今无人医得。”即端坐而逝。

灵树如敏禅师

韶州灵树如敏禅师，闽人也。广主刘氏奕世钦重，署知圣大师。僧问：“佛法至理如何？”师展手而已。问：“如何是和尚家风？”师曰：“千年田、八百主。”曰：“如何是千年田、八百主？”师曰：“郎当屋舍没人修。”问：“如何是西来意？”师曰：“童子莫傜儿。”曰：“乞师指示。”师曰：“汝从虔州来。”问：“是什么得恁么难会？”师曰：“火官头上风车子。”有尼送瓷钵与师，师拓起问曰：“这个出在甚处？”曰：“出在定州。”〔法灯别云：“不远此间。”〕师乃扑破，尼无对。〔保福代云：“欺敌者亡。”〕问：“和尚年多少？”师曰：“今日生，来朝死。”又问：

"和尚生缘什么处？"师曰："日出东，月落西。"师四十余年化被岭表，颇有异迹。广主将兴兵，躬入院请师决臧否？师已先知，怡然坐化。主怒知事曰："和尚何时得疾？"对曰："不曾有疾。适封一函子，令呈大王。"主开函得一帖子云："人天眼目，堂中上座。"主悟师旨，遂寝兵。乃召第一座开堂说法〔即云门也〕。龛塔葬仪，广主俱办。谥灵树禅师，真身塔焉。

灵云志勤禅师

福州灵云志勤禅师，本州长溪人也。初在沩山，因见桃华悟道。有偈曰："三十年来寻剑客，几回落叶又抽枝。自从一见桃华后，直至如今更不疑。"沩览偈，诘其所悟，与之符契。沩曰："从缘悟达，永无退失。善自护持。"〔有僧举似玄沙，沙云："谛当甚谛当，敢保老兄未彻在。"众疑此语。沙问地藏："我恁么道，汝作么生会？"藏云："不是桂琛，即走杀天下人。"〕住后，上堂："诸仁者所有长短，尽至不常。且观四时草木，叶落华开，何况尘劫来，天人七趣，地水火风，成坏轮转，因果将尽，三恶道苦，毛发不曾添减，唯根蒂神识常存。上根者遇善友伸明，常处解脱，便是道场。中下痴愚，不能觉照，沉迷三界，流转生死。释尊为伊天上人间，设教证明，显发智道，汝等还会么？"僧问："如何得出离生老病死？"师曰："青山元不动，浮云任去来。"问："君王出阵时如何？"师曰："春明门外，不问长安。"曰："如何得觐天子？"师曰："盲鹤下清池，鱼从脚底过。"问："如何是佛法大意？"师曰："驴事未去，马事到来。"曰："学人不会。"师曰："彩气夜常动，精灵日少逢。"雪峰有偈送双峰，末句云："雷罢不停声。"师别云："雷震不闻声。"峰闻乃曰："灵云山头古月现。"峰后问曰："古人道，前三三后三三，意旨如何？"师曰："水中鱼，天上鸟。"峰曰："意作么生？"师曰："高可射兮深可钓。"僧问："诸方悉皆杂食，未审和尚如何？"师曰："独有闽中异，雄雄镇海涯。”问:“久战沙场,为什么功名不就?”师曰:“君王有道三边静,何劳万里筑长城。”曰:“罢却干戈,束手归朝时如何?”师曰:“慈云普润无边刹,枯树无华争奈何?”长生问:“混沌未分时含生何来?”师曰:“如露柱怀胎。”曰:“分后如何?”师曰:“如片云点太清。”曰:“未审太清还受点也无?”师不答。曰:“恁么则含生不来也。”师亦不答。曰:“直得纯清绝点时如何?”师曰:“犹是真常流注。”曰:“如何是真常流注?”师曰:“似镜长明。”曰:“向上更有事也无?”师曰:“有。”曰:“如何是向上事?”师曰:“打破镜来,与汝相见。”僧问:“如何是西来意?”师曰:“井底种林檎。”曰:“学人不会。”师曰:“今年桃李贵,一颗直千金。”问:“摩尼珠不随众色,未审作何色?”师曰:“白色。”曰:“恁么则随众色也。”师曰:“赵璧本无瑕,相如诳秦主。”问:“僧甚处去?”曰:“雪峰去。”师曰:“我有一信寄雪峰,得么?”曰:“便请。”师脱只履抛向面前,僧便去。至雪峰,峰问:“甚处来?”曰:“灵云来。”峰曰:“灵云安否?”曰:“有一信相寄。”峰曰:“在那里?”僧脱只履,抛向峰面前。峰休去。

寿山师解禅师

福州寿山师解禅师,尝参洞山。山问:“阇黎生缘何处?”师曰:“和尚若实问,某甲即是闽中人也。”山曰:“汝父名什么?”师曰:“今日蒙和尚致此一问,直得忘前失后。”住后,上堂:“诸上座幸有真实言语相劝,诸兄弟合各自体悉,凡圣情尽,体露真常。但一时卸却从前虚妄,攀缘尘垢,心如虚空相似。他时后日,合识得些子好恶。”闽帅问:“寿山年多少?”师曰:“与虚空齐年。”曰:“虚空年多少?”师曰:“与寿山齐年。”

饶州峣山和尚

饶州峣山和尚，僧问:“如何是西来意？”师曰:“仲冬严寒。”问:“如何是和尚深深处？”师曰:“待汝舌头落地,即向汝道。”问:“如何是丈六金身？”师曰:“判官断案相公改。”长庆问:“从上宗乘，此间如何言论？”师曰:“有愿不负先圣。”庆曰:“不负先圣作么生？”师曰:“不露。”庆曰:“恁么则请师领话。”师曰:“什么处去来？”庆曰:“只守什么处去来。”

国欢崇福院文矩禅师

泉州国欢崇福院文矩慧日禅师，福州黄氏子。生而有异，及长为县狱卒，每每弃役，往神光观和尚及西院安禅师所，吏不能禁。后谒万岁塔谭空禅师落发，不披袈裟，不受具戒，唯以杂彩为挂子。复至神光，光曰:“我非汝师，汝礼西院去。”师携一小青竹杖，入西院法堂，院遥见笑曰:“入涅槃堂去。”师应诺，轮竹杖而入。时有五百许僧染时疾，师以杖次第点之，各随点而起。闽王礼重，创院以居之。厥后颇多灵迹。唐乾宁中示灭。

台州浮江和尚

台州浮江和尚，雪峰领众到，问:“即今有二百人寄此过夏，得么？”师将拄杖画一画:“着不得即道。”峰休去。

潞州渌水和尚

潞州渌水和尚，僧问:“如何是祖师西来意？”师曰:“还见庭前华药栏么？”僧无语。

文殊院圆明禅师

广州文殊院圆明禅师，福州陈氏子。参大沩得旨后，造雪峰请益，法无异味。尝游五台山，睹文殊化现，乃随方建院，以文殊为额。开宝中枢密使李崇矩巡护南方，因入院睹地藏菩萨像，问僧:“地藏何以展手？”僧曰:“手中珠被贼偷却也。”李却问师:“既是地藏，为什么遭贼？”师曰:“今日捉下也。”李礼谢之。

赵州谂禅师法嗣

新兴严阳尊者

洪州新兴严阳尊者，讳善信。初参赵州，问:“一物不将来时如何？”州曰:“放下着。”师曰:“既是一物不将来,放下个什么？”州曰:“放不下，担取去。”师于言下大悟。住后，僧问:“如何是佛？”师曰:“土块。”曰:“如何是法？”师曰:“地动也。”曰:“如何是僧？”师曰:“吃粥吃饭。”问:“如何是新兴水？”师曰:“面前江里。”问．“如何是应物现形？”师口．“与我抬床了过来。”师常有一蛇一虎，随从手中与食。

光孝院慧觉禅师

扬州光孝院慧觉禅师，僧问:“觉华才绽，遍满娑婆。祖印西来,合谈何事？”师曰:“情生智隔。”曰:“此是教意？”师曰:“汝披什么衣服？”问:“一棒打破虚空时如何？”师曰:“困即歇去。”师问相国宋齐丘曰:“还会道么？”宋曰:“若是道也着不得。”师曰:“是有着不得，是无着不得？”宋曰:“总不恁么。”师曰:“着不得底聻！”宋无对。师领众出，见露柱，乃合掌曰:“不审世尊。”僧曰:“和尚，是露柱。”师曰:“啼得血流无用处，不如缄口过残春。”问:“远远投师，师意如何？”师曰:“官家严切，不许安排。”曰:“岂无方便？”师曰:“且向火仓里一宿。”师到崇寿，法眼问:“近离甚处？”师曰:“赵州。”眼曰:“承闻赵州有‘庭前柏树子’话，是否？”师曰：“无。”眼曰：“往来皆谓僧问：‘如何是祖师西来意？’州曰：‘庭前柏树子。’上座何得言无？”师曰：“先师实无此语。和尚莫谤先师好。”张居士问：“争奈老何？”师曰：“年多少？”张曰：“八十也。”师曰：“可谓老也。”曰：“究竟如何？”师曰：“直至千岁也未在。”俗士问：“某甲平生杀牛，还有罪否？”师曰：“无罪。”曰：“为什么无罪？”师曰：“杀一个，还一个。”

国清院奉禅师

陇州国清院奉禅师，僧问：“祖意教意是同是别？”师曰：“雨滋三草秀，春风不裹头。”曰：“毕竟是一是二？”师曰：“祥云竞起，岩洞不亏。”问：“如何是和尚家风？”师曰：“台盘倚子，火炉窗牖。”问：“如何是出家人？”师曰：“铜头铁额，鸟觜鹿身。”曰：“如何是出家人本分事？”师曰：“早起不审，夜间珍重。”问：“牛头未见四祖时，为什么百鸟衔花？”师曰：“如陕府人送钱财与铁牛。”曰：“见后为什么不衔花？”师曰：“木马投明行八百。”问：“十二时中如何降伏其心？”师曰：“敲冰求火，论劫不逢。”问：“十二分教是止啼之义。离却止啼，请师一句。”师曰：“孤峰顶上双角女。”问：“如何是佛法大意？”师曰：“释迦是牛头狱卒，祖师是马面阿旁。”问：“如何是西来意？”师曰：“东壁打西壁。”问：“如何是扑不破底句？”师曰：“不隔毫厘，时人远向。”

木陈从朗禅师

婺州木陈从朗禅师，僧问：“放鹤出笼和雪去时如何？”师曰：“我道不一色。”因金刚倒，僧问：“既是金刚不坏身，为什么却倒地？”师敲禅师床曰：“行住坐卧。”师将归寂，有偈曰：“三十年来住木陈，时中无一假功成。有人问我西来意，展似眉毛作么生。”

婺州新建禅师

婺州新建禅师，不度小师，有僧问：“和尚年老，何不畜一童子侍奉？”师曰：“有瞽瞶者为吾讨来。”僧辞，师问：“甚处去？”曰：“府下开元寺去。”师曰：“我有一信附与了寺主，汝将去得否？”曰：“便请。”师曰：“想汝也不奈何。”

杭州多福和尚

杭州多福和尚，僧问：“如何是多福一丛竹？”师曰：“一茎两茎斜。”曰：“学人不会。”师曰：“三茎四茎曲。”问：“如何是衲衣下事？”师曰：“大有人疑着在。”曰：“为什么如是？”师曰：“月里藏头。”

益州西睦和尚

益州西睦和尚，上堂，有俗士举手曰：“和尚便是一头驴。”师曰：“老僧被汝骑。”士无语，去后三日再来。白言：“某甲三日前着贼。”师拈杖趁出。师有时蓦唤侍者，者应诺。师曰：“更深夜静，共伊商量。”

长沙岑禅师法嗣

雪窦常通禅师

明州雪窦常通禅师，邢州李氏子。参长沙，沙问：“何处人？”师曰：“邢州人。”沙曰：“我道汝不从彼来？”师曰：“和尚还曾住此否？”沙然之，乃容入室。住后，僧问：“如何是密室？”师曰：“不通风信。”曰：“如何是密室中人？”师曰：“诸圣求睹不见。”僧作礼。师曰：“千圣不能思，万圣不能议。乾坤坏不坏，虚空包不包？一切无比伦，三世唱不起。”问：“如何是三世诸佛出身处？”师曰：“伊不肯知有汝三世。”僧良久，师曰：“荐否？不然者且向着佛不得处体取。时中常在，识尽功亡，瞥然而起，即是伤他，而况言句乎？”天祐二年七月示寂，塔于寺西南隅。

茱萸和尚法嗣

石梯和尚

石梯和尚，因侍者请浴，师曰：“既不洗尘，亦不洗体。汝作么生？”者曰：“和尚先去，某甲将皂角来。”师呵呵大笑。有新到于师前立，少顷便出去。师曰：“有什么辨白处？”僧再回。师曰：“辨得也。”曰：“辨后作么生？”师曰：“埋却得也。”曰：“苍天！苍天！”师曰：“适来却恁么，如今还不当。”僧乃出去。一日见侍者拓钵赴堂，乃唤侍者，者应诺。师曰：“甚处去？”者曰：“上堂斋去。”师曰：“我岂不知汝上堂斋去？”者曰：“除此外别道个什么？”师曰：“我只问汝本分事。”者曰：“和尚若问本分事，某甲实是上堂斋去。”师曰：“汝不谬为吾侍者。”

子湖踪禅师法嗣

台州胜光和尚

台州胜光和尚，僧问：“如何是和尚家风？”师曰：“福州荔枝，泉州刺桐。”问：“如何是佛法两字？”师曰：“要道即道。”曰：“请师道。”师曰：“穿耳胡僧笑点头。”龙华照和尚来，师把住曰：“作么生？”照曰：“莫错。”师乃放手。照曰：“久向胜光。”师默然。照乃辞，师门送曰：“自此一别，什么处相见？”照呵呵而去。

漳州浮石和尚

漳州浮石和尚,上堂:“山僧开个卜铺,能断人贫富,定人生死。”僧问:“离却生死贫富,不落五行,请师直道。”师曰:“金木水火土。”

紫桐和尚

紫桐和尚，僧问:“如何是紫桐境？”师曰:“汝眼里着沙得么？”曰:“大好紫桐境也不识。”师曰:“老僧不讳此事。”其僧拟出去，师下禅床擒住曰:“今日好个公案，老僧未得分文入手。”曰:“赖遇某甲是僧。”师拓开曰:“祸不单行。”

日容远和尚

日容远和尚，因奯上座参，师拊掌三下，曰:“猛虎当轩，谁是敌者？”奯曰:“俊鹞冲天,阿谁捉得？”师曰:“彼此难当。”奯曰:“且休，未要断这公案。”师将拄杖舞归方丈。奯无语，师曰:“死却这汉也！”

关南常禅师法嗣

关南道吾和尚

襄州关南道吾和尚，始经村墅，闻巫者乐神云“识神无”，忽然省悟。后参常禅师，印其所解，复游德山之门，法味弥著。住后，凡上堂，戴莲华笠，披襕执简，击鼓吹笛，口称鲁三郎神:“识神不识神,神从空里来,却往空里去。”便下座。有时曰:“打动关南鼓，唱起德山歌。”僧问:“如何是祖师西来意？”师以简揖曰:“喏！”有时执木剑，横肩上作舞。僧问:“手中剑甚处得来？”师掷于地。僧却置师手中。师曰:“甚处得来？”僧无对。师曰:“容汝三日内，下取一转语。”其僧亦无对。师自代拈剑横肩上，作舞曰:“须恁么始得？”赵州访师，师乃着豹皮裩，执吉獠棒，在三门下翘一足等候，才见州便高声唱喏而立。州曰：“小心祇候着！”师又唱喏一声而去。问：“如何是和尚家风？”师下禅床作女人拜曰：“谢子远来，无可祇待。”问灌溪：“作么生？”溪曰：“无位。”师曰：“莫同虚空么？”溪曰：“这屠儿！”师曰：“有生可杀即不倦。”

漳州罗汉和尚

漳州罗汉和尚，初参关南，问：“如何是大道之源？”南打师一拳，师遂有省，乃为歌曰：“咸通七载初参道，到处逢言不识言。心里疑团若栲栳，三春不乐止林泉。忽遇法王毡上坐，便陈疑恳向师前。师从毡上那伽起，袒膊当胸打一拳。骇散疑团獦狚落，举头看见日初圆。从兹蹬蹬以碣碣，直至如今常快活。只闻肚里饱膨脝，更不东西去持钵。”又述偈曰：“字内为闲客，人中作野僧。任从他笑我，随处自腾腾。”

高安大愚禅师法嗣

末山尼了然禅师

瑞州末山尼了然禅师，因灌溪闲和尚到，曰：“若相当即住，不然即推倒禅床。”便入堂内。师遣侍者问：“上座游山来？为佛法来？”溪曰：“为佛法来。”师乃升座。溪上参，师问：“上座今日离何处？”曰：“路口。”师曰：“何不盖却。”溪无对。〔末山代云：“争得到这里。”〕始礼拜，问：“如何是末山？”师曰：“不露顶。”曰：“如何是末山主？”师曰：“非男女相。”溪乃喝曰：“何不变去！”师曰：“不是神，不是鬼，变个什么？”溪于是伏膺，作园头三载。僧到参，师曰：“太襤缕生！”曰：“虽然如此，且是师子儿。”师曰：“既是师子儿，为什么被文殊骑？”僧无对。问：“如何是古佛心？”师曰：

"世界倾坏。"曰:"世界为什么倾坏?"师曰:"宁无我身。"

杭州天龙和尚法嗣

金华山俱胝和尚

婺州金华山俱胝和尚，初住庵时，有尼名实际来，戴笠子执锡绕师三匝，曰:"道得即下笠子。"如是三问，师皆无对，尼便去。师曰:"日势稍晚，何不且住。"尼曰:"道得即住。"师又无对。尼去后，师叹曰:"我虽处丈夫之形，而无丈夫之气。不如弃庵，往诸方参寻知识去。"其夜山神告曰:"不须离此。将有肉身菩萨来为和尚说法也。"逾旬，果天龙和尚到庵，师乃迎礼，具陈前事。龙竖一指示之，师当下大悟。自此凡有学者参问，师唯举一指，无别提唱。有一供过童子,每见人问事,亦竖指衹对。人谓师曰:"和尚，童子亦会佛法，凡有问皆如和尚竖指。"师一日潜袖刀子，问童曰:"闻你会佛法，是否?"童曰:"是。"师曰:"如何是佛?"童竖起指头，师以刀断其指，童叫唤走出。师召童子，童回首。师曰:"如何是佛?"童举手不见指头，豁然大悟。师将顺世，谓众曰:"吾得天龙一指头禅，一生用不尽。"言讫，示灭。〔长庆代众云:"美食不中饱人吃。"玄沙云:"我当时若见拗折指头。"玄觉云:"且道玄沙恁么道，意作么生?"云居锡云:"只如玄沙恁么道，肯伊不肯伊。若肯，何言拗折指头;若不肯，俱胝过在什么处?"先曹山云:"俱胝承当处卤莽，只认得一机一境，一等是拍手拊掌,是他西园奇怪"。玄觉又云:"且道俱胝还悟也无?若悟,为什么道承当处卤莽;若不悟，又道用一指头禅不尽。且道曹山意在什么处?"〕

南岳下五世

睦州陈尊宿法嗣

刺史陈操尚书

睦州刺史陈操尚书，斋次，拈起糊饼，问僧："江西、湖南还有这个么？"曰："尚书适来吃个什么？"公曰："敲钟谢响。"又斋僧次，躬自行饼，一僧展手拟接，公却缩手，僧无语。公曰："果然！果然！"问僧："有个事与上座商量,得么？"曰："合取狗口。"公自掴口曰："某甲罪过。"曰："知过必改。"公曰："恁么则乞上座口吃饭，得么？"又斋僧自行食次，乃曰："上座施食。"僧曰："三德六味。"公曰："错。"僧无对。又与僚属登楼次，见数僧行来，有一官人曰："来者总是行脚僧。"公曰："不是。"曰："焉知不是？"公曰："待来勘过。"须臾僧至楼前，公蓦唤："上座！"僧皆举首。公谓诸官曰："不信道。"又与禅者颂曰："禅者有玄机,机玄是复非。欲了机前旨，咸于句下违。"

光孝觉禅师法嗣

长庆道巘禅师

升州长庆道巘禅师，庐州人也。初侍光孝便领悟微言，即于湖南大光山剃度，暨化缘弥盛，出住长庆。上堂："弥勒朝入伽蓝，暮成正觉。"说偈曰："三界上下法，我说皆是心。离于诸心法，更无有可得。看他恁么道，也太杀惺惺。""若比吾徒，犹是钝汉。所以一念见道，三世情尽。如印印泥，更无前后。诸子生死事大，快须荐取，莫为等闲。业识茫茫，盖为迷己逐物。世尊临入涅槃，文殊请再转法轮。世尊咄曰:‘吾四十九年住世，不曾说一字。汝请吾再转法轮，是吾曾转法轮邪？’然今时众中，建立个宾主问答，事不获已,盖为初心耳。”僧问:“如何是长庆境？”师曰:“阇黎履践看。”问:“如何是佛法大意？”师曰:“今日三月三。”曰:“学人不会。”师曰:“止！止！不须说，我法妙难思。”便下座。咸平二年示寂。

五灯会元　卷第五

六祖大鉴禅师法嗣

青原静居寺行思禅师

吉州青原山静居寺行思禅师，本州安城刘氏子。幼岁出家，每群居论道，师唯默然。闻曹溪法席，乃往参礼。问曰："当何所务，即不落阶级？"祖曰："汝曾作什么来？"师曰："圣谛亦不为。"祖曰："落何阶级？"师曰："圣谛尚不为，何阶级之有！"祖深器之。会下学徒虽众，师居首焉。亦犹二祖不言，少林谓之得髓矣。一日，祖谓师曰："从上衣法双行，师资递授，衣以表信，法乃印心。吾今得人，何患不信？吾受衣以来，遭此多难。况乎后代，争竞必多。衣即留镇山门，汝当分化一方，无令断绝。"师既得法，归住青原。六祖将示灭，有沙弥希迁〔即石头和尚〕问曰："和尚百年后，希迁未审当依附何人？"祖曰："寻思去！"及祖顺世，迁每于静处端坐，寂若忘生。第一座问曰："汝师已逝，空坐奚为？"迁曰："我禀遗诫，故寻思尔。"座曰："汝有师兄思和尚，今住吉州，汝因缘在彼。师言甚直，汝自迷耳。"迁闻语，便礼辞祖龛，直诣静居参礼。师曰:“子何方来?”迁曰:“曹溪。”师曰:“将得什么来?”曰:“未到曹溪亦不失。”师曰:“若恁么,用去曹溪作什么?”曰:“若不到曹溪,争知不失?”迁又曰:“曹溪大师还识和尚否?”师曰:“汝今识吾否?”曰:“识。又争能识得?”师曰:“众角虽多,一麟足矣。”迁又问:“和尚自离曹溪,什么时至此间?”师曰:“我却知汝早晚离曹溪。”曰:“希迁不从曹溪来。”师曰:“我亦知汝去处也。”曰:“和尚幸是大人,莫造次。”他日,师复问迁:“汝什么处来?”曰:“曹溪。”师乃举拂子曰:“曹溪还有这个么?”曰:“非但曹溪,西天亦无。”师曰:“子莫曾到西天否?”曰:“若到即有也。”师曰:“未在,更道。”曰:“和尚也须道取一半,莫全靠学人。”师曰:“不辞向汝道,恐已后无人承当。”师令迁持书与南岳让和尚曰:“汝达书了,速回。吾有个鉳斧子,与汝住山。”迁至彼,未呈书便问:“不慕诸圣不重己灵时如何?”岳曰:“子问太高生,何不向下问?”迁曰:“宁可永劫受沉沦,不从诸圣求解脱。”岳便休。〔玄沙曰:“大小石头被南岳推倒,直至如今起不得。”〕迁便回。师问:“子返何速?书信达否?”迁曰:“书亦不通,信亦不达。去日蒙和尚许个鉳斧子,只今便请。”师垂一足,迁便礼拜,寻辞往南岳。荷泽神会来参,师问:“甚处来?”曰:“曹溪。”师曰:“曹溪意旨如何?”会振身而立。师曰:“犹带瓦砾在。”曰:“和尚此间莫有真金与人么?”师曰:“设有,汝向什么处着?”〔玄沙云:“果然。”云居锡云:“只如玄沙道,果然。是真金?是瓦砾?”〕僧问:“如何是佛法大意?”师曰:“庐陵米作么价?”师既付法石头,唐开元二十八年十二月十三日,升堂告众,跏趺而逝。僖宗谥弘济禅师、归真之塔。

青原思禅师法嗣

石头希迁禅师

南岳石头希迁禅师，端州高要陈氏子。母初怀娠，不喜荤茹。师虽在孩提，不烦保母。既冠，然诺自许。乡洞獠民畏鬼神，多淫祀，杀牛酾酒，习以为常。师辄往毁丛祠，夺牛而归，岁盈数十，乡老不能禁。后直造曹溪，得度未具戒。属祖圆寂，禀遗命谒青原，乃摄衣从之。〔缘会语句，青原章叙之。〕一日，原问师曰："有人道岭南有消息。"师曰："有人不道岭南有消息。"曰："若恁么，大藏小藏从何而来？"师曰："尽从这里去。"原然之。师于唐天宝初，荐之衡山南寺。寺之东有石，状如台，乃结庵其上，时号石头和尚。师因看《肇论》至"会万物为己者，其唯圣人乎"，师乃拊几曰："圣人无己，靡所不己。法身无象，谁云自他？圆鉴灵照于其间，万象体玄而自现。境智非一，孰云去来？至哉斯语也。"遂掩卷，不觉寝梦：自身与六祖同乘一龟，游泳深池之内。觉而详之：灵龟者，智也。池者，性海也。吾与祖师同乘灵智游性海矣。遂著《参同契》曰："竺土大仙心，东西密相付。人根有利钝，道无南北祖。灵源明皎洁，枝派暗流注。执事元是迷，契理亦非悟。门门一切境，回互不回互。回而更相涉，不尔依位住。色本殊质象，声元异乐苦。暗合上中言，明明清浊句。四大性自复，如子得其母。火热风动摇，水湿地坚固。眼色耳音声，鼻香舌咸醋。然依一一法，依根叶分布。本末须归宗，尊卑用其语。当明中有暗，勿以暗相遇。当暗中有明，勿以明相睹。明暗各相对，比如前后步。万物自有功，当言用及处。事存函盖合，理应箭锋拄。承言须会宗，勿自立规矩。触目不会道，运足焉知路？进步非近远，迷隔山河固。谨白参玄人，光阴莫虚度。"上堂："吾之法门，先佛传受。不论禅定精进，唯达佛之知见。即心即佛，心佛众生，菩提烦恼，名异体一。汝等当知，自己心灵，体离断常，性非垢净。湛然圆满，凡圣齐同。应用无方，离心意识。三界六道，唯自心现。水月镜像，岂有生灭？汝能知之，无所不备。”时门人道悟问：“曹溪意旨谁人得？”师曰：“会佛法人得。”曰：“师还得否？”师曰：“不得。”曰：“为什么不得？”师曰：“我不会佛法。”僧问：“如何是解脱？”师曰：“谁缚汝？”问：“如何是净土？”师曰：“谁垢汝？”问：“如何是涅槃？”师曰：“谁将生死与汝？”师问新到：“从什么处来？”曰：“江西来。”师曰：“见马大师否？”曰：“见。”师乃指一橛柴曰：“马师何似这个？”僧无对。〔却回举似马祖，祖曰：“汝见橛柴大小。”曰：“没量大。”祖曰：“汝甚有力。”僧曰：“何也？”祖曰：“汝从南岳负一橛柴来，岂不是有力？”〕问：“如何是西来意？”师曰：“问取露柱。”曰：“学人不会。”师曰：“我更不会。”大颠问：“古人云，道有道无俱是谤。请师除。”师曰：“一物亦无，除个什么？”师却问：“并却咽喉唇吻，道将来？”颠曰：“无这个。”师曰：“若恁么，汝即得入门。”道悟问：“如何是佛法大意？”师曰：“不得不知。”悟曰：“向上更有转处也无？”师曰：“长空不碍白云飞。”问：“如何是禅？”师曰：“碌砖。”问：“如何是道？”师曰：“木头。”自余门属领旨所有问答，各于本章出焉。南岳鬼神多显迹听法，师皆与授戒。广德二年，门人请下于梁端，广阐玄化。贞元六年顺寂，塔于东岭。德宗谥无际大师，塔曰见相。

青原下二世

石头迁禅师法嗣

药山惟俨禅师

澧州药山惟俨禅师，绛州韩氏子。年十七，依潮阳西山慧照禅师出家，纳戒于衡岳希操律师。博通经论，严持戒律。一日，自叹曰："大丈夫当离法自净，谁能屑屑事细行于布巾邪？"首造石头之室，便问："三乘十二分教某甲粗知，尝开南方直指人心，见性成佛。实未明了，伏望和尚慈悲指示。"头曰："恁么也不得，不恁么也不得，恁么不恁么总不得。子作么生？"师罔措。头曰："子因缘不在此，且往马大师处去。"师禀命恭礼马祖，仍伸前问。祖曰："我有时教伊扬眉瞬目，有时不教伊扬眉瞬目，有时扬眉瞬目者是，有时扬眉瞬目者不是。子作么生？"师于言下契悟，便礼拜。祖曰："你见什么道理便礼拜？"师曰："某甲在石头处，如蚊子上铁牛。"祖曰："汝既如是，善自护持。"侍奉三年。一日，祖问："子近日见处作么生？"师曰："皮肤脱落尽，唯有一真实。"祖曰："子之所得，可谓协于心体，布于四肢。既然如是，将三条篾束取肚皮，随处住山去。"师曰："某甲又是何人，敢言住山？"祖曰："不然！未有常行而不住，未有常住而不行。欲益无所益，欲为无所为。宜作舟航，无久住此。"师乃辞祖返石头。

一日在石上坐次，石头问曰："汝在这里作么？"曰："一物不为。"头曰："恁么即闲坐也。"曰："若闲坐即为也。"头曰："汝道不为，不为个什么？"曰："千圣亦不识。"头以偈赞曰："从来共住不知名，任运相将只么行。自古上贤犹不识，造次凡流岂可明？"后石头垂语曰："言语动用没交涉。"师曰："非言语动用亦没交涉。"头曰："我这里针劄不入。"师曰："我这里如石上栽华。"头然之。后居澧州药山，海众云会。师与道吾说苕溪上世为节察来。吾曰："和尚上世曾为什么？"师曰："我痿痿羸羸，且恁么过时。"吾曰："凭何如此？"师曰："我不曾展他书卷。"〔石霜别云："书卷不曾展。"〕院主报："打钟也，请和尚上堂。"师曰："汝与我擎钵盂去。"曰："和尚无手来多少时？"师曰："汝只是枉披袈裟。"曰："某甲只恁么，和尚如何？"师曰："我无这个眷属。"谓云岩曰："与我唤沙弥来。"

岩曰:“唤他来作什么?”师曰:“我有个折脚铛子,要他提上挈下。”岩曰:“恁么则与和尚出一只手去也。”师便休。园头栽菜次,师曰:“栽即不障汝栽,莫教根生。”曰:“既不教根生,大众吃什么?”师曰:“汝还有口么?”头无对。

道吾、云岩侍立次,师指按山上枯荣二树,问道吾曰:“枯者是,荣者是?”吾曰:“荣者是。”师曰:“灼然一切处,光明灿烂去。”又问云岩:“枯者是,荣者是?”岩曰:“枯者是。”师曰:“灼然一切处,放教枯淡去。”高沙弥忽至,师曰:“枯者是,荣者是?”弥曰:“枯者从他枯,荣者从他荣。”师顾道吾、云岩曰:“不是,不是。”问:“如何得不被诸境惑?”师曰:“听他何碍汝?”曰:“不会。”师曰:“何境惑汝?”问:“如何是道中至宝?”师曰:“莫谄曲。”曰:“不谄曲时如何?”师曰:“倾国不换。”有僧再来依附,师问:“阿谁?”曰:“常坦。”师呵曰:“前也是常坦,后也是常坦。”师久不升堂,院主白曰:“大众久思和尚示诲。”师曰:“打钟着!”众才集,师便下座,归方丈。院主随后问曰:“和尚既许为大众说话,为什么一言不措?”师曰:“经有经师,论有论师,争怪得老僧?”师问云岩:“作什么?”岩曰:“担屎。”师曰:“那个聻!”岩曰:“在。”师曰:“汝来去为谁?”曰:“替他东西。”师曰:“何不教并行?”曰:“和尚莫谤他。”师曰:“不合恁么道。”曰:“如何道?”师曰:“还曾担么!”师坐次,僧问:“兀兀地思量什么?”师曰:“思量个不思量底。”曰:“不思量底如何思量?”师曰:“非思量。”问:“学人拟归乡时如何?”师曰:“汝父母遍身红烂,卧在荆棘林中,汝归何所?”曰:“恁么则不归去也。”师曰:“汝却须归去。汝若归乡,我示汝个休粮方子。”曰:“便请。”师曰:“二时上堂,不得咬破一粒米。”问:“如何是涅槃?”师曰:“汝未开口时唤作什么?”问僧:“甚处来?”曰:“湖南来。”师曰:“洞庭湖水满也未?”曰:“未。”师曰:“许多时雨水,为什么未满?”僧无语。〔道吾云:“满也。”云岩云："湛湛地。"洞山云："什么劫中曾增减来？"云门云："只在这里。"〕师问僧："甚处来？"曰："江西来。"师以拄杖敲禅床三下。僧曰："某甲粗知去处。"师抛下拄杖，僧无语。师召侍者，点茶与这僧，踏州县困。师问庞居士："一乘中还着得这个事么？"士曰："某甲只管日求升合，不知还着得么？"师曰："道居士不见石头，得么？"士曰："拈一放一，未为好手。"师曰："老僧住持事繁。"士珍重便出。师曰："拈一放一，的是好手。"士曰："好个一乘问宗，今日失却也。"师曰："是！是！"

上堂："祖师只教保护，若贪嗔痴起来，切须防禁，莫教振触。是你欲知枯木，石头却须担荷，实无枝叶可得。虽然如此，更宜自看，不得绝言语。我今为你说，这个语显无语底，他那个本来无耳目等貌。"师与云岩游山，腰间刀响。岩问："什么物作声？"师抽刀蓦口作斫势。〔洞山举示众云："看他药山横身，为这个事，今时人欲明向上事，须体此意始得。"〕

遵布衲浴佛。师曰："这个从汝浴，还浴得那个么？"遵曰："把将那个来。"师乃休。〔长庆云："邪法难扶。"玄觉云："且道长庆恁么道，在宾在主？众中唤作浴佛语，亦曰兼带语，且道尽善不尽善？"〕问："学人有疑，请师决。"师曰："待上堂时来，与阇黎决疑。"至晚，上堂众集。师曰："今日请决疑上座在什么处？"其僧出众而立。师下禅床，把住曰："大众！这僧有疑。"便与一推，却归方丈。〔玄觉曰："且道与伊决疑否？若决疑，什么处是决疑；若不与决疑，又道待上堂时与汝决疑。"〕师问饭头："汝在此多少时也？"曰："三年。"师曰："我总不识汝。"饭头罔测，发愤而去。问："身命急处如何？"师曰："莫种杂种。"曰："将何供养？"师曰："无物者。"师令供养主抄化。甘行者问："甚处来？"曰："药山来。"甘曰："来作么？"曰："教化。"甘曰："将得药来么？"曰："行者有什么病？"甘便舍银两铤。意山中有人，此物却回，无人即休。主便归纳疏。师问曰："子归何速？"主曰：

"问佛法相当得银两铤。"师令举其语。主举已，师曰："速送还他。子着贼了也。"主便送还。甘曰："由来有人。"遂添银施之。〔同安显云："早知行者恁么问,终不道药山来。"〕问僧:"见说汝解算,是否?"曰:"不敢。"师曰:"汝试算老僧看。"僧无对。〔云岩举问洞山:"汝作么生?"山曰:"请和尚生月。"〕师书"佛"字,问道吾:"是什么字?"吾曰:"佛字。"师曰:"多口阿师!"问:"已事未明,乞和尚指示。"师良久曰:"吾今为汝道一句亦不难，只宜汝于言下便见去，犹较些子。若更入思量，却成吾罪过。不如且各合口，免相累及。"

大众夜参，不点灯。师垂语曰："我有一句子，待特牛生儿，即向你道。"有僧曰："特牛生儿，也只是和尚不道。"师曰："侍者把灯来！"其僧抽身入众。〔云岩举似洞山，山曰："这僧却会，只是不肯礼拜。"〕问僧："甚处来？"曰："南泉来。"师曰："在彼多少时？"曰："粗经冬夏。"师曰："恁么，则成一头水牯牛去也！"曰："虽在彼中，且不曾上他食堂。"师曰："口欱东南风那？"曰："和尚莫错，自有拈匙把箸人在。"问："达磨未来时，此土还有祖师意否？"师曰："有。"曰："既有，祖师又来作什么？"师曰："只为有，所以来。"看经次，僧问："和尚寻常不许人看经，为什么却自看？"师曰："我只图遮眼。"曰："某甲学和尚还得也无？"师曰："汝若看，牛皮也须穿。"〔长庆云："眼有何过？"玄觉云："且道长庆会药山意不会药山意。"〕

问:"平田浅草,麈鹿成群,如何射得麈中主?"师曰:"看箭!"僧放身便倒。师曰："侍者，拖出这死汉。"僧便走。师曰："弄泥团汉有什么限？"朗州刺史李翱问："师何姓？"师曰："正是时。"李不委，却问院主："某甲适来问和尚姓，和尚曰：正是时。未审姓什么？"主曰："恁么则姓韩也。"师闻乃曰："得恁么不识好恶！若是夏时对他，便是姓热。"师一夜登山经行，忽云开见月，大啸一声，应澧阳东九十里许，居民尽谓东家，明晨迭相推问，直至药山。徒众曰："昨夜和尚山顶大啸。"李赠诗曰："选得幽居惬野情，终年无送亦无迎。有时直上孤峰顶，月下披云啸一声。”太和八年十一月六日临顺世，叫曰：“法堂倒！法堂倒！”众皆持拄撑之。师举手曰：“子不会我意。”乃告寂。塔于院东隅。唐文宗谥弘道大师，塔曰化城。

丹霞天然禅师

邓州丹霞天然禅师，本习儒业，将入长安应举，方宿于逆旅，忽梦白光满室，占者曰：“解空之祥也。”偶禅者问曰：“仁者何往？”曰：“选官去。”禅者曰：“选官何如选佛？”曰：“选佛当往何所？”禅者曰：“今江西马大师出世，是选佛之场，仁者可往。”遂直造江西，才见祖，师以手拓幞头额。祖顾视良久，曰：“南岳石头是汝师也。”遽抵石头，还以前意投之。头曰：“着槽厂去！”师礼谢，入行者房，随次执爨役，凡三年。忽一日，石头告众曰：“来日铲佛殿前草。”至来日，大众诸童行各备锹镬铲草，独师以盆盛水，沐头于石头前，胡跪。头见而笑之，便与剃发，又为说戒。师乃掩耳而出，再往江西谒马祖。未参礼，便入僧堂内，骑圣僧颈而坐。时大众惊愕，遽报马祖。祖躬入堂，视之曰：“我子天然。”师即下地礼拜曰：“谢师赐法号。”因名天然。祖问：“从甚处来？”师曰：“石头。”祖曰：“石头路滑，还跶倒汝么？”师曰：“若跶倒即不来也。”乃杖锡观方，居天台华顶峰三年，往余杭径山礼国一禅师。

唐元和中至洛京龙门香山，与伏牛和尚为友。后于慧林寺遇天大寒，取木佛烧火向，院主诃曰：“何得烧我木佛？”师以杖子拨灰曰：“吾烧取舍利。”主曰：“木佛何有舍利？”师曰：“既无舍利，更取两尊烧。”主自后眉须堕落。后谒忠国师，问侍者：“国师在否？”曰：“在即在，不见客。”师曰：“太深远生！”曰：“佛眼亦观不见。”师曰：“龙生龙子，凤生凤儿。”国师睡起，侍者以告。国师乃打侍者三十棒，遣出。师闻曰：“不谬为南阳国师。”明日再往礼拜，见国师便展坐具。国师曰:“不用！不用！”师退后,国师曰:“如是！如是！”师却进前。国师曰:“不是！不是！”师绕国师一匝便出。国师曰:“去圣时遥，人多懈怠。三十年后，觅此汉也难得。”

访庞居士，见女子灵照洗菜次，师曰:“居士在否？”女子放下菜篮,敛手而立。师又问:“居士在否？”女子提篮便行。师遂回。须臾居士归，女子乃举前话。士曰:“丹霞在么？”女曰:“去也。”士曰:“赤土涂牛你。”又一日访庞居士，至门首相见。师乃问:“居士在否？”士曰:“饥不择食。”师曰:“庞老在否？”士曰:“苍天！苍天！”便入宅去。师曰:“苍天！苍天！”便回。师因去马祖处，路逢一老人与一童子。师问:“公住何处？”老人曰:“上是天，下是地。”师曰:“忽遇天崩地陷，又作么生？”老人曰:“苍天！苍天！”童子嘘一声。师曰:“非父不生其子。”老人便与童子入山去。师问庞居士:“昨日相见，何似今日？”士曰:“如法举昨日事来作个宗眼。”师曰:“只如宗眼,还着得庞公么？”士曰:“我在你眼里。”师曰:“某甲眼窄，何处安身？”士曰:“是眼何窄？是身何安？”师休去。士曰:“更道取一句，便得此话圆。”师亦不对。士曰:“就中这一句无人道得。”师与庞居士行次,见一泓水。士以手指曰:“便与么也还辨不出？”师曰:“灼然是辨不出。”士乃戽水,泼师二掬。师曰:“莫与么，莫与么。”士曰:“须与么，须与么。”师却戽水泼士三掬。师曰:“正与么时,堪作什么？”士曰:“无外物。”师曰:“得便宜者少。”士曰:“谁是落便宜者？”

元和三年,于天津桥横卧,会留守郑公出,呵之不起。吏问其故,师徐曰:“无事僧。”留守异之，奉束素及衣两袭，日给米面，洛下翕然归信。至十五年春，告门人曰:“吾思林泉终老之所。”时门人齐静卜南阳丹霞山结庵，三年间玄学者至盈三百众，建成大院。上堂:“阿你浑家，切须保护。一灵之物，不是你造作名邈得，更说甚荐与不荐？吾往日见石头，亦只教切须自保护，此事不是你谈话得。阿你浑家，各有一坐具地，更疑什么？禅可是你解底物？岂有佛可成？佛之一字，永不喜闻。阿你自看，善巧方便，慈悲喜舍，不从外得，不着方寸。善巧是文殊，方便是普贤。你更拟趁逐什么物？不用经求落空去！今时学者，纷纷扰扰，皆是参禅问道。吾此间无道可修，无法可证。一饮一啄，各自有分，不用疑虑。在在处处有恁么底。若识得释迦即老凡夫是，阿你须自看取，莫一盲引众盲，相将入火坑。夜里暗双陆，赛彩若为生？无事珍重！”

有僧到参，于山下见师，便问："丹霞山向什么处去？"师指山曰："青黯黯处。"曰："莫只这个便是么？"师曰："真师子儿，一拨便转。"问僧："什么处宿？"曰："山下宿。"师曰："什么处吃饭？"曰："山下吃饭。"师曰："将饭与阇黎吃底人，还具眼也无？"僧无对。〔长庆问保福："将饭与人吃，感恩有分，为什么不具眼？"福云："施者受者，二俱瞎汉。"庆云："尽其机来还成瞎不？"福云："道某甲瞎得么。"玄觉征云："且道长庆明丹霞意，为复自用家财。"〕长庆四年六月，告门人曰："备汤沐浴，吾欲行矣。"乃戴笠策杖受屦，垂一足未及地而化。门人建塔，谥智通禅师，塔曰妙觉。

潭州大川禅师

潭州大川禅师〔亦曰大湖〕，江陵僧参，师问："几时发足江陵？"僧提起坐具。师曰："谢子远来，下去！"僧绕禅床一匝，便出。师曰："若不恁么，争知眼目端的！"僧拊掌曰："苦杀人，洎合错判诸方。"师曰："甚得禅宗道理。"〔僧举似丹霞，霞曰："于大川法道即得，我这里不然。"曰："未审此间作么生？"霞曰："犹较大川三步在。"僧礼拜，霞曰："错判诸方者多。"洞山云："不是丹霞，难分玉石。"〕

灵山大颠宝通禅师

潮州灵山大颠宝通禅师，初参石头。头问："那个是汝心？"

师曰：“见言语者是。”头便喝出。经旬日，师却问：“前者既不是，除此外何者是心？”头曰：“除却扬眉瞬目，将心来。”师曰：“无心可将来。”头曰：“元来有心，何言无心？无心尽同谤。”师于言下大悟。异日侍立次，头问：“汝是参禅僧？是州县白蹋僧？”师曰：“是参禅僧。”头曰：“何者是禅？”师曰：“扬眉瞬目。”头曰：“除却扬眉瞬目外，将你本来面目呈看。”师曰：“请和尚除却扬眉瞬目外鉴。”头曰：“我除竟。”师曰：“将呈了也。”头曰：“汝既将呈我心如何？”师曰：“不异和尚。”头曰：“不关汝事。”师曰：“本无物。”头曰：“汝亦无物。”师曰：“既无物，即真物。”头曰：“真物不可得，汝心见量，意旨如此，也大须护持。”师住后，学者四集。

上堂：“夫学道人须识自家本心，将心相示，方可见道。多见时辈只认扬眉瞬目，一语一默，蓦头印可，以为心要，此实未了。吾今为你诸人分明说出，各须听受。但除却一切妄运想念，见量即汝真心。此心与尘境，及守认静默时全无交涉。即心是佛，不待修治。何以故？应机随照，泠泠自用。穷其用处，了不可得。唤作妙用，乃是本心。大须护持，不可容易。”僧问：“其中人相见时如何？”师曰：“早不其中也。”曰：“其中者如何？”师曰：“不作个问。”韩文公一日相访，问师：“春秋多少？”师提起数珠，曰：“会么？”公曰：“不会。”师曰：“昼夜一百八。”公不晓，遂回。次日再来，至门前见首座，举前话问意旨如何。座扣齿三下。及见师，理前问，师亦扣齿三下。公曰：“元来佛法无两般。”师曰：“是何道理？”公曰：“适来问首座亦如是。”师乃召首座：“是汝如此对否？”座曰：“是。”师便打趁出院。文公又一日白师曰：“弟子军州事繁，佛法省要处，乞师一语。”师良久，公罔措。时三平为侍者，乃敲禅床三下。师曰：“作么？”平曰：“先以定动，后以智拔。”公乃曰：“和尚门风高峻，弟子于侍者边得个入处。”僧问：“苦海波深，以何为船筏？”师曰：“以木为船筏。”曰：“恁么即得度也。”师曰：“盲者依前盲，哑者依前哑。”一日，将痒和子廊下行，逢一僧问讯次，师以痒和子蓦口打曰：“会么？”曰：“不会。”师曰：“大颠老野狐，不曾孤负人。”

长髭旷禅师

潭州长髭旷禅师，曹溪礼祖塔回，参石头。头问：“什么处来？”曰：“岭南来。”头曰：“大庾岭头一铺功德成就也未？”师曰：“成就久矣，只欠点眼在。”头曰：“莫要点眼么？”师曰：“便请。”头乃垂下一足。师礼拜，头曰：“汝见个什么道理便礼拜？”师曰：“据某甲所见，如红炉上一点雪。”〔玄觉云：“且道长髭具眼祇对，不具眼祇对？若具眼，为什么请他点眼？若不具眼，又道成就久矣，具作么生商量？”法灯代云：“和尚可谓眼昏。”〕僧参，绕禅床一匝，卓然而立。师曰：“若是石头法席，一点也用不着。”僧又绕禅床一匝。师曰：“却是恁么时，不易道个来处。”僧便出去。师乃唤，僧不顾。师曰：“这汉犹少教诏在。”僧却回曰：“有一人不从人得，不受教诏，不落阶级，师还许么？”师曰：“逢之不逢，逢必有事。”僧乃退身三步，师却绕禅床一匝。僧曰：“不唯宗眼分明，亦乃师承有据。”师乃打三棒。问僧：“甚处来？”曰：“九华山控石庵。”师曰：“庵主是什么人？”曰：“马祖下尊宿。”师曰：“名什么？”曰：“不委他法号。”师曰：“他不委，你不委。”曰：“尊宿眼在甚处？”师曰：“若是庵主亲来，今日也须吃棒。”曰：“赖遇和尚，放过某甲。”师曰：“百年后讨个师僧也难得。”庞居士到，师升座，众集定。士出曰：“各请自捡好。”却于禅床右立。时有僧问：“不触主人翁，请师答话。”师曰：“识庞公么？”曰：“不识。”士便搊住曰：“苦哉！苦哉！”僧无对。士便拓开。师少间却问：“适来这僧还吃棒否？”士曰：“待伊甘始得。”师曰：“居士只见锥头利，不见凿头方。”士曰：“恁么说话，某甲即得；外人闻之，要且不好。”师曰：“不好个什么？”士曰：“阿师只见锥头尖，不见凿头利。”李行婆来，师乃问：“忆得在绛州时事么？”婆曰：“非师不委。”师曰：“多虚少实在。”婆曰：“有甚讳处？”师曰：“念你是女人,放你拄杖。”婆曰：“某甲终不见尊宿过。”师曰：“老僧过在什么处？”婆曰：“和尚无过，婆岂有过？”师曰：“无过底人作么生？”婆乃竖拳曰：“与么，总成颠倒。”师曰：“实无讳处。”师见僧，乃擒住曰：“师子儿，野干属！”僧以手作拨眉势,师曰：“虽然如此,犹欠哮吼在。”僧擒住师曰：“偏爱行此一机。”师与一掴,僧拍手三下。师曰：“若见同风,汝甘与么否？”曰：“终不由别人。”师作拨眉势。僧曰：“犹欠哮吼在。”师曰：“想料不由别人。”师见僧问讯次,师曰：“步步是汝证明处。汝还知么？”曰：“某甲不知。”师曰：“汝若知，我堪作什么？”僧礼拜。师曰：“我不堪，汝却好！”

京兆尸利禅师

京兆府尸利禅师，问石头：“如何是学人本分事？”头曰：“汝何从吾觅？”曰：“不从师觅,如何即得？”石头曰：“汝还曾失么？”师乃契会厥旨。

招提慧朗禅师

潭州招提寺慧朗禅师，始兴曲江人也。初参马祖，祖问：“汝来何求？”曰：“求佛知见。”祖曰：“佛无知见，知见乃魔耳。汝自何来？”曰：“南岳来。”祖曰：“汝从南岳来，未识曹溪心要。汝速归彼，不宜他往。”师归石头，便问：“如何是佛？”头曰：“汝无佛性。”师曰：“蠢动含灵，又作么生？”头曰：“蠢动含灵，却有佛性。”曰：“慧朗为什么却无？”头曰：“为汝不肯承当。”师于言下信入。住后，凡学者至，皆曰：“去！去！汝无佛性。”其接机大约如此。〔时谓大朗。〕

兴国寺振朗禅师

长沙兴国寺振朗禅师，初参石头，便问："如何是祖师西来意？"头曰："问取露柱。"曰："振朗不会。"头曰："我更不会。"师俄省悟。住后，有僧来参，师召上座，僧应诺。师曰："孤负去也。"曰："师何不鉴？"师乃拭目而视之。僧无语。〔时谓小朗。〕

汾州石楼禅师

汾州石楼禅师，上堂，僧问："未识本来性，乞师方便指。"师曰："石楼无耳朵。"曰："某甲自知非。"师曰："老僧还有过。"曰："和尚过在什么处？"师曰："过在汝非处。"僧礼拜，师便打。问僧："近离甚处？"曰："汉国。"师曰："汉国主人还重佛法么？"曰："苦哉！赖遇问着某甲；若问别人，即祸生。"师曰："作么生？"曰："人尚不见，有何佛法可重？"师曰："汝受戒得多少夏？"曰："三十夏。"师曰："大好不见有人。"便打。

法门寺佛陀禅师

凤翔府法门寺佛陀禅师，寻常持一串数珠，念三种名号，曰一释迦，二元和，三佛陀，自余是什么"碗跶丘"，乃过一珠，终而复始。事迹异常，时人莫测。

水空和尚

水空和尚，一日廊下见一僧，乃问："时中事作么生？"僧良久。师曰："只恁便得么？"曰："头上安头。"师打曰："去！去！已后惑乱人家男女在。"

大同济禅师

澧州大同济禅师，米胡领众来，才欲相见，师便拽转禅床，面壁而坐。米于背后立，少时却回客位。师曰：“是即是，若不验破，已后遭人贬剥。”令侍者请米来。却拽转禅床便坐。师乃绕禅床一匝，便归方丈。米却拽倒禅床，领众便出。师访庞居士，士曰：“忆在母胎时，有一则语，举似阿师，切不得作道理主持。”师曰：“犹是隔生也。”士曰：“向道不得作道理。”师曰：“惊人之句，争得不怕！”士曰：“如师见解，可谓惊人。”师曰：“不作道理，却成作道理。”士曰：“不但隔一生、两生。”师曰：“粥饭底僧，一任检责。”士鸣指三下。师一日见庞居士来，便掩却门曰：“多知老翁，莫与相见。”士曰：“独坐独语，过在阿谁？”师便开门，才出被士把住曰：“师多知，我多知？”师曰：“多知且置，闭门开门，卷之与舒，相较几许？”士曰：“只此一问，气急杀人！”师默然。士曰：“弄巧成拙。”僧问：“此个法门，如何继绍？”师曰：“冬寒夏热，人自委知。”曰：“恁么则蒙分付去也！”师曰：“顽嚚少智，勔膛多痴。”问：“十二时中如何合道？”师曰：“汝还识十二时么？”曰：“如何是十二时？”师曰：“子丑寅卯。”僧礼拜。师示颂曰：“十二时中那事别，子丑寅卯吾今说。若会唯心万法空，释迦、弥勒从兹决。”

青原下三世

药山俨禅师法嗣

道吾山宗智禅师

潭州道吾山宗智禅师，豫章海昏张氏子。幼依槃和尚受教登戒，预药山法会，密契心印。一日，山问：“子去何处来？”师曰：“游山来。”山曰：“不离此室，速道将来。”师曰：“山上乌儿头似雪，涧底游鱼忙不彻。”师离药山见南泉，泉问：“阇黎名什么？”师曰：

"宗智。"泉曰:"智不到处,作么生宗?"师曰:"切忌道着。"泉曰:"灼然,道着即头角生。"三日后,师与云岩在后架把针。泉见乃问:"智头陀前日道,智不到处切忌道着,道着即头角生。合作么生行履?"师便抽身入僧堂,泉便归方丈。师又来把针。岩曰:"师弟适来为甚不祗对和尚?"师曰:"你不妨灵利!"岩不荐,却问南泉:"适来智头陀为甚不祗对和尚,某甲不会,乞师垂示。"泉曰:"他却是异类中行。"岩曰:"如何是异类中行?"泉曰:"不见道:智不到处切忌道着,道着即头角生。直须向异类中行。"岩亦不会。师知云岩不荐,乃曰:"此人因缘不在此。"却同回药山。山问:"汝回何速?"岩曰:"只为因缘不契。"山曰:"有何因缘?"岩举前话。山曰:"子作么生会他,这个时节便回?"岩无对。山乃大笑。岩便问:"如何是异类中行?"山曰:"吾今日困倦,且待别时来。"岩曰:"某甲特为此事归来。"山曰:"且去!"岩便出。师在方丈外,闻岩不荐,不觉咬得指头血出。师却下来问岩:"师兄去问和尚那因缘作么生?"岩曰:"和尚不与某甲说。"师便低头。〔僧问云居:"切忌道着,意作么生?"居云:"此语最毒。"云:"如何是最毒底语?"居云:"一棒打杀龙蛇。"〕云岩临迁化,遣书辞师。师览书了,谓洞山、密师伯曰:"云岩不知有,我悔当时不向伊道。虽然如是,要且不违药山之子。"〔玄觉云:"古人恁么道,还知有也未?"又云:"云岩当时不会,且道什么处是伊不会处?"〕

药山上堂曰:"我有一句子,未曾说向人。"师出曰:"相随来也。"僧问:"药山一句子如何说?"山曰:"非言说。"师曰:"早言说了也。"师一日提笠出,云岩指笠曰:"用这个作什么?"师曰:"有用处。"岩曰:"忽遇黑风猛雨来时如何?"师曰:"盖覆着。"岩曰:"他还受盖覆么?"师曰:"虽然如是,且无渗漏。"沩山问云岩:"菩提以何为座?"岩曰:"以无为为座。"岩却问沩山。山曰:"以诸法空为座。"又问:"师作么生?"师曰:"坐也听伊坐,卧也听伊卧,有一人不坐不卧。速道！速道！”山休去。沩山问师：“什么处去来？”师曰：“看病来。”山曰：“有几人病？”师曰：“有病底，有不病底。”山曰：“不病底莫是智头陀么？”师曰：“病与不病，总不干他事。速道！速道！”山曰：“道得也与他没交涉。”僧问：“万里无云未是本来天，如何是本来天？”师曰：“今日好晒麦。”云岩问：“师弟家风近日如何？”师曰：“教师兄指点，堪作什么？”岩曰：“无这个来多少时也？”师曰：“牙根犹带生涩在。”僧问：“如何是今时着力处？”师曰：“千人万人唤不回头，方有少分相应。”曰：“忽然火起时如何？”师曰：“能烧大地。”师却问僧：“除却星与焰，那个是火？”曰：“不是火。”别一僧却问：“师还见火么？”师曰：“见。”曰：“见从何起？”师曰：“除却行住坐卧，别请一问。”有施主施裩，药山提起示众曰：“法身还具四大也无？有人道得，与他一腰裩。”师曰：“性地非空，空非性地。此是地大，三大亦然。”山曰：“与汝一腰裩。”师指佛桑花问僧曰：“这个何似那个？”曰：“直得寒毛卓竖。”师曰：“毕竟如何？”曰：“道吾门下底。”师曰：“十里大王。”云岩不安，师乃谓曰：“离此壳漏子，向什么处相见？”岩曰：“不生不灭处相见。”师曰：“何不道非不生不灭处，亦不求相见？”

云岩补鞋次，师问：“作什么？”岩曰：“将败坏补败坏。”师曰：“何不道即败坏非败坏？”师闻僧念《维摩经》云：“八千菩萨、五百声闻，皆欲随从文殊师利。”师问曰：“什么处去？”其僧无对，师便打。〔后僧问禾山，山曰：“给侍者方谐。”〕师到五峰，峰问：“还识药山老宿否？”师曰：“不识。”峰曰：“为什么不识？”师曰：“不识，不识。”问：“如何是祖师西来意？”师曰：“东土不曾逢。”因设先师斋，僧问：“未审先师还来也无？”师曰：“汝诸人用设斋作什么？”石霜问：“和尚一片骨，敲着似铜鸣，向什么处去也？”师唤侍者，者应诺。师曰：“驴年去！”唐太和九年九月示疾，有苦。

僧众慰问体候，师曰：“有受非偿，子知之乎？”众皆愀然。越十日将行，谓众曰：“吾当西迈，理无东移。”言讫告寂。阇维得灵骨数片，建塔道吾。后雷，迁于石霜山之阳。

云岩昙晟禅师

潭州云岩昙晟禅师，钟陵建昌王氏子。少出家于石门，参百丈海禅师二十年，因缘不契。后造药山，山问：“甚处来？”曰：“百丈来。”山曰：“百丈有何言句示徒？”师曰：“寻常道：我有一句子，百味具足。”山曰：“咸则咸味，淡则淡味，不咸不淡是常味。作么生是百味具足底句？”师无对。山曰：“争奈目前生死何！”师曰：“目前无生死。”山曰：“在百丈多少时？”师曰：“二十年。”山曰：“二十年在百丈，俗气也不除。”他日侍立次，山又问：“百丈更说什么法？”师曰：“有时道：三句外省去，六句内会取。”山曰：“三千里外，且喜没交涉。”山又问：“更说什么法？”师曰：“有时上堂，大众立定，以拄杖一时趁散。复召大众，众回首。丈曰：‘是什么’山曰：“何不早恁么道，今日因子得见海兄。”师于言下顿省，便礼拜。一日山问：“汝除在百丈，更到什么处来？”师曰：“曾到广南来。”曰：“见说广州城东门外有一片石，被州主移去。是否？”师曰：“非但州主，阖国人移亦不动。”山又问：“闻汝解弄师子，是否？”师曰：“是。”曰：“弄得几出？”师曰：“弄得六出。”曰：“我亦弄得。”师曰：“和尚弄得几出？”曰：“我弄得一出。”师曰：“一即六，六即一。”后到沩山，沩问：“承闻长老在药山弄师子，是否？”师曰：“是。”曰：“长弄？有置时？”师曰：“要弄即弄，要置即置。”曰：“置时师子在什么处？”师曰：“置也，置也！”

僧问：“从上诸圣什么处去？”师良久，曰：“作么，作么！”问：“暂时不在，如同死人时如何？”师曰：“好埋却。”问：“大保任底人，与那个是一是二？”师曰：“一机之绢，是一段是两段？”〔洞山代云：

“如人接树。”〕师煎茶次，道吾问：“煎与阿谁？”师曰：“有一人要。”曰：“何不教伊自煎？”师曰：“幸有某甲在。”师问石霜：“什么处来？”曰：“沩山来。”师曰：“在彼中得多少时？”曰：“粗经冬夏。”师曰：“恁么即成山长也。”曰：“虽在彼中却不知。”师曰：“他家亦非知非识。”石霜无对。〔道吾闻云：“得恁么无佛法身心。”〕

住后，上堂示众曰：“有个人家儿子，问着无有道不得底。”洞山出问曰：“他屋里有多少典籍？”师曰：“一字也无。”曰：“争得恁么多知？”师曰：“日夜不曾眠。”山曰：“问一段事还得否？”师曰：“道得却不道。”问僧：“甚处来？”曰：“添香来。”师曰：“还见佛否？”曰：“见。”师曰：“什么处见？”曰：“下界见。”师曰：“古佛，古佛！”道吾问：“大悲千手眼，那个是正眼？”师曰：“如人夜间背手摸枕子。”吾曰：“我会也。”师曰：“作么生会？”吾曰：“遍身是手眼。”师曰：“道也太煞道，只道得八成。”吾曰：“师兄作么生？”师曰：“通身是手眼。”扫地次，道吾曰：“太区区生！”师曰：“须知有不区区者。”吾曰：“恁么则有第二月也。”师竖起扫帚曰：“是第几月？”吾便行。〔玄沙闻云：“正是第二月。”〕问僧：“甚处来？”曰：“石上语话来。”师曰：“石还点头也无？”僧无对。师自代曰：“未语话时却点头。”师作草鞋次，洞山近前曰：“乞师眼睛得么？”师曰：“汝底与阿谁去也？”曰：“良价无。”师曰：“设有，汝向什么处着？”山无语。师曰：“乞眼睛底是眼否？”山曰：“非眼。”师便喝出。

尼僧礼拜，师问：“汝爷在否？”曰：“在。”师曰：“年多少？”曰：“年八十。”师曰：“汝有个爷不年八十，还知否？”曰：“莫是恁么来者！”师曰：“恁么来者，犹是儿孙。”〔洞山代云：“直是不恁么来者，亦是儿孙。”〕僧问：“一念瞥起便落魔界时如何？”师曰：“汝因什么却从佛界来？”僧无对。师曰：“会么？”曰：“不会。”师曰：“莫道体不得，设使体得，也只是左之右之。”

院主游石室回，师问：“汝去入到石室里许，为只恁么便回？”

主无对。洞山代曰:“彼中已有人占了也。”师曰:“汝更去作什么?”山曰:“不可人情断绝去也。”会昌元年辛酉十月二十六日示疾,命澡身竟,唤主事令备斋,来日有上座发去。至二十七夜归寂,荼毗得舍利一千余粒。瘗于石塔,谥无住大师。

船子德诚禅师

秀州华亭船子德诚禅师,节操高邈,度量不群。自印心于药山,与道吾、云岩为同道交。洎离药山,乃谓二同志曰:“公等应各据一方,建立药山宗旨。予率性疏野,唯好山水,乐情自遣,无所能也。他后知我所止之处,若遇灵利座主,指一人来,或堪雕琢,将授生平所得,以报先师之恩。”遂分携。至秀州华亭,泛一小舟,随缘度日,以接四方往来之者。时人莫知其高蹈,因号船子和尚。一日,泊船岸边闲坐,有官人问:“如何是和尚日用事?”师竖桡子曰:“会么?”官人曰:“不会。”师曰:“棹拨清波,金鳞罕遇。”师有偈曰:“三十年来坐钓台,钩头往往得黄能。金鳞不遇空劳力,收取丝纶归去来。千尺丝纶直下垂,一波才动万波随。夜静水寒鱼不食,满船空载月明归。三十年来海上游,水清鱼现不吞钩。钓竿斫尽重栽竹,不计功程得便休。有一鱼兮伟莫裁,混融包纳信奇哉。能变化,吐风雷,下线何曾钓得来。别人只看采芙蓉,香气长粘绕指风。两岸映,一船红,何曾解染得虚空,问我生涯只是船,子孙各自赌机缘。不由地,不由天,除却蓑衣无可传。”道吾后到京口,遇夹山上堂。僧问:“如何是法身?”山曰:“法身无相。”曰:“如何是法眼?”山曰:“法眼无瑕。”道吾不觉失笑。山便下座,请问道吾:“某甲适来只对这僧话必有不是,致令上座失笑。望上座不吝慈悲!”吾曰:“和尚一等是出世未有师在?”山曰:“某甲甚处不是,望为说破。”吾曰:“某甲终不说,请和尚却往华亭船子处去。”山曰:“此人如何?”吾曰:“此人上无片瓦,下无卓锥。

和尚若去，须易服而往。”山乃散众束装，直造华亭。船子才见，便问:“大德住什么寺？”山曰:“寺即不住，住即不似。”师曰:“不似，似个什么？”山曰:“不是目前法。”师曰:“甚处学得来？”山曰:“非耳目之所到。”师曰:“一句合头语，万劫系驴橛。”师又问:“垂丝千尺，意在深潭。离钩三寸，子何不道？”山拟开口，被师一桡打落水中。山才上船，师又曰:“道！道！”山拟开口，师又打。山豁然大悟，乃点头三下。师曰:“竿头丝线从君弄，不犯清波意自殊。”山遂问:“抛纶掷钓，师意如何？”师曰:“丝悬渌水，浮定有无之意。”山曰:“语带玄而无路，舌头谈而不谈。”师曰:“钓尽江波，金鳞始遇。”山乃掩耳。师曰:“如是！如是！”遂嘱曰:“汝向去直须藏身处没踪迹，没踪迹处莫藏身。吾三十年在药山，只明斯事。汝今既得，他后莫住城隍聚落，但向深山里，钁头边，觅取一个半个接续，无令断绝。”山乃辞行，频频回顾，师遂唤“阇黎”！山乃回首，师竖起桡子曰:“汝将谓别有。”乃覆船入水而逝。

椑树慧省禅师

宣州椑树慧省禅师，洞山参，师问:“来作什么？”山曰:“来亲近和尚。”师曰:“若是亲近，用动这两片皮作么？”山无对。〔曹山云:“一子亲得。”〕僧问:“如何是佛？”师曰:“猫儿上露柱。”曰:“学人不会。”师曰:“问取露柱去！”

百岩明哲禅师

鄂州百岩明哲禅师，药山看经次，师曰:“和尚休猱人好！”山置经曰:“日头早晚也。”师曰:“正当午。”山曰:“犹有文彩在。”师曰:“某甲无亦无。”山曰:“汝太煞聪明。”师曰:“某甲只恁么，和尚作么生？”山曰:“跛跛挈挈，百丑千拙。且恁么过。”洞山与密师伯到参，师问:“二上座甚处来？”山曰:“湖南。”师曰:“观察使姓什么？”曰：“不得姓。”师曰：“名什么？”曰：“不得名。”师曰：“还治事也无？”曰：“自有郎幕在。”师曰：“还出入也无？”曰：“不出入。”师曰：“岂不出入？”山拂袖便出。师次早入堂，召二上座曰：“昨日老僧对阇黎一转语不相契，一夜不安。今请阇黎别下一转语。若惬老僧意，便开粥相伴过夏。”山曰：“请和尚问。”师曰：“岂不出入？”山曰：“太尊贵生！”师乃开粥，同共过夏。

澧州高沙弥

澧州高沙弥初参药山，山问：“甚处来？”师曰：“南岳来。”山曰：“何处去？”师曰：“江陵受戒去。”山曰：“受戒图什么？”师曰：“图免生死。”山曰：“有一人不受戒，亦无生死可免。汝还知否？”师曰：“恁么则佛戒何用？”山曰：“这沙弥犹挂唇齿在。”师礼拜而退。道吾来侍立，山曰：“适来有个跛脚沙弥，却有些子气息。”吾曰：“未可全信，更须勘过始得。”至晚，山上堂，召曰：“早来沙弥在什么处？”师出众立。山问：“我闻长安甚闹，你还知否？”师曰：“我国晏然。”〔法眼别云：“见谁说？”〕山曰：“汝从看经得，请益得？”师曰：“不从看经得，亦不从请益得。”山曰：“大有人不看经，不请益，为什么不得？”师曰：“不道他不得，只是不肯承当。”山顾道吾、云岩曰：“不信道。”师一日辞药山，山问：“什么处去？”师曰：“某甲在，众有妨，且往路边卓个草庵，接待往来茶汤去。”山曰：“生死事大，何不受戒去？”师曰：“知是般事便休，更唤什么作戒？”山曰：“汝既如是，不得离吾左右，时复要与子相见。”师住庵后，一日归来，值雨。山曰：“你来也。”师曰：“是。”山曰：“可煞湿。”师曰：“不打这个鼓笛。”云岩曰：“皮也无，打什么鼓？”道吾曰：“鼓也无，打什么皮？”山曰：“今日大好一场曲调。”僧问：“一句子还有该不得处否？”师曰：“不顺世。”药山斋时，自打鼓，师捧钵作舞入堂。山便掷下鼓槌曰：“是第几和？”师曰：“是第二和。”山曰:“如何是第一和?”师就桶舀一杓饭便出。

刺史李翱居士

鼎州李翱刺史，向药山玄化，屡请不赴，乃躬谒之。山执经卷不顾。侍者曰:“太守在此。”守性褊急，乃曰:“见面不如闻名。”拂袖便出。山曰:“太守何得贵耳贱目?”守回拱谢，问曰:“如何是道?”山以手指上下，曰:“会么?”守曰:“不会。”山曰:“云在青天水在瓶。”守忻惬作礼，而述偈曰:“炼得身形似鹤形，千株松下两函经。我来问道无余说，云在青天水在瓶。”〔玄觉云:“且道李太守是赞他语，明他语?须是行脚眼始得。”〕守又问:“如何是戒定慧?”山曰:“贫道这里无此闲家具。”守莫测玄旨。山曰:“太守欲得保任此事，直须向高高山顶立，深深海底行。闺阁中物，拾不得便为渗漏。”守见老宿独坐，问曰:“端居丈室，当何所务?”宿曰:“法身凝寂，无去无来。”〔法眼别云:“汝作什么来?”法灯别云:“非公境界。”〕

丹霞然禅师法嗣

翠微无学禅师

京兆府翠微无学禅师，初问丹霞:“如何是诸佛师?”霞咄曰:“幸自可怜生，须要执巾帚作么?”师退身三步，霞曰:“错!”师进前，霞曰:“错!错!”师翘一足，旋身一转而出。霞曰:“得即得，孤他诸佛。”师由是领旨。住后，投子问:“未审二祖初见达磨，有何所得?”师曰:“汝今见吾，复何所得?”投子顿悟玄旨。一日，师在法堂内行，投子进前接礼。问曰:“西来密旨，和尚如何示人?”师驻步少时。子曰:“乞师垂示。”师曰:“更要第二杓恶水那?”子便礼谢。师曰:“莫垛根。”子曰:“时至根苗自生。”师因供养罗汉，僧问:“丹霞烧木佛，和尚为什么供养罗汉?”师曰:

“烧也不烧着，供养亦一任供养。”曰：“供养罗汉，罗汉还来也无？”师曰：“汝每日还吃饭么？”僧无语。师曰：“少有灵利底！”

孝义寺性空禅师

吉州孝义寺性空禅师，僧参，师乃展手示之。僧近前，却退后。师曰：“父母俱丧，略不惨颜。”僧呵呵大笑。师曰：“少间与阇黎举哀。”僧打筋斗而出。师曰：“苍天！苍天！”僧参人事毕，师曰：“与么下去，还有佛法道理也无？”曰：“某甲结舌有分。”师曰：“老僧又作么生？”曰：“素非好手。”师便仰身合掌，僧亦合掌。师乃拊掌三下，僧拂袖便出。师曰：“乌不前，兔不后，几人于此茫然走。只有阇黎达本源，结舌何曾着空有？”

米仓和尚

米仓和尚，新到参，绕师三匝，敲禅床曰：“不见主人公，终不下参众。”师曰：“什么处情识去来？”曰：“果然不在。”师便打一拄杖。僧曰：“几落情识。”师曰：“村草步头逢着一个，有什么话处？”曰：“且参众去！”

丹霞义安禅师

丹霞山义安禅师，僧问：“如何是佛？”师曰：“如何是上座？”曰：“恁么即无异去也。”师曰：“谁向汝道？”

本童禅师

本童禅师，因僧写师真呈，师曰：“此若是我，更呈阿谁？”曰：“岂可分外也。”师曰：“若不分外，汝却收取。”僧拟收，师打曰：“正是分外强为。”曰：“若恁么即须呈于师也。”师曰：“收取！收取！”

大川禅师法嗣

仙天禅师

仙天禅师，新罗僧参，方展坐具，拟礼拜，师捉住云:“未发本国时道取一句？”僧无语。师便推出曰:“问伊一句,便道两句。”僧参，展坐具，师曰:“这里会得孤负平生去也。”曰:“不向这里会得，又作么生？”师曰:“不向这里会，更向那里会？”便打出。僧参,才展坐具,师曰:“不用通时暄,还我文彩未生时道理来！”曰:“某甲有口，哑却即闲，苦死觅个腊月扇子作么？”师拈棒作打势。僧把住曰:“还我未拈棒时道理。”师曰:“随我者随之南北，不随我者死住东西。”曰:“随与不随且置,请师指出东西南北。”师便打。披云和尚来,才入方丈,师便问:“未见东越老人时,作么生为物？”云曰:“只见云生碧嶂,焉知月落寒潭。”师曰:“只与么也难得。”曰:“莫是未见时么？”师便喝。云展两手,师曰:“错怪人者有什么限？”云掩耳而出。师曰:“死却这汉平生也！”洛瓶和尚参，师问:“甚处来？”瓶曰:“南溪。”师曰:“还将南溪消息来么？”曰:“消即消已,息即未息。”师曰:“最苦是未息。”瓶曰:“且道未息个什么？”师曰:“一回见面，千载忘名。”瓶拂袖便出。师曰:“弄死蛇手有什么限？”僧参，拟礼拜，师曰:“野狐儿见什么了便礼拜？”曰:“老秃奴见什么了便恁么问？”师曰:“苦哉！若哉！仙天今日忘前失后。”曰:“要且得时，终不补失。”师曰:“争不如此？”曰:“谁甘！”师呵呵大笑曰:“远之远矣。”僧四顾便出。

福州普光禅师

福州普光禅师，僧侍立次，师以手开胸曰:“还委老僧事么？”曰:“犹有这个在。”师却掩胸曰:“不妨太显。”曰:“有什么避处？”师曰:“的是无避处。”曰:“即今作么生？”师便打。

大颠通禅师法嗣

三平义忠禅师

漳州三平义忠禅师，福州杨氏子。初参石巩，巩常张弓架箭接机。师诣法席，巩曰："看箭！"师乃拨开胸曰："此是杀人箭。活人箭又作么生？"巩弹弓弦三下，师乃礼拜。巩曰："三十年张弓架箭，只射得半个圣人。"遂拗折弓箭。后参大颠，举前话。颠曰："既是活人箭,为什么向弓弦上辨？"平无对。颠曰："三十年后，要人举此话也难得。"师问大颠："不用指东划西,便请直指。"颠曰："幽州江口石人蹲。"师曰："犹是指东划西。"颠曰："若是凤凰儿，不向那边讨。"师作礼。颠曰："若不得后句，前话也难圆。"师住三平，上堂曰："今时人出来尽学驰求走作，将当自己眼目。有什么相当！阿汝欲学么？不要诸余，汝等各有本分事，何不体取？作么心愤愤、口悱悱，有什么利益，分明向汝说。若要修行路及诸圣建立化门，自有大藏教文在。若是宗门中事宜，汝切不得错用心。"僧问："宗门中还有学路也无？"师曰："有一路滑如苔。"曰："学人还蹑得否？"师曰："不拟心，汝自看。"问："黑豆未生芽时如何？"师曰："佛亦不知。"讲僧问："三乘十二分教，某甲不疑，如何是祖师西来意？"师曰："龟毛拂子，兔角拄杖。大德藏向什么处？"曰："龟毛兔角岂是有邪？"师曰："肉重千斤,智无铢两。"上堂："诸人若未曾见知识即不可，若曾见作者来，便合体取些子意度，向岩谷间木食草衣恁么去，方有少分相应。若驰求知解义句，即万里望乡关去也。珍重！"问侍者："姓什么？"者曰："与和尚同姓。"师曰："你道三平姓什么？"者曰："问头何在？"师曰："几时问汝？"者曰："问姓者谁？"师曰："念汝初机，放汝三十棒。"师有偈曰："即此见闻非见闻，无余声色可呈君。个中若了全无事，体用何妨分不分。"升座次，有道士出众从东过西，一僧从西过东。

师曰:“适来道士却有见处，师僧未在。”士出作体曰:“谢师接引。”师便打。僧出作礼曰:“乞师指示。”师亦打。复谓众曰:“此两件公案作么生断？还有人断得么？”如是三问，众无对。师曰:“既无人断得，老僧为断去。”乃掷下拄杖，归方丈。

马颊山本空禅师

马颊山本空禅师，上堂:“只这施为动转，还合得本来祖翁么？若合得，十二时中无虚弃底道理？若合不得，吃茶说话往往唤作茶话在。”僧便问:“如何免得不成茶话去？”师曰:“你识得口也未？”曰:“如何是口？”师曰:“两片皮也不识。”曰:“如何是本来祖翁？”师曰:“大众前不要牵爷恃娘。”师曰:“大众欣然去也。”师曰:“你试点大众性看！”僧作礼。师曰:“伊往往道一性一切性在。”僧欲进语，师曰:“孤负平生行脚眼。”问:“去却即今言句，请师直指本来性。”师曰:“你迷源来得多少时？”曰:“即今蒙和尚指示。”师曰:“若指示你，我即迷源。”曰:“如何即是。”师示颂曰:“心是性体，性是心用。心性一如，谁别谁共？妄外迷源，祇者难洞。古今凡圣，如幻如梦。”

本生禅师

本生禅师，拈拄杖示众曰:“我若拈起，你便向未拈起时作道理。我若不拈起，你便向拈起时作主宰。且道老僧为人在甚处？”时有僧出曰:“不敢妄生节目。”师曰:“也知阇黎不分外。”曰:“低低处平之有余，高高处观之不足。”师曰:“节目上更生节目。”僧无语。师曰:“掩鼻偷香，空招罪犯。”

长髭旷禅师法嗣

石室善道禅师

潭州石室善道禅师作沙弥时，长髭遣令受戒，谓之曰："汝回日须到石头和尚处礼拜。"师受戒后，乃参石头。一日随头游山次，头曰："汝与我斫却面前树子，免碍我。"师曰："不将刀来。"头乃抽刀倒与，师曰："何不过那头来？"头曰："你用那头作什么？"师即大悟，便归长髭。髭问："汝到石头否？"师曰："到即到，只是不通号。"髭曰："从谁受戒？"师曰："不依他。"髭曰："在彼即恁么，来我这里作么生？"师曰："不违背。"髭曰："太忉忉生！"师曰："舌头未曾点着在。"髭喝曰："沙弥出去！"师便出。髭曰："争得不遇于人。"师寻值沙汰，乃作行者，居于石室。每见僧，便竖起杖子曰："三世诸佛，尽由这个。"对者少得冥契。长沙闻，乃曰："我若见即令放下拄杖，别通个消息。"三圣将此语祇对，被师认破是长沙语。杏山闻三圣失机，乃亲到石室。师见杏山，僧众相随，潜入碓坊碓米。杏曰："行者接待不易，贫道难消。"师曰："开心碗子盛将来，无盖盘子合取去。说什么难消。"杏便休。仰山问："佛之与道，相去几何？"师曰："道如展手，佛似握拳。"曰："毕竟如何的当，可信可依。"师以手拨空三下曰："无恁么事，无恁么事。"曰："还假看教否？"师曰："三乘十二分教是分外事。若与他作对，即是心境两法，能所双行，便有种种见解，亦是狂慧，未足为道。若不与他作对，一事也无。所以祖师道'本来无一物'。汝不见小儿出胎时，可道我解看教、不解看教？当恁么时，亦不知有佛性义、无佛性义。及至长大，便学种种知解出来，便道我能我解，不知总是客尘烦恼。十六行中，婴儿行为最哆哆和和时，喻学道之人离分别取舍心，故赞叹婴儿，可况喻取之。若谓婴儿是道，今时人错会。"师一夕与仰山玩月，山问："这个月尖时，圆相什么处去？圆时，尖相又什么处去？"师曰："尖时圆相隐,圆时尖相在。”〔云岩云:“尖时圆相在,圆时无尖相”。道吾云:“尖时亦不尖,圆时亦不圆。”〕仰山辞,师送出门。乃召曰:“阇黎!”山应诺。师曰:“莫一向去,却回这边来。”僧问:“曾到五台否?”师曰:“曾到。”曰:“还见文殊么?”师曰:“见。”曰:“文殊向行者道什么?”师曰:“文殊道,你生身父母在深草里。”

青原下四世

道吾智禅师法嗣

石霜山庆诸禅师

潭州石霜山庆诸禅师,庐陵新淦陈氏子。依洪井西山绍銮禅师落发,诣洛下学毗尼教,虽知听制,终为渐宗。回抵沩山,为米头。一日筛米次,沩曰:“施主物,莫抛撒。”师曰:“不抛撒。”沩于地上拾得一粒曰:“汝道不抛撒,这个是什么?”师无对。沩又曰:“莫轻这一粒,百千粒尽从这一粒生。”师曰:“百千粒从这一粒生,未审这一粒从什么处生?”沩呵呵大笑,归方丈。沩至晚,上堂曰:“大众!米里有虫,诸人好看。”后参道吾,问:“如何是触目菩提?”吾唤沙弥,弥应诺。吾曰:“添净瓶水着。”良久却问师:“汝适来问什么?”师拟举,吾便起去。师于此有省。吾将顺世,垂语曰:“我心中有一物,久而为患,谁能为我除之?”师曰:“心物俱非,除之益患。”吾曰:“贤哉!贤哉!”师后避世,混俗于长沙浏阳陶家坊。朝游夕处,人莫能识。后因僧自洞山来,师问:“和尚有何言句示徒?”曰:“解夏上堂云:‘秋初夏末,兄弟或东去西去,直须向万里无寸草处去。’良久曰:‘只如万里无寸草处作么生去?’师曰:“有人下语否?”曰:“无。”师曰:“何不道:‘出门便是草?’”僧回,举似洞山。山曰:“此是一千五百人善知识语。”因兹囊锥始露，果熟香飘，众命住持。上堂：“汝等诸人自有本分事，不用驰求，无你是非处，无你咬嚼处。一代时教，整理时人脚手。凡有其由，皆落今时，直至法身非身，此是教家极则。我辈沙门全无肯路，若分则差，不分则坐着泥水，但由心意妄说见闻。”僧问：“如何是西来意？”师曰：“空中一片石。”僧礼拜。师曰：“会么？”曰：“不会。”师曰：“赖汝不会，若会即打破汝头。”问：“如何是和尚本分事？”师曰：“石头还汗出么？”问：“到这里，为什么却道不得。”师曰：“脚底着口。”问：“真身还出世也无？”师曰：“不出世。”曰：“争奈真身何！”师曰：“琉璃瓶子口。”问：“如何是和尚深深处？”师曰：“无须锁子两头摇。”师在方丈内，僧在窗外问：“咫尺之间为什么不睹师颜？”师曰：“遍界不曾藏。”僧举问雪峰：“遍界不曾藏，意旨如何？”峰曰：“什么处不是石霜。”师闻曰：“这老汉着什么死急！”峰闻曰：“老僧罪过。”〔东禅齐云：“只如雪峰是会石霜意不会石霜意？若会，他为什么道死急。若不会，雪峰什么不会！然法且无异，奈以师承不同，解之差别。他云：‘遍界不曾藏。’也须曾学来始得会，乱说即不可。”〕

裴相公来，师拈起裴笏问：“在天子手中为圭，在官人手中为笏，在老僧手中且道唤作什么？”裴无对，师乃留下笏。示众初机：未覩大事，先须识取头，其尾自至。疏山仁参，问：“如何是头？”师曰：“直须知有。”曰：“如何是尾？”师曰：“尽却今时。”曰：“有头无尾时如何？”师曰：“吐得黄金堪作什么？”曰：“有尾无头时如何？”师曰：“犹有依倚在。”曰：“直得头尾相称时如何？”师曰：“渠不作个解，会亦未许渠在。”僧辞，师问：“船去陆去？”曰：“遇船即船，遇陆即陆。”师曰：“我道半途稍难。”僧无对。僧问：“三千里外，远闻石霜有个不顾。”师曰：“是。”曰：“只如万象历然，是顾不顾？”师曰：“我道不惊众。”曰：“不惊众是与万象合，如何是不顾？”师曰：“遍界不曾藏。”问：“如何是祖师西来意？”师乃咬齿示之。僧不会，后问九峰曰："先师咬齿，意旨如何？"峰曰："我宁可截舌，不犯国讳。"又问云盖，盖曰："我与先师有什么冤仇？"问僧："近离甚处？"曰："审道。"师于面前画一画曰："汝刺脚与么来，还审得这个么？"曰："审不得。"师曰："汝衲衣与么厚，为甚却审这个不得？"曰："某甲衲衣虽厚，争奈审这个不得。"师曰："与么，则七佛出世也救你不得。"曰："说甚七佛，千佛出世也救某甲不得。"师曰："太懵懂生！"曰："争奈聱！"师曰："参堂去。"僧曰："喏！喏！"问："童子不坐白云床时如何？"师曰："不打水，鱼自惊。"洞山问："向前一个童子甚了事，如今向甚处去也？"师曰："火焰上泊不得，却归清凉世界去也。"问："佛性如虚空，是否？"师曰："卧时即有，坐时即无。"问："忘收一足时如何？"师曰："不共汝同盘。"问："风生浪起时如何？"师曰："湖南城里太煞闹。有人不肯过江西。"问："如何是佛法大意？"师曰："落花随水去。"曰："意旨如何？"师曰："修竹引风来。"问："如何是尘劫来事？"师曰："冬天则有，夏天则无。"师颂洞山《五位王子》。诞生曰："天然贵胤本非功，德合乾坤育势隆。始末一朝无杂种，分宫六宅不他宗。上和下睦阴阳顺，共气连枝器量同。欲识诞生王子父，鹤冲霄汉出银笼。"朝生曰："苦学论情世莫群，出来凡事已超伦。诗成五字三冬雪，笔落分毫四海云。万卷积功彰圣代，一心忠孝辅明君。盐梅不是生知得，金榜何劳显至勋。"末生曰："久栖岩壑用工夫，草榻柴扉守志孤。十截见闻心自委，一身冬夏衣缣无。澄凝含笑三秋思，清苦高名上哲图。业就高科酬志极，比来臣相不当途。"化生曰："傍分帝位为传持，万里山河布政威。红影日轮凝下界，碧油风冷暑炎时。高低岂废尊卑奉？玉裤苏途远近知。妙印手持烟塞静，当阳那肯露纤机。"内生曰："九重密处复何宣，挂弊由来显妙传。只奉一人天地贵，从他诸道自分权。紫罗帐合君臣隔，黄阁帘垂禁制全。为汝方隅宫属恋，遂将黄叶止啼钱。”师居石霜山二十年间，学众有长坐不卧，屹若株杌，天下谓之枯木众也。唐僖宗闻师道誉，赐紫衣，师牢辞不受。光启四年示疾告寂，葬于院之西北隅，谥普会大师。

渐源仲兴禅师

潭州渐源仲兴禅师，在道吾为侍者。因过茶与吾，吾提起盏曰：“是邪是正？”师叉手近前，目视吾。吾曰：“邪则总邪，正则总正。”师曰：“某甲不恁么道。”吾曰：“汝作么生？”师夺盏子提起曰：“是邪是正？”吾曰：“汝不虚为吾侍者。”师便礼拜。一日，侍吾往檀越家吊慰，师拊棺曰：“生邪死邪？”吾曰：“生也不道，死也不道。”师曰：“为什么不道。”吾曰：“不道。不道。”归至中路，师曰：“和尚今日须与某甲道。若不道，打和尚去也。”吾曰：“打即任打，道即不道。”师便打。吾归院曰：“汝宜离此去，恐知事得知，不便。”师乃礼辞，隐于村院。经三年后，忽闻童子念《观音经》，至“应以比丘身得度者即现比丘身”，忽然大省。遂焚香遥礼曰：“信知先师遗言，终不虚发。自是我不会，却怨先师。先师既没，唯石霜是嫡嗣，必为证明。”乃造石霜，霜见便问：“离道吾后到甚处来？”师曰：“只在村院寄足。”霜曰：“前来打先师因缘会也未？”师起身进前曰：“却请和尚道一转语。”霜曰：“不见道，生也不道，死也不道。”师乃述在村院得底因缘。遂礼拜石霜，设斋忏悔。他日，持锹复到石霜，于法堂上从东过西，从西过东。霜曰：“作么？”师曰：“觅先师灵骨。”霜曰：“洪波浩渺，白浪滔天。觅甚先师灵骨？”师曰：“正好着力。”霜曰：“这里针劄不入，着什么力。”源持锹肩上便出。〔太原孚上座代云：“先师灵骨犹在。”〕师后住渐源，一日在纸帐内坐，有僧来拨开帐曰：“不审。”师以目视之。良久曰：“会么？”曰：“不会。”师曰：“七佛已前事，为什么不会？”僧举似石霜，霜曰：“如人解射，箭不虚发。”一日，宝盖和尚来访，师便卷起帘子，在方丈内坐。盖一见乃下却帘，便归客位。师令侍者传语：“长老远来不易，犹隔津在。”盖擒住侍者，与一掌。者曰：“不用打某甲，有堂头和尚在。”盖曰：“为有堂头老汉，所以打你。”者回举似师，师曰：“犹隔津在。”

渌清禅师

渌清禅师，僧问：“不落道吾机，请师道。”师曰：“庭前红苋树，生叶不生华。”僧良久，师曰：“会么？”曰：“不会。”师曰：“正是道吾机，因什么不会？”僧礼拜，师打曰：“须是老僧打你始得。”问：“如何是无相？”师曰：“山青水绿。”僧参，师以目视之。僧曰：“是个机关，于某甲分上用不着。”师弹指三下。僧绕禅床一匝，依位立。师曰：“参堂去。”僧始出。师便喝，僧却以目视之。师曰：“灼然用不着。”僧礼拜。

云岩晟禅师法嗣

杏山鉴洪禅师

涿州杏山鉴洪禅师，临济问：“如何是露地白牛？”师曰：“吽吽！”济曰：“哑却杏山口。”师曰：“老兄作么生？”济曰：“这畜生！”师便休。示灭后荼毗，收五色舍利建塔。

神山僧密禅师

潭州神山僧密禅师，师在南泉打罗次，泉问：“作什么？”师曰：“打罗。”曰：“手打脚打？”师曰：“却请和尚道。”泉曰：“分明记取。向后遇明眼作家，但恁么举似。”〔云岩代云：“无手脚者始解打。”〕师与洞山渡水，山曰：“莫错下脚。”师曰：“错即过不得也。”山曰：“不错底事作么生？”师曰：“共长老过水。”一日，与洞山锄茶园，山掷下镬头曰："我今日一点气力也无。"师曰："若无气力，争解恁么道？"山曰："汝将谓有气力底是。"裴大夫问僧："供养佛，佛还吃否？"僧曰："如大夫祭家神。"大夫举似云岩，岩曰："这僧未出家在。"曰："和尚又如何？"岩曰："有几般饭食，但一时下来。"岩却问师："一时下来又作么生？"师曰："合取钵盂。"岩肯之。问："一地不见二地时如何？"师曰："汝莫错否？汝是何地？"问："生死事，乞师一言。"师曰："汝何时死去来。"曰："某甲不会，请师说。"师曰："不会须死一场始得。"师与洞山行次，忽见白兔走过，师曰："俊哉！"洞曰："作么生？"师曰："大似白衣拜相。"洞曰："老老大大，作这个说话？"师曰："你作么生？"洞曰："积代簪缨，暂时落魄。"师把针次，洞山问曰："作什么？"师曰："把针。"洞曰："把针事作么生？"师曰："针针相似。"洞曰："二十年同行，作这个语话，岂有与么工夫？"师曰："长老又作么生？"洞曰："如大地火发底道理。"师问洞山："智识所通，莫不游践，径截处乞师一言。"洞曰："师伯意何得取功？"师因斯顿觉，下语非常。后与洞山过独木桥，洞先过了，拈起木桥曰："过来！"师唤"价阇黎"，洞乃放下桥木。

幽溪和尚

幽溪和尚，僧问："大用现前，不存轨则时如何？"师起，绕禅床一匝而坐。僧拟进语，师与一踢。僧归位而立。师曰："汝恁么我不恁么，汝不恁么我却恁么。"僧再拟进语，师又与一踢，曰："三十年后，吾道大行。"问："如何是祖师禅？"师曰："泥牛步步出人前。"问："处处该不得时如何？"师曰："夜半石人无影像，纵横不辨往来源。"

船子诚禅师法嗣

夹山善会禅师

澧州夹山善会禅师，广州廖氏子。幼岁出家，依年受戒，听习经论，该练三学。出住润州鹤林，因道吾劝发，往见船子，由是师资道契，微眹不留。〔语见船子章。〕恭禀遗命，遁世忘机。寻以学者交凑，庐室星布，晓夕参依。咸通庚寅，海众卜于夹山，遂成院宇。上堂："有祖以来，时人错会，相承至今，以佛祖言句为人师范。若或如此，却成狂人，无智人去。他只指示汝：无法本是道，道无一法。无佛可成，无道可得，无法可取，无法可舍。所以老僧道，目前无法，意在目前。他不是目前法。若向佛祖边学，此人未具眼在。何故皆属所依，不得自在。本只为生死茫茫，识性无自由分，千里万里求善知识，须具正眼，求脱虚谬之见，定取目前生死为复实有，为复实无？若有人定得，许汝出头。上根之人，言下明道。中下根器，波波浪走。何不向生死中定当取，何处更疑佛疑祖替汝生死？有智人笑汝。汝若不会，更听一颂：劳持生死法，唯向佛边求。目前迷正理，拨火觅浮沤。"僧问："从上立祖意教意，和尚为什么却言无？"师曰："三年不吃饭，目前无饥人。"曰："既是无饥人，某甲为什么不悟？"师曰："只为悟迷却阇黎。"复示偈曰："明明无悟法，悟法却迷人。长舒两脚睡，无伪亦无真。"问："十二分教及祖意，和尚为什么不许人问？"师曰："是老僧坐具。"曰："和尚以何法示人？"师曰："虚空无挂针之路，子虚徒撚线之功。"又曰："会么？"曰："不会。"师曰："金粟之苗裔，舍利之真身，罔象之玄谈，是野孤之窟宅。"

上堂："不知天晓，悟不由师。龙门跃鳞，不堕渔人之手。但意不寄私缘，舌不亲玄旨，正好知音，此名俱生话。若向玄旨疑去，赚杀阇黎。困鱼止泺，钝鸟栖芦。云水非阇黎，阇黎非云水。老僧于云水而得自在，阇黎又作么生？”西川座主罢讲，遍参到襄州华严和尚处。问曰：“祖意教意，是同是别？”严曰：“如车二轮，如鸟二翼。”主曰：“将为禅门别有长处，元来无。”遂归蜀，后闻师道播诸方，令小师持此语问，师曰：“雕砂无镂玉之谈，结草乖道人之意。”主闻举，遥礼曰：“元来禅门中别有长处。”上堂：“闻中生解,意下丹青。目前即美,久蕴成病。青山与白云,从来不相到。机丝不挂梭头事,文彩纵横意自殊。嘉祥一路,智者知疏。瑞草无根,贤者不贵。”问：“如何是道？”师曰：“太阳溢目，万里不挂片云”曰：“不会”师曰：“清清之水,游鱼自迷。”问：“如何是本？”师曰：“饮水不迷源。”问：“古人布发掩泥,当为何事？”师曰：“九乌射尽,一翳犹存。一箭堕地，天下黯黑。”问：“祖意教意是同是别？”师曰：“风吹荷叶满池青,十里行人较一程。”问：“拨尘见佛时如何？”师曰：“直须挥剑。若不挥剑，渔父栖巢。”僧后问石霜：“拨尘见佛时如何？”霜曰：“渠无国土，甚处逢渠？”僧回举似师，师上堂举了，乃曰：“门庭施设，不如老僧。入理深谈，犹较石霜百步。”问：“两镜相照时如何？”师曰：“蚌呈无价宝,龙吐腹中珠。”问：“如何是寂默中事？”师曰：“寝殿无人。”师吃茶了，自烹一碗，过与侍者。者拟接，师乃缩手。曰：“是什么？”者无对。座主问：“若是教意，某甲即不疑。只如禅门中事如何？”师曰：“老僧只解变生为熟。”问：“如何是实际之理？”师曰：“石上无根树，山含不动云。”问：“如何是出窟师子？”师曰：“虚空无影像,足下野云生。”

师在沩山作典座,沩问：“今日吃甚菜？”师曰：“二年同一春。”沩曰：“好好修事着。”师曰：“龙宿凤巢。”问：“如何识得家中宝？”师曰：“忙中争得作闲人。”问：“如何是相似句？”师曰：“荷叶团团似镜,菱角尖尖尖似锥。”复曰：“会么？”曰：“不会。”师曰：“风吹柳絮毛毬走,两打梨花蛱蝶飞。”问：“如何是一老一不老？”师曰：“青山元不动，涧水镇长流。手执夜明符，几个知天晓。”上堂：“金乌玉兔，交互争辉。坐却日头，天下黯黑。上唇与下唇，从来不相识。明明向君道，莫令眼顾着。何也？日月未足为明，天地未足为大。空中不运斤，巧匠不遗踪。见性不留佛，悟道不存师。寻常老僧道，目睹瞿昙，犹如黄叶，一大藏教是老僧坐具。祖师玄旨是破草鞋，宁可赤脚不着最好。”僧问：“如何是佛？”师曰：“此间无宾主。”曰：“寻常与什么人对谈？”师曰：“文殊与吾携水去，普贤犹未折花来。”上堂：“我二十年住此山，未曾举着宗门中事。”有僧问：“承和尚有言，二十年住此山，未曾举着宗门中事，是否？”师曰：“是。”僧便掀倒禅床。师休去。至明日普请，掘一坑，令侍者请昨日僧至，曰：“老僧二十年说无义语，今日请上座打杀老僧，埋向坑里。便请！便请！若不打杀老僧，上座自着打杀，埋在坑中始得。”其僧归堂，束装潜去。

上堂：“百草头荐取老僧，闹市里识取天子。”虎头上座参，师问：“甚处来？”曰：“湖南来。”师曰：“曾到石霜么？”曰：“要路经过，争得不到？”师曰：“闻石霜有毬子话，是否？”曰：“和尚也须急着眼始得。”师曰：“作么生是毬子？”曰：“跳不出。”师曰：“作么生是毬杖？”曰：“没手足。”师曰：“且去。老僧未与阇黎相见。”明日升座，师曰：“昨日新到在么？”头出应诺。师曰：“目前无法，意在目前，不是目前法，非耳目之所到。”头曰：“今日虽问，要且不是。”师曰：“片月难明，非关天地。”头曰：“莫屎沸。”便作掀禅床势。师曰：“且缓缓，亏着上座什么处？”头竖起拳曰：“目前还着得这个么？”师曰：“作家！作家！”头又作掀禅床势。师曰：“大众看这一员战将，若是门庭布列，山僧不如他。若据入理之谈，也较山僧一级地。”上堂：“眼不挂户，意不停玄，直得灵草不生，犹是五天之位。珠光月魄，不是出头时。此间无老僧，五路头无阇黎。”问：“如何是夹山境？”师曰：“猿抱子归青嶂里，鸟衔华落碧岩前。”〔法眼云：“我二十年只作境话会。”〕师问僧：“什么处来？”

曰："洞山来。"师曰："洞山有何言句示徒？"曰："寻常教学人三路学。"师曰："何者三路？"曰："玄路、鸟道、展手。"师曰："实有此语否？"曰："实有。"师曰："轨持千里钵，林下道人悲。"师再阐玄枢，迨于一纪。唐中和元年十一月七日，召主事曰："吾与众僧话道累岁，佛法深旨，各应自知。吾今幻质，时尽即去。汝等善保护，如吾在日。勿得雷同世人。辄生惆怅。"言讫奄然而逝。塔于本山，谥传明大师。

翠微学禅师法嗣

清平山令遵禅师

鄂州清平山安乐院令遵禅师，东平人也。初参翠微，便问："如何是西来的的意？"微曰："待无人即向汝说。"师良久，曰："无人也，请和尚说。"微下禅床，引师入竹园。师又曰："无人也，请和尚说。"微指竹曰："这竿得恁么长，那竿得恁么短？"师虽领其微言，犹未彻其玄旨。出住大通。上堂，举初见翠微机缘谓众曰："先师入泥入水为我，自是我不识好恶。"师自此化导，次迁清平。上堂："诸上座，夫出家人须会佛意始得。若会佛意，不在僧俗男女贵贱，但随家丰俭安乐便得。诸上座尽是久处丛林，遍参尊宿，且作么生会佛意？试出来大家商量，莫空气高，至后一事无成，一生空度。若未会佛意，直饶头上出水，足下出火，烧身炼臂，聪慧多辩。聚徒一千二千，说法如云如雨，讲得天华乱坠，只成个邪说，争竞是非，去佛法大远在。诸人幸值色身安健，不值诸难，何妨近前着些工夫，体取佛意好！"僧问："如何是大乘？"师曰："井索。"曰："如何是小乘？"师曰："钱贯。"问："如何是清平家风？"师曰："一斗面作三个蒸饼。"问："如何是禅？"师曰："猢狲上树尾连颠。"问："如何是有漏？"师曰："笊篱。"曰："如何是无漏？"师曰："木杓。”曰:“觌面相呈时如何?”师曰:“分付与典座。”自余逗机方便,靡徇时情,逆顺卷舒,语超格量。天祐十六年,终于本山,谥法喜禅师。

投子山大同禅师

舒州投子山大同禅师,本州怀宁刘氏子。幼岁依洛下保唐满禅师出家。初习安般观,次阅华严教,发明性海。复谒翠微,顿悟宗旨。〔语见翠微章。〕由是放意周游,后旋故土,隐投子山,结茅而居。一日赵州和尚至桐城县,师亦出山,途中相遇。乃逆而问曰:“莫是投子山主么?”师曰:“茶盐钱布施我。”州先归庵中坐。师后携一瓶油归。州曰:“久向投子,及乎到来,只见个卖油翁。”师曰:“汝只识卖油翁,且不识投子。”州曰:“如何是投子?”师提起油瓶曰:“油!油!”州问:“大死底人,却活时如何?”师曰:“不许夜行,投明须到。”州曰:“我早候白,伊更候黑。”上堂:“汝诸人来这里,拟觅新鲜语句,攒华四六,图口里有可道。我老儿气力稍劣,唇舌迟钝,亦无闲言语与汝。汝若问我,便随汝答,也无玄妙可及于汝。亦不教汝垛根,终不说向上向下、有佛有法、有凡有圣。亦不存坐系缚。汝诸人变现千般,总是汝自生见解,担带将来,自作自受。我这里无可与汝,也无表无里,说似诸人,有疑便问。”僧问:“表里不收时如何?”师曰:“汝拟向这里垛根。”便下座。问:“大藏教中还有奇特事也无?”师曰:“演出大藏教。”问:“如何是眼未开时事?”师曰:“目净修广如青莲。”问:“一切诸佛及诸佛法,皆从此经出,如何是此经?”师曰:“以是名字,汝当奉持。”问:“枯木中还有龙吟也无?”师曰:“我道髑髅里有师子吼。”问:“一法普润一切群生。如何是一法?”师曰:“雨下也。”问:“一尘含法界时如何?”师曰:“早是数尘也。”问:“金锁未开时如何?”师曰:“开也。”问:“学人拟欲修行时如何?”

师曰:“虚空不曾烂坏。”

巨荣禅客参次，师曰:“老僧未曾有一言半句挂诸方唇齿，何用要见老僧? ”荣曰:“到这里不施三拜,要且不甘。”师曰:“出家儿得恁么没碑记。”荣乃绕禅床一匝而去。师曰:“有眼无耳朵，六月火边坐。”问:“一切声是佛声,是不? ”师曰:“是。”曰:“和尚莫屎沸碗鸣声。”师便打。问:“粗言及细语，皆归第一义。是不? ”师曰:“是。”曰:“唤和尚作头驴,得么? ”师便打。问:“如何是十身调御? ”师下禅床立。师指庵前一片石,谓雪峰曰:“三世诸佛总在里许。”峰曰:“须知有不在里许者。”师曰:“不快漆桶! ”师与雪峰游龙眠，有两路，峰问:“那个是龙眠路? ”师以杖指之。峰曰:“东去西去? ”师曰:“不快漆桶! ”问:“一槌便就时如何? ”师曰:“不是性燥汉。”曰:“不假一槌时如何? ”师曰:“不漆快桶! ”峰问:“此间还有人参也无? ”师将镬头抛向峰面前。峰曰:“恁么则当处掘去也。”师曰:“不快漆桶! ”峰辞,师送出门。召曰:“道者。”峰回首应诺。师曰:“途中善为。”问:“故岁已去,新岁到来,还有不涉二途者也无? ”师曰:“有。”曰:“如何是不涉二途者? ”师曰:“元正启祚，万物咸新。”问:“依稀似半月，彷佛若三星。乾坤收不得，师于何处明? ”师曰:“道什么? ”曰:“想师只有湛水之波,且无滔天之浪。”师曰:“闲言语。”问:“类中来时如何? ”师曰:“人类中来,马类中来? ”问:“祖祖相传，传个什么? ”师曰:“老僧不解妄语。”问:“如何是出门不见佛? ”师曰:“无所睹。”曰:“如何是入室别爷娘。”师曰:“无所生。”问:“如何是火焰里身? ”师曰:“有什么掩处? ”曰:“如何是炭库里藏身? ”师曰:“我道汝黑似漆。”问:“的的不明时如何? ”师曰:“明也。”问:“如何是末后一句? ”师曰:“最初明不得。”问:“从苗辨地，因语识人，未审将何辨识? ”师曰:“引不着。”问:“院中有三百人,还有不在数者也无? ”师曰:

“一百年前,五十年后看取。”问僧:“久向疏山、姜头,莫便是否?”僧无对。〔法眼代云:“向重和尚日久。”〕问:“抱璞投师,请师雕琢。”师曰:“不为栋梁材。”曰:“恁么则卞和无出身处也。”师曰:“担带即瓫㻳辛苦。”曰:“不担带时如何?”师曰:“不教汝抱璞投师,请师雕琢。”问:“那吒析骨还父,析肉还母,如何是那吒本来身?”师放下拂子,叉手。问:“佛法二字,如何辨得清浊?”师曰:“佛法清浊。”曰:“学人不会。”师曰:“汝适来问个什么?”问:“一等是水,为什么海咸河淡?”师曰:“天上星,地下水。”〔法眼别云:“大似相违。”〕问:“如何是祖师意?”师曰:“弥勒觅个受记处不得。”问:“不断烦恼而入涅槃时如何?”师作色曰:“这个师僧,好发业杀人。”问:“和尚自住此山,有何境界?”师曰:“丫角女子白头丝。”问:“如何是无情说法?”师曰:“恶。”问:“如何是毗卢?”师曰:“已有名字。”曰:“如何是毗卢师?”师曰:“未有毗卢时会取。”问:“历落一句,请师道。”师曰:“好。”问:“四山相逼时如何?”师曰:“五蕴皆空。”问:“一念未生时如何?”师曰:“真个谩语。”问:“凡圣相去几何?”师下禅床立。

问:“学人一问即和尚答,忽若千问万问时如何?”师曰:“如鸡抱卵。”问:“天上天下,唯我独尊,如何是我?”师曰:“推倒这老胡,有什么罪过。”问:“如何是和尚师?”师曰:“迎之不见其首,随之罔眺其后。”问:“铸像未成,身在什么处?”师曰:“莫造作。”曰:“争奈现不现何!”师曰:“隐在什么处?”问:“无目底人如何进步?”师曰:“遍十方。”曰:“无目为什么遍十方?”师曰:“还更着得目也无?”问:“如何是西来意?”师曰:“不讳。”问:“月未圆时如何?”师曰:“吞却三个四个。”曰:“圆后如何?”师曰:“吐却七个八个。”问:“日月未明,佛与众生在什么处?”师曰:“见老僧嗔便道嗔,见老僧喜便道喜。”问僧:“什么处来?”曰:“东西山礼祖师来。”师曰:“祖师不在东西山。”僧无语。〔法眼代云:“和尚识祖师。”〕问:“如何是玄中的?”师曰:“不到汝口里道。”问:“牛头未见四祖时如何?”师曰:“与人为师。”曰:“见后如何?”师曰:“不与人为师。”问:“诸佛出世为一大事因缘,和尚出世当为何事?”师曰:“尹司空请老僧开堂。”问:“如何是佛?”师曰:“幻不可求。”问:“千里投师,乞师一接。”师曰:“今日老僧腰痛。”菜头请益,师曰:“且去,待无人时来。”头明日伺得无人,又来。师曰:“近前来!”头近前,师曰:“辄不得举似于人。”问:“并却咽喉唇吻,请师道。”师曰:“汝只要我道不得。”问:“达磨未来时如何?”师曰:“遍天遍地。”曰:“来后如何?”师曰:“盖覆不得。”问:“如何是无情说法?”师曰:“莫恶口。”问:“和尚未见先师时如何?”师曰:“通身不奈何。”曰:“见后如何?”师曰:“通身扑不碎。”曰:“还从师得也无?”师曰:“终不相孤负。”曰:“恁么则从师得也。”师曰:“得个什么?”曰:“恁么则孤负先师也。”师曰:“非但孤负先师,亦乃孤负老僧。”问:“七佛是文殊弟子,文殊还有师也无?”师曰:“适来恁么道,也大似屈己推人。”问:“金鸡未鸣时如何?”师曰:“无这个音响。”曰:“鸣后如何?”师曰:“各自知时。”问:“师子是兽中之王,为什么被六尘吞?”师曰:“不作大,无人我。”师居投子山三十余载,往来激发,请益者常盈于室。纵以无畏之辩,随问遽答,啐啄同时,微言颇多,今录少分而已。中和中巢寇暴起,天下丧乱,有狂徒持刃问师曰:“住此何为?”师乃随宜说法,渠魁闻而拜伏,脱身服,施之而去。乾化四年四月六日示微疾,大众请医。师谓众曰:“四大动作,聚散常程,汝等勿虑,吾自保矣。”言讫跏趺而寂,谥慈济大师。

道场山如讷禅师

安吉州道场山如讷禅师,僧问:“如何是教意?”师曰:“汝自看。”僧礼拜。师曰:“明月铺霄汉,山川势自分。”问:“如何得闻性不随缘去？”师曰：“汝听看。”僧礼拜。师曰：“聋人也唱胡笳调，好恶高低自不闻。”曰：“恁么则闻性宛然也。”师曰：“石从空里立，火向水中焚。”问：“虚空还有边际否？”师曰：“汝也太多知。”僧礼拜。师曰：“三尺杖头桃日月，一尘飞起任遮天。”问：“如何是道人？”师曰：“行运无踪迹，起坐绝人知。”曰：“如何即是？”师曰：“三炉力尽无烟焰，万顷平田水不流。”问：“一念不生时如何？”师曰：“堪作什么！”僧无语。师又曰：“透出龙门云雨合，山川大地入无踪。”师目有重瞳，手垂过膝，自翠微受诀，止于此山。薙草卓庵，学徒四至。广阐法化，遂成丛社焉。

白云约禅师

建州白云约禅师，僧问：“不坐遍空堂，不居无学位。此人合向什么处安置？”师曰：“青天无电影。”韶国师参，师问：“什么处来？”韶曰：“江北来。”师曰：“船来陆来？”曰：“船来。”师曰：“还逢见鱼鳖么？”曰：“往往遇之。”师曰：“遇时作么生？”韶曰：“咄！缩头去。师大笑。”

孝义性空禅师法嗣

歙州茂源禅师

歙州茂源禅师，因平田参，师欲起身，田乃把住曰：“开口即失，闭口即丧。去此二途，请师速道。”师以手掩耳。田放手曰：“一步易，两步难。”师曰：“有什么死急？”田曰：“若非此个，师不免诸方点检。”师不对。

枣山光仁禅师

枣山光仁禅师，上堂众集，师于座前谓众曰：“不负平生行脚眼目，致个问来，还有么？”众无对。师曰：“若无，即升座去也。”便登座。僧出礼拜。师曰：“负我且从大众，何也？”便归方丈。翌日，有僧请辨前语意旨如何。师曰：“斋时有饭与汝吃，夜后有床与汝眠。一向煎迫我作什么？”僧礼拜。师曰：“苦！苦！”僧曰：“请师直指。”师乃垂足曰：“舒缩一任老僧。”

五灯会元　卷第六

青原下五世

石霜诸禅师法嗣

大光山居诲禅师

潭州大光山居诲禅师，京兆人也。初造石霜，长坐不卧。麻衣草履，亡身为法。霜遂令主性空塔院。一日，霜知缘熟，试其所得。问曰："国家每年放举人及第，朝门还得拜也无？"师曰："有一人不求进。"霜曰："凭何？"师曰："他且不为名。"霜曰："除却今日，别更有时也无？"师曰："他亦不道今日是。"如是酬问，往复无滞。盘桓二十余祀，众请出世。僧问："只如达磨是祖否？"师曰："不是。"祖曰："既不是祖，又来作什么？"师曰："只为汝不荐。"曰："荐后如何？"师曰："方知不是祖。"问："混沌未分时如何？"师曰："时教阿谁叙？"上堂："一代时教，只是整理时人手脚，直饶剥尽到底，也只成得个了事人，不可将当衲衣下事。所以道四十九年明不尽，标不起，到这里合作么生？更若忉忉，恐成负累。珍重！"

九峰道虔禅师

瑞州九峰道虔禅师，福州人也。尝为石霜侍者。洎霜归寂，众请首座继住持。师白众曰：“须明得先师意，始可。”座曰：“先师有什么意？”师曰：“先师道：休去，歇去，冷湫湫地去，一念万年去，寒灰枯木去，古庙香炉去，一条白练去。其余则不问，如何是一条白练去？”座曰：“这个只是明一色边事。”师曰：“元来未会先师意在。”座曰：“你不肯我那？但装香来，香烟断处，若去不得，即不会先师意。”遂焚香，香烟未断，座已脱去。师拊座背曰：“坐脱立亡即不无，先师意未梦见在。”住后，僧问：“无间中人行什么行？”师曰：“畜生行。”曰：“畜生复行什么行？”师曰：“无间行。”曰：“此犹是长生路上人？”师曰：“汝须知有不共命者。”曰：“不共什么命？”师曰：“长生气不常。”师乃曰：“诸兄弟还识得命么？欲知命，流泉是命，湛寂是身。千波竞涌，是文殊境界。一亘晴空，是普贤床榻。其次，借一句子是指月，于中事是话月，从上宗门中事，如节度使信旗相似，且如诸方先德，未建许多名目指陈已前，诸兄弟约什么体格商量。到这里不假三寸试话会看，不假耳试采听看，不假眼试辨白看。所以道：声前抛不出，句后不藏形。尽乾坤大地都来，是汝当人个体，向什么处安眼耳鼻舌？莫但向意根下图度作解，尽未来际亦未有休歇分。所以洞山道：‘拟将心意学玄宗，大似西行却向东。’珍重！”

问：“承古有言，向外绍则臣位，向内绍则王种，是否？”师曰：“是。”曰：“如何是外绍？”师曰：“若不知事极头，只得了事，唤作外绍，是为臣种。”曰：“如何是内绍？”师曰：“知向里许承当担荷，是为内绍。”曰：“如何是王种？”师曰：“须见无承当底人，无担荷底人，始得同一色。同一色了，所以借为诞生，是为王种。”曰：“恁么则内绍亦须得转？”师曰：“灼然！有承当担荷，争得不转？汝道内绍便是人王种，你且道如今还有绍底道理么？所以古人道：

绍是功，绍了非是功。转功位了，始唤作人王种。”曰：“未审外绍还转也无？”师曰：“外绍全未知有，且教渠知有。”曰：“如何是知有？”师曰：“天明不觉晓。”问：“如何是外绍？”师曰：“不借别人家里事。”曰：“如何是内绍。”师曰：“推爷向里头。”曰：“二语之中，那语最亲。”师曰：“臣在门里，王不出门。”曰：“恁么则不出门者，不落二边。”师曰：“渠也不独坐世界，里绍王种名，外绍王种姓。所以道：绍是功，名臣是偏中正。绍了转功，名君是正中偏。”问：“诞生还更知闻也无？”师曰：“更知闻阿谁？”曰：“恁么则莫便是否？”师曰：“若是，古人为什么道诞生王有父？”曰：“既有父，为什么不知闻？”师曰：“同时不识祖。”问：“古人云：直得不恁么来者，犹是儿孙。意旨如何？”师曰：“古人不谩语。”曰：“如何是来底儿孙？”师曰：“犹守珍御在。”曰：“如何是父？”师曰：“无家可坐，无世可兴。”问：“诸圣间出，只是个传语底人，岂不是和尚语？”师曰：“是。”曰：“只如世尊生下，一手指天，一手指地，云：天上天下，唯我独尊。为什么唤作传语底人？”师曰：“为他指天指地，所以唤作传语底人。”僧礼拜而退。问：“九重无信，恩赦何来？”师曰：“流光虽遍，阃内不周。”曰：“流光与阃内相去多少？”师曰：“绿水腾波，青山秀色。”问：“人人尽言请益，未审师将何拯济？”师曰：“汝道巨岳还曾乏寸土也无？”曰：“恁么则四海参寻，当为何事？”师曰：“演若迷头心自狂。”曰：“还有不狂者么？”师曰：“有。”曰：“如何是不狂者？”师曰：“突晓途中眼不开。”问：“如何是学人自己？”师曰：“更问阿谁？”曰：“便恁么承当时如何？”师曰：“须弥还更戴须弥。”问：“祖祖相传，复传何事？”师曰：“释迦悭，迦叶富。”曰：“如何是释迦悭？”师曰：“无物与人。”曰：“如何是迦叶富？”师曰：“国内孟尝君。”曰：“毕竟传底事作么生？”师曰：“百岁老人分夜灯。”问：“诸佛非我道，如何是我道？”师曰：“我非诸佛。”曰：“既非诸佛，为什么却立我道？”师曰：“适来暂唤来,如今却遣出。”曰:“为什么却遣出?”师曰:“若不遣出,眼里尘生。”问:“一切处觅不得,岂不是圣?”师曰:“是什么圣?”曰:“牛头未见四祖时,岂不是圣?”师曰:“是圣境未忘。”曰:“二圣相去几何?”师曰:“尘中虽有隐形术,争奈全身入帝乡。”问:“古人道:因真立妄,从妄显真。是否?”师曰:“是。”曰:“如何是真心?”师曰:“不杂食是。”曰:“如何是妄心?”师曰:“攀缘起倒是。”曰:“离此二途,如何是本体?”师曰:“本体不离。”曰:“为什么不离?”师曰:“不敬功德天,谁嫌黑暗女。”问:“尽乾坤都来是个眼,如何是乾坤眼?”师曰:“乾坤在里许。”曰:“乾坤眼何在?”师曰:“正是乾坤眼。”曰:“还照瞩也无?”师曰:“不借三光势。”曰:“既不借三光势,凭何唤作乾坤眼?”师曰:“若不如是,髑髅前见鬼人无数。”问:“一笔丹青为什么邈志公真不得?”师曰:“僧繇却许志公。”曰:“未审僧繇得什么人证旨,却许志公?”师曰:“乌龟稽首须弥柱。”问:“动容沈古路,身没乃方知。此意如何?”师曰:“偷佛钱买佛香。”曰:“学人不会。”师曰:“不会即烧香供养本爷娘。”师后住沩潭而终,谥大觉禅师。

涌泉景欣禅师

台州涌泉景欣禅师,泉州人也。自石霜开示而止涌泉。一日,不披袈裟吃饭,有僧问:“莫成俗否?”师曰:“即今岂是僧邪?”强、德二禅客于路次见师骑牛,不识师。忽曰:“蹄角甚分明,争奈骑者不鉴。”师骤牛而去。强、德憩于树下煎茶。师回,却下牛问曰:“二禅客近离什么处?”强曰:“那边。”师曰:“那边事作么生?”强提起茶盏。师曰:“此犹是这边事,那边事作么生?”强无对。师曰:“莫道骑者不鉴好!”上堂:“我四十九年在这里,尚自有时走作。汝等诸人莫开大口。见解人多,行解人万中无一个。见解言语总要知通,若识不尽,敢道轮回去在。为何如此?盖为识漏未尽。汝但尽却今时，始得成立，亦唤作立中功。转功就他去，亦唤作就中功，亲他去。我所以道，亲人不得度，渠不度亲人。恁么譬喻，尚不会荐取浑仑底，但管取性，乱动舌头。不见洞山道：‘相续也大难。’汝须知有此事。若不知有啼，哭有日在。”上堂：“拍盲不见佛，开眼遇途人。借问途中事，渠无丈六身。不从五天来，汉地不曾踏。不是张家生，谁云李家子。三人拄一杖、卧一床，似伊不似伊，拈来搭肩上，为他十八儿，论不奈伊何。”

云盖山志元圆净禅师

潭州云盖山志元圆净禅师，游方时问云居曰：“志元不奈何时如何？”居曰：“只为阇黎功力不到。”师不礼拜。直造石霜，亦如前问。霜曰：“非但阇黎，老僧亦不柰何！”师曰：“和尚为什么不奈何？”霜曰：“老僧若奈何，拈过汝不奈何。”师便礼拜。僧问石霜：“万户俱闭即不问，万户俱开时如何？”霜曰：“堂中事作么生？”僧无对。经半年，方始下一转语曰：“无人接得渠。”霜曰：“道即太煞道，只道得八成。”曰：“和尚又且如何？”霜曰：“无人识得渠。”师知乃礼拜，乞为举。霜不肯，师乃抱霜上方丈曰：“和尚若不道，打和尚去在！”霜曰：“得在。”师频礼拜。霜曰：“无人识得渠。”师于言下顿省。住后，僧问：“如何是佛？”师曰：“黄面底是。”曰：“如何是法？”师曰：“藏里是。”问：“然灯未出时如何？”师曰：“昧不得。”问：“蛇为什么吞却师？”师曰：“通身色不同。”问：“如何是衲僧？”师曰：“参寻访道。”潭州道正表闻马王，乞师论义，王请师上殿相见。茶罢，师就王乞剑，师握剑问道正曰：“你本教中道，恍恍惚惚，其中有物，是何物？杳杳冥冥，其中有精，是何精？道得不斩，道不得即斩。”道正茫然，便礼拜忏悔。师谓王曰：“还识此人否？”王曰：“识。”师曰：“是谁？”王曰：“道正。”师曰：“不是。其道若正，合对得臣僧。此只是个无主孤魂。”因兹道士更不纷纭。

谷山藏禅师

潭州谷山藏禅师，僧问：“法尚应舍，何况非法？如何是法尚应舍？”师曰：“空里撒醍醐。”曰：“如何是非法？”师曰：“嵩山道士诈明头。”问：“逼迫出来时如何？”师曰：“还曾搒着汝么！”

中云盖禅师

潭州中云盖禅师，僧问：“和尚开堂，当为何事？”师曰：“为汝驴汉。”曰：“诸佛出世,当为何事？”师曰：“为汝驴汉。”问：“祖佛未出世时如何？”师曰：“像不得。”曰：“出世后如何？”师曰：“阇黎也须侧身始得。”问：“如何是向上一句？”师曰：“文殊失却口。”曰：“如何是门头一句？”师曰：“头上插花子。”问：“如何是超百亿？”师曰：“超人不得肯。”

南际山僧一禅师

河中南际山僧一禅师,僧问：“幸获亲近,乞师指示。”师曰：“我若指示,即屈着汝。”曰：“教学人作么生即是？”师曰：“切忌是非。”问：“如何是衲僧气息？”师曰：“还曾薰着汝也无？”问：“同类即不问,如何是异类？”师曰：“要头斫将去！”问：“如何是法身主？”师曰：“不过来。”问：“如何是毗卢师？”师曰：“不超越。”师终于长庆，谥本净大师。

栖贤怀祐禅师

庐山栖贤怀祐禅师，泉州人也。僧问：“如何是五老峰前事？”师曰：“万古千秋。”曰：“恁么则成绝嗣去也。”师曰：“踌躇欲与谁。”问：“自远趋风，请师激发。”师曰：“他不凭时。”曰：“请师凭时。”师曰：“我亦不换。”问：“如何是法法无差？”师曰：“雪上更加霜。”上堂：“若会此个事，无有下口处。”问：“如何是祖师西来意？”师曰：“井底寒蟾，天中明月。”

覆船山洪荐禅师

福州覆船山洪荐禅师，僧问：“如何是本来面目？”师便闭目吐舌，又开目吐舌。曰：“本来有许多面目。”师曰：“适来见什么？”僧无语。问：“如何是师子？”师曰：“善哮吼。”僧拊掌曰：“好手！好手！”师曰：“青天白日，却被鬼迷。”僧作掀禅床势，师便打。曰：“驴事未去，马事到来。”师曰：“灼然作家。”僧拂袖便出。师曰：“将瓯盛水，拟比大洋。”问：“如何是玄妙？”师曰：“未问已前。”道吾问：“久向和尚会禅，是否？”师曰：“苍天！苍天！”吾近前掩师口，曰：“低声！低声！”师与一掌。吾曰：“苍天！苍天！”师把住曰：“得恁么无礼。”吾却与一掌。师曰：“老僧罪过！”吾拂袖便行。师呵呵大笑曰：“早知如是，不见如是。”僧参，师便作起势，僧便出。师曰：“阇黎且来人事。”僧回作抽坐具势，师却归方丈。僧曰：“苍天！苍天！”师曰：“龙头蛇尾。”僧近前叉手立。师曰：“败将投王，不存性命。”问：“抱璞投师，师还接否？”师以手拍香台，僧礼拜。师曰：“礼拜则不无，其中事作么生？”僧却拍香台。师曰：“舌头不出口。”师将示寂，三日前令侍者唤第一座来，师卧，出气一声，座唤侍者曰：“和尚渴，要汤水吃。”师乃面壁而卧。临终令集众，乃展两手出舌示之。时第三座曰：“诸人，和尚舌根硬也。”师曰：“苦哉！苦哉！诚如第三座所言，舌根硬去也。”言讫而寂，谥绍隆大师。

德山存德慧空禅师

鼎州德山存德慧空禅师，僧问：“如何是一句？”师曰：“更请问。”问：“如何是和尚先陀婆？”师曰：“昨夜三更见月明。”

吉州崇恩禅师

吉州崇恩禅师，僧问:“祖意教意是同是别? ”师曰:“少林虽有月，葱岭不穿云。”问:“如何是类? ”师曰:“奈河桥畔嘶声切，剑树林中去复来。”

石霜山晖禅师

石霜晖禅师，僧问:“世尊出世，先度五俱轮。和尚出世，先度何人? ”师曰:“总不度。”曰:“为什么不度? ”师曰:“为伊不是五俱轮。”

郢州芭蕉禅师

郢州芭蕉禅师，僧问:“从上宗乘，如何举唱? ”师曰:“已被人冷眼觑破了。”问:“不落诸缘，请师直指。”师曰:“有问有答。”问:“如何是和尚为人一句? ”师曰:“只恐阇黎不问。”问:“如何是向去底人? ”师曰:“董家稚子声声哭。”曰:“如何是却来底人? ”师曰:“枯木骊龙露爪牙。”

肥田慧觉伏禅师

潭州肥田慧觉伏禅师,僧问:“如何是未出世边事? ”师曰:“髻中珠未解,石女敛双眉。”曰:“出世后如何? ”师曰:“灵龟呈卦兆，失却自家身。”问:“此地名什么? ”师曰:“肥田。”曰:“宜种什么? ”师便打。师有偈曰:“修多好句枉工夫，返本还源是大愚。祖佛不从修证得，纵行玄路也崎岖。”

鹿苑山晖禅师

潭州鹿苑晖禅师，僧问:“不假诸缘，请师道。”师敲火炉曰:“会么? ”曰:“不会。”师曰:“瞌睡汉! ”问:“牛头未见四祖时如何？”师曰：“如月在水。”曰：“见后如何？”师曰：“如水在月。”问：“祖祖相传，未审传个什么？”师曰：“汝问我，我问汝。”曰：“恁么则缁素不分也。”师曰：“什么处去来。”

宝盖山约禅师

潭州宝盖约禅师，僧问：“宝盖高高挂，其中事若何？请师言下旨，一句不消多。”师曰：“宝盖挂空中，有路不曾通。傥求言下旨，便是有西东。”

拯迷寺海晏禅师

越州云门山拯迷寺海晏禅师，僧问：“如何是衲衣下事？”师曰：“如咬硬石头。”问：“如何是古寺一炉香？”师曰：“历代无人嗅。”曰：“嗅者如何？”师曰：“六根俱不到。”问：“久向拯迷，到来为什么不见拯迷？”师曰：“阇黎不识拯迷。”

湖南文殊禅师

湖南文殊禅师，僧问：“僧繇为什么貌志公真不得？”师曰：“非但僧繇，志公也貌不得。”曰：“志公为什么貌不得？”师曰：“彩绘不将来。”曰：“和尚还貌得也无？”师曰：“我亦貌不得。”曰：“和尚为什么貌不得？”师曰：“渠不以苟我颜色，教我作么生貌？”问：“如何是密室？”师曰：“紧不就。”曰：“如何是密室中人？”师曰：“不坐上色牛。”

凤翔府石柱禅师

凤翔府石柱禅师游方时到洞山，时虔和尚垂语曰：“有四种人：一人说过佛祖，一步行不得。一人行过佛祖，一句说不得。一人说得行得。一人说不得，行不得。阿那个是其人？”师出众曰：“一人说过佛祖行不得者，只是无舌不许行。一人行过佛祖一句说不得者，只是无足不许说。一人说得行得者，只是函盖相称。一人说不得行不得者,如断命求活。此是石女儿,披枷带锁。”山曰:“阇黎分上作么生？”师曰:“该通分上卓卓宁彰。”山曰:“只如海上明公秀又作么生？”师曰:“幻人相逢，拊掌呵呵。”

大通院存寿禅师

河中府栖岩山大通院存寿禅师,初讲经论,后于石霜之室忘筌。住后，僧问:“如何是和尚得力处？”师曰:“不居无理位，岂坐白牛车。”问:“莲华未出水时如何？”师曰:“汝莫问出水后莲华事么？”僧无语。师平居罕言，叩之则应。谥真寂禅师。

南岳玄泰禅师

南岳玄泰禅师,沉静寡言,未尝衣帛,时谓之泰布衲。始见德山,升于堂矣。后谒石霜，遂入室焉。掌翰二十年，与贯休齐己为友。后居兰若，曰金刚台。誓不立门徒，四方后进依附，皆用交友之礼。尝以衡山多被山民斩伐烧畲,为害滋甚,乃作《畲山谣》曰:“畲山儿,畲山儿，无所知。年年斫断青山嵋。就中最好衡岳色，杉松利斧摧贞枝。灵禽野鹤无因依，白云回避青烟飞。猿猱路绝岩崖出，芝术失根茆草肥。年年斫罢仍再锄，千秋终是难复初。又道今年种不多，来年更斫当阳坡。国家寿岳尚如此，不知此理如之何。”远迩传播，达于九重，有诏禁止。故岳中兰若无复延燎，师之力也。将示灭，乃召一僧令备薪蒸，留偈曰:“今年六十五,四大将离主。其道自玄玄，个中无佛祖。不用剃头，不须澡浴，一堆猛火，千足万足。”端坐垂一足而逝。阇维收舍利，建塔于迎云亭侧。

潭州云盖禅师

潭州云盖禅师，僧问："佛未出世时如何？"师曰："月中藏玉兔。"曰："出后如何？"师曰："日里背金乌。"问："不可以情测时如何？"师曰："无舌童儿机智尽。"风穴参，师问："石角穿云路，携筇意若何？"穴曰："红霞笼玉象，拥嶂照川源。"师曰："相随来也。"穴曰："和尚也须低声。"师曰："且坐吃茶。"

龙湖普闻禅师

邵武军龙湖普闻禅师，唐僖宗太子也。幼不茹荤，长无经世意。僖宗钟爱之，然百计陶写，终不能回。中和初，僖宗幸蜀，师断发逸游，人无知者。造石霜，问曰："祖师别传事，肯以相付乎？"霜曰："莫谤祖师。"师曰："天下宗旨盛大，岂妄为之邪？"霜曰："是实事那？"师曰："师意如何？"霜曰："待案山点头，即向汝道。"师于言下顿省。辞去至邵武城外，见山郁然深秀，遂拨草，至烟起处，有一苦行居焉。苦行见师至，乃曰："上人当兴此。"长揖而去。师居十余年，一日有一老人拜谒，师问："住在何处？至此何求？"老人曰："住在此山，然非人，龙也。行雨不职，上天有罚当死，愿垂救护。"师曰："汝得罪上帝，我何能致力？虽然，可易形来。"俄失老人所在，视坐傍有一小蛇，延缘入袖。至暮雷电震山，风雨交作。师危坐不倾，达旦晴霁，垂袖，蛇堕地而去。有顷，老人拜而泣曰："自非大士慈悲，为血腥秽此山矣，念何以报斯恩。"即穴岩下为泉，曰："此泉为他日多众之设，今号龙湖。"邦人闻其事，施财施力，相与建寺，衲子云趋。师阐化三十余年，临示寂声钟集众，说偈曰："我逃世难来出家，宗师指示个歇处。住山聚众三十年，寻常不欲轻分付。今日分明说似君，我敛目时齐听取。"安然而逝。塔于本山，谥圆觉禅师。

张拙秀才

张拙秀才，因禅月大师指参石霜。霜问："秀才何姓？"曰："姓张名拙。"霜曰："觅巧尚不可得，拙自何来？"公忽有省。乃呈偈曰："光明寂照遍河沙，凡圣含灵共我家。一念不生全体现，六根才动被云遮。断除烦恼重增病，趣向真如亦是邪。随顺世缘无挂碍，涅槃生死等空花。"

夹山会禅师法嗣

洛浦山元安禅师

澧州洛浦山元安禅师，凤翔麟游人也。丱年出家，具戒通经论。问道临济，后为侍者。济尝对众美之曰："临济门下一只箭，谁敢当锋。"师蒙印可，自谓已足。一日侍立次，有座主参济，济问："有一人于三乘十二分教明得，有一人不于三乘十二分教明得，且道此二人是同是别？"主曰："明得即同，明不得即别。"师曰："这里是什么所在？说同说别？"济顾师曰："汝又作么生？"师便喝。济送座主回，问师："汝岂不是适来喝老僧者？"师曰："是。"济便打。师后辞济，济问："什么处去？"师曰："南方去。"济以拄杖画一画，曰："过得这个便去。"师乃喝，济便打。师作礼而去。济明日升堂曰："临济门下有个赤梢鲤鱼，摇头摆尾，向南方去，不知向谁虀家瓮里淹杀。"师游历罢，直往夹山卓庵，经年不访夹山。山乃修书，令僧驰往。师接得便坐却，再展手索，僧无对。师便打，曰："归去举似和尚。"僧回举似，山曰："这僧若开书，三日内必来。若不开书，斯人救不得也。"师果三日后至，见夹山不礼拜，乃当面叉手而立。山曰："鸡栖凤巢，非其同类。出去！"师曰："自远趋风，请师一接。"山曰："目前无阇黎，此间无老僧。"师便喝。山曰："住！住！且莫草草匆匆。云月是同，溪山各异。截断天下人舌头即不无，阇黎，争教无舌人解语？”师伫思，山便打，因兹服膺。〔兴化代云：“但知作佛，莫愁众生。”〕一日问山：“佛魔不到处如何体会？”山曰：“烛明千里像，闇室老僧迷。”又问：“朝阳已升，夜月不现时如何？”山曰：“龙衔海珠，游鱼不顾。”山将示灭，垂语曰：“石头一枝，看看即灭矣。”师曰：“不然。”山曰：“何也？”师曰：“他家自有青山在。”山曰：“苟如是，即吾宗不坠矣。”暨夹山顺世，师抵于涔阳，遇故人因话武陵事。问曰：“倏忽数年，何处逃难？”师曰：“只在阛阓中。”曰：“何不向无人处去？”师曰：“无人处有何难？”曰：“阛阓中如何逃避？”师曰：“虽在阛阓中，要且人不识。”故人罔测。又问：“佛佛相应，祖祖相传，彼此不垂曲时如何？”师曰：“野老门前，不话朝堂之事。”曰：“合谭何事？”师曰：“未逢别者，终不开拳。”曰：“有人不从朝堂来，相逢还话会否？”师曰：“量外之机，徒劳目击。”

师寻之澧阳洛浦山卜筑宴处，后迁止朗州苏溪。四方玄侣，憧憧奔凑。上堂：“末后一句始到牢关，锁断要津，不通凡圣。寻常向诸人道，任从天下乐欣欣，我独不肯。欲知上流之士，不将佛祖言教贴在额头上，如龟负图，自取丧身之兆。凤萦金网，趍霄汉以何期。直须旨外明宗，莫向言中取则。是以石人机似汝，也解唱巴歌。汝若似石人，雪曲也应和。指南一路，智者知疏。”僧问：“瞥然便见时如何。”师曰：“晓星分曙色，争似太阳辉。”又问：“恁么来不立，恁么去不泯时如何？”师曰：“鬻薪樵子贵，衣锦道人轻。”问：“供养百千诸佛，不如供养一个无心道人。未审百千诸佛有何过？无心道人有何德？”师曰：“一片白云横谷口，几多归鸟尽迷巢。”问：“日未出时如何？”师曰：“水竭沧溟龙尚隐，云腾碧汉凤犹飞。”问：“如何是本来事？”师曰：“一粒在荒田，不耘苗自秀。”曰：“若也不耘，莫被草埋却也无？”师曰：“肌骨异刍荛，稊稗终难隐。”问：“不伤物命者如何？”师曰：“眼花山影转，迷者谩彷徨。”问：“不谭今古时如何？”师曰：“灵龟无卦兆，空壳不劳钻。”曰：“争奈空壳何？”师曰：“见尽无机所，邪正不可立。”曰：“恁么则无栖泊处也。”师曰：“玄象始于未形，虚劳烦于饰彩。”问：“龙机不吐雾滋益事如何？”师曰：“道本无名，不存明暗。”曰：“不挂明暗底事，又作么生？”师曰：“言中易举，意外难提。”问：“不生如来家，不坐华王座时如何？”师曰：“汝道火炉重多少？”问：“祖意教意，是同是别？”师曰：“师子窟中无异兽，象王行处绝狐踪。”问：“一时举来时如何？”师曰：“献璞不知机，徒劳招刖足。”问僧：“近离甚处？”曰：“荆南。”师曰：“有一人与么去，还逢么？”曰：“不逢。”师曰：“为甚不逢？”曰：“若逢即头粉碎。”师曰：“阇黎三寸甚密。”

云门于江西见其僧，乃问：“还有此语否？”曰：“是。”门曰：“洛浦倒退三千里。”问：“行不思议处如何？”师曰：“青山常举足，白日不移轮。”问：“枯尽荒田独立事如何？”师曰：“鹭倚雪巢犹可辨，乌投漆立事难分。”问：“如何是主中宾？”师曰：“逢人常问路，足下镇长迷。”曰：“如何是宾主双举？”师曰：“枯树无横枝，鸟来难措足。”问：“终日朦胧时如何？”师曰：“掷宝混沙中，识者天然异。”曰：“恁么则展手不逢师也。”师曰：“莫将鹤唳误作莺啼。”问：“圆伊三点人皆会，洛浦家风事若何？”师曰：“雷霆一震，布鼓声销。”问：“正堂亭午时如何？”师曰：“亭午犹亏半，乌沈始得圆。要会个中意，牛头尾上安。”问：“如何是祖师西来意？”师曰：“飒飒当轩竹，经霜不自寒。”僧拟进语，师曰：“只闻风击响，知是几千竿。”上堂：“孙膑收铺去也，有卜者出来。”僧曰：“请和尚卜。”师曰：“汝家爷死。”僧无对。〔法眼代拊掌三下。〕问：“如何是西来意？”师以拂子击禅床曰：“会么？”曰：“不会。”师曰：“天上忽雷惊宇宙，井底虾蟆不举头。”问：“如何是佛法大意？”师曰：“雪覆狐峰峰不白，雨滋石笋笋须生。”问：“法身无为，不堕诸数，是否？”师曰：“惜取眉毛好！”曰：“如何免得斯咎？”师曰：“泥龟任你千年，终不解随云鹤。”曰：“直是孙膑，也遭贬剥。”师曰：“不穿鼻孔底牛，有甚御处？”僧便作牛吼。师曰：“这畜生！”僧便喝。师曰：“掩尾露牙，终非好手。”问：“万丈悬崖撒手去，如何免得丧于身时如何？”师曰：“须弥系藕丝。”曰：“是何境界？”师曰：“刹竿头上仰莲心。”曰：“恁么则湛湛澄澄去也。”师曰：“须弥顶上再翻身。”曰：“恁么则兢兢切切去也。”师曰：“空随媒鸽走，虚丧网罗身。”曰：“如何得不随去？”师曰：“鸊鹈瓶项小，拟透望天飞。”问：“露不垂群木时如何？”师曰：“有虎鸦须噪，无人鸟不惊。”问：“拨乱乾坤底人来，师还接否？”师竖拂子。僧曰：“恁么则得遇明君去也。”师曰：“依稀似曲才堪听，又被风吹别调中。”问：“佛魔不到处，如何辨得？”师曰：“演若头非失，镜中认取乖。”问：“如何是救离生死？”师曰：“执水苟延生，不闻天乐妙。”问：“四大从何而有？”师曰：“湛水无波，沤因风激。”曰：“沤灭归水时如何？”师曰：“不浑不浊，鱼龙任跃。”问：“如何离得生死去？”师曰：“一念忘机，大虚无玷。”问：“如何是道？”师曰：“存机犹滞迹，去机却通途。”问：“如何是一大藏教收不得者？”师曰：“雨滋三草秀，片玉本来辉。”问：“一毫吞尽巨海，于中更复何言？”师曰：“家有白泽之图，必无如是妖怪。”〔保福别云：“家无白泽之图，亦无如是妖怪。”〕问：“凝然时如何？”师曰：“时雷应节，震岳惊蛰。”曰：“千般运动，不异个凝然时如何？”师曰：“灵鹤翥空外，钝鸟不离巢。”曰：“如何？”师曰：“白首拜少年，举世人难信。”问：“诸圣恁么来，将何供养？”师曰：“土宿虽持锡，不是婆罗门。”问：“祖意教意，是同是别？”师曰：“日月并轮辉，谁家别有路。”曰：“恁么则显晦殊途，事非一概。”师曰：“但自不亡羊，何须泣岐路。”问：“学人拟归乡时如何？”师曰：“家破人亡，子归何处？”曰：“恁么则不归去也。”师曰：“庭前残雪日轮消，室内游尘遣谁扫？”乃有偈曰：

"决志归乡去,乘船渡五湖。举篙星月隐,停棹日轮孤。解缆离邪岸,张帆出正途。到来家荡尽，免作屋中愚。"问:"动是法王苗，寂是法王根，根苗即不问，如何是法王？"师举拂子。僧曰:"此犹是法王苗。"师曰:"龙不出洞，谁人奈何！"侍者谓师曰:"肇法师制得四轮,甚奇怪。"师曰:"肇公甚奇怪,要且不见祖师。"者无对。〔法灯代云:"和尚什么处是。"云居锡云:"什么处是肇公不见祖师处，莫是有许多言语么？"又云:"肇公有多少言语。"〕问:"如何是生机一路？"师曰:"敲空有响，击木无声。"

师两山开法，语播诸方。光化元年八月，诫主事曰:"出家之法，长物不留。播种之时，切宜减省。缔构之务，悉从废停。流光迅速，大道玄深。苟或因循，曷由体悟？"虽激励恳切，众以为常,略不相儆。至冬示微疾,亦不倦参请。十二月一日告众曰:"吾非明即后也。今有一事问汝等:若道这个是，即头上安头;若道不是,即斩头求活。"第一座对曰:"青山不举足,日下不挑灯。"师曰:"是什么时节，作这个语话？"时有彦从上座对曰:"离此二途，请和尚不问。"师曰:"未在更道。"曰:"彦从道不尽。"师曰:"我不管汝尽不尽。"曰:"彦从无侍者祗对和尚。"师便休。至夜令侍者唤从问曰:"阇黎今日祗对，甚有道理。汝合体得先师意。先师道，目前无法,意在目前,不是目前法,非耳目之所到。且道那句是宾，那句是主？若择得出，分付钵袋子。"曰:"彦从不会。"师曰:"汝合会。"曰:"彦从实不会。"师喝出，乃曰:"苦！苦！"〔玄觉云:"且道从上座实不会,是怕见钵袋子粘着伊。"〕二日午时，别僧举前话问师。师曰:"慈舟不棹清波上，剑峡徒劳放水鹅。"便告寂。

逍遥山怀忠禅师

抚州逍遥山怀忠禅师,僧问:"不似之句还有人道得否？"师曰:"或即五日斋前,或即五日斋后。"问:"剑镜明利,毫毛何惑？"师曰:

“不空罥索。”问:“洪炉猛焰,烹锻何物?”师曰:“烹佛烹祖。”曰:“佛祖作么生烹?”师曰:“业在其中。”曰:“唤作什么业?”师曰:“佛力不如。”问:“四十九年不说一句，如何是不说底句?”师曰:“只履西行,道人不顾。”曰:“莫便是和尚消停处也无!”师曰:“马是官马不用印。”问:“如何是一老一不老?”师曰:“三从六义。”曰:“如何是奇特一句?”师曰:“坐佛床，斫佛朴。”问:“祖与佛阿那个最亲?”师曰:“真金不肯博，谁肯换泥丸。”曰:“恁么则不肯去也!”师曰:“汝贵我贱。”问:“悬剑万年松时如何?”师曰:“非言可及。”曰:“当为何事?”师曰:“为汝道话。”曰:“言外事如何明得?”师曰:“日久年多筋骨成。”问:“不敌魔军，如何证道?”师曰:“海水不劳杓子舀。”问:“不住有云山,常居无底船时如何?”师曰:“果熟自然香。”曰:“更请师道。”师曰:“门前真佛子。”曰:“学人为什么不见?”师曰:“处处王老师。”

蟠龙山可文禅师

袁州蟠龙山可文禅师,僧问:“亡僧迁化向什么处去也?”师曰:“石牛沿古路,日里夜明灯。”问:“如何是佛?”师曰:“痴儿舍父逃。”

黄山月轮禅师

抚州黄山月轮禅师，福唐许氏子。初谒三峰，机缘靡契。寻闻夹山盛化，乃往叩之。山问:“名什么?”师曰:“月轮。”山作一圆相，曰:“何似这个?”师曰:“和尚恁么语话，诸方大有人不肯在。”山曰:“阇黎作么生!”师曰:“还见月轮么?”山曰:“阇黎恁么道，此间大有人不肯诸方。”师乃服膺参讯。一日，夹山抗声问曰:“子是什么处人?”师曰:“闽中人。”山曰:“还识老僧么?”师曰:“和尚还识学人么?”山曰:“不然。子且还老僧草鞋钱，然后老僧还子庐陵米价。”师曰:“恁么则不识和尚也。未委庐陵米作么价？”山曰：“真师子儿，善能哮吼。”乃入室受印，依附七年。众请住黄山。上堂：“祖师西来，特唱此事。自是诸人不荐，向外驰求。投赤水以寻珠，就荆山而觅玉。所以道：从门入者，不是家珍。认影迷头，岂非大错。”僧问：“如何是祖师西来意？”师曰：“梁殿不施功，魏邦绝心迹。”问：“如何是道？”师曰：“石牛频吐三春雾，木马嘶声满道途。”问：“如何得见本来面目？”师曰：“不劳悬石镜，天晓自鸡鸣。”问：“宗乘一句，请师商量。”师曰：“黄峰独脱物外秀，年来月往冷飕飕。”问：“不辨中言，如何指拨？”师曰：“剑去远矣，尔方刻舟。”问：“如何是衲衣下事？”师曰：“石牛水上卧，东西得自由。”问：“如何是目前意？”师曰：“秋风有韵，片月无方。”问：“如何是学人用心处？”师曰：“觉户不掩，对月莫迷。”问：“如何是青霄路？”师曰：“鹤栖云外树，不倦苦风霜。”问：“过去事如何？”师曰：“龙叫清潭，波澜自肃。”师于同光二年示寂，塔于院之西北隅。

韶山寰普禅师

洛京韶山寰普禅师，有僧到参，礼拜起立。师曰：“大才藏拙户。”僧过一边立，师曰：“丧却栋梁材。”问：“如何是韶山境？”师曰：“古今猿鸟叫，翠色薄烟笼。”曰：“如何是境中人？”师曰：“退后看。”僧参，师问：“莫是多口白头因么？”因曰：“不敢。”师曰：“有多少口？”曰：“通身是。”师曰：“寻常向什么处屙？”曰：“向韶山口里屙。”师曰：“有韶山口即得，无韶山口向什么处屙？”因无语，师便打。遵布衲访师，在山下相见。遵问：“韶山路向什么处去？”师以手指曰：“呜！那青青黯黯处去。”遵近前把住曰：“久向韶山，莫便是否？”师曰：“是即是。阇黎有什么事？”遵曰：“拟伸一问，师还答否？”师曰：“看君不是金牙作，争解弯弓射尉迟。”遵曰：“凤凰直入烟霄去，谁怕林间野雀儿。”师曰：“当轩画鼓从君击，试展家风似老僧。”遵曰：“一句迴超千圣外，松萝不与月轮齐。”师曰：“饶君直出威音外，犹较韶山半月程。”遵曰：“过在甚处？”师曰：“倜傥之辞，时人知有。”遵曰：“恁么则真玉泥中异，不拨万机尘。”师曰：“鲁般门下，徒施巧妙。”遵曰：“学人即恁么，未审师意如何？”师曰：“玉女夜抛梭，织锦于西舍。”遵曰：“莫便是和尚家风也无？”师曰：“耕夫制玉漏，不是行家作。”遵曰：“此犹是文言，如何是和尚家风？”师曰：“横身当宇宙，谁是出头人？”遵无语。师遂同归山，才人事了，师召近前曰：“阇黎有冲天之气，老僧有入地之谋。阇黎横吞巨海，老僧背负须弥。阇黎按剑上来，老僧挜枪相待。向上一路，速道！速道！”遵曰：“明镜当台，请师一鉴。”师曰：“不鉴。”遵曰：“为甚不鉴？”师曰：“水浅无鱼，徒劳下钓。”遵无对，师便打。僧问：“如何是一如相？”师曰：“鹭飞霄汉白，山远色深青。”问：“是非不到处，还有句也无？”师曰：“有。”曰：“是什么句？”师曰：“一片白云不露丑。”终后谥无畏禅师。

上蓝令超禅师

洪州上蓝令超禅师，初住瑞州上蓝山，唱夹山之道，学侣俱会。后于洪井创禅苑，还以上蓝为名，化道益盛。僧问：“如何是上蓝本分事？”师曰：“不从千圣借，岂向万机求。”曰：“只如不借不求时如何？”师曰：“不可拈放汝手里，得么？”问：“锋前如何辨的？”师曰：“锋前不露影，莫向舌头寻。”问：“如何是无舌人唱歌？”师曰：“韵震青霄，宫商不犯。”问：“二龙争珠，谁是得者？”师曰：“其珠遍地，目睹如泥。”问：“善财见文殊后，为甚却往南方？”师曰：“学凭入室，知乃通方。”曰：“为什么弥勒却遣见文殊？”师曰：“道广无涯，逢人不尽。”至唐大顺正月初，告众曰：“吾本约住此十年，今化事既毕，当即行矣。”斋毕声钟，端坐长往。谥元真禅师。

郓州四禅禅师

郓州四禅禅师，僧问：“古人有请不背，今请和尚入井，还去也无？”师曰：“深深无别源，饮者消诸患。”问：“如何是和尚家风？”师曰：“会得底人意，须知月色寒。”问：“诸佛未出世时如何？”师曰：“王宫绝消息。”曰：“出世后如何？”师曰：“荣枯各不同。”

太原海湖禅师

太原海湖禅师，因有人请灌顶三藏供养，敷坐讫，师乃就彼位坐。时有云涉座主问曰：“和尚什么年行道？”师曰：“座主近前来！”涉近前，师曰：“只如憍陈如是什么年行道？”涉茫然。师喝曰：“这尿床鬼！”问：“和尚院内人何太少，定水院人何太多？”师曰：“草深多野鹿，岩高獬豸稀。”问：“如何是无问而自答？”师曰：“松韵琴声响。”

嘉州白水禅师

嘉州白水禅师，僧问：“如何是西来意？”师曰：“四溟无窟宅，一滴润乾坤。”问：“曹溪一路，合谭何事？”师曰：“涧松千载鹤来聚，月中香桂凤凰归。”问：“如何是此经？”曰：“抛梭石女辽空响，海底泥牛夜叫频。”

天盖山幽禅师

凤翔府天盖山幽禅师，僧问：“如何是天盖水？”师曰：“四海滂沱，不犯涓滴。”问：“学人拟看经时如何？”师曰：“既是大商，何求小利。”问：“对境不动时如何？”师曰：“边方虽有令，不是太平年。”

清平遵禅师法嗣

三角山令圭禅师

蕲州三角山令圭禅师，初参清平，平问："来作么？"师曰："来礼拜。"平曰："礼拜阿谁？"师曰："特来礼拜和尚。"平咄曰："这钝根阿师！"师乃礼拜。平以手斫师颈一下，从此领旨。住后，僧问："如何是佛？"师曰："明日来，向汝道。如今道不得！"

投子同禅师法嗣

投子感温禅师

投子感温禅师，僧问："师登宝座，接示何人？"师曰："如月赴千溪。"曰："恁么则满地不亏也。"师曰："莫恁么道。"问："父不投，为什么却投子？"师曰："岂是别人屋里事。"曰："父与子还属功也无？"师曰："不属。"曰："不属功底如何？"师曰："父子各自脱。"曰："为什么如此？"师曰："汝与我会。"师游山见蝉蜕，侍者问曰："壳在这里，蝉向什么处去也？"师拈壳就耳畔摇三五下，作蝉声。侍者于是开悟。

牛头山微禅师

福州牛头微禅师，上堂："三世诸佛，用一点伎俩不得。天下老师口似匾担，诸人作么生？大不容易，除非知有，余莫能知。"僧问："如何是和尚家风？"师曰："山畲脱粟饭，野菜澹黄齑。"曰："忽遇上客来，又作么生？"师曰："吃即从君吃，不吃任东西。"问："不问骊龙颔下珠，如何识得家中宝？"师曰："忙中争得作闲人。"

香山澄照禅师

西川青城香山澄照禅师，僧问："诸佛有难，向火焰里藏身，未审衲僧有难,向什么处藏身？"师曰："水精瓮里着波斯。"问："如何是初生月？"师曰："大半人不见。"

陕府天福禅师

陕府天福禅师，僧问："如何是佛法大意？"师曰："黄河无滴水，华岳总平沉。"

中梁山遵古禅师

兴元府中梁山遵古禅师，僧问："空劫无人能问法，即今有问法何安？"师曰："大悲菩萨瓮里坐。"问："如何是祖师西来意？"师曰："道士担漏卮。"

襄州谷隐禅师

襄州谷隐禅师，僧问："如何是不触白云机？"师曰："鹤带鸦颜，浮生不弃。"

九嵕山禅师

安州九嵕山禅师，僧问："远闻九嵕，及乎到来，只见一嵕。"师曰："阇黎只见一嵕,不见九嵕。"曰："如何是九嵕？"师曰："水急浪花粗。"

盘山二世禅师

幽州盘山禅师〔二世〕，僧问："如何出得三界？"师曰："在里头来多少时邪？"曰："如何出得？"师曰："青山不碍白云飞。"问："承教有言,如化人烦恼,如石女儿,此理如何？"师曰："阇黎直如石女儿去。"

九峻敬慧禅师

九峻敬慧禅师，僧问：“解脱深坑，如何过得？”师曰：“不求过。”曰：“如何过得？”师曰：“求过亦非。”

观音院岩俊禅师

东京观音院岩俊禅师者，邢台廉氏子。初参祖席，遍历衡、庐、岷、蜀。尝经凤林深谷，欻睹珍宝发现，同侣相顾，意将取之。师曰：“古人锄园，触黄金若瓦砾。待吾菅覆顶，须此供四方僧。”言讫舍去。谒投子。子问：“昨夜宿何处？”师曰：“不动道场。”子曰：“既言不动，曷由至此？”师曰：“至此岂是动邪？”子曰：“元来宿不着处。”投子默许之。寻住观音，众常数百。周高祖、世宗二帝潜隐时，每登方丈，必施礼。及即位，特赐紫衣，署净戒大师。示寂垂诫门人讫，怡颜合掌而逝。

濠州思明禅师

濠州思明禅师，在众时，僧问：“如何是上座沙弥童行？”师曰：“诺。”问：“如何是清净法身？”师曰：“屎里蛆儿，头出头没。”

凤翔招福禅师

凤翔府招福禅师，僧问：“东牙乌牙皆出队，和尚为什么不出队？”师曰：“住持各不同，阇黎争得怪。”

青原下六世

大光诲禅师法嗣

谷山有缘禅师

潭州谷山有缘禅师，僧问："岭孱之子如何得归向？"师曰："会人路不通。"曰："恁么则无奉重处也。"师曰："我道你钵盂落地拈不起。"问："一拨便转时如何？"师曰："野马走时鞭辔断，石人拊掌笑呵呵。"

潭州龙兴禅师

潭州龙兴禅师，僧问："一拨便转时如何？"师曰："根不利。"问："得坐披衣时如何？"师曰："不端严。"曰："为什么不端严？"师曰："不从修证得。"问："如何是道中人？"师曰："终日寂攒眉。"问："文不加点时如何？"师曰："无目童儿不出户。"问："宾主未分时如何？"师曰："双陆盘中不喝彩。"曰："分后如何？"师曰："骰子不曾抛。"

伏龙山一世禅师

潭州伏龙山禅师〔第一世〕，僧问："搅长河为酥酪，变大地作黄金时如何？"师曰："臂长衫袖短。"问："随缘认得时如何？"师曰："雪内牡丹花。"问："如何是祖师西来意？"师曰："你得恁么不识痛痒！"

白云善藏禅师

京兆白云善藏禅师，僧问："如何是和尚深深处？"师曰："矮子渡深溪。"问："赤脚时如何？"师曰："何不脱却。"问："如何是法法不生？”师曰：“万类千差。”曰：“如何是法法不灭？”师曰：“纵横满目。”

伏龙山二世禅师

伏龙山禅师〔第二世〕，僧问：“随缘认得时如何？”师曰：“汝道兴国门楼高多少？”问：“子不谭父德时如何？”师曰：“阇黎且低声。”

陕府龙峻山禅师

陕府龙峻山禅师，僧问：“如何是不知善恶底人？”师曰：“千圣近不得。”曰：“此人还知有向上事也无？”师曰：“不知。”曰：“为什么不知？”师曰：“不识善恶,说什么向上事。”曰：“毕竟如何？”师曰：“不见道犴狢。”问：“如何是佛向上人？”师曰：“不带容。”问：“几有展拓尽落今时，不展拓时如何？”师曰：“不展，不展。”曰：“毕竟如何？”师曰：“不拓！不拓！”

伏龙山三世禅师

伏龙山和尚〔第三世〕，僧问：“行尽千山路，玄机事若何？”师曰：“鸟道不曾栖。”问：“既是师，为甚却无位次？”师曰：“古今排不出，三际岂能安？”曰：“恁么则某甲随手去也。”师曰：“春风吹柳絮，往复几时休？”问：“如何是真际？”师曰：“旷劫无异，不存阶级。”

九峰虔禅师法嗣

新罗国清院禅师

新罗国清院禅师，僧问：“奔马争毬，谁是得者？”师曰：“谁是不得者？”曰：“恁么则不在争也。”师曰：“直得不争，亦有过在。”曰：“如何免得此过？”师曰：“要且不曾失。”曰：“不失处如何锻炼？”师曰：“两手捧不起。”

泐潭神党禅师

洪州泐潭神党禅师，僧问：“四威仪中如何辨主？”师曰：“正遇宝峰不脱鞋。”问：“如何是佛法大意？”师曰：“虚空驾铁船，岳顶浪滔天。”

南源行修禅师

袁州南源行修慧观禅师（亦曰光睦），僧问：“如何是南源境？”师曰：“几处峰峦猿鸟叫，一带平川游子迷。”问：“如何是南源深深处？”师曰：“众人皆见。”曰：“恁么则浅也。”师曰：“也是两头摇。”问：“有口谈不得，无心未见伊时如何？”师曰：“古洞有龙吟不出，岩前木马喊无形。”

泐潭明禅师

泐潭明禅师一日下到客位，众请师归方丈。师曰：“道得即去。”时牟和尚对曰：“大众请。”师乃上法堂。僧问：“非思量处识情难测时如何？”师曰：“我不欲违古人。”曰：“不违古人意作么生？”师曰：“也合消得汝三拜。”僧问：“碓捣磨磨，不得忘却，此意如何？”师曰：“虎口里活雀儿。”问：“定慧不生时如何？”师曰：“铁牛草上卧，昏昏不举头。”问：“如何是道者？”师曰：“毛毵毵地。”曰：“如何是道者家风？”师曰：“佛殿前逢尊者。”问：“如何是和尚终日事？”师曰：“钵盂里无折筋。”曰：“如何是沙门日用事？”师曰：“轰轰不借万人机。”

吉州禾山禅师

吉州禾山禅师,僧问:“如何是祖师西来意?”师曰:“杉树子。”问:“文殊以何为师?”师曰:“风筝有韵真堪听,听得由来曲不成。”

泐潭延茂禅师

泐潭延茂禅师,僧问:“如何是古佛心?”师曰:“终不道土木瓦砾是。”问:“日落西山去,林中事若何?”师曰:“庭前花盛发,室内不知春。”问:“如何是闭门造车?”师曰:“失却斑猫儿。”曰:“如何是出门合辙?”师曰:“坐地到长安。”问:“如何是和尚正主?”师曰:“画鼓连槌响,耳畔不闻声。”

同安院常察禅师

洪州凤栖同安院常察禅师,僧问:“如何是凤栖家风?”师曰:“凤栖无家风。”曰:“既是凤栖,为什么无家风?”师曰:“不迎宾,不待客。”曰:“恁么则四海参寻,当为何事?”师曰:“盘饤自有旁人施。”问:“如何是凤栖境?”师曰:“千峰连岳秀,万嶂不知春。”曰:“如何是境中人?”师曰:“孤岩倚石坐,不下白云心。”问:“祖意教意,是同是别?”师曰:“铁狗吠石牛,幻人看月色。”问:“如何是披毛戴角底人?”师曰:“蓑衣箬笠卖黄金,几个相逢不解唤?”问:“学人未晓时机,乞师指示。”师曰:“参差松竹烟笼薄,重叠峰峦月上迟。”僧拟进语,师曰:“剑甲未施,贼身已露。”僧曰:“何也?”师曰:“精阳不剪霜前竹,水墨徒夸海上龙。”僧绕禅床而出。师曰:“闭目食蜗牛,一场酸涩苦。”问:“返本还源时如何?”师曰:“蟭蟟虽脱壳,不免抱寒枝。”问:“如何是猛利底人?”师曰:“石牛步步吼深潭,纸马声声火中叫。”新到持锡绕师三匝,振锡一下曰:“凡圣不到处,请师道。”师鸣指三下。僧曰:“同安今日吓得忘前失后。”师曰:“阇黎发足何处?”僧珍重便出。师曰:“五湖衲子,一锡禅人，未到同安，不妨疑着。”僧回首，曰：“远闻不如近见。”师曰：“贪他一杯酒，失却满船鱼。”问：“如何是大没惭愧底人？”师曰：“老僧见作这业次。”问：“如何是祖师西来意？”师曰：“犀因玩月纹生角，象被雷惊花入牙。”问：“如何是向去底人？”师曰：“寒蝉抱枯木，泣尽不回头。”曰：“如何是却来底人？”师曰：“火里芦花秀，逢春恰似秋。”曰：“如何是不来不去底人？”师曰：“石羊遇石虎，相看早晚休。”座主问：“三乘十二分教，某甲粗知，未审和尚说何法示人？”师曰：“我说一乘法。”曰：“如何是一乘法？”师曰：“几般云色出峰顶，一样泉声落槛前。”曰：“不问这个，如何是一乘法？”师曰：“你不妨灵利。”玩月次，谓僧曰：“奇哉！奇哉！星明月朗，足可观瞻，岂异道乎？”僧曰：“如何是道？”师曰：“汝试道看。”曰：“彼自无疮，勿伤之也。”师曰：“负笈攻文，不闲弓失。”问僧：“近离何处？”曰：“江西。”师曰：“江西法道何似此间？”曰：“赖遇问着某甲，若问别人，则祸生也。”师曰：“老僧适来造次。”曰：“某甲不是婴儿，徒用止啼黄叶。”师曰：“伤鳖恕龟，杀活由我。”问僧：“什么来？”曰：“五台。”师曰：“还见文殊么？”僧展两手。师曰：“展手颇多，文殊谁睹？”曰：“气急杀人。”师曰：“不睹云中雁，焉知沙塞寒。”问：“远趋丈室，乞师一言。”师曰：“孙膑门下，徒话钻龟。”曰：“名不浪得。”师曰：“吃茶去！”僧便珍重。师曰：“虽得一场荣，刖却一双足。”师看经次，有僧来问讯。师曰：“古佛今佛，皆无别理。”曰：“和尚如何？”师打一掌。僧曰：“如是！如是！”师曰：“这疯癫汉。”曰：“今古皆然。”师曰：“拟欲降龙，却逢死虎。”曰：“同安甚生光彩。”师曰：“守株停舶，非汝而谁？”曰：“和尚聻！”师曰：“胡羊往楚，抱屈而归。”师问僧：“眼界无光，如何得见？”曰：“北斗东转，南斗西移。”师曰：“夫子入太庙。”曰：“与么则同安门下，道绝人荒去也。”师曰：“横抱婴孩，拟彰皇简。”师闻鹊声，谓众曰：“喜鹊鸣寒桧，心印是渠传。”僧出问曰：“何别？”师曰：“众中有人在。”曰：“同安门下，道绝人荒？”师曰：“胡人饮乳，返怪良医。”曰：“休！休！”师曰：“老鹤入枯池，不见鱼踪迹。”

泐潭匡悟禅师

洪州泐潭匡悟禅师，僧问：“如何是直截一路？”师曰：“恰好消息。”曰：“还通向上事也无？”师曰：“鱼从下过。”问：“幽关未度，信息不通时如何？”师曰：“客路如天远，侯门似海深。”问：“香烟馥郁，大张法筵，从上宗乘，如何举唱？”师曰：“莫错举似人。”曰：“恁么则总应如是。”师曰：“还是没交涉。”问：“六叶芬芳，师传何叶？”师曰：“六叶不相续，花开果不成。”曰：“岂无今日事？”师曰：“若是今日即有。”曰：“今日事如何？”师曰：“叶叶连枝秀，花开处处芳。”

禾山无殷禅师

吉州禾山无殷禅师，福州吴氏子。七岁从雪峰出家，依年受具。谒九峰，峰问：“汝远远而来，睉睉〔音衮〕随众，见何境界而可修行？由何径路而能出离？”师曰：“重昏廓辟，盲者自盲。”峰乃许入室。后住禾山，学徒济济，诸方降叹。江南李氏召而问曰：“和尚何处来？”师曰：“禾山来。”曰：“山在什么处？”师曰：“人来朝凤阙，山岳不曾移。”国主重之，命居杨州祥光院。复乞入山，以翠岩而栖止焉。时上蓝亦虚其室，命师来往阐化，号澄源禅师。僧问：“学人乍入丛林，乞师指示。”师曰：“于汝不惜。”问：“仰山插锹意旨如何？”师曰：“汝问我。”曰：“玄沙踏倒锹又作么生？”师曰：“我问汝。”曰：“未辨其宗，如何体悉？”师曰：“头大尾尖。”问：“咫尺之间，为什么不睹师颜？”师曰：“且与阇黎道一半。”曰：“为什么不全道？”师曰：“尽法无民。”曰：“不怕无民，请师尽法。”

师曰:“推倒禾山也!”问:“习学谓之闻，绝学谓之邻，过此二者，谓之真过。如何是真过?”师曰:“禾山解打鼓。”曰:“如何是真谛?”师曰:“禾山解打鼓。”问:“即心即佛则不问，如何是非心非佛?”师曰:“禾山解打鼓。”曰:“如何是向上事?”师曰:“禾山解打鼓。”问:“万法齐兴时如何?”师曰:“禾山解打鼓。”问:“如何是古佛心?”师曰:“世界崩陷。”曰:“为甚如此?”师曰:“宁无我身。”问:“尊者拨眉击目，视育王时如何?”师曰:“即今也恁么。”曰:“学人如何领会?”师曰:“莫非摩利支山。”问:“摩尼宝殿有四角，一角常露，如何是露底角?”师举手曰:“汝打我。”复曰:“汝还会么?”曰:“不会。”师曰:“汝争解打得我?”问:“如何是西来意?”师曰:“扑破着。”问:“已在红炉,请师烹炼。”师曰:“槌下成器。”曰:“恁么则烹炼去也!”师曰:“池州和尚。”问:“四壁打禾,中间铲草。和尚赴阿那头?”师曰:“什么处不赴。”曰:“恁么则同于众去也。”师曰:“小师弟子。”建隆元年二月示微疾，三月二日辞众，乃曰:“后来学者未识禾山，即今识取。珍重!”言讫而寂。谥法性禅师。

泐潭牟禅师

洪州泐潭牟禅师，僧问:“如何是学人着力处?”师曰:“正是着力处。”上堂，僧问:“百丈卷席意旨如何?”师曰:“珍重!”便下座。

涌泉欣禅师法嗣

六通院绍禅师

台州六通院绍禅师,一日,涌泉问:“什么处去来?”师曰:“烧畬来。”泉曰:“火后事作么生?”师曰:“铁蛇钻不入。”住后，僧问:“不出咽喉唇吻事如何?”师曰:“待汝一镬斸断巾子山，我亦不向汝道。”问:“南山有一毒蛇，如何近得?”师曰:“非但阇黎，千圣亦近不得。”人问:“承闻南方有一剑话,如何是一剑?”师曰:“不当锋。”曰:“头落又作么生?”师曰:“我道不当锋,有什么头?”其人礼谢而去。问:“父母未生时,那人何处立?”师曰:“卦兆未兴，孙膑失算。”问:“如何是大千顶?”师曰:“不与众峰齐。”师休夏，入天台山华顶峰晦迹，莫知所终。

云盖元禅师法嗣

云盖山智罕禅师

潭州云盖山志罕禅师,僧问:“如何是须弥顶上浪滔天?”师曰:“文殊正作闹。”曰:“如何是正位中事?”师曰:“不向机前展大悲。”问:“如何是那边人?”师曰:“锋前不露影，句后觅无踪。”

新罗国卧龙禅师

新罗国卧龙禅师，僧问:“如何是大人相?”师曰:“紫罗帐里不垂手。”曰:“为什么不垂手。”师曰:“不尊贵。”问:“十二时中如何用心?”师曰:“猢狲吃毛虫。”问:“如何是潭中意?”师曰:“丝纶垂不到，磻溪谩放钩。”曰:“如何是潭外事?”师曰:“日里金乌叫，蟾中玉兔惊。”

天台灯禅师

彭州天台灯禅师，僧问:“古佛向什么处去也?”师曰:“中央甲第高，岁岁出灵苗。”问:“古镜未磨时如何?”师曰:“不施功。”曰:“磨后如何?”师曰:“不照烛。”问:“如何是佛?”师曰:“红莲座上，不睹天冠。”

谷山藏禅师法嗣

新罗国瑞岩禅师

新罗国瑞岩禅师,僧问:“黑白两亡开佛眼时如何?”师曰:“恐你守内。”问:“如何是诞生王子?”师曰:“深宫引不出。”曰:“如何是朝生王子?”师曰:“宫中不列位。”曰:“如何是末生王子?”师曰:“处处无标的,不展万人机。”

新罗国百岩禅师

新罗国百岩禅师,僧问:“如何是禅?”师曰:“古冢不为家。”曰:“如何是道?”师曰:“徒劳车马迹。”曰:“如何是教?”师曰:“贝叶收不尽。”

新罗国大岭禅师

新罗国大岭禅师,僧问:“古人道,只到潼关便即休。会了便休,未会便休?”师曰:“只为迷途中活计。”曰:“离却迷途,还得其中活计也无?”师曰:“体即得,当即不得。”曰:“既是体得,为什么当不得?”师曰:“体是什么人分上事?”曰:“其中事如何?”师曰:“不作尊贵。”问:“如何是一切处清净?”师曰:“截琼枝寸寸是宝,析旃檀片片皆香。”问:“如何是用中无碍?”师曰:“一片白云缭乱飞。”

中云盖禅师法嗣

云盖山证觉景禅师

潭州云盖山证觉景禅师,僧问:“国土晏清,功归何处?”师曰:“银台门下不展贺。”曰:“转功无位时如何?”师曰:“王家事宛然。”

曰:“如何是阃外底事？”师曰:“画鼓声终后，将军不点头。”

禾山师阴禅师

吉州禾山师阴禅师,僧问:“王子未来登,谁人当治化？”师曰:“阃外不行边塞令，将军自致太平年。”曰:“恁么则治化之功犹不当。”师曰:“亦有当。”曰:“如何是当？”师曰:“十方国土尽属于王。”问:“久久寻源,为什么不见？”师曰:“为步数太多。”曰:“恁么则不觅去也。”师曰:“还同避溺而投火。”问:“如何是佛？”师曰:“承当者不是好手。”

柘溪从实禅师

幽州柘溪从实禅师,僧问:“如何是道？”师曰:“个中无紫皂。”曰:“如何是禅？”师曰:“不与白云连。”师问:“僧作什么来？”曰:“宗近来。”师曰:“任你白云朝岳顶，争奈青山不展眉。”

洛浦安禅师法嗣

乌牙山彦宾禅师

蕲州乌牙山彦宾禅师，僧问:“未作人身已前，作什么来？”师曰:“三脚石牛坡上走，一枝瑞草目前分。”问:“匹马单枪直入时如何？”师曰:“饶你雄信解拈枪，犹较秦王百步在。”问:“久战沙场，为什么功名不就？”师曰:“双雕随箭落，李广不当名。”问:“百步穿杨，中的者谁？”师曰:“将军不上便桥，金牙徒劳拈筈。”问:“蝃蝀饮云根时如何？”师曰:“金轮天子下阎浮，铁缦头上金花异。”曰:“正当恁么时如何？”师曰:“当今不坐灵明殿，画鼓休停八佾音。”

青峰传楚禅师

凤翔府青峰传楚禅师，泾州人也。一日，洛浦问曰：“院主去什么处来？”师曰：“扫雪来。”浦曰：“雪深多少？”师曰：“树上总是。”浦曰：“得即得，汝向后住个雪窟定矣。”后访白水，水曰：“见说洛浦有生机一路，是否？”师曰：“是。”水曰：“止却生路，向熟路上来。”师曰：“生路上死人无数，熟路上不着活汉。”水曰：“此是洛浦底，你底作么生？”师曰：“非但洛浦，夹山亦不奈何。”水曰：“夹山为什么不奈何？”师曰：“不见道生机一路。”住后，僧问：“佛魔未现，向什么处应？”师曰：“诸上座听祇对。”问：“大事已明，为什么也如丧考妣？”师曰：“不得春风花不开，及至花开又吹落。”问：“如何是一色？”师曰：“全无一滴水，浪激似银山。”问：“如何是临机一句？”师曰：“便道将来。”曰：“请和尚道。”师曰：“穿过髑髅，不知痛痒。”问：“如何是明了底人一句？”师曰：“骏马寸步不移，钝鸟升腾出路。”

永安院善静禅师

京兆府永安院善静禅师，郡之王氏子。母梦金像，觉而有娠。师幼习儒学，博通群言。年二十七，忽厌浮幻，潜诣终南山礼广度禅师披削。唐天复中，南谒洛浦，浦器之，容其入室。乃典园务，力营众事。一日，有僧辞浦，浦曰：“四面是山，阇黎向什么处去？”僧无对。浦曰：“限汝十日，下语得中，即从汝去。”其僧经行冥搜，偶入园中。师问曰：“上座既是辞去，今何在此？”僧具陈所以，坚请代语。师曰：“竹密岂妨流水过，山高那阻野云飞。”其僧喜踊。师嘱之曰：“不得道是某甲语。”僧遂白浦。曰：“谁语？”曰：“某甲语。”浦曰：“非汝语。”僧具言园头见教。浦至晚，上堂谓众曰：“莫轻园头，他日座下有五百人在。”后住永安，众余五百，果符洛浦之记。僧问：“知有道不得时如何？”师曰：“知有个什么？”

曰:“不可无去也。”师曰:“恁么则合道得。”曰:“道即不无，争奈语偏。”师曰:“水冻鱼难跃,山寒花发迟。”问:“如何是和尚家风?”师曰:“木马背斜阳,入草无踪迹。”问:“如何是一色?”师曰:“易分雪里粉，难辨墨中煤。”问:“如何是衲衣向上事?”师曰:“龙鱼不出海，水月不吞光。”问:“不可以智知，不可以识识时如何?”师曰:“鹤鹭并头踏雪睡，月明惊起两迟疑。”问:“牛头未见四祖时如何?”师曰:“异境灵松,睹者皆羡。”曰:“见后如何?”师曰:“叶落已枝摧，风来不得韵。”问:“如何得生如来家?”师曰:“披衣望晓，论劫不明。”曰:“明后如何?”师曰:“一句不可得。”曰:“如何是不坐如来座?”师曰:“抱头石女归来晚,祇园会里没踪由。”师往游樊道，避昭宗蒙尘之乱，以汉开运丙午年冬，鸣犍椎集僧，嘱累入方丈，东向右胁而化。谥净悟禅师。

邓州中度禅师

邓州中度禅师，僧问:“海内不逢师，如何是寰中主?”师曰:“金鸡常报晓，时人自不闻。”问:“如何是暗中明镜?”师曰:“昧不得。”曰:“未审照何物?”师曰:“什么物不照。”问:“如何是实际理地不受一尘，佛事门中不舍一法?”师曰:“真常尘不染，海纳百川流。”曰:“请和尚离声色外答。”师曰:“木人常对语，有性不能言。”

洞溪戒定禅师

嘉州洞溪戒定禅师，初问洛浦:“月树无枝长覆荫，请师直指妙玄微。”浦曰:“森罗秀处，事不相依。渌水千波，孤峰自异。”师于是领旨。住后，僧问:“蛇师为什么被蛇吞?”师曰:“几度扣门招不出，将身直入里头看。”有官人问:“既是清净伽蓝，为甚打鱼鼓?”师曰:“直须打出青霄外，免见龙门点额人。”

京兆府卧龙禅师

京兆府卧龙禅师，僧问："杲日符天际，珠光照旧都。浦津通法海，今日意何如？"师曰："宝剑挥时，岂该明暗！"

逍遥忠禅师法嗣

福清院师巍通玄禅师

泉州福清院师巍通玄禅师，僧问："枝分夹岭，的绍逍遥，宝座既登，法雷请震。"师曰："逍遥迥物外，物外霞不生。"问："如何是西来的的意？"师曰："立雪未为劳，断臂方为的。"曰："恁么则一华开五叶，芬芳直至今。"师曰："因圆三界外，果满十方知。"

白云无休禅师

京兆府白云无休禅师，僧问："路逢猛虎，如何降伏？"师曰："归依佛法。"僧问："如何是白云境？"师曰："月夜楼边海客愁。"

蟠龙文禅师法嗣

永安净悟禅师

庐山永安净悟禅师，僧问："如何是出家底事？"师曰："万丈悬崖撒手去。"曰："如何是不出家底事？"师曰："迥殊雪岭安巢节，有异许由挂一瓢。"问："六门不通，如何达信？"师曰："阇黎外边与谁相识？"问："脱笼头、卸角驮来时如何？"师曰："换骨洗肠投紫塞，雁门切忌更衔芦。"问："从上诸圣将何示人？"师曰："有异祖龙行化节，迥超栖凤越扬尘。"问："如何是解作客底人？"师曰："宝御珍装犹尚弃，谁能历劫傍他门？"问："如何是西来意？"师曰："海底泥牛吼，云中木马嘶。"问："众手淘金，谁是得者？"师曰："黄帝不曾游赤水，神珠罔象也虚然。”问：“雪覆芦华时如何？”师曰：“虽则冱凝呈瑞色，太阳晖后却迷人。”

木平山善道禅师

袁州木平山善道禅师，初谒洛浦，问：“一沤未发已前，如何辨其水脉？”浦曰：“移舟谙水脉，举棹别波澜。”师不契。乃参蟠龙，语同前问。龙曰：“移舟不别水，举棹即迷源。”师从此悟入。僧问：“如何是西来意？”师曰：“石羊头子向东看。”问：“如何是正法眼？”师曰：“拄杖孔。”问：“如何是不动尊？”师曰：“浪浪宕宕。”问：“如何是木平一句？”师曰：“逼塞虚空。”曰：“逼塞虚空即不问，如何是一句？”师便打。凡有新到，未许参礼，先令运土三担，而示偈曰：“南山路侧东山低，新到莫辞三转泥。嗟汝在途经日久，明明不晓却成迷。”师肉髻螺纹，金陵李氏向其道誉，迎请供养，待以师礼。尝问：“如何是木平？”师曰：“不劳斤斧。”曰：“为什么不劳斤斧？”师曰：“木平。”法眼禅师有偈赠曰：“木平山里人，貌古言复少。相看陌路同，论心秋月皎。坏衲线非蚕，助歌声有鸟。城阙今日来，一沤曾已晓。”灭后，门人建塔，谥真寂禅师。

崇福院志禅师

崇福志禅师，僧问：“供养百千诸佛，不如供养一无心道人。未审诸佛有何过？无心道人有何德？”师曰：“雪深宜近火，身暖觉春迟。”问：“贫子献珠时如何？”师曰：“什么处得来？”问：“如何是道？”师曰：“回车有分。”

陕府龙溪禅师

陕府龙溪禅师，上堂，僧问：“如何是无缝塔？”师曰：“百宝庄严今已了，四门开豁几多时。”师乃曰：“直饶说似个无缝塔，也不免老僧下个橛，作么生免得去？”众无对。师曰：“下去！”

黄山轮禅师法嗣

郢州桐泉山禅师

郢州桐泉山禅师〔或作潼泉山禅师〕参黄山，山问：“天门一合，十方无路。有人道得，摆手出漳江。”师曰：“蛰户不开，龙无龙句。”山曰：“是你恁么道。”师曰：“是即直言是，不是直言不是。”山曰：“摆手出漳江。”山复问：“卞和到处荆山秀，玉印从他天子传时如何？”师曰：“灵鹤不于林下憩，野老不重太平年。”山深肯之。住后，僧问：“如何是相传底事，”师曰：“龙吐长生水，鱼吞无尽沤。”曰：“请师挑剔。”师曰：“擂鼓转船头，棹穿波里月。”

韶山普禅师法嗣

潭州文殊禅师

潭州文殊禅师，僧问：“如何是祝融峰前事？”师曰：“岩前瑞草生。”问：“仁王登位，万姓沾恩。和尚出世，有何祥瑞？”师曰：“万里长沙驾铁船。”问：“如何是本尔庄严？”师曰：“菊花原上景，行人去路长。”

耀州密行禅师

耀州密行禅师，僧问：“密室之言，请师垂示。”师曰：“南方水阔，北地风多。”曰：“不会，乞师再指。”师曰：“鸟栖林麓易，人出是非难。”

思明禅师法嗣

鹫岭善本禅师

襄州鹫岭善本禅师，浴次，僧问："和尚是离垢人，为什么却浴？"师曰："定水湛然满，浴此无垢人。"问："祖意教意，是同是别？"师曰："鹫岭峰上，青草参天。鹿野苑中，狐兔交横。"

青原下七世

藤霞禅师法嗣

澧州药山禅师

澧州药山禅师，上堂："夫学般若菩萨，不惧得失，有事近前。"时有僧问："药山祖裔，请师举唱。"师曰："万机挑不出。"曰："为什么万机挑不出？"师曰："他缘岸谷。"问："如何是药山家风？"师曰："叶落不如初。"问："法雷哮吼时如何？"师曰："宇宙不曾震。"曰："为什么不曾震？"师曰："遍地娑婆,未尝哮吼。"曰："不哮吼底事如何？"师曰："阖国无人知。"

云盖景禅师法嗣

南台寺藏禅师

衡岳南台寺藏禅师，僧问："远远投师，请师一接。"师曰："不隔户。"问："如何是南台境？"师曰："松韵拂时石不点，孤峰山下垒难齐。"曰："如何是境中人？"师曰："岩前栽野果，接待往来宾。"曰："恁么则谢师供养。"师曰："怎生滋味？"问："如何是法堂？”师曰：“无壁落。”问：“不顾诸缘时如何？”师良久。

云盖山证觉禅师

潭州云盖山证觉禅师，僧问：“如何是和尚家风？”师曰：“四海不曾通。”问：“如何是一尘含法界？”师曰：“通身体不圆。”曰：“如何是九世刹那分？”师曰：“繁兴不布彩。”问：“如何是宗门中的的意？”师曰：“万里胡僧，不入波澜。”

乌牙宾禅师法嗣

大安山兴古禅师

安州大安山兴古禅师，僧问：“亡僧迁化，向什么处去也？”师曰：“昨夜三更拜南郊。”问：“维摩默然，意旨如何？”师曰：“黯黑石牛儿，超然不出户。”问：“如何是那边事？”师曰：“黑漆牧童不展手，银笼鹤畔野云飞。”

乌牙山行朗禅师

蕲州乌牙山行朗禅师，僧问：“未作人身已前作什么来？”师曰：“海上石牛歌三拍，一条红线掌间分。”问：“迦叶上行衣，何人合得披？”师曰：“天然无相子，不挂出尘衣。”

青峰楚禅师法嗣

西川灵龛禅师

西川灵龛禅师，僧问：“如何是诸佛出身处？”师曰：“出处非干佛，春来草自青。”问：“碌碌地时如何？”师曰：“试进一步看。”

紫阁山端己禅师

京兆府紫阁山端己禅师，僧问:“四相俱尽，立什么为真? ”师曰:“你什么处去来? ”问:“渭水正东流时如何? ”师曰:“从来无间断。”

开山怀昰禅师

房州开山怀昰禅师，僧问:“作何行业，即得不违于千圣? ”师曰:“妙行无伦匹，情玄体自殊。”问:“有耳不临清水洗，无心谁为白云幽时如何? ”师曰:“无木挂千金。”曰:“挂后如何? ”师曰:“杳杳人难辨。”问:“如何是尘中师? ”师曰:“荆棘林中随处到，旃檀林里任纵横。”问:“如何是祖师西来意? ”师曰:“月隐澄潭，金辉正午。”

幽州传法禅师

幽州传法禅师，僧问:“教意祖意，是同是别? ”师曰:“华开金线秀,古洞白云深。”问:“别人为什么徒弟多,师为什么无徒弟? ”师曰:“海岛龙多隐，茅茨凤不栖。”

净众寺归信禅师

益州净众寺归信禅师,僧问:“莲华未出水时如何? ”师曰:“菡萏满池流。”曰:“出水后如何? ”师曰:“叶落不知秋。”问:“不假浮囊，便登巨海时如何? ”师曰:“红觜飞超三界外，绿毛也解道煎茶。”问:“如何是自在底人? ”师曰:“剑树霜林去便行。”曰:“如何是不自在底人? ”师曰:“释迦在阇黎后。”

青峰山清勉禅师

青峰山清勉禅师，僧问:“久酝蒲萄酒，今日为谁开? ”师曰:

"饮者方知。"问:"如何是祖师西来意?"师曰:"耨池无一滴,四海自滔滔。"

宋世玉音

宋太宗皇帝

宋太宗皇帝一日幸相国寺,见僧看经,问曰:"是什么经?"僧曰:"《仁王经》。"帝曰:"既是寡人经,因甚却在卿手里?"僧无对。〔雪窦代云:"皇天无亲,唯德是辅。"〕幸开宝塔,问僧:"卿是甚人?"对曰:"塔主。"帝曰:"朕之塔为什么卿作主?"僧无对。〔雪窦代曰:"合国咸知。"〕一日,因僧朝见,帝问:"甚处来?"对曰:"庐山卧云庵。"帝曰:"朕闻卧云深处不朝天,为甚到此?"僧无对。〔雪窦代云:"难逃至化。"〕僧入对次,奏曰:"陛下还记得么?"帝曰:"甚处相见来?"奏曰:"灵山一别,直至如今。"帝曰:"卿以何为验?"僧无对。〔雪窦代曰:"贫道得得而来。"〕京寺回禄,藏经悉为煨烬。僧欲乞宣赐,召问:"昔日摩腾不烧,如今为甚却烧?"僧无对。〔雪窦代云:"陛下不忘付嘱。"〕帝尝梦神人报曰:"请陛下发菩提心。"因早朝宣问左右街:"菩提心作么生发?"街无对。〔雪窦代云:"实谓今古罕闻。"〕智寂大师进《三界图》,帝问:"朕在那一界中?"寂无对。〔保宁勇代曰:"陛下何处不称尊?"〕一日朝罢,帝擎钵问丞相王随曰:"既是大庾岭头提不起,为什么却在朕手里?"随无对。

徽宗皇帝

徽宗皇帝,政和三年,嘉州巡捕官奏:本部路傍有大古树,因风摧折,中有一僧禅定,须发被体,指爪绕身。帝降旨,令肩舆入京,命西天总持三藏以金磬出其定。遂问:"何代僧?"曰:"我乃东林远法师之弟,名慧持,因游峨嵋,入定于树。远法师无恙否?"

藏曰:“远法师晋人也，化去七百年矣。”持不复语。藏问:“师既至此，欲归何所?”持曰:“陈留县。”复入定。帝制三偈，令绘像颁行。偈曰:“七百年来老古锥，定中消息许谁知?争如只履西归去，生死何劳木作皮。藏山于泽亦藏身，天下无藏道可亲。寄语庄周休拟议，树中不是负趍人。有情身不是无情，彼此人人定里身。会得菩提本无树，不须辛苦问卢能。”

孝宗皇帝

孝宗皇帝宣问灵隐佛照光禅师，曰:“释迦佛入山修道，六年而成，所成者何事?请师明说。”对曰:“将谓陛下忘却!”

未详法嗣

实性大师

实性大师，因同参芙蓉训禅师至，上堂，以右手拈拄杖，倚放左边。良久曰:“此事若不是芙蓉师兄，也大难委悉。”便下座。

茶陵郁山主

茶陵郁山主，不曾行脚，因庐山有化士至，论及宗门中事，教令看僧问法灯:“百尺竿头，如何进步?”灯云:“恶。”凡三年。一日乘驴度桥，一踏桥板而堕，忽然大悟。遂有颂云:“我有神珠一颗，久被尘劳关锁。今朝尘尽光生，照破山河万朵。”因兹更不游方。师乃白云端和尚得度师。云有赞曰:“百尺竿头曾进步，溪桥一踏没山河。从兹不出茶川上，吟啸无非啰哩啰。”

僧肇法师

僧肇法师，遭秦主难，临就刑说偈曰:“四大元无主，五阴本来

空。将头临白刃，犹似斩春风。”〔玄妙云：“大小肇法师，临死犹寱语。”〕

禅月贯休禅师

禅月贯休禅师，有诗曰：“禅客相逢只弹指，此心能有几人知？”大随和尚举问曰：“如何是此心？”师无对。〔归宗柔代云：“能有几人知？”〕

先净照禅师

先净照禅师，问楞岩大师：“经中道：‘若能转物，即同如来。若被物转，即名凡夫。’只如升元阁作么生转？”严无对。〔汾阳代云：“彼此老大。”〕

公期和尚

公期和尚，因往罗汉，路逢一骑牛公子，师问：“罗汉路向什么处去？”公拍牛曰：“道，道。”师喝曰：“这畜生！”公曰：“罗汉路向什么处去？”师却拍牛曰：“道，道。”公曰：“直饶恁么，犹少蹄角在。”师便打。公拍牛便走。

唐朝因禅师

唐朝因禅师，微时，尝运槌击土次，见一大块，戏槌猛击之，应碎。豁然大悟。〔后有老宿闻云：“尽山河大地，被因禅师一击百杂碎。”〕

东山云顶禅师

福州东山云顶禅师，泉州人。〔遗其氏。〕以再下春闱，往云台大吼寺剃染具戒，即谒大愚、芝神、鼎谭。后见罗汉下尊宿，始彻已事，道学有闻丛林，称为顶三教。僧问：“如何是和尚日用事？”师曰：“我吃饭，汝受饥。”曰：“法法不相到，又作么生？”师曰：“汝作罪，我皆知。”问:“如何是和尚一枝拂？”师曰:“打破修行窟。”曰:“恁么则本来无一物也。”师曰:“知无者是谁？”曰:“学人罪过。”师曰:“再思可矣！”居士问洞山道:“有一物上拄天,下拄地，未审是什么物？”师曰:“担铁枷，吃铁棒。”曰:“天地黑，山河走。”师曰:“阎老殿前添一鬼，北邙山下卧千年。”士叫:“快活！快活！”师曰:“也是野狐吞老鼠。”九龙观道士井三士人,请上堂:“儒门画八卦，造契书，不救六道轮回。道门朝九皇，炼真气，不达三祇劫数。我释迦世尊，洞三祇劫数，救六道轮回，以大愿摄人天，如风轮持日月，以大智破生死，若劫火焚秋毫。入得我门者，自然转变天地，幽察鬼神，使须弥、铁围、大地、大海入一毛孔中，一切众生，不觉不知。我说此法门，如虚空俱含万象，一为无量，无量为一。若人得一，即万事毕。珍重！”

云幽重恽禅师

婺州云幽重恽禅师〔今曰法云〕。初谒雪峰，次依石霜，乃开悟。旋里隐居，蔽形唯一衲。住后，上堂:“云幽一只箭，虚空无背面。射去遍十方，要且无人见。”时有僧问:“如何是和尚一只箭？”师曰:“尽大地人无髑髅。”

布衲如禅师

双溪布衲如禅师，因嵩禅师戏以诗悼之曰:“继祖当吾代，生缘行可规。终身常在道，识病懒寻医。貌古笔难写，情高世莫知。慈云布何处，孤月自相宜。”师读罢举笔答曰:“道契平生更有谁，闲卿于我最心知。当初未欲成相别，恐误同参一首诗。”投笔坐亡。于六十年后，塔户自启，其真容俨然。

投子通禅师

舒州投子通禅师，僧问："达磨未来时如何？"师曰："两岸唱渔歌。"曰："来后如何？"师曰："大海涌风波。"问："如何是孤峰顶上节操长松？"师曰："能为万象主，不逐四时凋。"问："如何是和尚这里佛法？"师曰："东壁打西壁。"

法海立禅师

处州法海立禅师，因朝廷有旨，革本寺为神霄宫，师升座谓众曰："都缘未彻，所以说是说非。盖为不真，便乃分彼分此。我身尚且不有，身外乌足道哉！正眼观来，一场笑具。今则圣君垂旨，更僧寺作神霄，佛头上添个冠儿，算来有何不可。山僧今日不免横担拄杖，高挂钵囊，向无缝塔中安身立命，于无根树下啸月吟风。一任乘云仙客，驾鹤高人，来此咒水书符，叩牙作法。他年成道，白日上升，堪报不报之恩，以助无为之化。只恐不是玉，是玉也大奇。然虽如是，且道山僧转身一句作么生道，还委悉么？"掷下拂子，竟尔趋寂。郡守具奏其事，奉旨改其寺曰真身。

天宁明禅师

汝州天宁明禅师，改德士日，师登座谢恩毕，乃曰："木简信手拈来，坐具乘时放下。云散水流去，寂然天地空。"即敛目而逝。

仁王钦禅师

蜀中仁王钦禅师，僧问："如何是佛？"师曰："闻名不如见面。"曰："如何是祖师西来意？"师曰："闹市里弄猢狲。"曰："如何是道？"曰："大虫看水磨。"

金陵铁索山主

金陵铁索山主〔遗其名〕，僧问："久向铁索，未审作何面目？"主打露柱。僧曰："谢见示。"主曰："你据个什么便恁么道？"僧却打露柱。主曰："且道索在什么处？"僧作量势。主曰："今日遇个同参。"

楼子和尚

楼子和尚，不知何许人也，遗其名氏。一日偶经游街市间，于酒楼下整袜带次，闻楼上人唱曲云："你既无心我也休。"忽然大悟，因号楼子焉。

神照本如法师

神照本如法师，尝以经王请益四明尊者。者震声曰："汝名本如。"师即领悟。作偈曰："处处逢归路，头头达故乡。本来成现事，何必待思量。"

上竺圆智证悟法师

临安府上竺圆智证悟法师，台州林氏子，依白莲仙法师，问具变之道。莲指行灯曰："如此灯者，离性绝非，本自空寂，理则具矣。六凡四圣，所见不同，变则在焉。"师不契，后因扫地诵《法华经》，至"知法常无性，佛种从缘起"，始谕旨。告莲，莲然之。师领徒以来，尝患本宗学者囿于名相，胶于笔录，至以天台之传为文字之学，南宗鄙之。乃谒护国此庵云禅师，夜语次，师举东坡《宿东林偈》，且曰："也不易到此田地。"庵曰："尚未见路径，何言到耶？"曰："只如他道，溪声便是广长舌，山色岂非清净身，若不到此田地，如何有这个消息？"庵曰："是门外汉耳。"曰："和尚不吝，可为说破？"庵曰："却只从这里猛着精彩觑捕看。若觑捕得他破，则亦知本命元辰落着处。”师通夕不寐，及晓钟鸣，去其秘畜，以前偈别曰：“东坡居士太饶舌，声色关中欲透身。溪若是声山是色，无山无水好愁人。”特以告此庵。庵曰：“向汝道是门外汉。”师礼谢。未几，有化马祖殿瓦者，求语发扬。师书曰：“寄语江西老古锥，从教日炙与风吹。儿孙不是无料理，要见冰消瓦解时。”此庵见之，笑曰：“须是这阇黎始得！”

本嵩律师

本嵩律师，因无为居士杨杰请问“宣律师所讲毗尼性体”。师以偈答曰：“情智何尝异，犬吠蛇自行。终南的的意，日午打三更。”

亡名古宿

昔有一老宿，一夏不为师僧说话。有僧叹曰：“我只恁么空过一夏，不敢望和尚说佛法，得闻‘正因’两字也得。”老宿闻，乃曰：“阇黎莫誩速，若论正因，一字也无。”道了叩齿云：“适来无端，不合与么道。”邻壁有一老宿闻曰：“好一釜羹，被一颗鼠粪污却。”〔雪窦代云：“谁家釜里无一两颗。”〕

昔有一僧，在经堂内不看经，每日打坐。藏主曰：“何不看经？”僧曰：“某甲不识字。”主曰：“何不问人？”僧近前，叉手鞠躬曰：“这个是什么字？”主无对。〔大通本代云：“人道不识。”〕

昔有一老宿，住庵，于门上书心字，于窗上书心字，于壁上书心字。〔法眼云：“门上但书门字，窗上但书窗字，壁上但书壁字。”玄觉云：“门上不要书门字，窗上不要书窗字，壁上不要书壁字。何故？字义炳然。”〕

昔有二庵主，住庵，旬日不相见，忽相会。上庵主问下庵主：“多时不相见，向什么处去？”下庵主曰：“在庵中造个无缝塔。”上庵主曰：“某甲也要造一个，就兄借取塔样子。”下庵主曰：“何不早说，恰被人借去了也！”〔法眼云：“且道是借他样，不借他样？”〕

昔有一庵主，见僧来竖起火筒曰:“会么？”曰:“不会。”主曰:“三十年用不尽底。”僧却问:“三十年前用个什么？”主无对。〔归宗柔代云:“也要知。”〕

昔有一老宿，因江南国主问:“予有一头水牯牛，万里无寸草，未审向什么处放。”宿无对。〔归宗柔代云:“向处放。”〕

昔有一老宿，问僧:“什么处来？”僧曰:“牛头山礼拜祖师来。”宿曰:“还见祖师么？”僧无对。〔归宗柔代云:“大似不相信。”〕

昔有一老宿，有偈曰:“五蕴山头一段空，同门出入不相逢。无量劫来赁屋住，到头不识主人公。”〔有老宿云:“既不识他，当初问什么人赁。”〕

僧问老宿:“如何是密室中人？”老宿曰:“有客不答话。”〔玄沙云:“何曾密？”归宗柔别老宿云:“你因什么得见。”〕

昔有一老宿，因僧问:“魂兮归去来，食我家园葚。如何是家园葚？”〔玄觉代云:“是亦食不得。”法灯云:“污却你口。”〕

昔有一老宿，曰:“祖师九年面壁，为访知音，若恁么会得，吃铁棒有日在。”又一老宿曰:“祖师九年面壁，何不惭惶？若恁么会得，更买草鞋行脚三十年。”〔琅琊觉云:“既不然，且道祖师面壁意作么生？”良久云:“欲得不招无间业，莫谤如来正法轮。”〕

昔有一老宿，因僧问:“师子捉兔亦全其力，捉象亦全其力，未审全个什么力？”老宿曰:“不欺之力。”〔法眼别云:“不会古人语。”〕

昔有一老宿，曰:“这一片田地分付来多时也，我立地待汝构去。”〔法眼云:“山僧如今坐地，待汝构去，还有道理也无？那个亲，那个疏，试裁断看。”〕

昔有老宿，畜一童子，并不知轨则。有一行脚僧到，乃教童子礼仪。晚间见老宿外归，遂去问讯。老宿怪讶，遂问童子曰:“阿谁教你？”童曰:“堂中某上座。”老宿唤其僧来，问:“上座傍家行脚，是什么心行？这童子养来二三年了，幸自可怜生，谁教上

座教坏伊。快束装起去。”黄昏雨淋淋地，被趁出。〔法眼云：“古人恁么显露些子家风，甚怪。且道意在于何？”〕

昔有僧到曹溪，时守衣钵僧提起衣曰：“此是大庾岭头提不起底。”僧曰：“为什么在上座手里？”僧无对。〔云门云：“彼此不了。”又云：“将谓是师子儿。”〕

昔有僧因看《法华经》至“诸法从本来，常自寂灭相”，忽疑不决，行住坐卧，每自体究，都无所得。忽春月闻莺声，顿然开悟。遂续前偈曰：“诸法从本来，常自寂灭相。春至百花开，黄莺啼柳上。”

昔有老宿问一座主：“疏钞解义，广略如何？”主曰：“钞解疏，疏解经。”宿曰：“经解什么？”主无对。

昔高丽国，来钱塘刻观音圣像，及舁上船，竟不能动，因请入明州开元寺供养。后有设问：“无刹不现身，圣像为甚不去高丽国？”〔长庆棱云：“现身虽普，睹相生偏。”法眼别云：“识得观音未？”〕

泗州塔前，一僧礼拜。有人问：“上座日日礼拜，还见大圣么？”〔法眼代云：“汝道礼拜是什么义？”〕

泗州塔头侍者，及时锁门。有人问：“既是三界大师，为什么被弟子锁？”侍者无对。〔法眼代云：“弟子锁，大师锁。”法灯代云：“还我锁匙来。”又老宿代云：“吉州锁，虔州锁。”〕

圣僧像被屋漏滴，有人问僧：“既是圣僧，为什么有漏？”僧无对。〔韶国师代云：“无漏不是圣僧。”〕

有人问：“僧点什么灯？”僧曰：“长明灯。”曰：“什么时点？”曰：“去年点。”曰：“长明何在？”僧无语。〔长庆棱代云：“若不如此，知公不受人谩。”法眼别云：“利动君子。”〕

有座主念弥陀名号次，小师唤和尚，及回顾，小师不对。如是数四，和尚叱曰：“三度四度唤，有什么事？”小师曰：“和尚几年唤他即得，某甲才唤便发业。”〔法灯代云：“咄叱！”〕

有僧与童子上经了，令持经着函内。童子曰：“某甲念底，着

向那里？”〔法灯代云：“汝念什么经？”〕

一僧注《道德经》，人问曰：“久向大德注《道德经》。”僧曰：“不敢。”曰：“何如明皇？”〔法灯代云：“是弟子。”〕

有僧入冥见地藏菩萨。藏问：“你平生修何业？”僧曰：“念《法华经》。”曰：“止止不须说，我法妙难思。为是说？是不说？”僧无对。〔归宗柔代云：“此回归去，敢为流通。”〕

盐官会下有一主事僧，忽见一鬼使来追。僧告曰：“某甲身为主事，未暇修行，乞容七日得否？”使曰：“待为白王，若许即七日后来。不然，须臾便至。”言讫不见。至七日后，复来。觅其僧，了不可得。后有人举问一僧：“若被觅着时，如何抵拟他？”〔洞山代云：“被他觅得也。”〕

台州六通院僧欲渡船。有人问：“既是六通，为什么假船？”僧无对。〔天台韶国师代云：“不欲惊众。”〕

亡名官宰

洪州太守宋令公，一日大宁寺僧陈乞请第二座开堂。公曰：“何不请第一座？”众无语。〔法眼代云：“不劳如此。”〕

江南相冯延巳与数僧游钟山，至一人泉。问：“一人泉许多人争得足？”一僧对曰：“不教欠少。”延巳不肯，乃别曰：“谁人欠少！”〔法眼别云：“谁是不足者。”〕

官人问：“僧名什么？”曰：“无拣。”官人曰：“忽然将一碗沙与上座，又作么生？”曰：“谢官人供养。”〔法眼别云：“此犹是拣底。”〕

广南有僧住庵，国主出猎，左右报庵主，大王来，请起。主曰：“非但大王来，佛来亦不起。”王问：“佛岂不是汝师？”主曰：“是。”王曰：“见师为什么不起？”〔法眼代云：“未足酬恩。”〕

福州洪塘桥上有僧列坐，官人问：“此中还有佛么？”僧无对。〔法眼代云：“汝是什么人？”〕

昔有官人入镇州天王院，睹神像，因问院主曰：“此是什么功德？”曰：“护国天王。”曰：“只护此国,遍护余国？”曰：“在秦为秦，在楚为楚。”曰：“腊月二十九日打破镇州城，天王向甚处去？”主无对。

昔有官人作《无鬼论》,中夜挥毫次,忽见一鬼出云：“汝道无我，聻！”〔五祖演云：“老僧当时若见，但以手作鹁鸠觜，向伊道：谷呱呱。”〕

亡名行者

昔有道流，在佛殿前背佛而坐。僧曰：“道士莫背佛。”道流曰：“大德本教中道,佛身充满于法界,向什么处坐得？”僧无对。〔法眼代云：“识得汝。”〕

有一行者，随法师入佛殿。行者向佛而唾。师曰：“行者少去就,何以唾佛？”者曰：“将无佛处来与某甲唾。”师无对。〔沩山云：“仁者却不仁者,不仁者却仁者。”仰山代法师云：“但唾行者。”又云：“行者若有语,即向伊道：还我无行者处来。”〕

死鱼浮于水上,有人问僧：“鱼岂不是以水为命？”僧曰：“是。”曰：“为什么却向水中死？”僧无对。〔杭州天龙机和尚代云：“是伊为什么不去岸上死？”〕

鹞子趁鸽子，飞向佛殿栏干上颤。有人问僧：“一切众生，在佛影中常安常乐,鸽子见佛为什么却颤？”僧无对。〔法灯代云：“怕佛。”〕

昔有一僧去覆船,路逢一卖盐翁。僧问：“覆船路向什么处去？”翁良久。僧再问，翁曰：“你患聋那！”僧曰：“你向我道什么？”翁曰：“向你道覆船路。”僧曰：“翁莫会禅么？”翁曰：“莫道会禅，佛法也会尽。”僧曰：“你试说看。”翁挑起盐篮。僧曰：“难。”翁曰：“你唤这个作什么？”僧曰：“盐。”翁曰：“有什么交涉？”僧曰：“你唤作什么？”曰：“不可更向你道是盐。”

亡名道婆

昔有婆子供养一庵主，经二十年，当令一二八女子送饭给侍。一日，令女子抱定，曰：“正恁么时如何？”主曰：“枯木倚寒岩，三冬无暖气。”女子举似婆。婆曰：“我二十年只供养得个俗汉！”遂遣出，烧却庵。

昔有一僧参米胡，路逢一婆住庵。僧问：“婆有眷属否？”曰：“有。”僧曰：“在什么处？”曰：“山河大地，若草若木，皆是我眷属。”僧曰：“婆莫作师姑来否？”曰：“汝见我是什么？”僧曰：“俗人。”婆曰：“汝不可是僧？”僧曰：“婆莫混滥佛法好！”婆曰：“我不混滥佛法。”僧曰：“汝恁么，岂不是混滥佛法？”婆曰：“你是男子，我是女人。岂曾混滥？”

庞行婆，入鹿门寺设斋，维那请意旨。婆拈梳子插向髻后曰：“回向了也。”便出去。

温州陈道婆，尝遍扣诸方名宿，后于长老山净和尚语下发明。有偈曰：“高坡平顶上，尽是采樵翁，人人尽怀刀斧意，不见山花映水红。”

昔有施主妇人入院，行众僧随年钱。僧曰：“圣僧前着一分。”妇人曰：“圣僧年多少？”僧无对。〔法眼代云：“心期满处即知。”〕

五灯会元　卷第七

青原下二世

石头迁禅师法嗣

天皇道悟禅师

荆州天皇道悟禅师，婺州东阳张氏子。神仪挺异，幼而生知。年十四，恳求出家，父母不听。遂损减饮膳，日才一食，形体羸悴。父母不得已而许之，依明州大德披削。二十五诣杭州竹林寺具戒。精修梵行，推为勇猛。或风雨昏夜，宴坐丘冢，身心安静，离诸怖畏。一日，游余杭，首谒径山国一受心法，服勤五载。后参马祖，重印前解。法无异说，依止二夏。乃谒石头而致问曰："离却定慧，以何法示人？"头曰："我这里无奴婢，离个什么？"曰："如何明得？"头曰："汝还撮得虚空么？"曰："恁么则不从，今日去也！"头曰："未审汝早晚从那边来？"曰："道悟不是那边人。"头曰："我早知汝来处也。"曰："师何以赃诬于人？"头曰："汝身见在。"曰："虽然如是，毕竟如何示于后人。"头曰："汝道谁是后人？"师从此顿悟。罄殚前二哲匠言下有所得心。后卜荆州当阳紫陵山，学徒驾肩接迹，都人士女，向风而至。时崇业寺上首以状闻于连帅，迎入城。郡之左有天皇寺，乃名蓝也，因火而废。主僧灵鉴将谋修复，乃曰：“苟得悟禅师为化主，必能福我。”乃中宵潜往哀请，肩舁而至。时江陵尹右仆射裴公稽首问法，致礼勤至。师素不迎送，客无贵贱，皆坐而揖之。裴公愈加归向。由是石头法道盛矣。

师因龙潭问：“从上相承底事如何？”师曰：“不是明汝来处不得。”潭曰：“这个眼目，几人具得？”师曰：“浅草易为长芦。”僧问：“如何是玄妙之说？”师曰：“莫道我解佛法好！”曰：“争奈学人疑滞何？”师曰：“何不问老僧？”曰：“即今问了也。”师曰：“去，不是汝存泊处。”元和丁亥四月示疾，命弟子先期告终，至晦日大众问疾，师蓦召典座，座近前，师曰：“会么？”曰：“不会。”师拈枕子抛于地上，即便告寂。寿六十，腊三十五。以其年八月五日，塔于郡东。

〔按《景德传灯录》称，青原下出石头迁，迁下出天皇悟，悟下出龙潭信，信下出德山鉴，鉴下出雪峰存，存下出云门偃、玄沙备，备再传为法眼益，皆谓云门、法眼二宗来自青原石头，虽二家儿孙，亦自谓青原石头所自出，不知其差误所从来久矣。道悟同时有二人，一住荆南城西天王寺，嗣马祖。一住荆南城东天皇寺，嗣石头。其下出龙潭信者，乃马祖下天王道悟，非石头下天皇道悟也。何以明之？按唐正议大夫户部侍郎平章事荆南节度使丘玄素所撰《天王道悟禅师碑》云：首悟，渚宫人，姓崔氏，子玉之后胤也。年十五依长沙寺昙翥律师出家，二十三诣嵩山受戒，三十参石头频沐指示，曾未投机，次谒忠国师。三十四与国师侍者应真南还谒马祖。祖曰：“识取自心本来是佛，不属渐次，不假修持，体自如如，万德圆满。”师于言下大悟。祖嘱曰：“汝若住持，莫离旧处。”师蒙旨已，便返荆门，去郭不远，结草为庐。后因节使顾问左右，申其端绪。节使亲临访道，见其路隘，车马难通，极目荒榛，曾未修削，睹兹发怒，令人擒师，抛于水中。旌旆才归，乃见遍衙火发，内外烘焰，莫可近之，唯闻空中声曰：“我是天王神！我是天王神！”节使回心设拜，烟焰都息，宛然如初。遂往江边，见师在水，都不湿衣。节使重伸忏悔迎请，在衙供养，于府西造寺，额号“天王”。师常云：“快活！快活！”及临终时，叫“苦！苦！”又云：“阎罗王来取我也。”院主问曰：“和尚当时被节度使抛向水中，神色不动，如今何得恁么地。”师举枕子云：“汝道当时是，如今是。”院主无对，便入灭。当元和三年戊子十月十三日也。年八十二，坐六十三夏。嗣法一人，曰崇信，即龙潭也。城东天皇道悟禅师者，协律郎符载撰碑，乃与《景德传灯》合其碑云：道悟，姓张氏，婺州东阳人，十四出家，依明州大德祝发，二十五受戒于杭州竹林寺。初参国一，留五年，大历十一年，隐于大梅山。建中初，谒江西马祖。二年参石头，乃大悟。遂隐当阳紫陵山，后于荆南城东有天皇废寺，灵鉴请居之。元和二年丁亥四月十三日，以背痛入灭，年六十，坐三十五夏。法嗣三人，曰慧真，曰文贲，曰幽闲。今荆南城东有天皇巷存焉。唐闻人归登，撰南岳让禅师碑，列法孙数人于后，有天王道悟名。圭峰答裴相国宗趣状，列马祖法嗣六人，首曰江陵道悟。权德舆撰马祖塔铭：载弟子慧海智藏等十一人，道悟其一也。又吕夏卿张无尽著书皆称道悟嗣马祖，宗门反以为误。然佛国白《续灯录》，叙雪窦显为大寂九世孙，《祖源通要录》中，收为马祖之嗣，达观颖以丘玄素碑证之，疑信相半。盖独见丘玄素碑，而未见符载碑耳。今以二碑参合，则应以天皇道悟嗣石头，以慧真、文贲、幽闲嗣之，而于马祖法嗣下增入天王道悟，以龙潭、崇信嗣之，始为不差误矣。〕

青原下三世

天皇悟禅师法嗣

龙潭崇信禅师

澧州龙潭崇信禅师，渚宫人也，其家卖饼。师少而英异，初悟和尚为灵鉴潜请居天皇寺，人莫之测。师家于寺巷，常日以十饼馈之。天皇受之，每食毕，常留一饼曰：“吾惠汝以荫子孙。”师一日自念曰："饼是我持去，何以返遗我邪？其别有旨乎？"遂造而问焉。皇曰："是汝持来，复汝何咎？"师闻之，颇晓玄旨，因投出家。皇曰："汝昔崇福善，今信吾言，可名崇信。"由是服勤左右。一日问曰："某自到来，不蒙指示心要？"皇曰："自汝到来，吾未尝不指汝心要。"师曰："何处指示？"皇曰："汝擎茶来，吾为汝接。汝行食来，吾为汝受。汝和南时，吾便低首。何处不指示心要？"师低头良久。皇曰："见则直下便见，拟思即差。"师当下开解。复问："如何保任？"皇曰："任性逍遥，随缘放旷。但尽凡心，别无圣解。"师后诣澧阳龙潭栖止。僧问："髻中珠谁人得？"师曰："不赏玩者得。"曰："安着何处？"师曰："有处即道来。"有尼问："如何得为僧去？"师曰："作尼来多少时也？"曰："还有为僧时也无？"师曰："汝即今是什么？"曰："现是尼身，何得不识？"师曰："谁识汝？"李翱刺史问："如何是真如般若？"师曰："我无真如般若。"李曰："幸遇和尚。"师曰："此犹是分外之言。"

青原下四世

龙潭信禅师法嗣

德山宣鉴禅师

鼎州德山宣鉴禅师，简州周氏子，丱岁出家，依年受具。精究律藏，于性相诸经，贯通旨趣。常讲《金刚般若》，时谓之周金刚，尝谓同学曰："一毛吞海，海性无亏。纤芥投锋，锋利不动。学与无学，唯我知焉。"后闻南方禅席颇盛，师气不平，乃曰："出家儿千劫学佛威仪，万劫学佛细行，不得成佛。南方魔子敢言直指人心，见性成佛，我当搂其窟穴，灭其种类，以报佛恩。"遂担《青龙疏钞》

出蜀,至澧阳路上,见一婆子卖饼,因息肩买饼点心。婆指担曰:“这个是什么文字?”师曰:“《青龙疏钞》。”婆曰:“讲何经?”师曰:“《金刚经》。”婆曰:“我有一问,你若答得,施与点心。若答不得,且别处去。《金刚经》道:‘过去心不可得,现在心不可得。未来心不可得。’未审上座点那个心?”师无语,遂往龙潭。至法堂曰:“久向龙潭,及乎到来,潭又不见,龙又不现。”潭引身曰:“子亲到龙潭。”师无语,遂栖止焉。一夕侍立次,潭曰:“更深何不下去?”师珍重便出。却回曰:“外面黑。”潭点纸烛度与师。师拟接,潭复吹灭。师于此大悟,便礼拜。潭曰:“子见个什么?”师曰:“从今向去,更不疑天下老和尚舌头也。”至来日,龙潭升座,谓众曰:“可中有个汉,牙如剑树,口似血盆,一棒打不回头。他时向孤峰顶上,立吾道去在!”师将疏钞堆法堂前,举火炬曰:“穷诸玄辩,若一毫置于太虚。竭世枢机,似一滴投于巨壑。”遂焚之。于是礼辞,直抵沩山。挟复子上法堂,从西过东,从东过西,顾视方丈曰:“有么?有么?”山坐次,殊不顾盼。师曰:“无!无!”便出至门首。乃曰:“虽然如此,也不得草草。”遂具威仪,再入相见。才跨门,提起坐具曰:“和尚!”山拟取拂子。师便喝,拂袖而出。沩山至晚问首座:“今日新到在否?”座曰:“当时背却法堂,着草鞋出去也。”山曰:“此子已后向孤峰顶上盘结草庵,呵佛骂祖去在!”

师住澧阳三十年,属唐武宗废教,避难于独浮山之石室。大中初,武陵太守薛廷望再崇德山精舍,号古德禅院。将访求哲匠住持,聆师道行,屡请不下山。廷望乃设诡计,遣吏以茶盐诬之,言犯禁法,取师入州。瞻礼,坚请居之,大阐宗风。上堂:“若也于己无事,则勿妄求。妄求而得,亦非得也。汝但无事于心,无心于事,则虚而灵,空而妙。若毛端许,言之本末者,皆为自欺。何故?毫厘系念,三涂业因。瞥尔情生,万劫羁锁。圣名凡号,尽是虚声。殊相劣形,皆为幻色。汝欲求之,得无累乎?及其厌之,又成大患，终而无益。”

小参示众曰：“今夜不答话，问话者三十棒。”时有僧出礼拜，师便打。僧曰：“某甲话也未问，和尚因什么打某甲？”师曰：“汝是什么处人？”曰：“新罗人。”师曰：“未跨船舷，好与三十棒。”〔法眼云：“大小德山话作两橛。”玄觉云：“丛林中唤作隔下语，且从只如德山道：问话者三十棒，意作么生？”〕僧参，师问维那：“今日几人新到？”曰：“八人。”师曰：“唤来。”一时生按着。龙牙问：“学人仗镆鎁剑拟取师头时如何？”师引颈近前，曰：“囫。”〔法眼别云：“汝向什么处下手。”〕牙曰：“头落也。”师呵呵大笑。牙后到洞山，举前话，山曰：“德山道什么？”牙曰：“德山无语。”洞曰：“莫道无语，且将德山落底头呈似老僧看。”牙方省，便忏谢。有僧举似师，师曰：“洞山老人不识好恶，这汉死来多少时，救得有什么用处？”僧问：“如何是菩提？”师打曰：“出去！莫向这里屙。”问：“如何是佛？”师曰：“佛是西天老比丘。”雪峰问：“从上宗乘，学人还有分也无？”师打一棒曰：“道什么！”曰：“不会。”至明日请益，师曰：“我宗无语句，实无一法与人。”峰因此有省。岩头闻之曰：“德山老人一条脊梁骨硬似铁，拗不折。然虽如此，于唱教门中，犹较些子。”〔保福问招庆：“只如岩头出世，有何言教过于德山，便恁么道？”庆云：“汝不见岩头道：如人学射，久久方中。”福云：“中后如何？”庆云：“展阇黎，莫不识痛痒。”福云：“和尚今日非唯举话。”庆云：“展阇黎是什么心行？”明招云：“大小招庆，错下名言。”〕示众曰：“道得也三十棒，道不得也三十棒。”临济闻得，谓洛浦曰：“汝去问他，道得为什么也三十棒？待伊打汝，接住棒送一送，看伊作么生？”浦如教而问，师便打。浦接住送一送，师便归方丈。浦回举似临济，济曰：“我从来疑着这汉。虽然如是，你还识德山么？”浦拟议，济便打。〔岩头云：“德山老人寻常只据一条白棒，佛来亦打，祖来亦打，争奈较些子。”东禅齐云：“只如临济道，我从前疑着这汉，是肯底语，不肯底语？为当别有道理。试断看。”〕

上堂："问即有过，不问犹乖。"有僧出礼拜，师便打。僧曰："某甲始礼拜，为什么便打？"师曰："待汝开口，堪作什么？"师令侍者唤义存〔即雪峰也〕，存上来。师曰："我自唤义存，汝又来作什么？"存无对。上堂："我先祖见处即不然，这里无祖无佛，达磨是老臊胡，释迦老子是乾屎橛，文殊普贤是担屎汉。等觉妙觉是破执凡夫，菩提涅槃是系驴橛，十二分教是鬼神簿、拭疮疣纸。四果三贤、初心十地是守古冢鬼，自救不了。"有僧相看，乃近前作相扑势。师曰："与么无礼！合吃山僧手里棒。"僧拂袖便行。师曰："饶汝如是,也只得一半。"僧转身便喝,师打曰："须是我打你始得。"曰："诸方有明眼人在。"师曰："天然有眼。"僧擘开眼曰："猫！"便出。师曰："黄河三千年一度清。"师见僧来,乃闭门。其僧敲门,师曰："阿谁？"曰："师子儿。"师乃开门。僧礼拜,师骑僧项曰："这畜生甚处去来？"雪峰问："南泉斩猫儿，意旨如何？"师乃打趁，却唤曰："会么？"峰曰："不会。"师曰："我恁么老婆心,也不会？"僧问："凡圣相去多少？"师便喝。师因疾，僧问："还有不病者也无？"师曰："有。"曰："如何是不病者？"师曰："阿唧！阿㖔唧！"师复告众曰："扪空追响，劳汝心神。梦觉觉非，竟有何事。"言讫，安坐而化。即唐咸通六年十二月三日也。谥见性禅师。

泐潭宝峰禅师

洪州泐潭宝峰和尚，新到参，师问："其中事即易道，不落其中事始终难道。"曰："某甲在途中时，便知有此一问。"师曰："更与二十年行脚，也不较多。"曰："莫不契和尚意么？"师曰："苦瓜那堪待客。"问僧："古人有一路接后进初心,汝还知否？"曰："请师指出古人一路。"师曰："恁么则阇黎知了也。"曰："头上更安头。"师曰："宝峰不合问仁者。"曰："问又何妨？"师曰："这里不曾有人乱说道理，出去。"岩头僧来参，师竖起拂子曰："落在此机底人，未具眼在。”僧拟近前，师曰：“恰落在此机。”僧回举似岩头，头曰：“我当时若见，夺却拂子，看他作么生。”师闻乃曰：“我竖起拂子从伊夺，总不将物时又作么生？”岩头闻得，又曰：“无星秤子，有甚辨处。”

青原下五世

德山鉴禅师法嗣

岩头全奯禅师

鄂州岩头全奯禅师，泉州柯氏子。少礼青原谊公，落发往长安宝寿寺，禀戒习经律诸部，优游禅苑，与雪峰、钦山为友。自杭州大慈山逦迤造于临济，属济归寂，乃谒仰山。才入门，提起坐具曰：“和尚！”仰山取拂子拟举，师曰：“不妨好手。”后参德山，执坐具上法堂瞻视。山曰：“作么？”师便喝。山曰：“老僧过在什么处？”师曰：“两重公案。”乃下参堂。山曰：“这个阿师稍似个行脚人！”至来日上问讯，山曰：“阇黎是昨日新到否？”曰：“是。”山曰：“什么处学得这虚头来！”师曰：“全奯终不自谩。”山曰：“他后不得孤负老僧。”

一日，参德山，方跨门便问：“是凡是圣？”山便喝。师礼拜。有人举似洞山，山曰：“若不是奯公，大难承当。”师曰：“洞山老人不识好恶，错下名言。我当时一手抬，一手搦。”雪峰在德山作饭头，一日饭迟，德山擎钵下法堂。峰晒饭巾次，见德山乃曰：“钟未鸣，鼓未响，托钵向什么处去？”德山便归方丈。峰举似师。师曰：“大小德山未会末后句在。”山闻，令侍者唤师去。问：“汝不肯老僧那？”师密启其意。山乃休。明日升堂，果与寻常不同。师至

僧堂前，拊掌大笑曰："且喜堂头老汉会末后句，他后天下人不奈伊何！虽然，也只得三年活。"〔山果三年后示灭。〕

一日，与雪峰、钦山聚话。峰蓦指一碗水。钦曰："水清月现。"峰曰："水清月不现。"师踢却水碗而去。师与雪峰同辞德山，山问："什么处去？"师曰："暂辞和尚下山去。"曰："子他后作么生？"师曰："不忘。"曰："子凭何有此说？"师曰："岂不闻：智过于师，方堪传受；智与师齐，减师半德。"曰："如是如是，当善护持。"二士礼拜而退。

师住鄂州岩头，值沙汰，于湖边作渡子，两岸各挂一板，有人过渡，打板一下。师曰："阿谁？"或曰："要过那边去！"师乃舞棹迎之。一日，因一婆抱一孩儿来，乃曰："呈桡舞棹即不问，且道婆手中儿甚处得来？"师便打。婆曰："婆生七子，六个不遇知音，只这一个，也不消得。"便抛向水中。师后庵于洞庭卧龙山，徒侣臻萃。僧问："无师还有出身处也无？"师曰："声前古毳烂。"问："堂堂来时如何？"师曰："刺破眼。"

上堂："吾尝究《涅槃经》七八年，睹三两段义似衲僧说话。"又曰："休！休！"时有一僧出礼拜，请师举。师曰："吾教意如∴字三点。第一向东方下一点，点开诸菩萨眼。第二向西方下一点，点诸菩萨命根。第三向上方下一点，点诸菩萨顶。此是第一段义。"又曰："吾教意如摩醯首罗，擘开面门，竖亚一只眼。此是第二段义。"又曰："吾教意犹如涂毒鼓，击一声远近闻者皆丧。此是第三段义。"时小严上座问："如何是涂毒鼓？"师以两手按膝，亚身曰："韩信临朝底。"严无语。夹山下一僧到石霜，才跨门便道："不审"。霜曰："不必，阇黎。"僧曰："恁么则珍重。"又到师处，如前道"不审。"师嘘一嘘。僧曰："恁么则珍重。"方回步，师曰："虽是后生，亦能管带。"其僧归，举似夹山。山上堂曰："前日到岩头、石霜底阿师出来，如法举似前话。"其僧举了。山曰："大众还会么？"众无对。山曰:“若无人道得,山僧不惜两茎眉毛道去也!”乃曰:“石霜虽有杀人刀,且无活人剑。岩头亦有杀人刀,亦有活人剑。”

师与罗山卜塔基,罗山中路忽曰:“和尚。”师回顾曰:“作么?”山举手指曰:“这里好片地。”师咄曰:“瓜州卖瓜汉。”又行数里歇次,山礼拜问曰:“和尚岂不是三十年前在洞山而不肯洞山?”师曰:“是。”又曰:“和尚岂不是嗣德山又不肯德山?”师曰:“是。”山曰:“不肯德山即不问,只如洞山有何亏阙?”师良久曰:“洞山好佛,只是无光。”山礼拜。僧问:“利剑斩天下,谁是当头者?”师曰:“暗。”僧拟再问,师咄曰:“这钝汉出去!”问:“不历古今时如何?”师曰:“卓朔地。”曰:“古今事如何?”师曰:“任烂。”问僧:“甚处来?”曰:“西京来。”师曰:“黄巢过后,还收得剑么?”曰:“收得。”师引颈近前曰:“囫。”曰:“师头落也!”师呵呵大笑。僧后到雪峰,峰问:“甚处来?”曰:“岩头来。”峰曰:“岩头有何言句?”僧举前话,峰便打三十棒,趁出。问:“二龙争珠,谁是得者?”师曰:“俱错。”僧问雪峰:“声闻人见性,如夜见月。菩萨人见性,如昼见日。未审和尚见性如何?”峰打拄杖三下。僧后举前语问师,师与三掴。问:“如何是三界主?”师曰:“汝还解吃铁棒么?”

德山一日谓师曰:“我这里有两僧入山,住庵多时,汝去看他怎生。”师遂将一斧去,见两人在庵内坐。师乃拈起斧曰:“道得也一下斧,道不得也一下斧。”二人殊不顾。师掷下斧曰:“作家!作家!”归,举似德山,山曰:“汝道他如何?”师曰:“洞山门下不道全无,若是德山门下,未梦见在。”僧参,于左边作一圆相,又于右边作一圆相,又于中心作一圆相。欲成未成,被师以手一拨。僧无语,师便喝:“出!”僧欲跨门,师却唤回,问:“汝是洪州观音来否?”曰:“是。”师曰:“只如适来左边一圆相作么生?”曰:“是有句。”师曰:“右边圆相聻?”曰:“是无句。”师曰:“中心圆相作么生?”曰:“是不有不无句。”师曰:“只如吾与么又作么生?”曰:

“如刀画水。”师便打。

瑞岩问:“如何是毗卢师？”师曰:“道什么！”岩再问，师曰:“汝年十七八，未问弓折箭尽时如何？”师曰:“去。”问:“如何是岩中的的意？”师曰:“谢指示。”曰:“请和尚答话。”师曰:“珍重。”问:“三界竞起时如何？”师曰:“坐却着。”曰:“未审师意如何？”师曰:“移取庐山来，即向汝道。”问:“起灭不停时如何？”师喝曰:“是谁起灭？”问:“轮中不得转时如何？”师曰:“涩。”问:“路逢猛虎时如何？”师曰:“拶。”问:“如何是道？”师曰:“破草鞋，与抛向湖里着。”问:“万丈井中如何得到底？”师曰:“吽。”僧再问，师曰:“脚下过也。”问:“古帆未挂时如何？”师曰:“小鱼吞大鱼。”又僧如前问，师曰:“后园驴吃草。”迩后人或问佛、问法、问道、问禅者，师皆作嘘声。师尝谓众曰:“老汉去时，大吼一声了去！”

唐光启之后,中原盗起,众皆避地,师端居晏如也。一日贼大至，责以无供馈，遂倳刃焉。师神色自若，大叫一声而终，声闻数十里，即光启三年丁未四月八日也。门人后焚之，获舍利四十九粒，众为起塔，谥清严禅师。

雪峰义存禅师

福州雪峰义存禅师，泉州南安曾氏子。家世奉佛，师生恶荤茹，于襁褓中闻钟梵之声，或见幡花像设，必为之动容。年十二，从其父游莆田玉涧寺，见庆玄律师，遽拜曰:“我师也。”遂留侍焉。十七落发，谒芙蓉常照大师，照抚而器之。后往幽州宝刹寺受戒。久历禅会，缘契德山。唐咸通中回闽中雪峰创院，徒侣翕然。懿宗锡号真觉禅师，仍赐紫袈裟。初与岩头至澧州鳌山镇阻雪，头每日只是打睡。师一向坐禅，一日唤曰:“师兄！师兄！且起来。”头曰:“作什么？”师曰:“今生不着便，共文邃个汉行脚，到处被他带累。今日到此，又只管打睡？”头喝曰:“噇！眠去。每日床上坐,恰似七村里土地,他时后日魔魅人家男女去在。”师自点胸曰:“我这里未稳在,不敢自谩。”头曰:“我将谓你他日向孤峰顶上盘结草庵,播扬大教,犹作这个语话?”师曰:“我实未稳在。”头曰:“你若实如此,据你见处一一通来。是处与你证明,不是处与你铲却。”师曰:“我初到盐官,见上堂举色空义,得个入处。”头曰:“此去三十年,初忌举着。”又见洞山过水偈曰:“切忌从他觅,迢迢与我疏。渠今正是我,我今不是渠。”头曰:“若与么,自救也未彻在。”师又曰:“后问德山:‘从上宗乘中事,学人还有分也无?’德山打一棒曰:‘道什么!’我当时如桶底脱相似。”头喝曰:“你不闻道,从门入者不是家珍。”师曰:“他后如何即是?”头曰:“他后若欲播扬大教,一一从自己胸襟流出,将来与我盖天盖地去。”师于言下大悟,便作礼起。连声叫曰:“师兄,今日始是鳌山成道。”师在洞山作饭头,淘米次,山问:“淘沙去米,淘米去沙?”师曰:“沙米一时去。”山曰:“大众吃个什么?”师遂覆却米盆。山曰:“据子因缘,合在德山。”

洞山一日问师:“作什么来?”师曰:“斫槽来。”山曰:“几斧斫成?”师曰:“一斧斫成。”山曰:“犹是这边事,那边事作么生?”师曰:“直得无下手处。”山曰:“犹是这边事,那边事作么生?”师休去。〔汾阳代云:“某甲早困也。”〕师辞洞山,山曰:“子甚处去?”师曰:“归岭中去。”山曰:“当时从什么路出?”师曰:“从飞猿岭出。”山曰:“今回向什么路去?”师曰:“从飞猿岭去。”山曰:“有一人不从飞猿岭去,子还识么?”师曰:“不识。”山曰:“为什么不识?”师曰:“他无面目。”山曰:“子既不识,争知无面目?”师无对。住后,僧问:“和尚见德山,得个什么,便休去。”师曰:“我空手去,空手归。”问:“祖意教意,是同是别?”师曰:“雷声震地,室内不闻。”又曰:“阇黎行脚,为什么事?”问:“我眼本正,因师故邪时如何?”师曰:“迷逢达磨。”曰:“我眼何在?”师曰:

“得不从师。”问:“剃发染衣,受佛依荫,为什么不许认佛?”师曰:“好事不如无。”师问座主:“如是两字尽是科文，作么生是本文?”主无对。〔五云代云:“更分三段着。”〕问:“如何是佛?”师曰:“寐语作什么!”问:“如何是觌面事?”师曰:“千里未是远。”问:“如何是大人相?”师曰:“瞻仰即有分。”问:“文殊与维摩对谈何事?”师曰:“义堕也。”问:“寂然无依时如何?”师曰:“犹是病。”曰:“转后如何?”师曰:“船子下扬州。”问:“承古有言。”师便作卧势,良久起曰:“问什么?”僧再举，师曰:“虚生浪死汉!”问:“箭头露锋时如何?”师曰:“好手不中的。”曰:“尽眼没标的时如何?”师曰:“不妨随分好手。”问:“古人道，路逢达道人，不将语默对。未审将什么对?”师曰:“吃茶去。”问僧:“甚处来?”曰:“神光来。”师曰:“昼唤作日光，夜唤作火光，作么生是神光?”僧无对。师自代曰:“日光火光。”

栖典座问:“古人有言，知有佛向上事，方有语话分。如何是语话?”师把住曰:“道!道!”栖无对。师遂蹋倒，栖当下汗流。问僧:“甚处来?”曰:“近离浙中。”师曰:“船来陆来?”曰:“二途俱不涉。”师曰:“争得到这里?”曰:“有什么隔碍?”师便打。问:“古人道，觌面相呈时如何?”师曰:“是。”曰:“如何是觌面相呈?”师曰:“苍天!苍天!”师谓众曰:“此个水牯牛年多少?”众皆无对。师自代曰:“七十九也。”僧曰:“和尚为什么作水牯牛去?”师曰:“有什么罪过?”

问僧:“甚处去?”曰:“礼拜径山和尚去。”师曰:“径山若问汝:此间佛法如何?汝作么生祇对?”曰:“待问即道。”师便打。后举问镜清:“这僧过在什么处?”清曰:“问得径山彻困。”师曰:“径山在浙中因什么问得彻困?”清曰:“不见道远问近对。”师曰:“如是!如是!”一日谓长庆曰:“吾见沩山问仰山:从上诸圣向什么处去?他道或在天上，或在人间。汝道仰山意作么生?”庆曰:“若问诸圣出没处，恁么道即不可。”师曰：“汝浑不肯，忽有人问，汝作么生道？”庆曰：“但道错。”师曰：“是汝不错。”庆曰：“何异于错？”问僧：“甚处来？”曰：“江西。”师曰：“与此间相去多少？”曰：“不遥。”师竖起拂子曰：“还隔这个么？”曰：“若隔这个，即遥去也。”师便打出。问：“学人乍入丛林，乞师指个入路。”师曰：“宁自碎身如微尘,终不敢瞎却一僧眼。”问：“四十九年后事即不问,四十九年前事如何？”师以拂子蓦口打。

僧辞去,参灵云。问：“佛未出世时如何？”云举拂子。曰：“出世后如何？”云亦举拂子。其僧却回,师曰：“返太速乎！”曰：“某甲到彼,问佛法不契乃回。”师曰：“汝问什么事？”僧举前话。师曰：“汝问,我为汝道。”僧便问：“佛未出世时如何？”师举起拂子。曰：“出世后如何？”师放下拂子。僧礼拜，师便打。〔后僧举问玄沙，沙云：“汝欲会么？我与汝说个喻。如人卖一片园，东西南北一时结契了也，中心树子犹属我在。”崇寿稠云：“为当打伊解处，别有道理。”〕师举：“六祖道：不是风动，不是幡动。仁者心动。”乃曰：“大小祖师，龙头蛇尾，好与二十拄杖。”时太原孚上座侍立,不觉咬齿。师曰：“我适来恁么道,也好吃二十拄杖。”师行脚时参乌石观和尚，才敲门，石问：“谁？”师曰：“凤凰儿。”石曰：“来作么？”师曰：“来啖老观。”石便开门扭住曰：“道！道！”师拟议,石拓开,闭却门。师住后示众曰：“我当时若入得老观门，你这一队噇酒糟汉向什么处摸索？”师问慧全：“汝得入处作么生？”全曰：“共和尚商量了。”师曰：“什么处商量？”曰：“什么处去来？”师曰：“汝得入处又作么生？”全无对,师便打。全坦问：“平田浅草，麈鹿成群，如何射得麈中主？”师唤全坦,坦应诺。师曰：“吃茶去。”问僧：“甚处来？”曰：“沩山来。”师曰：“沩山有何言句？”曰：“某甲曾问如何是祖师西来意？沩山据坐。”师曰：“汝肯他否？”曰：“某甲不肯他。”师曰：“沩山古佛,汝速去忏悔。”〔玄沙云：“山头老汉蹉过沩山也。”〕

闽王问曰："拟欲盖一所佛殿去时如何？"师曰："大王何不盖取一所空王殿？"曰："请师样子。"师展两手。〔云门云："一举四十九。"〕僧问："学人道不得处，请师道。"师曰："我为法惜人。"师举拂子示一僧，其僧便出去。〔长庆举似王延彬太傅了，乃曰："此僧合唤转与一顿棒。"王曰："和尚是什么心行？"曰："几放过。"〕师问长庆："古人道前三三，后三三，意作么生？"庆便出去。〔鹅湖别云："诺。"〕问僧："甚处来？"曰："蓝田来。"师曰："何不入草？"〔长庆云："险。"〕上堂："南山有一条鳖鼻蛇，汝等诸人切须好看。"长庆出曰："今日堂中大有人丧身失命。"云门以拄杖攛向师前，作怕势。有僧举似玄沙，沙曰："须是棱兄始得。然虽如是，我即不然。"曰："和尚作么生？"沙曰："用南山作么？"

一日，有两僧来，师以手拓庵门，放身出曰："是什么？"僧亦曰："是什么？"师低头归庵。僧辞去，师问："什么处去？"曰："湖南。"师曰："我有个同行住岩头，附汝一书去。"书曰："某书上师兄。某一自鳌山成道后，迄至于今，饱不饥。同参某书上。"僧到岩头问："什么处来？"曰："雪峰来，有书达和尚。"头接了，乃问僧："别有何言句？"僧遂举前话。头曰："他道什么？"曰："他无语低头归庵。"头曰："噫！我当初悔不向伊道末后句。若向伊道，天下人不奈雪老何！"僧至夏末，请益前话。头曰："何不早问？"曰："未敢容易。"头曰："雪峰虽与我同条生，不与我同条死。要识末后句，只这是。"上堂："尽大地撮来如粟米粒大，抛向面前，漆桶不会打鼓，普请看！"〔长庆问云门曰："雪峰与么道，还有出头不得处么？"门曰："有。"曰："作么生，？"门曰："不可总作野狐精见解。"又曰："狼籍不少。"〕问僧："什么处去？"曰："识得即知去处。"师曰："你是了事人，乱走作么？"曰："和尚莫涂污人好！"师曰："我即不涂污你，古人吹布毛作么生？与我说来看。"曰："残羹馊饭已有人吃了。"师休去。

有一僧在山下卓庵多年，不剃头。畜一长柄杓，溪边舀水。

时有僧问："如何是祖师西来意？"主曰："溪深杓柄长。"师闻得，乃曰："也甚奇怪。"一日，将剃刀同侍者去访，才相见便举前话，问："是庵主语否？"主曰："是。"师曰："若道得，即不剃你头。"主便洗头，胡跪师前，师即与剃却。师领徒南游，时黄涅槃预知师至，揞策前迎，抵苏溪邂逅。师问："近离何处？"槃曰："辟支岩。"师曰："岩中还有主么？"槃以竹策敲师轿。师乃出轿相见。槃曰："曾郎万福。"师遽展丈夫拜，槃作女人拜。师曰："莫是女人么？"槃又设两拜，遂以竹策画地，右绕师轿三匝。师曰："某甲三界内人，你三界外人。你前去，某甲后来。"槃回，师随至，止囊山憩数日。槃供事随行徒众，一无所缺。上堂："此事如一片田地相似，一任诸人耕种，无有不承此恩力者。"玄沙曰："且作么生是这田地？"师曰："看。"沙曰："是即是，某甲不与么？"师曰："你作么生？"沙曰："只是人人底。"三圣问："透网金鳞，以何为食？"师曰："待汝出网来向汝道。"圣曰："一千五百人善知识，话头也不识。"师曰："老僧住持事繁。"上堂："尽大地是个解脱门，把手拽伊不肯入。"时一僧出曰："和尚怪某甲不得。"又一僧曰："用入作什么？"师便打。玄沙谓师曰："某甲如今大用去，和尚作么生？"师将三个木毬一时抛出。沙作斫牌势。师曰："你亲在灵山方得如此。"沙曰："也是自家事。"

一日升座，众集定，师辊出木毬，玄沙遂捉来安旧处。师一日在僧堂内烧火，闭却前后门，乃叫曰："救火！救火！"玄沙将一片柴从窗棂中抛入，师便开门。问："古涧寒泉时如何？"师曰："瞪目不见底。"曰："饮者如何？"师曰："不从口入。"僧举似赵州，州曰："不从口入，不可从鼻孔里入。"僧却问："古涧寒泉时如何？"州曰："苦。"曰："饮者如何？"州曰："死。"师闻得，乃曰："赵州古佛。"遥望作礼，自此不答话。师因闽王封柑橘各一颗，遣使送至，柬问："既是一般颜色，为甚名字不同？"师遂依旧封回，王复驰问玄沙，沙将一张纸盖却。问僧："近离甚处？"曰："覆船。"师曰："生死海未渡，为什么覆却船？"僧无语，乃回举似覆船。船曰："何不道渠无生死？"僧再至，进此语，师曰："此不是汝语。"曰："是覆船恁么道。"师曰："我有二十棒寄与覆船，二十棒老僧自吃，不干阇黎事。"问："大事作么生？"师执僧手曰："上座将此问谁？"有僧礼拜，师打五棒。僧曰："过在什么处？"师又打五棒，喝出。问僧："甚处来？"曰："岭外来。"师曰："还逢达磨也无？"曰："青天白日。"师曰："自己作么生？"曰："更作么生？"师便打。师送僧出，行三五步，召曰："上座。"僧回首，师曰："途中善为。"问："拈槌竖拂，不当宗乘，未审和尚如何？"师竖起拂子。僧乃抱头出去，师不顾。〔法眼代云："大众看此一员战将。"〕问："三乘十二分教，为凡夫开演，不为凡夫开演？"师曰："不消一曲《杨柳枝》。"师谓镜清曰："古来有老宿，引官人巡堂曰：'此一众尽是学佛法僧'。官人曰：'金屑虽贵，又作么生？'老宿无对。"清代曰："比来抛砖引玉。"〔法眼别云："官人何得贵耳贱目！"〕

上堂，举拂子曰："这个为中下。"僧问："上上人来时如何？"师举拂子。僧曰："这个为中下。"师便打。问："国师三唤侍者意如何？"师乃起入方丈。问僧："今夏在什么处？"曰："涌泉。"师曰："长时涌，暂时涌？"曰："和尚问不着。"师曰："我问不着？"僧曰："是。"师乃打。普请次，路逢一猕猴，师曰："人人有一面古镜，这个猕猴亦有一面古镜。"三圣曰："旷劫无名，何以彰为古镜？"师曰："瑕生也。"圣曰："这老汉着什么死急，话头也不识。"师曰："老僧住持事繁。"闽帅施银交床，僧问："和尚受大王如此供养，将何报答？"师以手拓地曰："轻打我！轻打我！"〔僧问疏山云："雪峰道'轻打我'，意作么生？"山云："头上插瓜虀，垂尾脚跟齐。"〕问："吞尽毗卢时如何？"师曰："福唐归来还平善否？"上堂："我若东道西道，汝则寻言逐句。我若羚羊挂角，汝向什么处扪摸？"〔僧问保福："只如雪峰有什么言教，便似羚羊挂角时。”福云：“我不可作雪峰弟子不得。”〕师之法席，常不减千五百众。梁开平戊辰三月示疾。闽帅命医，师曰：“吾非疾也。”竟不服药，遗偈付法。五月二日，朝游蓝田，暮归澡身，中夜入灭。

感潭资国禅师

洪州感潭资国禅师，白兆问：“家内停丧，请师慰问。”师曰：“苦痛苍天。”曰：“死却爷，死却娘。”师打了趁出。师凡接机皆如此。

瑞龙慧恭禅师

天台瑞龙慧恭禅师，福州罗氏子。谒德山，山问：“会么？”曰：“作么？”山曰：“请相见。”曰：“识么？”山大笑。遂许入室。洎山顺世，乃开法焉。

泉州瓦棺和尚

泉州瓦棺和尚，在德山为侍者。一日，同入山斫木，山将一碗水与师，师接得便吃却。山曰：“会么？”师曰：“不会。”山又将一碗水与师，师又接吃却。山曰：“会么？”师曰：“不会。”山曰：“何不成褫取不会底。”师曰：“不会又成褫个什么？”山曰：“子大似个铁橛。”住后，雪峰访师，茶话次，峰问：“当时在德山斫木，因缘作么生？”师曰：“先师当时肯我。”峰曰：“和尚离师太早。”时面前偶有一碗水，峰曰：“将水来。”师便度与，峰接得便泼却。〔云门云：“莫压良为贱。”〕

高亭简禅师

襄州高亭简禅师，参德山，隔江才见，便云：“不审。”山乃摇扇招之。师忽开悟，乃横趋而去，更不回顾。

青原下六世

岩头奯禅师法嗣

瑞岩师彦禅师

台州瑞岩师彦禅师，闽之许氏子。自幼披缁，秉戒无缺。初礼岩头,问曰:“如何是本常理? ”头曰:“动也。”曰:“动时如何? ”头曰:“不是本常理。”师良久。头曰:“肯即未脱根尘，不肯即永沉生死。”师遂领悟，便礼拜。头每与语，徵酬无忒。后谒夹山，山问:“甚处来? ”曰:“卧龙来。”山曰:“来时龙还起也未? ”师乃顾视之。山曰:“灸疮瘢上更着艾燋。”曰:“和尚又苦如此作什么? ”山休去。师乃问山:“与么即易，不与么即难。与么与么即惺惺，不与么不与么即居空界。与么不与么，请师速道! ”山曰:“老僧谩阇黎去也。”师喝曰:“这老和尚,而今是甚时节! ”便出去。〔后有僧举似岩头，头云:“苦哉! 将我一枝佛法，与么流将去。”〕师寻居丹丘瑞岩，坐磐石，终日如愚。每自唤主人公，复应诺，乃曰:“惺惺着，他后莫受人谩。”〔后有僧参玄沙,沙问:“近离甚处? ”云:“瑞岩。”沙云:“有何言句示徒? ”僧举前话。沙云:“一等是弄精魂,也甚奇怪。”乃云:“何不且在彼住。”云:“已迁化也。”沙云:“而今还唤得应么? ”僧无对。〕师统众严整,江表称之。僧问:“头上宝盖现,足下云生时如何? ”师曰:“披枷带锁汉。”曰:“头上无宝盖，足下无云生时如何? ”师曰:“犹有杻在。”曰:“毕竟如何? ”师曰:“斋后困。”镜清问:“天不能覆，地不能载，岂不是? ”师曰:“若是即被覆载。”清曰:“若不是瑞岩几遭也。”师自称曰:“师彦。”僧问:“如何是佛? ”师曰:“石牛。”曰:“如何是法? ”师曰:“石牛儿。”曰:“恁么即不同也。”师曰:“合不得。”曰:“为什么合不得? ”师曰:“无同可同,合什么? ”问:“作么生商量,即得不落阶级？”师曰：“排不出。”曰：“为什么排不出？”师曰：“他从前无阶级。”曰：“未审居何位次？”师曰：“不坐普光殿。”曰：“还理化也无？”师曰：“名闻三界重，何处不归朝？”一日有村媪作礼，师曰：“汝速归，救取数千物命。”媪回舍，见儿妇拾田螺归，媪遂放之水滨。师之异迹颇多，兹不繁录。逝后塔于本山，谥空照禅师。

玄泉彦禅师

怀州玄泉彦禅师，僧问：“如何是道中人？”师曰：“日落投孤店。”问：“如何是佛？”师曰：“张家三个儿。”曰：“学人不会。”师曰：“孟、仲、季也不会。”问：“如何是声前一句？”师曰：“吽。”曰：“转后如何？”师曰：“是什么！”

罗山道闲禅师

福州罗山道闲禅师，长溪陈氏子。出家于龟山，年满受具，遍历诸方。尝谒石霜，问：“去住不宁时如何？”霜曰：“直须尽却。”师不契，乃参岩头，亦如前问。头曰：“从他去住，管他作么？”师于是服膺。闽帅饮其法味，请居罗山，号法宝禅师。开堂升座，方敛衣便曰：“珍重。”时众不散，良久师又曰：“未识底近前来。”僧出礼拜，师抗声曰：“也大苦哉！”僧拟伸问，师乃喝出。问：“如何是奇特一句？”师曰：“道什么？”问：“当锋事如何辨明？”师举如意。僧曰：“乞和尚垂慈。”师曰：“大远也。”问：“急急相投，请师一接。”师曰：“会么？”曰：“不会。”师曰：“箭过也。”问：“九女不携，谁是哀提者？”师曰：“高声问。”僧拟再问，师曰：“什么处去也？”僧来参，师问：“名什么？”曰：“明教。”师曰：“还会教也未？”曰：“随分。”师竖起拳曰：“灵山会上，唤这个作什么？”曰：“拳教。”师笑曰：“若恁么，唤作拳教。”复展两足曰：“这个是什么教？”僧无语。师曰：“莫唤作脚教么？”

师在禾山，送同行矩长老出门次，把拄杖向面前一攛，矩无对。师曰：“石牛拦古路，一马生双驹。”〔后僧举似疏山，山云：“石牛拦古路，一马生三寅。”〕僧辞保福，福问：“甚处去？”曰：“礼拜罗山。”福曰：“汝向罗山道：保福秋间上府朝觐大王，置四十个问头问和尚，忽若一句不相当，莫言不道。”僧举似师，师呵呵大笑曰：“陈老师自入福建道洪塘桥下一寨，未曾见有个毛头星现。汝与我向从展道：陈老师无许多问头，只有一口剑。一剑下须有分身之意，亦有出身之路。若不明便须成末。”僧回举似福，福曰：“我当时也只是谑伊。”至秋朝觐，师特为办茶筵请福。福不赴，却向僧曰：“我中间曾有谑语，恐和尚问着。”僧归举似，师曰：“汝向他道，猛虎终不食伏肉。”僧又去，福遂来。

无轸上座问：“只如岩头道，洞山好佛，只是无光。未审洞山有何亏阙，便道无光？”师召轸，轸应诺。师曰：“灼然好个佛，只是无光。”曰：“大师为什么拨无轸话？”师曰：“什么处是陈老师拨你话处？快道！快道！”轸无语。师打三十棒趁出。轸举似招庆，庆一夏骂詈。至夏末自来问，师乃分明举似，庆便作礼忏悔曰：“洎错怪大师。”僧举寒山诗，问：“白鹤衔苦桃时如何？”师曰：“贞女室中吟。”曰：“千里作一息时如何？”师曰：“送客邮亭外。”曰：“欲往蓬莱山时如何？”师曰：“欹枕觑猕猴。”曰：“将此充粮食时如何？”师曰：“古剑髑髅前。”问：“如何是百草头上尽是祖师意？”师曰：“刺破汝眼。”问：“如何是道？”师曰：“倚着壁。”问：“前是万丈洪崖，后是虎狼师子，正当恁么时如何？”师曰：“自在。”问：“三界谁为主？”师曰：“还解吃饭么？”临迁化，上堂集众，良久展左手，主事罔测。乃令东边师僧退后。又展右手，又令西边师僧退后。乃曰：“欲报佛恩，无过流通大教。归去也！归去也！珍重！”言讫，莞尔而寂。

香溪从范禅师

福州香溪从范禅师，新到参，师曰："汝岂不是鼓山僧？"僧曰："是。"师曰："额上珠为何不见？"僧无对。僧辞，师门送，复召："上座！"僧回首。师曰："满肚是禅。"曰："和尚是什么心行？"师大笑而已。师披衲衣次，说偈曰："迦叶上行衣，披来须捷机。才分招的箭，密露不藏龟。"

圣寿院严禅师

福州圣寿严禅师，补衲次，僧参，师提起示之曰："山僧一衲衣，展似众人见。云水两条分，莫教露针线。速道！速道！"僧无对。师曰："如许多时作什么来！"

灵岩慧宗禅师

吉州灵岩慧宗禅师，福州陈氏子，受业于龟山。僧问："如何是灵岩境？"师曰："松桧森森密密遮。"曰："如何是境中人？"师曰："夜夜有猿啼。"问："如何是学人自己本分事？"师曰："抛却真金，拾瓦砾作么？"

雪峰存禅师法嗣

玄沙师备宗一禅师

福州玄沙师备宗一禅师，闽之谢氏子。幼好垂钓，泛小艇于南台江，狎诸渔者。唐咸通初年，甫三十，忽慕出尘，乃弃舟投芙蓉训禅师落发，往豫章开元寺受具。布衲芒履，食才接气。常终日宴坐，众皆异之。与雪峰本法门昆仲，而亲近若师资。峰以其苦行，呼为头陀。一日峰问："阿那个是备头陀？"师曰："终不敢诳于人。"异日，峰召曰："备头陀何不遍参去！"师曰："达磨不来东土，二祖不往西天。”峰然之。暨登象骨山，乃与师同力缔构，玄徒臻萃。师入室咨决，罔替晨昏。又阅《楞严》，发明心地，由是应机敏捷，与《修多罗》冥契。诸方玄学有所未决，必从之请益。至与雪峰征诘，亦当仁不让。峰曰：“备头陀再来人也。”雪峰上堂：“要会此事，犹如古镜当台，胡来胡现，汉来汉现。”师出众曰：“忽过明镜来时如何？”峰曰：“胡汉俱隐。”师曰：“老和尚脚跟犹未点地在。”住后，上堂：“佛道闲旷，无有程途。无门解脱之门，无意道人之意。不在三际，故不可升沉，建立乖真。非属造化，动则起生死之本，静则醉昏沉之乡。动静双泯，即落空亡。动静双收，瞒顸佛性。必须对尘对境，如枯木寒灰，临时应用，不失其宜。镜照诸像，不乱光辉。鸟飞空中，不杂空色。所以十方无影像，三界绝行踪。不堕往来机，不住中间意。钟中无鼓响，鼓中无钟声。钟鼓不相交，句句无前后。如壮士展臂，不籍他力。师子游行，岂求伴侣？九霄绝翳，何在穿通？一段光明，未曾昏昧。若到这里，体寂寂，常的的，日赫焰，无边表。圆觉空中不动摇，吞烁乾坤迥然照。夫佛出世者，元无出入，名相无体，道本如如。法尔天真，不同修证。只要虚闲不昧作用，不涉尘泥，个中纤毫道不尽，即为魔王眷属。句前句后，是学人难处。所以一句当天，八万门永绝生死，直饶得似秋潭月影，静夜钟声。随扣击以无亏，触波澜而不散，犹是生死岸头事。道人行处，如火销冰。终不却成冰。箭既离弦，无返回势。所以牢笼不肯住，呼唤不回头。古圣不安排，至今无处所。若到这里，步步登玄，不属邪正，识不能识，智不能知，动便失宗，觉即迷旨。二乘胆颤，十地魂惊。语路处绝，心行处灭。直得释迦掩室于摩竭，净名杜口于毗耶。须菩提唱无说而显道，释梵绝听而雨花。若与么见前，更疑何事没栖泊处？离去来今，限约不得，心思路绝。不因庄严，本来真净。动用语笑，随处明了，更无欠少。今时人不悟个中道理，妄自涉事涉尘，处处染着，头头系绊。纵悟，则尘境纷纭，名相不实，便拟凝心敛念，摄事归空。闭目藏睛，终有念起。旋旋破除，细想才生，即便遏捺。如此见解，即是落空亡底外道，魂不散底死人。冥冥漠漠，无觉无知，塞耳偷铃，徒自欺诳。这里分别则不然，也不是限门傍户，句句现前，不得商量，不涉文墨，本绝尘境，本无位次，权名个出家儿，毕竟无踪迹。真如凡圣，地狱人天，只是疗狂子之方。虚空尚无改变，大道岂有升沉？悟则纵横不离本际，若到这里，凡圣也无立处。若向句中作意，则没溺杀人。若向外驰求，又落魔界。如如向上，没可安排。恰似焰炉不藏蚊蚋，此理本来平坦，何用铲除？动静扬眉，是真解脱道。不强为意度，建立乖真。若到这里，纤毫不受，指意则差。便是千圣出头来，也安一字不得。久立，珍重！”

上堂：“我今问汝诸人，且承当得个什么事？在何世界安身立命？还辨得么？若辨不得，恰似捏目生花，见事便差。知么！如今目前，见有山河大地、色空明暗种种诸物，皆是狂劳花相，唤作颠倒知见。夫出家人，识心达本源，故号为沙门。汝今既已剃发披衣，为沙门相，即便有自利利他分。如今看着，尽黑漫漫地墨汁相似。自救尚不得，争解为得人？仁者！佛法因缘事大，莫作等闲相似，聚头乱说，杂话趁谓过时，光阴难得，可惜许大丈夫儿，何不自省察看是什么事？只如从上宗乘，是诸佛顶族，汝既承当不得，所以我方便劝汝，但从迦叶门接续顿超去。此一门超凡圣因果，超毗卢妙庄严世界海，超他释迦方便门，直下永劫，不教有一物与汝作眼见，何不自急急究取？未必道，我且待三生两生，久积净业。仁者！宗乘是什么事？不可由汝用工庄严便得去，不可他心宿命便得去。会么？只如释迦出头来作许多变弄，说十二分教，如瓶灌水，大作一场佛事。向此门中用一点不得，用一毛头伎俩不得。知么？如同梦事，亦如寐语，沙门不应出头来，不同梦事，盖为识得。知么？识得即是大出脱、大彻头人，所以超凡越圣，出生离死，离因离果，超毗卢，越释迦，不被凡圣因果所谩，一切处无人识得。汝知么？莫只长恋生死爱网，被善恶业拘将去，无自由分。饶汝炼得身心同虚空去，饶汝到精明湛不摇处，不出识阴。古人唤作如急流水，流急不觉，妄为恬静。恁么修行，尽出他轮回际不得，依前被轮回去。所以道，诸行无常，直是三乘功果，如是可畏。若无道眼，亦不究竟。何似如今博地凡夫，不用一毫工夫，便顿超去、解省心力么？还愿乐么？劝汝：我如今立地待汝构去，更不教汝加功炼行，如今不恁么，更待何时？还肯么！”便下座。

上堂："汝诸人如在大海里坐，没头浸却了，更展手问人乞水吃。夫学般若菩萨，须具大根，有大智慧始得。若有智慧，即今便出脱得去。若是根机迟钝，直须勤苦耐志，日夜忘疲，无眠失食，如丧考妣相似。恁么急切，尽一生去，更得人荷挟，克骨究实，不妨易得构去。且况如今，谁是堪任受学底人？仁者！莫只是记言记语，恰似念《陀罗尼》相似，蹋步向前来，口里哆哆和和地，被人把住诘问着没去处，便嗔道和尚不为我答话，恁么学事大苦。知么？有一般坐绳床和尚，称善知识，问着便摇身动手，点眼吐舌瞪视。更有一般说昭昭灵灵，灵台智性，能见能闻，向五蕴身田里作主宰，恁么为善知识、大赚人。知么？我今问汝：汝若认昭昭灵灵是汝真实，为什么瞌睡时又不成昭昭灵灵？若瞌睡时不是，为什么有昭昭时？汝还会么？这个唤作认贼为子，是生死根本妄想缘气。汝欲识根由么？我向汝道，昭昭灵灵，只因前尘色声香等法而有分别，便道此是昭昭灵灵。若无前尘，汝此昭昭灵灵同于龟毛兔角。仁者！真实在什么处？汝今欲得出他五蕴身田主宰，但识取汝秘密金刚体。古人向汝道，圆成正遍，遍周沙界。我今少分为汝，智者可以譬喻得解，汝还见南阎浮提日么？世间人所作兴营、养身、活命种种心行作业，莫非皆承日光成立。只如日体，还有许多般心行么？还有不周遍处么？欲识金刚体，亦须如是看。

只如今山河大地、十方国土、色空明暗，及汝身心，莫非尽承汝圆成威光所现。直是天人群生类所作业次，受生果报，有情无情，莫非承汝威光，乃至诸佛成道成果，接物利生，莫非尽承汝威光。只如金刚体，还有凡夫诸佛么？有汝心行么？不可道无便得当去也，知么？汝既有如是奇特当阳出身处，何不发明取？因何却随他向五蕴身田中鬼趣里作活计，直下自谩去。忽然无常杀鬼到来，眼目诗〔竹尤切〕张，身见命见，恁么时大难支荷，如生脱龟壳相似，大苦。仁者，莫把瞌睡见解便当却去，未解盖覆得毛头许。汝还知么？三界无安，犹如火宅。且汝未是得安乐底人，只大作群队干他人世，这边那边飞走，野鹿相似，但求衣食。若恁么争行他王道？知么？国王大臣不拘执汝，父母放汝出家，十方施主供汝衣食，土地龙神呵护汝，也须具惭愧知恩始得。莫孤负人好！长连床上排行着地销将去，道是安乐未在，皆是粥饭将养得汝，烂冬瓜相似变将去，土里埋将去。业识茫茫，无本可据。沙门因什么到恁么地？只如大地上蠢蠢者，我唤作地狱劫住。如今若不了，明朝后日入驴胎马肚里，牵犁拽耙，衔铁负鞍，碓捣磨磨，水火里烧煮去，大不容易受，大须恐惧。好是汝自累。知么？若是了去，直下永劫，不曾教汝有这个消息。若不了此，烦恼恶业因缘，不是一劫两劫得休，直与汝金刚齐寿。知么！”

师因参次，闻燕子声，乃曰：“深谈实相，善说法要。”便下座。时有僧请益，曰：“某甲不会。”师曰：“去！谁信汝？”鼓山来，师作一圆相示之。山曰：“人人出这个不得。”师曰：“情知汝向驴胎马腹里作活计。”山曰：“和尚又作么生？”师曰：“人人出这个不得。”山曰：“和尚与么道却得，某甲为什么道不得？”师曰：“我得汝不得。”上堂，众集，遂将拄杖一时趁下，却回向侍者道：“我今日作得一解，险入地狱如箭射。”者曰：“喜得和尚再复人身。”僧侍立次，师以杖指面前地上白点曰：“还见么？”曰：“见。”如是三问，僧亦如是答。师曰：“你也见，我也见，为什么道不会？”师尝访三斗庵主，才相见，主曰：“莫怪住山年深无坐具。”师曰：“人人尽有，庵主为什么无？”主曰：“且坐吃茶。”师曰：“庵主元来有在。”侍雪峰次，有二僧从阶下过，峰曰：“此二人堪为种草。”师曰：“某甲不与么？”峰曰：“汝作么生？”师曰：“便好与三十棒。”因雪峰指火曰：“三世诸佛在火焰里转大法轮。”师曰：“近日王令稍严。”峰曰：“作么生？”师曰：“不许搀夺行市。”云门曰：“火焰为三世诸佛说法，三世诸佛立地听。”南际到雪峰，峰令访师。师问：“古人道此事唯我能知，长老作么生？”际曰：“须知有不求知者”。〔归宗柔别：拊掌三下。〕师曰：“山头和尚吃许多辛苦作么？”雪峰普请畬田次，见一蛇，以杖挑起，召众曰：“看！看！”以刀芟为两段。师以杖抛于背后，更不顾视。众愕然。峰曰：“俊哉！”侍雪峰游山次，峰指面前地曰：“这一片地好造个无缝塔。”师曰：“高多少？”峰乃顾视上下，师曰：“人天福报即不无，和尚，若是灵山授记，未梦见在。”峰曰：“你又作么生？”师曰：“七尺八尺。”雪峰曰：“世界阔一尺，古镜阔一尺。世界阔一丈，古镜阔一丈。”师指火炉曰：“火炉阔多少？”峰曰：“如古镜阔。”师曰：“老和尚脚跟未点地在。”师初住普应院，迁止玄沙，天下丛林，皆望风而宾之。闽帅王公待以师礼，学徒余八百，室户不闭。

上堂，良久曰：“我为汝得彻困，也还会么？”僧问：“寂寂无言时如何？”师曰：“寐语作么？”曰：“本分事，请师道。”师曰：“瞌睡作么？”曰：“学人即瞌睡，和尚如何？”师曰：“争得恁么不识痛痒！”又曰：“可惜如许大师僧，千道万里行脚到这里，不消个瞌睡寐语，便屈却去！”问：“如何是学人自己？”师曰：“用自己作么？”问：“从上宗乘，如何理论？”师曰：“少人听。”曰：“请和尚直道。”师曰：“患聋作么？”又曰：“仁者，如今事不获已，教我抑下如是威光，苦口相劝，百千方便，如此如彼，共汝相知闻，尽成颠倒知见。将此咽喉唇吻，只成得个野狐精业谩汝，我还肯么？只如有过无过，唯我自知，汝争得会？若是恁么人出头来，甘伏呵责。夫为人师匠大不易，须是善知识始得知。我如今恁么方便助汝，犹尚不能构得。可中纯举宗乘，是汝向什么处安措？还会么？四十九年是方便，只如灵山会上有百万众，唯有迦叶一人亲闻，余尽不闻。汝道迦叶亲闻底事作么生？不可道如来无说说，迦叶不闻闻，便得当去。不可是汝修因成果、福智庄严底事，知么？且如道，吾有正法眼藏，付嘱大迦叶，我道犹如话月。曹溪竖拂子还如指月。所以道，大唐国内宗乘中事，未曾见有一人举唱。设有人举唱，尽大地人失却性命，如无孔铁锤相似，一时亡锋结舌去！汝诸人赖遇我不惜身命，共汝颠倒知见，随汝狂意，方有伸问处。我若不共汝恁么知闻去，汝向什么处得见我？会么？大难。努力珍重。”师有偈曰：“万里神光顶后相，没顶之时何处望？事已成，意亦休，此个来踪触处周。智者撩着便提取，莫待须臾失却头。”又曰：“玄沙游迳别，时人切须知。三冬阳气盛，六月降霜时。有语非关舌，无言切要词。会我最后句，出世少人知。”问：“四威仪外如何奉王？”师曰：“汝是王法罪人，争会问事？”问：“古人拈槌竖拂，还当宗乘也无？”师曰：“不当。”曰：“古人意作么生？”师举拂子。僧曰：“宗乘中事如何？”师曰：“待汝悟始得。”问：“如何是金刚力士？”师吹一吹。闽王送师上船，师扣船召曰：“大王争能出得这里去？”王曰：“在里许得多少时也？”〔归宗柔别云：“不因和尚，不得到这里。”〕师问文桶头：“下山几时归？”曰：“三五日。”师曰：“归时，有无底桶子将一担归。”文无对。〔归宗柔代云：“和尚用作什么。”〕师垂语曰：“诸方老宿尽道接物利生，只如三种病人，汝作么生接？患盲者，拈槌竖拂他又不见；患聋者，语言三昧他又不闻；患哑者，教伊说又说不得。若接不得，佛法无灵验。”时有僧出曰：“三种病人还许学人商量否？”师曰：“许。汝作么生商量？”

其僧珍重出，师曰：“不是！不是！”罗汉曰：“桂琛现有眼耳口，和尚作么生接？”师曰：“惭愧！”便归方丈。中塔曰：“三种病人，即今在什么处？”又一僧曰：“非唯谩他，兼亦自谩。”〔法眼云：“我当时见罗汉举此僧语，我便会三种病人。”云居锡云：“只如此僧会不会。若道会，玄沙又道不是；若道不会，法眼为什么道：我因此僧语，便会三种病人。上座，无事上来商量，大家要知。”〕

有僧请益云门，门曰：“汝体拜着。”僧礼拜起，门以拄杖桎之。僧退后。门曰：“汝不是患盲么？”复唤：“近前来。”僧近前，门曰：“汝不是患聋么？”门曰：“会么？”曰：“不会。”门曰：“汝不是患哑么？”僧于是有省。长庆来，师问：“除却药忌，作么生道？”庆曰：“放憨作么！”师曰：“雪峰山橡子拾食，来这里雀儿放粪。”师因僧礼拜，师曰：“因我得礼汝。”普请斫柴次，见一虎，天龙曰：“和尚，虎！”师曰：“是汝，虎。”归院后天龙问：“适来见虎，云是汝。未审尊意如何？”师曰：“娑婆世界有四种极重事，若人透得，不妨出得阴界。”〔东禅齐云：“上座，古人见了道我身心如大地虚空，如今人还透得么？”〕师问长生：“维摩观佛，前际不来，后际不去。今则无住。汝作么生观？”生曰：“放皎然过，有个道处。”师曰：“放汝过作么生道？”生良久，师曰：“教阿谁委悉。”生曰：“徒劳侧耳。”师曰：“情知汝向鬼窟里作活计。”〔崇寿稠别长生云：“唤什么作如来？”〕问：“古人皆以瞬视接人，未审和尚以何接人？”师曰：“我不以瞬视接人。”曰：“学人为甚道不得？”师曰：“逼塞汝口，争解道得？”〔法眼云：“古人恁么道甚奇特，且问上座口是什么？”〕问：“凡有言句，尽落裷襀，不落裷襀？请和尚商量。”师曰：“拗折秤衡来，与汝商量。”问：“承古有言：举足下足，无非道场。如何是道场？”师曰：“没却你。”曰：“为什么得恁么难见？”师曰：“只为太近。”〔法眼曰：“也无可得近，直下是上座。”〕师在雪峰时，光侍者谓师曰：“师叔若学得禅，某甲打铁船下海去。”师住后问光曰：“打得铁船也未？”光无对。〔法眼代云:“和尚终不恁么。”法灯代云:“请和尚下船。”玄觉代云:“贫儿思旧债”。〕师一日遣僧送书上雪峰，峰开缄，见白纸三幅。问僧:“会么？”曰:“不会。”峰曰:“不见道君子千里同风？”僧回举似，师曰:“山头老汉蹉过也不知！”曰:“和尚如何？”师曰:“孟春犹寒也不解道。”师问镜清:“教中道不见一法为大过患，且道不见什么法？”清指露柱曰:“莫是不见这个法么？”〔同安显别云:“也知和尚不造次。”〕师曰:“浙中清水白米从汝吃，佛法未会在。”问:“承和尚有言，尽十方世界是一颗明珠。学人如何得会？”师曰:“尽十方世界是一颗明珠，用会作么？”僧便休。师来日却问其僧:“尽十方世界是一颗明珠，汝作么生会？”曰:“尽十方世界是一颗明珠，用会作么？”师曰:“知汝向鬼窟里作活计。”〔玄觉云:“一般恁么道，为什么却成鬼窟去？”〕问:“如何是无缝塔？”师曰:“这一缝大小？”韦监军来谒，乃曰:“曹山和尚甚奇怪。”师曰:“抚州取曹山几里？”韦指傍僧曰:“上座曾到曹山否？”曰:“曾到。”韦曰:“抚州取曹山几里？”曰:“百二十里。”韦曰:“恁么则上座不到曹山？”韦却起礼拜，师曰:“监军却须礼此僧，此僧却具惭愧。”〔云居锡云:“什么处是此僧具惭愧？若检得出，许上座有行脚眼。”〕问:“如何是清净法身？”师曰:“脓滴滴地。”问:“如何是亲切底事？”师曰:“我是谢三郎。”西天有声明三藏至，闽帅请师辨验。师以铁火箸敲铜炉，问:“是什么声？”藏曰:“铜铁声。”〔法眼别云:“请大师为大王。”法灯别云:“听和尚问。”〕师曰:“大王莫受外国人谩。”藏无对。〔法眼代云:“大师久受大王供养。”法灯代云:“却是和尚谩大王。”〕师南游，莆田县排百戏迎接。来日，师问小塘长老:“昨日许多喧闹，向什么处去也？”塘提起衲衣角，师曰:“料掉没交涉。”〔法眼别云:“昨日有多少喧闹。”法灯别云:“今日更好笑。”〕问僧:“乾闼婆城汝作么生会？”曰:“如梦如幻。”〔法眼别敲物示之。〕师与地藏在方丈说话，夜深侍者闭却门。师曰:“门闭了，汝作么生得出去？”藏曰:“唤什么作门？”〔法灯别云："和尚莫欲歇去。"〕师以杖拄地，问长生曰："僧见俗见，男见女见，汝作么生见？"曰："和尚还见皎然见处么？"师曰："相识满天下。"问："承和尚有言：闻性遍周沙界。雪峰打鼓，这里为什么不闻？"师曰："谁知不闻？"问："险恶道中，以何为津梁？"师曰："以眼为津梁。"曰："未得者如何？"师曰："快救取好！"师举志公云："每日拈香择火，不知身是道场。"乃曰："每日拈香择火，不知真个道场。"〔玄觉云："只如此二尊宿语，还有亲疏也无？"〕师与韦监军吃果子。韦问："如何是日用而不知？"师拈起果子曰："吃。"韦吃果子了，再问。师曰："只这是日用而不知。"普请搬柴，师曰："汝诸人尽承吾力。"一僧曰："既承师力，何用普请？"师叱之曰："不普请争得柴归？"师问明真大师："善财参弥勒，弥勒指归文殊，文殊指归佛处，汝道佛指归什么处？"曰："不知。"师曰："情知汝不知。"〔法眼别云："唤什么作佛？"〕大普玄通到，礼觐。师曰："你在彼住，莫诳惑人家男女。"曰："玄通只是开个供养门，晚来朝去，争敢作恁么事？"师曰："事难。"曰："真情是难。"师曰："什么处是难处？"曰："为伊不肯承当。"师便入方丈，拄却门。僧问："学人乍入丛林，乞师指个入路。"师曰："还闻偃溪水声么？"曰："闻。"师曰："从这里入。"泉守王公请师登楼，先语客司曰："待我引大师到楼前，便舁却梯。"客司禀旨。公曰："请大师登楼。"师视楼、复视其人，乃曰："佛法不是此道理。"〔法眼云："未舁梯时，一日几度登楼。"〕师与泉守在室中说话，有一沙弥揭帘入见，却退步而出。师曰："那沙弥好与二十拄杖。"守曰："恁么即某甲罪过。"〔同安显别云："祖师来也。"〕师曰："佛法不是恁么。"〔镜清云："不为打水。"有僧问："不为打水意作么生？"清云："青山碾为尘，敢保没闲人。"〕梁开平戊辰示寂，闽帅为之树塔。

长庆慧棱禅师

福州长庆慧棱禅师，杭州盐官人也，姓孙氏。禀性淳澹，年十三于苏州通玄寺出家登戒，历参禅苑。后参灵云，问："如何是佛法大意？"云曰："驴事未去，马事到来。"师如是往来雪峰、玄沙二十年。问："坐破七个蒲团，不明此事。一日卷帘，忽然大悟。乃有颂曰：也大差，也大差，卷起帘来见天下。有人问我解何宗，拈起拂子劈口打。"峰举谓玄沙曰："此子彻去也！"沙曰："未可，此是意识著述，更须勘过始得。"至晚，众僧上来问讯，峰谓师曰："备头陀未肯汝在，汝实有正悟，对众举来。"师又有颂曰："万象之中独露身，唯人自肯乃方亲。昔时谬向途中觅，今日看来火里冰。"峰乃顾沙曰："不可更是意识著述。"师问峰曰："从上诸圣传受一路，请师垂示。"峰良久，师设礼而退。峰乃微笑。师入方丈参，峰曰："是什么？"师曰："今日天晴好普请。"自此酬问，未尝爽于玄旨。师在西院，问诜上座曰："这里有象骨山，汝曾到么？"曰："不曾到。"师曰："为什么不到？"曰："自有本分事在。"师曰："作么生是上座本分事？"诜乃提起衲衣角。师曰："为当只这个，别更有？"曰："上座见个什么？"师曰："何得龙头蛇尾？"保福辞归雪峰，谓师曰："山头和尚或问上座信，作么生祇对？"师曰："不避腥羶，亦有少许。"曰："信道什么？"师曰："教我分付阿谁？"曰："从展虽有此语，未必有恁么事。"师曰："若然者，前程全自阇黎。"师与保福游山，福问："古人道妙峰山顶，莫只这个便是也无？"师曰："是即是，可惜许。"〔僧问鼓山："只如长庆恁么道，意作么生？"山云："孙公君无此语，可谓髑髅遍野。"〕

师来往雪峰二十九载，天祐三年泉州刺史王廷彬请住招庆。开堂日，公朝服趋隅曰："请师说法。"师曰："还闻么？"公设拜，师曰："虽然如此，恐有人不肯。"僧问："如何是正法眼？"师曰："有愿不撒沙。"一日，王太傅入院，见方丈门闭，问演侍者曰："有人敢道大师在否？”演曰：“有人敢道大师不在否？”〔法眼别云：“太傅识大师。”〕闽帅请居长庆，号超觉大师。上堂，良久曰：“还有人相悉么？若不相悉，欺谩兄弟去也。只今有什么事？莫有窒塞也无？复是谁家屋里事，不肯担荷，更待何时？若是利根，参学不到这里，还会么？如今有一般行脚人，耳里满也，假饶收拾得底，还当得行脚事么？”僧问：“行脚事如何学？”师曰：“但知就人索取。”曰：“如何是独脱一路？”师曰：“何烦更问？”问：“名言妙义，教有所诠，不涉三科，请师直道。”师曰：“珍重。”师乃曰：“明明歌咏汝尚不会，忽被暗里来底事，汝作么生？”僧问：“如何是暗来底事？”师曰：“吃茶去。”〔中塔代云：“便请和尚相伴。”〕问：“如何是不隔毫端底事？”师曰：“当不当。”问：“如何得不疑不惑去。”师乃展两手，僧不进语。师曰：“汝更问，我与汝道。”僧再问，师露膊而坐。僧礼拜。师曰：“汝作么生会？”曰：“今日风起。”师曰：“恁么道未定人见解，汝于古今中有什么节要齐得长庆？若举得，许汝作话主。”其僧但立而已。师却问：“汝是甚处人？”曰：“向北人。”师曰：“南北三千里外，学妄语作么？”僧无对。

上堂，良久曰：“莫道今夜较些子。”便下座。僧问：“众手淘金，谁是得者？”师曰：“有伎俩者得。”曰：“学人还得也无？”师曰：“大远在！”上堂：“撞着道伴交肩过，一生参学事毕。”上堂：“净洁打叠了也，却近前问我觅，我劈脊与你一棒。有一棒到你，你须生惭愧。无一棒到你，你又向什么处会？”问：“羚羊挂角时如何？”师曰：“草里汉。”曰：“挂角后如何？”师曰：“乱叫唤。”曰：“毕竟如何？”师曰：“驴事未去，马事到来。”问：“如何是合圣之言？”师曰：“大小长庆被汝一问，口似扁担。”曰：“何故如此？”师曰：“适来问什么？”上堂：“我若纯举唱宗乘，须闭却法堂门。所以道，尽法无民。”僧问：“不怕无民，请师尽法。”师曰：“还委落处么？”问：“如何是西来意？”师曰：“香严道底，一时坐却。”上堂：“总似今日，老胡有望。”保福曰：“总似今日，老胡绝望。”〔玄觉云：“恁么道是相见语，不是相见语？”〕安国瑫和尚得师号，师去作贺，国出接。师曰：“师号来邪？”曰：“来也。”师曰：“是什么号？”曰：“明真。”师乃展手，国曰：“什么处去来？”师曰：“几不问过。”问僧：“甚处来？”曰：“鼓山来。”师曰：“鼓山有不跨石门底句，有人借问，汝作么生道？”曰：“昨夜报慈宿。”师曰：“劈脊棒汝，又作么生？”曰：“和尚若行此棒，不虚受人天供养。”师曰：“几合放过！”问：“古人有言，相逢不拈出，举意便知有时如何？”师曰：“知有也未？”〔僧又问保福，福云：“此是谁语？”云：“丹霞语。”福云：“去，莫妨我打睡。”〕师入僧堂，举起疏头曰：“见即不见，还见么？”众无对。〔法眼代云：“纵受得，到别处亦不敢呈人。”〕师到罗山，见制龛子，以杖敲龛曰：“太煞预备。”山曰：“拙布置。”师曰：“还肯入也无？”山乃“吽！吽！”

上堂，大众集定，师乃拽出一僧曰：“大众礼拜此僧。”又曰：“此僧有什么长处，便教大众礼拜？”众无对。僧问：“如何是文彩未生时事？”师曰：“汝先举，我后举。”其僧但立而已。〔法眼别云：“请和尚举。”〕师曰：“汝作么生举？”曰：“某甲截舌有分。”保福迁化，僧问：“保福抛却壳漏子，向什么处去也？”师曰：“且道保福在那个壳漏子里？”〔法眼别云：“那个是保福壳漏子？”〕闽帅夫人崔氏〔奉道自称练师〕，遣使送衣物至。曰：“练师令就大师请回信。”师曰：“传语练师：领取回信。”须臾，使却来师前唱喏便回。师明日入府，练师曰：“昨日谢大师回信。”师曰：“却请昨日回信看。”练师展两手，帅问师曰：“练师适来呈信，还惬大师意否？”师曰：“犹较些子。”〔法眼别云：“这一转语大王自道取。”〕曰：“未审大师意旨如何？”师良久。帅曰：“不可思议。大师佛法深远。”后唐长兴三年归寂，王氏建塔。

保福院从展禅师

漳州保福院从展禅师，福州陈氏子。年十五，礼雪峰为受业师，游吴楚间，后归执侍。峰一日忽召曰："还会么？"师欲近前，峰以杖拄之，师当下知归。尝以古今方便询于长庆。一日庆谓师曰："宁说阿罗汉有三毒，不可说如来有二种语。不道如来无语，只是无二种语。"师曰："作么生是如来语？"庆曰："聋人争得闻！"师曰："情知和尚向第二头道。"庆曰："汝又作么生？"师曰："吃茶去。"〔云居锡云："什么处是长庆向第二头道处。"〕因举："盘山道：光境俱亡，复是何物？洞山道：光境未亡，复是何物？"师曰："据此二尊宿商量，犹未得剿绝。"乃问长庆："如今作么生道得剿绝？"庆良久。师曰："情知和尚向鬼窟里作话计。"庆却问："作么生？"师曰："两手扶犁水过膝。"长庆问："见色便见心。还见船子么？"师曰："见。"曰："船子且置，作么生是心？"师却指船子。〔归宗柔别云："和尚只解问人。"〕雪峰上堂曰："诸上座，望州亭与汝相见了也，乌石岭与汝相见了也。僧堂前与汝相见了也。"师举问鹅湖："僧堂前相见即且置，只如望州亭、乌石岭什么处相见？"鹅湖骤步归方丈，师低头入僧堂。

梁贞明四年，漳州刺史王公创保福禅苑，迎请居之。开堂日，王公礼跪三请，躬自扶掖升座。师乃曰："须起个笑端作么？然虽如此，再三不容推免。诸仁者还识么？若识得，便与古佛齐肩。"时有僧出，方礼拜，师曰："晴乾不肯去，直待雨淋头。"问："郡守崇建精舍，大阐真风，便请和尚举扬宗教。"师曰："还会么？"曰："恁么则群生有赖也。"师曰："莫涂污人好！"又僧出礼拜，师曰："大德好与，莫覆却船子。"僧问："泯默之时，将何为则？"师曰："落在什么处？"曰："不会。"师曰："瞌睡汉出去！"上堂："此事如击石火，似闪电光，构得构不得，未免丧身失命。"僧问："未审构得底人还免丧身失命也无？"师曰："适来且置，阇黎还构得么？"

曰："若构不得，未免大众怪笑。"师曰："作家！作家！"曰："是什么心行？"师曰："一杓屎拦面泼，也不知臭。"师见僧，以杖打露柱，又打其僧头。僧作忍痛声。师曰："那个为什么不痛？"僧无对。〔玄觉代云："贪行拄杖。"〕问："摩腾入汉，一藏分明，达磨西来，将何指示？"师曰："上座行脚事作么生？"曰："不会。"师曰："不会会取，莫傍家取人处分。若是久在丛林，粗委些子，远近可以随处任真。其有初心后学，未知次序，山僧所以不惜口业，向汝道尘劫来事。只在如今，还会么？然佛法付嘱，国王、大臣、郡守昔同佛会，今方如是。若是福禄荣贵，则且不论，只如当时受佛付嘱底事，还记得么？若识得，便与千圣齐肩。倘未识得，直须谛信此事不从人得，自己亦非，言多去道转远，直道言语道断，心行处灭，犹未是在。久立，珍重。"

上堂："有人从佛殿后过，见是张三李四，从佛殿前过，为什么不见？且道佛法利害在什么处？"僧曰："为有一分境，所以不见。"师乃叱之，自代曰："若是佛殿即不见。"曰："不是佛殿，还可见否？"师曰："不是佛殿，见个什么？"问："十二时中如何据验？"师曰："恰好据验。"曰："学人为什么不见？"师曰："不可更捏目去也。"问："主伴重重，极十方而齐唱。如何是极十方而齐唱？"师曰："汝何不教别人问。"问："因言辨意时如何？"师曰："因什么言？"僧低头良久，师曰："掣电之机，徒劳伫思。"师因僧侍立，问曰："汝得恁么粗心！"僧曰："什么处是某甲粗心处？"师拈一块土，度与僧曰："抛向门前着。"僧抛了却来，曰："什么处是某甲粗心处？"师曰："我见筑着磕着，所以道汝粗心。"师问罗山："僧问岩头：'浩浩尘中如何辨主？'头曰：'铜沙锣里满盛油。'意作么生？"山召师，师应诺。山曰："猕猴入道场。"山却问明招："忽有人问你，又作么生？"招曰："箭穿红日影。"师问罗山："岩头道与么与么，不与么不与么，意作么生？"山召师，师应诺。山曰：

"双明亦双暗。"师礼谢。三日后却问:"前日蒙和尚垂慈,只为看不破。"山曰:"尽情向汝道了也!"师曰:"和尚是把火行山。"曰:"若与么,据汝疑处问将来。"师曰:"如何是双明亦双暗?"山曰:"同生亦同死。"师又礼谢而退。别有僧问师:"同生亦同死时如何?"师曰:"彼此合取狗口。"曰:"和尚收取口吃饭。"其僧却问罗山:"同生亦同死如何?"山曰:"如牛无角。"曰:"同生不同死时如何?"山曰:"如虎戴角。"师见僧吃饭,乃拓钵曰:"家常。"僧曰:"和尚是什么心行?"有尼到参,师问:"阿谁?"侍者报曰:"觉师姑。"师曰:"既是觉师姑,用来作么?"尼曰:"仁义道中即不无。"师别云:"和尚是什么心行?"师闻长生卓庵,乃往相访。茶话次,生曰:"曾有僧问祖师西来意,某甲举拂子示之,不知得不得?"师曰:"某甲争敢道得不得!有个问,有人赞叹此事如虎戴角,有人轻毁此事分文不直。一等是恁么事,因什么毁赞不同?"生曰:"适来出自偶尔。"〔老宿云:"毁又争得。"又老宿云:"借取眉毛好。"太原孚云:"若无智眼,难辨得失。"〕师问僧:"殿里底是什么?"曰:"和尚定当看。"师曰:"释迦佛。"曰:"和尚莫谩人好!"师曰:"却是汝谩我。"闽帅遣使送朱记到,师上堂提起印曰:"去即印住,住即印破。"僧曰:"不去不住,用印奚为?"师便打。僧曰:"恁么则鬼窟里全因今日也。"师持印归方丈。问僧:"甚处来?"曰:"江西。"师曰:"学得底那?"曰:"拈不出。"师曰:"作么生?"〔法眼别云:"谩语。"〕僧无对。师举洞山真赞云:"徒观纸与墨,不是山中人。"僧问:"如何是山中人?"师曰:"汝试邈掠看。"曰:"若不黠儿,几成邈掠。"师曰:"汝是黠儿?"曰:"和尚是什么心行?"师曰:"来言不丰。"僧数钱次,师乃展手曰:"乞我一钱。"曰:"和尚因何到恁么地?"师曰:"我到恁么地。"曰:"若到恁么地,将取一文去。"师曰:"汝因甚到恁么地?"问僧:"甚处来?"曰:"观音。"师曰:"还见观音么?"曰:"见。"师曰:"左边见,右边见?"曰:"见时不历左右。"

〔法眼别云:“如和尚见。”〕问:“如何是入火不烧,入水不溺?”师曰:“若是水火,即被烧溺。”师问饭头:“镬阔多少?”曰:“和尚试量看。”师以手作量势。曰:“和尚莫谩某甲。”师曰:“却是汝谩我。”问:“欲达无生路,应须识本源。如何是本源?”师良久,却问侍者:“这僧问什么?”其僧再举,师乃喝出。曰:“我不患聋。”问:“学人近入丛林,乞师全示入路。”师曰:“若教全示,我却礼拜汝。”师问僧:“汝作什么业来,得恁么长大?”曰:“和尚短多少?”师却蹲身作短势。僧曰:“和尚莫谩人好!”师曰:“却是汝谩我。”师令侍者屈隆寿长老云:“但独自来,莫将侍者来。”寿曰:“不许将来,争解离得?”师曰:“太煞恩爱。”寿无对。师代曰:“更谢和尚上足传示。”闽帅奏命服,一日示微疾,僧入丈室问讯。师曰:“吾与汝相识年深,有何方术相救?”曰:“方术甚有,闻说和尚不解忌口。”〔法灯别云:“和尚解忌口么?”〕又谓众曰:“吾旬日来气力困劣,别无他,只是时至也。”僧问:“时既至矣,师去即是,住即是?”师曰:“道!道!”曰:“恁么则某甲不敢造次。”师曰:“失钱遭罪。”言讫而寂。

鼓山神晏国师

福州鼓山神晏兴圣国师,大梁李氏子。幼恶荤膻,乐闻钟梵。年十二时,有白气数道腾于所居屋壁。师题壁曰:“白道从兹速改张,休来显现作妖祥。定祛邪行归真见,必得超凡人圣乡。”题罢,气即随灭。年甫志学,遘疾甚亟。梦神人与药,觉而顿愈。明年又梦梵僧告曰:“出家时至矣。”遂依卫州白鹿山规禅师披削,嵩岳受具。谓同学曰:“古德云,白四羯磨后,全体戒定慧,岂准绳而可拘也。”于是杖锡,遍扣禅关,而但记语言,存乎知解。及造雪岭,朗然符契。一日参雪峰,峰知其缘熟,忽起搊住曰:“是什么!”师释然了悟,亦忘其了心,唯举手摇曳而已。峰曰:“子作道理邪?”

师曰:“何道理之有!”峰审其悬解,抚而印之。后闽帅常询法要,创鼓山禅苑,请举扬宗旨。上堂,良久曰:“南泉在日,亦有人举,要且不识南泉。即今莫有识南泉者么?试出来,对众验看!”时有僧出,礼拜才起,师曰:“作么生?”僧近前曰:“咨和尚。”师曰:“不才请退。”乃曰:“经有经师,论有论师,律有律师。有函有号,有部有帙,各有人传持。且佛法是建立教,禅道乃止啼之说,他诸圣出兴,盖为人心不等,巧开方便,遂有多门。受疾不同,处方还异。在有破有,居空叱空。二患既除,中道须遣。鼓山所以道,句不当机,言非展事。承言者丧,滞句者迷。不唱言前,宁谈句后?直至释迦掩室,净名杜口,大士梁时童子,当日一问二问三问,尽有人了也。诸仁者合作么生?”时有僧出礼拜,师曰:“高声问。”曰:“学人咨和尚。”师喝曰:“出去!”曰:“己事未明,以何为验?”师抗声曰:“似未闻那!”其僧再问,师曰:“一点随流,食咸不重。”问:“如何是包尽乾坤底句?”师曰:“近前来!”僧近前,师曰:“钝置杀人。”曰:“如何绍得?”师曰:“犴〔河干〕狢〔余玉〕无风,徒劳展掌。”曰:“如何即是?”师曰:“错。”曰:“学人便承当时如何?”师曰:“汝作么生承当?”〔法灯别云:“莫费力。”〕问:“如何是学人正立处?”师曰:“不从诸圣行。”〔法灯别云:“汝拟乱走。”〕问:“千山万山,那个是正山?”师曰:“用止山作么?”〔法灯别云:“千山万山。”〕师与招庆相遇次,庆曰:“家常。”师曰:“太无厌生!”庆曰:“且款款。”师却曰:“家常。”庆曰:“今日未有火。”师曰:“太鄙吝生!”庆曰:“稳便将取去。”上堂,垂语曰:“鼓山门下,不得咳嗽。”时有僧咳嗽一声,师曰:“作什么?”曰:“伤风。”师曰:“伤风即得。”僧问:“如何是宗门中事?”师乃侧掌:“吽!吽!”问:“如何是向上关棙子?”师便打。问:“如何是鼓山正主?”师曰:“瞎作么!”师问保福:“古人道:非不非,是不是,意作么生?”福拈起茶盏。师曰:“莫是非好!”问:“如何是真实人体?”师曰:

"即今是什么体？"曰："究竟如何？"师曰："争得到恁么地！"问："如何是佛法大意？"师曰："金乌一点，万里无云。"上堂："欲知此事如一口剑。"僧问："学人是死尸，如何是剑？"师曰："拽出这死尸着。"僧应喏，便归僧堂，结束而去。师至晚闻得，乃曰："好与拄杖。"〔东禅齐云："这僧若不肯鼓山，有甚过？若肯，何得便发去？"又云："鼓山拄杖，赏伊罚伊？具眼底试商量看。"〕问僧："鼓山有不跨石门句，汝作么生道？"僧曰："请师便打。"问："如何是古人省心力处？"师曰："汝何费力？"问："言满天下无口过。如何是无口过？"师曰："有什么过？"问："如何是教外别传底事？"师曰："吃茶去。"师与闽帅瞻仰佛像，帅问："是什么佛？"师曰："请大王鉴。"帅曰："鉴即不是佛。"师曰："是什么？"帅无对。〔长庆代云："久承大师在众，何得造次。"〕僧问："从上宗乘如何举唱？"师以拂子蓦口打。问："如何是省要处？"师曰："汝还耻么？"师复曰："今为诸仁者，刺头入他诸圣化门里，抖擞不出。所以向诸人道，教排不到，祖不西来，三世诸佛不能唱，十二分教载不起。凡圣摄不得，古今传不得，忽尔是个汉，未通个消息。向他恁么道，被他蓦口掴。还怪得他么？虽然如此，也不得乱掴。鼓山寻常道，更有一人不跨石门，须有不跨石门句。作么生是不跨石门句？鼓山自住三十余年，五湖四海来者向高山顶上看山玩水，未见一人快利，通得个消息。如今还有人通得也未？若通得亦不昧诸兄弟；若无，不如散去。珍重！"师有偈曰："直下犹难会，寻言转更赊。若论佛与祖，特地隔天涯。"师举问僧："汝作么生会？"僧无语，乃谓侍者曰："某甲不会，请代一转语。"者曰："和尚与么道，犹隔天涯在。"僧举似师。师唤侍者，问："汝为这僧代语，是否？"者曰："是。"师便打趁出院。

龙华寺灵照禅师

杭州龙华寺灵照真觉禅师，高丽人也。萍游闽越，升雪峰之堂，冥符玄旨。居唯一衲，服勤众务，闽中谓之照布衲。一夕，指半月问溥上座曰:“那一片什么处去也？”溥曰:“莫妄想。”师曰:“失却一片也！”众虽叹美,而恬澹自持。初住婺州齐云山。上堂良久，忽舒手顾众曰:“乞取些子，乞取些子。”又曰:“一人传虚，万人传实。”僧问:“草童能歌舞，未审今时还有无？”师下座作舞曰:“沙弥会么？”曰:“不会。”师曰:“山僧蹋曲子也不会？”问:“还丹一粒，点铁成金。至理一言，转凡成圣。请师一点。”师曰:“还知齐云点金成铁么？”曰:“点金成铁，前之未闻。至理一言，敢希垂示。”师曰:“句下不荐,后悔难追。”次迁越州镜清。上堂:“今日尽令去也。”时有僧出曰:“请师尽令。”师乃“吽！吽！”问:“如何是学人本分事？”师曰:“镜清不惜口。”问:“请师雕琢。”师曰:“八成。”曰:“为什么不十成？”师曰:“还知镜清生修理么？”问僧:“甚处来？”曰:“五峰来。”师曰:“来作什么？”曰:“礼拜和尚。”师曰:“何不自礼？”曰:“礼了也！”师曰:“镜湖水浅。”问:“如何是第一句？”师曰:“莫错下名言。”曰:“岂无方便？”师曰:“乌头养雀儿。”问:“向上一路，千圣不传，未审什么人传得？”师曰:“千圣也疑我。”曰:“莫便是传也无？”师曰:“晋帝斩嵇康。”问“释迦掩室于摩竭，净名杜口于毗耶，此意如何？”师曰:“东廊下两两三三。”上堂:“诸方以毗卢法身为极则，镜清这里即不然。须知毗卢有师，法身有主。”僧问:“如何是毗卢师、法身主？”师曰:“二公争敢论。”问:“古人道见色便见心,此即是色,阿那个是心？”师曰:“恁么问,莫欺山僧么？”问:“未剖以前,请师断。”师曰:“落在什么处？”曰:“失口即不可。”师曰:“也是寒山送拾得。”僧礼拜，师曰:“住！住！阇黎失口，山僧失口。”曰:“恶虎不食子。”师曰:“驴头出，马头回。”师蓦问一僧:“记得么？”曰:“记得。”师曰:“道什么？”曰:“道什么？”师曰:“淮南小儿入寺。”问:“是什么即俊鹰俊鹞趁不及。”师曰:“阇黎别问，山僧别答。”曰:“请师别答。”师曰：“十里行人较一程。”问：“金屑虽贵，眼里着不得时如何？”师曰：“着不得，还着得么？”僧礼拜。师曰：“深沙神。”问：“菩提树下度众生，如何是菩提树？”师曰：“大似苦楝树。”曰：“为什么似苦楝树？”师曰：“素非良马，何劳鞭影？”晋天福丁未示寂，塔于杭之大慈山。

翠岩令参永明禅师

明州翠岩令参永明禅师，安吉州人也。僧问：“不借三寸，请师道。”师曰：“茶堂里贬剥去。”问：“国师三唤侍者，意旨如何？”师曰：“抑逼人作么？”上堂：“一夏与兄弟东语西话，看翠岩眉毛在么？”〔长庆云：“生也。”云门云：“关。”保福云：“作贼人心虚。”翠岩芝云：“为众竭力，祸出私门。”〕问：“凡有言句，尽是点污。如何是向上事？”师曰：“凡有言句，尽是点污。”问：“如何是省要处？”师曰：“大众笑汝。”问：“还丹一粒，点铁成金。至理一言，转凡成圣。学人上来，请师一点。”师曰：“不点。”曰：“为什么不点？”师曰：“恐汝落凡圣。”曰：“乞师至理。”师曰：“侍者点茶来。”问：“古人拈槌竖拂，意旨如何？”师曰：“邪法难扶。”问：“僧繇为甚写志公真不得？”师曰：“作么生合杀。”问：“险恶道中，以何为津梁？”师曰：“药山再三叮嘱。”问：“不带凡圣，当机何示？”师曰：“莫向人道翠岩灵利。”问：“妙机言句，尽皆不当。宗乘中事如何？”师曰：“礼拜着。”曰：“学人不会。”师曰：“出家行脚，礼拜也不会？”师后迁龙册而终焉。

镜清寺道忿顺德禅师

越州镜清寺道忿顺德禅师，永嘉陈氏子。六岁不荤茹，亲党强啖以枯鱼，随即嗢〔乌没〕哕〔乙劣〕，遂求出家，于本州开元寺受具。游方抵闽，谒雪峰。峰问：“甚处人？”曰：“温州人。”峰曰：

“恁么则与一宿觉是乡人也。”曰：“只如一宿觉是什么处人？”峰曰：“好吃一顿棒，且放过。”一日，师问：“只如古德，岂不是以心传心？”峰曰：“兼不立文字语句。”师曰：“只如不立文字语句，师如何传？”峰良久，师礼谢。峰曰：“更问我一转岂不好？”师曰：“就和尚请一转问头。”峰曰：“只恁么，为别有商量？”师曰：“和尚恁么即得。”峰曰：“于汝作么生？”师曰：“孤负杀人！”雪峰谓众曰：“堂堂密密地。”师出，问：“是什么堂堂密密？”峰起立曰：“道什么！”师退步而立。雪峰垂语曰：“此事得恁么尊贵，得恁么绵密。”师曰：“道怤自到来数年，不闻和尚恁么示诲。”峰曰：“我向前虽无，如今已有，莫有所妨么？”曰：“不敢！此是和尚不已而已。”峰曰：“致使我如此。”师从此信入，而且随众，时谓之小怤布衲。普请次，雪峰举：“沩山道：见色便见心。汝道还有过也无？”师曰：“古人为什么事？”峰曰：“虽然如此，要共汝商量。”师曰：“恁么则不如道怤锄地去。”师再参雪峰，峰问：“甚处来？”师曰：“岭外来。”峰曰：“什么处逢见达磨？”师曰：“更在什么处？”峰曰：“未信汝在。”师曰：“和尚莫恁么粘泥好！”峰便休。师后遍历诸方，益资权智。因访先曹山。山问“什么处来？”师曰：“昨日离明水。”山曰：“什么时到明水？”师曰：“和尚到时到。”山曰：“汝道我什么时到？”师曰：“适来犹记得。”山曰：“如是！如是！”

师初住越州镜清，唱雪峰之旨，学者奔凑。副使皮光业者，日休之子，辞学宏赡，屡击难子。退谓人曰：“怤师之高论，人莫窥其极也。”新到参，师拈起拂子。僧曰：“久向镜清，犹有这个在。”师曰：“镜清今日失利。”问：“学人啐，请师啄。”师曰：“还得活也无？”曰：“若不活，遭人怪笑。”师曰：“也是草里汉。”问僧：“近离甚处？”曰：“三峰。”师曰：“夏在甚处？”曰“五峰”。师曰：“放你三十棒。”曰：“过在什么处？”师曰：“为汝出一丛林，入一丛林。”师一日于僧堂自击钟曰：“玄沙道底，玄沙道底。”僧问：“玄沙道什么？”师乃画一圆相。僧曰:“若不久参，争知与么？”师曰:“失钱遭罪。”师住庵时，有行者至，徐徐近绳床，取拂子提起。问:“某甲唤这个作拂子，庵主唤作什么？”师曰:“不可更安名立字也。”行者乃掷却拂子曰:“着甚死急！”问僧:“外面是什么声？”曰:“蛇咬虾蟆声。”师曰:“将谓众生苦，更有苦众生。”师问灵云:“行脚事大，乞师指南。”云曰:“浙中米作么价？”师曰:“若不是道忒,洎作米价会却。”问:“如何是灵源一直道。”师曰:“镜湖水可煞深。”问:“如何是清净法身？”师曰:“红日照青山。”曰:“如何是法身向上事？”师曰:“风吹雪不寒。”问僧:“赵州吃茶话,汝作么生会？”僧便出去。师曰:“邯郸学唐步。”问:“学人未达其源,请师方便。”师曰:“是什么源？”曰:“其源。”师曰:“若是其源,争受方便？”僧礼拜退。侍者问:“和尚适来莫是成褫伊么？”师曰:“无。”曰:“莫是不成褫伊么？”师曰:“无。”曰:“未审意旨如何？”师曰:“一点水墨，两处成龙。”师在帐中坐，有僧问讯，师拨开曰:“当断不断，反招其乱。”曰:“既是当断，为什么不断？”师曰:“我若尽法，直恐无民。”曰:“不怕无民，请师尽法。”师曰:“维那，拽出此僧着！”又曰:“休！休！我在南方识伊和尚来。”普请锄草次，浴头请师浴，师不顾，如是三请，师举镢作打势，头便走。师召曰:“来！来！”头回首，师曰:“向后遇作家，分明举似。”头后到保福，举前语未了，福以手掩其口。头却回，举似师。师曰:“饶伊恁么也未作家。”师问荷玉:“甚处来？”曰:“天台来。”师曰:“阿谁问汝天台？”曰:“和尚何得龙头蛇尾？”师曰:“镜清今日失利。”师看经次，僧问:“和尚看什么经？”师曰:“我与古人斗百草。”师却问:“汝会么？”曰:“少年也曾恁么来。”师曰:“如今作么生？”僧举拳,师曰:“我输汝也！”问:“辨不得、提不起时如何？”师曰:“争得到这里？”曰:“恁么则礼拜去也。”师曰:“镜清今日失利。”师见僧学书,乃问:“学什么书？”曰:“请和尚鉴。”师曰:“一点未分,三分着地。”曰:“今日又似遇人,又似不遇人。”师曰:“镜清今日失利。”僧问:“声前绝妙,请师指归。”师曰:“许由不洗耳。”曰:“为什么如此?”师曰:“犹系脚在。”曰:“某甲只如此，师意又如何?”师曰:“无端夜来雁，惊起后池秋。”钱王命居天龙寺，后创龙册寺，延请居焉。

上堂:“如今事不得已,向汝道各自验看实个亲切。既恁么亲切，到汝分上因何特地生疏?只为抛家日久，流浪年深，一向缘尘致见如此，所以唤作背觉合尘，亦名舍父逃逝。今劝兄弟未歇歇去好，未彻彻去好，大丈夫儿得恁么无气概，还惆怅么?终日茫茫地，且觅取个管带路好,也无人问我管带一路。”僧问:“如何是管带一路?”师嘘嘘曰:“要棒吃即道。”曰:“恁么则学人罪过也。”师曰:“几被汝打破蔡州。”问僧:“近离甚处?”曰:“石桥。”师曰:“本分事作么生?”曰:“近离石桥。”师曰:“我岂不知你近离石桥?本分事作么生?”曰:“和尚何不领话?”师便打。僧曰:“某甲话在。”师曰:“你但吃棒,我要这话行。”僧问:“一等明机双扣,为什么却遭违贬?”师曰:“打水鱼头痛，惊林鸟散忙。”问:“十二时中以何为验?”师曰:“得力即向我道。”僧曰:“诺。”师曰:“十万八千犹可近。”问:“如何是方便门速易成就?”师曰:“速易成就。”曰:“争奈学人领览未的。”师曰:“代得也代却。”问:“如何是人无心合道?”师曰:“何不问道无心合人。”曰:“如何是道无心合人?”师曰:“白云乍可来青嶂,明月那教下碧天。”问:“新年头还有佛法也无?”师曰:“有。”曰:“如何是新年头佛法?”师曰:“元正启祚，万物咸新。”曰:“谢师答话。”师曰:“镜清今日失利。”问:“学人问不到处，请师不答。和尚答不到处,学人即不问。”师乃搊住曰:“是我道理,是汝道理?”曰:“和尚若打学人,学人也打和尚。”师曰:“得对相耕去。”问:“承师有言,诸方若不是走人,便是笼人、罩人,未审和尚如何?”师曰:“被汝致此一问，直得当门齿落。”

上堂，众集定，师抛下拄杖曰:“大众动着也二十棒，不动着也二十棒。”时有僧出，拈得头上戴出去。师曰：“镜清今日失利。”问僧：“门外什么声？”曰：“雨滴声。”师曰：“众生颠倒，迷己逐物。”曰：“和尚作么生？”师曰：“洎不迷己。”曰：“洎不迷己，意旨如何？”师曰：“出身犹可易，脱体道应难。”问：“如何是同相？”师将火箸插向炉中。曰：“如何是别相？”师又将火箸插向一边。〔法眼别云：“问不当理。”〕有僧引一童子到曰：“此童子常爱问人佛法，请和尚验看。”师乃令点茶。童子点茶来，师啜了，过盏橐与童子。子近前接，师却缩手曰：“还道得么？”子曰：“问将来。”〔法眼别云：“和尚更吃茶否？”〕僧曰：“此童子见解如何？”师曰：“也只是一两生持戒僧。”晋天福初示灭，塔于龙册山。

报恩院怀岳禅师

漳州报恩院怀岳禅师，泉州人也。僧问：“十二时中如何行履？”师曰：“动即死。”曰：“不动时如何？”师曰：“犹是守古冢鬼。”问：“如何是学人出身处？”师曰：“有什么缠缚汝？”曰：“争奈出身不得何！”师曰：“过在阿谁？”问：“如何是报恩一灵物？”师曰：“吃如许多酒糟作么？”曰：“还露脚手也无？”师曰：“这里是什么处所？”问：“牛头未见四祖时如何？”师曰：“万里一片云。”曰：“见后如何？”师曰：“廓落地。”问：“黑云陡暗，谁当雨者？”师曰：“峻处先倾。”问：“宗乘不却，如何举唱？”师曰：“山不自称，水无间断。”问：“佛未出世时如何？”师曰：“汝争得知？”问：“拨尘见佛时如何？”师曰：“什么年中得见来！”问：“师子在窟时如何？”师曰：“师子是什么家具？”曰：“师子出窟时如何？”师曰：“师子在什么处？”问：“如何是目前佛？”师曰：“快礼拜。”临迁化，上堂：“山僧十二年来举扬宗教，诸人怪我什么处？若要听三经五论，此去开元寺咫尺。”言讫告寂。

安国院弘瑫明真禅师

福州安国院弘瑫明真禅师，泉州陈氏子。参雪峰，峰问：“什么处来？”曰：“江西来。”峰曰：“什么处见达磨”？曰：“分明向和尚道。”峰曰：“道什么？”曰：“什么处去来？”一日，雪峰见师，忽搊住曰：“尽乾坤是个解脱门，把手拽伊不肯入。”曰：“和尚怪弘瑫不得。”峰拓开曰：“虽然如此，争奈背后许多师僧何！”师举国师碑文云：“得之于心，猗兰作旃檀之树；失之于旨，甘露乃蒺藜之园。”问僧曰：“一语须具得失两意，汝作么生道？”僧举拳曰：“不可唤作拳头也。”师不肯，亦举拳别云：“只为唤这个作拳头，出世困山。”后闽帅命居安国，大阐玄风。僧问：“如何是西来意？”师曰：“是即是，莫错会。”问：“如何是第一句？”师曰：“问，问。”问：“学人上来，未尽其机，请师尽机。”师良久，僧礼拜。师曰：“忽到别处，人问，汝作么生举？”曰：“终不敢错举。”师曰：“未出门已见笑具。”问：“如何是达磨传底心？”师曰：“素非后躅。”问：“不落有无之机，请师全道。”师曰：“汝试断看。”问：“如何是一毛头事？”师拈起袈裟，僧曰：“乞师指示。”师曰：“抱璞不须频下泪，来朝更献楚王看。”问：“寂寂无言时如何？”师曰：“更进一步。”问：“凡有言句，皆落因缘方便；不落因缘方便事如何？”师曰：“桔槔之士频逢，抱瓮之流罕遇。”问：“向上一路，千圣不传，未审和尚如何传？”师曰：“且留口吃饭着。”问：“如何是高尚底人？”师曰：“河滨无洗耳之叟，磻溪绝垂钓之人。”问：“十二时中，如何救得生死？”师曰：“执钵不须窥众乐，履冰何得步参差。”问：“学人拟问宗乘，师还许也无？”师曰：“但问。”僧拟问，师便喝出。问：“目前生死，如何免得？”师曰：“把将生死来！”问：“知有底人，为什么道不得？”师曰：“汝爷名什么？”问：“如何是活人剑？”师曰：“不敢瞎却汝。”曰：“如何是杀人刀？”师曰：“只这个是。”问：“不犯锋铓，如何知音？”师曰：“驴年去！”问：“苦涩处乞师一言。”

师曰:“可煞沉吟。”曰:“为什么如此?”师曰:“也须相悉好!”问:“常居正位底人，还消得人天供养否?”师曰:“消不得。”曰:“为什么消不得?”师曰:“是什么心行?”曰:“什么人消得?”师曰:“着衣吃饭底消得。”师举棱和尚住招庆时,在法堂东角立,谓僧曰:“这里好致一问。”僧便问:“和尚为何不居正位?”棱曰:“为汝恁么来。”曰:“即今作么生?”棱曰:“用汝眼作么?”师举毕,乃曰:“他家恁么问，别是个道理，如今作么生道?”后安国曰:“恁么则大众一时散去得也。”师自代曰:“恁么即大众一时礼拜。”

睡龙山道溥弘教禅师

泉州睡龙山道溥弘教禅师,福唐郑氏子。初住五峰。上堂:“莫道空山无祗待。”便归方丈。僧问:“凡有言句，不出大千顶，未审顶外事如何?”师曰:“凡有言句，不是大千顶。”曰:“如何是大千顶?”师曰:“摩醯首罗天，犹是小千界。”问:“初心后学，近入丛林，方便门中，乞师指示。”师敲门枋，僧曰:“向上还有事也无?”师曰:“有。”曰:“如何是向上事?”师再敲门枋。

金轮可观禅师

南岳金轮可观禅师，福唐薛氏子。参雪峰，峰曰:“近前来!”师方近前作礼,峰与一蹋,师忽契悟。师事十二载,复历丛林。住后,上堂:“我在雪峰，遭他一蹋，直至如今眼不开，不知是何境界?”僧问:“如何是西来意?”师曰:“不是。”大众夜参后下堂，师召大众，众回首。师曰:“看月!”众乃看。师曰:“月似弯弓，少雨多风。”众无对。问:“古人道毗卢有师，法身有主，如何是毗卢师、法身主?”师曰:“不可床上安床。”问:“如何是日用事?”师拊掌三下。僧曰:“学人未领此意。”师曰:“更待什么?”问:“从上宗乘,如何为人?”师曰:“我今日未吃茶。”曰:“请师指示。”师曰:

"过也。"问:"正则不问，请师傍指。"师曰:"抱取猫儿去。"问僧:"甚处来?"曰:"华光。"师便推出，闭却门。僧无对。问:"路逢达道人,不将语默对。未审将何对?"师咄曰:"出去!"问僧:"作么生是觌面事?"曰:"请师鉴:"师曰:"恁么道还当么?"曰:"故为即不可。"师曰:"别是一着。"问:"如何是灵源一路?"师曰:"蹋过作么?"雪峰院主有书来招曰:"山头和尚年尊也，长老何不再入岭一转?"师回书曰:"待山头和尚别有见解,即再入岭。"僧问:"如何是雪峰见解?"师曰:"我也惊。"

大普山玄通禅师

福州大普山玄通禅师,本郡人也。僧问:"骊龙颔下珠如何取得?"师乃拊掌瞬视。问:"方便以前事如何?"师便推出。其僧问:"如何是祖师西来意?"师曰:"咬骨头汉出去!"问:"拨尘见佛时如何?"师曰:"脱枷来商量。"问:"急急相投，请师接。"师曰:"钝汉!"

长生山皎然禅师

福州长生山皎然禅师，本郡人。久依雪峰，一日与僧斫树次，峰曰:"斫到心且住。"师曰:"斫却着。"峰曰:"古人以心传心，汝为什么道斫却?"师掷下斧曰:"传。"峰打一拄杖而去。僧问雪峰:"如何是第一句?"峰良久，僧举似师。师曰:"此是第二句。"峰再令其僧来问:"如何是第一句?"师曰:"苍天!苍天!"普请次,雪峰问:"古人道:谁知席帽下,元是昔愁人。古人意作么生?"师侧戴笠子曰:"这个是什么人语?"峰问师:"持经者能荷担如来，作么生是荷担如来?"师乃捧雪峰向禅床上。普请次，雪峰负一束藤，路逢一僧便抛下。僧拟取，峰便蹋倒。归谓师曰:"我今日蹋这僧快!"师曰:"和尚却替这僧入涅槃堂始得。"峰便休去。雪峰问:"光境俱亡，复是何物?"师曰:"放皎然过有道处。"峰曰:

"放汝过作么生道？"曰："皎然亦放和尚过。"峰曰："放汝二十棒。"师便礼拜。住后，僧问："古人有言：无明即佛性，烦恼不须除。如何是无明即佛性？"师忿然作色，举拳呵曰："今日打这师僧去也！"曰："如何是烦恼不须除？"师以手拏头曰："这师僧得恁么发人业。"问："路逢达道人，不将语默对。未审将什么对？"师曰："上纸墨堪作什么？"闽帅署禅主大师，莫知所终。

鹅湖智孚禅师

信州鹅湖智孚禅师，福州人也。僧问："万法归一，一归何所？"师曰："非但阇黎一人忙。"问："虚空讲经，以何为宗？"师曰："阇黎不是听众，出去。"问："五逆之子，还受父约也无？"师曰："虽有自裁，未免伤己。"问："如何是佛向上人？"师曰："情知阇黎不奈何！"曰："为什么不奈何？"师曰："未必小人得见君子。"问："在前一句，请师道？"师曰："脚跟下探取什么？"曰："即今见问。"师曰："看阇黎变身不得。"问："雪峰抛下拄杖，意作么生？"师以香匙抛下地。僧曰："未审此意如何？"师曰："不是好种，出去。"问："如何是鹅湖第一句？"师曰："道什么？"曰："如何即是？"师曰："妨我打睡。"问："不问不答时如何？"师曰："问人焉知？"问："迷子未归家时如何？"师曰："不在途。"曰："归后如何？"师曰："正迷在。"问："如何是源头事？"师曰："途中觅什么？"问："如何是一句？"师曰："会么？"曰："恁么莫便是否？"师曰："苍天！苍天！"镜清问："如何是即今底？"师曰："何更即今。"清曰："几就支荷。"师曰："语逆言顺。"师一日不赴堂，侍者来请赴堂。师曰："我今日在庄吃油糍饱。"者曰："和尚不曾出入。"师曰："你但去问取庄主。"者方出门，忽见庄主归谢和尚到庄吃油糍。

化度院师郁悟真禅师

杭州西兴化度院师郁悟真禅师，泉州人也。僧问："如何是西来意？"师举拂子。僧曰："不会。"师曰："吃茶去。"问："如何是一尘？"师曰："九世刹那分。"曰："如何含得法界？"师曰："法界在什么处？"问："溪谷各异，师何明一？"师曰："汝喘作么？"问："学人初机，乞师指示入路。"师曰："汝怪化度什么处？"问："如何是随色摩尼珠？"师曰："青黄赤白。"曰："如何是不随色摩尼珠？"师曰："青黄赤白。"问："如何是西来意？"师曰："是东来西来？"问："牛头未见四祖时如何？"师曰："鸟兽俱迷。"曰："见后如何？"师曰："山深水冷。"问："维摩与文殊对谈何事？"师曰："唯有门前镜湖水，清风不改旧时波。"

隆寿绍卿禅师

漳州隆寿绍卿兴法禅师，泉州陈氏子。因侍雪峰，山行见芋叶动，峰指动叶示之。师曰："绍卿甚生怕怖。"峰曰："是汝屋里底，怕怖什么？"师于此有省。寻居龙溪，僧问："古人道：摩尼殿有四角，一角常露。如何是常露底角？"师举拂子，问："粮不畜一粒，如何济得万人饥？"师曰："侠客面前如夺剑，看君不是黠儿郎。"问："耳目不到处如何？"师曰："汝无此作。"曰："恁么即闻也。"师曰："真个聋汉。"

仙宗院行瑫仁慧禅师

福州仙宗院行瑫仁慧禅师，泉州王氏子。上堂："我与释迦同参，汝道参什么人？"时有僧出礼拜，拟伸问，师曰："错。"便下座。问："如何是西来意？"师曰："熊耳不曾藏。"问："直下事乞师方便。"师曰："不因汝问，我亦不道。"问："如何是西来意？"师曰："白日无闲人。"

永福院从弇超证禅师

福州莲华永福院从弇超证禅师，僧问：“儒门以五常为极则，未审宗门以何为极则？”师良久，僧曰：“恁么则学人造次也。”师曰：“好与拄杖。”问：“教中道：唯有一乘法。如何是一乘法？”师曰：“汝道我在这里作什么？”曰：“恁么则不知教意也。”师曰：“虽然如此，却不孤负汝。”问：“不向问处领，犹有学人问处，和尚如何？”师曰：“吃茶去。”上堂：“长庆道：尽法无民。永福即不然。若不尽法，又争得民？”时有僧曰：“请师尽法。”师曰：“我不要汝纳税。”问：“诸余即不问，聊径处乞师垂慈。”师曰：“不快礼三拜。”问：“大众云集，请师说法。”师曰：“闻么？”曰：“若更思，应难得及。”师曰：“实即得。”问：“摩尼殿有四角，一角常露。如何是常露底角？”师曰：“不可更点。”师一日上堂，于座边立，谓众曰：“二尊不并化。”便归方丈。

双泉院归本禅师

襄州云盖双泉院归本禅师，京兆府人也。初谒雪峰，礼拜次，峰下禅床，跨背而坐，师于此有省。住后，僧问：“如何是双泉？”师曰：“可惜一双眉。”曰：“学人不会。”师曰：“不曾烦禹力，湍流事不知。”问：“如何是西来的的意？”师乃搊住，其僧变色。师曰：“我这里无这个。”师手指纤长，特异于人，号手相大师。

韶州林泉和尚

韶州林泉和尚，僧问：“如何是一尘？”师曰：“不觉成丘山。”

洛京南院和尚

洛京南院和尚，僧问：“如何是法法不生？”师曰：“生也。”有儒者博览古今，时呼为张百会，谒师，师问：“莫是张百会么？”

曰:“不敢。”师以手于空画一画曰:“会么?”曰:“不会。”师曰:“一尚不会,什么处得百会来?”

洞岩可休禅师

越州洞岩可休禅师,僧问:“如何是洞岩正主?”师曰:“开着。”问:“如何是和尚亲切为人处?”师曰:“大海不宿死尸。”问:“如何是向上一路?”师举衣领示之。问:“学人远来,请师方便。”师曰:“方便了也。”

法海院行周禅师

定州法海院行周禅师,僧问:“风恬浪静时如何?”师曰:“吹倒南墙。”问:“如何是道中宝?”师曰:“不露光。”曰:“莫便是否?”师曰:“是即露也。”

龙井通禅师

杭州龙井通禅师,僧问:“如何是龙井龙?”师曰:“意气天然别,神工画不成。”曰:“为什么画不成?”师曰:“出群不带角,不与类中同。”曰:“还解行雨也无?”师曰:“普润无边际,处处皆结粒。”曰:“还有宗门中事也无?”师曰:“有。”曰:“如何是宗门中事?”师曰:“从来无形段,应物不曾亏。”

龙兴宗靖禅师

杭州龙兴宗靖禅师,台州人也。初参雪峰,誓充饭头,劳逾十载。尝于众堂中袒一膊钉帘,峰睹而记曰:“汝向后住持有千僧,其中无一人衲子也。”师悔过回浙,住六通院,钱王命居龙兴寺,有众千余,唯三学讲诵之徒,果如雪峰所志。僧问:“如何是六通奇特之唱?”师曰:“天下举将去。”问:“如何是六通家风?”师曰:“一条布衲，一斤有余。”问:“如何是学人进前一路? ”师曰:“谁敢谩汝? ”曰:“岂无方便? ”师曰:“早是屈抑也。”问:“如何是和尚家风? ”师曰:“早朝粥,斋时饭。”曰:“更请和尚道? ”师曰:“老僧困。”曰:“毕竟作么生? ”师大笑而已。

南禅契璠禅师

福州南禅契璠禅师，上堂:“若是名言妙句，诸方总道了也。今日众中还有超第一义者，致将一问来? 若有，即不孤负于人。”僧问:“如何是第一义? ”师曰:“何不问第一义? ”曰:“见问。”师曰:“已落第二义也。”问:“古佛曲调请师和。”师曰:“我不和汝杂乱底。”曰:“未审为什么人和? ”师曰:“什么处去来? ”

越山师鼐鉴真禅师

越州越山师鼐鉴真禅师，初参雪峰而染指。后因闽王请，于清风楼斋，坐久举目，忽睹日光，豁然顿晓。而有偈曰:“清风楼上赴官斋，此日平生眼豁开。方信普通年远事，不从葱岭带将来。”归呈雪峰，峰然之。住后，僧问:“如何是佛身? ”师曰:“你问阿那个佛身? ”曰:“释迦佛身。”师曰:“舌覆三千界。”师临终示偈曰:“眼光随色尽,耳识逐声消。还源无别旨,今日与明朝。”乃跏趺而逝。

福清院玄讷禅师

泉州福清院玄讷禅师，高丽人也。泉守王公问:“如何是宗乘中事? ”师叱之。僧问:“如何是触目菩提? ”师曰:“阇黎失却半年粮。”曰:“为什么如此? ”师曰:“只为图他一斗米。”问:“如何是清净法身? ”师曰:“虾蟆曲蟮。”问:“教云: 唯一坚密身，一切尘中现。如何是坚密身? ”师曰:“驴马猫儿。”曰:“乞师指示。”师曰:“驴马也不会? ”问:“如何是物物上辨明? ”师展一足示之。

南台仁禅师

衢州南台仁禅师，僧问："如何是南台境？"师曰："不知贵。"曰："毕竟如何？"师曰："阇黎即今在什么处？"

泉州东禅和尚

泉州东禅和尚，初开堂，僧问："人王迎请，法王出世，如何提唱宗乘，即得不谬于祖风？"师曰："还奈得么？"曰："若不下水,焉知有鱼？"师曰："莫闲言语。"问："如何是佛法最亲切处？"师曰："过也。"问："学人末后来,请师最先句。"师曰："甚处去来？"问："如何是学人己分事？"师曰："苦。"问："如何是佛法大意？"师曰："幸自可怜生，刚要异乡邑。"

大钱山从袭禅师

杭州大钱山从袭禅师,雪峰之上足也。自本师印解,洞晓宗要。常曰："击关南鼓，唱雪峰歌。"后入浙中谒钱王，王钦服道化，命居此山而阐法焉。僧问："不因王请，不因众聚，请师直道西来的的意。"师曰："那边师僧过这边着。"曰："学人不会，乞师再指。"师曰："争得恁么不识好恶？"问："闭门造车，出门合辙。如何是闭门造车？"师曰："造车即不问，作么生是辙？"曰："学人不会，乞师指示。"师曰："巧匠施工，不露斤斧。"

福州永泰和尚

福州永泰和尚，僧问："承闻和尚见虎，是否？"师作虎声，僧作打势。师曰："这死汉。"问："如何是天真佛？"师乃拊掌曰："不会，不会。"

寿昌院守讷妙空禅师

池州和龙寿昌院守讷妙空禅师，福州林氏子。僧问："未到龙门，如何凑泊？"师曰："立命难存。"新到参，师问："近离甚处？"曰："不离方寸。"师曰："不易来。"僧亦曰："不易来。"师与一掌。问："如何是传底心？"师曰："再三嘱汝，莫向人说。"问："如何是从上宗乘？"师曰："向阇黎口里着得么？"问："省要处请师一接。"师曰："甚是省要。"

建州梦笔和尚

建州梦笔和尚，僧问："如何是佛？"师曰："不诳汝。"曰："莫便是否？"师曰："汝诳他。"闽王请斋，问："师还将得笔来也无？"师曰："不是稽山绣管，惭非月里兔毫。大王既垂顾问，山僧敢不通呈？"又问："如何是法王？"师曰："不是梦笔家风。"

极乐元俨禅师

福州极乐元俨禅师，僧问："如何是极乐家风？"师曰："满目看不尽。"问："万法本无根，未审教学人承当什么？"师曰："莫寐语。"问："久处暗室，未达其源。今日上来，乞师一接。"师曰："莫闭眼作夜好！"曰："恁么即优昙华坼，曲为今时。向上宗风，如何垂示？"师曰："汝还识也无？"曰："恁么即息疑去也。"师曰："莫用大众前寐语。"问："摩腾入汉即不问，达磨来梁时如何？"师曰："如今岂谬？"曰："恁么即理出三乘，华开五叶。"师曰："说什么三乘五叶？出去！"

芙蓉山如体禅师

福州芙蓉山如体禅师，僧问："如何是古人曲调？"师良久，曰："闻么？"曰："不闻。"师示颂曰："古曲发声雄，今时韵亦同。若教第一指，祖佛尽迷踪。”

憩鹤山和尚

洛京憩鹤山和尚，僧问：“如何是憩鹤？”师以两手斗云：“鹁鸠鸠。”〔风穴云：“鹤唳一声喧宇宙，群鸡莫谓报知时。”〕问：“骏马不入西秦时如何？”师曰：“向什么处去？”

沩山栖禅师

潭州沩山栖禅师，僧问：“正恁么时如何亲近？”师曰：“汝拟作么生亲近？”曰：“岂无方便？”师曰：“开元龙兴，大藏小藏。”问：“如何是速疾神通？”师曰：“新衣成弊帛。”问：“如何是黄寻桥？”师曰：“赚却多少人？”问：“不假切切，如何是和尚家风？”师曰：“莫作野干声。”

潮山延宗禅师

吉州潮山延宗禅师，因资福来谒，师下禅床相接。福问：“和尚住此山，得几年也？”师曰：“钝鸟栖芦，困鱼止泺。”曰：“恁么则真道人也。”师曰：“且坐吃茶。”问：“如何是潮山？”师曰：“不宿尸。”曰：“如何是山中人？”师曰：“石上种红莲。”问：“如何是和尚家风？”师曰：“切忌犯朝仪。”

普通山普明禅师

益州普通山普明禅师，僧问：“如何是佛性？”师曰：“汝无佛性。”曰：“蠢动含灵，皆有佛性。学人为何却无？”师曰：“为汝向外求。”问：“如何是玄玄之珠？”师曰：“这个不是。”曰：“如何是玄玄珠？”师曰：“失却也。”

双泉山永禅师

随州双泉山梁家庵永禅师，僧问："达磨九年面壁，意旨如何？"师曰："睡不着。"师问护国长老："随阳一境，是男是女，各伸一问，问问各别。长老将何祇对？"国以手空中画一圆相，师曰："谢长老慈悲。"国曰："不敢。"师低头不顾。问："如何得顿息诸缘去？"师曰："雪上更加霜。"

保福院超悟禅师

漳州保福院超悟禅师，僧问："鱼未透龙门时如何？"师曰："养性深潭。"曰："透出时如何？"师曰："才升霄汉，众类难追。"曰："升后如何？"师曰："垂云普覆，润及大千。"曰："还有不受润者也无？"师曰："有。"曰："如何是不受润者？"师曰："直杌撑大阳。"

太原孚上座

太原孚上座，初在扬州光孝寺讲《涅槃经》。有禅者阻雪，因往听讲。至三因佛性，三德法身，广谈法身妙理，禅者失笑。师讲罢，请禅者吃茶。白曰："某甲素志狭劣，依文解义，适蒙见笑，且望见教。"禅者曰："实笑座主不识法身。"师曰："如此解说，何处不是？"曰："请座主更说一遍。"师曰："法身之理，犹若太虚，竖穷三际，横亘十方，弥纶八极，包括二仪，随缘赴感，靡不周遍。"曰："不道座主说不是，只是说得法身量边事，实未识法身在。"师曰："既然如是，禅德当为我说。"曰："座主还信否？"师曰："焉敢不信？"曰："若如是，座主辍讲旬日，于室内端然静虑，收心摄念，善恶诸缘，一时放却。"师一依所教，从初夜至五更，闻鼓角声，忽然契悟。便去扣门，禅者曰："阿谁？"师曰："某甲。"禅者咄曰："教汝传持大教，代佛说法，夜来为什么醉酒卧街？"师曰："禅德自来讲经，将生身父母鼻孔扭捏，从今已去，更不敢如是。"禅者曰："且去，来日相见。”师遂罢讲，遍历诸方，名闻宇内。尝游浙中登径山法会。一日于大佛殿前，有僧问:“上座曾到五台否? ”师曰:“曾到。”曰:“还见文殊么? ”师曰:“见。”曰:“什么处见? ”师曰:“径山佛殿前见。”其僧后适闽川，举似雪峰，峰曰:“何不教伊入岭来。”师闻，乃趣装而迈。初至雪峰廨院憩锡，因分柑子与僧。长庆问:“什么处将来? ”师曰:“岭外将来。”曰:“远涉不易，担负得来。”师曰:“柑子，柑子。”次日上山，雪峰闻，乃集众。师到法堂上，顾视雪峰，便下看知事，明日却上礼拜曰:“某甲昨日触忤和尚。”峰曰:“知是般事便休。”峰一日见师，乃指日示之，师摇手而出。峰曰:“汝不肯我那! ”师曰:“和尚摇头，某甲摆尾，什么处是不肯? ”峰曰:“到处也须讳却。”一日，众僧晚参，峰在中庭卧。师曰:“五州管内，只有这老和尚较些子。”峰便起去。峰尝问师:“见说临济有三句，是否? ”师曰:“是。”曰:“作么生是第一句? ”师举目视之。峰曰:“此犹是第二句，如何是第一句? ”师叉手而退。自此雪峰深器之。室中印解，师资道契，更不他游，而掌浴焉。一日，玄沙上，问讯雪峰，峰曰:“此间有个老鼠子，今在浴室里。”沙曰:“待与和尚勘过。”言讫到浴室，遇师打水。沙曰:“相看上座。”师曰:“已相见了。”沙曰:“什么劫中曾相见? ”师曰:“瞌睡作么? ”沙却入方丈，白雪峰曰:“已勘破了。”峰曰:“作么生勘伊? ”沙举前话，峰曰:“汝着贼也。”鼓山问师:“父母未生时，鼻孔在什么处? ”师曰:“老兄先道。”山曰:“如今生也，汝道在什么处? ”师不肯。山却问:“作么生? ”师曰:“将手中扇子来! ”山与扇子，再征前话，师摇扇不对。山罔测，乃欧师一拳。鼓山赴大王请，雪峰门送，回至法堂。乃曰:“一只圣箭直射九重城里去也。”师曰:“是伊未在。”峰曰:“渠是彻底人。”师曰:“若不信，待某甲去勘过。”遂趁至中路，便问:“师兄向什么处去? ”山曰:“九重城里去。”师曰:“忽遇三军围绕时如何? ”山曰:“他家自有通霄路。”师曰:

"恁么则离宫失殿去也。"山曰:"何处不称尊!"师拂袖便回。峰问:"如何?"师曰:"好只圣箭,中路折却了也。"遂举前话。峰乃曰:"奴渠语在。"师曰:"这老冻脓犹有乡情在。"师在库前立,有僧问:"如何是触目菩提?"师踢狗子,作声走。僧无对。师曰:"小狗子不消一踢。"保福签瓜次,师至,福曰:"道得与汝瓜吃。"师曰:"把将来。"福度与一片,师接得便去。师不出世,诸方目为太原孚上座。后归维扬,陈尚书留在宅供养。一日谓尚书曰:"来日讲一遍《大涅槃经》,报答尚书。"书致斋茶毕,师遂升座。良久,挥尺一下曰:"如是我闻。"乃召尚书,书应诺。师曰:"一时佛在。"便乃脱去。

南岳惟劲宝闻禅师

南岳般若惟劲宝闻禅师,福州人也。师雪峰而友玄沙,深入玄奥。一日问鉴上座:"闻汝注《楞严》,是否?"鉴曰:"不敢。"师曰:"二文殊作么生注?"曰:"请师鉴。"师乃扬袂而去。师尝续《宝林传》四卷,纪贞元之后宗门继踵之源流者。又别著《南岳高僧传》,皆行于世。

感潭资国禅师法嗣

白兆志圆禅师

安州白兆志圆显教禅师。僧问:"诸佛心印什么人传?"师曰:"达磨大师。"曰:"达磨争能传得?"师曰:"汝道什么人传得?"问:"如何是直截一路?"师曰:"截。"问:"如何是佛法大意?"师曰:"苦。"问:"如何是道?"师曰:"普。"问:"如何是学人自己?"师曰:"失。"问:"如何得无山河大地去?"师曰:"不起见。"问:"如何是毕钵罗窟迦叶道场中人?"师曰:"释迦牟尼佛。"问:"如何是朱顶王菩萨?"师曰:"问那个赤头汉作么?"

五灯会元　卷第八

青原下七世

瑞岩彦禅师法嗣

南岳横龙和尚

南岳横龙和尚,初住金轮。僧问:“如何是金轮第一句?”师曰:“钝汉。”问:“如何是金轮一只箭?”师曰:“过也。”问:“如何是祖师灯?”师曰:“八风吹不灭。”曰:“恁么则暗冥不生也。”师曰:“白日没闲人。”

瑞峰院神禄禅师

温州瑞峰院神禄禅师,福州人也。久为瑞岩侍者,后开山创院,学侣依附。师有偈曰:“萧然独处意沉吟,谁信无弦发妙音。终日法堂唯静坐,更无人问本来心。”时有朋彦上座问曰:“如何是本来心?”师召朋彦,彦应诺。师曰:“与老僧点茶来。”彦于是信入。

玄泉彦禅师法嗣

黄龙山诲机超慧禅师

鄂州黄龙山诲机超慧禅师，清河张氏子。初参岩头，问："如何是祖师西来意？"头曰："你还解救糍么？"师曰："解。"头曰："且救糍去。"后到玄泉，问："如何是祖师西来意？"泉拈起一茎皂角曰："会么？"师曰："不会。"泉放下皂角，作洗衣势。师便礼拜曰："信知佛法无别。"泉曰："你见什么道理？"师曰："某甲曾问岩头，头曰：'你还解救糍么？'救糍也只是解粘。和尚提起皂角，亦是解粘，所以道无别。"泉呵呵大笑，师遂有省。住后，僧问："不问祖佛边事，如何是平常之事？"师曰："我住山得十五年也。"问："如何是和尚家风？"师曰："琉璃钵盂无底。"问："如何是君王剑？"师曰："不伤万类。"曰："佩者如何？"师曰："血溅梵天。"曰："大好不伤万类。"师便打。问："佛在日为众生说法，佛灭后有人说法否？"师曰："惭愧佛。"问："毛吞巨海，芥纳须弥，不是学人本分事。如何是学人本分事？"师曰："封了合盘市里揭。"问："急切相投，请师通信。"师曰："火烧裙带香。"问："如何是大疑底人？"师曰："对坐盘中弓落盏。"曰："如何是不疑底人？"师曰："再坐盘中弓落盏。"问："风恬浪静时如何？"师曰："百尺竿头五两垂。"师将顺世，僧问："百年后，钵囊子什么人将去？"师曰："一任将去。"曰："里面事如何？"师曰："线绽方知。"曰："什么人得？"师曰："待海燕雷声，即向汝道。"言讫而寂。

洛京柏谷和尚

洛京柏谷和尚，僧问："普滋法雨时如何？"师曰："有道传天位，不汲凤凰池。"问："九旬禁足三月事如何？"师曰："不坠蜡人机。"

玄泉二世和尚

怀州玄泉二世和尚，僧问："辞穷理尽时如何？"师曰："不入理，岂同尽？"问："妙有玄珠，如何取得？"师曰："不似牟尼绝影艳，碧眼胡人岂能见？"曰："有口道不得时如何？"师曰："三寸不能齐鼓韵，哑人解唱木人歌。"

妙胜玄密禅师

潞府妙胜玄密禅师，僧问："四山相逼时如何？"师曰："红日不垂影，暗地莫知音。"曰："学人不会"师曰："鹤透群峰，何伸向背？"问："雪峰一曲千人唱，月里挑灯谁最明？"师曰："无音和不齐，明暗岂能收！"

罗山闲禅师法嗣

明招德谦禅师

婺州明招德谦禅师，受罗山印记，靡滞于一隅，激扬玄旨，诸老宿皆畏其敏捷，后学鲜敢当其锋者。尝到招庆，指壁画问僧："那个是什么神？"曰："护法善神。"师曰："会昌沙汰时，向什么处去来？"僧无对。师令僧问演侍者，演曰："汝什么劫中遭此难来？"僧回举似师，师曰："直饶演上座，他后聚一千众，有什么用处？"僧礼拜，请别语。师曰："什么处去也！"次到坦长老处，坦曰："夫参学，一人所在亦须到，半人所在亦须到。"师便问："一人所在即不问，作么生是半人所在？"坦无对。后令小师问师，师曰："汝欲识半人所在么，也只是弄泥团汉。"清上座举仰山插锹话问师："古人意在叉手处，插锹处？"师召清，清应诺。师曰："还梦见仰山么？"清曰："不要上座下语，只要商量。"师曰："若要商量，堂头自有一千五百人老师在。"又到双岩，岩请吃茶次，曰："某甲致一问，若道得，便舍院与阇黎住。若道不得，即不舍院。”遂举《金刚经》云：“一切诸佛及诸佛阿耨多罗三藐三菩提法，皆从此经出，且道此经是何人说？”师曰：“说与不说，拈向这边着。只如和尚，决定唤什么作此经？”岩无对。师又曰：“一切贤圣，皆以无为法而有差别，则以无为法为极则，凭何而有差别？只如差别，是过不是过？若是过，一切贤圣悉皆是过。若不是过，决定唤什么作差别？”岩亦无语。师曰：“噫！雪峰道底。”

师访保宁，于中路相遇，便问：“兄是道伴中人？”乃点鼻头曰：“这个碍塞我不彻，与我拈却少时得么？”宁曰：“和尚有来多少时？”师曰：“噫！洎赚我踏破一緉草鞋。”便回国泰代曰：“非但某甲，诸佛亦不奈何！”师曰：“因什么以己方人？”师在婺州智者寺，居第一座，寻常不受净水。主事嗔曰：“上座不识触净，为什么不受净水？”师跳下床，提起净瓶曰：“这个是触是净？”事无语，师乃扑破。自尔道声遐播，众请居明招山开法，四来禅者盈于堂室。上堂：“金锋敌胜，罕遇知音。同死同生，万中无一。寻言逐句，其数河沙。举古举今，灭胡种族。向上一路，啐啄犹乖。儒士相逢，握鞭回首。沙门所见，诚实苦哉。抛却真金，随队撮土。报诸稚子，莫谩波波。解得他玄，犹兼瓦砾。不如一掷，腾过太虚。只者灵锋，阿谁敢近？任君来箭，方称丈夫。拟欲吞声，不消一攫。”僧问：“师子未出窟时如何？”师曰：“俊鹞趁不及。”曰：“出窟后如何？”师曰：“万里正纷纷。”曰：“欲出不出时如何？”师曰：“崄。”曰：“向去事如何？”师曰：“劄。”问：“如何是透法身外一句子？”师曰：“北斗后翻身。”问：“十二时中如何趣向？”师曰：“抛向金刚地上着。”问：“文殊与维摩对谭何事？”师曰：“葛巾纱帽，已拈向这边着也。”问：“如何是和尚家风？”师曰：“咬得着是好手。”问：“放鹤出笼和烟去时如何？”师曰：“争奈头上一点何！”问：“无烟之火，是什么人向得？”师曰：“不惜眉毛底。”曰：“和尚还向得么？”师曰：“汝道我有多少茎眉毛在？”新到参，才上法堂，师举拂子却掷下，其僧珍重，便下去。师曰：“作家！作家！”问：“全身佩剑时如何？”师曰：“忽遇正恁么时又作么生？”僧无对。

一日天寒，上堂，众才集，师曰：“风头稍硬，不是汝安身立命处，且归暖室商量。”便归方丈，大众随至立定。师又曰：“才到暖室，便见瞌睡。”以拄杖一时趁下。师问国泰：“古人道俱胝趁念三行咒，便得名超一切人。作么生与他拈却三行咒，便得名超一切人？”泰竖起一指。师曰：“不因今日，争识得瓜洲客。”师有师叔在廨院不安，附书来问曰：“某甲有此大病，如今正受疼痛，一切处安置伊不得，还有人救得么？”师回信曰：“顶门上中此金刚箭，透过那边去也。”会下有僧去，住庵一年后却来，礼拜曰：“古人道三日不相见，莫作旧时看。”师拨开胸曰：“汝道我有几茎盖胆毛？”僧无对。师却问：“汝什么时离庵？”曰：“今朝。”师曰：“来时折脚铛子，分付与阿谁？”僧又无语。师乃喝出。问：“承师有言，我住明招顶，兴传古佛心。如何是明招顶？”师曰：“换却眼。”曰：“如何是古佛心？”师曰：“汝还气急么？”问：“学人拏云攧浪，上来请师展钵。”师曰：“拶破汝顶。”曰：“也须仙陀去。”师便打，趁出。师有颂示众曰：“明招一拍和人稀，此是真宗上妙机。石火瞥然何处去，朝生之子合应知。”临迁化，上堂告众，嘱付讫，僧问：“和尚百年后向什么处去？”师抬起一足曰：“足下看取。”中夜问侍者：“昔日灵山会上，释迦如来展开双足，放百宝光。”遂展足曰：“吾今放多少？”者曰：“昔日世尊，今宵和尚。”师以手拨眉曰：“莫孤负么？”乃说偈曰：“蓦刀丛里逞全威，汝等诸人善护持。火里铁牛生犊子，临歧谁解凑吾机？”偈毕，端坐而逝，塔院存焉。

大宁院隐微禅师

洪州大宁院隐微觉寂禅师，豫章新淦杨氏子。诞夕有光明贯室。年七岁，依本邑石头院道坚禅师出家受具，历参宗匠。至罗山，山导以“师子在窟出窟”之要，因而省悟。后回江表，会龙泉宰李孟俊请居十善道场，阐扬宗旨。上堂：“还有腾空底么？出来！”众无出者。师说偈曰：“腾空正是时，应须眨上眉。从兹出伦去，莫待白头儿。”僧问：“如何是十善桥？”师曰：“险。”曰：“过者如何？”师曰：“丧。”问：“资福和尚迁化向什么处去？”师曰：“草鞋破。”问：“如何是黄梅一句？”师曰：“即今作么生？”曰：“如何通信？”师曰：“九江路绝。”问：“初心后学，如何是学？”师曰：“头戴天。”曰：“毕竟如何？”师曰：“脚踏地。”问：“如何是法王剑？”师曰：“露。”曰：“还杀人也无？”师曰：“作么！”问：“如何是龙泉剑？”师曰：“不出匣。”曰：“便请出匣。”师曰：“星辰失位。”问：“国界安宁，为什么珠不现？”师曰：“落在什么处？”

华光范禅师

衡州华光范禅师，僧问：“灵台不立，还有出身处也无？”师曰：“有。”曰：“如何是出身处？”师曰：“出。”问：“如何是西来意？”师曰：“道。”问：“如何是佛法大意？”师曰：“验。”问：“牛头未见四祖时如何？”师曰：“自由自在。”曰：“见后如何？”师曰：“自由自在。”问：“如何是佛法中事。”师曰：“了。”

罗山绍孜禅师

福州罗山绍孜禅师，上堂，有数僧争出问话。师曰：“但一齐出来问，待老僧一齐与汝答。”僧便问：“学人一齐问，请师一齐答。”师曰：“得。”问：“学人乍入丛林，祖师的的意，请师直指。”师曰：“好。”

西川定慧禅师

西川定慧禅师，初参罗山，山问：“什么处来？”师曰：“远离西蜀，近发开元。”却近前问：“即今事作么生？”山揖曰：“吃茶去。”师拟议，山曰：“秋气稍热去。”师出至法堂，叹曰：“我在西蜀峨嵋山脚下拾得一只蓬蒿箭，拟拨乱天下，今日打罗山寨，弓折箭尽也。休！休！”乃下参众。山来日上堂,师出问：“豁开户牖，当轩者谁？”山便喝。师无语。山曰：“毛羽未备，且去。”师因而抠衣，久承印记。后谒台州胜光，光坐次，师直入身边，叉手而立。光问：“甚处来？”师曰：“犹待答话在。”便出。光拈得拂子，趁至僧堂前，见师乃提起拂子曰：“阇黎唤这个作什么？”师曰：“敢死喘气。”光低头归方丈。

白云令弇禅师

建州白云令弇禅师，上堂：“道住先生门，谁云对丧主。珍重！”僧问：“已事未明，以何为验？”师曰：“木镜照素容。”曰：“验后如何？”师曰：“不争多。”问：“三台有请，四众临筵。既处当仁，请师一唱。”师曰：“要唱也不难。”曰：“便请。”师曰：“夜静水寒鱼不食，满船空载月明归。”

天竺义澄常真禅师

虔州天竺义澄常真禅师，在罗山数载。后因山示疾，师问：“百年后忽有人问，和尚以何指示？”山乃放身便倒。师从此契悟，即礼谢。住后，僧问：“如何是佛法大意？”师曰：“寒暑相催。”

清平惟旷真寂禅师

吉州清平惟旷真寂禅师，上堂：“不动神情，便有输赢之意。还有么，出来。”时有僧出礼拜，师曰：“不是作家。”便归方丈。问：

“如何是第一句？”师曰：“要头将取去！”问：“如何是活人剑？”师曰：“会么？”曰：“如何是杀人刀？”师叱之。问：“如何是师子儿？”师曰：“毛头排宇宙。”

金柱山义昭禅师

婺州金柱山义昭禅师，僧问：“如何是和尚家风？”师曰：“开门作活计。”曰：“忽遇贼来，又作么生？”师曰：“然。”新到参，师揭帘以手作除帽势。僧拟欲近前，师曰：“赚杀人！”因事有偈曰：“虎头生角人难措，石火电光须密布。假饶烈士也应难，懵底那能解回互。”

潭州谷山和尚

潭州谷山和尚，僧问：“省要处乞师一言。”师便起去。问：“羺羊挂角时如何？”师曰：“你向什么处觅？”曰：“挂角后如何？”师曰：“走。”

道吾从盛禅师

湖南道吾从盛禅师，初住龙回，僧问：“如何是觌面事？”师曰：“新罗国去也。”问：“如何是龙回家风？”师曰：“纵横射直。”问：“穷子投师，乞师拯济。”师曰：“莫是屈着汝么？”曰：“争奈穷何！”师曰：“大有人见。”

罗山义因禅师

福州罗山义因禅师，上堂良久曰：“若是宗师门下客，必不怪于罗山。珍重！”僧问：“承古有言，自从认得曹溪路，了知生死不相关。曹溪路即不问，如何是罗山路？”师展两手，僧曰：“恁么则一路得通，诸路亦然。”师曰：“什么诸路！”僧近前叉手，师曰："灵鹤烟霄外，钝鸟不离窠。"问："教中道，顺法身万象俱寂，随智用万象齐生。如何是万象俱寂？"师曰："有什么？"曰："如何是万象齐生？"师曰："绳床倚子。"

灌州灵岩和尚

灌州灵岩和尚，僧问："如何是道中宝？"师曰："地倾东南，天高西北。"曰："学人不会。"师曰："落照机前异。"师颂石巩接三平曰："解擘当胸箭，因何只半人？为从途路晓，所以不全身。"

吉州匡山和尚

吉州匡山和尚，《示徒颂》曰："匡山路，匡山路，岩崖崄峻人难措。游人拟议隔千山，一句分明超佛祖。"《白牛颂》曰："我有古坛真白牛，父子藏来经几秋。出门直往孤峰顶，回来暂跨虎溪头。"

兴圣重满禅师

福州兴圣重满禅师，上堂："觌面分付，不待文宣。对眼投机，唤作参玄。上士若能如此，所以宗风不坠。"僧问："如何是宗风不坠底句？"师曰："老僧不忍。"问："昔日灵山会里，今朝兴圣筵中，和尚亲传，如何举唱？"师曰："欠汝一问。"

宝应清进禅师

潭州宝应清进禅师，僧问："如何是实相？"师曰："没却汝。"问："至理无言，如何通信？"师曰："千差万别。"曰："得力处乞师指示。"师曰："瞌睡汉。"

玄沙备禅师法嗣

罗汉院桂琛禅师

漳州罗汉院桂琛禅师，常山李氏子。为童儿时，日一素食，出言有异。既冠，亲事本府万岁寺无相大师，披削登戒，学毗尼。一日，为众升台，宣戒本布萨已，乃曰："持戒但律身而已，非真解脱也。依文作解，岂发圣智乎？"于是访南宗，初谒云居雪峰，参讯勤恪，然犹未有所见。后造玄沙，一言启发，廓尔无惑。沙问："三界唯心,汝作么生会？"师指倚子曰："和尚唤这个作什么？"曰："倚子。"师曰："和尚不会三界唯心？"曰："我唤这个作竹木，汝唤作什么？"师曰："桂琛亦唤作竹木。"曰："尽大地觅一个会佛法底人不可得。"师自尔愈加激励。沙每因诱迪学者，流出诸三昧，皆命师为助发。师虽处众韬晦，然声誉甚远。时漳牧王公建精舍曰地藏,请师开法。因插田次,见僧乃问："从甚处来？"曰："南州。"师曰："彼中佛法如何？"曰："商量浩浩地。"师曰："争如我这里，栽田博饭吃。"曰："争奈三界何！"师曰："唤什么作三界？"问僧："甚处来？"曰："南方来。"师曰："南方知识,有何言句示徒？"曰："彼中道，金屑虽贵，眼里着不得。"师曰："我道须弥在汝眼里。"一日，同中塔侍玄沙，沙打中塔一棒曰："就名就体。"中塔不对。沙乃问师："作么生会？"师曰："这僧着一棒不知来处。"僧报曰："保福已迁化也。"师曰："保福迁化，地藏入塔。"〔僧问法眼："古人意旨如何？"眼云："苍天！苍天！"〕

后迁罗汉，大阐玄要。上堂："宗门玄妙，为当只恁么，也更别有奇特。若别有奇特，汝且举将来看。若无，去，不可将两个字便当却宗乘也。何者？两个字谓宗乘、教乘也。汝才道着宗乘，便是宗乘；道着教乘，便是教乘。禅德，佛法宗乘，元来由汝口里安立名字,作取说取便是也。斯须向这里说平说实,说圆说常。禅德，汝唤什么作平实，把什么作圆常？傍家行脚，理须甄别，莫相埋没。得些子声色名字，贮在心头，道我会解，善能拣辨。汝且会个什么？拣个什么？记持得底是名字，拣辨得底是声色。若不是声色名字，汝又作么生记持拣辨？风吹松树也是声，虾蟆老鸦叫也是声，何不那里听取拣择去！若那里有个意度模样，只如老师口里，又有多少意度与上座？莫错，即今声色纵纵地，为当相及不相及？若相及，即汝灵性金刚秘密应有坏灭去也。何以如此？为声贯破汝耳，色穿破汝眼，因缘即塞却汝，幻妄走杀汝，声色体尔不可容也。若不相及，又什么处得声色来，会么？相及不相及，试裁辨看。”少间又道：“是圆常平实，什么人恁么道，未是黄夷村里汉解恁么说。是他古圣，乖些子相助显发。今时不识好恶，便安圆实，道我别有宗风玄妙，释迦佛无舌头，不如汝些子，便恁么点胸。若论杀盗淫罪，虽重犹轻，尚有歇时。此个谤般若，瞎却众生眼，入阿鼻地狱吞铁丸莫将为等闲。所以古人道，过在化主，不干汝事。珍重！”僧问：“如何是罗汉一句？”师曰：“我若向汝道，便成两句也。”问：“不会底人来，师还接否？”师曰：“谁是不会者？”曰：“适来道了也。”师曰：“莫自屈么？”保福僧到，师问：“彼中佛法如何？”曰：“有时示众道：塞却你眼，教你觑不见。塞却你耳，教你听不闻。坐却你意，教你分别不得。”师曰：“吾问你，不塞你眼，见个什么？不塞你耳，闻个什么？不坐你意，作么生分别？”〔东禅齐云：“那僧闻了忽然省去，更不他游。上座如今还会么？若不会，每日见个什么？”〕问：“以字不成，八字不是，未审是什么字？”师曰：“汝实不会那！”曰：“学人实不会。”师曰：“看取下头注脚。”问：“如何是沙门正命食？”师曰：“吃得么？”曰：“欲吃此食，作何方便？”师曰：“塞却你口。”问：“如何是罗汉家风？”师曰：“不向你道。”曰：“为什么不道？”师曰：“是我家风。”问：“如何是法王身？”师曰：“汝今是什么身？”曰：“恁么即无身也。”师曰：“苦痛深。”上堂才坐，有二僧一时礼拜。师曰："俱错。"问："如何是扑不破底句？"师曰："扑。"问："一佛出世普为群生，和尚今日为个什么？"师曰："什么处遇一佛？"曰："恁么即学人罪过。"师曰："谨退。"问："如何是诸圣玄旨？"师曰："四楞塌地。"问："大事未肯时如何？"师曰："由汝。"问："如何是十方眼？"师曰："眨上眉毛着。"请保福斋，令人传语曰："请和尚慈悲降重。"福曰："慈悲为阿谁？"师曰："和尚恁么道，浑是不慈悲。"玩月次，乃曰："云动有，雨去有？"僧曰："不是云动是风动。"师曰："我道云亦不动，风亦不动。"曰："和尚适来又道云动。"师曰："阿谁罪过。"师见僧，举拂子曰："还会么？"曰："谢和尚慈悲示学人。"师曰："见我竖拂子，便道示学人，汝每日见山见水，可不示汝？"又见僧来，举拂子。其僧赞叹礼拜，师曰："见我竖拂子，便礼拜赞叹。那里扫地竖起扫帚，为什么不赞叹？"问："承教有言，若见诸相非相，即见如来。如何是非相？"师曰："灯笼子。"问："如何是出家？"师曰："唤什么作家？"问："僧甚处来？"曰："秦州。"师曰："将得什么物来？"曰："不将得物来。"师曰："汝为什么对众谩语？"其僧无对。师却问："秦州岂不是出莺鹉？"曰："莺鹉出在陇西。"师曰："也不较多。"问："僧甚处来？"曰："报恩。"师曰："何不且在彼中。"曰："僧家不定。"师曰："既是僧家，为什么不定？"僧无对。〔玄觉代云："谢和尚顾问。"〕

王太傅上雪峰施众僧衣，时从弇上座不在，师弟代上名受衣。弇归，弟曰："某甲为师兄上名了。"弇曰："汝道我名什么？"弟无对。师代云："师兄得恁么贪。"又曰："什么处是贪处？"又代云："两度上名。"〔云居锡云："什么处是弇上座两度上名处？"〕师与长庆、保福入州，见牡丹障子。保福曰："好一朵牡丹花。"长庆曰："莫眼花。"师曰："可惜许一朵花。"〔玄觉云："三尊宿语还有亲疏也无？只如罗汉恁么道，落在什么处？"〕问僧："汝在招庆有什么异闻底事？试举看。"曰："不敢错举。"师曰："真实底事作么生举？"曰："和尚因什么如此？”师曰：“汝话堕也。”众僧晚参，闻角声，师曰：“罗汉三日一度上堂，王太傅二时相助。”问：“如何是学人本来心？”师曰：“是你本来心。”问：“师居宝座，说法度人，未审度什么人？”师曰：“汝也居宝座，度什么人？”问：“镜里看形见不难，如何是镜？”师曰：“还见形么？”问：“但得本，莫愁末，如何是末？”师曰：“总有也。”师因疾，僧问：“和尚尊候较否？”师以杖拄地曰：“汝道这个还痛否？”曰：“和尚问阿谁？”师曰：“问汝。”曰：“还痛否？”师曰：“元来共我作道理。”天成三年秋，复届闽城旧址，遍游近城梵宇已，乃示寂。荼毗收舍利，建塔于院之西隅，谥真应禅师。

天龙寺重机明真禅师

杭州天龙寺重机明真禅师，台州人也。得法玄沙，复回浙中。钱武肃王请出世开法。上堂：“若直举宗风，独唱本分事，便同于顽石。若言绝凡圣消息，无大地山河，尽十方世界，都是一只眼。此乃事不获已，恁么道还会么？若更不会，听取一颂：‘盲聋喑哑是仙陀，满眼时人不奈何。只向目前须体妙，身心万象与森罗。’”僧问：“如何是璇玑不动？”师曰：“青山数重。”曰：“如何是寂尔无垠？”师曰：“白云一带。”问：“如何是归根得旨？”师曰：“兔角生也。”曰：“如何是随照失宗？”师曰：“龟毛落也。”问：“莲花未出水时如何？”师曰：“谁人不知？”曰：“出水后如何？”师曰：“馨香目击。”问：“朗月辉空时如何？”师曰：“正是分光景，何消指玉楼。”

仙宗院契符清法禅师

福州仙宗院契符清法禅师，开堂日，僧问：“师登宝座，合谈何事？”师曰：“剔开耳孔着。”曰：“古人为什么却道非耳目之所到？”师曰:“金樱树上不生梨。”曰:“古今不到处,请师道。”师曰:“汝作么生问？”问:“众手淘金,谁是得者？”师曰:“举手隔千里,休功任意看。”问:“飞岫岩边华子秀,仙境台前事若何？”师曰:“无价大宝光中现，暗客惛惛争奈何。”曰:“优昙华拆人皆睹，向上宗乘意若何？”师曰:“阇黎若问宗乘意，不如静处萨婆诃。”问:“如何是闽中诸佛境界？”师曰:“造化终难测，春风徒自轻。”问“如何是道中宝？”师曰:“云孙泪亦垂。”问:“诸圣收光归源后如何？”师曰:“三声猿屡断，万里客愁听。”曰:“未审今时人，如何凑得古人机？”师曰:“好心向子道，切忌未生时。”

国泰院瑫禅师

婺州国泰院瑫禅师，上堂:“不离当处，咸是妙明真心。所以玄沙和尚道:会我最后句，出世少人知。争似国泰有末头一句？”僧问:“如何是国泰末头一句？”师曰:“阇黎问太迟生！”便归方丈。问:“如何是毗卢？”师曰:“某甲与老兄是弟子。”问:“达磨来时即不问，如何是未来时事？”师曰:“亲遇梁王。”问:“古镜未磨时如何？”师曰:“古镜。”曰:“磨后如何？”师曰:“古镜。”

白龙院道希禅师

福州升山白龙院道希禅师，本郡人也。上堂:“不要举足，是谁威光？还会么？若道自家去处,本自如是,且喜没交涉。”问:“如何是西来意？”师曰:“汝从甚处来？”问:“如何是佛法大意？”师曰:“汝早礼三拜。”问:“不责上来，请师直道。”师曰:“得。”问:“如何是正真道？”师曰:“骑驴觅驴。”问:“请师答无宾主话。”师曰:“昔年曾记得。”曰:“即今如何？”师曰:“非但耳聋，亦兼眼暗。”问:“情忘体合时如何？”师曰:“别更梦见个什么？”问:“学人拟伸一问,请师裁。”师曰:“不裁。”曰:“为什么不裁？”师曰:“须知好手。”问:“大众云集,请师举扬宗教。”师曰:“少遇听者。”问:“不涉唇锋,乞师指示。”师曰:“不涉唇锋问将来!”曰:“恁么即群生有赖。”师曰:“莫闲言语。”问:“请和尚生机答话。”师曰:“把纸笔来录将去。”问:“如何是思大口?”师曰:“出来向你道。”曰:“学人即今见出。”师曰:“曾赚几人来?”

安国院慧球禅师

福州安国院慧球寂照禅师〔亦曰:中塔〕,泉州莆田人也。玄沙室中,参讯居首。因问:“如何是第一月?”沙曰:“用汝个月作么?”师从此悟入。梁开平二年,玄沙将示灭,闽帅王氏遣子至,问疾,仍请密示继踵说法者谁。沙曰:“球子得。”王默记遗旨。乃问鼓山:“卧龙法席,孰当其任?”鼓山举城下宿德具道眼者十有二人,皆堪出世。王亦默之。至开堂日,官寮与僧侣俱会法筵。王忽问众曰:“谁是球上座!”于是众人指出师,王氏便请升座。师良久曰:“莫嫌寂寞,莫道不堪,未详涯际,作么生论量?所以寻常用其音响,聊拨一两下,助他发机。若论来十方世界,觅一人为伴侣,不可得。”僧问:“佛法大意,从何方便顿入?”师曰:“入是方便。”问:“云自何山起?风从何涧生?”师曰:“尽力施为,不离中塔。”上堂:“我此间粥饭因缘,为兄弟举唱,终是不常。欲得省要,却是山河大地与汝发明。其道既常,亦能究竟。若从文殊门入者,一切无为。土木瓦砾,助汝发机。若从观音门入者,一切音响,虾蟆蚯蚓,助汝发机。若从普贤门入者,不动步而到。以此三门方便示汝。如将一只折箸搅大海水,令彼鱼龙知水为命。会么?若无智眼而审谛之,任汝百般巧妙,不为究竟。”问:“学人近入丛林,不明己事,乞师指示。”师以杖指之曰:“会么?”曰:“不会。”师曰:“我恁么为汝,却成抑屈人,还知么?若约当人分上,从来底事,不论初入丛林,及过去诸佛,不曾乏少。如大地水,一切鱼龙初生及至老死,所受用水，悉皆平等。”问：“不谬正宗，请师真实。”师曰：“汝替我道。”曰：“或有不辨者作么生？”师曰：“待不辨者来。”问：“诸佛还有师否？”师曰：“有。”曰：“如何是诸佛师？”师曰：“一切人识不得。”上堂良久，有僧出礼拜。师曰：“莫教髑髅拶损。”僧参问，曰：“去却仆从，便请相见。”师曰：“眨上眉毛看。”曰：“不与么时如何？”师曰：“山北去也。”问：“从上宗乘事如何？”师良久，僧拜问，师便喝出。问：“如何是大庾岭头事？”师曰：“料汝承当不得。”曰：“重多少？”师曰：“这般底论劫不奈何。”师问了院主：“只如先师道，尽十方世界是真实人体，你还见僧堂么？”了曰：“和尚莫眼花？”师曰：“先师迁化，肉犹暖在。”

南台诚禅师

衡岳南台诚禅师，僧问：“玄沙宗旨，请师举扬。”师曰：“什么处得此消息？”曰：“垂接者何？”师曰：“得人不迷己。”问：“潭清月现,是何境界？”师曰：“不干你事。”曰：“借问又何妨。”师曰：“觅潭月不可得。”问：“离地四指，为什么却有鱼纹？”师曰：“有圣量在。”曰：“此量为什么人施？”师曰：“不为圣人。”

螺峰冲奥明法禅师

福州螺峰冲奥明法禅师，上堂：“人人具足，人人成现，争怪得山僧？珍重。”僧问：“诸法寂灭相,不可以言宣,如何是寂灭相？”师曰：“问答俱备。”曰：“恁么则真如法界，无自无他。”师曰：“特地令人愁。”问：“牛头未见四祖时如何？”师曰：“德重鬼神钦。”曰：“见后如何？”师曰：“通身圣莫测。”问：“如何是螺峰一句？”师曰：“苦。”问：“如何是本来人？”师曰：“惆怅松萝境界危。”

睡龙山和尚

泉州睡龙山和尚，僧问："如何是触目菩提？"师以杖趁之，僧乃走。师曰："住！住！向后遇作家举看。"上堂，举拄杖曰："三十年住山，得他气力。"时有僧问："和尚得他什么气力？"师曰："过溪过岭，东拄西拄。"〔招庆云："我不恁么道。"僧问："和尚作么生道？"庆以杖下地拄行。〕

云峰光绪至德禅师

天台山云峰光绪至德禅师，上堂："但以众生日用而不知，譬如三千大千世界，日月星辰，江河淮济，一切含灵，从一毛孔入一毛孔，毛孔不小，世界不大。其中众生，不觉不知。若要易会，上座日用亦复不知。"时有僧问："日里僧驮像，夜里像驮僧。未审此意如何？"师曰："阇黎岂不是从茶堂里来！"

大章山契如庵主

福州大章山契如庵主，本郡人也。素蕴孤操，志探祖道。预玄沙之室，颖悟幽旨。玄沙记曰："子禅已逸格，则他后要一人侍立也无。"师自此不务聚徒，不畜童侍，隐于小界山，刳大朽杉若小庵，但容身而已。凡经游僧至，随叩而应，无定开示。僧问："生死到来，如何回避？"师曰："符到奉行。"曰："恁么则被生死拘将去也！"师曰："阿哪哪！"问："西天持锡意作么生？"师拈锡杖，卓地振之。僧曰："未审此是什么义？"师曰："这个是张家打。"僧拟进语，师以锡擿之。僧问："云台钦和尚如何是真言钦？"曰："南无佛陀耶。"师别云："作么，作么？"清豁、冲煦二长老向师名，未尝会遇，一旦同访之。值师采粟，豁问："道者如庵主在何所？"师曰："从什么处来？"曰："山下来。"师曰："因什么得到这里？"曰："这里是什么处所？"师揖曰："那下吃茶去"二公方省是师，遂诣庵所，颇味高论。晤坐于左右，不觉及夜。睹豺虎奔至庵前，自然驯绕。豁因有诗曰：“行不等闲行，谁知去住情。一餐犹未饱，万户勿聊生。非道应难伏,空拳莫与争。龙吟云起处,闲啸两三声。”二公寻于大章山创庵，请师居之。两处孤坐，垂五十二载而卒。

莲华山神禄禅师

福州莲华山永兴神禄禅师，闽王请开堂日，未升座，先于座前立曰：“大王大众听，已有真正举扬也。此一会总是得闻，岂有不闻者？若有不闻，彼此相谩去也。”方乃登座。僧问：“大王请师出世，未委今日一会何似灵山？”师曰：“彻古传今。”问：“如何是和尚家风？”师曰：“毛头显沙界，日月现其中。”

国清寺师静上座

天台国清寺师静上座，始遇玄沙示众曰：“汝诸人但能一生如丧考妣，吾保汝究得彻去。”师蹑前语，问曰：“只如教中道，不得以所知心测度如来无上知见，又作么生？”沙曰：“汝道究得彻底所知心，还测度得及否？”师从此信入。后居天台三十余载不下山。博综三学，操行孤立。禅寂之余，常阅龙藏。遐迩钦重，时谓大静上座。尝有人问：“弟子每当夜坐,心念纷飞,未明摄伏之方,愿垂示诲。”师曰：“如或夜闲安坐，心念纷飞，却将纷飞之心，以究纷飞之处。究之无处，则纷飞之念何存？反究究心，则能究之心安在？又能照之智本空，所缘之境亦寂。寂而非寂者，盖无能寂之人也。照而非照者，盖无所照之境也。境智俱寂，心虑安然。外不寻枝，内不住定。二途俱泯，一性怡然，此乃还源之要道也。”师因睹教中幻义，乃述一偈，问诸学流曰：“若道法皆如幻有，造诸过恶应无咎。云何所作业不忘，而藉佛慈兴接诱。”时有小静上座答曰：“幻人兴幻幻轮围，幻业能招幻所治。不了幻生诸幻苦，觉知如幻幻无为。”二静上座并终于本山。

长庆棱禅师法嗣

招庆院道匡禅师

泉州招庆院道匡禅师，潮州人也。棱和尚始居招庆，师乃入室参侍，遂作桶头，常与众僧语话。一日，庆见，乃曰：“尔每日口唠唠地作么？”师曰：“一日不作，一日不食。”庆曰：“与么则磨弓错箭去也。”师曰：“专待尉迟来。”庆曰：“尉迟来后如何？”师曰：“教伊筋骨遍地，眼睛突出。”庆便出去。洎庆被召，师继踵住持。上堂：“声前荐得，孤负平生。句后投机，殊乖道体。为什么如此？大众且道从来合作么生？”又曰：“招庆与诸人一时道却，还委落处么？”时有僧出曰：“大众一时散去，还称师意也无？”师曰：“好与二十拄杖。”僧礼拜，师曰：“虽有盲龟之意，且无晓月之程。”曰：“如何是晓月之程？”师曰：“此是盲龟之意。”问：“如何是沙门行？”师曰：“非行不行。”问：“如何是西来意？”师曰：“蚊子上铁牛。”问：“如何是在匣剑？”师良久，僧罔措。师曰：“也须感荷招庆始得。”问：“如何是提宗一句？”师曰：“不得昧着招庆。”其僧礼拜起，师又曰：“不得昧着招庆，嘱汝作么生是提宗一句。”僧无对。问：“文殊剑下不承当时如何？”师曰：“未是好手人。”曰：“如何是好手人？”师曰：“是汝话堕也。”问：“如何是招庆家风？”师曰：“宁可清贫自乐，不作浊富多忧。”问：“如何是南泉一线道？”师曰：“不乱向汝道，恐较中更较去。”问：“如何是佛法大意？”师曰：“七颠八倒。”问：“学人根思迟回，乞师曲运慈悲，开一线道。”师曰：“这个是老婆心。”曰：“悲华剖坼以领尊慈，从上宗乘事如何？”师曰：“恁么须得汝亲问始得。”问：“僧甚处去来？”曰：“劈柴来。”师曰：“还有劈不破底也无？”曰：“有。”

师曰："作么生是劈不破底？"僧无语。师曰："汝若道不得，问我，我与汝道。"曰："作么生是劈不破底？"师曰："赚杀人！"师拈钵囊问僧："你道直几钱？"僧无对。〔归宗柔代云："留与人增价。"〕因地动，僧问："还有不动者也无？"师曰："有。"曰："如何是不动者？"师曰："动从东来，却归西去。"问："法雨普沾，还有不润处否？"师曰："有。"曰："如何是不润处？"师曰："水洒不着。"问："如何是招庆深深处？"师曰："和汝没却。"问："如何是九重城里人？"师曰："还共汝知闻么？"上堂次，大众拥法座而立。师曰："这里无物，诸人苦恁么相促相挖作么，拟心早没交涉，更上门上户，千里万里，今既上来，各着精彩，招庆一时抛与诸人，好么？"乃曰："还接得也无？"众无对。师曰："劳而无功。"便升座。复曰："汝诸人得恁么钝，看他古人一两个得恁么快，才见便负将去，也较些子，若有此个人，非但四事供养，便以琉璃为地，白银为壁，亦未为贵。帝释引前，梵王随后，搅长河为酥酪，变大地为黄金，亦未为足。直得如是，犹更有一级在，还委得么？珍重！"

报恩院宝资晓悟禅师

婺州报恩院宝资晓悟禅师，僧问："学人初心，请师示个入路。"师遂侧掌示之曰："还会么？"曰："不会。"师曰："独掌不浪鸣。"问："如何是报恩家风？"师曰："也知阇黎入众日浅。"问："古人拈槌竖拂,意旨如何？"师曰："报恩截舌有分。"僧曰："为什么如此？"师曰："屈著作么？"问："如何是文殊剑？"师曰："不知。"曰："只如一剑下活得底人作么生？"师曰："山僧只管二时斋粥。"问："如何是触目菩提？"师曰："背后是什么立地？"曰："学人不会，乞师再示。"师提拄杖曰："汝不会，合吃多少拄杖！"问："如何是具大惭愧底人？"师曰："开取口,合不得。"曰："此人行履如何？"师曰："逢茶即茶，逢饭即饭。"问："如何是金刚一只箭？"师曰：

“道什么？”僧再问，师曰：“过新罗国去也。”问：“波腾鼎沸，起必全真，未审古人意如何？”师乃叱之曰：“恁么则非次也。”师曰：“你话堕也。”又曰：“我话亦堕，汝作么生？”僧无对。问：“去却赏罚，如何是吹毛剑？”师曰：“延平属剑州。”曰：“恁么则丧身失命去也。”师曰：“钱塘江里潮。”

翠峰从欣禅师

处州翠峰从欣禅师，上堂曰：“更不展席也。珍重！”便归方丈，却问侍者：“还会么？”曰：“不会。”师曰：“将谓汝到百丈来。”

鹫岭明远禅师

襄州鹫岭明远禅师，初参长庆，庆问：“汝名什么？”师曰：“明远。”庆曰：“那边事作么生？”师曰：“明远退两步。”庆曰：“汝无端退两步作么？”师无语。庆曰：“若不退步，争知明远？”师乃谕旨。住后，向火次，僧问：“无一法当前，应用无亏时如何？”师以手卓火，其僧于此有省。

龙华寺彦球禅师

杭州龙华寺彦球实相得一禅师，开堂日，谓众曰：“今日既升法座，又争解讳得，只如不讳底事，此众还有人与作证明么？若有即出来，相共作个榜样。”僧问：“此座为从天降下，为从地涌出？”师曰：“是什么？”曰：“此座高广，如何升得？”师曰：“今日几被汝安顿着。”问：“灵山一会，迦叶亲闻。今日一会，何人得闻？”师曰：“同我者击其大节。”曰：“灼然俊哉！”师曰：“去搬水浆茶堂里用去。”师复曰：“从前佛法付嘱国王大臣及有力檀越，今日郡尊及诸官僚特垂相请，不胜荷愧。山僧更有末后一句子，贱卖与诸人。”师乃起身立，曰：“还有人买么？若有人买，即出来；若无人买,即贱货自收去也。久立,珍重!”僧问:“如何是学人自已?”师曰:“雪上更加霜。”

保安连禅师

杭州保安连禅师，僧问:“如何是保安家风?”师曰:“问有什么难?”问:“如何是吹毛剑?”师曰:“豫章铁柱坚。”曰:“学人不会。”师曰:“漳江亲到来。”问:“如何是沙门行?”师曰:“师僧头上戴冠子。”问:“如何是西来意?”师曰:“死虎足人看。”问:“一问一答，彼此兴来，如何是保安不惊人之句?”师曰:“汝到别处作么生举?”

报慈院光云慧觉禅师

福州报慈院光云慧觉禅师，上堂:“瘥病之药，不假驴驼。若据如今，各自归堂去。珍重!”问僧:“近离甚处?”曰:“卧龙。”师曰:“在彼多少时?”曰:“经冬过夏。”师曰:“龙门无宿客，为甚在彼许多时?”曰:“师子窟中无异兽。”师曰:“汝试作师子吼看!”曰:“若作师子吼，即无和尚。”师曰:“念汝新到，放汝三十棒。”问:“承闻超觉有锁口诀，如何示人?”师曰:“赖我拄杖不在手。”曰:“恁么则深领尊慈也。”师曰:“待我肯汝即得。”闽王问:“报慈与神泉相去近远?”师曰:“若说近远，不如亲到。”师却问:“大王日应千差，是什么心?”王曰:“什么处得心来?”师曰:“岂有无心者!”王曰:“那边事作么生?”师曰:“请向那边问。”王曰:“大师谩别人即得。”问:“大众臻凑，请师举扬。”师曰:“更有几人未闻?”曰:“恁么则不假上来也。”师曰:“不上来且从，汝向什么处会?”曰:“若有处所，即孤负和尚去也。”师曰:“只恐不辨精粗。”问:“夫说法者当如法说,此意如何?”师曰:“有什么疑讹?”问:“古人面壁意旨如何?”师便打。问:“不假言诠，请师径直。”师曰：“何必更待商量。”

开先寺绍宗圆智禅师

庐山开先寺绍宗圆智禅师，姑苏人也。江南李主巡幸洪井，入山瞻谒，请上堂。令僧问：“如何是开先境？”师曰：“最好是一条界破青山色。”曰：“如何是境中人？”师曰：“拾枯柴，煮布水。”国主益加钦重。后终于本山，灵塔存焉。

倾心寺法瑫宗一禅师

杭州倾心寺法瑫宗一禅师，上堂，良久曰：“大众不待一句语，便归堂去，还有绍继宗风分也无？还有人酬得此问么？若有人酬得，这里与诸人为怪笑；若酬不得，诸人与这里为怪笑。珍重！”僧问：“如何朴实，免见虚头？”师曰：“汝问若当，众人尽鉴。”曰：“有恁么来皆不丈夫，只如不恁么来，还有绍继宗风分也无？”师曰：“出两头致一问来！”曰：“什么人辨得？”师曰：“波斯养儿。”问：“佛法去处，乞师全示。”师曰：“汝但全致一问来。”曰：“为什么却拈此问去？”师曰：“汝适来问什么？”曰：“若不遇于师，几成走作。”师曰：“贼去后关门。”问：“别传一句，如何分付？”师曰：“可惜许！”曰：“恁么，则别酬亦不当去也。”师曰：“也是闲辞。”问：“如何是不朝天子、不羡王侯底人？”师曰：“每日三条线，长年一衲衣。”曰：“未审此人还绍宗风也无？”师曰：“鹊来头上语，云向眼前飞。”问：“承古有言，不断烦恼。此意如何？”师曰：“又是发人业。”曰：“如何得不发业？”师曰：“你话堕也。”问：“请去赏罚，如何是吹毛剑？”师曰：“如法礼三拜。”师后住龙册寺归寂。

水陆院洪俨禅师

福州水陆院洪俨禅师，上堂，大众集定，师下座，捧香炉巡行大众前，曰：“供养十方诸佛。”便归方丈。僧问：“离却百非兼四句，请师尽力与提纲。”师曰：“落在什么处？”曰：“恁么则人天有赖去也。”师曰：“莫将恶水泼人好！”

广严院咸泽禅师

杭州灵隐山广严院咸泽禅师，初参保福，福问：“汝名什么？”师曰：“咸泽。”福曰：“忽遇枯涸者如何？”师曰：“谁是枯涸者？”福曰：“我是。”师曰：“和尚莫谩人好！”福曰：“却是汝谩我。”师后承长庆印记，住广严道场〔今法安院〕。僧问：“如何是觌面相呈事？”师下禅床曰：“伏惟尊体，起居万福。”问：“不与万法为侣者是什么人？”师曰：“城中青史楼，云外高峰塔。”问：“如何是佛法大意？”师曰：“幽涧泉清，高峰月白。”问：“如何是广严家风？”师曰：“一坞白云，三间茆屋。”曰：“毕竟如何？”师曰：“既无维那，兼少典座。”问：“如何是广严家风？”师曰：“师子石前灵水响，鸡笼山上白猿啼。”

报慈院慧朗禅师

福州报慈院慧朗禅师，上堂：“从上诸圣，为一大事因缘故出现于世，递相告报。是汝诸人还会么？若不会，大不容易。”僧问：“如何是一大事？”师曰：“莫错相告报么！”曰：“恁么则学人不疑也。”师曰：“争奈一翳在目。”问：“三世诸佛尽是传语人，未审传什么人语？”师曰：“听。”曰：“未审是什么语？”师曰：“你不是钟期。”问：“如何是学人眼？”师曰：“不可更撒沙。”

长庆常慧禅师

福州长庆常慧禅师，僧问：“王侯请命，法嗣怡山，锁口之言，请师不谬。”师曰：“得。”曰：“恁么则深领尊慈。”师曰：“莫钝置人好！”问：“不犯宗风，不伤物义，请师满口道。”师曰：“今日岂不是开堂？”问：“焰续雪峰，印传超觉，不违于物，不负于人。不在当头，即今何道？”师曰：“违负即道。”曰：“恁么则善副来言，浅深已辨。”师曰：“也须识好恶。”

石佛院静禅师

福州石佛院静禅师，上堂：“若道素面相呈，犹添脂粉，纵离添过，犹有负愆。诸人且作么生体悉？”僧问：“学人欲见和尚本来面目。”师曰：“洞上有言亲体取。”曰：“恁么则不得见去也。”师曰：“灼然。客路如天远，侯门似海深。”

观音院清换禅师

福州枕峰观音院清换禅师，上堂：“诸禅德若要论禅说道，举唱宗风，只如当人分上，以一毛端上有无量诸佛转大法轮，于一尘中现宝王刹，佛说众生，说山河大地，一时说未尝间断，如毗沙门王，始终不求外宝。既各有如是家风，阿谁欠少？不可更就别人处分也。”僧问：“如何是法界性？”师曰：“汝身中有万象。”曰：“如何体得？”师曰：“虚谷寻声，更求本末。”

东禅契讷禅师

福州东禅契讷禅师，上堂：“未曾暂失，全体现前，恁么道亦是分外。既恁么道不得，向兄弟前合作么生道？莫是无道处不受道么？莫错会好！”僧问：“如何是现前三昧？”师曰：“何必更待道。”问：“己事未明，乞师指示。”师曰：“何不礼谢！”问：“如何是东禅家风？”师曰：“一人传虚，万人传实。”

长庆院弘辩妙果禅师

福州长庆院弘辩妙果禅师，上堂，于座前侧立曰:“大众各归堂得也未,还会得么？若也未会,山僧谩诸人去也。”遂升座。僧问:“海众云臻,请师开方便门,示真实相。”师曰:“这个是方便门。”曰:“恁么则大众侧聆去也。”师曰:“空侧聆作么？”

东禅院可隆了空禅师

福州东禅院可隆了空禅师，僧问:“如何是道？”师曰:“正是道。”曰:“如何是道中人？”师曰:“分明向汝道。”上堂:“大好省要，自不仙陀。若是听响之流，不如归堂向火。珍重！”问:“如何是普贤第一句？”师曰:“落第二句也。”

仙宗院守玭禅师

福州仙宗院守玭禅师，久不上堂，大众入方丈参。师曰:“今夜与大众同请假，未审还给假也无？若未闻给假，即先言者负。珍重！”僧问:“十二时中常在底人,还消得人天供养也无？”师曰:“消不得。”曰:“为什么消不得？”师曰:“为汝常在。”曰:“只如常不在底人,还消得也无？”师曰:“驴年。”问:“请师答无宾主话。”师曰:“向无宾主处问将来！”

永安院怀烈净悟禅师

抚州永安院怀烈净悟禅师，上堂顾视左右曰:“患謇作么？”便归方丈。上堂，良久曰:“幸自可怜生，又被污却也。”上堂:“大众！正是着力处，切莫容易。”僧问:“怡山亲闻一句，请师为学人道。”师曰:“向后莫错举似人。”

闽山令含禅师

福州闽山令含禅师，上堂：“还恩恩满，赛愿愿圆。”便归方丈。僧问：“既到妙峰顶，谁人为伴侣？”师曰：“到。”曰：“什么人为伴侣？”师曰：“吃茶去。”问：“明明不会，乞师指示。”师曰：“指示且置，作么生是你明明底事？”曰：“学人不会，再乞师指。”师曰：“八捧十三。”

新罗国龟山和尚

新罗国龟山和尚，有人举裴相国启建法会，问僧：“看什么经？”曰：“《无言童子经》。”公曰：“有几卷？”曰：“两卷。”公曰：“既是无言，为什么却有两卷？”僧无对。师代曰：“若论无言，非唯两卷。”

资国院道殷禅师

吉州资国院道殷禅师，僧问：“如何是祖师西来意？”师曰：“普通八年遭梁怪，直至如今不得雪。”问：“千山万山，如何是龙须山？”师曰：“千山万山。”曰：“如何是山中人？”师曰：“对面千里。”问：“不落有无，请师道。”师曰：“汝作么生问？”

祥光院澄静禅师

福州祥光院澄静禅师，僧问：“如何是道？”师曰：“长安路上。”曰：“向上事如何？”师曰：“谷声万籁起，松老五云披。”问：“如何是和尚家风？”师曰：“门下平章事，宫闱较几重。”

报慈院从瑰禅师

杭州报慈院从瑰禅师，福州陈氏子。僧问：“承古有言，今人看古教，未免心中闹。欲免心中闹，应须看古教。如何是古教？”

师曰:“如是我闻。”曰:“如何是心中闹?”师曰:“那畔雀儿声。”

龙华寺契盈禅师

杭州龙华寺契盈广辩周智禅师,僧问:“如何是龙华境?”师曰:“翠竹摇风,寒松锁月。”曰:“如何是境中人?”师曰:“切莫唐突。”问:“如何是三世诸佛道场?”师曰:“莫别瞻礼。”曰:“恁么则亘古亘今。”师曰:“是什么年中?”

太傅王延彬居士

太傅王延彬居士,一日入招庆佛殿,指钵盂问殿主:“这个是什么钵?”主曰:“药师钵。”公曰:“只闻有降龙钵。”主曰:“待有龙即降。”公曰:“忽遇拏云攫浪来时作么生?”主曰:“他亦不顾。”公曰:“话堕也。”〔玄沙曰:“尽你神力,走向什么处去?”保福曰:“皈依佛、法、僧,百丈恒作覆钵势。”云门曰:“他日生天,莫孤负老僧。”〕长庆谓太傅曰:“雪峰竖拂子示僧,其僧便出去。若据此僧,合唤转痛与一顿。”公曰:“是什么心行?”庆曰:“洎合放过。”公到招庆煎茶,朗上座与明招把铫,忽翻茶铫。公问:“茶炉下是什么?”朗曰:“捧炉神。”公曰:“既是捧炉神,为什么翻却茶?”朗曰:“事官千日,失在一朝。”公拂袖便出。明招曰:“朗上座吃却招庆饭了,却向外边打野杯。”朗曰:“上座作么生?”招曰:“非人得其便。”

保福展禅师法嗣

延寿寺慧轮禅师

潭州延寿寺慧轮禅师,僧问:“宝剑未出匣时如何?”师曰:“不在外。”曰:“出匣后如何?”师曰:“不在内。”问:“如何是一色?”师曰:“青黄赤白。”曰:“大好一色。”师曰:“将谓无人,也有一个半个。”

保福可俦禅师

漳州保福可俦禅师，僧问："如何是和尚家风？"师曰："云在青天水在瓶。"问："如何是吹毛剑？"师曰："瞥落也。"曰："还用也无？"师曰："莫鬼语。"

海会院如新禅师

舒州海会院如新禅师，上堂，良久曰："礼繁即乱。"便下座。僧问："从上宗乘，如何举唱？"师曰："转见孤独。"曰："亲切处乞师一言。"师曰："不得雪也听他。"问："如何是迦叶顿领底事？"师曰："汝若领得，我即不吝。"曰："恁么则不烦于师去也。"师曰："又须着棒，争得不烦？"问："牛头横说竖说，犹未知向上关捩子，如何是向上关捩？"师曰："赖遇娘生臂短。"问："如何是祖师意？"师曰："要道何难！"曰："便请师道。"师曰："将谓灵利，又不仙陀。"

漳江慧廉禅师

洪州漳江慧廉禅师，僧问："师登宝座，曲为今时。四众攀瞻，请师接引。"师曰："什么处屈汝？"曰："恁么则垂慈方便路，直下不孤人也。"师曰："也须收取好。"问："如何是漳江境？"师曰："地藏皱眉。"曰："如何是境中人？"师曰："普贤敛袂。"问："如何是漳江水？"师曰："苦。"问："如何是漳江第一句？"师曰："到别处不得错举。"

报慈院文钦禅师

福州报慈院文钦禅师，僧问："如何是诸佛境？"师曰："雨来云雾暗，晴乾日月明。"问："如何是妙觉明心？"师曰："今冬好晚稻，出自秋雨成。"问："如何是妙用河沙？"师曰："云生碧岫，雨降青天。"问："如何是平常心合道？"师曰："吃茶吃饭随时过，看水看山实畅情。”

万安院清运资化禅师

泉州万安院清运资化禅师，僧问：“诸佛出世，震动乾坤。和尚出世，未审如何？”师曰：“向汝道什么！”曰：“恁么则不异诸圣去也。”师曰：“莫乱道。”问：“如何是万安家风？”师曰：“苔羹仓米饭。”曰：“忽遇上客来，将何只待？”师曰：“饭后三巡茶。”问：“如何是万安境？”师曰：“一塔松萝望海青。”

报恩院道熙禅师

漳州报恩院道熙禅师，初与保福送书上泉州王太尉。尉问：“漳南和尚近日还为人也无？”师曰：“若道为人，即屈着和尚。若道不为人，又屈着太尉来问。”请太尉曰：“道取一句。”尉曰：“待铁牛能啮草，木马解含烟。”师曰：“某甲惜口吃饭。”尉良久，又问：“驴来马来？”师曰：“驴马不同途。”尉曰：“争得到这里？”师曰：“特谢太尉领话。”住后，僧问：“明言妙句即不问，请师真实道将来。”师曰：“不阻来意。”

凤凰山从琛洪忍禅师

泉州凤凰山从琛洪忍禅师，僧问：“如何是和尚家风？”师曰：“门风相似，即无阻矣。汝不是其人。”曰：“忽遇其人时又如何？”师曰：“不可预搔待痒。”问：“学人根思迟回，方便门中乞师傍瞥。”师曰：“傍瞥。”曰：“深领师旨，安敢言乎？”师曰：“太多也。”上堂，有僧出礼拜起，退身立。师曰：“我不如汝。”僧应诺。师曰：“无人处放下着。”问：“如何是学人自己事？”师曰：“暗算流年事可知。”问：“如何是凤凰境？”师曰：“雪夜观明月。”问：“如何是西来意？”师曰：“作人丑差。”曰：“为人何在？”师曰：“莫屈着汝么！”

永隆院明慧瀛禅师

福州永隆院明慧瀛禅师，上堂："谓言侵早起，更有夜行人。似则似，是即不是。珍重！"问："无为无事人为什么却是金锁难？"师曰："为断粗纤，贵重难留。"曰："为什么道无为无事人逍遥实快乐？"师曰："为闹乱且要断送。"僧参，师曰："不要得许多般数，速道！速道！"僧无对。上堂："日出卯，用处不须生善巧。"便下座。僧问："如何进向，得达本源？"师曰："依而行之。"

清泉山守清禅师

洪州清泉山守清禅师，福州人也。僧问："如何是佛？"师曰："问。"曰："如何是祖？"师曰："答。"问："和尚见古人得个什么，便住此山？"师曰："情知汝不肯。"曰："争知某甲不肯？"师曰："鉴貌辨色。"问："亲切处乞师一言。"师曰："莫过于此。"问："古人面壁为何事？"师曰："屈。"曰："恁么则省心力去也。"师曰："何处有恁么人？"问："诸余即不问，如何是向上事？"师曰："消汝三拜，不消汝三拜。"

报恩院行崇禅师

漳州报恩院行崇禅师，僧问："如何是佛法大意？"师曰："碓捣磨磨。"问："曹溪一路，请师举扬。"师曰："莫屈着曹溪么？"曰："恁么则群生有赖。"师曰："也是老鼠吃盐。"问："不涉公私，如何言论？"师曰："吃茶去。"问："丹霞烧木佛，意作么生？"师曰："时寒烧火向。"曰："翠微迎罗汉，意作么生？"师曰："别是一家春。"

潭州岳麓山和尚

潭州岳麓山和尚，上堂，良久曰："昔日毗卢，今朝岳麓。珍重！"僧问："如何是声色外句？"师曰："猿啼鸟叫。"问："师唱谁家曲，宗风嗣阿谁？”师曰：“五音六律。”问：“截舌之句，请师举扬。”师曰：“日能热，月能凉。”

德山德海禅师

鼎州德山德海禅师，僧问：“灵山一会，何人得闻？”师曰：“阇黎得闻。”曰：“未审灵山说个什么？”师曰：“即阇黎会。”问：“如何是该天括地句？”师曰：“千里摇动。”问：“从上宗乘以何为验？”师曰：“从上且置，即今作么生？”曰：“大众总见。”师曰：“话堕也。”问：“如何是祖师西来意？”师曰：“擘。”

后招庆和尚

泉州后招庆和尚，僧问：“末后一句，请师商量。”师曰：“尘中人自老，天际月常明。”问：“如何是和尚家风？”师曰：“一瓶兼一钵，到处是生涯。”问：“如何是佛法大意？”师曰：“扰扰总总，晨鸡暮钟。”

梁山简禅师

鼎州梁山简禅师，问：“僧甚处来？”曰：“药山来。”师曰：“还将得药来否？”曰：“和尚住山也不错。”师便休。

建山澄禅师

洪州建山澄禅师，僧问：“如何是法王剑？”师曰：“可惜许。”曰：“如何是大王剑？”师曰：“尘埋床下履，风动架头巾。”问：“一代时教接引今时，未审祖宗如何示人？”师曰：“一代时教已有人问了也。”曰：“和尚如何示人？”师曰：“惆怅庭前红苋树，年年生叶不生花。”问：“故岁已去，新岁到来。还有不受岁者也无？”师曰：“作么生？”曰：“恁么则不受岁也。”师曰：“城上已吹新岁角，窗前犹点旧年灯。”曰：“如何是旧年灯？”师曰：“腊月三十日。”

招庆院省僜净修禅师

泉州招庆院省僜净修禅师，初参保福，福一日入大殿睹佛像，乃举手，问师曰：“佛恁么意作么生？”师曰：“和尚也是横身。”福曰：“一橛我自收取。”师曰：“和尚非唯横身。”福然之。后住招庆，开堂升座，良久乃曰：“大众，向后到处遇道伴，作么生举似他？若有人举得，试对众举看。若举得，免孤负上祖，亦免埋没后来。古人道，通心君子，文外相见。还有这个人么？况是曹溪门下子孙，合作么生理论？合作么生提唱？”僧问：“如何得不伤于己，不负于人？”师曰：“莫屈着汝这问么！”曰：“恁么上来已蒙师指也。”师曰：“汝又屈着我作么？”问：“当锋一句，请师道。”师曰：“嗄。”僧再问。师曰：“瞌睡汉。”问：“僧近离甚处？”曰：“报恩。”师曰：“僧堂大小？”曰：“和尚试道看。”师曰：“何不待问。”问：“学人全身不会，请师指示。”师曰：“还解笑得么？”乃曰：“丛林先达者，不敢相触忤。若是初心后学，未信直须信取，未省直须省取。不用掠虚，诸人本分去处，未有一时不显露，未有一物解盖覆得。如今若要知，不用移丝发地，不用少许工夫，但向博地凡夫位中承当取，岂不省心力。既能省得，便与诸佛齐肩，依而行之，缘此事是个白净去处，今日须得白净身心合他始得，自然合古合今，脱生离死。古人云：识心达本，解无为法，方号沙门。如今诸官大众，各须体取好，莫全推过师僧分上。佛法平等，上至诸佛，下至一切，共同此事。既然如此，谁有谁无？王事之外，亦须努力。适来说如许多般，盖不得已而已。莫道从上宗门，合恁么语话。只如从上宗门，合作么生，还相悉么？若有人相悉，山僧今日雪得去也。久立，大众珍重。”示《坐禅方便颂》曰：“四威仪内坐为先，澄滤身心渐坦然。瞥尔有缘随浊界，当须莫续是天年。修持只学从功路，至理宁论在那边。一切时中常管带，因缘相凑豁通玄。”示执坐禅者曰：“大道分明绝点尘，何须长坐始相亲。遇缘傥解无非是，处愦那能有故新？散诞肯齐支遁侣，逍遥曷与慧休邻。或游泉石或阛阓，可谓烟霞物外人。”

康山契稳法宝禅师

福州康山契稳法宝禅师，初开堂，僧问：“威音王佛已后，次第相承，未审师今一会法嗣何方？”师曰：“象骨举手，龙溪点头。”问：“圆明湛寂非师意，学人因底却无明？”师曰：“辨得也未？”曰：“恁么则识性无根去也。”师曰：“隔靴搔痒。”

西明院琛禅师

泉州西明院琛禅师，僧问：“如何是和尚家风？”师曰：“竹箸瓦碗。”曰：“忽遇上客来时，如何祇待？”师曰：“黄齑仓米饭。”问：“如何是祖师西来意？”师曰：“问取露柱看。”

鼓山晏国师法嗣

天竺子仪禅师

杭州天竺子仪心印水月禅师，温州乐清陈氏子。初游方谒鼓山，问曰：“子仪三千里外远投法席，今日非时上来，乞师非时答话。”山曰：“不可钝置仁者。”师曰：“省力处如何？”山曰：“汝何费力！”师于此有省。后回浙中，钱忠懿王命开法于罗汉光福二道场。上堂：“久立大众更待什么，不辞展拓，却恐误于禅德，转迷归路。时寒，珍重！”僧问：“如何是从上来事？”师曰：“住。”曰：“如何荐？”师曰：“可惜龙头，翻成蛇尾。”有僧礼拜起，将问话。师曰：“如何且置。”僧乃问：“只如兴圣之子，还有相亲分也无？”师曰：“祇待局终，不知柯烂。”问:“如何是维摩默？”师曰:“谤。”曰:“文殊因何赞？”师曰:“同案领过。”曰:“维摩又如何？”师曰:“头上三尺巾，手里一枝拂。”问:“如何是诸佛出身处？”师曰:“大洋海里一星火。”曰:“学人不会。”师曰:“烧尽鱼龙。”问:“丹霞烧木佛，意旨如何？”师曰:“寒即围炉向猛火。”曰:“还有过也无？”师曰:“热即竹林溪畔坐。”问:“如何是法界义宗？”师曰:“九月九日浙江潮。”问:“诸余即不问，如何是光福门下超毗卢越释迦底人？”师曰:“诸余奉纳。”曰:“恁么则平生庆幸去也。”师曰:“庆幸事作么生？”僧罔措，师便喝。将下堂，僧问:“下堂一句，乞师分付。”师曰:“慧理已归西国去，此山空有老猿啼。”问:“鼓山有掣鼓夺旗之说,师且如何？”师曰:“败将不忍诛。”曰:“或遇良将又如何？”师曰:“念子孤魂，赐汝三奠。”问:“世尊入灭，当归何所？”师曰:“鹤林空变色，真归无所归。”曰:“未审必定何之？”师曰:“朱实殒劲风，繁英落素秋。”曰:“我师将来复归何所？”师曰:“子今欲识吾归处，东西南北柳成丝。”问:“如何修行，即得与道相应？”师曰:“高卷吟中箔，浓煎睡后茶。”

白云智作真寂禅师

建州白云智作真寂禅师，永贞朱氏子。容若梵僧，礼鼓山披剃。一日，鼓山上堂，召大众，众皆回眸。山披襟示之，众罔措。唯师朗悟厥旨，入室印证。又参次，山召曰:“近前来！”师近前，山曰:“南泉唤院主意作么生？”师敛手端容，退身而立。山莞然奇之。住后，上堂:“还有人向宗乘中致得一问来么？待山僧向宗乘中答。”时有僧出礼拜，师便归方丈。问:“如何是枯木里龙吟？”师曰:“火里莲生。”曰:“如何是髑髅里眼睛？”师曰:“泥牛入海。”问:“如何是主中主？”师曰:“汝还具眼么？”曰:“恁么则学人归堂去也。”师曰:“猢狲入布袋。”问:“如何是延平津？”师曰:“万古水溶溶。”曰:“如何是延平剑?”师曰:“速须退步。”曰:“未审津与剑是同是异?”师曰:“可惜许!”次迁奉先，僧问:“如何是奉先境?”师曰:“一任观看。”曰:“如何是境中人?”师曰:“莫无礼。”问:“如何是奉先家风?”师曰:“即今在什么处?”曰:“恁么则大众有赖也。”师曰:“干汝什么事?”问:“如何是为人一句?”师曰:“不是奉先道不得。”

鼓山智严了觉禅师

鼓山智严了觉禅师,上堂:“多言复多语,由来反相误。珍重!”僧问:“石门之句即不问,请师方便示来机。”师曰:“问取露柱。”问:“国王出世三边静，法王出世有何恩?”师曰:“还会么?”曰:“幸遇明朝，辄伸呈献。”师曰:“吐却着。”曰:“若不礼拜，几成无孔铁锤。”师曰:“何异无孔铁锤?”

龙山智嵩妙虚禅师

福州龙山智嵩妙虚禅师，上堂:“幸自分明，须作这个节目，作么到这里便成节目，便成增语，便成尘玷，未有如许多事时作么生?”僧问:“古佛化导，今祖重兴，人天辐辏于禅庭，至理若为于开示。”师曰:“亦不敢孤负大众。”曰:“恁么则人天不谬殷勤请，顿使凡心作佛心。”师曰:“仁者作么生?”曰:“退身礼拜，随众上下。”师曰:“我识得汝也。”

凤凰山强禅师

泉州凤凰山强禅师，僧问:“灯传鼓峤，道化温陵，不跨石门，请师通信。”师曰:“若不是今日，拦胸撞出。”曰:“恁么则今日亲闻师子吼，他时终作凤凰儿。”师曰:“又向这里涂污人!”问:“白浪滔天境，何人住太虚?”师曰:“静夜思尧鼓，回头闻舜琴。”

龙山文义禅师

福州龙山文义禅师，上堂："若举宗乘，即院寂径荒，若留委问，更待个什么？还有人委悉么，出来验看。若无人委悉，且莫掠虚好！"便下座。问："如何是人王？"师曰："威风人尽惧。"曰："如何是法王？"师曰："一句令当行。"曰："二王还分不分？"师曰："适来道什么！"

鼓山智岳了宗禅师

福州鼓山智岳了宗禅师，本郡人也。初游方至鄂州黄龙，问："久向黄龙，及乎到来，只见赤斑蛇"。龙曰："汝只见赤斑蛇，且不识黄龙。"师曰："如何是黄龙？"龙曰："滔滔地。"师曰："忽遇金翅鸟来又作么生？"龙曰："性命难存。"师曰："恁么则被他吞却去也。"龙曰："谢阇黎供养。"师便礼拜。住后，上堂："我若全举宗乘，汝向什么处领会？所以道古今常露，体肘无妨，不劳久立，珍重！"问："虚空还解作用也无？"师拈起拄杖曰："这个师僧好打！"僧无语。

襄州定慧禅师

襄州定慧禅师，僧问："如何是佛向上事？"师曰："无人不惊。"曰："学人未委在。"师曰："不妨难向。"问："不借时机用，如何话祖宗？"师曰："阇黎还具惭愧么？"僧便喝，师休去。

鼓山清谔宗晓禅师

福州鼓山清谔宗晓禅师，僧问："亡僧迁化向什么处去也？"师曰："时寒不出手。"

净德院冲煦慧悟禅师

金陵净德院冲煦慧悟禅师，福州和氏子。僧问："如何是大道？"师曰："我无小径。"曰："如何是小径？"师曰："我不知大道。"

报恩院清护禅师

金陵报恩院清护崇因妙行禅师，福州长乐陈氏子。六岁礼鼓山，披削于国师，言下发明。开堂日，僧问："诸佛出世，天花乱坠。和尚出世，有何祥瑞？"师曰："昨日新雷发，今朝细雨飞。"问："如何是诸佛玄旨？"师曰："草鞋木履。"开宝三年示寂，荼毗收舍利三百余粒，并灵骨归于建州鸡足山卧云院建塔。

龙华照禅师法嗣

瑞岩师进禅师

台州瑞岩师进禅师，僧问："如何是瑞岩境？"师曰："重重叠嶂南来远，北向皇都咫尺间。"曰："如何是境中人？"师曰："万里白云朝瑞岳，微微细雨洒帘前。"曰："未审如何亲近此人？"师曰："将谓阇黎亲入室，元来犹隔万重关。"

六通院志球禅师

台州六通院志球禅师，僧问："全身佩剑时如何？"师曰："落。"曰："当者如何？"师曰："熏天炙地。"问："如何是六通境？"师曰："满目江山一任看。"曰："如何是境中人？"师曰："古今自去来。"曰："离此二途，还有向上事也无？"师曰："有。"曰："如何是向上事？"师曰："云水千徒与万徒。"问："拥毳玄徒，请师指示。"师曰："红炉不坠雁门关。"曰："如何是红炉不坠雁门关？"师曰："青霄岂吝众人攀。"曰："还有不知者也无？"师曰："有。"曰：

“如何是不知者？”师曰：“金牓上无名。”问：“如何是和尚家风？”师曰：“万家明月朗。”问：“如何是第二月。”师曰：“山河大地。”

云龙院归禅师

杭州云龙院归禅师，僧问：“久战沙场，为什么功名不就？”师曰：“过在这边。”曰：“还有升进处也无？”师曰：“水消瓦解。”

功臣院道闲禅师

杭州功臣院道闲禅师，僧问：“如何是功臣家风？”师曰：“俗人东畔立，僧众在西边。”问：“如何是学人自己？”师曰：“如汝与我。”曰：“恁么则无二去也。”师曰：“十万八千。”

报国院照禅师

福州报国院照禅师，上堂：“我若全机，汝向什么处摸索？盖为根器不等，便成不具惭愧，还委得么？如今与诸仁者作个入底门路。”乃敲绳床两下曰：“还见么？还闻么？若见便见，若闻便闻。莫向意识里卜度，却成妄想颠倒，无有出期。珍重！”佛塔被雷霹，有问：“祖佛塔庙为什么却被雷霹？”师曰：“通天作用。”曰：“既是通天作用，为什么却霹佛？”师曰：“作用何处见有佛？”曰：“争奈狼藉何！”师曰：“见什么？”

白云院乃禅师

台州白云乃禅师，僧问：“荆山有玉非为宝，囊里真金赐一言。”师曰：“我家本贫。”曰：“慈悲何在？”师曰：“空惭道者名。”

翠岩参禅师法嗣

龙册寺子兴明悟禅师

杭州龙册寺子兴明悟禅师，僧问：“正位中还有人成佛否？”师曰：“谁是众生？”曰：“若恁么则总成佛去也。”师曰：“还我正位来！”曰：“如何是正位？”师曰：“汝是众生。”问：“如何是无价珍？”师曰：“卞和空抱璞。”曰：“忽遇楚王,还进也无？”师曰：“凡圣相继续。”问：“古人拈布毛意作么生？”师曰：“阇黎举不全。”曰：“如何举得全？”师乃拈起袈裟。

佛嶼院知默禅师

温州云山佛嶼院知默禅师，僧问：“如何是佛嶼家风？”师曰：“送客不离三步内,邀宾只在草堂前。”上堂：“山僧如今看见诸上座，恁么行脚，吃辛吃苦，盘山涉涧，终不为观看州县，参寻名山胜迹，莫非为此一大事？如今且要诸人，于本分参问中通个消息来。云山敢与证明，非但云山证明，乃至禅林佛刹亦与证明。还有么？若无，不如散去。”便下座。

镜清怤禅师法嗣

清化师讷禅师

越州清化师讷禅师，僧问：“十二时中如何得不疑惑去？”师曰：“好。”曰：“恁么则得遇于师去也。”师曰：“珍重！”僧来礼拜，师曰：“子亦善问，吾亦善答。”曰：“恁么则大众久立。”师曰：“抑逼大众作什么？”问：“去却赏罚，如何是吹毛剑？”师曰：“钱塘江里好渡船。”问：“如何是西来意？”师曰：“可煞新鲜！”

南禅遇缘禅师

衢州南禅遇缘禅师，因有俗士谓之铁脚，忽骑马至。僧问："师既是铁脚，为什么却骑马？"师曰："腰带不因遮腹痛，幞头岂是御天寒。"官人问师："和尚恁么后生，为什么却为尊宿？"师曰："千岁只言朱顶鹤，朝生便是凤凰儿。"上堂："此个事得恁么难道？"时有僧出曰："请师道。"师曰："睦州溪苔，锦军石耳。"问："众手淘金，谁是得者？"师曰："溪畔披砂徒自困，家中有宝速须还。"曰："恁么则始终不从人得去也。"师曰："饶君便有擎山力，未免肩头有担胝。"

资福院智远禅师

复州资福院智远禅师，福州人也。参镜清，问："如何是诸佛出身处？"清曰："大家要知。"师曰："如斯则众眼难瞒去也。"清曰："理能缚豹。"师因此发悟玄旨。住后，僧问："师唱谁家曲，宗风嗣阿谁？"师曰："雪岭峰前月，镜湖波里明。"问："诸佛出世，天雨四华，地摇六动，和尚今日有何祥瑞？"师曰："一物不生全体露，目前光彩阿谁知？"问："如何是直示一句？"师曰："是什么？"师乃曰："还会么？会去即今便了，不会尘沙算劫，只据诸贤分上。古佛心源，明露现前，匝天遍地，森罗万象，自己家风，佛与众生本无差别。涅槃生死，幻化所为，性地真常，不劳修证。珍重！"

乌巨山仪晏开明禅师

衢州乌巨山仪晏开明禅师，吴兴许氏子。于唐乾符三年将诞之夕，异香满室，红光如昼。光启中随父镇信安，强为娶，师不愿。遂游历诸方，机契镜清，归省父母，乃于郭南创别舍以遂师志。舍旁陈司徒庙有凛禅师像，师往瞻礼，失师所之。后郡守展祀祠下，见师入定于庙后丛竹间。蚁蠹其衣，败叶没胜。或者云:“是许镇将之子也。”自此三昧，或出或入。子湖讷禅师，未知师所造浅深，问曰:“子所住定，盖小乘定耳? ”时方啜茶，师呈起橐曰:“是大是小? ”讷骇然。寻谒栝苍唐山德严禅师,严问:“汝何姓? ”曰:“姓许。”严曰:“谁许汝? ”曰:“不别。”严默识之，遂与剃染。尝令摘桃，浃旬不归，往寻，见师攀桃倚石，泊然在定。严鸣指出之。开运中游江郎岩，睹石龛，谓弟子慧兴曰:“予入定此中，汝当垒石塞门，勿以吾为念。”兴如所戒。明年，兴意师长，往启龛视师，素发被肩，胸臆尚暖。徐自定起，了无异容。复回乌巨。侍郎慎公镇信安，馥师之道，命义学僧守荣诘其定相，师不与之辩。荣意轻之。时信安人竞图师像而尊事，皆获舍利，荣因愧服，礼像谢愆，亦获舍利。叹曰:“此后不敢以浅解测度矣。”钱忠懿王感师见梦，遣使图像至，适王患目疾，展像作礼，如梦所见。随雨舍利，目疾顿瘳。因锡号开明，及述偈赞，宝器供具千计。端拱初，太宗皇帝闻师定力，诏本州加礼，津发赴阙。师力辞，僧再至谕旨，特令肩舆，入对便殿。命坐赐茗，咨问禅定。奏对简尽，深契上旨。丐归，复诏入对，得请还山，送车塞途。淳化元年示寂，寿一百十五，腊五十七。阇维白光属天，舍利五色，邦人以骨塑像，至今州郡雨旸，祷之如向斯答。

报恩岳禅师法嗣

妙济院师浩传心禅师

潭州妙济院师浩传心禅师，僧问:“拟即第二头，不拟即第三首，如何是第一头? ”师曰:“收。”问:“古人断臂，当为何事? ”师曰:“我宁可断臂。”问:“如何是学人眼? ”师曰:“须知我好心。”问:“如何是香山剑? ”师曰:“异。”曰:“还露也无? ”师曰:“不忍见。”

问:“如何是松门第一句?”师曰:“切不得错举。”问:“如何是妙济家风?”师曰:“左右人太多。”问:“如何是佛法大意?”师曰:“两口一无舌。”问:“如何是香山一路?”师曰:“滔滔地。”曰:“到者如何?”师曰:“息汝平生。”问:“如何是世尊密语?”师曰:“阿难亦不知。”曰:“为什么不知?”师曰:“莫非仙陀。”问:“如何是香山宝?”师曰:“碧眼胡人不敢定。”曰:“露者如何?”师曰:“龙王捧不起。”僧举圣僧塑像被虎咬,问师:“既是圣僧,为什么被大虫咬?”师曰:“疑杀天下人。”问:“如何是无惭愧底人?”师曰:“阇黎合吃棒。”

安国瑫禅师法嗣

白鹿师贵禅师

福州白鹿师贵禅师,开堂日,僧问:“西峡一派,不异马头。白鹿千峰,何似鸡足?”师曰:“大众验看。”问:“如何是白鹿家风?”师曰:“向汝道什么!”曰:“恁么则便知时去也”。师曰:“知时底人合到什么田地?”曰:“不可更口喃喃也。”师曰:“放过即不可。”问:“牛头未见四祖时,百鸟衔花供养,见后为什么不来?”师曰:“曙色未分人尽望,及乎天晓也如常。”

罗山义聪禅师

福州罗山义聪禅师,上堂,僧问:“如何是出窟师子?”师曰:“什么处不震裂?”曰:“作何音响?”师曰:“聋者不闻。”问:“手指天地,唯我独尊,为什么却被旁观者责?”师曰:“谓言胡须赤。”曰:“只如旁观者,有什么长处?”师曰:“路见不平,所以按剑。”师乃曰:“若有分付处,罗山即不具眼。若无分付处,即劳而无功。所以维摩昔日对文殊,具问如今会也无?久立,珍重!”

安国院从贵禅师

福州安国院从贵禅师，僧问："禅宫大敞，法侣云臻。向上一路，请师决择。"师曰："素非时流。"上堂："禅之与道，拈向一边着。佛之与祖，是什么破草鞋！恁么告报，莫屈着诸人么？若道屈着，即且须行脚。若道不屈着，也须合取口始得。珍重！"上堂："直是不遇梁朝，安国也谩人不过。珍重！"僧问："请师举唱宗乘。"师曰："今日打禾，明日搬柴。"问："牛头未见四祖时如何？"师曰："香炉对绳床。"曰："见后如何？"师曰："门扇对露柱。"问："如何是和尚家风？"师曰："若问家风，即答家风。"曰："学人不问家风时作么生？"师曰："胡来汉去。"问："诸余即不问，省要处乞师一言。"师曰："还得省要也未？"复曰："纯陀献供。珍重！"

怡山长庆藏用禅师

福州怡山长庆藏用禅师，上堂，众集，以扇子抛向地上曰："愚人谓金是土，智者作么生？后生可畏，不可总守过去也。还有人道得么？出来道看。"时有僧出礼拜，退后而立。师曰："别更作么生？"曰："请和尚明鉴。"师曰："千年桃核。"问："如何是伽蓝？"师曰："长溪莆田。"曰："如何是伽蓝中人？"师曰："新罗白水。"问："如何是灵泉正主？"师曰："南山北山。"问："如何是和尚家风？"师曰："斋前厨蒸南国饭，午后炉煎北苑茶。"问："法身还受苦也无？"师曰："地狱岂是天堂？"曰："恁么则受苦去也。"师曰："有什么罪过？"

永隆院彦端禅师

福州永隆院彦端禅师，上堂，大众云集，师从座起作舞。谓众曰："会么？"对曰："不会。"师曰："山僧不舍道法而现凡夫事，作么生不会？"问："本自圆成，为什么却分明晦？"师曰："汝自检责看。”

瑞峰院志端禅师

福州林阳瑞峰院志端禅师，本州人也。初参安国，见僧问：“如何是万象之中独露身？”国举一指，其僧不荐。师于是冥契玄旨，乃入室白曰：“适来见那僧问话，志端有个省处。”国曰：“汝见什么道理？”师亦举一指曰：“这个是什么？”国然之，师礼谢。住后，上堂，举拂子曰：“曹溪用不尽底，时人唤作头角生，山僧拈来拂蚊子，荐得乾坤陷落。”僧问：“如何是西来意？”师曰：“木马走似烟，石人趁不及。”问：“如何是禅？”师曰：“今年旱去年。”曰：“如何是道？”师曰：“冬田半折耗。”问：“如何是学人自己？”师与一踏，僧作接势。师便与一掴，僧无语。师曰：“赚杀人！”问：“如何是迥绝人烟处佛法？”师曰：“巅山峭峙碧芬芳。”曰：“恁么则一真之理，华野不殊。”师曰：“不是这个道理。”问：“如何是佛法大意？”师曰：“竹箸一文一双。”有僧夜参，师曰：“阿谁？”曰：“某甲。”师曰：“泉州砂糖，舶上槟榔。”僧良久，师曰：“会么？”曰：“不会。”师曰：“你若会即廓清五蕴，吞尽十方。”开宝元年八月，遗偈曰：“来年二月二，别汝暂相弃。烧灰散四林，免占檀那地。”明年正月二十八日，州民竞入山瞻礼，师尚无恙，参问如常。至二月一日，州牧率诸官同至山，诘伺经宵。二日斋罢，上堂辞众。时圆应长老出问：“云愁雾惨，大众呜呼。请师一言，未在告别。”师垂一足，应曰：“法镜不临于此土，宝月又照于何方？”师曰：“非君境界。”应曰：“恁么则沤生沤灭还归水，师去师来是本常。”师长嘘一声，下座归方丈。安坐至亥时，问众曰：“世尊灭度，是何时节？”众曰：“二月十五日子时。”师曰：“吾今日子时前。”言讫长往。

仙宗院明禅师

福州仙宗院明禅师，上堂曰："幸有如是门风，何不烜赫地绍续取去。若也绍得，不在三界。若出三界，即坏三界。若在三界，即碍三界。不碍不坏，是出三界，是不出三界？恁么彻去，堪为佛法种子，人天有赖。"时有僧问："拏云不假风雷便，迅浪如何透得身？"师曰："何得弃本逐末。"

安国院祥禅师

福州安国院祥禅师，上堂，良久失声曰："大是无端。虽然如此，事不得已。于中若有未觏者，更开方便，还会么？"时有僧问："不涉方便，乞师垂慈。"师曰："汝问我答，即是方便。"问："应物现形，如水中月，如何是月？"师提起拂子，僧曰："古人为什么道水月无形？"师曰："见什么？"问："如何是宗乘中事？"师曰："淮军散后。"问："如何是和尚家风？"师曰："众眼难谩。"

睡龙溥禅师法嗣

保福院清豁禅师

漳州保福院清豁禅师，福州人也。少而聪敏，礼鼓山国师，落发禀具。后谒大章山如庵主〔语具如庵主章〕。后参睡龙，龙问曰："豁阇黎见何尊宿来，还悟也未？"曰："清豁尝访大章，得个信处。"龙于是上堂集众，召曰："豁阇黎出来，对众烧香说悟处，老僧与汝证明。"师出众，乃拈香曰："香已拈了，悟即不悟。"龙大悦而许之。上堂："山僧今与诸人作个和头，和者默然，不和者说。"良久曰："和与不和，切在如今。山僧带些子事，珍重！"僧问："家贫遭劫时如何？"师曰："不能尽底去。"曰："为什么不能尽底去？"师曰："贼是家亲。"曰："既是家亲，为什么翻成家贼？"师曰："内既无应，外不能为。”曰：“忽然捉败时如何？”师曰：“内外绝消息。”曰：“捉败后功归何所？”师曰：“赏亦未曾闻。”曰：“恁么则劳而无功也。”师曰：“功即不无，成而不处。”曰：“既是成功，为什么不处？”师曰：“不见道，太平本是将军致，不使将军见太平。”问：“如何是西来意？”师曰：“胡人泣，汉人悲。”师忽舍众，欲入山待灭。乃遗偈曰：“世人休说路行难，鸟道羊肠咫尺间。珍重苎溪溪畔水，汝归沧海我归山。”即往贵湖卓庵，未几谓门人曰：“吾灭后将遗骸施诸虫蚁，勿置坟塔。”言讫入湖头山，坐磐石，俨然长往。门人禀遗命，延留七日，竟无虫蚁之所侵食，遂就阇维，散于林野。

金轮观禅师法嗣

南岳金轮和尚

南岳金轮和尚，僧问：“如何是金轮第一句？”师曰：“钝汉。”问：“如何是金轮一只箭？”师曰：“过也。”曰：“临机一箭，谁是当者？”师曰：“倒也！”

白兆圆禅师法嗣

大龙山智洪弘济禅师

鼎州大龙山智洪弘济禅师，僧问：“如何是佛？”师曰：“即汝便是。”曰：“如何领会？”师曰：“更嫌钵盂无柄那。”问：“如何是微妙？”师曰：“风送水声来枕畔，月移山影到床前。”问：“如何是极则处？”师曰：“懊恼三春月，不及九秋光。”问：“色身败坏，如何是坚固法身？”师曰：“山花开似锦，涧水湛如蓝。”

白马山行霭禅师

襄州白马山行霭禅师，僧问:“如何是清净法身？”师曰:“井底虾蟆吞却月。”问:“如何是白马正眼？”师曰:“面南看北斗。”

白兆竺乾院怀楚禅师

安州白兆竺乾院怀楚禅师，僧问:“如何是句句须行玄路？”师曰:“沿路直到湖南。”问:“如何是师子儿？”师曰:“德山嗣龙潭。”问:“如何是和尚为人一句？”师曰:“与汝素无冤仇，一句元在这里。”曰:“未审在什么方所？”师曰:“这钝汉！”

四祖山清皎禅师

蕲州四祖山清皎禅师，福州王氏子。僧问:“师唱谁家曲，宗风嗣阿谁？”师曰:“楷师岩畔祥云起，宝寿峰前震法雷。”临终遗偈曰:“吾年八十八，满头垂白发。颙颙镇双峰，明明千江月。黄梅扬祖教，白兆承宗诀。日日告儿孙，勿令有断绝。”

三角山志操禅师

蕲州三角山志操禅师，僧问:“教法甚多，宗归一贯。和尚为什么说得许多周由者也？”师曰:“为你周由者也。”曰:“请和尚即古即今。”师以手敲绳床。

兴教师普禅师

晋州兴教师普禅师，僧问:“盈龙宫溢海藏真诠即不问，如何是教外别传底法？”师曰:“眼里耳里鼻里。”曰:“只此便是否？”师曰:“是什么？”僧便喝，师亦喝。问:“僧近离甚处？”曰:“下寨。”师曰:“还逢着贼么？”曰:“今日捉下。”师曰:“放汝三十棒。”

三角山真鉴禅师

蕲州三角山真鉴禅师，僧问："师唱谁家曲，宗风嗣阿谁？"师曰："忽然行正令，便见下堂阶。"

大阳山行冲禅师

郢州大阳山行冲禅师，僧问："如何是无尽藏？"师良久，僧无语。师曰："近前来！"僧才近前，师曰："去！"

青原下八世

黄龙机禅师法嗣

紫盖善沼禅师

洛京紫盖善沼禅师，僧问："死中得活时如何？"师曰："抱镰刮骨熏天地，炮烈棺中求托生。"问："才生便死时如何？"师曰："赖得觉疾。"

黄龙继达禅师

眉州黄龙继达禅师，僧问："如何是衲？"师曰："针去线不回。"曰："如何是帔？"师曰："横铺四世界，竖盖一乾坤。"曰："道满到来时如何？"师曰："要羹与羹，要饭与饭。"问："黄龙出世、金翅鸟满空飞时如何？"师曰："问汝金翅鸟，还得饱也无？"

枣树二世和尚

枣树和尚〔第二世住〕问僧："发足甚处？"曰："闽中。"师曰："俊哉！"曰："谢师指示。"师曰："屈哉！"僧作礼。师曰："我与么道，落在什么处？”僧无语。师曰：“彼自无疮，勿伤之也。”僧参，师乃问：“未到这里时，在甚处安身立命？”僧叉手近前，师亦叉手近前，相并而立。僧曰：“某甲未到此时，和尚与谁并立？”师指背后曰：“莫是伊么？”僧无对。师曰：“不独自谩，兼谩老僧。”僧作礼，师曰：“正是自谩。”僧锄地次，见师来乃不审，师曰：“见阿谁了便不审。”曰：“见师不问讯，礼式不全。”师曰：“却是孤负老僧。”其僧归举似首座曰：“和尚近日可畏。”座曰：“作么生？”僧举前语，座曰：“和尚近日可谓为人切。”师闻乃打首座七棒。座曰：“某甲恁么道，未有过在，乱打作么？”师曰：“枉吃我多少盐酱。”又打七棒。僧辞，师乃问：“若到诸方，有人问你老僧此间法道，作么生祇对？”曰：“待问即道。”师曰：“何处有无口底佛？”曰：“只这也还难。”师竖拂子曰：“还见么？”曰：“何处有无眼底佛？”师曰：“只这也还难。”僧绕禅床一匝而出。师曰：“善能祇对。”僧便喝。师曰：“老僧不识子。”曰：“用识作么？”师敲禅床三下。

玄都山澄禅师

兴元府玄都山澄禅师，僧问：“喜得趋方丈，家风事若何？”师曰：“西风开晓露，明月正当天。”曰：“如何拯济？”师曰：“金鸡楼上一下鼓。”问：“如何是沙门行？”师曰：“一切不如。”

嘉州黑水和尚

嘉州黑水和尚，初参黄龙，便问：“雪覆芦花时如何？”龙曰：“猛烈。”师曰：“不猛烈。”龙又曰：“猛烈。”师又曰：“不猛烈。”龙便打，师于此有省，即便礼拜。

黄龙智颙禅师

鄂州黄龙智颙禅师，僧问：“如何是诸佛之本源？”师曰：“即此一问是何源？”曰：“恁么则诸佛无异去也。”师曰：“延平剑已成龙去，犹有刻舟求底人。”

昌福达禅师

眉州昌福达禅师，僧问：“学人来问师则对，不问时师意如何？”师曰：“谢师兄指示。”问：“本来则不问，如何是今日事？”师曰：“师兄这问大好。”曰：“学人不会时如何？”师曰：“谩得即得。”问：“国有宝刀，谁人得见？”师曰：“师兄远来不易。”曰：“此刀作何形状？”师曰：“要也道，不要也道。”曰：“请师道。”师曰：“难逢难遇。”问：“石牛水上卧时如何？”师曰：“异中还有异，妄计不浮沉。”曰：“便恁么去时如何？”师曰：“趐天日落，把土成金。”

吕岩洞宾真人

吕岩真人，字洞宾，京川人也。唐末三举不第，偶于长安酒肆遇钟离权，授以延命术，自尔人莫之究。尝游庐山归宗，书钟楼壁曰：“一日清闲自在身，六神和合报平安。丹田有宝休寻道，对境无心莫问禅。”未几，道经黄龙山，睹紫云成盖，疑有异人。乃入谒，值龙击鼓升堂。龙见，意必吕公也，欲诱而进。厉声曰：“座旁有窃法者。”吕毅然出，问：“一粒粟中藏世界，半升铛内煮山川。且道此意如何？”龙指曰：“这守尸鬼。”吕曰：“争奈囊有长生不死药。”龙曰：“饶经八万劫，终是落空亡。”吕薄讶，飞剑胁之，剑不能入。遂再拜，求指归。龙诘曰：“半升铛内煮山川即不问，如何是一粒粟中藏世界？”吕于言下顿契。作偈曰：“弃却瓢囊摵碎琴，如今不恋水中金。自从一见黄龙后，始觉从前错用心。”龙嘱令加护。后谒潭州智度觉禅师，有曰：“余游韶郴，东下湘江，今见觉公，观其禅学精明，性源淳洁，促膝静坐，收光内照。一衲之外无余衣，一钵之外无余食。达生死岸，破烦恼壳。方今佛衣寂寂兮无传，禅理悬悬兮几绝。扶而兴者，其在吾师乎？”聊作一绝奉记：“达者推心方济物，圣贤传法不离真。请师开说西来意，七祖如今未有人。”

明招谦禅师法嗣

报恩契从禅师

处州报恩契从禅师，开堂升座，乃曰：“烈士锋前，还有俊鹰俊鹞么？放一个出来看。”良久曰：“所以道，烈士锋前少人陪，云雷击鼓剑轮开。谁是大雄师子种，满身锋刃但出来。”时有僧出，师曰：“好着精彩。”僧拟伸问，师曰：“什么处去也？”僧乃问：“师子未出窟时如何？”师曰：“锋铓难击。”曰：“出窟后如何？”师曰：“藏身无路。”曰：“欲出不出时如何？”师曰：“命似悬丝。”曰：“向去事如何？”师曰：“拶。”问：“如何是和尚家风？”师曰：“还奈何么？”问：“十二时中如何即是？”师曰：“金刚顶上看。”曰：“恁么则人天有赖。”师曰：“汝又诳呼人天作么？”

婺州普照瑜禅师

婺州普照瑜禅师，上堂：“三十年后，大有人向这里亡锋结舌去在。”良久曰：“还会么？灼然，若不是真师子儿，争识得上来之机？”时有僧问：“师子未出窟时如何？”师曰：“众兽徒然。”曰：“出窟后如何？”师曰：“狐绝万里。”曰：“欲出不出时如何？”师曰：“当衙者丧。”曰：“向去事如何？”师曰：“决在临锋。”僧礼拜，师有颂曰：“决在临锋处，天然师子机。嚬呻出三界，非祖莫能知。”

双溪保初禅师

婺州双溪保初禅师，上堂：“未透彻，不须呈，十方世界廓然明。

孤峰顶上通机照，不用看他北斗星。”僧问：“九夏灵峰剑，请师不露锋。”师曰：“未拍金锁前何不问？”曰：“千般徒设用，难出髑髅前。”师曰：“背后碍杀人。”

处州涌泉究禅师

处州涌泉究禅师，上堂，良久曰：“还有虎狼禅客么？有则放出一个来。”僧才出，师曰：“还知丧命处么？”曰：“学人咨和尚。”师曰：“什么处去也。”曰：“师子未出窟时如何？”师曰：“抖哳地。”曰：“出窟后如何？”师曰：“盖天盖地。”曰：“欲出不出时如何？”师曰：“一切人辨不得。”曰：“向去事如何？”师曰：“俊鹞亦迷踪。”

衢州罗汉义禅师

衢州罗汉义禅师，上堂众集，僧才出，师曰：“不是好底。”僧礼拜起，问：“龙泉宝剑请师挥。”师曰：“什么处去也。”曰：“恁么则龙溪南面尽锋铓。”师曰：“收取。”问：“不落古今请师道。”师曰：“还怪得么？”曰：“犹落古今。”师曰：“莫错。”

罗汉琛禅师法嗣

清溪山洪进禅师

襄州清溪山洪进禅师，在地藏时居第一座。一日地藏上堂，二僧出礼拜。藏曰：“俱错。”二僧无语，下堂请益修山主，修曰：“汝自巍巍堂堂，却礼拜拟问他人，岂不是错？”师闻之不肯。修乃问：“未审上座又作么生？”师曰：“汝自迷暗，焉可为人？”修愤然上方丈请益，藏指廊下曰：“典座入库头去也。”修乃省过。又一日，师问修山主曰：“明知生是不生之理，为什么为生死之所流？”修曰：“笋毕竟成竹去，如今作篾使还得么？”师曰：“汝向后自悟去在。”

修曰:“某所见只如此。上座意旨又如何?”师指曰:“这个是监院房,那个是典座房。”修即礼谢。住后,僧问:“众盲摸象,各说异端。忽遇明眼人,又作么生?”师曰:“汝但举似诸方。”师经行次,众僧随从,乃谓众曰:“古人有什么言句,大家商量。”时有从漪上座山众拟问次,师曰:“这没毛驴!”漪涣然省悟。

清凉院休复悟空禅师

升州清凉院休复悟空禅师,北海王氏子。幼出家,十九纳戒。尝自谓曰:“苟尚能诠,则为滞筏;将趣凝寂,复患堕空。既进退莫决,舍二何之?”乃参寻宗匠,依地藏,经年不契,直得成病入涅槃堂。一夜藏去看,乃问:“复上座安乐么?”师曰:“某甲为和尚因缘背。”藏指灯笼曰:“见么?”师曰:“见。”藏曰:“只这个也不背。”师于言下有省。后修山主问讯地藏,乃曰:“某甲百劫千生,曾与和尚违背,来此者又值和尚不安。”藏遂竖起拄杖曰:“只这个也不背。”师忽然契悟。后继法眼住崇寿,江南国主创清凉道场,延请居之。上堂:“古圣才生下,便周行七步,目顾四方,云天上天下,唯我独尊。他便有这个方便奇特。只如诸上座初生下时,有什么奇特,试举看。若道无,即对面讳却,若道有,又作么生通得个消息?还会么。上座幸然有奇特事,因什么不知去。珍重!”僧问:“如何是佛?”师曰:“汝是众生。”曰:“还肯也无?”师曰:“虚施此问。”问:“如何是西来意?”师曰:“汝道此土还有么?”问:“省要处乞师一言。”师曰:“珍重。”问:“如何是道?”师曰:“本来无一物,何处有尘埃。”僧礼拜,师曰:“莫错会。”问:“如何是一尘入正受?”师曰:“色即空。”曰:“如何是诸尘三昧起?”师曰:“空即色。”问:“诸余即不问,如何是悟空一句?”师曰:“两句也。”问:“牛头未见四祖时,为什么百鸟衔华?”师曰:“未见四祖。”曰:“见后为什么不衔华?”师曰:“见四祖。”问:“如何是自己事?”师曰:

"几处问人来？"问："古人得个什么即便休歇去？"师曰："汝得个什么，即不休歇去。"问："如何是学人出身处？"师曰："千般比不得，万般况不及。"曰："请和尚道。"师曰："古亦有，今亦有。"问："如何是亡僧面前触目菩提？"师曰："问取髑髅后人。"问："毒龙奋迅、万象同然时如何？"师曰："你什么处得这个问头？"问："忠座主讲什么经？"曰："《法华经》。"师曰："若有说《法华经》处，我现宝塔当为证明。大德讲什么人证明？"忠无对。〔法灯代云："谢和尚证明。"〕天福八年十月朔日，遣僧命法眼禅师至，嘱付讫，又致书辞国主，取三日夜子时入灭。国主令本院至时击钟，及期大众普集，师端坐警众曰："无弃光影。"语绝告寂。时国主闻钟，登高台遥礼，深加哀慕。仍致祭、荼毗，收舍利建塔。

龙济绍修禅师

抚州龙济绍修禅师，初与法眼同参地藏，所得谓已臻极。暨同辞至建阳，途中谭次，眼忽问："古人道万象之中独露身，是拨万象不拨万象？"师曰："不拨。"眼曰："说什么拨不拨？"师懵然不知。却回地藏，藏问："子去未久，何以却来？"师曰："有事未决，岂惮跋涉山川。"藏曰："汝跋涉许多山川，也还不恶。"师未喻旨，乃问："古人道万象之中独露身，意旨如何？"藏曰："汝道古人拨万象不拨万象？"师曰："不拨。"藏曰："两个也。"师骇然沉思，而却问："未审古人拨万象不拨万象？"藏曰："汝唤什么作万象？"师方省悟。再辞地藏，觐于法眼。眼语意与地藏开示前后如一。师后居龙济山，不务聚徒，而学者奔至。上堂："具足凡夫法，凡夫不知。具足圣人法，圣人不会。圣人若会，即是凡夫。凡夫若知，即是圣人。此两语一理二义，若人辨得，不妨于佛法中有个入处。若辨不得，莫道不疑好。珍重！"僧问："见色便见心。露柱是色，如何是心？"师曰："幸然未会，且莫诈明头。"问："如何得出三界？”师曰：“是三界则一任出。”曰：“不是三界又如何？”师曰：“什么处不是三界？”问：“当阳举唱，谁是委者？”师曰：“非汝不委。”问：“如何是万法主？”师曰：“把将万法来！”问：“承古有言，须弥纳芥子，芥子纳须弥，如何是须弥？”师曰：“穿破汝心。”曰：“如何是芥子？”师曰：“塞却汝眼。”曰：“如何纳得？”师曰：“把将须弥与芥子来！”曰：“前言何在？”师曰：“前有什么言？”问：“僧甚处来？”曰：“翠岩。”师曰：“翠岩有何言句示徒？”曰：“寻常道，出门逢弥勒，入门见释迦。”师曰：“与么道又争得。”曰：“和尚又如何？”师曰：“出门逢阿谁？入门见什么？”僧于言下有省。上堂：“声色不到处，病在见闻。言诠不及处，过在唇吻。”僧问：“离却声色，请和尚道。”师曰：“声色里问将来！”问：“如何是学人心？”师曰：“阿谁恁么问？”问：“劫火洞然，大千俱坏，未审这个还坏也无？”师曰：“不坏。”曰：“为什么不坏？”师曰：“为同于大千。”上堂：“卷帘除却障，闭户生窒碍。只这障与碍，古今无人会。会得是障碍，不会不自在。”问：“巨夜之中，以何为眼？”师曰：“暗。”问：“纤毫不隔，为什么觑之不见？”师曰：“作家弄影汉。”问：“古镜未磨时如何？”师曰：“照破天地。”曰：“磨后如何？”师曰：“黑漆漆地。”问：“如何是普眼？”师曰：“纤毫觑不见。”曰：“为什么觑不见？”师曰：“为伊眼太大。”问：“如何是大败坏底人？”师曰：“劫坏不曾迁。”曰：“此人还知有佛法也无？”师曰：“若知有佛法，浑成颠倒。”曰：“如何得不颠倒去？”师曰：“直须知有佛法。”曰：“如何是佛法？”师曰：“大败坏。”问：“如何是学人常在底心？”师曰：“还曾问荷玉么？”曰：“学人不会。”师曰：“若不会，夏末了，问取曹山去。”师有颂曰：“风动心摇树，云生性起尘。若明今日事，昧却本来人。”又：“欲识解脱道，诸法不相到。眼耳绝见闻，声色闹浩浩。”又：“初心未入道，不得闹浩浩。钟声里荐取，鼓声里颠倒。”又：“诸佛不出世，四十九年说。祖师不西来，少林有妙诀。”又:“万法是心光,诸缘唯性晓。本无迷悟人,只要今日了。”

延庆院传殷禅师

潞府延庆院传殷禅师，僧问:“见色便见心，灯笼是色，那个是心？”师曰:“汝不会古人意。”曰:“如何是古人意？”师曰:“灯笼是心。”问:“若能转物，即同如来。未审转什么物？”师曰:“道什么！”僧拟进语，师曰:“这漆桶！”

南台守安禅师

衡岳南台守安禅师，僧问:“人人尽有长安路，如何得到？”师曰:“即今在什么处？”问:“寂寂无依时如何？”师曰:“寂寂底聻！”因示颂曰:“南台静坐一炉香，终日凝然万虑亡。不是息心除妄想，都缘无事可思量。”

天龙寺清慧秀禅师

杭州天龙寺清慧秀禅师，上堂:“诸上座，多少无事，十二时中在何世界安身立命？且子细点检看。何不觅个歇处？因什么却与别人点检。若恁么去，早落第二头也。”时有僧问:“承师有言，恁么去早落第二头，学人总不恁么上来，如何辩白？”师曰:“汝却作家。”曰:“恁么则今日得遇于师也。”师曰:“且莫诈明头。”

天龙机禅师法嗣

雪岳令光禅师

高丽雪岳令光禅师，僧问:“如何是和尚家风？”师曰:“分明记取。”问:“如何是诸法之根源？”师曰:“谢指示。”

仙宗符禅师法嗣

仙宗洞明真觉禅师

福州仙宗洞明真觉禅师，僧问："拏云不假风雷便，浚浪如何透得身？"师曰："何得弃本逐末。"

福清行钦广法禅师

泉州福清行钦广法禅师，上堂："还有人鉴得么？若有人鉴得，是什么湖里破草鞋？若也鉴不出，落地作金声。无事久立。"僧问："如何是佛法大意？"师曰："诸上座大家道取。"问："如何是谈真逆俗？"师曰："客作汉问什么？"曰："如何是顺俗违真？"师曰："吃茶去。"问："如何是然灯前？"师曰："然灯后。"曰："如何是然灯后？"师曰："然灯前。"曰："如何是正然灯？"师曰："吃茶去。"问："如何是第二月？"师曰："汝问我答。"

国泰瑫禅师法嗣

齐云宝胜禅师

婺州齐云宝胜禅师，僧问："如何是齐云水？"师曰："龙潭常彻底,拟问即波澜。"曰："莫只这个便是么？"师曰："古殿无香烟，谁人辨清浊。"曰："未审深深处如何？"师曰："阇黎欲识深深处，直须脚下绝云生。"

白龙希禅师法嗣

广平玄旨禅师

福州广平玄旨禅师，上堂："还有人证明么？若有人证明，亦免孤负上祖，埋没后来。若是寻言数句，大藏分明，若是祖宗门中，怪及什么处，恁么道亦是傍瞥之辞。”僧问：“如何是广平境？”师曰：“地负名山秀，溪连海水清。”曰：“如何是境中人？”师曰：“汝问我答。”问：“如何是法身体？”师曰：“廓落虚空绝玷瑕。”曰：“如何是体中物？”师曰：“一轮明月散秋江。”曰：“未审体与物分不分？”师曰：“适来道什么？”曰：“恁么则不分也。”师曰：“穿耳胡僧笑点头。”

升山白龙清慕禅师

福州升山白龙清慕禅师，僧问：“如何是白龙密用一机？”师曰：“汝每日用什么？”曰：“恁么则徒劳侧聆。”师喝曰：“出去！”问：“一切众生日用而不知，如何是日用底？”师曰：“别祗对你争得。”问：“不责上来，声前一句请师道？”师曰：“莫是不辨么？”

灵峰志恩禅师

福州灵峰志恩禅师，僧问：“如何是吹毛剑？”师曰：“我进前，汝退后。”曰：“恁么则学人丧身命去也。”师曰：“不打水，鱼自惊。”问：“如何是佛？”师曰：“更是阿谁？”曰：“既然如此，为什么迷妄有差殊？”师曰：“但自不亡羊，何须泣歧路。”问：“如何是灵峰境？”师曰：“万叠青山如饤出，两条绿水若图成。”曰：“如何是境中人？”师曰：“明明密密，密密明明。”

东禅玄亮禅师

福州东禅玄亮禅师，僧问：“本无迷悟，为什么却有佛有众生？”师曰：“话堕也。”问：“祖祖相传传法印，师今继嗣嗣何人？”师曰：“特谢证明。”曰：“恁么则白龙当时亲授记，今日应圣度迷津。”师曰：“汝莫错认定盘星。”

报劬院玄应定慧禅师

漳州报劬院玄应定慧禅师，泉州晋江吴氏子。漳州刺史陈文颢创院，请师开法。僧问："如何是第一义？"师曰："如何是第一义？"曰："学人请益，师何以倒问学人？"师曰："汝适来请益什么？"曰："第一义。"师曰："汝谓之倒问邪？"问："如何是古佛道场？"师曰："今夏堂中，千五百僧。"开宝八年将顺世，先七日书辞陈公，仍示偈曰："今年六十六，世寿有延促。无生火炽然，有为薪不续。出谷与归源，一时俱备足。"及期诫门人曰："吾灭后不得以丧服哭泣。"言讫而寂。

招庆匡禅师法嗣

报恩院宗显明慧禅师

泉州报恩院宗显明慧禅师，僧问："昔日灵山一会，迦叶亲闻，未审今日谁是闻者？"师曰："却忆七叶岩中尊。"问："昔日觉城东际，象王回旋，五众咸臻。今日太守临筵，如何提接？"师曰："眨上眉毛着。"曰："恁么则一机显处，万缘丧尽。"师曰："何必繁辞？"问："如何是西来意？"师曰："日里看鸥毛。"问："学人都致一问，请师道。"师曰："不是创住这个师僧也难容。"问："离四句，绝百非，请师道。"师曰："青红花满庭。"问："不涉思量处，从上宗乘，请师直道。"师良久。僧曰："恁么则听响之流，徒劳侧耳。"师曰："早是黏泥。"问："如何是人王？"师曰："奉对不敢造次。"曰："如何是法王？"师曰："莫孤负好！"曰："未审人王与法王，对谈何事？"师曰："非汝所聆。"

龙光院澄忋禅师

金陵龙光院澄忋禅师，广州人也。新到参，师问："甚处来？"曰：

"江南来。"师曰:"汝还礼拜渡江船子么?"曰:"和尚为什么教某礼拜渡江船子?"师曰:"是汝善知识。"

永兴北院可休禅师

永兴北院可休禅师,僧问:"如何是西来意?"师曰:"遍满天下。"曰:"莫便是也无?"师曰:"是即牢收取。"问:"大作业底人来,师还接否?"师曰:"不接。"曰:"为什么不接?"师曰:"幸是好人家男女。"

太平院清海禅师

郴州太平院清海禅师,僧问:"古人道不从请益得。祖师为什么道谁得作佛?"师曰:"悟了方知。"问:"从上宗乘次第指授,未审今日如何举唱?"师曰:"透出白云深洞里,名华异草岭头生。"

慈云慧深普广禅师

连州慈云慧深普广禅师,僧问:"匿王请佛,既奉法于当时。我后延师,盖兴宗于此日。幸施方便,无吝举扬。"师曰:"不烦再问。"问:"如何是大圆镜?"师曰:"着。"问:"如何是向上事?"师曰:"分明听取。"

兴阳山道钦禅师

郢州兴阳山道钦禅师,僧问:"如何是兴阳境?"师曰:"松竹乍栽山影绿,水流穿过院庭中。"问:"如何是佛?"师曰:"更是什么!"

报恩资禅师法嗣

福林澄禅师

处州福林澄禅师，僧问："如何是伽蓝？"师曰："没幡帧。"曰："如何是伽蓝中人？"师曰："瞻礼有分。"问："下堂一句，请师不吝。"师曰："闲吟唯忆庞居士，天上人间不可陪。"

翠峰欣禅师法嗣

报恩守真禅师

处州报恩守真禅师，僧问："如何是佛法大意？"师曰："闪烁乌飞急，奔腾兔走频。"

鹫岭远禅师法嗣

鹫岭通禅师

襄州鹫岭通禅师，僧问："世尊得道，地神报虚空神。和尚得道，未审什么人报？"师曰："谢汝报来。"

龙华球禅师法嗣

仁王院俊禅师

杭州仁王院俊禅师，僧问："古人道向上一路，千圣不传。如何是不传底事？"师曰："向上问将来！"曰："恁么则上来不当去也。"师曰："既知如是，踏步上来作什么？"

酒仙遇贤禅师

酒仙遇贤禅师，姑苏长洲林氏子。母梦吞大球而孕，生多异祥。貌伟怪，口容双拳。七岁尝沉大渊，而衣不润。遂去家，师嘉禾永安可依，三十剃染圆具，往参龙华，发明心印。回居明觉院，唯事饮酒，醉则成歌颂、警道俗，因号酒仙。偈曰："绿水红桃华，前街后巷走百余遭，张三也识我，李四也识我。识我不识我，两个拳头那个大。两个之中一个大，曾把虚空一戳破。摩挲令教却恁么，拈取须弥枕头卧。扬子江头浪最深，行人到此尽沉吟。他时若到无波处，还似有波时用心。金斝又闻泛，玉山还报颓，莫教更漏促，趁取月明回。贵买朱砂画月，算来枉用工夫。醉卧绿杨阴下，起来强说真如。泥人再三叮嘱，莫教失却衣珠。一六二六，其事已足。一九二九，我要吃酒。长伸两脚眠一寤〔音忽〕，起来天地还依旧。门前绿树无啼鸟，庭下苍苔有落花。聊与东风论个事，十分春色属谁家。秋至山寒水冷，春来柳绿花红。一点动随万变，江村烟雨濛濛。有不有，空不空，笊篱捞取西北风。生在阎浮世界，人情几多爱恶。只要吃些酒子，所以到街卧路。死后却产娑婆，不愿超生净土。何以故，西方净土且无酒酤？"师于祥符二年上元凌晨，浴罢就室，合拳右举，左张其口而化。

延寿轮禅师法嗣

归宗道诠禅师

庐山归宗道诠禅师，吉州刘氏子。僧问："承闻和尚亲见延寿来，是否？"师曰："山前麦熟也未？"问："九峰山中还有佛法也无？"师曰："有。"曰："如何是九峰山中佛法？"师曰："石头大底大，小底小。"寻属江南国绝，僧徒例试经业，师之众并习禅观。乃述一偈，闻于州牧曰："比拟忘言合太虚，免教和气有亲疏。谁知道德全无用，今日为僧贵识书。”州牧阅之，与僚佐议曰：“旃檀林中，必无杂树。唯师一院，特奏免试。”南康知军张南金具疏，集道俗迎请，坐归宗道场。僧问：“如何是归宗境？”师曰：“千邪不如一直。”问：“如何是佛？”师曰：“待得雪消后，自然春到来。”问：“深山岩谷中，还有佛法也无？”师曰：“无。”曰：“佛法遍在一切处，为什么却无？”师曰：“无人到。”问：“古人道不是风动、不是幡动时如何？”师曰：“来日路口有市。”问：“如何是学人自己？”师曰：“床窄先卧，粥稀后坐。”雍熙二年顺寂，塔于牛首庵。

龙兴院裕禅师

潭州龙兴裕禅师，僧问：“如何是学人自己？”师曰：“张三李四。”曰：“比来问自己，为什么却道张三李四？”师曰：“汝且莫草草。”问：“诸余即不问,如何是和尚家风？”师曰：“家风即且置，阿那个是汝不问底诸余？”

保福俦禅师法嗣

隆寿无逸禅师

漳州隆寿无逸禅师，开堂升座，良久曰：“诸上座，若是上根之士，早已掩耳，中下之流，竞头侧听。虽然如此，犹是不得已而言。诸上座，他时后日到处，有人问着今日事，且作么生举似他。若也举得，舌头鼓论，若也举不得，如无三寸，且作么生举？”

大龙洪禅师法嗣

大龙山景如禅师

鼎州大龙山景如禅师，僧问：“如何是佛法大意？”师便喝。

僧问:“尊意如何?”师曰:“会么?”曰:“不会。”师又喝。问:“太阳一显人皆羡,鼓声才罢意如何?”师曰:“季秋凝后好晴天。”

大龙山楚勋禅师

鼎州大龙山楚勋禅师,上堂,良久曰:“大众只恁么各自散去,已是重宣此义了也。久立又奚为?然久立有久立底道理,知了,经一小劫如一食顷。不知便见茫然。还知么?有知者出来,大家相共商量。”僧出提坐具,曰:“展即遍周沙界,缩即丝发不存。展即是,不展即是?”师曰:“你从什么处得来?”曰:“恁么则展去也。”师曰:“没交涉。”问:“如何是大龙境?”师曰:“诸方举似人。”曰:“如何是境中人?”师曰:“你为什么谩我?”问:“亡僧迁化向什么处去?”师曰:“阿弥陀佛!”问:“善法堂中师子吼,未审法嗣嗣何人?”师曰:“犹自恁么问。”

普通院从善禅师

兴元府普通院从善禅师,僧问:“法轮再转时如何?”师曰:“助上座喜。”曰:“合谭何事?”师曰:“异人掩耳。”曰:“便恁么领会时如何?”师曰:“错。”问:“佩剑叩松关时如何?”师曰:“莫乱作。”曰:“谁不知有。”师曰:“出。”

白马霭禅师法嗣

白马智伦禅师

襄州白马智伦禅师,僧问:“如何是佛?”师曰:“真金也须失色。”问:“如何是和尚出身处?”师曰:“牛抵墙。”曰:“学人不会意旨如何?”师曰:“已成八字。”

白兆楚禅师法嗣

保寿匡祐禅师

唐州保寿匡祐禅师，僧问："如何是佛法大意？"师曰："近前来。"僧近前，师曰："会么？"曰："不会。"师曰："石火电光，已经尘劫。"问："如何是为人底一句？"师曰："开口入耳。"曰："如何理会？"师曰："逢人告人。"

青原下九世

黄龙达禅师法嗣

眉州黄龙禅师

眉州黄龙禅师，僧问："如何是密室？"师曰："斫不开。"曰："如何是密室中人？"师曰："非男女相。"问："国内按剑者是谁？"师曰："昌福。"曰："忽遇尊贵时如何？"师曰："不遗。"

清溪进禅师法嗣

天平山从漪禅师

相州天平山从漪禅师，僧问："如何得出三界？"师曰："将三界来与汝出。"问："如何是和尚家风？"师曰："显露地。"问："如何是佛？"师曰："不指天地。"曰："为什么不指天地？"师曰："唯我独尊。"问："如何是天平？"师曰："八凹九凸。"问："洞深杳杳清溪水，饮者如何不升坠？"师曰："更梦见什么？"问："大众云集，合谭何事？”师曰：“香烟起处森罗见。”

圆通缘德禅师

庐山圆通缘德禅师，临安黄氏子。事本邑东山勤老宿剃染，遍游诸方。江南国主于庐山建院，请师开法。上堂：“诸上座，明取道眼，好是行脚本分事。道眼若未明，有什么用处？只是移盘吃饭汉。道眼若明，有何障碍？若未明得，强说多端也无用处。无事切须寻究。”僧问：“如何是四不迁？”师曰：“地水火风。”问：“如何是古佛心？”师曰：“水鸟树林。”曰：“学人不会。”师曰：“会取学人。”问：“久负没弦琴，请师弹一曲。”师曰：“负来多少时也？”曰：“未审作何音调？”师曰：“话堕也。珍重！”问：“如何是佛法大意？”师曰：“过去灯明佛，本光瑞如是。”

本朝遣帅问罪江南，后主纳土矣，而胡则者据守九江不降，大将军曹翰部曲渡江入寺，禅者惊走，师淡坐如平日。翰至，不起不揖，翰怒诃曰：“长老不闻杀人不眨眼将军乎？”师熟视曰：“汝安知有不惧生死和尚邪？”翰大奇，增敬而已。曰：“禅者何为而散？”师曰：“击鼓自集。”翰遣裨校击之，禅无至者。翰曰：“不至，何也？”师曰：“公有杀心故尔。”师自起击之，禅者乃集。翰再拜，问决胜之策。师曰：“非禅者所知也。”太平兴国二年十月七日，升堂曰：“脱离世缘，乃在今日。”嘱令门人垒青石为塔，乃曰：“他日塔作红色，吾再至也。”言讫而逝，谥道济禅师。

清凉复禅师法嗣

奉先寺慧同净照禅师

升州奉先寺慧同净照禅师，魏府张氏子。僧问：“教中道，唯一坚密身，一切尘中见。又道，佛身充满于法界，普见一切群生前。于此二途，请师说。”师曰：“唯一坚密身，一切尘中见。”问：“如何是古佛心？”师曰：“汝疑阿那个不是？”问：“如何是常在底人？”师曰：“更问阿谁？”

龙济修禅师法嗣

河东广原禅师

河东广原禅师，僧问：“如何是佛法大意？”师曰：“听取一偈：刹刹现形仪，尘尘具觉知。性源常鼓浪，不悟未曾移。”

南台安禅师法嗣

鹫岭善美禅师

襄州鹫岭善美禅师，僧问：“如何是鹫岭境？”师曰：“岘山对碧玉，江水往南流。”曰：“如何是境中人？”师曰：“有什么事？”问：“百川异流，还归大海，未审大海有几滴？”师曰：“汝还到海也未？”曰：“到海后如何？”师曰：“明日来，向汝道。”

归宗诠禅师法嗣

九峰义诠禅师

瑞州九峰义诠禅师，僧问：“如何是祖师西来意？”师曰：“有力者负之而趋。”

隆寿逸禅师法嗣

隆寿法骞禅师

隆寿法骞禅师，泉州施氏子。漳州刺史陈洪铦请开法，上堂："今日隆寿出世，三世诸佛森罗万象，同时出世，同时转法轮，诸人还见么？"僧问："如何是隆寿境？"师曰："无汝插足处。"曰："如何是境中人？"师曰："未识境在。"有僧来参，次日请问心要。师曰："昨日相逢序起居，今朝相见事还如。如何却觅呈心要，心要如何特地疏。"

五灯会元　卷第九

南岳下三世

百丈海禅师法嗣

沩山灵祐禅师

潭州沩山灵祐禅师，福州长溪赵氏子。年十五出家，依本郡建善寺法常律师，剃发于杭州龙兴寺，究大小乘教。二十三游江西，参百丈，丈一见，许之入室，遂居参学之首。侍立次，丈问："谁？"师曰："某甲。"丈曰："汝拨炉中有火否？"师拨之曰："无火。"丈躬起深拨得少火，举以示之曰："汝道，无这个聻！"师由是发悟，礼谢陈其所解。丈曰："此乃暂时歧路耳。经云：欲识佛性义，当观时节因缘。时节既至，如迷忽悟，如忘忽忆，方省己物不从他得。故祖师云：悟了同未悟，无心亦无法。只是无虚妄凡圣等心，本来心法元自备足。汝今既尔，善自护持。"次日，同百丈入山作务。丈曰："将得火来么？"师曰："将得来。"丈曰："在甚处？"师乃拈一枝柴吹两吹，度与百丈。丈曰："如虫御木。"司马头陀自湖南来，谓丈曰:“顷在湖南寻得一山，名大沩，是一千五百人善知识所居之处。”丈曰:“老僧住得否？”陀曰:“非和尚所居。”丈曰:“何也？”陀曰:“和尚是骨人，彼是肉山。设居徒不盈千。”丈曰:“吾众中莫有人住得否？”陀曰:“待历观之。”时华林觉为第一座，丈令侍者请至。问曰:“此人如何？”陀请謦欬一声，行数步。陀曰:“不可。”丈又令唤师，师时为典座。陀一见乃曰:“此正是沩山主人也。”丈是夜召师入室，嘱曰:“吾化缘在此。沩山胜境，汝当居之，嗣续吾宗，广度后学。”而华林闻之曰:“某甲忝居上首，典座何得住持？”丈曰:“若能对众下得一语出格，当与住持。”即指净瓶问曰:“不得唤作净瓶,汝唤作什么？”林曰:“不可唤作木楔也。”丈乃问师，师踢倒净瓶便出去。丈笑曰:“第一座输却山子也。”师遂往焉。

是山峭绝，敻无人烟。猿猱为伍，橡栗充食。经于五七载，绝无来者。师自念言，我本住持，为利益于人，既绝往还，自善何济？即舍庵而欲他往。行至山口，见蛇虎狼豹，交横在路。师曰:“汝等诸兽，不用拦吾行路。吾若于此山有缘，汝等各自散去。吾若无缘,汝等不用动。吾从路过,一任汝吃。”言讫,虫虎四散而去。师乃回庵。未及一载，安上座〔即懒安也〕同数僧从百丈来，辅佐于师。安曰:“某与和尚作典座，待僧及五百人，不论时节即不造粥，便放某甲下。”自后山下居民，稍稍知之，率众共营梵宇。连帅李景让奏号同庆寺，相国裴公休尝咨玄奥，由是天下禅学辐辏焉。

上堂:“夫道人之心,质直无伪,无背无面,无诈妄心。一切时中，视听寻常，更无委曲，亦不闭眼塞耳，但情不附物即得。从上诸圣，只说浊边过患，若无如许多恶觉情见想习之事，譬如秋水澄渟，清净无为，澹泞无碍。唤他作道人，亦名无事人。”时有僧问:“顿悟之人更有修否？”师曰:“若真悟得本他自知时，修与不修是两头语。如今初心虽从缘得，一念顿悟自理，犹有无始旷劫习气未能顿净，须教渠净除现业流识，即是修也。不可别有法，教渠修行趣向，从闻入理，闻理深妙，心自圆明，不居惑地。纵有百千妙义，抑扬当时，此乃得坐披衣，自解作活计始得。以要言之，则实际理地，不受一尘，万行门中，不舍一法。若也单刀直入，则凡圣情尽，体露真常，理事不二，即如如佛。”仰山问：“如何是祖师西来意？”师指灯笼曰：“大好灯笼。”仰曰：“莫只这便是么？”师曰：“这个是什么？”仰曰：“大好灯笼。”师曰：“果然不见。”一日，师谓众曰：“如许多人，只得大机，不得大用。”仰山举此语，问山下庵主曰：“和尚恁么道，意旨如何？”主曰：“更举看。”仰拟再举，被庵主踏倒。仰归举似师，师呵呵大笑。师在法堂坐，库头击木鱼，火头掷却火抄，拊掌大笑。师曰：“众中也有恁么人？”遂唤来问：“你作么生？”火头曰：“某甲不吃粥肚饥，所以欢喜。”师乃点头。〔后镜清怤云：“将知沩山众里无人。”卧龙球云：“将知沩山众里有人。”〕

师摘茶次，谓仰山曰：“终日摘茶只闻子声，不见子形。”仰撼茶树，师曰：“子只得其用，不得其体。”仰曰：“未审和尚如何？”师良久。仰曰：“和尚只得其体，不得其用。”师曰：“放子三十棒。”仰曰：“和尚棒某甲吃，某甲棒教谁吃？”师曰：“放子三十棒。”〔玄觉云：“且道过在什么处。”〕上堂，僧出曰：“请和尚为众说法。”师曰：“我为汝得彻困也！”僧礼拜。〔后人举似雪峰，峰曰：“古人得恁么老婆心切。”玄沙云：“山头和尚蹉过古人事也。”雪峰闻之，乃问沙曰：“什么处是老僧蹉过古人事处？”沙曰：“大小沩山被那僧一问，直得百杂碎。”峰乃骇然。〕师坐次，仰山入来。师曰：“寂子速道，莫入阴界。”仰曰：“慧寂信亦不立。”师曰：“子信了不立，不信不立？”仰曰：“只是慧寂，更信阿谁？”师曰：“若恁么即是定性声闻。”仰曰：“慧寂佛亦不立。”师问仰山：“《涅槃经》四十卷，多少是佛说，多少是魔说？”仰曰：“总是魔说。”师曰：“已后无人奈子何！”仰曰：“慧寂即一期之事，行履在什么处？”师曰：“只贵子眼正，不说子行履。”仰山蹋衣次，提起问师曰：“正恁么时，和尚作么生？”师曰：“正恁么时，我这里无作么生？”仰曰：“和尚有身而无用。”师良久，却拈起问曰：“汝正恁么时，作么生？”仰曰：“正恁么时，和尚还见伊否？”师曰：“汝有用而无身。”师后忽问仰山：“汝春间有话未圆，今试道看。”仰曰：“正恁么时，切忌勃诉。”师曰：“停囚长智。”师一日唤院主，主便来。师曰：“我唤院主，汝来作什么？”主无对。〔曹山代云：“也知和尚不唤某甲。”〕又令侍者唤第一座，座便至。师曰：“我唤第一座，汝来作什么？”座亦无对。〔曹山代云：“若令侍者唤，恐不来。”法眼云：“适来侍者唤。”〕师问云岩：“闻汝久在药山，是否？”岩曰：“是。”师曰：“如何是药山大人相？”岩曰：“涅槃后有。”师曰：“如何是涅槃后有？”岩曰：“水洒不着。”岩却问师：“百丈大人相如何？”师曰：“巍巍堂堂，炜炜煌煌。声前非声，色后非色。蚊子上铁牛，无汝下觜处。”师过净瓶与仰山，山拟接，师却缩手曰：“是什么？”仰曰：“和尚还见个什么？”师曰：“若恁么，何用更就吾觅？”仰曰：“虽然如此，仁义道中与和尚提瓶挈水，亦是本分事。”师乃过净瓶与仰山。

师与仰山行次，指柏树子问曰：“前面是什么？”仰曰：“柏树子。”师却问耘田翁，翁亦曰：“柏树子。”师曰：“这耘田翁向后亦有五百众。”师问仰山：“何处来？”仰曰：“田中来。”师曰：“禾好刈也未？”仰作刈禾势。师曰：“汝适来作青见，作黄见，作不青不黄见？”仰曰：“和尚背后是什么？”师曰：“子还见么？”仰拈禾穗曰：“和尚何曾问这个？”师曰：“此是鹅王择乳。”师问仰山：“天寒人寒？”仰曰：“大家在这里。”师曰：“何不直说？”仰曰：“适来也不曲，和尚如何？”师曰：“直须随流。”上堂：“仲冬严寒年年事，晷运推移事若何？”仰山进前，叉手而立。师曰：“我情知汝答这话不得！”香严曰：“某甲偏答得这话。”师蹑前问，严亦进前，叉手而立。师曰：“赖遇寂子不会。”

师一日见刘铁磨来，师曰：“老牸牛，汝来也。”磨曰：“来日台山大会斋，和尚还去么？”师乃放身作卧势，磨便出去。有僧来礼拜，师作起势。僧曰：“请和尚不用起。”师曰：“老僧未曾坐。”僧曰：“某甲未曾礼。”师曰：“何故无礼？”僧无对。〔同安代云：“和尚不怪。”〕僧问：“如何是道？”师曰：“无心是道。”曰：“某甲不会。”师曰：“会取不会底好！”曰：“如何是不会底？”师曰：“只汝是，不是别人。”复曰：“今时人但直下体取不会底，正是汝心，正是汝佛。若向外得一知一解，将为禅道，且没交涉。名运粪入，不名运粪出，污汝心田。所以道不是道。”问：“如何是百丈真？”师下禅床，叉手立。曰：“如何是和尚真？”师却坐。师坐次，仰山从方丈前过，师曰：“若是百丈先师见，子须吃痛棒始得。”仰曰：“即今事作么生？”师曰：“合取两片皮。”仰曰：“此恩难报。”师曰：“非子不才，乃老僧年迈。”仰曰：“今日亲见百丈师翁来。”师曰：“子向什么处见？”仰曰：“不道见只是无别。”师曰：“始终作家。”

师问仰山：“即今事且置，古来事作么生？”仰叉手近前。师曰：“犹是即今事，古来事作么生？”仰退后立。师曰：“汝屈我，我屈汝。”仰便礼拜。仰山香严侍立次，师举手曰：“如今恁么者少，不恁么者多。”严从东过西立，仰从西过东立。师曰：“这个因缘，三十年后如金掷地相似。”仰曰：“亦须是和尚提唱始得。”严曰：“即今亦不少。”师曰：“合取口。”师坐次，仰山入来，师以两手相交示之。仰作女人拜。师曰：“如是！如是！”师方丈内坐次，仰山入来，师曰：“寂子，近日宗门令嗣作么生？”仰曰：“大有人疑着此事。”师曰：“寂子作么生？”仰曰：“慧寂只管困来合眼，健即坐禅，所以未曾说着在。”师曰：“到这田地也难得。”仰曰：“据慧寂所见，只如此一句也着不得。”师曰：“汝为一人也不得。”仰曰：“自古圣人，尽皆如此。”师曰：“大有人笑汝恁么祇对。”仰曰：“解笑者是慧寂同参。”师曰：“出头事作么生？”仰绕禅床一匝，师曰：“裂破古今。”

仰山香严侍立次，师曰：“过去现在未来，佛佛道同，人人得个解脱路。”仰曰：“如何是人人解脱路？”师回顾香严曰：“寂子借问，何不答伊？”严曰：“若道过去未来现在，某甲却有个祗对处。”师曰：“子作么生祗对？”严珍重便出。师却问仰山曰：“智闲恁么祗对，还契寂子也无？”仰曰：“不契。”师曰：“子又作么生？”仰亦珍重出去。师呵呵大笑曰：“如水乳合。”

一日，师翘起一足谓仰山曰：“我每日得他负载，感伊不彻。”仰曰：“当时给孤园中，与此无别。”师曰：“更须道始得。”仰曰：“寒时与他袜着，也不为分外。”师曰：“不负当初，子今已彻。”仰曰：“恁么更要答话在。”师曰：“道看。”仰曰：“诚如是言。”师曰：“如是！如是！”师问仰山：“生住异灭，汝作么生会？”仰曰：“一念起时不见有生住异灭。”师曰：“子何得遣法？”仰曰：“和尚适来问什么？”师曰：“生住异灭。”仰曰：“却唤作遣法。”师问仰山：“妙净明心，汝作么生会？”仰曰：“山河大地，日月星辰。”师曰：“汝只得其事。”仰曰：“和尚适来问什么？”师曰：“妙净明心。”仰曰：“唤作事得么？”师曰：“如是！如是！”石霜会下有二禅客到，云：“此间无一人会禅。”后普请搬柴，仰山见二禅客歇，将一橛柴问曰：“还道得么？”俱无对。仰曰：“莫道无人会禅好！”仰归举似师曰：“今日二禅客，被慧寂勘破。”师曰：“什么处被子勘破？”仰举前话。师曰：“寂子又被吾勘破。”〔云居锡云：“甚处是沩山勘破仰山处。”〕

师睡次，仰山问讯，师便回面向壁。仰曰：“和尚何得如此！”师起曰：“我适来得一梦，你试为我原看。”仰取一盆水，与师洗面。少顷，香严亦来问讯。师曰：“我适来得一梦，寂子为我原了，汝更与我原看。”严乃点一碗茶来。师曰：“二子见解，过于鹙子。”师因泥壁次，李军容来，具公裳，直至师背后，端笏而立。师回首见，便侧泥盘作接泥势。李便转笏作进泥势。师便抛下泥盘，同归方丈。僧问：“不作沩山一顶笠，无由得到莫徭村。如何是沩山一顶笠？”

师唤曰:“近前来。”僧近前，师与一踏。

上堂:“老僧百年后,向山下作一头水牯牛。左胁下书五字,曰:“沩山僧某甲。”当恁么时，唤作沩山僧又是水牯牛，唤作水牯牛又是沩山僧。毕竟唤作什么即得?”仰山出礼拜而退。云居膺代曰:“师无异号。”资福宝曰:“当时但作此○相拓呈之，新罗和尚作此(牛)相拓呈之。”又曰:“同道者方知。”芭蕉彻作此(初)(衣)(弗)相拓呈之又曰:“说也说了也,注也注了也。悟取好!”乃述偈曰:“不是沩山不是牛,一身两号实难酬。离却两头应须道,如何道得出常流。”师敷扬宗教,凡四十余年，达者不可胜数。大中七年正月九日，盥漱敷坐，怡然而寂。寿八十三，腊六十四。塔于本山，谥大圆禅师，塔曰清净。

南岳下四世

沩山祐禅师法嗣

仰山慧寂通智禅师

袁州仰山慧寂通智禅师，韶州怀化叶氏子。年九岁，于广州和安寺投通禅师出家〔即不语通〕。十四岁，父母取归，欲与媾。师不从，遂断手二指，跪致父母前，誓求正法，以答劬劳。父母乃许。再诣通处，而得披剃。未登具，即游方。初谒耽源，已悟玄旨。后参沩山，遂升堂奥。耽源谓师曰:“国师当时传得六代祖师圆相,共九十七个,授与老僧。乃曰:‘吾灭后三十年,南方有一沙弥到来,大兴此教，次第传受，无令断绝。’我今付汝，汝当奉持。”遂将其本过与师。师接得一览，便将火烧却。耽源一日问:“前来诸相,甚宜秘惜。”师曰:“当时看了便烧却也。”源曰:“吾此法门无人能会,唯先师及诸祖师、诸大圣人方可委悉,子何得焚之?”师曰:“慧寂一览，已知其意。但用得不可执本也。”源曰：“然虽如此，于子即得，后人信之不及。”师曰：“和尚若要重录不难，即重集一本呈上，更无遗失。”源曰：“然。”耽源上堂，师出众，作此○相以手拓呈了，却叉手立。源以两手相交，作拳示之。师进前三步，作女人拜。源点头，师便礼拜。

师浣衲次，耽源曰：“正恁么时作么生？”师曰：“正恁么时向什么处见？”后参沩山，沩问：“汝是有主沙弥，无主沙弥？”师曰：“有主。”曰：“主在什么处？”师从西过东立，沩异之。师问：“如何是真佛住处？”沩曰：“以思无思之妙，返思灵焰之无穷，思尽还源，性相常住。事理不二，真佛如如。”师于言下顿悟，自此执侍前后，盘桓十五载。

后参岩头，头举起拂子，师展坐具。岩拈拂子置背后，师将坐具搭肩上而出。岩曰：“我不肯汝放，只肯汝收。”扫地次，沩问：“尘非扫得，空不自生，如何是尘非扫得？”师扫地一下，沩曰：“如何是空不自生？”师指自身又指沩，沩曰：“尘非扫得，空不自生。离此二途，又作么生？”师又扫地一下，又指自身并指沩。沩一日指田问师：“这丘田那头高，这头低。”师曰：“却是这头高，那头低。”沩曰：“你若不信，向中间立，看两头。”师曰：“不必立中间，亦莫住两头。”沩曰：“若如是，着水看，水能平物。”师曰：“水亦无定，但高处高平，低处低平。”沩便休。

有施主送绢与沩山，师问：“和尚受施主如是供养，将何报答？”沩敲禅床示之。师曰：“和尚何得将众人物作自己用？”师在沩山，为直岁，作务归，沩问：“什么处去来？”师曰：“田中来。”沩曰：“田中多少人？”师插锹叉手。沩曰：“今日南山，大有人刈茅。”师拔锹便行。〔玄沙云：“我若见，即踏倒锹子。”僧问镜清：“仰山插锹，意旨如何？”清云：“狗御赦书，诸侯避道。”云：“只如玄沙踏倒，意旨如何？”清云：“不奈船何？打破戽斗。”云：“南山刈茅，意旨如何？”清云：“李靖三兄，久经行阵。”云居锡云："且道镜清下此一判，着不着。"〕师在沩山牧牛，时踢天泰上座问曰："一毛头师子现即不问，百亿毛头百亿师子现，又作么生？"师便骑牛归，侍立沩山次，举前话方了，却见泰来。师曰："便是这个上座。"沩遂问："百亿毛头百亿师子现，岂不是上座道？"泰曰："是。"师曰："正当现时，毛前现，毛后现？"泰曰："现时不说前后。"沩山大笑。师曰："师子腰折也。"便下去。

一日，第一座举起拂子曰："若人作得道理，即与之。"师曰："某甲作得道理，还得否？"座曰："但作得道理便得。"师乃掣将拂子去。〔云居锡云："什么处是仰山道理？"〕一日雨下，天性上座谓师曰："好雨！"师曰："好在什么处？"性无语。师曰："某甲却道得。"性曰："好在什么处？"师指雨，性又无语。师曰："何得大智而默。"师随沩山游山，到磐陀石上坐。师侍立次，忽鸦衔一红柿落在面前。沩拾与师，师接得洗了度与沩。沩曰："子甚处得来？"师曰："此是和尚道德所感。"沩曰："汝也不得无分。"即分半与师。〔玄沙云："大小沩山被仰山一坐，至今起不得。"〕

沩山问师："忽有人问汝，汝作么生祗对？"师曰："东寺师叔若在，某甲不致寂寞。"沩曰："放汝一个不祗对罪。"师曰："生之与杀，只在一言。"沩曰："不负汝见，别有人不肯。"师曰："阿谁？"沩指露柱曰："这个。"师曰："道什么？"沩曰："道什么？"师曰："白鼠推迁，银台不变。"师问沩山："大用现前，请师辨白？"沩山下座归方丈，师随后入。沩问："子适来问什么话？"师再举，沩曰："还记得吾答语否？"师曰："记得。"沩曰："你试举看。"师便珍重出去。沩曰："错。"师回首，曰："闲师弟若来，莫道某甲无语好！"师问东寺曰："借一路过那边还得否？"寺曰："大凡沙门不可只一路，也别更有么？"师良久，寺却问："借一路过那边得否？"师曰："大凡沙门不可只一路，也别更有么？"寺曰："只有此。"师曰："大唐天子决定姓金。"

师在沩山前坡牧牛次，见一僧上山，不久便下来。师乃问：“上座何不且留山中？”僧曰：“只为因缘不契。”师曰：“有何因缘，试举看。”曰：“和尚问某名什么，某答归真和尚。曰：归真何在？某甲无对。”师曰：“上座却回向和尚，道某甲道得也。和尚问作么生道，但曰眼里耳里鼻里。”僧回一如所教。沩曰：“脱空谩语汉，此是五百人善知识语。”

师卧次，梦入弥勒内院，众堂中诸位皆足，惟第二住空，师遂就座。有一尊者白槌曰：“今当第二座说法。”师起白槌曰：“摩诃衍法，离四句，绝百非，谛听！谛听！”众皆散去。及觉举似沩，沩曰：“子已入圣位。”师便礼拜。

师侍沩行次，忽见前面尘起，沩曰：“面前是什么？”师近前看了，却作此㊉相。沩点头。沩山示众曰：“一切众生皆无佛性。”盐官示众曰：“一切众生皆有佛性。”盐官有二僧往探问，既到沩山，闻沩山举扬，莫测其涯，若生轻慢。因一日与师言话次，乃劝曰：“师兄须是勤学佛法，不得容易！”师乃作此○相，以手拓呈了，却抛向背后，遂展两手就二僧索，二僧罔措。师曰：“吾兄直须勤学佛法，不得容易！”便起去。时二僧却回盐官，行三十里，一僧忽然有省，乃曰：“当知沩山道，一切众生皆无佛性，信之不错。”便回沩山。一僧更前行数里，因过水忽然有省，自叹曰：“沩山道，一切众生皆无佛性，灼然有他恁么道。”亦回沩山，久依法席。沩山同师牧牛次，沩曰：“此中还有菩萨也无？”师曰：“有。”沩曰：“汝见那个是，试指出看。”师曰：“和尚疑那个不是，试指出看？”沩便休。师送果子上沩山，沩接得，问：“子什么处得来？”师曰：“家园底。”沩曰：“堪吃也未？”师曰：“未敢尝，先献和尚。”沩曰：“是阿谁底？”师曰：“慧寂底。”沩曰：“既是子底，因什么教我先尝？”师曰：“和尚尝千尝万。”沩便吃，曰：“犹带酸涩在。”师曰：“酸涩莫非自知？”沩不答。

赤干行者闻钟声，乃问："有耳打钟，无耳打钟？"师曰："汝但问，莫愁我答不得。"干曰："早个问了也！"师喝曰："去！"师夏末问讯沩山次，沩曰："子一夏不见上来，在下面作何所务？"师曰："某甲在下面，锄得一片畬，下得一箩种。"沩曰："子今夏不虚过。"师却问："未审和尚一夏之中作何所务？"沩曰："日中一食，夜后一寝。"师曰："和尚今夏亦不虚过。"道了乃吐舌。沩曰："寂子何得自伤己命？"沩山一日见师来，即以两手相交过，各拨三下，却竖一指。师亦以两手相交过，各拨三下，却向胸前仰一手覆一手，以目瞻视，沩山休去。

沩山喂鸦生饭，回头见师，曰："今日为伊上堂一上。"师曰："某甲随例得闻。"沩曰："闻底事作么生？"师曰："鸦作鸦鸣，鹊作鹊噪。"沩曰："争奈声色何！"师曰："和尚适来道什么？"沩曰："我只道为伊上堂一上。"师曰："为什么唤作声色？"沩曰："虽然如此，验过也无妨。"师曰："大事因缘又作么生验？"沩竖起拳，师曰："终是指东画西。"沩曰："子适来问什么？"师曰："问和尚大事因缘。"沩曰："为什么唤作指东画西。"师曰："为着声色故，某甲所以问过。"沩曰："并未晓了此事。"师曰："如何得晓了此事？"沩曰："寂子声色，老僧东西。"师曰："一月千江，体不分水。"沩曰："应须与么始得。"师曰："如金与金，终无异色，岂有异名？"沩曰："作么生是无异名底道理？"师曰："瓶、盘、钗、钏、券、盂、盆。"沩曰："寂子说禅如师子吼，惊散狐狼野干之属。"

师后开法王莽山，问僧："近离甚处？"曰："庐山。"师曰："曾到五老峰么？"曰："不曾到。"师曰："阇黎不曾游山。"〔云门云："此语皆为慈悲之故，有落草之谈。"〕上堂："汝等诸人，各自回光返照，莫记吾言。汝无始劫来，背明投暗，妄想根深，卒难顿拔。所以假设方便，夺汝粗识。如将黄叶止啼，有什么是处，亦如人将百种货物，与金宝作一铺货卖。只拟轻重来机，所以道石头是真金铺，我这里是杂货铺。有人来觅鼠粪,我亦拈与他。来觅真金,我亦拈与他。”时有僧问:“鼠粪即不要,请和尚真金?”师曰:“啮镞拟开口,驴年亦不会。”僧无对。师曰:“索唤则有交易,不索唤则无。我若说禅宗,身边要一人相伴亦无,岂况有五百七百众邪?我若东说西说,则争头向前采拾。如将空拳诳小儿,都无实处。我今分明向汝说圣边事,且莫将心凑泊。但向自己性海,如实而修,不要三明六通。何以故?此是圣末边事,如今且要识心达本。但得其本,不愁其末。他时后日,自具去在。若未得本,纵饶将情学他亦不得。汝岂不见沩山和尚云:‘凡圣情尽,体露真常,事理不二,即如如佛。’”问:“如何是祖师意?”师以手于空,作此㊕相示之。僧无语。师谓第一座曰:“不思善,不思恶,正恁么时作么生?”座曰:“正恁么时是某甲放身命处。”师曰:“何不问老僧?”座曰:“正恁么时不见有和尚?”师曰:“扶吾教不起。”

师因归沩山省觐,沩问:“子既称善知识,争辨得诸方来者,知有不知有,有师承无师承,是义学是玄学?子试说看。”师曰:“慧寂有验处,但见僧来便竖起拂子,问伊诸方还说这个不说?又曰这个且置,诸方老宿意作么生?”沩叹曰:“此是从上宗门中牙爪。”沩问:“大地众生,业识茫茫,无本可据,子作么生知他有之与无?”师曰:“慧寂有验处。”时有一僧从面前过,师召曰:“阇黎!”僧回首,师曰:“和尚,这个便是业识茫茫,无本可据。”沩曰:“此是师子一滴乳,迸散六斛驴乳。”师问僧:“甚处来?”曰:“幽州。”师曰:“我恰要个幽州信,米作么价?”曰:“某甲来时,无端从市中过,踏折他桥梁。”师便休。师见僧来,竖起拂子,僧便喝。师曰:“喝即不无,且道老僧过在什么处?”曰:“和尚不合将境示人。”师便打。

有梵僧从空而至,师曰:“近离甚处?”曰:“西天。”师曰:“几时离彼?”曰:“今早。”师曰:“何太迟生!”曰:“游山玩水。”师曰:“神通游戏则不无,阇黎佛法须还老僧始得。”曰:“特来东土礼文殊,却遇小释迦。”遂出梵书贝多叶，与师作礼，乘空而去。自此号小释迦。

师住东平时，沩山令僧送书并镜与师。师上堂，提起示众曰：“且道是沩山镜，东平镜？若道是东平镜，又是沩山送来。若道是沩山镜，又在东平手里。道得则留取，道不得则扑破去也。”众无语，师遂扑破，便下座。僧参次，便问：“和尚还识字否？”师曰：“随分。”僧以手画此○相拓呈，师以衣袖拂之。僧又作此○相拓呈，师以两手作背抛势。僧以目视之，师低头。僧绕师一匝，师便打，僧遂出去。师坐次，有僧来作礼，师不顾。其僧乃问：“师识字否？”师曰：“随分。”僧乃右旋一匝。曰：“是什么字？”师于地上书十字酬之。僧又左旋一匝，曰：“是甚字？”师改十字作卍字。僧画此○相，以两手拓，如修罗掌日月势。曰：“是什么字？”师乃画㊉此相对之，僧乃作娄至德势。师曰：“如是！如是！此是诸佛之所护念，汝亦如是，吾亦如是。善自护持！”其僧礼谢，腾空而去。

时有一道者见，经五日后，遂问师。师曰：“汝还见否？”道者曰：“某甲见出门腾空而去。”师曰：“此是西天罗汉，故来探吾道。”道者曰：“某虽睹种种三昧，不辨其理。”师曰：“吾以义为汝解释，此是八种三昧，是觉海变为义海，体则同然。此义合有因有果，即时异时，总别不离隐身三昧也。”师问僧：“近离甚处？”曰：“南方。”师举拄杖曰：“彼中老宿还说这个么？”曰：“不说。”师曰：“既不说这个，还说那个否？”曰：“不说。”师召大德，僧应诺。师曰：“参堂去。”僧便出。师复召曰：“大德！”僧回首，师曰：“近前来。”僧近前，师以拄杖头上点一下，曰：“去！”

刘侍御问：“了心之旨，可得闻乎？”师曰：“若要了心，无心可了。无了之心，是名真了。”师一日在法堂上坐，见一僧从外来，便问讯了，向东边叉手立，以目视师，师乃垂下左足。僧却过西边叉手立，师垂下右足。僧向中间叉手立，师收双足。僧礼拜，师曰：

“老僧自住此，未曾打着一人。”拈拄杖便打。僧便腾空而去。陆希声相公欲谒师，先作此○相封呈。师开封于相下面书云：“不思而知，落第二头。思而知之，落第三首。”遂封回。〔韦宙相公机语相似，兹不重出。〕公见即入山，师乃门迎。公才入门，便问：“三门俱开，从何门入？”师曰：“从信门入。”公至法堂，又问：“不出魔界，便入佛界时如何？”师以拂子倒点三下。公便设礼。又问：“和尚还持戒否？”师曰：“不持戒。”曰：“还坐禅否？”师曰：“不坐禅。”公良久，师曰：“会么？”曰：“不会。”师曰：“听老僧一颂：滔滔不持戒，兀兀不坐禅。酽茶三两碗，意在镢头边。”师却问：“承闻相公看经得悟，是否？”曰：“弟子因看《涅槃经》有云，不断烦恼而入涅槃，得个安乐处。”师竖起拂子，曰：“只如这个作么生入？”曰：“入之一字，也不消得。”师曰：“入之一字，不为相公。”公便起去。〔法灯云：“上座且道，入之一字为什么人？”又云：“相公且莫烦恼。”〕

庞居士问：“久向仰山，到来为什么却覆？”师竖起拂子，士曰：“恰是。”师曰：“是仰是覆？”士乃打露柱，曰：“虽然无人，也要露柱证明。”师掷拂子，曰：“若到诸方，一任举似。”师指雪师子，问众：“有过得此色者么？”众无对。〔云门云：“当时便好与推倒。”〕师问双峰：“师弟近日见处如何？”曰：“据某见处，实无一法可当情。”师曰：“汝解犹在境。”曰：“某只如此，师兄又如何？”师曰：“汝岂不知无一法可当情者？”沩山闻曰：“寂子一句，疑杀天下人。”〔玄觉云：“经道：实无有法。然灯佛与我授记，他道实无一法可当情。为什么道：解犹在境；且道利害在什么处？”〕

师卧次，僧问：“法身还解说法也无？”师曰：“我说不得，别有一人说得。”曰：“说得底人在什么处？”师推出枕子。沩山闻曰：“寂子用剑刃上事。”师闭目坐次，有僧潜来身边立，师开目，于地上作此㊌相，顾视其僧。僧无语。师携拄杖行次，僧问：“和尚手中是什么？”师便拈向背后，曰：“见么？”僧无对。师问一僧：

"汝会什么？"曰："会卜。"师提起拂子，曰："这个六十四卦中阿那卦收？"僧无对。师自代云："适来是雷天大壮，如今变为地火明夷。"问僧："名什么？"曰："灵通。"师曰："便请入灯笼。"曰："早个入了也。"〔法眼别云："唤什么作灯笼？"〕问："古人道，见色便见心。禅床是色，请和尚离却色，指学人心。"师曰："那个是禅床，指出来看。"僧无语。〔玄觉云："忽然被伊却指禅床，作么生对伊？"有僧云："却请和尚道。"玄觉代拊掌三下。〕问："如何是毗卢师？"师乃叱之。僧曰："如何是和尚师？"师曰："莫无礼！"师共一僧语，旁有僧曰："语底是文殊，默底是维摩。"师曰："不语不默底莫是汝否？"僧默然。师曰："何不现神通？"曰："不辞现神通，只恐和尚收作教。"师曰："鉴汝来处，未有教外底眼。"问："天堂地狱相去几何？"师将拄杖画地一画。师住观音时，出牓云："看经次不得问事。"有僧来问讯，见师看经，旁立而待。师卷却经，问："会么？"曰："某甲不看经，争得会？"师曰："汝已后会去在。"其僧到岩头，头问："甚处来？"曰："江西观音来。"头曰："和尚有何言句？"僧举前话，头曰："这个老师，我将谓被故纸埋却，元来犹在。"

僧思鄘问："禅宗顿悟，毕竟入门的意如何？"师曰："此意极难，若是祖宗门下，上根上智，一闻千悟，得大总持。其有根微智劣，若不安禅静虑，到这里总须茫然。"曰："除此一路，别更有入处否？"师曰："有。"曰："如何即是。"师曰："汝是甚处人？"曰："幽州人。"师曰："汝还思彼处否？"曰："常思。"师曰："能思者是心，所思者是境。彼处楼台林苑，人马骈阗，汝反思底还有许多般也无？"曰："某甲到这里，总不见有。"师曰："汝解犹在心。信位即得，人位未在。"曰："除却这个，别更有意也无？"师曰："别有，别无即不堪也。"曰："到这里作么生即是？"师曰："据汝所解，只得一玄，得坐披衣，向后自看。"鄘礼谢之。

师接机利物，为宗门标准。再迁东平，将顺寂，数僧侍立，师以偈示之曰："一二二三子，平目复仰视。两口一无舌，即是吾宗旨。"至日午，升座辞众，复说偈曰："年满七十七，无常在今日。日轮正当午。两手攀屈膝。"言讫，以两手抱膝而终。阅明年，南塔涌禅师迁灵骨归仰山，塔于集云峰下。谥智通禅师、妙光之塔。

香严智闲禅师

邓州香严智闲禅师，青州人也。厌俗辞亲，观方慕道。在百丈时性识聪敏，参禅不得。洎丈迁化，遂参沩山。山问："我闻汝在百丈先师处，问一答十，问十答百。此是汝聪明灵利，意解识想，生死根本。父母未生时，试道一句看。"师被一问，直得茫然。归寮将平日看过底文字从头要寻一句酬对，竟不能得，乃自叹曰："画饼不可充饥。"屡乞沩山说破，山曰："我若说似汝，汝已后骂我去。我说底是我底，终不干汝事。"师遂将平昔所看文字烧却。曰："此生不学佛法也，且作个长行粥饭僧，免役心神。"乃泣辞沩山，直过南阳睹忠国师遗迹，遂憩止焉。

一日，芟除草木，偶抛瓦砾，击竹作声，忽然省悟。遽归沐浴焚香，遥礼沩山。赞曰："和尚大慈，恩逾父母。当时若为我说破，何有今日之事？"乃有颂曰："一击忘所知，更不假修持。动容扬古路，不堕悄然机。处处无踪迹，声色外威仪。诸方达道者，咸言上上机。"沩山闻得，谓仰山曰："此子彻也。"仰曰："此是心机意识，著述得成。待某甲亲自勘过。"仰后见师，曰："和尚赞叹师弟发明大事，你试说看。"师举前颂，仰曰："此是夙习记持而成，若有正悟，别更说看。"师又成颂曰："去年贫未是贫，今年贫始是贫。去年贫，犹有卓锥之地，今年贫，锥也无。"仰曰："如来禅许师弟会，祖师禅未梦见在。"师复有颂曰："我有一机，瞬目视伊。若人不会，别唤沙弥。"仰乃报沩山，曰："且喜闲师弟会祖师禅也。"〔玄觉云："且道如来禅与祖师禅分不分？"长庆棱云："一时坐却。"〕

师初开堂，沩山令僧送书并拄杖至。师接得便哭："苍天！苍天！"僧曰："和尚为什么如此？"师曰："只为春行秋令。"上堂："道由悟达，不在语言。况是密密堂堂，曾无间隔，不劳心意，暂借回光。日用全功，迷徒自背。"僧问："如何是香严境？"师曰："华木不滋。"问："如何是仙陀婆？"师敲禅床曰："过这里来。"问："如何是现在学？"师以扇子旋转示之，曰："见么？"僧无语。问："如何是正命食？"师以手撮而示之。问："如何是无表戒？"师曰："待阇黎作俗即说。"问："如何是声色外相见一句？"师曰："如某甲未住香严时，且道在什么处？"曰："恁么则亦不敢道有所在。"师曰："如幻人心心所法。"问："如何是直截根源佛所印？"师抛下拄杖，散手而去。问："如何是佛法大意？"师曰："今年霜降早，荞麦总不收。"问："如何是西来意？"师以手入怀作拳，展开与之。僧乃跪膝，以两手作受势。师曰："是什么？"僧无对。问："离四句，绝百非，请和尚道。"师曰："猎师前不得说本师戒。"

上堂："若论此事，如人上树，口衔树枝，脚不踏枝，手不攀枝，树下忽有人问，如何是祖师西来意？不对他，又违他所问。若对他，又丧身失命。当恁么时作么生即得？"时有虎头招上座出众云："树上即不问，未上树时请和尚道。"师乃呵呵大笑。

师问："僧甚处来？"曰："沩山来。"师曰："和尚近日有何言句？"曰："有僧问：'如何是西来意？'和尚竖起拂子。"师曰："彼中兄弟作么生会？"曰："彼中商量道，即色明心，附物显理。"师曰："会即便会，着甚死急！"僧却问："师意如何？"师亦竖起拂子。〔玄沙云："只这香严脚跟未点地。"云居锡云："什么处是香严脚跟未点地处？"〕

师有偈曰："子啐母啄，子觉母壳。子母俱亡，应缘不错。同道唱和，妙玄独脚。"师凡示学徒，语多简直。有偈颂二百余篇，随缘对机，不拘声律，诸方盛行。后谥袭灯禅师。

径山洪𬤊禅师

杭州径山洪𬤊禅师，吴兴人也。僧问："掩息如灰时如何？"师曰："犹是时人功干。"曰："干后如何？"师曰："耕人田不种。"曰："毕竟如何？"师曰："禾熟不临场。"问："龙门不假风雷势便透得者如何？"师曰："犹是一品二品。"曰："此既是阶级，向上事如何？"师曰："吾不知有汝龙门。"问："如霜如雪时如何？"师曰："犹是污染。"曰："不污染时如何？"师曰："不同色。"许州全明上座先问石霜："一毫穿众穴时如何？"霜曰："直须万年去。"曰："万年后如何？"霜曰："登科任汝登科，拔萃任汝拔萃。"后问师曰："一毫穿众穴时如何？"师曰："光靴任汝光靴,结果任汝结果。"问："如何是长？"师曰："千圣不能量。"曰："如何是短？"师曰："蟭螟眼里着不满。"其僧不肯,便去举似石霜。霜曰："只为太近实头。"僧却问霜："如何是长？"霜曰："不屈曲。"曰："如何是短？"霜曰："双陆盘中不喝彩。"佛日长老访师。师问："伏承长老独化一方，何以荐游峰顶？"日曰："朗月当空挂，冰霜不自寒。"师曰："莫是长老家风也无？"日曰："峭峙万重关，于中含宝月。"师曰："此犹是文言，作么生是长老家风？"日曰："今日赖遇佛日，却问隐密全真，时人知有道不得，太省无辜，时人知有道得。于此二途，犹是时人升降处。未审和尚亲道自道如何道？"师曰："我家道处无可道。"日曰："如来路上无私曲，便请玄音和一场。"师曰："任汝二轮更互照，碧潭云外不相关。"日曰："为报白头无限客，此回年少莫归乡。"师曰："老少同轮无向背，我家玄路勿参差。"日曰："一言定天下,四句为谁宣。"师曰："汝言有三四,我道其中一也无。"师因有偈曰："东西不相顾,南北与谁留。汝言有三四,我道一也无。"光化四年九月二十八日，白众而化。

定山神英禅师

滁州定山神英禅师，因椑树省和尚行脚时参问："不落数量，请师道。"师提起数珠曰："是落不落？"树曰："圆珠三窍，时人知有，请师圆前话。"师便打，树拂袖便出。师曰："三十年后槌胸大哭去在！"树住后示众曰："老僧三十年前至定山,被他热谩一上，不同小小。"师见首座洗衣,遂问："作什么？"座提起衣示之。师曰："洗底是甚衣？"座曰："关中使铁钱。"师唤维那，移下座挂搭着。

延庆山法端禅师

襄州延庆山法端禅师，僧问："蚯蚓斩为两段，两头俱动。佛性在阿那头？"师展两手。〔洞山别云："问底在阿那头。"〕师灭后，谥绍真禅师。

益州应天和尚

益州应天和尚，僧问："人人尽有佛性，如何是和尚佛性？"师曰："汝唤什么作佛性？"曰："恁么则和尚无佛性也。"师乃叫："快活！快活！"

九峰慈慧禅师

福州九峰慈慧禅师，初在沩山，山上堂曰："汝等诸人，只得大机,不得大用。"师便抽身出去。沩召之,师更不回顾。沩曰："此子堪为法器。"一日辞沩山，曰："某甲辞违和尚，千里之外不离左右。"沩动容曰："善为！"

京兆府米和尚

京兆府米和尚〔亦谓七师〕参学后，归受业寺，有老宿问："月中断井索,时人唤作蛇。未审七师见佛唤作什么？"师曰："若有佛见，即同众生。”〔法眼别云:“此是什么时节问?”法灯别云:“唤底不是。”〕老宿曰:“千年桃核。”师令僧去问仰山曰:“今时还假悟也无?”仰曰:“悟即不无,争奈落在第二头。”师深肯之。又令僧问洞山曰:“那个究竟作么生?”洞曰:“却须问他始得。”师亦肯之。僧问:“自古上贤,还达真正理也无?”师曰:“达。”曰:“只如真正理作么生达?”师曰:“当时霍光卖假银城与单于,契书是什么人做?”曰:“某甲直得杜口无言。”师曰:“平地教人作保。”问:“如何是衲衣下事?”师曰:“丑陋任君嫌,不挂云霞色。”

晋州霍山和尚

晋州霍山和尚,因仰山一僧到,自称集云峰下四藤条天下大禅佛参,师乃唤维那:“打钟着。”大禅佛骤步而去。

元康和尚

元康和尚,因访石楼,楼才见便收足坐。师曰:“得恁么威仪周足!”楼曰:“汝适来见个什么?”师曰:“无端被人领过。”楼曰:“须是与么始为真见。”师曰:“苦哉!赚杀几人来!”楼便起身。师曰:“见则见矣,动则不动。”楼曰:“尽力道不出定也。”师拊掌三下。后有僧举似南泉,泉曰:“天下人断这两个汉是非不得。若断得,与他同参。”

三角山法遇庵主

蕲州三角山法遇庵主,因荒乱,魁帅入山,执刃而问:“和尚有甚财宝?”师曰:“僧家之宝,非君所宜。”魁曰:“是何宝?”师震声一喝,魁不悟,以刃加之。

常侍王敬初居士

襄州王敬初常侍，视事次，米和尚至，公乃举笔示之。米曰："还判得虚空否？"公掷笔入宅，更不复出。米致疑，明日凭鼓山供养主入探其意。米亦随至，潜在屏蔽间侦〔耻庆切〕伺。供养主才坐，问曰："昨日米和尚有什么言句，便不相见？"公曰："师子咬人，韩卢逐块。"米闻此语，即省前谬。遽出朗笑曰："我会也，我会也。"公曰："会即不无，你试道看。"米曰："请常侍举。"公乃竖起一只箸。米曰："这野狐精。"公曰："这汉彻也。"问僧："一切众生还有佛性也无？"曰："有。"公指壁上画狗子曰："这个还有也无？"僧无对。公自代曰："看咬着汝。"

南岳下五世

仰山寂禅师法嗣

仰山西塔光穆禅师

袁州仰山西塔光穆禅师，僧问："如何是正闻？"师曰："不从耳入。"曰："作么生？"师曰："还闻么？"问："祖意教意，是同是别？"师曰："同别且置，汝道瓶嘴里什么物出来入去？"问："如何是西来意？"师曰："汝无佛性。"问："如何是顿？"师作圆相示之。曰："如何是渐？"师以手空中拨三下。

仰山南塔光涌禅师

袁州仰山南塔光涌禅师，豫章丰城章氏子。母乳之夕，神光照庭，厩马皆惊，因以光涌名之。少甚俊敏，依仰山剃度。北游谒临济，复归侍山。山曰："汝来作什么？"师曰："礼觐和尚。"

山曰:“还见和尚么?”师曰:“见。”山曰:“和尚何似驴?”师曰:“某甲见和尚亦不似佛。”山曰:“若不似佛,似个什么?”师曰:“若有所似，与驴何别?”山大惊曰:“凡圣两忘，情尽体露。吾以此验人，二十年无决了者，子保任之。”山每指谓人曰:“此子肉身佛也。”僧问:“文殊是七佛之师,文殊还有师否?”师曰:“遇缘即有。”曰:“如何是文殊师?”师竖起拂子。僧曰:“莫只这便是么?”师放下拂子,叉手。问:“如何是妙用一句?”师曰:“水到渠成。”问:“真佛住在何处?”师曰:“言下无相，也不在别处。”

霍山景通禅师

晋州霍山景通禅师，初参仰山，山闭目坐，师乃翘起右足曰:“如是！如是！西天二十八祖亦如是！中华六祖亦如是！和尚亦如是！景通亦如是！”仰山起来，打四藤条。师因此自称:“集云峰下四藤条天下大禅佛。”〔归宗下，亦有大禅佛名智通。〕住后，有行者问:“如何是佛法大意?”师乃礼拜。者曰:“和尚为什么礼俗人?”师曰:“汝不见道尊重弟子。”师问僧:“什么处来?”僧提起坐具，师曰:“龙头蛇尾。”问:“如何是佛?”师便打,僧亦打。师曰:“汝打我有道理，我打汝无道理。”僧无语。师又打趁出。师化缘将毕，先备薪于郊野，遍辞檀信。食讫至薪所，谓弟子曰:“日午当来报。”至日午，师自执炬登积薪上，以笠置项后，作圆光相。手执拄杖，作降魔杵势，立终于红焰中。

无著文喜禅师

杭州无著文喜禅师，嘉禾语溪人也，姓朱氏。七岁，依本邑常乐寺〔今宗福也〕国清出家剃染，后习律听教。属会昌澄汰，反服韬晦。大中初,例重忏度于盐官齐峰寺,后谒大慈山性空禅师,空曰:“子何不遍参乎?”师直往五台山华严寺，至金刚窟礼谒，遇一老翁牵牛而行，邀师入寺。翁呼均提，有童子应声出迎。翁纵牛，引师升堂。堂宇皆耀金色,翁踞床指绣墩命坐。翁曰:“近自何来？”师曰:“南方。”翁曰:“南方佛法如何住持？”师曰:“末法比丘，少奉戒律。”翁曰:“多少众？”师曰:“或三百,或五百。”师却问:“此间佛法如何住持？”翁曰:“龙蛇混杂，凡圣同居。”师曰:“多少众？”翁曰:“前三三，后三三。”翁呼童子致茶，并进酥酪。师纳其味,心意豁然。翁拈起玻璃盏,问曰:“南方还有这个否？”师曰:“无。”翁曰:“寻常将什么吃茶？”师无对。师睹日色稍晚,遂问翁:“拟投一宿得否？”翁曰:“汝有执心在，不得宿。”师曰:“某甲无执心。”翁曰:“汝曾受戒否？”师曰:“受戒久矣。”翁曰:“汝若无执心，何用受戒？”师辞退。翁令童子相送，师问童子:“前三三，后三三，是多少？”童召:“大德！”师应诺。童曰:“是多少？”师复问曰:“此为何处？”童曰:“此金刚窟般若寺也。”师凄然，悟彼翁者即文殊也。不可再见,即稽首童子,愿乞一言为别。童说偈曰:“面上无嗔供养具，口里无嗔吐妙香。心里无嗔是珍宝，无垢无染是真常。”言讫，均提与寺俱隐，但见五色云中，文殊乘金毛师子往来,忽有白云自东方来,覆之不见。时有沧州菩提寺僧修政等至,尚闻山石震吼之声。师因驻锡五台。咸通三年至洪州观音参仰山，顿了心契，令充典座。文殊尝现于粥镬上，师以搅粥篦便打，曰:“文殊自文殊，文喜自文喜。”殊乃说偈曰:“苦瓠连根苦，甜瓜彻蒂甜。修行三大劫，却被老僧嫌。”一日，有异僧来求斋食，师减己分馈之。仰山预知，问曰:“适来果位人至，汝给食否？”师曰:“辍己回施。”仰曰:“汝大利益。”后旋浙住龙泉寺。僧问:“如何是涅槃相？”师曰:“香烟尽处验。”问:“如何是佛法大意？”师曰:“唤院主来，这师僧患癫。”问:“如何是自己？”师默然，僧罔措，再问，师曰:“青天蒙昧，不向月边飞。”钱王奏赐紫衣，署无著禅师。将顺寂，于子夜告众曰:“三界心尽，即是涅槃。”言讫，跏趺而终。白光照室，竹树同色。塔于灵隐山之西坞。天福二年宣城帅田颙〔于伦切〕应杭将许思叛涣，纵兵大掠，发师塔，睹肉身不坏，爪发俱长。武肃钱王异之，遣裨将邵志重加封瘞，至皇朝嘉定庚辰，迁于净慈山智觉寿禅师塔左。

五观山顺支了悟禅师

新罗国五观山顺支了悟禅师，僧问："如何是西来意？"师竖拂子。僧曰："莫这个便是？"师放下拂子。问："以字不成，八字不是，是什么字？"师作圆相示之。有僧于师前作五花圆相，师画破作一圆相。

仰山东塔和尚

袁州仰山东塔和尚，僧问："如何是君王剑？"师曰："落缆不采功。"曰："用者如何？"师曰："不落人手。"问："法王与君王相见时如何？"师曰："两掌无私。"曰："见后如何？"师曰："中间绝像。"

香严闲禅师法嗣

吉州止观和尚

吉州止观和尚，僧问："如何是毗卢师？"师拦胸与一拓。问："如何是顿？"师曰："非梁陈。"

寿州绍宗禅师

寿州绍宗禅师，僧问："如何是西来意？"师曰："好事不出门，恶事行千里。"有官人谓师曰："见说江西不立宗？"师曰："遇缘即立。"曰："遇缘立个什么？"师曰："江西不立宗。"

南禅无染禅师

益州南禅无染禅师，僧问:“无句之句，师还答也无？”师曰:“从来只明恁么事。”曰:“毕竟如何？”师曰:“且问看。”

长平山和尚

益州长平山和尚，僧问:“视瞬不及处如何？”师曰:“我眨眼也没工夫。”问:“如何是祖师意？”师曰:“西天来，唐土去。”

崇福演教禅师

益州崇福演教禅师，僧问:“如何是宽廓之言？”师曰:“无口得道。”问:“如何是西来意？”师曰:“今日明日。”

大安山清干禅师

安州大安山清干禅师，僧问:“从上诸圣，从何而证？”师乃斫额。问:“如何是祖师西来意？”师曰:“羊头车子推明月。”

终南山丰德寺和尚

终南山丰德寺和尚，僧问:“如何是和尚家风？”师曰:“触事面墙。”问:“如何是本来事？”师曰:“终不更问人。”

武当山佛岩晖禅师

均州武当山佛岩晖禅师，僧问:“某甲顷年有疾，又中毒药，请师医。”师曰:“二宜汤一碗。”问:“如何是佛向上事？”曰:“螺髻子。”曰:“如何是佛向下事？”师曰:“莲华座。”

庐山双溪田道者

江州庐山双溪田道者，僧问:“如何是啐啄之机？”师以手作啄势。问:“如何是西来意?”师曰:“什么处得个问头来?”

径山諲禅师法嗣

洪州米岭和尚

洪州米岭和尚，常语曰:“莫过于此。”僧问:“未审是什么莫过于此?”师曰:“不出是。”僧后问长庆:“为什么不出是?”庆曰:“汝拟唤作什么?”

双峰和尚法嗣

双峰古禅师

福州双峰古禅师，本业讲经，因参先双峰。峰问:“大德什么处住?”曰:“城里。”峰曰:“寻常还思老僧否?”曰:“常思和尚，无由礼觐。”峰曰:“只这思底便是大德。”师从此领旨。即罢讲席，侍奉数年。后到石霜，但随众而已，更不参请。众谓古侍者尝受双峰印记，往往闻于石霜。霜欲诘其所悟，而未得其便。师因辞去，霜将拂子送出门首，召曰:“古侍者!”师回首。霜曰:“拟着即差，是着即乖，不拟不是，亦莫作个会。除非知有莫能知之。好去!好去!”师应喏喏，即前迈。寻属双峰示寂，师乃继续住持。僧问:“和尚当时辞石霜，石霜恁么道意作么生?”师曰:“只教我不着是非。”〔玄觉云:“且道他会石霜意不会?”〕

南岳下六世

西塔穆禅师法嗣

资福如宝禅师

吉州资福如宝禅师，僧问："如何是应之句？"师默然。问："如何是玄旨？"师曰："汝与我掩却门。"问："鲁祖面壁，意作么生？"师曰："没交涉。"问："如何是从上真正眼？"师槌胸曰："苍天！苍天！"曰："借问有何妨？"师曰："困。"问："这个还受学也无？"师曰："未曾镬地栽虚空。"问："如何是衲僧急切处？"师曰："不过此。"问曰："学人未问已前，请师道。"师曰："噫！"问："如何是一尘入正受？"师作入定势。曰："如何是诸尘三昧起？"师曰："汝问阿谁？"问："如何是一路涅槃门？"师弹指一声，又展开两手。曰："如何领会？"师曰："不是秋月明，子自横行八九。"问："如何是和尚家风？"师曰："饭后三碗茶。"师一日拈起蒲团，示众曰："诸佛菩萨，入理圣人，皆从这里出。"便掷下，擘开胸曰："作么生？"众无对。问："学人创入丛林，一夏将末，未蒙和尚指教，愿垂提拯。"师拓开曰："老僧住持已来，未曾瞎却一人眼。"师有时坐良久，周视左右曰："会么？"众曰："不会。"师曰："不会即谩汝去也。"师一日将蒲团于头上，曰："汝诸人恁么时难共语。"众无对。师将坐，却曰："犹较些子。"

南塔涌禅师法嗣

芭蕉山慧清禅师

郢州芭蕉山慧清禅师，新罗国人也。上堂，拈拄杖示众曰："你有拄杖子，我与你拄杖子。你无拄杖子，我夺却你拄杖子。"靠拄杖下座。僧问:“如何是芭蕉水?”师曰:“冬温夏凉。”问:“如何是吹毛剑?”师曰:“进前三步。”曰:“用者如何?”师曰:“退后三步。”问:“如何是和尚为人一句?”师曰:“只恐阇黎不问。”上堂:“会么?相悉者少,珍重!”问:“不语有问时如何?”师曰:“未出三门千里程。”问:“如何是自己?”师曰:“望南看北斗。”问:“光境俱亡,复是何物?”师曰:“知。”曰:“知个什么?”师曰:“建州九郎。”上堂:“如人行次,忽遇前面万丈深坑,背后野火来逼,两畔是荆棘丛林,若也向前,则堕在坑堑。若也退后,则野火烧身。若也转侧,则被荆棘林碍。当与么时,作么生免得?若也免得,合有出身之路。若免不得,堕身死汉。”问:“如何是提婆宗?”师曰:“赤幡在左。”问僧:“近离什么?”僧曰:“请师试道看。”师曰:“将谓是舶上商人,元来是当州小客。”问:“不问二头三首,请师直指本来面目。”师默然正坐。问:“贼来须打,客来须看,忽遇客贼俱来时如何?”师曰:“屋里有一双破草鞋。”曰:“只如破草鞋,还堪受用也无?”师曰:“汝若将去,前凶后不吉。”问:“北斗藏身,意旨如何?”师曰:“九九八十一。”乃曰:“会么?”曰:“不会。”师曰:“一二三四五。”师谓众曰:“我年二十八,到仰山参见南塔,见上堂曰:‘汝等诸人,若是个汉,从娘肚里出来便作师子吼,好么?’我于言下歇得身心,便住五载。”僧问:“古佛未出兴时如何?”师曰:“千年茄子根。”曰:“出兴后如何?”师曰:“金刚努出眼。”上堂,良久曰:“也大相辱。珍重!”问:“如何是祖师意?”师曰:“汝问那个祖师意?”曰:“达磨西来意。”师曰:“独自栖栖暗渡江。”问:“牛头未见四祖时如何?”师曰:“知。”曰:“见后如何?”师曰:“知。”问:“什么物无两头,什么物无背面?”师曰:“我身无两头,我语无背面。”问:“如何是透法身句?”师曰:“一不得问,二不得休。”曰:“学人不会。”师曰:“第三度来,与汝相见。”

清化全怤禅师

越州清化全怤禅师，吴郡昆山人也。初参南塔，塔问："从何而来？"师曰："鄂州。"塔曰："鄂州使君名什么？"师曰："化下不敢相触忤。"曰："此地道不畏。"师曰："大丈夫何必相试。"塔輾〔丑忍切〕然而笑，遂乃印可。时庐陵安福县宰建应国禅苑，迎师聚徒，本道上闻，赐名清化。僧问："如何是和尚急切为人处？"师曰："朝看东南，暮看西北。"曰："不会。"师曰："徒夸东阳客，不识西阳珍。"问："如何是正法眼？"师曰："我却不知。"曰："和尚为什么不知？"师曰："不可青天白日尿床也。"师后还故国，钱氏文穆王特加礼重。晋天福二年丁酉岁，钱氏戍将辟云峰山建院，亦以清化为名，延师开堂。僧问："如何是佛法大意？"师曰："华表柱头木鹤飞。"问："路逢达道人，不将语默对，未审将什么对？"师曰："眼里瞳人吹叫子。"问："和尚年多少？"师曰："始见去年九月九，如今又见秋叶黄。"曰："恁么则无数也。"师曰："问取黄叶。"曰："毕竟事如何？"师曰："六只骰子满盆红。"问："亡僧迁化向什么处去？"师曰："长江无间断，聚沫任风飘。"曰："还受祭祀也无？"师曰："祭祀即不无。"曰："如何祭祀？"师曰："渔歌举棹，谷里闻声。"忠献王赐紫方袍，师不受。王改以衲衣，仍号纯一禅师。师曰："吾非饰让也，虑后人仿吾而逞欲耳。"开运四年秋，示寂。时大风摧震竹木。

黄连山义初明微禅师

韶州黄连山义初明微禅师，僧问："三乘十二分教即不问，请师开口不答话。"师曰："宝华台上定古今。"曰："如何是宝华台上定古今？"师曰："一点墨子，轮流不移。"曰："学人全体不会，请师指示。"师曰："灵觉虽转，空华不坠。"问："古路无踪，如何进步？"师曰："金乌绕须弥，元与劫同时。"曰："恁么则得达于彼岸也。”师曰：“黄河三千年一度清。”广主刘氏向师道化，请入府内说法。僧问：“人王与法王相见时如何？”师曰：“两镜相照，万象历然。”曰：“法王心要，达磨西来，五祖付与曹溪，自此不传衣钵。未审碧玉阶前，将何付嘱？”师曰：“石羊水上行，木马夜翻驹。”曰：“恁么则我王有感，万国归朝。”师曰：“时人尽唱太平歌。”问：“如何是佛？”师曰：“胸题卍字，背负圆光。”问：“如何是道？”师展两手示之。僧曰：“佛之与道,相去几何！”师曰：“如水如波。”

慧林鸿究禅师

韶州慧林鸿究妙济禅师,僧问：“千圣常行此路,如何是此路？”师曰：“果然不见。”问：“鲁祖面壁，意旨如何？”师曰：“有什么雪处？”问：“如何是急切事？”师曰：“钝汉。”问：“如何是和尚家风？”师曰：“诸方大例。”问：“定慧等学,明见佛性。此理如何？”师曰：“新修梵宇。”

南岳下七世

资福宝禅师法嗣

资福贞邃禅师

吉州资福贞邃禅师，僧问：“和尚见古人，得何意旨便歇去？”师作此(魚)相示之。问：“如何是古人歌？”师作此〇相示之。问：“如何是最初一句？”师曰：“未具世界时，阇黎亦在此。”问：“百丈卷席，意旨如何？”师良久。问：“古人道，前三三，后三三，意旨如何？”师曰：“汝名什么。”曰：“某甲。”师曰：“吃茶去。”上堂：

"隔江见资福刹竿便回去，脚跟下好与三十棒。况过江来？"时有僧才出，师曰："不堪共语。"问："如何是古佛心？"师曰："山河大地。"

吉州福寿和尚

吉州福寿和尚,僧问:"祖意教意,是同是别?"师展手。问:"文殊骑师子,普贤骑象王,未审释迦骑什么?"师举手云:"哪!哪!"

潭州鹿苑和尚

潭州鹿苑和尚，僧问："余国作佛，还有异名也无？"师作此○相示之。问："如何是鹿苑一路？"师曰："吉獠舌头问将来。"问："如何是闭门造车？"师曰："南岳石桥。"曰："如何是出门合辙？"师曰："拄杖头鞋。"上堂，展手曰："天下老和尚、诸上座命根,总在这里。"有僧出曰:"还收得也无?"师曰:"天台石桥侧。"曰:"某甲不恁么。"师曰:"伏惟尚飨。"问:"如何是世尊不说说?"师曰:"须弥山倒。"曰:"如何是迦叶不闻闻?"师曰:"大海枯竭。"

芭蕉清禅师法嗣

芭蕉山继彻禅师

郢州芭蕉山继彻禅师，初参风穴。穴问："如何是正法眼？"师曰："泥弹子。"穴异之。次谒先芭蕉。蕉上堂举仰山道："两口一无舌,此是吾宗旨。"师豁然有省。住后,僧问:"如何是林溪境?"师曰:"有山有水。"曰:"如何是境中人?"师曰:"三门前,佛殿后。"问："如何是深深处？"师曰："石人开石户，石锁两头摇。"上堂："昔日如来于波罗奈国，梵王请转法轮，如来不已而已，有屈宗风。随机逗教，遂有三乘名字，流传于天上人间，至今光扬不坠。若据祖宗门下，天地悬殊，上上根机，顿超不异。作么生是混融一句？还有人道得么？若道得，有参学眼；若道不得，天宽地窄。”便下座。

上堂：“眼中无翳，空里无花。水涨船高，泥多佛大。莫将问来，我也无答。会么？问在答处，答在问处。”便下座。问：“三乘十二分教即不问，如何是宗门一句？”师曰：“七纵八横。”曰：“如何领会？”师曰：“泥里倒，泥里起。”问：“如何是祖师西来意？”师曰：“着体汗衫。”问：“有一人不舍生死，不证涅槃，师还提携也无？”师曰：“不提携。”曰：“为什么不提携？”师曰：“林溪粗识好恶。”问：“如何是吹毛剑？”师曰：“透。”曰：“用者如何？”师曰：“钝。”问：“寂寂无依时如何？”师曰：“未是衲僧分上事。”曰：“如何是衲僧分上事？”师曰：“要行即行，要坐即坐。”师有偈曰：“芭蕉的旨，不挂唇齿。木童唱和，石人侧耳。”

兴阳山清让禅师

郢州兴阳山清让禅师，僧问：“大通智胜佛，十劫坐道场。佛法不现前，不得成佛道时如何？”师曰：“其问甚谛当。”曰：“既是坐道场，为什么不得成佛道？”师曰：“为伊不成佛。”

幽谷山法满禅师

洪州幽谷山法满禅师，僧问：“如何是道？”师良久曰：“会么？”曰：“学人不会。”师曰：“听取一偈：话道语下无声，举扬奥旨丁宁。禅要如今会取，不须退后消停。”

芭蕉山遇禅师

郢州芭蕉山遇禅师，僧问：“如何是祖师西来意？”师曰：“是星皆拱北，无水不朝东。”曰：“争奈学人未会何！”师曰：“逢人但恁么举。”

芭蕉山圆禅师

郢州芭蕉山圆禅师,僧问:“如何是和尚接人一句?”师曰:“要头截取去。”曰:“岂无方便?”师曰:“心不负人,面无惭色。”上堂:“三千大千世界,夜来被老僧都合成一块,辊向须弥顶上。帝释大怒,拈得扑成粉碎。诸上座还觉头痛也无?”良久曰:“莫不识痛痒好!珍重!”

承天院辞确禅师

彭州承天院辞确禅师,僧问:“学人有一只箭,射即是,不射即是?”师曰:“作么生是阇黎箭?”僧便喝。师曰:“这个是草箭子。”曰:“如何是和尚箭?”师曰:“禁忌须屈指,祷祈便扣牙。”问:“心随万境转,阿那个是转万境底心?”师曰:“嘉州大像古人镌。”问:“众罪如霜露,慧日能消除时如何?”师曰:“亭台深夜雨,楼阁静时钟。”曰:“为什么因缘会遇时,果报还自受?”师曰:“管笔能书,片舌解语。”开堂日示众:“正令提纲,犹是捏窠造伪。佛法祗对,特地谩蓦上流。问着即参差,答着即交互。大德拟向什么处下口?然则如是,事无一向,权柄在手,纵夺临机,有疑请问。”僧问:“如何是第一义?”师曰:“群峰穿海去,滴水下岩来。”问:“师唱谁家曲,宗风嗣阿谁?”师曰:“道头会尾,举意知心。”

牛头山精禅师

兴元府牛头山精禅师,僧问:“如何是古佛心?”师曰:“东海浮沤。”曰:“如何领会?”师曰:“秤锤落井。”问:“不居凡圣是什么人?”师曰:“梁朝傅大士。”曰:“此理如何?”师曰:“楚国孟尝君。”

觉城院信禅师

益州觉城院信禅师，僧问:“如何是出身一路？”师曰:“三门前。”曰:“如何领会？”师曰:“紧峭草鞋。”

芭蕉山闲禅师

郢州芭蕉山闲禅师，僧问:“十语九不中时如何？”师曰:“闭门屋里坐，抱首哭苍天。”

芭蕉山令遵禅师

郢州芭蕉山令遵禅师，僧问:“直得无下口处时如何？”师曰:“便须进一步。”曰:“向什么处下脚？”师曰:“东山西岭上。”

慧林究禅师法嗣

韶州灵瑞和尚

韶州灵瑞和尚,俗士问:“如何是佛？”师喝曰:“汝是村里人。”僧问:“如何是西来意？”师曰:“十万八千里。”问:“如何是本来心？”师曰:“坐却毗卢顶，出没太虚中。”问:“如何是教外别传底事？”师曰:“两个灵龟泥里斗，直至如今困未休。”曰:“不会。”师曰:“木鸡衔卵走，燕雀乘虎飞。潭中鱼不现，石安却生儿。”

南岳下八世

报慈韶禅师法嗣

三角山志谦禅师

蕲州三角山志谦禅师,僧问:“如何是佛?”师曰:“速礼三拜。”僧礼拜，师曰:“一拨便转。”

兴阳词铎禅师

郢州兴阳词铎禅师，僧问:“佛界与众生界相去多少?”师曰:“道不得。”曰:“真个那!”师曰:“有些子。”

五灯会元　卷第十

青原下八世

罗汉琛禅师法嗣

清凉院文益禅师

金陵清凉院文益禅师，余杭鲁氏子。七岁依新定智通院全伟禅师落发，弱龄禀具于越州开元寺。属律匠希觉师盛化于明州鄮山育王寺，师往预听习，究其微旨。复傍探儒典，游文雅之场。觉师目为我门之游夏也。师以玄机一发，杂务俱捐。振锡南迈，抵福州，参长庆，不大发明。后同绍修法进三人欲出岭，过地藏院，阻雪少憩。附炉次，藏问："此行何之"。师曰："行脚去。"藏曰："作么生是行脚事？"师曰："不知。"藏曰："不知最亲切。"又同三人举《肇论》至"天地与我同根"处，藏曰："山河大地，与上座自己是同是别？"师曰："别。"藏竖起两指，师曰："同。"藏又竖起两指，便起去。雪霁辞去，藏门送之，问曰："上座寻常说三界唯心，万法唯识。"乃指庭下片石曰："且道此石在心内？在心外？"师曰："在心内。"

藏曰："行脚人着什么来由，安片石在心头？"师窘无以对，即放包依席下求决择。近一月余，日呈见解，说道理。藏语之曰："佛法不恁么。"师曰："某甲词穷理绝也。"藏曰："若论佛法，一切见成。"师于言下大悟，因议留止。

进师等以江表丛林，欲期历览，命师同往。至临川，州牧请住崇寿院。开堂日，中坐茶筵未起时，僧正白师曰："四众已围绕和尚法座了也。"师曰："众人却参真善知识。"少顷升座，僧问："大众云集，请师举唱。"师曰："大众久立。"乃曰："众人既尽在此，山僧不可无言，与大众举一古人方便。珍重！"便下座。子方上座自长庆来，师举长庆偈问曰："作么生是万象之中独露身？"子方举拂子，师曰："恁么会又争得？"曰："和尚尊意如何？"师曰："唤什么作万象？"曰："古人不拨万象。"师曰："万象之中独露身，说什么拨不拨？"子方豁然悟解，述偈投诚。自是诸方会下，有存知解者翕然而至。始则行行如也，师微以激发，皆渐而服膺。海参之众，常不减千计。

上堂，大众立久，乃谓之曰："只恁么便散去，还有佛法道理也无？试说看！若无，又来这里作么？若有，大市里人丛处亦有，何须到这里？诸人各曾看《还源观》《百门义海》《华严论》《涅槃经》诸多策子，阿那个教中有这个时节？若有，试举看！莫是恁么经里有恁么语，是此时节么？有什么交涉？所以道：微言滞于心首，尝为缘虑之场；实际居于目前，翻为名相之境。又作么生得翻去？若也翻去，又作么生得正去，还会么？莫只恁么念策子，有什么用处？"僧问："如何披露即得与道相应？"师曰："汝几时披露即与道不相应？"问："六处不知音时如何？"师曰："汝家眷属一群子。"师又曰："作么生会，莫道恁么来问，便是不得。汝道六处不知音，眼处不知音，耳处不知音，若也根本是有，争解无得？古人道：离声色，着声色，离名字，着名字。所以无想天修得，经八万大劫，一朝退堕，诸事俨然，盖为不知根本真实，次第修行三生六十劫，四生一百劫，如是直到三祇果满。他古人犹道，不如一念缘起无生，超彼三乘权学等见。又道弹指圆成八万门，刹那灭却三祇劫，也须体究。若如此用多少省力！”僧问：“指即不问，如何是月？”师曰：“阿那个是汝不问底指？”又僧问：“月即不问，如何是指？”师曰：“月。”曰：“学人问指，和尚为什么对月？”师曰：“为汝问指。”

江南国主重师之道，迎住报恩禅院，署净慧禅师。僧问：“洪钟才击，大众云臻，请师如是。”师曰：“大众会，何似汝会？”问：“如何是古佛家风？”师曰：“什么处看不足？”问：“十二时中，如何行履，即得与道相应？”师曰：“取舍之心成巧伪。”问：“古人传衣，当记何人？”师曰：“汝什么处见古人传衣？”问：“十方贤圣皆入此宗，如何是此宗？”师曰：“十方贤圣皆入。”问：“如何是佛向上人？”师曰：“方便呼为佛。”问：“如何是学人一卷经？”师曰：“题目甚分明。”问：“声色两字，什么人透得！”师却谓众曰：“诸上座且道，这个僧还透得也未？若会此僧问处，透声色也不难。”问：“求佛知见，何路最径？”师曰：“无过此。”问：“瑞草不凋时如何？”师曰：“谩语。”问：“大众云集，请师顿决疑网。”师曰：“寮舍内商量，茶堂内商量？”问：“云开见日时如何？”师曰：“谩语真个。”问：“如何是沙门所重处？”师曰：“若有纤毫所重，即不名沙门。”问：“千百亿化身，于中如何是清净法身？”师曰：“总是。”问：“簇簇上来，师意如何？”师曰：“是眼不是眼？”问：“全身是义，请师一决。”师曰：“汝义自破。”问：“如何是古佛心？”师曰：“流出慈悲喜舍。”问：“百年暗室，一灯能破。如何是一灯？”师曰：“论什么百年？”问：“如何是正真之道？”师曰：“一愿也教汝行，二愿也教汝行。”问：“如何是一真之地？”师曰：“地则无一真。”曰：“如何卓立？”师曰：“转无交涉。”问：“如何是古佛？”师曰：“即今也无嫌疑。”问：“十二时中如何行履？”师曰：“步步蹋着。”问：“古镜未开，如何显照？”师曰：“何必再三。”问：“如何是诸佛玄旨？”师曰：“是汝也有。”问：“承教有言，从无住本立一切法。如何是无住本？”师曰：“形兴未质，名起未名。”问：“亡僧衣众人唱，祖师衣什么人唱？”师曰：“汝唱得亡僧什么衣？”问：“荡子还乡时如何？”师曰：“将什么奉献？”曰：“无有一物。”师曰：“日给作么生？”

师后住清凉，上堂曰：“出家人但随时及节便得，寒即寒，热即热。欲知佛性义，当观时节因缘，古今方便不少。不见石头和尚因看《肇论》云：‘会万物为己者，其唯圣人乎！’他家便道，圣人无己，靡所不己。有一片言语唤作《参同契》，末上云：‘竺土大仙心。’无过此语也。中间也只随时说话。上坐今欲会万物为自己去，盖为大地无一法可见。他又嘱云：‘光阴莫虚度。’适来向上座道，但随时及节便得。若也移时失候，即是虚度光阴，于非色中作色解。上座于非色中作色解，即是移时失候。且道色作非色解，还当不当？上座若恁么会，便是没交涉。正是痴狂两头走，有什么用处？上座但守分随时过好。珍重！”僧问：“如何是清凉家风？”师曰：“汝到别处，但道到清凉来。”问：“如何得诸法无当去？”师曰：“什么法当着上座？”曰：“争奈日夕何！”师曰：“闲言语。”问：“观身如幻化，观内亦复然时如何？”师曰：“还得恁么也无？”问：“要急相应，唯言不二。如何是不二之言？”师曰：“更添些子得么？”问：“如何是法身？”师曰：“这个是应身。”问：“如何是第一义？”师曰：“我向你道是第二义。”

师问修山主：“毫厘有差，天地悬隔。兄作么生会？”修曰：“毫厘有差，天地悬隔。”师曰：“恁么会又争得？”修曰：“和尚如何？”师曰：“毫厘有差，天地悬隔。”修便礼拜。〔东禅齐云：“山主恁么祇对，为什么不肯？及乎再请益法眼，亦只恁么道便得去。且道疑讹在什么处？若看得透，道上座有来由。”〕师与悟空禅师向火，拈起香匙，问曰：“不得唤作香匙，兄唤作什么？”空曰：“香匙。”师不肯。空后二十余日，方明此语。

僧参次，师指帘，时有二僧同去卷。师曰：“一得一失。”〔东禅齐云：“上座作么生会？有云为伊不明旨便去卷帘。亦有道指者即会，不指而去者即失。恁么会还可不可？既不许恁么会，且问上座阿那个得？阿那个失？”〕

云门问：“僧甚处来？”曰：“江西来。”门曰：“江西一队老宿寱语住也未？”僧无对。后僧问师：“不知云门意作么生？”师曰：“大小云门被这僧勘破。”

问：“僧甚处来？”曰：“道场来。”师曰：“明合暗合。”僧无语。师令僧取土添莲盆。僧取土到，师曰：“桥东取，桥西取？”曰：“桥东取。”师曰：“是真实，是虚妄？”问：“僧甚处来？”曰：“报恩来。”师曰：“众僧还安否？”曰：“安。”师曰：“吃茶去。”问：“僧甚处来？”曰：“泗州礼拜大圣来。”师曰：“今年大圣出塔否？”曰：“出。”师却问傍僧曰：“汝道伊到泗州不到？”

师问宝资长老：“古人道，山河无隔碍，光明处处透。且作么生是处处透底光明？”资曰：“东畔打罗声。”〔归宗柔别云：“和尚拟隔碍。”〕师指竹问僧：“还见么？”曰：“见。”师曰：“竹来眼里？眼到竹边？”曰：“总不恁么。”〔法灯别云：“当时但擘眼向师。”归宗柔别云：“和尚只是不信某甲。”〕有俗士献画障子，师看了，问曰：“汝是手巧，心巧？”曰：“心巧。”师曰：“那个是汝心？”士无对。〔归宗柔代云：“某甲今日却成容易。”〕僧问：“如何是第二月？”师曰：“森罗万象。”曰：“如何是第一月？”师曰：“万象森罗。”上堂：“尽十方世界，皎皎地无一丝头，若有一丝头，即是一丝头。”〔法灯云：“若有一丝头，不是一丝头。”〕师指凳子曰：“识得凳子，周匝有余。”〔云门云：“识得凳子，天地悬殊。”〕僧问：“如何是尘劫来事？”师曰：“尽在于今。”

师因患脚，僧问讯次，师曰：“非人来时不能动，及至人来动不得。且道佛法中下得什么语？”曰：“和尚且喜得便。”师不肯，自别云：“和尚今日似减。”因开井被沙塞却泉眼。师曰：“泉眼不通被沙碍，道眼不通被什么碍？”僧无对。师代曰：“被眼碍。”

师见僧搬土次，乃以一块土放僧担上，曰："吾助汝。"僧曰："谢和尚慈悲。"师不肯。一僧别云："和尚是什么心行？"师便休去。师谓小儿子曰："因子识得你爷,你爷名什么？"儿无对。〔法灯代云："但将衣袖掩面。"〕师却问僧："若是孝顺之子，合下得一转语。且道合下得什么语？"僧无对。师代曰："他是孝顺之子。"师问讲《百法论》僧曰："《百法》是体用双陈,《明门》是能所兼举。座主是能,法座是所,作么生说兼举？"〔有老宿代云："某甲唤作个法座。"归宗柔云："不劳和尚如此。"〕

师一日与李王论道罢，同观牡丹花。王命作偈，师即赋曰："拥毳对芳丛，由来趣不同。发从今日白，花是去年红。艳冶随朝露，馨香逐晚风。何须待零落，然后始知空。"王顿悟其意。师颂《三界唯心》曰："三界唯心,万法唯识。唯识唯心,眼声耳色。色不到耳,声何触眼。眼色耳声，万法成办。万法匪缘，岂观如幻。山河大地，谁坚谁变？"颂《华严六相义》曰："华严六相义，同中还有异。异若异于同，全非诸佛意。诸佛意总别，何曾有同异？男子身中入定时,女子身中不留意。不留意,绝名字,万象明明无理事。"师缘被于金陵，三坐大道场，朝夕演旨，时诸方丛林，咸遵风化。异域有慕其法者，涉远而至。玄沙正宗，中兴于江表。师调机顺物，斥滞磨昏。凡举诸方三昧，或入室呈解，或叩激请益，皆应病与药。随根悟入者,不可胜纪。周显德五年戊午七月十七日示疾,国主亲加礼问。闰月五日剃发澡身，告众讫，跏趺而逝，颜貌如生。寿七十有四，腊五十四。城下诸寺院，具威仪迎引。公卿李建勋以下，素服奉全身于江宁县丹阳起塔，谥大法眼禅师，塔曰无相。后李主创报慈院，命师门人玄觉言导师开法，再谥师大智藏大导师。

青原下九世

清凉益禅师法嗣

天台山德韶国师

天台山德韶国师，处州龙泉陈氏子也。母叶氏，梦白光触体，因而有娠。及诞，尤多奇异。年十五，有梵僧勉令出家，十七依本州龙归寺受业，十八纳戒于信州开元寺。后唐同光中游方，首诣投子见同禅师，次谒龙牙，乃问："雄雄之尊，为什么近之不得？"牙曰："如火与火。"师曰："忽遇水来又作么生？"牙曰："去！汝不会我语。"师又问："天不盖，地不载。此理如何？"牙曰："道者合如是。"师经十七次问，牙只如此答。师竟不谕旨，再请垂诲。牙曰："道者，汝已后自会去。"师后于通玄峰澡浴次，忽省前话，遂具威仪，焚香遥望龙牙礼拜曰："当时若向我说，今日决定骂也。"又问疏山："百匝千重，是何人境界？"山曰："左搓芒绳缚鬼子。"师曰："不落古今，请师说。"曰："不说。"师曰："为什么不说？"曰："个中不辨有无。"师曰："师今善说。"山骇之。如是历参五十四员善知识，皆法缘未契，最后至临川谒法眼，眼一见深器之。师以遍涉丛林，亦倦于参问，但随众而已。

一日，法眼上堂，僧问："如何是曹源一滴水？"眼曰："是曹源一滴水。"僧惘然而退。师于坐侧，豁然开悟。平生凝滞，涣若冰释。遂以所悟闻于法眼。眼曰："汝向后当为国王所师，致祖道光大，吾不如也。"自是诸方异唱，古今玄键，与之决择，不留微迹。寻回本道，游天台，止睹智者顗禅师遗踪，有若旧居。师复与智者同姓，时谓之后身也。初止白沙，时忠懿王为王子，时刺台州，向师之名，延请问道。师谓曰："他日为霸主，无忘佛恩。"汉乾祐元年戊申，王嗣国位，遣使迎之，伸弟子之礼。有传天台智者教羲寂者〔即螺溪也〕，屡言于师曰：“智者之教，年祀浸远，虑多散落。今新罗国其本甚备，自非和尚慈力，其孰能致之乎？”师于是闻于王，王遣使及赍师之书往彼国缮写，备足而回，迄今盛行于世矣。

住后，上堂：“古圣方便犹如河沙，祖师道非风幡动，仁者心动，斯乃无上心印法门。我辈是祖师门下客，合作么生会祖师意？莫道风幡不动，汝心妄动，莫道不拨风幡，就风幡通取；莫道风幡动处是什么？有云附物明心，不须认物；有云色即是空；有云非风幡动，应须妙会。如是解会，与祖师意旨有何交涉？既不许如是会，诸上座便合知悉。若于这里彻底悟去，何法门而不明？百千诸佛方便，一时洞了，更有什么疑情？所以古人道，一了千明，一迷万惑。上座岂是今日会得一则，明日又不会也。莫是有一分向上事难会，有一分下劣凡夫不会？如此见解，设经尘劫，只自劳神乏思，无有是处。”

僧问：“诸法寂灭相，不可以言宣。和尚如何为人师？”曰：“汝到诸方，更问一遍。”曰：“恁么则绝于言句去也。”师曰：“梦里惺惺。”问：“舻棹俱停，如何得到彼岸？”师曰：“庆汝平生。”问：“如何是三种病人。”师曰：“恰问着。”问：“如何是古佛心？”师曰：“此问不弱。”问：“如何是六相？”师曰：“即汝是。”问：“如何是方便？”师曰：“此问甚当。”问：“亡僧迁化向什么处去也？”师曰：“终不向汝道。”曰：“为什么不向某甲道？”师曰：“恐汝不会。”问：“一华开五叶，结果自然成。如何是一华开五叶？”师曰：“日出月明。”曰：“如何是结果自然成？”师曰：“天地皎然。”问：“如何是无忧佛？”师曰：“愁杀人。”问：“一切山河大地，从何而起？”师曰：“此问从何而来？”问：“如何是数起底心？”师曰：“争讳得。”问：“如何是沙门眼？”师曰：“黑如漆。”问：“绝消息时如何？”师曰：“谢指示。”问：“如何是转物即同如来？”师曰：“汝唤什么作物？”曰：“恁么则同如来也。”师曰：“莫作野干鸣。”问：“那吒太子析肉还母，析骨还父，然后于莲华上为父母说法。未审如何是太子身？”师曰：“大家见。”上座问曰：“恁么则大千同一真性也。”师曰：“依稀似曲才堪听，又被风吹别调中。”问：“六根俱泯，为什么理事不明？”师曰：“何处不明？”曰：“恁么则理事俱如也。”师曰：“前言何在？”

上堂：“大凡言句，应须绝渗漏始得。”时有僧问：“如何是绝渗漏底句？”师曰：“汝口似鼻孔。”问：“如何是不证一法？”师曰：“待言语在。”曰：“如何是证诸法？”师曰：“醉作么！”乃曰：“只如山僧恁么对他，诸上座作么生体会？莫是真实相为么？莫是正恁么时无一法可证么？莫是识伊来处么？莫是全体显露么？莫错会好！如此见解，唤作依草附木，与佛法天地悬隔。假饶答话拣辨如悬河，只成得个颠倒知见。若只贵答话拣辨，有什么难，但恐无益于人，翻成赚误。如上座从前所学拣辨、问答、记持，说道理极多，为什么疑心不息？闻古圣方便，特地不会，只为多虚少实。上座不如从脚跟下时覷破，看是什么道理？有多少法门，与上座作疑求解？始知从前所学底事，只是生死根源、阴界里活计。所以古人道，见闻不脱，如水里月。无事珍重！”师有偈曰：“通玄峰顶，不是人间。心外无法，满目青山。”法眼闻云：“即此一偈，可起吾宗。”

师后于般若寺开堂说法十二会。上堂：“毛吞巨海，海性无亏，纤芥投锋，锋利无动。见与不见，会与不会，唯我知焉。”乃有颂曰：“暂下高峰已显扬，般若圜通遍十方。人天浩浩无差别，法界纵横处处彰。珍重！”上堂，僧问：“承古有言，若人见般若，即被般若缚。若人不见般若，亦被般若缚。既见般若，为什么却被缚？”师曰：“你道般若见什么？”曰：“不见般若，为什么亦被缚？”师曰：“你道般若什么处不见？”乃曰：“若见般若，不名般若。不见般若，亦不名般若。且作么生说见不见？所以古人道，若欠一法，不成法身；

若剩一法，不成法身；若有一法，不成法身；若无一法，不成法身。此是般若之真宗也。”

僧问：“乍离凝峰丈室，来坐般若道场。今日家风，请师一句。”师曰：“亏汝什么处！”曰：“恁么则雷音震动乾坤界，人人无不尽沾恩。”师曰：“幸然未会，且莫探头。”僧礼拜，师曰：“探头即不中。诸上座相共证明，今法久住，国土安宁。珍重！”上堂，僧问：“承教有言，归源性无二，方便有多门。如何是归源性？”师曰：“你问我答。”曰：“如何是方便门？”师曰：“你答我问。”曰：“如何趣向？”师曰：“颠倒作么？”问：“一身即无量身，无量身即一身。如何是无量身？”师曰：“一身。”曰：“恁么则昔日灵山，今日亲睹。”师曰：“理当即行。”乃曰：“三世诸佛，一时证明上座，上座且作么生会？若会时不迁，无丝毫可得移易，何以故？为过去、未来、见在三际是上座，上座且非三际，泽霖大海，滴滴皆满。一尘空性，法界全收。珍重！”

上堂，僧问：“四众云集，人天恭敬。目睹尊颜，愿宣般若。”师曰：“分明记取。”曰：“师宣妙法，国王万岁，人民安乐。”师曰：“谁向你道？”曰：“法尔如然。”师曰：“你却灵利！”问：“三世诸佛不知有，狸奴白牯却知有。既是三世诸佛，为什么却不知有？”师曰：“却是你知有。”曰：“狸奴白牯为什么却知有？”师曰：“你什么处见三世诸佛。”问：“承教有言，眼不见色尘，意不知诸法。如何是眼不见色尘？”师曰：“却是耳见。”曰：“如何是意不知诸法？”师曰：“眼知。”曰：“恁么则见闻路绝，声色喧然。”师曰：“谁向汝道？”乃曰：“夫一切问答，如针锋相投，无纤毫参差。事无不通，理无不备。良由一切言语，一切三昧，横竖深浅，隐显去来，是诸佛实相门。只据如今一时验取。珍重！”

上堂：“古者道，如何是禅？三界绵绵，如何是道？十方浩浩。因什么道三界绵绵，何处是十方浩浩底道理？要会么？塞却眼，塞却耳，塞却舌、身、意，无空阙处，无转动处。上座作么生会？横亦不得，竖亦不得，纵亦不得，夺亦不得。无用心处，亦无施设处。若如是会得，始会法门绝拣择，一切言语绝渗漏。曾有僧问：‘作么生是绝渗漏底语？’向他道：‘口似鼻孔。’甚好上座如此会，自然不通风去如识得尽，十方世界是金刚眼睛。无事，珍重！”

上堂，僧问：“天下太平，大王长寿，如何是王？”师曰：“日晓月明。”曰：“如何领会？”师曰：“谁是学人？”乃曰：“天下太平，大王长寿，国土丰乐，无诸患难。此是佛语，古不易今。不迁一言，可以定古定今。会取好，诸上座。”又僧问：“承古有言，有物先天地，无形本寂寥。如何是有物先天地？”师曰：“非同非合。”曰：“如何是无形本寂寥？”师曰：“谁问先天地？”曰：“恁么则境静林间独自游去也。”师曰：“乱道作么！”乃曰：“佛法不是这个道理，要会么？言发非声，色前不物，始会天下太平，大王长寿。久立，珍重！”

上堂：“佛法现成，一切具足。岂不见道圆同太虚，无欠无余。若如是也，且谁欠谁剩，谁是谁非，谁是会者，谁是不会者？所以道，东去亦是上座，西去亦是上座，南去亦是上座，北去亦是上座。因什么得成东西南北？若会得，自然见闻觉知路绝，一切诸法现前。何故如此？为法身无相，触目皆形；般若无知，对缘而照。一时彻底会取好！诸上座，出家儿合作么生？此是本有之理，未为分外。识心达本源，故名为沙门。若识心皎皎地，实无丝毫障碍。上座久立，珍重！”

上堂，僧问：“欲入无为海，先乘般若船。如何是般若船？”师曰：“常无所住。”曰：“如何是无为海？”师曰：“且会般若船。”问：“古德道，登天不借梯，遍地无行路。如何是登天不借梯？”师曰：“不遗丝发地。”曰：“如何是遍地无行路？”师曰：“适来向你道什么？”乃曰：“百千三昧门，百千神通门，百千妙用门，尽不出得般若海中。何以故？为于无住本建立诸法。所以道，生灭去来，邪正动静，千变万化，是诸佛大定门，无过于此。诸上座大家究取，增于佛法寿命，珍重！”

上堂，僧问：“世尊以正法眼付嘱摩诃迦叶，只如迦叶在毕钵罗窟，未审付嘱何人？”师曰：“教我向谁说？”曰：“恁么则灵山付嘱，不异今日。”师曰：“你什么处见灵山？”问：“法眼宝印，和尚亲传，未审今日当付何人？”师曰：“冬冬鼓，一头打，两头鸣。”曰：“恁么则千圣同俦，古今不异。”师曰：“禅河浪静，寻水迷源。”僧清遇问：“帝王请命师赴王恩，般若会中，请师举唱。”师曰：“分明记取。”曰：“恁么则云台宝网，同演妙音。”师曰：“清遇何在！”曰：“法王法如是。”师曰：“阿谁证明？”乃曰：“灵山付嘱分明，诸上座一时验取。若验得更无别理，只是如今。譬如太虚，日明云暗，山河大地，一切有为世界，悉皆明现，乃至无为，亦复如是。世尊付嘱，迄至于今，并无丝毫差别，更付阿谁？所以祖师道，心自本来心，本心非有法。有法有本心，非心非本法。此是灵山付嘱榜样。诸上座彻底会取好！莫虚度时光。国王恩难报，诸佛恩难报，父母师长恩难报，十方施主恩难报。况建置如是次第，佛法兴隆，若非国王恩力，焉得如此。若要报恩，应须明彻道眼，入般若性海始得。久立，珍重！”

上堂，僧问：“古德道，人空法亦空，二相本来同。”师曰：“山河大地。”曰：“学人不会，乞师方便。”师曰：“什么处不是方便？”问：“名假法假，人空法空。向去诸缘，诸师直指。”师曰：“谢此一问。”曰：“不睹王居壮，焉知天子尊。”师曰：“贪观天上月，失却手中桡。”问：“教中道，心清净故法界清净，如何是清净心？”师曰：“迦陵频伽，共命之鸟。”曰：“与法界是一是二？”师曰：“你自问别人。”乃曰：“大道廓然，讵齐今古。无名无相，是法是修。良由法界无边，心亦无际。无事不彰，无言不显。如是会得，唤作般若现前，理同真际，一切山河大地，森罗万象，墙壁瓦砾，并无丝毫可得亏阙。无事久立，珍重！”

上堂，僧问：“承师有言，九天擎玉印，七佛兆前心。如何是印？”师曰：“不露文。”曰：“如何是心？”师曰：“你名安嗣。”乃曰：“法界性海，如函如盖，如钩如锁，如金与金，位位皆齐，无纤毫参差，不相混滥。非一非异，非同非别，若归实地去，法法皆到底。不是上来问个如何若何便是，不问时便非，在长连床上坐时是有，不坐时是无。只如诸方老宿，言教在世，如恒河沙，如来一大藏经，卷卷皆说佛理，句句尽言佛心，因什么得不会去！若一向织络言教，意识解会，饶上座经尘沙劫，亦不能得彻。此唤作颠倒知见，识心话计，并无得力处。此盖为脚跟下不明，若究尽诸佛法源，河沙大藏，一时现前，不欠丝毫，不剩丝毫。诸佛时常出世，时常说法度人，未曾间歇。乃至猿啼鸟叫，草木丛林，常助上座发机，未有一时不为上座。有如是奇特处，可惜许！诸上座大家究取，令法久住世间，增益人天寿命，国王安乐。无事，珍重！”

上堂，举古者道：“吾有一言，天上人间。若人不会，绿水青山。且作么生是一言底道理？古人语须是晓达始得。若是将言而名，于言未有个会处，良由究尽诸法根蒂，始会一言。不是一言半句思量解会唤作一言。若会言语道断，心行处灭，始到古人境界。亦不是闭目藏睛，暗中无所见，唤作言语道断。且莫赚会，佛法不是这个道理。要会么，假饶经尘沙劫说，亦未曾有半句到诸上座。经尘沙劫不说，亦未曾欠少半句。应须彻底会去始得。若如是斟酌名言，空劳心力，并无用处。与诸上座共相证明，后学初心，速须究取。久立，珍重！”

上堂，僧问：“髑髅常干世界，鼻孔摩触家风，如何是髑髅常干世界？”师曰：“更待答话在。”曰：“如何是鼻孔摩触家风？”师曰：“时复举一遍。”问：“一人执炬自烧其身，一人抱冰横尸于路。

此二人阿谁辨道？”师曰：“不遗者。”曰：“不会，乞师指示。”师曰：“你名敬新。”曰：“未审还有人证明也无？”师曰：“有。”曰：“什么人证明？”师曰：“敬新。”问：“牛头未见四祖时如何？”师曰：“异境灵踪，睹者皆羡。”曰：“见后如何？”师曰：“适来向你道什么？”问：“古者道，敲打虚空鸣觳觳，石人木人齐应诺。六月降雪落纷纷，此是如来大圆觉。如何是敲打虚空底？”师曰：“昆仑奴着铁裤，打一棒行一步。”曰：“恁么则石人木人齐应诺也。”师曰：“你还闻么？”乃曰：“诸佛法门，时常如是。譬如大海，千波万浪，未尝暂住，未尝暂有，未尝暂无，浩浩地光明自在。宗三世于毛端，圆古今于一念。应须彻底明达始得，不是问一则语，记一转话，巧作道理。风云水月，四六八对，便当佛法，莫自赚！诸上座究竟无益，若彻底会去，实无可隐藏。无刹不彰，无尘不现。直下凡夫，位齐诸佛。不用纤毫气力，一时会取好！无事，珍重！”

师因兴教明和尚问曰：“饮光持释迦丈六之衣，在鸡足山候弥勒下生，将丈六之衣披在千尺之身，应量恰好。只如释迦身长丈六，弥勒身长千尺，为复是身解短邪？衣解长邪？”师曰：“汝却会。”明拂袖便出去。师曰：“小儿子，山僧若答汝不是，当有因果。汝若不是，吾当见之。”明归七日，吐血。浮光和尚劝曰：“汝速去忏悔。”明乃至师方丈，悲泣曰：“愿和尚慈悲，许某忏悔。”师曰：“如人倒地，因地而起。不曾教汝起倒。”明又曰：“若许忏悔，某当终身给侍。”师为出语曰：“佛佛道齐，宛尔高低。释迦弥勒，如印印泥。”开宝四年辛未，华顶西峰忽摧，声震一山。师曰：“吾非久矣。”明年六月，大星殒于峰顶，林木变白。师乃示疾于莲华峰，参问如常。二十八日，集众言别，跏趺而逝。

清凉泰钦法灯禅师

金陵清凉泰钦法灯禅师，魏府人也。生而知道，辩才无碍。

入法眼之室，海众归之，佥曰敏匠。初住洪州双林院，开堂日，指法座曰：“此山先代尊宿曾说法来，此座高广，不才何升？古昔有言，作礼须弥灯王如来，乃可得坐。且道须弥灯王如来今在何处？大众要见么，一时礼拜。”便升座，良久曰：“大众只如此，也还有会处么？”僧问：“如何是双林境？”师曰：“画也画不成。”曰：“如何是境中人？”师曰：“且去，境也未识且讨人。”又僧问：“一佛出世，震动乾坤。和尚出世，震动何方？”师曰：“什么处见震动？”曰：“争奈即今何！”师曰：“今日有什么事？”有僧出礼拜，师曰：“道者，前时谢汝请我，将什么与汝好？”僧拟问次，师曰：“将谓相悉，却成不委。”问：“如何是西来密密意？”师曰：“苦。”问：“一佛出世，普润群生。和尚出世，当为何人？”师曰：“不徒然。”曰：“恁么则大众有赖也。”师曰：“何必！”乃曰：“且住得也。久立，尊官及诸大众，今日相请勤重，此个殊功，比喻何及。所以道，未了之人听一言，只这如今谁动口？”便下座，立倚拄杖而告众曰：“还会么？天龙寂听而雨华莫作，须菩提帧子画将去，且恁么信受奉行。”问：“新到近离甚处？”僧曰：“庐山。”师拈起香合曰：“庐山还有这个也无？”僧无对。师自代云：“寻香来礼拜和尚。”问：“百骸俱溃散，一物镇长灵。未审百骸一物，相去多少？”师曰：“百骸一物，一物百骸。”

次住上蓝护国院，僧问：“十方俱击鼓，十处一时闻。如何是闻？”师曰：“汝从那方来？”问：“善行菩萨道，不染诸法相。如何是菩萨道？”师曰：“诸法相。”曰：“如何得不染去？”师曰：“染着什么处？”问：“不久开选场，还许学人选也无？”师曰：“汝是点额人。”又曰：“汝是什么科目？”问：“如何是演大法义？”师曰：“我演何似汝演。”

次住金陵龙光院，上堂，维那白椎云：“法筵龙象众，当观第一义。”师曰：“维那早是第二义，长老即今是第几义？”乃举衣袖曰：

“会么？大众，此是手舞足蹈，莫道五百生前曾为乐主来。或有疑情，请垂见示。”时有僧问：“如何是诸佛正宗？”师曰：“汝是什么宗？”曰：“如何？”师曰：“如何即不会。”问：“上蓝一曲师亲唱，今日龙光事若何？”师曰：“汝什么时到上蓝来？”曰：“谛当事如何？”师曰：“不谛当即别处觅。”问：“如何是佛法大意？”师曰：“且问小意，却来与汝大意。”

师后住清凉大道场，上堂，僧出礼拜次。师曰：“这僧最先出，为大众答国主深恩。”僧便问：“国主请命，祖席重开，学人上来，请师直指心源。”师曰：“上来却下去。”问：“法眼一灯，分照天下。和尚一灯，分照何人？”师曰：“法眼什么处分照来？”师乃曰：“某甲本欲居山藏拙，养病过时，奈缘先师有未了底公案，出来与他了却。”时有僧问：“如何是先师未了底公案？”师便打。曰：“祖祢不了，殃及儿孙。”曰：“过在什么处？”师曰：“过在我殃及你。”

江南国主为郑王时，受心法于法眼之室。暨法眼入灭，复尝问师曰：“先师有什么不了底公案？”师曰：“见分析次。”异日，又问曰：“承闻长老于先师有异闻底事。”师作起身势。国主曰：“且坐。”师谓众曰：“先师法席五百众，今只有十数人在诸方为导首。你道莫有错指人路底么？若错指，教他入水入火，落坑落堑。然古人又道，我若向刀山，刀山自摧折，我若向镬汤，镬汤自消灭。且作么生商量？言语即熟，乃问着便生疏去，何也？只为隔阔多时。上座但会我什么处去不得，有去不得者为眼等诸根、色等诸法。诸法且置，上座开眼见什么？所以道，不见一法即如来，方得名为观自在。珍重！”

师开宝七年六月示疾，告众曰：“老僧卧疾，强牵拖与汝相见，如今随处道场，宛然化城，且道作么生是化城？不见古导师云，宝所非遥，须且前进。及至城所，又道我所化作。今汝诸人试说个道理看。是如来禅、祖师禅还定得么？汝等虽是晚生，须知侥忝我国主，凡所胜地建一道场，所须不阙，只要汝开口，如今不知阿那个是汝口，争答效他四恩三有？欲得会么，但识口必无咎，纵有咎因汝有。我今火风相逼，去住是常道。老僧住持，将逾一纪，每承国主助发，至于檀越，十方道侣，主事小师，皆赤心为我，默而难言，或披麻戴布，此即顺俗，我道违真。且道顺好违好？然但顺我道，即无颠倒。我之遗骸，必于南山大智藏和尚左右乞一坟冢。升沈皎然，不沦化也。努力，珍重！”二十四日安坐而终。

灵隐清耸禅师

杭州灵隐清耸禅师，福州人也。初参法眼，眼指雨谓师曰：“滴滴落在上座眼里。”师初不喻旨，后因阅《华严》感悟，承眼印可。回止明州四明山卓庵。节度使钱亿执事师之礼。忠懿王命于临安两处开法。后居灵隐上寺，署了悟禅师。上堂曰：“十方诸佛常在汝前，还见么？若言见，将心见，将眼见？所以道一切法不生，一切法不灭。若能如是解，诸佛常现前。”又曰：“见色便见心，且唤什么作心？山河大地，万象森罗，青黄赤白，男女等相，是心不是心？若是心，为什么却成物象去？若不是心，又道见色便见心。还会么？只为迷此而成颠倒，种种不同，于无同异中强生同异。且如今直下承当，顿豁本心，皎然无一物可作见闻。若离心别求解脱者，古人唤作迷波讨源，卒难晓悟。”僧问：“根尘俱泯，为什么事理不明？”师曰：“事理且从，唤什么作俱泯底根尘？”问：“如何是观音第一义？”师曰：“错。”问：“无明实性即佛性。如何是佛性？”师曰：“唤什么作无明？”问：“如何是和尚家风？”师曰：“亘古亘今。”问：“不问不答时如何？”师曰：“寐语作么？”问：“牛头未见四祖时如何？”师曰：“青山绿水。”曰：“见后如何？”师曰：“绿水青山。”师问僧：“汝会佛法么？”曰：“不会。”师曰：“汝端的不会！”曰：“是。”师曰：“且去，待别时来。”其僧珍重。师曰：“不是这个道理。”问:“如何是摩诃般若。”师曰:“雪落茫茫。”僧无语。师曰:“会么?”曰:“不会。”师示偈曰:“摩诃般若,非取非舍。若人不会,风寒雪下。”

归宗义柔禅师

庐山归宗义柔禅师,开堂升座,维那白槌曰:“法筵龙象众,当观第一义。”师曰:“若是第一机,且作么生观?恁么道,落在什么处。为复是观,为复不许人观?先德上座,共相证明。后学初心,莫唤作返问语、倒靠语,有疑请问。”僧问:“诸佛出世,说法度人,感天动地。和尚出世,有何祥瑞?”师曰:“人天大众前寐语作么?”问:“优昙华折人皆睹,达本无心事若何?”师曰:“谩语?”曰:“恁么则南能别有深深旨,不是心心人不知。”师曰:“事须饱丛林。”问:“昔日金峰,今日归宗,未审是一是二?”师曰:“谢汝证明。”问:“法眼一箭,直射归宗。归宗一箭,当射何人?”师曰:“莫谤我法眼。”问:“此日知军亲证,法师于何处答深恩?”师曰:“教我道什么即得。”乃曰:“一问一答,也无了期。佛法也不是恁么道理。大众,此日之事,故非本心。实谓只个住山宁有意,向来成佛亦无心。盖缘是知军请命,寺众诚心,既到这里,且说个什么即得,还相悉么?若信不及,古人便道相逢欲相唤,脉脉不能语。作么生会?若会,堪报不报之恩,足助无为之化。若也不会,莫道长老开堂只举古人语。此之盛事,天高海深,况喻不及,更不敢赞祝皇风,回向清列。何以故?古人道:‘吾祷久矣!’岂况当今圣明者哉?珍重!”僧问:“如何是空王庙?”师曰:“莫少神?”曰:“如何是庙中人?”师曰:“适来不谩道。”问:“灵龟未兆时如何?”师曰:“是吉是凶。”问:“未达其源,乞师方便。”师曰:“达也。”曰:“达后如何?”师曰:“终不恁么问。”问僧:“看什么经?”曰:“《宝积经》。”师曰:“既是沙门,为什么看《宝积经》?”僧无语。师代云:“古今用无极。”

百丈道恒禅师

洪州百丈道恒禅师，参法眼，因请益外道问佛："不问有言，不问无言。"叙语未终，眼曰："住！住！汝拟向世尊良久处会那。"师从此悟入。住后，上堂："乘此宝乘，直至道场。每日劳诸上座访及，无可祗延，时寒不用久立，却请回车。珍重！"僧问："如何是学人行脚事？"师曰："拗折拄杖得也未？"问："古人有言，释迦与我同参，未审参见何人？"师曰："唯有同参方知。"曰："未审此人如何亲近？"师曰："恁么则你不解参也。"问："如何是祖师西来意？"师曰："往往问不着。"问："还乡曲子作么生唱？"师曰："设使唱，落汝后。"问："如何是百丈境？"师曰："何似云居。"问："如何是百丈为人一句？"师曰："若到诸方，总须问过。"乃曰："实是无事，诸人各各是佛，更有何疑得到这里？古人道，十方同聚会，个个学无为。此是选佛场，心空及第归。且作么生是心空？不是那里闭目冷坐是心空，此正是意识想解。上座要会心空么？但且识心，便见心空。所以道，过去已过去，未来更莫算。兀然无事坐，何曾有人唤。设有人唤，上座应他好，不应他好？若应他，阿谁唤上座。若不应他，又不患聋也。三世体空，且不是木头也。所以古人道，心空得见法王。还见法王么？也只是老病僧。又莫道渠自伐好！珍重。"问："如何是佛？"师曰："汝有多少事不问。"僧举："人问玄沙：'三乘十二分教即不问，如何是祖师西来意？'沙曰：'三乘十二分教不要。'某甲不会，请师为说。"师曰："汝实不会？"曰："实不会。"师示偈曰："不要三乘要祖宗，三乘不要与君同。君今欲会通宗旨，后夜猿啼在乱峰。"上堂："诸上座适来从僧堂里出来，脚未跨门限便回去，已是重说偈言了也，更来这里，不可重重下切脚也。古人云，参他不如自参。所以道森罗万象，是善财之宗师；业惑尘劳，乃普贤之境界。若恁么参，得与善财同参。若不肯与么参，却归堂向火，参取胜热婆罗门。珍重！"上堂，众才集，便曰："吃茶去。"或时众集，便曰："珍重。"或时众集，便曰："歇。"后有颂曰："百丈有三诀：吃茶、珍重、歇。直下便承当，敢保君未彻。"师终于本山。

永明寺道潜禅师

杭州永明寺道潜禅师，河中府武氏子。初谒法眼，眼问曰："子于参请外，看什么经？"师曰："《华严经》。"眼曰："总别、同异、成坏六相，是何门摄属？"师曰："文在《十地品》中。据理则世出世间一切法，皆具六相也。"眼曰："空还具六相也无？"师懵然无对。眼曰："汝问我，我向汝道。"师乃问："空还具六相也无？"眼曰："空。"师于是开悟，踊跃礼谢。眼曰："子作么生会？"师曰："空。"眼然之。异日，因四众士女入院，眼问师曰："律中道，隔壁闻钗钏声，即名破戒。见睹金银合杂，朱紫骈阗，是破戒不是破戒？"师曰："好个入路。"眼曰："子向后有五百毳徒，为王侯所重在。"

师寻礼辞，驻锡于衢州古寺，阅《大藏经》。忠懿王命入府受菩萨戒，署慈化定慧禅师，建大伽蓝，号慧日永明，请居之。师欲请塔下罗汉铜像，过新寺供养。王曰："善矣！予昨夜梦十六尊者，乞随禅师入寺，何昭应之若是？"仍于师号加应真二字。师坐永明，常五百众。上堂："佛法显然，因什么却不会？诸上座欲会佛法，但问取张三李四。欲会世法，则参取古佛丛林。无事久立。"僧问："如何是永明的的意？"师曰："今日十五，明朝十六。"曰："览师的的意。"师曰："何处览？"问："如何是永明家风？"师曰："早被上座答了也。"问："三种病人如何接？"师曰："汝是聋人。"曰："请师方便。"师曰："是方便。"问："牛头未见四祖时，为什么百鸟衔华？"师曰："见东见西。"曰："见后为什么不衔华？"师曰："见南见北？"曰："昔日作么生？"师曰："且会今日。"问："达磨西来传个什么？”师曰：“传个册子。”曰：“恁么则心外有法去也。”师曰：“心内无法。”问：“如何是第二月？”师曰：“月。”问：“如何是觌面事？”师曰：“背后是什么？”问：“文殊仗剑，拟杀何人？”师曰：“止！止！”曰：“如何是剑？”师曰：“眼是。”问：“诸余即不问，向上宗乘亦且置，请师不答。”师曰：“好个师僧子。”曰：“恁么则礼拜去也。”师曰：“不要三拜，尽汝一生去。”

众参次，师指香炉曰：“汝诸人还见么？若见，一时礼拜，各自归堂。”僧问：“至道无言，借言显道。如何是显道之言？”师曰：“切忌拣择。”曰：“如何是不拣择？”师曰：“元帅大王，太保令公。”问：“如何是慧日祥光？”师曰：“此去报慈不远。”曰：“恁么则亲蒙照烛。”师曰：“且喜没交涉。”

报恩慧明禅师

杭州报恩慧明禅师，姓将氏。幼岁出家，三学精练。志探玄旨，乃南游于闽越间，历诸禅会，莫契本心。后至临川谒法眼，师资道合。寻回鄞水大梅山庵居。吴越部内，禅学者虽盛，而以玄沙正宗置之阃外，师欲整而导之。一日，有新到参，师问：“近离甚处？”曰：“都城。”师曰：“上座离都城到此山，则都城少上座，此间剩上座。剩则心外有法，少则心法不周。说得道理即住，不会即去。”僧无对。僧问：“如何是大梅主？”师曰：“阇黎今日离什么处？”僧无对。师寻迁天台山白沙卓庵，有朋彦上座博学强记，来访师敌论宗乘。师曰：“言多去道转远。今有事借问，只如从上诸圣及诸先德，还有不悟者也无？”彦曰：“若是诸圣先德，岂有不悟者哉！”师曰：“一人发真归源，十方虚空悉皆消殒。今天台山嶷然，如何得消殒去！”彦不知所措。自是，他宗泛学来者皆服膺矣。

汉乾祐中，忠懿王延入府中问法，命住资崇院。师盛谈玄沙及地藏法眼，宗旨臻极。王因命翠岩令参等诸禅匠及城下名公定其胜负。天龙禅师问曰："一切诸佛及诸佛法，皆从此经出，未审此经从何而出？"师曰："道什么！"天龙拟进语，师曰："过也。"资严长老问："如何是现前三昧？"师曰："还闻么？"严曰："某甲不患聋。"师曰："果然患聋。"师复举"雪峰塔铭"问诸老宿："夫从缘有者，始终而成坏；非从缘有者，历劫而长坚。坚之与坏即且置，雪峰即今在什么处？"〔法眼别云："只今是成是坏？"〕宿无对，设有对者，亦不能当其征诘。时群彦弭伏，王大喜悦，署圆通普照禅师。

上堂："诸人还委悉么？莫道语默动静、无非佛事好！且莫错会。"僧问："如何是祖师西来意？"师曰："汝还见香台么？"曰："某甲未会，乞师指示。"师曰："香台也不识。"问："离却目前机，如何是西来意？"师曰："汝何不问？"曰："恁么则委是去也。"师曰："也是虚施。"问："如何是佛法大意？"师曰："我见灯明佛本光瑞如此。"问："如何是学人自己？"师曰："特地伸问是什么意？"问："如何是西来意？"师曰："十万八千真跋涉，直下西来不到东。"问："如何是第二月？"师曰："捏目看花花数朵，见精明树几枝枝。"

报慈行言玄觉导师

金陵报慈行言玄觉导师，泉州人也。上堂："凡行脚人参善知识，到一丛林，放下瓶钵，可谓行菩萨道能事毕矣。何用更来这里举论？真如涅槃，此是非时之说。然古人有言，譬如披沙识宝，沙砾若除，真金自现，便唤作常住世间，具足僧宝。亦如一味之雨，一般之地，生长万物，大小不同，甘辛有异。不可道地与雨有大小之名也。所以道，方即现方，圆即现圆。何以故？法尔无偏正，随相应现，唤作对现色身。还见么？若不见也莫闲坐地。"僧问："如何是祖师西来意？"师曰："此问不当。"问："坐却是非，如何合得本来人？"师曰："汝作么生坐？"师闻鸠子叫，问僧："什么声？"曰："鸠子声。"师曰："欲得不招无间业，莫谤如来正法轮。"江南国主建报慈院，命师大阐宗猷。海会二千余众，别署导师之号。上堂：“此日英贤共会，海众同臻。谅惟佛法之趣，无不备矣。若是英鉴之者，不须待言也。然言之本无，何以默矣。是以森罗万象，诸佛洪源。显明则海印光澄，冥昧则情迷自惑。苟非通心上士、逸格高人，则何以于诸尘中发扬妙极，卷舒物象。纵夺森罗。示生非生，应灭非灭。生灭洞已，乃曰真常。言假则影散千途，论真则一空绝迹。岂可以有无生灭而计之者哉！”僧问：“国王再请，特荐先朝，和尚今日如何举唱？”师曰：“汝不是问再唱人？”曰：“恁么则天上人间，无过此也。”师曰：“没交涉。”问：“远远投师，请垂一接。”师曰：“却依旧处去。”

崇寿院契稠禅师

抚州崇寿院契稠禅师，泉州人也。上堂，僧问：“四众谛观第一义。如何是第一义？”师曰：“何劳更问。”乃曰：“大众欲知佛性义，当观时节因缘。作么生是时节因缘？上座如今便散去，且道有也未？若无，因什么便散去？若有，作么生是第一义？上座，第一义现成，何劳更观。恁么显明得佛性常照，一切法常住。若见有法常住，犹未是法之真源。作么生是法之真源？上座不见古人道，一人发真归源，十方虚空悉皆消殒。还有一法为意解么？古人有如是大事因缘，依而行之即是，何劳长老多说。众中有未知者，便请相示。”僧问：“法眼之灯，亲然汝水。今日王侯请命，如何是法眼之灯？”师曰：“更请一问。”问：“古人见不齐处，请师方便。”师曰：“古人见什么处不齐？”问：“如何是佛？”师曰：“如何是佛。”曰：“如何领解？”师曰：“领解即不是。”问：“的的西来意，师当第几人？”师曰：“年年八月半中秋。”问：“如何是和尚为人一句？”师曰：“观音举，上蓝举。”

报恩院法安慧济禅师

金陵报恩院法安慧济禅师，太和人也。初住曹山，上堂："知幻即离，不作方便。离幻即觉，亦无渐次。诸上座且作么生会？不作方便，又无渐次，古人意在什么处？若会得，诸佛常现前；若未会，莫向《圆觉经》里讨。夫佛法亘古亘今，未尝不现前。诸上座，一切时中，咸承此威光，须具大信根，荷担得起始得。不见佛赞猛利底人堪为器用，亦不赏他向善、久修净业者，要似他广额凶屠，抛下操刀，便证阿罗汉果，直须恁么始得。所以长者道，如将梵位直授凡庸。"僧问："大众既临于法会，请师不吝句中玄。"师曰："谩得大众么！"曰："恁么则全因此问也。"师曰："不用得。"问："古人有言，一切法以不生为宗。如何是不生宗？"师曰："好个问处。"问："佛法中请师方便。"师曰："方便了也。"问："如何是古佛心？"师曰："何待问。"

江南国主请居报恩，署号摄众。上堂，谓众曰："此日奉命令住持当院,为众演法。适来见维那白槌了,多少好。令教当观第一义。且作么生是第一义？若这里参得多少省要，如今别更说个什么即得。然承恩旨，不可杜默去也。夫禅宗示要，法尔常规，圆明显露，亘古亘今。至于达磨西来，也只与诸人证明，亦无法可得与人。只道直下是，便教立地构取，古人虽则道立地构取，如今坐地还构得也无？有疑请问。"僧问："三德奥枢从佛演,一音玄路请师明。"师曰："汝道有也未？"问："如何是报恩境？"师曰："大家见汝问。"开宝中，示灭于本院。

长安院延规禅师

庐州长安院延规禅师，僧问："如何是庵中主？"师曰："汝到诸方，但道从长安来。"

云居山清锡禅师

南康军云居山清锡禅师，泉州人也。僧问:“如何是云居境?”师曰:“汝唤什么作境?”曰:“如何是境中人?”师曰:“适来向汝道什么!”后住泉州西明院。有廖天使入院，见供养法眼和尚真，乃问曰:“真前是什么果子?”师曰:“假果子。”天使曰:“既是假果子，为什么将供养真?”师曰:“也只要天使识假。”僧问:“如何是佛?”师曰:“容颜甚奇妙。”

正勤院希奉禅师

常州正勤院希奉禅师，苏州谢氏子。上堂:“古圣道，圆同太虚，无欠无余。又道，一一法，一一宗，众多法一法宗。又道，起唯法起，灭唯法灭。又道，起时不言我起，灭时不言我灭。据此说话，屈滞久在丛林上座，若是初心，兄弟且须体道。人身难得，正法难闻，莫同等闲。施主衣食，不易消遣。若不明道，个个尽须还他。上座要会道么?珍重!”僧问:“如何是祖师西来意?”师曰:“什么处得这个消息?”问:“如何是诸法空相?”师曰:“山河大地。”问:“僧众云集，请师举唱宗乘。”师曰:“举来久矣。”问:“佛法付嘱国王大臣，今日正勤将何付嘱?”师曰:“万岁!万岁!”问:“古人有言，山河大地是汝真善知识。如何得山河大地为善知识去?”师曰:“汝唤什么作山河大地?”问:“如何是合道之言?”师曰:“汝问我答。”问:“灵山会上，迦叶亲闻，未审今日谁人得闻?”师曰:“迦叶亲闻个什么?”问:“古佛道场，学人如何得到?”师曰:“汝今在什么处?”问:“如何是和尚圆通?”师敲禅床三下。问:“如何是脱却根尘?”师曰:“莫妄想。”问:“人王法王，是一是二?”师曰:“人王法王。”问:“如何是诸法寂灭相?”师曰:“起唯法起，灭唯法灭。”问:“如何是未曾生底法?”师曰:“汝争得知!”问:“无著见文殊，为什么不识?”师曰:“汝道文殊还识无著么?”问:

"得意谁家新曲妙，正勤一句请师宣。"师曰："道什么！"曰："岂无方便也？"师曰："汝不会我语。"

罗汉智依宣法禅师

漳州罗汉智依宣法禅师，上堂："尽十方世界，无一微尘许法，与汝作见闻觉知，还信么？然虽如此，也须悟始得，莫将为等闲。不见道，单明自己，不悟目前，此人只具一只眼。还会么？"僧问："纤尘不立，为什么好丑现前？"师曰："分明记取，别处问人。"问："大众云集，谁是得者？"师曰："还曾失么！"问："如何是佛？"师曰："汝是行脚僧。"问："如何是宝寿家风？"师曰："一任观看。"曰："恁么则大众有赖。"师曰："汝作么生！"曰："终不敢谩大众。"师曰："嫌少作么！"问僧："受业在什么处？"曰："在佛迹。"师曰："佛在什么处？"曰："什么处不是？"师举起拳曰："作么生？"曰："和尚收取。"师曰："放阇黎七棒。"问僧："今夏在什么处？"僧曰："在无言上座处。"师曰："还曾问讯他否？"僧曰："也曾问讯。"师曰："无言作么生问得？"僧曰："若得无言，什么处不问得？"师喝曰："恰似问老兄。"师与彦端长老吃饼餤，端曰："百种千般，其体不二。"师曰："作么生是不二体？"端拈起饼餤，师曰："只守百种千般。"端曰："也是和尚见处。"师曰："汝也是罗公咏梳头样。"师将示灭，乃谓众曰："今晚四大不和畅。云腾鸟飞，风动尘起，浩浩地还有人治得么？若治得，永劫不相识。若治不得，时时常见我。"言讫告寂。

章义院道钦禅师

金陵钟山章义院道钦禅师，太原人也。初住庐山栖贤，上堂："道远乎哉？触事而真。圣远乎哉？体之则神。我寻常示汝，何不向衣钵下坐地，直下参取，须要上来，讨个什么？既上来，我即事不获已，便举古德少许方便，抖擞些子龟毛兔角，解落向汝。诸上座欲得省要，僧堂里、三门下、寮舍里参取好！还有会处也未？若有会处，试说看，与上座证明。”僧问:“如何是栖贤境？”师曰:“栖贤有什么境？”问:“古人拈椎竖拂，还当宗乘中事也无？”师曰:“古人道了也。”问:“学人乍入丛林，乞和尚指示。”师曰:“一手指天，一手指地。”后江南国主请居章义道场。上堂:“总来这里立，作什么？善知识如河沙数，常与汝为伴。行住坐卧，不相舍离。但长连床上稳坐地，十方善知识自来参，上座何不信取，作得如许多难易。他古圣嗟见今时人不奈何。”乃曰:“伤夫人情之惑，久矣。目对真而不觉，此乃嗟汝诸人看却不知，且道看却什么不知？何不体察古人方便，只为信之不及，致得如此。诸上座但于佛法中留心，无不得者。无事体道去！”便下座。僧问:“百年暗室，一灯能破时如何？”师曰:“莫谩语。”问:“佛法还受变异也无？”师曰:“上座是。”僧问:“人众云集，请师举扬宗旨。”师曰:“久矣！”问:“如何是玄旨？”师曰:“玄有什么旨？”

报恩匡逸禅师

金陵报恩匡逸禅师，明州人也，江南国主请居上院，署凝密禅师。上堂，顾视大众曰:“依而行之，即无累矣。还信么？如太阳赫奕皎然地，更莫思量，思量不及。设尔思量得及，唤作分限智慧。不见先德云，人无心合道，道无心合人。人道既合，是名无事。人且自何而凡，自何而圣？于此若未会，可谓为迷情所覆，便去离不得。迷时即有窒碍，为对为待，种种不同。忽然惺去，亦无所得。譬如演若达多认影迷头，岂不担头觅头。然正迷之时，头且不失。及乎悟去，亦不为得。何以故？人迷谓之失，人悟谓之得。得失在于人，何关于动静。”僧问:“诸佛说法，普润群机。和尚说法，什么人得闻？”师曰:“只有汝不闻。”问:“如何是报恩一句？”

师曰:“道不是得么?”问:“十二时中思量不到处,如何行履?”师曰:“汝如今在什么处?”问:“祖嗣西来,如何举唱?”师曰:“不违所请。”问:“如何是一句?”师曰:“我答争似汝举。”问:“佛为一大事因缘出世,未审和尚出世如何?”师曰:“恰好。”曰:“恁么则大众有赖。”师曰:“莫错会。”

报慈文遂导师

金陵报慈文遂导师,杭州陆氏子。尝究《首楞严》,甄会真妄缘起,本末精博。于是节科注释,文句交络,厥功既就。谒于法眼,述己所业,深符经旨。眼曰:“《楞严》岂不是有八还义?”师曰:“是。”曰:“明还什么?”师曰:“明还日轮。”曰:“日还什么?”师懵然无对。眼诫令焚其所注之文。师自此服膺请益,始忘知解。金陵国主署雷音觉海大导师。

上堂:“天人群生类,皆承此恩力。威权三界,德被四方。共禀灵光,咸称妙义。十方诸佛常顶戴汝,谁敢是非。及乎向这里,唤作开方便门,对根设教,便有如此如彼,流出无穷。若能依而奉行,有何不可。所以清凉先师道,佛是无事人。且如今觅个无事人也不可得。”僧问:“巅山岩崖,还有佛法也无?”师曰:“汝唤什么作巅山岩崖?”问:“如何是道?”师曰:“妄想颠倒。”乃曰:“老僧平生,百无所解。日日一般,虽住此间,随缘任运。今日诸上座与本无异。珍重!”僧问:“如何是无异底事?”师曰:“千差万别。”僧再问,师曰:“止!止!不须说,且会取千差万别。”问:“如何是和尚家风?”师曰:“方丈板门扇。”问:“如何是无相道场?”师曰:“四郎五郎庙。”问:“如何是吹毛剑?”师曰:“擀面杖。”问:“如何是正直一路?”师曰:“远远近近。”曰:“便恁么去时如何?”师曰:“咄哉,痴人!此是险路。”问:“僧从什么处来?”曰:“曹山来。”师曰:“几程到此?”曰:“七程。”师曰:“行却许多山林溪涧,何者是汝自己？”曰：“总是。”师曰：“众生颠倒，认物为己。”曰：“如何是学人自己？”师曰：“总是。”乃曰：“诸上座，各在此经冬过夏，还有人悟自己也无？山僧与汝证明，令汝真见不被邪魔所惑。”问：“如何是学人自己？”师曰：“好个师僧，眼目甚分明。”

罗汉院守仁禅师

漳州罗汉院守仁禅师，泉州人也。上堂：“只据如今，谁欠谁剩。然虽如此，犹是第二义门。上座若明达得去也，且是一是二，更须子细看。”僧问：“如何是祖师西来的的意？”师曰：“即今是什么意？”问：“如何是涅槃？”师曰：“生死。”曰：“如何是生死？”师曰：“适来道什么！”僧众晚参，师曰：“物物本来无处所，一轮明月印心池。”便归方丈。次住报恩，上堂：“报恩这里不曾与人拣话，今日与诸上座拣一两则话，还愿乐么？诸上座，鹤胫长，凫胫短，甘草甜，黄檗苦。恁么拣辨，还惬雅意么？诸上座，莫是血脉不通，泥水有隔么？且莫错会。珍重！”僧问：“如何是西来意？”师曰：“唤什么作西来意？”曰：“恁么则无西来也。”师曰：“由汝口头道。”问：“如何是报恩家风？”师曰：“无汝着眼处。”问：“学人未委禀承，请师方便。”师曰：“莫相孤负么？”曰：“恁么则有师资之分也。”师曰：“丛林见多。”问：“如何是佛法大意？”师曰：“向汝道什么？”问：“如何是无生之相？”师曰：“舍身受身。”曰：“恁么则生死无过也。”师曰：“料汝恁么会。”又曰：“人人皆备理，一一尽圆常。”僧便问：“如何是圆常之理？”师曰：“无事不参差。”曰：“恁么则纵横法界也。”师曰：“巧道有何难。”问：“如何是不到三寸？”师曰：“你问我答。”问僧：“什么处来？”曰：“福州来。”师曰：“跋涉如许多山岭，阿那个是上座自己？”曰：“某甲亲离福州。”师曰：“只恁么，别更有商量？”曰：“更作什么商量？”师曰：“汝话堕也。”问：“不昧缘尘，请师一接。”师曰：“唤什么作缘尘？”曰：“若不伸问，焉息疑情。”师曰：“若不是今日，便作官方。”

黄山良匡禅师

抚州黄山良匡禅师，吉州人也。僧问：“如何是黄山家风？”师曰：“筑着汝鼻孔。”问：“如何是不迁义？”师曰：“春夏秋冬。”问：“如何是一路涅槃门？”师曰：“汝问宗乘中一句，岂不是？”曰：“恁么则不哆哆！”师曰：“莫哆哆好！”问：“众星攒月时如何？”师曰：“唤什么作月？”曰：“莫只这个便是也无？”师曰：“这个是什么？”问：“明镜当台，森罗为什么不现？”师曰：“那里当台。”曰：“争奈即今何！”师曰：“又道不现。”

报恩院玄则禅师

金陵报恩院玄则禅师，滑州卫南人也。初问青峰：“如何是学人自己？”峰曰：“丙丁童子来求火。”后谒法眼，眼问：“甚处来？”师曰：“青峰。”眼曰：“青峰有何言句？”师举前话，眼曰：“上座作么生会？”师曰：“丙丁属火而更求火，如将自己求自己。”眼曰：“与么会又争得！”师曰：“某甲只与么，未审和尚如何？”眼曰：“你问我，我与你道。”师问：“如何是学人自己？”眼曰：“丙丁童子来求火。”师于言下顿悟。开堂日，李王与法眼俱在会，僧问：“龙吟雾起，虎啸风生。学人知是出世边事，到此为什么不会？”师曰：“会取好！”僧举头看师，又看法眼，乃抽身入众。法眼与李王当时失色。眼归方丈，令侍者唤问话僧至。眼曰：“上座适来问底话，许你具眼。人天众前，何不礼拜盖覆却？”眼摵一坐具，其僧三日后吐光而终。僧问：“了了见佛性，如何是佛性？”师曰：“不欲便道。”问：“如何是金刚大士？”师曰：“见也未？”问：“如何是诸圣密密处？”师曰：“却须会取自己。”曰：“如何是和尚密密处？”师曰：“待汝会始得。”上堂：“诸上座，尽有常圆之月，各怀无价之珍。所以月在云中，虽明而不照。智隐惑内，虽真而不通。无事久立。”问:“如何是不动尊？”师曰:“飞飞飏飏。”问:“如何是了然一句？”师曰:“对汝又何难！”曰:“恁么道莫便是也无？”师曰:“不对又何难。”曰:“深领和尚恁么道。”师曰:“汝道我道什么？”问:“亡僧迁化向什么处去也？”师曰:“待汝生即道。”曰:“宾主历然。”师曰:“汝立地见亡僧。”问:“如何是学人本来心？”师曰:“汝还曾道着也未？”曰:“只如道着，如何体会？”师曰:“待汝问始得。”问:“教中道,树能生果,作玻璃色,未审此果何人得吃？”师曰:“树从何来？”曰:“学人有分。”师曰:“去果八万四千。”问:“如何是不迁义？”师曰:“江河竞注，日月旋流？”问:“宗乘中玄要处，请师一言。”师曰:“汝行脚来多少时也。”曰:“不曾逢伴侣。”师曰:“少瞌睡！”

净德院智筠达观禅师

金陵净德院智筠达观禅师,河中府王氏子。初住栖贤。上堂:“从上诸圣方便门不少，大抵只要诸仁者有个见处。然虽未见，且不参差一丝发许,诸仁者亦未尝违背一丝发许。何以故？烜赫地显露，如今便会取，更不费一毫气力。还省要么？设道毗卢有师，法身有主，斯乃抑扬，对机施设，诸仁者作么生会对底道理？若也会，且莫嫌他佛语，莫重祖师，直下是自己眼明始得。”僧问:“如何是的的之言？”师曰:“道什么！”问:“纷然觅不得时如何？”师曰:“觅个什么不得？”问:“如何是祖师意？”师曰:“用祖师意作什么？”问:“今朝呈远瑞，正意为谁来？”师曰:“大众尽见汝恁么问。”江南国主创净德院，延请居之，署达观禅师。

上堂:“夫欲慕道，也须上上根器始得。造次中下，不易承当。何以故？佛法非心意识境界。上座莫恁么懱〔莫结切〕猰〔公入切〕地。他古人道，沙门眼把定世界，函盖乾坤，绵绵不漏丝发。所以诸佛赞叹,赞叹不及比喻,比喻不及道。上座威光赫奕,亘古亘今,幸有如是家风，何不绍续取，为什么自生卑劣，枉受辛勤，不能晓悟。只为如此,所以诸佛出兴于世。只为如此,所以诸佛唱入涅槃。只为如此，所以祖师特地西来。”僧问:“诸圣皆入不二法门，如何是不二法门？”师曰:“但恁么入。”曰:“恁么则今古同然去也。”师曰:“汝道什么处是同？”问:“如何是佛法大意？”师曰:“恰问着。”曰:“恁么则学人礼拜也。”师曰:“汝作么生会？”问:“如何是佛？”师曰:“如何不是？”乃曰:“吾不能投身岩谷，灭迹市尘，而出入禁庭，以重烦世主，吾之过也。”遂屡辞归故山。国主锡以五峰栖玄兰若。

高丽道峰山慧炬国师

高丽国道峰山慧炬国师，始发机于法眼之室。本国主思慕，遣使来请,遂回故地。国主受心诀,礼待弥厚。一日请入王府。上堂,师指威凤楼示众曰:“威凤楼为诸上座举扬了也。还会么？傥若会，且作么生会？若道不会，威凤楼作么生不会？珍重！”

宝塔寺绍岩禅师

杭州真身宝塔寺绍岩禅师，雍州刘氏子。吴越王命师开法，署了空大智常照禅师。上堂:“山僧素寡知见，本期闲放，念经待死，岂谓今日大王勤重，苦勉公僧，效诸方宿德，施张法筵。然大王致请，也只图诸仁者明心，此外别无道理。诸仁者还明心也未？莫不是语言谭笑时，凝然杜默时，参寻知识时，道伴商略时，观山玩水时，耳目绝对时，是汝心否？如上所解，尽为魔魅所摄，岂曰明心？更有一类人，离身中妄想外，别认遍十方世界，含日月，包太虚，谓是本来真心，斯亦外道所计，非明心也。诸仁者要会么？心无是者，亦无不是者。汝拟执认，其可得乎？”僧问:“六合澄清时如何？”师曰：“大众谁信汝。”师开宝四年七月示疾，谓门弟子曰：“诸行无常，即常住相。”言讫，跏趺而逝。

般若寺敬遵通慧禅师

台州般若寺敬遵通慧禅师，上堂：“皎皎烜赫地，亘古亘今，也未曾有纤毫间断相。无时无节,长时拶定上座无通气处。所以道，山河大地是上座善知识。放光动地，触处露现，实无丝头许法可作隔碍。如今因什么却不会,特地生疑去。无事,不用久立。”僧问：“优昙花拆人皆睹，般若家风赐一言。”师曰：“不因上座问，不曾举似人。”曰：“恁么则般若雄峰，讵齐今古？”师曰：“也莫错会。”问：“牛头未见四祖时，为什么百鸟衔华？”师曰：“汝什么处见？”曰：“见后为什么不衔华？”师曰：“且领话好！”问：“灵山一会，迦叶亲闻，未审今日一会，何人得闻？”师曰：“试举迦叶闻底看。”曰：“恁么则迦叶亲闻去也。”师曰：“乱道作么？”师自述真赞曰：“真兮寥廓，郢人图頀。岳耸云空，澄潭月跃。”

归宗策真法施禅师

庐山归宗策真法施禅师，曹州魏氏子也。初名慧超，谒法眼。问曰：“慧超咨和尚,如何是佛？”眼曰：“汝是慧超。”师从此悟入。住后，上堂：“诸上座，见闻觉知，只可一度。只如会了，是见闻觉知不是见闻觉知？要会么？与诸上座说破了也。待汝悟始得。久立,珍重！”僧问：“如何是佛？”师曰：“我向汝道即别有也。”问：“如何是归宗境？”师曰：“是汝见什么？”曰：“如何是境中人？”师曰：“出去。”问：“国王请命，大启法筵。不落见闻，请师速道。”师曰：“闲言语。”曰：“师意如何？”师曰：“又乱说。”问：“承教有言，将此深心奉尘刹，是则名为报佛恩。尘刹即不问，如何是报佛恩？”师曰：“汝若是，则报佛恩。”问：“无情说法，大地得闻。师子吼时如何？”师曰：“汝还闻么？”曰：“恁么则同无情也。”师曰：“汝不妨会得好！”问：“古人以不离见闻为宗，未审和尚以何为宗？”师曰：“此问甚好。”曰：“犹是三缘四缘？”师曰：“莫乱道。”

同安院绍显禅师

洪州同安院绍显禅师，僧问：“王恩降旨师亲受，熊耳家风乞一言。”师曰：“已道了也。”问：“千里投师，请师一接。”师曰：“好入处。”云盖山乞瓦造殿，有官人问：“既是云盖，何用乞瓦？”僧无对。师代曰：“罕遇其人。”

栖贤慧圆禅师

庐山栖贤慧圆禅师，上堂：“出得僧堂门，见五老峰。一生参学事毕，何用更到这里来？虽然如此，也劳上座一转了也。珍重！”僧问：“不是风动，不是幡动，未审古人意旨如何？”师曰：“大众一时会取。”上堂，有僧拟问，师乃指其僧曰：“住！住！”其僧进步，问：“从上宗乘，请师举唱。”师曰：“前言不构，后语难追。”曰：“未审今日事如何？”师曰：“不会人言语。”问：“如何是佛法大意？”师曰：“好。”问：“如何是栖贤境？”师曰：“入得三门便合知。”问：“如何是祖师西来意？”师曰：“此土不欠少。”

观音院从显禅师

洪州观音院从显禅师，泉州人也。上堂，众集，良久曰：“文殊深赞居士，未审居士受赞也无？若受赞，何处有居士邪？若不受赞，文殊不可虚发言也。大众作么生会？若会，真个衲僧。”僧问：“居士默然，文殊深赞，此意如何？”师曰：“汝问我答。”曰：“忽遇恁么人出头来，又作么生？”师曰：“行到水穷处，坐看云起时。”问:“如何是观音家风? ”师曰:“眼前看取。”曰:“忽遇作者来，作么生见待? ”师曰:“贫家只如此，未必便言归。”问:“久负没弦琴,请师弹一曲。”师曰:“作么生听? ”其僧侧耳,师曰:“赚杀人! ”乃曰:“卢行者当时大庾岭头谓明上座言:莫思善,莫思恶,还我明上座本来面目来。观音今日不恁么道还我明上座来,恁么道,是曹溪子孙也无? 若是曹溪子孙，又争除却四字? 若不是，又过在什么处? 试出来商量看。”良久曰:“此一众真行脚人也。”便下座。太平兴国八年九月中，师谓檀那袁长史曰:“老僧三两日间归乡去。”袁曰:“和尚年尊，何更思乡? ”师曰:“归乡图得好盐吃。”袁不测其言。翌日，师不疾，坐亡。袁建塔于西山。

兴善栖伦禅师

洛京兴善栖伦禅师，僧问:“如何是佛? ”师曰:“向汝道什么即得。”问:“如何是西来意? ”师曰:“适来犹记得。”

新兴院齐禅师

洪州严阳新兴院齐禅师,僧问:“如何得出三界去? ”师曰:“汝还信么? ”曰:“信则深信，乞和尚慈悲。”师曰:“只此信心，亘古亘今。快须究取，何必沉吟。要出三界，三界唯心。”师因雪谓众曰:“诸上座还见雪么? 见即有眼，不见无眼。有眼即常，无眼即断。恁么会得，佛身充满。”问:“学人辞去泐潭，乞和尚示个入路。”师曰:“好个入路，道心坚固。随众参请，随众作务。要去便去，要住便住。去之与住，更无他故。若到泐潭，不审马祖。”

慈云匡达禅师

润州慈云匡达禅师，僧问:“佛以一大事因缘故出现于世，未审和尚出世如何? ”师曰:“恰好。”曰:“作么生? ”师曰:“不好。”

荐福院绍明禅师

苏州荐福院绍明禅师，州将钱仁奉请住持，乃问:“如何是和尚家风？”师曰:“一切处看取。”

古贤院谨禅师

泽州古贤院谨禅师，侍立法眼次，眼问一僧曰:“自离此间，什么处去来？”曰:“入岭来。”眼曰:“不易。”曰:“虚涉他如许多山水。”眼曰:“如许多山水也不恶。”其僧无语，师于此有省。住后，僧问:“如何是佛？”师曰:“筑着你鼻孔。”问僧曰:“唯一坚密身，一切尘中现。如何是坚密身？”僧竖指，师曰:“现则现，你作么生会？”僧无语。

兴福院可勋禅师

宣州兴福院可勋禅师，建州朱氏子。僧问:“如何是兴福正主？”师曰:“阇黎不识。”曰:“莫只这便是么？”师曰:“纵未歇狂，头亦何失。”问:“如何是道？”师曰:“勤而行之。”问:“何云法空？”师曰:“不空。”有偈示众曰:“秋江烟岛晴，鸥鹭行行立。不念观世音，争知普门入。”

上蓝院守讷禅师

洪州上蓝院守讷禅师，上堂:“尽令提纲，无人扫地。丛林兄弟，相共证明。晚进之流，有疑请问。”僧问:“愿开甘露门，当观第一义。不落有无中，请师垂指示。”师曰:“大众证明。”曰:“恁么则莫相屈去也。”师曰:“闲言语。”问:“如何是佛？”师曰:“更问阿谁？”

抚州覆船和尚

抚州覆船和尚，僧问:“如何是佛？”师曰:“不识。”问:“如何是祖师西来意？”师曰：“莫谤祖师好！”

奉先寺法瑰禅师

杭州奉先寺法瑰法明普照禅师，僧问：“释迦出世，天雨四华，地摇六动，未审今日有何祥瑞？”师曰：“大众尽见。”曰：“法王法如是。”师曰：“人王见在。”问：“法眼宝印，和尚亲传。今日一会，当付何人？”师曰：“谁人无分？”曰：“恁么则雷音普震无边刹去也。”师曰：“也须善听。”

化城寺慧朗禅师

庐山化城寺慧朗禅师，江南相国宋齐丘请开堂，师升座曰：“今日令公请山僧为众，莫非承佛付嘱，不忘佛恩。众中有问话者出来，为令公结缘。”僧问：“令公亲降，大众云臻，从上宗乘，请师举唱。”师曰：“莫是孤负令公么？”问：“师常苦口，为什么学人己事不明？”师曰：“阇黎什么处不明？”曰：“不明处，请师决断。”师曰：“适来向汝道什么？”曰：“恁么则全因今日去也。”师曰：“退后。”礼三拜。

永明寺道鸿通辩禅师

杭州慧日永明寺道鸿通辩禅师，僧问：“远离天台境，来登慧日峰，久闻师子吼，今日请师通。”师曰：“闻么？”曰：“恁么则昔日崇寿，今日永明也。”师曰：“幸自灵利，何须乱道。”乃曰：“大道廓然，古今常尔，真心周遍，如量之智皎然。万象森罗，咸真实相。该天括地，亘古亘今。大众还会么？还辨白得么？”僧问：“国王嘉命，公贵临筵，未审今日当为何事？”师曰：“验取。”曰：“此意如何？”师曰：“什么处去来？”曰：“恁么则成造次也。”师曰：“休乱道。”

高丽国灵鉴禅师

高丽国灵鉴禅师，僧问："如何是清净伽蓝？"师曰："牛栏是。"问："如何是佛？"师曰："拽出癞汉着。"

荆门上泉和尚

荆门上泉和尚，僧问："二龙争珠，谁是得者？"师曰："我得。"问："远远投师，如何一接？"师按杖视之。其僧礼拜，师便喝。问："尺璧无瑕时如何？"师曰："我不重。"曰："不重后如何？"师曰："火里蝍蟟飞上天。"

大林寺僧遁禅师

庐山大林寺僧遁禅师，初住圆通。有僧举："僧问玄沙：'向上宗乘，此间如何言论？'沙曰：'少人听。'未审玄沙意旨如何？"师曰："待汝移却石耳峰，我即向汝道。"〔归宗柔别云："且低声。"〕

仁王院缘胜禅师

池州仁王院缘胜禅师，僧问："农家击壤时如何？"师曰："僧家自有本分事。"曰："不问僧家本分事，农家击壤时如何？"师曰："话头何在？"

青原下十世

天台韶国师法嗣

永明延寿智觉禅师

杭州慧日永明延寿智觉禅师，余杭王氏子。总角之岁，归心佛乘。既冠不茹荤，日唯一食，持《法华经》，七行俱下。才六旬，悉能诵之，感群羊跪听。年二十八，为华亭镇将，属翠岩参禅师迁止龙册寺，大阐玄化。时吴越文穆王知师慕道，乃从其志，遂礼翠岩为师，执劳供众，都忘身宰。衣不缯纩，食无重味，野蔬布襦，以遣朝夕。寻往天台山天柱峰，九旬习定，有鸟类斥鷃，巢于褶中。暨谒韶国师，一见而深器之，密授玄旨。仍谓师曰："汝与元帅有缘，他日大兴佛事。"

初住雪窦，上堂："雪窦这里，迅瀑千寻，不停纤粟。奇岩万仞，无立足处。汝等诸人，向什么处进步？"僧问："雪窦一径，如何履践？"师曰："步步寒华结，言言彻底冰。"师有偈曰："孤猿叫落中岩月，野客吟残半夜灯。此境此时谁得意？白云深处坐禅僧。"忠懿王请开山灵隐新寺，明年迁永明大道场，众盈二千。僧问："如何是永明妙旨？"师曰："更添香着。"曰："谢师指示。"师曰："且喜没交涉。"僧礼拜，师曰："听取一偈：欲识永明旨，门前一湖水，日照光明生，风来波浪起。"问："学人久在永明，为什么不会永明家风？"师曰："不会处会取。"曰："不会处如何会？"师曰："牛胎生象子，碧海起红尘。"问："成佛成祖，亦出不得。六道轮回，亦出不得。未审出什么处不得？"师曰："出汝问处不得。"问："教中道，一切诸佛及诸佛法，皆从此经出，如何是此经？"师曰："长时转不停，非义亦非声。"曰："如何受持？"师曰："若欲受持者，应须着眼听。"问："如何是大圆镜？"师曰："破砂盆。"师居永明十五载，度弟子一千七百人。开宝七年入天台山度戒约万余人。常与七众授菩萨戒，夜施鬼神食，朝放诸生类，不可称算。六时散华行道，余力念《法华经》，计万三千部。著《宗镜录》一百卷，诗偈赋咏凡千万言，播于海外，高丽国王览师言教，遣使赍书，叙弟子之礼。奉金线织成袈裟、紫水精珠、金澡罐等。彼国僧三十六人，皆承印记，前后归本国，各化一方。开宝八年十二月示疾。越二日焚香告众，跏趺而寂。塔于大慈山。

长寿院朋彦广法禅师

苏州长寿院朋彦广法禅师，永嘉秦氏子。僧问：“如何是玄旨？”师曰：“四棱塌地。”问：“如何是绝丝毫底法？”师曰：“山河大地。”曰：“恁么则即相而无相也。”师曰：“也是狂言。”问：“如何是径直之言？”师曰：“千迂万曲。”曰：“恁么则无不总是也。”师曰：“是何言欤？”问：“如何是道？”师曰：“跋涉不易。”

大宁院可弘禅师

温州大宁院可弘禅师，僧问：“如何是正真一路？”师曰：“七颠八倒。”曰：“恁么则法门无别去也。”师曰：“我知汝错会去。”问：“皎皎地无一丝头时如何？”师曰：“话头已堕。”曰：“乞师指示。”师曰：“适来亦不虚设。”问：“向上宗乘，请师举扬。”师曰：“汝问太迟生！”曰：“恁么则不仙陀去也。”师曰：“深知汝恁么去。”

五云山志逢禅师

杭州五云山华严院志逢禅师，余杭人也。生恶荤血，肤体香洁。幼岁出家，于临安东山朗瞻院，依年受具，通贯三学，了达性相。尝梦升须弥山，睹三佛列坐。初释迦，次弥勒，皆礼其足。唯不识第三尊，但仰视而已。释尊谓之曰：“此是补弥勒处师子月佛。”师方作礼，觉后因阅《大藏经》，乃符所梦。天福中，游方抵天台云居，参国师，宾主缘契，顿发玄秘。一日入普贤殿中宴坐，倏有一神人跪膝于前。师问：“汝其谁乎？”曰：“护戒神也。”师曰：“吾患有宿愆未殄，汝知之乎？”曰：“师有何罪？唯一小过耳。”师曰：“何也。”曰：“凡折钵水，亦施主物。师每倾弃，非所宜也。”言讫而隐，师自此洗钵水尽饮之，积久因致脾疾，十载方愈。〔凡折退饮食，

及涕唾便利等，并宜鸣指，默念咒，发施心而倾弃之。〕

吴越国王向师道风，召赐紫衣，署普觉禅师，命住临安功臣院。上堂："诸上座舍一知识，参一知识，尽学善财南游之式样，且问上座，只如善财礼辞文殊，拟登妙峰谒德云比丘，及到彼所，何以德云却于别峰相见。夫教意祖意，同一方便，终无别理。彼若明得，此亦昭然。诸上座即今蔟着老僧，是相见是不相见？此处是妙峰，是别峰？脱或从此省去，可谓不孤负老僧。亦常见德云比丘，未尝刹那相舍离，还信得及么？"僧问："丛林举唱曲为今时，如何是功臣的的意？"师曰："见么？"曰："恁么则大众咸欣也。"师曰："将谓师子儿。"问："佛佛授手，祖祖传心。未审和尚传个什么？"师曰："汝承当得么？"曰："学人承当不得，还别有人承当得否？"师曰："大众笑汝。"问："如何是如来藏？"师曰："恰问着。"问："如何是诸佛机？"师曰："道是得么。"上堂，良久曰："大众看看。"便下座。上堂："古德为法行脚，不惮勤劳。如云峰三到，投子九上，洞山盘桓往返，尚求个入路不得。看汝近世参学人，才跨门来，便要老僧接引，指示说禅。且汝欲造玄极之道，岂同等闲？而况此事亦有时节，躁求焉得？汝等要知悟时么？如今各且下去，堂中静坐，直待仰家峰点头，老僧即为汝说。"时有僧出，曰："仰家峰点头也，请师说。"师曰："大众且道，此僧会老僧语，不会老僧语？"僧礼拜，师曰："今日偶然失鉴。"有人问僧："无为无事人，为什么却有金锁难？"僧无对。师代云："只为无为无事。"僧问："教中道，文殊忽起佛见法见，被佛威神摄向二铁围山，意旨如何？"师曰："什么处是二铁围山？"僧无语。师曰："还会么？如今若有人起佛法之见，吾与烹茶两瓯，且道赏伊罚伊，同教意不同教意？"开宝四年，大将凌超于五云山创院，奉师为终老之所。师每携大扇乞钱，买肉饲虎。虎每迎之，载以还山。雍熙二年示寂，塔于本院。

报恩法端慧月禅师

杭州报恩法端慧月禅师，上堂:“数夜与诸上座东语西话，犹未尽其源。今日与诸上座大开方便。一时说却,还愿乐也无?久立，珍重!”僧问:“学人恁么上来，请师接。”师曰:“不接。”曰:“为什么不接?”师曰:“为汝太灵利。”

报恩绍安禅师

杭州报恩绍安通辩明达禅师，上堂，僧问:“大众侧聆，请师不吝。”师曰:“奇怪。”曰:“恁么则今日得遇于师也。”师曰:“是何言欤!”乃曰:“一句染神，万劫不朽。今日为诸人举一句子。”良久曰:“分明记取。”便下座。上堂:“幸有楼台匝地，常提祖印，不妨诸上座参取。久立,珍重!”僧问:“如何是和尚家风?”师曰:“一切处见成。”曰:“恁么则亘古亘今也。”师曰:“莫闲言语。”

广平守威禅师

福州广平院守威宗一禅师，本州人也。参天台国师得旨，乃付衣法。时有僧问:“大庾岭头提不起，如何今日付于师?”师提起曰:“有人敢道天台得么?”上堂:“达磨大师云:‘吾法三千年后，不移丝发。’山僧今日不移达磨丝发。先达之者，共相证明。若未达者，不移丝发。”僧问:“洪钟韵绝，大众临筵，祖意西来，请师提唱。”师曰:“洪钟韵绝，大众临筵。”问:“古人云，任汝千圣见，我有天真佛。如何是天真佛?”师曰:“千圣是弟。”问:“如何是广平家风?”师曰:“谁不受用?”上堂:“不用开经作梵，不用展钞牒科，还有理论处也无?设有理论处，亦是方便之谈。宗乘事合作么生?”问:“如何是西来意?”师曰:“未曾有人答得。”曰:“请师方便。”师曰:“何不更问?”

报恩永安禅师

杭州报恩永安禅师，温州翁氏子。幼依本郡汇征大师出家。后唐天成中随本师入国，忠懿王命征为僧正。师尤不喜俗务，拟潜往闽川投访禅会，属路歧艰阻，遂回天台山结茅。寻遇韶国师开示，顿悟本心，乃辞出山。征闻于王，王命住越州清泰，次召居上寺，署正觉空慧禅师。上堂："十方诸佛，一时云集，与诸上座证明，诸上座与佛一时证明，还信么？切忌卜度。"僧问："四众云臻，如何举唱？"师曰："若到诸方，切莫错举。"曰："非但学人，大众有赖。"师曰："礼拜着。"问："五乘三藏，委者颇多。祖意西来，乞师指示。"师曰："五乘三藏。"曰："向上还有事也无？"师曰："汝却灵利。"问："如何大作佛事？"师曰："嫌什么！"曰："恁么则亲承摩顶去也。"师曰："何处见世尊？"问："如何是西来意？"师曰："过这边立。"僧才移步，师召曰："会么？"曰："不会。"师曰："听取一偈：汝问西来意，且过这边立。昨夜三更时，雨打虚空湿。电影忽然明，不似蚰蜒急。"开宝七年示疾，告众言别，时有僧问："昔日如来正法眼，迦叶亲传，未审和尚玄风，百年后如何体会？"师曰："汝什么处见迦叶来？"曰："恁么则信受奉行，不忘斯旨去也。"师曰："佛法不是这个道理。"言讫跏趺而寂。阇维舌根不坏，柔软如红莲华，藏于普贤道场。

光圣院师护禅师

广州光圣院师护禅师，闽人也。自天台得法，化行岭表。国主刘氏创大伽蓝，请师居焉，署大义禅师。僧问："昔日梵王请佛，今日国主临筵，祖意西来，如何举唱？"师曰："不要西来，山僧已举唱了也。"曰："岂无方便？"师曰："适来岂不是方便？"问："学人乍入丛林，西来妙诀，乞师指示。"师曰："汝未入丛林，我已示汝了也。"曰："如何领会？"师曰："不要领会。"

奉先寺清昱禅师

杭州奉先寺清昱禅师，永嘉人也。忠懿王召入问道，创奉先居之，署圆通妙觉禅师。僧问："如何是西来意？"师曰："高声举似大众。"

普闻寺智勤禅师

台州紫凝普闻寺智勤禅师，僧问："如何是空手把锄头？"师曰："但恁么谛信。"曰："如何是步行骑水牛？"师曰："汝自何来？"有偈示众曰："今年五十五，脚未蹋寸土。山河是眼睛，大海是我肚。"太平兴国四年，有旨试僧经业。山门老宿，各写法名，唯师不闲书札。时通判李宪问："世尊还解书也无？"师曰："天下人知。"淳化初，不疾，命侍僧开浴，浴讫垂诫徒众，安坐而逝。塔于本山。三年后，门人迁塔发龛，睹师容仪俨若，髭发仍长，遂迎入新塔。

雁荡山愿齐禅师

温州雁荡山愿齐禅师，钱塘江氏子。上堂，僧问："夜月舒光，为什么碧潭无影？"师曰："作家弄影汉。"其僧从东过西立，师曰："不唯弄影，兼乃怖头。"

普门寺希辩禅师

杭州普门寺希辩禅师，苏州人也。忠懿王命主越州清泰，署慧智，后迁上寺。上堂："山僧素乏知见，复寡闻持，顷虽侍立于国师，不蒙一句开示，以致今日与诸仁者聚会，更无一法可助发，何况能为诸仁者区别缁素，商量古今？还怪得山僧么？若有怪者，且道此人具眼不具眼？有宾主义，无宾主义？晚学初机，必须审细。"僧问："如何是普门示现神通事？"师曰："恁么则阇黎怪老僧去也。"曰："不怪时如何？"师曰："汝且下堂里思惟去。"太平兴国三年，吴越王入觐，师随宝塔至，见于滋福殿，赐紫衣，号慧明禅师。端拱中乞还故里，诏从之，赐御制诗。忠懿王施金于常熟本山院，创砖浮图七级，高二百尺。功既就，至道三年八月示寂，塔于院之西北隅。

光庆寺遇安禅师

杭州光庆寺遇安禅师，钱塘沈氏子。上堂，僧问："无价宝珠，请师分付。"师曰："善能吐露。"曰："恁么则人人具足去也。"师曰："珠在什么处？"僧礼拜。师曰："也是虚言。"问："提纲举领，尽立主宾，如何是主？"师曰："深委此问。"曰："如何是宾？"师曰："适来向汝道什么！"曰："宾主道合时如何？"师曰："其令不行。"问："心月孤圆，光吞万象。如何是吞万象底光？"师曰："大众总见汝恁么问。"曰："光吞万象从师道，心月孤圆意若何？"师曰："抖擞精神着。"曰："鹭倚雪巢犹可辨，光吞万象事难明。"师曰："谨退。"问："青山绿水，处处分明。和尚家风，乞垂一句。"师曰："尽被汝道了也。"曰："未必如斯，请师答话。"师曰："不用闲言。"又一僧方礼拜，师曰："问答俱备。"僧拟问，师乃叱之。上堂："欲识曹溪旨，云飞前面山。分明真实个，不用别追攀。"僧问："古德有言，井底红尘生，山头波浪起。未审此意如何？"师曰："若到诸方，但恁么问。"曰："和尚意旨如何？"师曰："适来向汝道什么？"乃曰："古今相承，皆云尘生井底，浪起山头。结子空花，生儿石女。且作么生会？莫是和声送事，就物呈心，句里藏锋，声前全露么？莫是有名无体，异唱玄谭么？上座自会即得，古人意旨即不然。既恁么会不得，合作么生会？上座欲得会么？但看泥牛行处，阳焰翻波，木马嘶时，空花坠影。圣凡如此，道理分明。何须久立？珍重！"

般若寺友蟾禅师

台州般若寺友蟾禅师，钱塘人也。初住云居普贤，忠懿王署慈悟禅师，迁止上寺，众盈五百。僧问："鼓声才罢，大众云臻。向上宗乘，请师举唱。"师曰："亏汝什么？"曰："恁么则人人尽沾恩去也。"师曰："莫乱道。"

智者寺全肯禅师

婺州智者寺全肯禅师，初参国师，国师问："汝名什么？"师曰："全肯。"国师曰："肯个什么？"师于言下有省，乃礼拜。住后，僧问："有人不肯，还甘也无？"师曰："若人问我，即向伊道。"

玉泉义隆禅师

福州玉泉义隆禅师，上堂："山河大地，尽在诸人眼睛里。因什么说会与不会？"时有僧问："山河大地眼睛里，师今欲更指归谁？"师曰："只为上座去处分明。"曰："若不上来伸此问，焉知方便不虚施？"师曰："依稀似曲才堪听，又被风吹别调中。"

龙册寺晓荣禅师

杭州龙册寺晓荣禅师，温州邓氏子。僧问："祖祖相传，未审和尚传阿谁？"师曰："汝还识得祖也未？"僧慧文问："如何是真实沙门？"师曰："汝是慧文。"问："如何是般若大神珠？"师曰："般若大神珠，分形万亿躯。尘尘彰妙体，刹刹尽毗卢。"问："如何是日用事？"师曰："一念周沙界，日用万般通。湛然常寂灭，常展自家风。"小参次，僧问："向上事即不问，如何是妙善台中的的意？"师曰："若到诸方，分明举似。"曰："恁么则云有出山势，水无投涧声。"师乃叱之。

功臣庆萧禅师

杭州功臣庆萧禅师，僧问:“如何是功臣家风？”师曰:“明暗色空。”曰:“恁么则诸法无生去也。”师曰:“汝唤什么作诸法？”僧礼拜。师曰:“听取一偈: 功臣家风，明暗色空。法法非异，心心自通。恁么会得，诸佛真宗。”

称心敬琎禅师

越州称心敬琎禅师，僧问:“结束囊装，请师分付。”师曰:“莫讳却。”曰:“什么处孤负和尚？”师曰:“却是汝孤负我。”

严峰师术禅师

福州严峰师术禅师，开堂升座，极乐和尚问曰:“大众颙望，请震法雷。”师曰:“大众还会么？还辨得么？今日不异灵山，乃至诸佛国土，天上人间，总皆如是。亘古亘今，常无变异。作么生会无变异底道理？若会得，所以道: 无边刹境，自他不隔于毫端；十世古今，始终不离于当念。”僧问:“灵山一会，迦叶亲闻，严峰一会,谁是闻者？”师曰:“问者不弱。”问:“如何是文殊？”师曰:“来处甚分明。”

华严慧达禅师

潞府华严慧达禅师，僧问:“如何是古佛心？”师曰:“山河大地。”问:“如何是华严境？”师曰:“满目无形影。”

清泰院道圆禅师

越州清泰院道圆禅师,僧问:“亡僧迁化向什么处去也？”师曰:“今日迁化岭中。”上座问:“如何是祖师西来意？”师曰:“不可向汝道庭前柏树子。”

观音院庆祥禅师

杭州九曲观音院庆祥禅师，余杭人也。辩才冠众，多闻强记。时天台门下，推为杰出。僧问:“湛湛圆明，请师一决。”师曰:“十里平湖，一轮秋月。”问:“险恶道中，以何为津梁？”师曰:“以此为津梁。”曰:“如何是此？”师曰:“筑着汝鼻孔。”问:“无根树子向什么处栽？”师曰:“汝甚处得来。”

开化寺行明禅师

杭州开化寺行明传法禅师，本州于氏子。礼雪窦智觉禅师为师，及智觉迁永明，遂入天台国师之室，蒙授记莂。复归永明，翊赞乃师，海众倾仰。忠懿王建六和寺，〔本朝赐开化额。〕延请住持，聚徒说法。僧问:“如何是开化门中流出方便？”师曰:“日日潮音两度闻。”问:“如何是无尽灯？”师曰:“谢阇黎照烛。”

开善寺义圆禅师

越州渔浦开善寺义圆禅师，僧问:“一年去，一年来。方便门中请师开。”师曰:“分明记取。”曰:“恁么则昔时师子吼，今日象王回也。”师曰:“且喜没交涉。”

瑞鹿寺遇安禅师

温州瑞鹿寺上方遇安禅师，福州人也。得法于天台，又常阅《首楞严经》，到“知见立知，即无明本。知见无见，斯即涅槃”，师乃破句读曰:“知见立，知即无明本。知见无，见斯即涅槃。”于此有省。有人语师曰:“破句了也。”师曰:“此是我悟处，毕生不易。”时谓之安楞严。至道元年春，将示寂，有嗣子蕴仁侍立，师乃说偈示之:“不是岭头携得事，岂从鸡足付将来。自古圣贤皆若此，非吾今日为君裁。”付嘱已，澡身易衣，安坐，令舁棺至室。良久，自入棺。经三日，门人启棺，睹师右胁吉祥而卧，四众哀恸。师乃再起，升堂说法，诃责垂诫："此度更启吾棺者，非吾之子。"言讫，复入棺长往。

龙华寺慧居禅师

杭州龙华寺慧居禅师，闽人也。自天台领旨，忠懿王命住上寺，开堂示众曰："从上宗乘，到这里如何举唱？只如释迦如来说一代时教，如瓶注水。古德尚云，犹如梦事寱语一般。且道据什么道理便恁么道？还会么？大施门开，何曾雍塞？生凡育圣，不漏纤尘。言凡则全凡，举圣则全圣。凡圣不相待，个个独称尊。所以道：山河大地，长时说法，长时放光，地水火风，一一如是。"时有僧出礼拜，师曰："好个问头，如法问着。"僧拟进前，师曰："又没交涉也。"问："诸佛出世，放光动地。和尚出世，有何祥瑞？"师曰："话头自破。"上堂："龙华这里，也只是拈柴择菜。上来下去，晨朝一粥，斋时一饭，睡后吃茶。但恁么参取。珍重！"问："学人未明自己，如何辨得浅深？"师曰："识取自己眼。"曰："如何是自己眼？"师曰："向汝道什么？"

齐云山遇臻禅师

婺州齐云山遇臻禅师，越州杨氏子。僧问："如何是无缝塔？"师曰："五六尺。"其僧礼拜。师曰："塔倒也！"问："圆明了知，为什么不因心念？"师曰："圆明了知。"曰："何异心念。"师曰："汝唤什么作心念？"秋夕闲坐，偶成颂曰："秋庭肃肃风飔飔，寒星列空蟾魄高。搘颐静坐神不劳，鸟窠无端吹布毛。"

瑞鹿寺本先禅师

温州瑞鹿寺本先禅师，本州郑氏子。参天台国师，导以"非风幡动，仁者心动”之语，师即悟解。尔后示徒曰：“吾初学天台法门，语下便荐。然千日之内，四仪之中，似物碍膺，如仇同所。千日之后，一日之中，物不碍膺，仇不同所，当下安乐，顿觉前咎。”乃述颂三首。一，《非风幡动仁者心动》，曰：“非风幡动唯心动，自古相传直至今。今后水云人欲晓，祖师直是好知音。”二，《见色便见心》，曰：“若是见色便见心，人来问着方难答。更求道理说多般，孤负平生三事衲。”三，《明自己》，曰：“旷大劫来只如是，如是同天亦同地。同地同天作么形，作么形兮无不是。”师自尔足不历城邑，手不度财货，不设卧具，不衣茧丝。日唯一食，终日宴坐。申旦诲诱，踰三十载，其志弥厉。

上堂：“你诸人还见竹林兰若、山水院舍人众么？若道见，则心外有法。若道不见，争奈竹林兰若、山水院舍人众，现在摐然地，还会恁么告示么？若会，不妨灵利。无事莫立。”上堂：“大凡参学未必学，问话是参学未必学，拣话是参学未必学，代语是参学未必学，别语是参学未必学，捻破经论中奇特言语是参学，未必捻破祖师奇特言语是参学，若于如是等参学，任你七通八达，于佛法中傥无见处，唤作乾慧之徒。岂不闻古德道：聪明不敌生死，乾慧岂免苦轮？诸人若也参学，应须真实参学始得。行时行时参取，立时立时参取，坐时坐时参取，眠时眠时参取，语时语时参取，默时默时参取，一切作务时一切作务时参取。既向如是等时参，且道参个甚人？参个什么语？到这里，须自有个明白处始得。若不如是，唤作造次之流，则无究了之旨。”

上堂：“幽林鸟叫，碧涧鱼跳。云片展张，瀑声鸣咽。你等还知得如是多景象，示你等个入处么？若也知得，不妨参取好！”上堂：“天台教中说文殊、观音、普贤三门。文殊门者一切色，观音门者一切声，普贤门者不动步而到。我道文殊门者不是一切色，观音门者不是一切声，普贤门者是个什么？莫道别却天台教说话，无事且退。”上堂，举僧问长沙：“南泉迁化向什么处去？”沙曰：“东家作驴，西家作马。”僧曰：“学人不会。”沙曰：“要骑便骑，要下即下。”师曰：“若是求出三界修行底人，闻这个言语，不妨狐疑，不妨惊怛。南泉迁化向甚处去？东家作驴，西家作马。或有会云，千变万化，不出真常。或有会云，须会异类中行，始会得这个言语。或有会云，东家是南泉，西家是南泉。或有会云，东家郎君子，西家郎君子。或有会云，东家是什么，西家是什么。或有会云，便作驴叫，又作马嘶。或有会云，唤什么作东家驴，唤什么作西家马？或有会云，既问迁化，答在问处。或有会云，作露柱处去也。或有会云，东家作驴，西家作马。亏南泉甚处。如是诸家会也，总于佛法有安乐处。南泉迁化向甚处去？东家作驴，西家作马，学人不会。要骑便骑，要下即下，这个话不消得多道理而会，若见法界性去。也没多事，珍重！”

上堂：“鉴中形影，唯凭鉴光显现。你等诸人所作一切事，且道唯凭个什么显现？还知得么？若也知得，于参学中千足万足。无事，莫立。”上堂：“你等诸人，夜间眠熟不知一切，既不知一切，且问你等那时有本来性，无本来性？若道那时有本来性，又不知一切，与死无异。若道那时无本来性，睡眠忽省，觉知如故。还会么？不知一切与死无异，睡眠忽省觉知如故，如是等时，是个什么？若也不会，各体究取。无事，莫立。”上堂：“诸法所生，唯心所现。如是言语，好个入底门户。且问你等诸人，眼见一切色，耳闻一切声，鼻嗅一切香，舌了一切味，身触一切耎滑，意分别一切诸法，只如眼耳鼻舌身意所对之物，为复唯是你等心，为复非是你等心。若道唯是你等心，何不与你等身都作一块了休，为什么所对之物，却在你等眼耳鼻舌身意外？你等若道眼耳鼻舌身意所对之物非是你等心，又争奈诸法所生，唯心所现，言语留在世间，何人不举着？你等见这个说话还会么？若也不会，大家用心商量教会去。幸在其中,莫令厌学。无事且退。”大中祥符元年二月,谓上足如昼曰:“可造石龛,仲秋望日,吾将顺化。”昼禀命即成,及期,远近士庶奔趋瞻仰。是日参问如常。至午坐方丈,手结宝印,谓昼曰:“古人云,骑虎头,打虎尾。中央事,作么生?”昼曰:“也只是如昼。”师曰:“你问我。”昼乃问:“骑虎头,打虎尾,中央事,和尚作么生?”师曰:“我也弄不出。”言讫奄然,开一目微视而逝。

兴教洪寿禅师

杭州兴教洪寿禅师,同国师普请次,闻堕薪有省,作偈曰:“扑落非他物,纵横不是尘。山河及大地,全露法王身。”

永安道原禅师

苏州承天永安道原禅师,僧问:“如何是佛?”师曰:“咄!这旃陀罗。”曰:“学人初机,乞师方便。”师曰:“汝问什么?”曰:“问佛。”师曰:“咄!这旃陀罗。”

清凉钦禅师法嗣

云居道齐禅师

洪州云居道齐禅师,本州金氏子。遍历禅会,学心未息。后于上蓝院主经藏。法灯一日谓师曰:“有人问我西来意,答它曰:不东不西。藏主作么生会?”师对曰:“不东不西。”灯曰:“与么会又争得?”曰:“道齐只恁么,未审和尚尊意如何?”灯曰:“他家自有儿孙在。”师于是顿明厥旨。有颂曰:“接物利生绝妙,外生终是不肖。他家自有儿孙,将来用得恰好。”住后,僧问:“如何是佛?”师曰:“汝是阿谁?”问:“荆棘林中无出路,请师方便为畲开。”师曰:“汝拟去什么处?”曰:“几不到此。”师曰:“闲言语。”

问:“不免轮回，不求解脱时如何？”师曰:“还曾问建山么？”曰:“学人不会,乞师方便。”师曰:“放你三十棒。”问:“如何是三宝？”师曰:“汝是什么宝？”曰:“如何。”师曰:“土木瓦砾。”师著《语要搜玄》《拈古代别》等，盛行丛林。至道三年丁酉九月，示疾。声钟集众，乃曰:“老僧三处住持三十余年，十方兄弟，相聚话道，主事头首，动心赞助。老僧今日火风相逼，特与诸人相见。诸人还见么？今日若见是末后方便。诸人向什么处见，为向四大五阴处见？六入十二处见？这里若见，可谓云居山二十年间后学有赖。吾去后，山门大众分付契瑰开堂住持，凡事勤而行之，各自努力。珍重！”大众才散，师归西挟而逝，塔于本山。

灵隐耸禅师法嗣

功臣院道慈禅师

杭州功臣院道慈禅师，僧问:“师登宝座，大众咸臻。便请举扬宗教。”师曰:“大众证明。”曰:“恁么则亘古亘今也。”师曰:“也须领话。”

罗汉院愿昭禅师

秀州罗汉院愿昭禅师,钱塘人也。上堂:“山河大地是真善知识，时常说法，时时度人。不妨诸上座参取。”僧问:“罗汉家风，请师一句。”师曰:“嘉禾合穗，上国传芳。”曰:“此犹是嘉禾家风，如何是罗汉家风？”师曰:“或到诸方,分明举似。”后住杭州香严寺，僧问:“不立纤尘,请师直道。”师曰:“众人笑汝。”曰:“如何领会？”师曰:“还我话头来。”

报恩院师智禅师

处州报恩院师智禅师，僧问:“如何是和尚家风?”师曰:“谁人不见?”问:“如何是一相三昧?”师曰:“青黄赤白。”曰:“一相何在?”师曰:“汝却灵利。”问:“祖祖相传传祖印，师今法嗣嗣何人?”师曰:“灵鹫峰前，月轮皎皎。”

瀫宁可先禅师

衢州瀫宁可先禅师，僧问:“如何是瀫宁家风?”师曰:“谢指示。”问:“如何是西来意?”师曰:“怪老僧什么处?”曰:“学人不会，乞师方便。”师曰:“适来岂不是问西来意?”

光孝院道端禅师

杭州光孝院道端禅师,僧问:“如何是佛?”师曰:“高声问着。”曰:“莫即便是也无?”师曰:“没交涉。”后住灵隐，示灭。

保清院遇宁禅师

杭州西山保清院遇宁禅师,开堂升座,有二僧一时礼拜。师曰:“二人俱错。”僧拟进语，师便下座。

支提雍熙辩隆禅师

福州支提雍熙辩隆禅师，明州人也。上堂:“巍巍实相，逼塞虚空。金刚之体，无有破坏。大众还见不见?若言见也，且实相之体本非青黄赤白，长短方圆，亦非见闻觉知之法。且作么生说个见底道理?若言不见，又道巍巍实相，逼塞虚空，为什么不见?”僧问:“如何是向上一路?”师曰:“脚下底。”曰:“恁么则寻常履践。”师曰:“莫错认。”问:“如何是坚密身?”师曰:“裸裸地。”曰:“恁么则不密也。”师曰:“见个什么!”

瑞龙院希圆禅师

杭州瑞龙院希圆禅师，僧问："如何是和尚家风？"师曰："特谢阇黎借问。"曰："借问则不无，家风作么生？"师曰："瞌睡汉。"

归宗柔禅师法嗣

罗汉行林祖印禅师

南康军罗汉行林祖印禅师，僧问："天垂甘露，地涌七珍。是什么人分上事？"师曰："谢汝相报。"曰："恁么则佛子住此地，即是佛受用去也。"师曰："更须子细。"上堂才坐，忽有猫儿跳上身，师提起示众曰："昔日南泉亲斩却，今朝耶舍示玄徒。而今卖与诸禅客，文契分明要也无。"良久，抛下猫儿，便下座。

天童新禅师

明州天童新禅师，僧问："如何是密作用？"师曰："何曾密？"问："心径未通时如何？"师曰："什么物碍汝？"问："求之不得时如何？"师曰："用求作么？"曰："如何即是？"师曰："何曾失却。"问："如何是天童境？"师曰："云无人种生何极，水有谁教去不回。"

功臣觉轲心印禅师

杭州功臣觉轲心印禅师，僧问："祖师不在东西山，未审在什么处？"师曰："且讨。"问："如何是天真佛？"师曰："争敢装点。"

天童清简禅师

明州天童清简禅师，钱塘张氏子。师为事孤洁，时谓之简浙客。僧问："如何是祖师西来意？"师曰："不欲向汝道。"曰："请和尚道。"师曰："达磨不可再来也。"师晚居雪窦而终，塔于寺之东南隅。

百丈恒禅师法嗣

栖贤澄湜禅师

庐山栖贤澄湜禅师，僧问："赵州石桥，度驴度马。三峡石桥，当度何人？"师曰："虾蟆蚯蚓。"曰："恁么则物物尽沾恩。"师曰："踏不着。"问："仙洞昨朝师罢唱，栖贤今日请师宣。"师曰："来日又作么生？"曰："未审如何领会？"师曰："箭过新罗。"问："如何是佛？"师曰："张三李四。"问："古人斩蛇意旨如何？"师曰："犹未知痛痒。"问："此是选佛场，心空及第归。学人如何得及第归？"师曰："不才谨退。"晚参众集，师曰："早晨不与诸人相见，今晚不可无言。"便下座。问："毗目仙人执善财手，见微尘诸佛。只如未执手时。见个什么？"师曰："如今又见个什么？"上堂，良久曰："幸好一盘饭，不可糁椒姜。虽然如此，试咬啖看。"便下座。

万寿德兴禅师

苏州万寿德兴禅师，僧问："如何是佛？"师曰："大众一时瞻仰。"问："如何是和尚为人一句？"师曰："汝且自为。"乃曰："问答俱备，其谁得意。若向他求，还成特地。老僧久处深山，比为藏拙，何期今日入到万寿门下，可谓藏之不得。既藏不得，分明露现。未审诸人，阿谁先见？如有见处，出来对众吐露个消息。"良久曰："久立，珍重。"

云门雍熙永禅师

越州云门雍熙永禅师，僧问："师子未出窟时如何？"师曰："且莫哮吼。"曰："出窟后如何？"师曰："退后着。"问："如何是古佛径路？"师曰："谁不履践？"问："如何是学人休心息意处？"师曰："拗折拄杖得也未？"问："心王出敕时如何？"师曰："更宣一遍看。”问:“如何是决定义?”师曰:“不可执着。”问:“如何是佛法大意?”师曰:“此意不小。”

永明潜禅师法嗣

千光王寺瓌省禅师

杭州千光王寺瓌省禅师，温州郑氏子。幼岁出家，精究律部。听天台文句，栖心于圆顿止观。后阅《楞严》，文理宏浚，未能洞晓。一夕诵经既久，就案假寐，梦中见日轮自空而降，开口吞之。自是倏然发悟，差别义门，涣然无滞。后参永明，永明唯印前解，无别指喻。以忠懿王所遗衲衣授之表信。住后，上堂:“诸上座，佛法无事，昔之日月，今之日月。昔日风雨，今日风雨。昔日上座，今日上座，举亦了，说亦了，一切成现好！珍重。”开宝五年七月，宝树浴池，忽现其前。师曰:“凡所有相，皆是虚妄。”越三日示疾，集众言别，安坐而逝。阇维收舍利建塔。

镇境志澄禅师

衢州镇境志澄禅师，僧问:“如何是定乾坤底剑?”师曰:“不漏丝发。”曰:“用者如何?”师曰:“不知。”因普请次，僧问:“锄头损伤虾蟆蚯蚓，还有罪也无?”师曰:“阿谁下手?”曰:“恁么则无罪过。”师曰:“因果历然。”

崇福院庆祥禅师

明州崇福院庆祥禅师，上堂:“诸禅德！见性周遍，闻性亦然。洞彻十方,无内无外。所以古人道,随缘无作,动寂常真。如此施为,全真知用。”僧问:“如何是本来人?”师曰:“堂堂六尺甚分明。”曰:“只如本来人,还作如此相貌也无?”师曰:“汝唤什么作本来人?”

曰:“乞师方便。”师曰:“教谁方便？”

报恩明禅师法嗣

保明院道诚禅师

福州保明院道诚通法禅师，上堂:“如为一人，众多亦然。珍重！”僧问:“圆音普震，三等齐闻。竺土仙心，请师密付。”师良久。僧曰:“恁么则意马已成于宝马，心牛顿作于白牛去也。”师曰:“七颠八倒。”曰:“若然者几招哂笑。”师曰:“礼拜了退。”问:“如何是和尚西来意？”师曰:“我不曾到西天。”曰:“如何是学人西来意？”师曰:“汝在东土多少时？”

报慈言导师法嗣

云居义能禅师

南康军云居义能禅师，上堂:“不用上来，堂中憍陈如上座为诸上座转第一义法轮，还得么？若信得及，各自归堂参取。”下座后却问一僧:“只如山僧适来教上座参取圣僧，圣僧还道个什么？”僧曰:“特谢和尚再举。”问:“如何是佛？”师曰:“即心即佛。”曰:“学人不会，乞师方便。”师曰:“方便呼为佛，回光返照看，身心是何物。”

崇寿稠禅师法嗣

云台山令岑禅师

泉州云台山令岑禅师，僧问:“如何是云台境？”师曰:“前山后山。”曰:“如何是境中人？”师曰:“瞌睡汉。”

资国圆进山主

杭州资国圆进山主，僧问：“丹霞烧木佛，意旨如何？”师曰：“招因带果。”问：“庭前柏树子，意旨如何？”师曰：“碧眼胡僧笑点头。”问：“古人道：东家作驴，西家作马，意旨如何？”师曰：“相识满天下。”

报恩安禅师法嗣

栖贤道坚禅师

庐山栖贤道坚禅师，有官人问：“某甲收金陵，布阵杀人无数，还有罪也无？”师曰：“老僧只管看。”问：“如何是祖师西来意？”师曰：“洋澜左蠡，无风浪起。”

归宗慧诚禅师

庐山归宗慧诚禅师，扬州人也。开堂日，于法堂前谓众曰：“天人得道，以此为证。恁么便散去，已是周遮。其如未晓，即为重说。”遂升座。僧问：“知郡临筵，请师演法。”师曰：“我不及汝。”问：“如何是佛？”师曰：“如何不是？”问：“如何是祖师西来意？”师曰：“不知。”乃曰：“问话且住，直饶问到穷劫，问也不着。答到穷劫，答也不及。何以故？只为诸人各有本分事，圆满十方，亘古亘今，乃至诸佛也不敢错误诸人，便谓之顶族，只是助发上座。所以道：十方法界诸有情，念念以证善逝果。彼既丈夫我亦尔，何得自轻而退屈。诸上座，不要退屈，信取便休。祖师西来，只道见性成佛，其余所说，不及此说。更有个奇特方便，举似诸人。”良久曰：“分明记取，若到诸方，不得错举。久立，珍重。”僧问：“不通风处如何过得？”师曰：“汝从什么处来？”僧举：“南泉问邓隐峰曰：‘铜瓶是境，瓶中有水。不得动着境，与老僧将水来。’峰便拈瓶泻水，未审此意如何？”师曰：“邓隐峰甚奇怪，要且乱泻。”

长安规禅师法嗣

长安院辩实禅师

庐州长安院辩实禅师，僧问：“如何是祖师西来意？”师曰：“少室灵峰住九霄。”

云盖用清禅师

潭州云盖用清禅师，河州赵氏子。僧问：“有一人在万丈井底，如何出得？”师曰：“且喜得相见。”曰：“恁么则穿云透月去也。”师曰：“三十三天事，作么生？”僧无对。师曰：“谩语作么？”问：“如何是云盖境？”师曰：“门外三泉井。”曰：“如何是境中人？”师曰：“童行仔子。”有颂示众曰：“云盖锁口诀，拟议皆脑裂。拍手趁虚空，云露西山月。”僧问：“如何是锁口诀？”师曰：“遍天遍地。”曰：“恁么则石人点头，露柱拍手去也。”师曰：“一瓶净水一炉香。”曰：“此犹是井底虾蟆。”师曰：“劳烦大众。”师常节饮食，随众二时，但展钵而已。或逾年月，亦不调练服饵，无妨作务。有请必开，即便饱食而亡拘执。至道二年四月二日，示疾而逝。

云居锡禅师法嗣

般若从进禅师

台州般若从进禅师，僧问：“古涧寒泉时如何？”师曰：“切忌饮着。”曰：“饮着又如何？”师曰：“丧却汝性命。”

清化志超禅师

越州清化志超禅师，僧问：“如何是佛？”师曰：“汝是什么人？”曰：“莫便是也无？”师曰：“是即没交涉。”

青原下十一世

长寿彦禅师法嗣

长寿法齐禅师

苏州长寿法齐禅师，婺州人。始讲明门、因明二论，寻置游方，受心印于广法禅师。节使钱仁奉礼，请继广法住持。开堂日，有百法座主问：“令公请命，四众云臻。向上宗乘，请师举唱。”师曰：“百法明门论。”曰：“毕竟作么生？”师曰：“一切法无我。”问：“城东老母与佛同生，为什么却不见佛？”师曰：“不见即道。”曰：“恁么则见去也。”师曰：“城东老母与佛同生。”

云居齐禅师法嗣

云居契瑰禅师

南康云居契瑰禅师，僧问：“路逢死蛇莫打杀，无底篮子盛将归。未审师还受也无？”师曰：“你什么处得来？”曰：“恁么则不虚施也。”师曰：“却且提取去。”问：“如何是佛？”师曰：“赞叹不及。”曰：“莫只这个便是么？”师曰：“不令人赞叹。”

灵隐文胜慈济禅师

杭州灵隐文胜慈济禅师，僧问：“古鉴未磨时如何？”师曰：“古鉴。”曰:“磨后如何?”师曰:“古鉴。”曰:“未审分不分?”师曰:“更照看。”问:“如何是和尚家风?”师曰:“莫讶荒疏。”曰:“忽遇客来作么生?”师曰:“吃茶去。”

瑞岩义海禅师

明州瑞岩义海禅师,霅川人也。造云居法席,居问:“什么物恁么来?”师于言下大悟。遂有颂曰:“云居什么物,问着头恍惚。直下便承当,犹是生埋没。”出世住报本。僧问:“如何是祖师西来意?”师曰:“若到诸方,但道报本不解答话。”问:“如何是和尚家风?”师曰:“无忌讳。”曰:“忽遇触忤,又且如何?”师曰:“不解作客,劳烦主人。”问:“释迦掩室于摩竭,净名杜口于毗耶,未审如何示众?”师曰:“汝不欲我开谈?”曰:“未晓师机。”师曰:“且退。”问:“如何是无位真人?”师曰:“这里无安排你处。”

广慧志全禅师

明州广慧志全禅师,上堂,僧问:“如何是衲僧本分事?”师曰:“你莫钝置我。”僧礼拜。师曰:“却是大众钝置阇黎。”便下座。问:“贼不打贫儿家时如何?”师曰:“说向人也不信。”僧曰:“恁么则礼拜而退。”师曰:“得个什么!”

大梅保福居煦禅师

明州大梅保福居煦禅师,僧问:“古人面壁,意旨如何?”师曰:“但恁么会。”曰:“未审如何领会?”师曰:“礼拜着。”

南明惟宿禅师

处州南明惟宿禅师,僧问:“法法不隐藏,古今常显露。如何是显露底法?”师曰:“见示大众。”曰:“恁么则学人谨退也。”师曰:

“知过必改。”

清溪清禅师

荆门军清溪清禅师，僧问：“古路坦然，如何履践？”曰：“你是行脚僧。”

支提隆禅师法嗣

灵隐玄本禅师

杭州灵隐玄本禅师，僧问：“蚌含未剖时如何？”师曰：“光从何来？”问：“临济入门便喝，德山入门便棒，此意如何？”师曰：“天晴不肯去。”师见僧看经，乃问：“看什么经？”僧无语。乃示颂曰：“看经不识经，徒劳损眼睛。欲得不损眼，分明识取经。”

罗汉林禅师法嗣

慧力院绍珍禅师

临江军慧力院绍珍禅师，僧问：“金鸡未鸣时如何？”师曰：“是何时节？”曰：“鸣后如何？”师曰：“却不知时。”问：“师子未出窟时如何？”师曰：“在那里？”曰：“出窟后如何？”师曰：“且走。”

大宁院庆璁禅师

洪州大宁院庆璁禅师，僧问：“道泰不传天子令，时人尽唱太平歌。未审师今意旨如何？”师曰：“山僧罪过。”问：“如何是佛？”师曰：“须弥山。”上堂：“生死涅槃，犹如昨梦。且道三世诸佛，释迦老子有什么长处？虽然如是，莫错会好！”拍手一下，便下座。问：“承古有言，东山西岭青，未审意旨如何？”师曰：“东山西岭青，雨下却天晴。更问个中意，鹁鸠生鹞鹰。”

功臣轲禅师法嗣

尧峰颢暹禅师

苏州尧峰颢暹禅师，僧问：“学人乍入丛林，乞师一接。”师曰：“去。”问：“承教有言，是法平等，无有高下。如何是平等法？”师曰：“尧峰高，宝华低。”曰：“恁么则却成高下去也。”师曰：“情知你恁么会。”闻雷声，示众曰：“还闻雷声么？还知起处么？若知起处，便知身命落处。若也不知，所以古人道，不知天地者，刚道有乾坤。不如吃茶去。”问：“如何是道？”师曰：“夕死可矣。”问：“如何是金刚力士？”师曰：“这里用不着。”问：“亡僧迁化向什么去也？”师曰：“苍天！苍天！”乃曰：“只如末后僧问：‘亡僧迁化向什么处去也？’山僧向他道：‘苍天！苍天！’且道意落在什么处？莫是悲伤迁逝，痛忆道人么？若乃恁么评论，实谓罔知去处。要知去处么？更不用久立。歇去！”上堂：“冬去春来，楼阁门开。若也入得，不用徘徊。诸上座，还向这里入得也未？若也入得，所以古人道，是处是弥勒，无门无善财。若也入之未得，自是诸上座狂走。更不忉忉，久立珍重！”

圣寿志升禅师

苏州吴江圣寿志升禅师，上堂：“若论佛法，更有什么事？所以道古今山河，古今日月，古今人伦，古今城郭，唤作平等法门。绝前后际，诸人还信得及么？若信得及，依而行之。久立，珍重。”

功臣开化守如禅师

杭州功臣开化守如禅师，上堂，召大众曰：“还知道圣僧同诸人到这里么？既劳尊降，焉敢稽留。久立，珍重。”

栖贤湜禅师法嗣

兴教院惟一禅师

杭州南山兴教院惟一禅师，僧问：“佛未出世时如何？”师曰：“白云数重。”曰：“出世后如何？”师曰：“青山一朵。”问：“如何是道？”师曰：“刺头入荒草。”曰：“如何是道中人？”师曰：“乾屎橛。”曰：“大耳三藏第三度为什么不见国师？”师曰：“脚跟下看。”曰：“如何得见？”师曰：“草鞋跟断。”

西余体柔禅师

安吉州西余体柔禅师，上堂：“一人把火，自焫其身。一人抱冰，横尸于路。进前即触途成滞，退后即噎气填胸。直得上天无路，入地无门。如今已不奈何也！”良久曰：“待得雪消去，自然春到来。”

定山惟素山主

真州定山惟素山主，僧问：“如何是不迁义？”师曰：“暑往寒来。”曰：“恁么则迁去也。”师曰：“啼得血流无用处。”问：“达磨心印师已晓，试举家风对众看。”师曰：“门前有个长松树，夜半子规来上啼。”问：“知师洞达诸方旨，临机不答旧时禅。如何是新奇？”师曰：“若到诸方，不得错举。”曰：“学人殷勤于座右，莫不只此是新奇。”师曰：“折草量天。”问：“如何是定山境？”师曰：“清风满院。”曰：“忽遇客来，如何祇待？”师曰：“莫嫌冷淡。”乃曰：“若论家风与境，不易酬对。多见指定处所，教他不得自在。曾有僧问大随：‘如何是和尚家风？’随曰：‘赤土画簸箕。’又曰：‘肚上不贴榜。’且问诸人作么生会？更有夹山、云门、临济、风穴皆有此话，播于诸方。各各施设不同，又作么生会？法无异辙，殊途同归。若要省力易会，但识取自家桑梓，便能绍得家业，随处解脱，应用现前，天地同根，万物一体，唤作衲僧眼睛，绵绵不漏丝发。苟或于此不明，徒自竛竮辛苦。”

僧问：“如何是佛？”师曰：“含齿戴发。”曰：“恁么则人人具足。”师曰：“远之又远。”问：“牛头未见四祖时如何？”师曰：“成家立业。”曰：“见后如何？”师曰：“立业成家。”问：“如何是定山路？”师曰：“峭。”曰：“履践者如何？”师曰：“险。”问：“无上法王有大陀罗尼，名为圆觉，流出一切清净真如、菩提涅槃，未审圆觉从什么处流出？”师曰：“山僧顶戴有分。”曰：“恁么则信受奉行。”师曰：“依俙似曲才堪听。”问：“十二时中如何得与道相应？”师曰：“皇天无亲，唯德是辅。”曰：“恁么则不假修证也。”师曰：“三生六十劫。”

净土素禅师法嗣

净土院惟正禅师

杭州净土院惟正禅师，秀州华亭黄氏子。幼从钱塘资圣院本如隶业，且将较艺于有司。如使祷观音像，以求阴相。师谢曰：“岂忍独私于己哉！”郡人朱绍安闻而加叹，欲启帑度之。师慨然曰：“古之度人，以清机密旨，今反是，去古远矣。吾堕三宝数，当有其时。”已而遇祥符覃恩，得谐素志。独拥毳袍且弊，同列慢之。师曰：“佛乎佛乎，仪相云乎哉？僧乎僧乎，盛服云乎哉？”厥后有愿输奉岁时用度，俾继如之院务，亦复谢曰：“闻拓钵乞食，未闻安坐以享。闻历谒诸祖，未闻废学自任。况我齿茂气完，正在筋力为礼，非从事屋庐之秋也。”于是提策东引，学三观于天台，复旋径山，咨单传之旨于老宿惟素。素董临安功臣山净土院，师辅相之，久而继席焉。

然为人高简，律身精严。名卿巨公，多所推尊。叶内翰清臣牧金陵，迎师语道。一日，叶曰：“明日府有燕饮，师固奉律，能为我少留一日，欵清话否？”师诺之。翌日，遣使邀师，留一偈而返。曰：“昨日曾将今日期,出门倚杖又思惟。为僧只合居岩谷,国士筵中甚不宜。”坐客皆仰其标致。师识虑洗然，不牵世累，雅爱跨黄犊出入，军持巾钵，悉挂角上，市人争观之。师自若也。杭守蒋侍郎堂与师为方外友，每往谒，至郡庭下犊谭笑，终日而去。蒋有诗曰：“禅客寻常入旧都，黄牛角上挂瓶盂。有时带雪穿云去，便好和云画作图。”师尝作山中偈曰：“桥上山万层，桥下水千里。唯有白鹭鸶，见我常来此。”平生制作三十卷，号《锦溪集》。又工书，笔法胜绝，秦少游珍藏之，冬不拥炉，以荻花作毬，纳足其中，客至共之。夏秋好玩月，盘膝大盆中浮池上，自旋其盆，吟笑达旦，率以为常。九峰韶禅师尝客于院，一夕将卧，师邀之曰：“月色如此，劳生扰扰，对之者能几人？”峰唯唯而已。久之,呼童子使熟炙。峰方饥,意作药石。顷乃橘皮汤一杯,峰匿笑曰:“无乃太清乎！”有问曰:“师以禅师名，乃不谈禅，何也？”师曰：“徒费言语。吾懒宁假曲折，但日夜烦万象为敷演耳。言语有间，而此法无尽，所谓造物无尽藏也。”皇祐元年孟夏八日,语众曰:“夫动以对静,未始有极。吾一动历年六十有四，今静矣。然动静本何有哉？”于是泊然而逝。

青原下十二世

灵隐胜禅师法嗣

灵隐延珊慧明禅师

杭州灵隐延珊慧明禅师，僧问：“如何是道？”师曰：“道远乎哉！”问:“如何是正真一路？”师曰:“丝发不通。”曰:“恁么则依而行之。”师曰:“莫乱走。”上堂:“与上座一线道，且作么生持论佛法？若也水泄不通，便教上座无安身立命处。当此之时，祖佛出头来，也有二十棒分。恁么道，山僧还有过也无？不见世尊生下，周行七步，目顾四方，一手指天，一手指地，云:‘天上天下，唯吾独尊。’云门云:‘我当初若见，一棒打杀与狗子吃却，何以如此？贵图天下太平。’且道云门恁么说话，有佛法道理也无？虽然如此，云门只具一只眼。久立，珍重！”

荐福院归则禅师

常州荐福院归则禅师,僧问:“如何是祖师西来意？”师曰:“耳畔打钟声。”

瑞岩海禅师法嗣

翠岩嗣元禅师

明州翠岩嗣元禅师，僧问:“如何是祖师西来意？”师曰:“见钱买卖不曾赊。”曰:“向上更有事也无？”师曰:“好不信人直！”